SHOULD WE KILL THE GERMAN?

W. SYMANEK (HRSG.)

Dieses Buch ist vor Drucklegung dahingehend geprüft worden, daß weder Inhalt noch Aufmachung irgendwelche BRD-Strafgesetze verletzen oder sozialethische Verwirrung unter Jugendlichen auslösen.

© VAWS • Postfach 10 13 50 • D-47013 Duisburg

Telefon (0208) 59 41 661 • Telefax (0208) 59 41 669

E-Mail: vaws-musicfactory@t-online.de

www.vaws.de

2. Auflage 2009

Alle Rechte vorbehalten

ISBN 3-927773-54-9

Neue ISBN 978-3-927773-54-7

„DEUTSCHLAND WIRD NICHT BESETZT ZUM ZWECKE SEINER BEFREIUNG, SONDERN ALS EIN BESIEGTER FEINDSTAAT."

(DIREKTIVE JCS 1067 VOM APRIL 1945)

Inhaltsverzeichnis

Vorwort

Wie will man dieser Dokumentation begegnen, wenn man den Lauf der Welt bisher nur durch die oberflächliche Betrachtung eines Geschichtsunterrichtes etwa zu kennen glaubte. Was möchte der grundsätzliche Zweifler an derartigen Dokumentationen, den hier aufgeführten Fakten in ihrer Hieb- und Stichfestigkeit entgegen setzen, außer einer Ignoranz gegenüber allem, was nicht sein kann, weil es nicht sein darf? Unter welchen Vorwand und mit welch einer Begründung wurde zum Ende des Ersten Weltkrieges ein Haß und eine totale Vernichtungsabsicht zu rechtfertigen gesucht, ein systematisches Völkermorden im Namen der Menschlichkeit, dessen tatsächliche Beweggründe noch heute sogar unter dem Deckmantel einer Völkerverständigung ihr Zerstörungswerk mit subtileren Mitteln fortzusetzen weiß. Mit welch raffiniertem Geschick hat zur Jahrhundertwende der internationale Verbund einer »Heiligen Inquisition« sein Todesurteil über ein Volk verhängt noch lange vor der Grundsteinlegung eines Weltkrieges in Sarajevo. Und wie schaut es heute aus? Sind wir nicht über die berechnenden Freundschaftsbekundungen ehemaliger Feindstaaten hinaus vor uns selbst und vor den Augen der ganzen Welt ein seelisch krankes Volk, der zur Demut gezwungene Sündenbock aller Nationen? Sind wir nicht zu Lastenträgern verurteilt einer Geschichte, die nur noch fragwürdig erscheinen kann in ihrer geschriebenen Einseitigkeit? Hat dieser Freiheitswahn, in dessen Süße wir ersticken, nicht einen Beigeschmack von systematischer Entfremdung? Laufen wir nicht Lemmingen gleich über die Klippen einer Selbstverleugnung zu Maß in unseren kollektiven Selbstmord? Und dieses auf Ewigkeit ausgerichtete, sich jährlich erneuernde Schuldbekenntnis, entläßt sie die Jugend nicht als Waisenkinder und Heimatlose aus den Erziehungsprogrammen in die fadenscheinige Freiheit der endlosen Leuchtreklamen mit Garantie auf die freie Wahl unüberschaubarer Fernsehprogramme, deren trommelfeuerndes Nonstop uns jeder Zeit vor Augen führt, »Deutschland ist vernichtet worden«? Diese, meine Frage erhebe ich nicht mehr aus meinem Mit-Mensch-Sein heraus, denn sie machen mich augenblicklich zum Ausgestoßenen, zwingen mich ins Abseits, machen mich geächtet gegenüber den Glaubensdogmen einer nur noch Masse erzeugenden, unbesiegbaren Suggestionsmaschinerie. Hier schweigt der ansonsten alles hinterfragende Geist einer sich aufgeklärt wähnenden Menschenrechtsgeneration. Welchen Preis hat der Schein des Friedens? Wie tief muß eine Nation sich ihm beugen, wie tief unsere »Vertreter« sich ducken und bücken? Hat man diesem Frieden einiger fragwürdigen Wirtschaftsinteressen wegen nicht unsere Seele verschachert? Wer will denn angesichts der hier dargelegten Fakten etwa bezweifeln, daß der Versailler Ungeist noch immer lebendig ist und in seiner geschminkten Vitalität heute sogar bis Maastricht reicht? Bringt der Ausruf »Deutschland muß vernichtet werden« nicht diesen uns anerzogenen Mangel an gesundem, nationalen

Selbstwertgefühl vollends zur Strecke? Aus dem Abseits und dem beseelten Asyl meines Bewußtseins verweigere ich mich all dieser modischen Verneinung unseres Selbst, wie meiner ethnischen, auf dieses Leben bezogenen Herkunft. Und wenn es mir hier gar nicht um Deutschland an sich ginge, dann würde ich um der Gerechtigkeit willen gegen die Unterdrückung einer ins Abseits gedrängten, sich deutsch und »nicht-schuldig« wähnenden Minderheit meine Stimme gegen alle propagandistische Übermacht erheben. Ich glaube fest und innig an die geheime Größe und Reinheit der in permanenter Gefangenschaft auf Befreiung harrenden Licht- und Friedensmacht Deutschland. Und jede Neugeburt Deutschlands, und würde sie einsam sich in noch so tiefer Verlorenheit gründen, vollzieht sich gewaltig im einzelnen, persönlichen Erheben der wenigen Seelen und Geister denen alleine zu stehen es eine Ehre ist in den Brandungen dieser Zeit. Sie alleine vermögen der Stimme ewigen Hasses, ewiger Rache, ewiger Schuld und Unterdrückung durch ihr Lichtzeichen eine erlösende Antwort zu entgegnen. Was in Jahrtausenden gewachsen ist, was in unserem Ethnos lebendig und unauslöschlich aus den Wurzeln drängt, kann nicht von einer jahrzehntelangen Diktatur eines wesensfremden, auf Gleichmachung angelegten Ungeist völlig erstickt werden. Aus der dunkelsten Zeit erhebt sich das mutigste Wort auch im Angesicht der Löwenmäuler, die uns den Körper zerreißen aber den Geist nicht zu töten vermögen. Ich möchte mein Vorwort mit Zitaten des äußerst umstrittenen, Industriellen mosaischen Glaubens und späteren deutschen Außenministers Walther Rathenau enden lassen, auch wenn dieser Mann einen Zwiespalt, wie er größer nicht sein könnte, in mir hervorruft, glaubte ich einmal in seinen glühenden Worten wider die Versailler Völkermordsabsichten eine tiefgründige Liebe gegenüber Deutschland zu erkennen.

»Niemals ist solange es Weltgeschichte gibt, drei Staaten und ihren politischen Häuptern, Wilson, Clemenceau und Lloyd George, eine solche Macht verliehen worden. Niemals solange es Weltgeschichte gibt, ist das Sein oder Nichtsein eines ungebrochenen, gesunden, begabten, arbeitsfrohen Volkes und Staates von einem einzigen Entschluß verantwortlicher Männer abhängig gewesen. Wenn in Jahrzehnten und Jahrhunderten die blühenden deutschen Städte verödet und verkommen, das Erwerbsleben vernichtet, der deutsche Geist in Wissenschaft und Kunst verebbt, die deutschen Menschen zu Millionen von ihrer heimatlichen Erde losgerissen und vertrieben sind, wird dann vor dem Tribunal der Geschichte und vor dem Richterstuhl Gottes das Wort Geltung haben: Diesem Volk ist recht geschehen, und drei Männer haben dieses Recht vollzogen ...«

»... Wir werden vernichtet. Deutschlands lebendiger Leib und Geist wird getötet. Millionen deutscher Menschen werden in Not und Tod, in Heimatlosigkeit, Sklaverei und Verzweiflung getrieben. Eines der geistigen Völker im Kreise der Erde verlischt. Seine Mütter, seine Kinder, seine Ungeborenen werden zu Tode getroffen ...«

»... Wir werden vernichtet von Brudervölkern europäischen Blutes, die sich zu Gott und zu Christus bekennen, deren Leben und Verfassung auf Sittlichkeit beruht, die sich auf Menschlichkeit, Ritterlichkeit und Zivilisation berufen, die um vergossenes Blut trauern, die den Frieden der Gerechtigkeit und den Völkerbund verkünden, die die Verantwortung für das Schicksal des Erdkreises tragen.«

Josef Klumb

Verlagsvorwort

Während des Besuchs der Leipziger Buchmesse stand ein Kinobesuch auf dem Abendprogramm, der uns direkt in den Spielfilm »V wie Vendetta« führte. Zum ersten Mal sahen wir, wie auf einer überdimensional großen Leinwand von einem Machtbesessenen und totalitären Politiker der Begriff Volksverhetzung benutzt wurde. Es war eine sehr eindrucksvolle Szene, wie zur Machtsicherung eines totalitären Staates dieser Begriff - dieses Instrument - zum Einsatz kam und wie der Betrachter künftig die »Volksverhetzung« noch anderweitig interpretieren kann.

Dem Kino den Rücken zugewandt, stehen wir inmitten von Leipzig und nur unschwer bringen die zerfallenen Häusern die vergangenen Jahre der kommunistischen DDR-Diktatur in Erinnerung. Auch die Überbleibsel der Konservativen DDR-Nostalgiker stechen in Form von Marx-Denkmälern ins Auge und bringen den älteren Menschen die Besetzung Deutschlands durch die Sowjettruppen, deren Vergewaltigungen, Verschleppungen und Massenhinrichtungen in Erinnerung. Diese Opfer finden in Deutschland nur wenig Schutz und müssen auf den Regierungsbänken die Gesichter jener ertragen, die - nicht zuletzt aufgrund ihrer persönlichen Vorteile - dieses Morden als Befreiung empfinden. Aber »Wir« - dieses heutige Deutschland - ist nicht frei. Durch die Menschenrechtsverletzungen der Alliierten, die umfangreich dokumentiert sind, wurde die Bevölkerung des Landes eingeschüchtert und hat nicht mehr den Mut, gegen Unfreiheit und Reeducation aufzustehen.

Die »Reeducation« (Umerziehung) der Deutschen kann seitens der Alliierten als gelungen angesehen werden. Das Besatzungs-»recht« behält nach wie vor Gültigkeit, bzw. wurde im deutschen Strafrecht fest verankert. Eine Detailierte Übersicht liegt bis heute leider nicht vor, nicht zuletzt, weil die Existenz des Besatzungs-»rechts« seitens der Regierenden bestritten wird.

7.726 Verurteilungen wegen strafbarer Meinungsäußerung im Jahr 2005[1]
Das heißt: In 7.726 Fällen im Jahr 2005 wollten Menschen ihre Meinung oder wissenschaftliche Aspekte zum Ausdruck bringen was u.a. aufgrund der international fast einzigartigen Gesetzgebungen in der Bundesrepublik Deutschland als Straftat verfolgt wurde. Zu diesen fast einzigartigen Gesetzen zählen insbesondere die §§ 130 und 86, deren Inhalt einwandfrei aus der Alliierten Kontrollgesetzgebung der Jahre 1945-47 hervorgeht und im Strafgesetzbuch der Bundesrepublik Deutschland eine Fortsetzung findet. Betroffen sind davon insbesondere Personen, welche die Geschichstdarstellungen der alliierten Siegermächte in Frage stellen. Für das Jahr 2004 wurden 5.634 solcher Fälle registriert.[2]

Reparationsleistungen ohne Ende

Im Finanzplan des Bundes 2002 bis 2006 ist nachzulesen, dass allein die Wiedergutmachungsleistungen des Bundes rund 36 Milliarden Euro betragen. Hinzu kommen weitere Leistungen der Länder in Höhe von insgesamt rund 21 Milliarden Euro.[3] Im Jahr 2003 waren im Regierungsentwurf 13 Millionen Euro Wiedergutmachungsleistungen für das Jahr vorgesehen. Dabei handelt es sich um noch laufende jährliche Zahlungen, die voraussichtlich erst im Jahre 2030 auslaufen sollen.[4]

Should we kill the German?

Ganz aktuell legt VAWS eine neue Veröffentlichung vor, die im Dschungel der Reparationsleistungen und des noch vorhandenen Besatzungs-»rechts« Orientierung schaffen soll. Umfangreich werden mit diesem Buch auch die bekanntesten Vernichtungspläne gegen Deutschland (N. Kaufman: Germany must perish, Louis Nizer: What to do with Germany, u. a.) vollstandig und in deutscher Übersetzung veröffentlicht.

Mit »Should we kill the German«? legen wir eines der umfangreichsten Dokumente zu diesem Thema vor. Ein unverzichtbares Nachschlagewerk und eine wichtige Dokumentation für nachfolgende Generationen.

Versteinertes Besatzungsrecht

Deutschland ging bei Kriegsende nicht unter, doch die Nachkriegszeit dauert an

Nachfolgender Artikel aus der FAZ vom 10. Mai 2005 gesteht ein: Das Besatzungs»recht« besteht fort und die Nachkriegszeit hält an. Auf den nächsten Seiten wird eine Dokumentation über den Fortbestand des Besatzungs»rechts« vorangestellt um die von vielen Menschen als Befreiung Deutschlands titulierte Lage am 8. Mai 1945 in Frage zu stellen.

»Das Kriegsende bedeutete das Ende des nationalsozialistischen Regimes, aber nicht den Untergang des deutschen Staates. Die militärische Kapitulation der Wehrmacht änderte nichts am Fortbestand des Reiches. Zwar übernahmen die Alliierten bald die 'oberste Gewalt'. Sie machten aber zugleich deutlich, daß sie keine Annexion des Landes beabsichtigten. Die deutsche Staatsgewalt war etwa durch die Verhaftung von Großadmiral Dönitz nur vorübergehend außer Kraft gesetzt. Auch das Potsdamer Abkommen vom 2. August 1945 ging vom Fortbestand Deutschlands aus. Mit der Gründung von Bundesrepublik Deutschland und DDR 1949 wurden zwar deutsche (Teil-) Staaten gegründet, doch behielten die Siegermächte ihre Sonderrechte 'in bezug auf Berlin und Deutschland als Ganzes'. Das wurde auch in den Ostverträgen anerkannt und durch das Bundesverfassungsgericht bestätigt. Bis dahin war es auch weitgehend Konsens in allen Parteien, daß dieses fortbestehende, neu organisierte Deutschland nicht nur aus der Bundesrepublik und der DDR bestand. Nur zur vorläufigen Verwaltung waren nach dem Potsdamer Abkommen die Gebiete jenseits von Oder und Neiße an Polen und an die Sowjetunion gefallen, die bis dahin unbestritten zum deutschen Staatsgebiet gehörten. Die endgültige Festlegung der polnischen Westgrenze sollte demnach einer friedensvertraglichen Regelung vorbehalten bleiben. Mit dem Zwei-plus-vier-Vertrag kam es 1990 dann zu einer 'abschließenden' Regelung in bezug auf Deutschland als Ganzes. Obwohl das Besatzungsstatut seit 1955 nicht mehr gegolten hatte und beide deutsche Staaten 1973 Mitglied der Vereinten Nationen wurden, war die Wiedervereinigung nicht allein Sache der Deutschen. Bundesrepublik und DDR mußten mit den Vereinigten Staaten, der Sowjetunion, Großbritannien und Frankreich verhandeln, bis der Zwei-plus-vier-Vertrag unter Dach und Fach war, der die Vereinigung Deutschlands und den Verlust der Ostgebiete besiegelte, die Stäke der Streitkräfte auf höchstens 370 000 festlegte und den Verzicht auf atomare, biologische und chemische Waffen bekräftigte. Seitdem hat Deutschland volle Souveränität über seine inneren und äußeren Angelegenheiten. Was heißt das? Daß das vereinte Deutschland wieder ein gleichberechtigtes Mitglied der Völkerfamilie ist? Zum einen existieren immer noch die Feindstaatenklauseln in der UN-Charta. Man kann sie mit guten Gründen 'längst für obsolet' halten, doch sind sie weiterhin Bestandteil der Charta. Zum anderen gibt es auch heute noch fortgeltendes Besatzungsrecht. Es handelt sich um Bestimmungen des Überleitungsvertrages aus dem Jahr 1953. Dieser Vertrag zur Regelung aus Krieg und Besatzung entstandener Fragen wurde durch einen Notenwechsel der Bundesregierung mit den ehemaligen Westmächten suspendiert - allerdings nicht in vollem Umfang. In Kraft bleiben alle Maßnahmen, die für 'Zwecke der Reparation oder Restitution oder aufgrund des Kriegszustandes' gegen das deutsche Auslands- oder sonstige Vermögen durchgeführt worden sind'. Gegen diese Maßnahmen darf die Bundesrepublik Deutschland keine Einwendungen erheben. Ansprüche gegen Klagen und Klagen gegen Personen, die aufgrund solcher Maßnahmen Eigentum erworben haben, sowie Klagen gegen internationale Organisationen oder ausländische Regierungen 'werden nicht zugelassen'. Dieser Klageausschluß ist noch heute gültig , wie sich zuletzt am Bilderstreit mit dem Fürstentum Liechtenstein gezeigt hat. Dessen langjähriges Staatsoberhaupt Hans-Adam II. wollte verhindern, daß sein in der Tschechoslowakei unter Benes enteignetes Vermögen als deutsches Auslandsvermögen behandelt wurde. Er scheiterte vor deutschen Gerichten bis hinauf zum Bundesverfassungsgericht, vor dem Europäischen Gerichtshof für Menschenrechte in Straßburg und schließlich vor dem Internationalen Gerichtshof in Den Haag. Das hat seinen Grund letztlich im Überleitungsvertrag, dessen hier bedeutsame Bestimmungen nach Ansicht der Bundesregierung aus dem Jahr 1990 'im Interesse der Rechtssicherheit' weiter gelten müßten. Früher dienten die Vorschriften dazu, Forderungen von Bürgern abzuwehren, deren konfisziertes Vermögen wieder auf dem deutschen Markt auftauchte. Diese Bestimmungen wurden durch die Regierungen sogar gleichsam auf die neuen Bundesländer erstreckt. Der kürzlich verstorbene Völkerrechtler Dieter Blumenwitz sprach von 'versteinertem Besatzungsrecht': In der Tat: Was einst nur bis zu einem Friedensvertrag gültig sein sollte, gilt nun räumlich erweitert und auf unbestimmte Zeit - ohne daß der deutsche Gesetzgeber daran mitgewirkt hätte.«[1]

Aktuelles Besatzungs»recht« II:

Die Feindstaatenartikel der UN-Charta

AUSZUG

Artikel 53

(1) Der Sicherheitsrat nimmt gegebenenfalls diese regionalen Abmachungen oder Einrichtungen zur Durchführung von Zwangsmaßnahmen unter seiner Autorität in Anspruch. Ohne Ermächtigung des Sicherheitsrats dürfen Zwangsmaßnahmen auf Grund regionaler Abmachungen oder seitens regionaler Einrichtungen nicht ergriffen werden; ausgenommen sind Maßnahmen gegen einen Feindstaat im Sinne des Absatzes 2, soweit sie in Artikel 107 oder in regionalen, gegen die Wiederaufnahme der Angriffspolitik eines solchen Staates gerichteten Abmachungen vorgesehen sind; die Ausnahme gilt, bis der Organisation auf Ersuchen der beteiligten Regierungen die Aufgabe zugewiesen wird, neue Angriffe eines solchen Staates zu verhüten.

(2) Der Ausdruck »Feindstaat« in Absatz 1 bezeichnet jeden Staat, der während des Zweiten Weltkriegs Feind eines Unterzeichners dieser Charta war.

Artikel 107

Maßnahmen, welche die hierfür verantwortlichen Regierungen als Folge des Zweiten Weltkriegs in bezug auf einen Staat ergreifen oder genehmigen, der während dieses Krieges Feind eines Unterzeichnerstaats dieser Charta war, werden durch diese Charta weder außer Kraft gesetzt noch untersagt. [1]

Laut Charta der Vereinten Nationen können gegen Deutschland und Japan jederzeit Maßnahmen ergriffen werden, darunter auch Maßnahmen militärischer Art.

Die Feindstaatenartikel (Artikel 53 und 107 der UN-Charta) beziehen sich allgemein auf Staaten, die während des Zweiten Weltkrieges Feind eines Unterzeichnerstaates der UN-Charta waren, also primär Japan und Deutschland. Gegen sie dürfen Zwangsmaßnahmen ohne Ermächtigung durch den UN-Sicherheitsrat verhängt werden, wenn sie wieder eine Politik gegen die alliierten Interessen verfolgen sollten.

Die 50. Generalversammlung verabschiedete 1995 eine Resolution zu Charta-Fragen (Res. 50/52), in der die Feindstaatenklauseln als obsolet bezeichnet wurden.[2] Deutsche Ministerien und Politiker vertreten darüber hinaus die Ansicht, Artikel 53 und 107 seien obsolet, weil die Alliierten im 2+4-Vertrag auf das Weiterwirken ihrer Besatzungsrechte verzichtet hätten (§ 7, Abs.1).

Tatsächlich wurden die Bestimmungen aber bis heute nicht außer Kraft gesetzt (siehe Japanisch-Deutsches Gipfeltreffen vom 13.12.2004); ihre Streichung aus der UN-Charta ist nicht nur redaktioneller Natur, sondern verweist auf den Gründungsgedanken der Vereinten Nationen: Jeglicher Kriegspolitik und Revitalisierung des deutschen wie japanischen Militarismus sollte ein Riegel vorgeschoben werden.

Erst mit förmlicher Aufhebung der Artikel 53 und 107 können Berlin und Tokio vor internationalen, durch UN-Recht gedeckten Interventionen sicher sein. Selbst wenn ein militärisches Einschreiten gegen Deutschland und Japan unwahrscheinlich wäre - allein der öffentliche Hinweis auf das Fortwirken internationaler Vorsichtsmaßnahmen behindert die weltweite Expansion der früheren Aggressoren und ist dem Führungsanspruch beider Länder nicht förderlich.

Nachfolgend ein Auszug aus der Pressemitteilung der Japanischen Botschaft vom 13.12.2004:

Japanisch-Deutsches Gipfeltreffen

Pressemitteilung der Japanischen Botschaft vom 13.12.2004

(Auszug):

Am 09. 12. 2004 traf Ministerpräsident Koizumi mit Bundeskanzler Schröder zusammen, der Japan einen Besuch abstattete. Nachfolgend der Umriss und die Bewertung der Zusammenkunft ...

(2) Internationale Situation

(a) Reform der Vereinten Nationen

Bundeskanzler Schröder würdigte, daß anlässlich der VN-Generalversammlung im September die Zusammenkunft der G4 aufgrund der Initiative von Ministerpräsident Koizumi zustande kam. Beide stimmten überein, dass ein Vertreter Afrikas Mitglied der G4 werden solle; die Frage, welches Land konkret Mitglied werde, solle man Afrika überlassen. **Übereinkunft wurde zudem bei der Notwendigkeit der Streichung der ehemaligen Feindstaatenklausel erzielt. Bundeskanzler Schröder führte aus, die Bereitschaft für eine Reform nehme zu und man wolle die Reform bis zum Sommer nächsten Jahres vorantreiben; der Ministerpräsident erklärte, man dürfe diesen günstigen Moment nicht verpassen.**[3)]

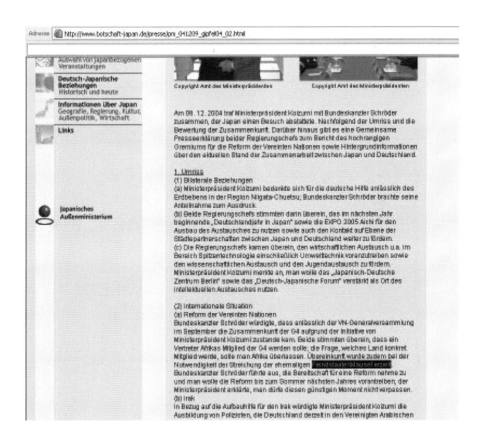

Aktuelles Besatzungs»recht« III:

Wo ist das deutsche Gold?

Wer sich in Deutschland ein Aufbruchssignal - von wem auch immer - erwartet, wird regelmäßig bitter enttäuscht, denn anstatt neue Wege zu beschreiten um den Karren aus dem Dreck zu ziehen, wird in Berlin leider immer wieder darauf gesetzt den Dampfer Deutschland vollends mit immer höherem Tempo gegen die Wand zu fahren.

Regelmäßig wiederkehrend steht das Thema Goldreserven (ca. 3.700 Tonnen Gold) auf der Tagesordnung. Offensichtlich handelt es sich hierbei wieder um viel Lärm um nichts, denn letztendlich kann die Deutsche Bundesregierung das Gold gar nicht verkaufen! Dafür gibt es mehrere Gründe:

Zum einen liegt der deutsche Goldschatz nur zu 2 % auf deutschem Boden. Die restlichen 98 % befinden sich in der Federal Reserve Bank New York, der Banque de France und der Bank of England. Diese Lagerung hat scheinbar einen historischen Hintergrund. So wurde das deutsche Gold von den US-Amerikanern als Faustpfand für »gutes« Verhalten Deutschlands in der Zeit des Kalten Krieges angesehen. 1992 veröffentlichte David Marsh, Korrespondent der Financial Times, sein Buch »Die Bundesbank - Geschäfte mit der Macht«. Auf Seite 82 erfahren wir folgendes über die damaligen 3701 Tonnen Gold: »Unter den führenden Zentralbanken mit Goldbesitz ist die Bundesbank die einzige, die nur einen kleinen Teil ihrer Goldbarren auf eigenem Gelände aufbewahrt. In den Tresorräumen in Frankfurt liegen nur etwa 80 Tonnen, d.h. knapp über 2% des Gesamtgoldes. Der Rest ist auf die Tresore anderer Zentralbanken, der Federal Reserve Bank in New York, der Bank of England und zu einem kleineren Teil auch der Banque de France verteilt.«

Ein weiterer Grund ist auch, daß die Deutsche Bundesbank das »Washington Agreement on Gold« unterschrieben hat, welches maximale Goldverkäufe aller teilnehmenden Notenbanken von maximal 600 Tonnen pro Jahr genehmigt.

Wahrscheinlich ist auch, daß die USA den Deutschen gar nicht erlauben würden, das Gold aus den USA abzuziehen weil es einer Mißtrauenserklärung gleich kommen würde!

Letztendlich bleibt noch der in Insiderkreisen bekannte »Blessing-Brief« erwähnenswert. Karl Blessing, stand von 1958 bis 1970 der Bundesbank vor. Es existierte zwischen Ihm und der Bundesregierung ein geheimes Abkommen, wonach die Bundesbank bei bestimmten Kabinettssitzungen hinzugezogen werden sollte. Besonders gefragt war die Kooperation, als Gold wieder einmal auf die Tagesordnung der Währungspolitik rückte oder als die US-Regierung Ende der sechziger Jahre einen neuen finanziellen Ausgleich für ihre Stationierungskosten in Deutschland verlangte.

Deutschland war zahlungsunwillig und Resultat des US-amerikanischen Drucks war der Blessing-Brief. Darin garantierte der Bundesbankpräsident seinem Gegenüber bei der Federal Reserve die »Immobilisierung« der deutschen Goldreserven zu. Er sicherte zu, daß die Bundesbank die Reserven nicht aus den USA abziehen werde, solange die USA Stützpunkte in Deutschland unterhalten.[1]

---

stern.de - 1.7.2004 - 07:15

Goldreserve

Der letzte Schatz der Deutschen

»Der Staat ist pleite? Nicht ganz: Es gibt noch die milliardenschweren Goldreserven der Bundesbank. Viel davon lagert unter den Straßen Manhattans. Politiker und Banker streiten jetzt, ob ein Teil der Rücklagen verkauft werden soll.

Der Weg führt durch insgesamt fünf schwere Tore tief in den Untergrund von Manhattan. An der Südspitze der Insel, 25 Meter unter der Erde, steht der Tresor der Federal Reserve Bank of New York. Man geht vorbei an drei schwer bewaffneten Männern und einem Zitat Goethes in großen Lettern, ins Englische übersetzt: „Gold is irresistible" - Gold ist unwiderstehlich. Ein Angestellter der Fed betätigt eine Lichtschranke, worauf sich die Tür öffnet, ein Wärter tritt hinzu und bewegt mit schweren Drehbewegungen einen 82 Tonnen schweren Stahlzylinder. Dann ist der Durchgang frei - zum größten Goldlager der Welt. Und dort schimmern sie schon durch die mit drei Kombinationsschlössern gesicherten Stahlkäfige: 550.000 Barren Gold im Gesamtwert von 90 Milliarden Dollar.

Die Barren sind rund 12,5 Kilo schwer, 25 Zentimeter lang und zu 99,5 Prozent aus reinem Gold. Bis an die Decke sind die Blöcke gestapelt, dicht aneinander wie eine Mauer aus Ziegelsteinen. Manche liegen seit Jahrzehnten an derselben Stelle. Die Schutzmaßnahmen sind ausgeklügelt: eine falsche Bewegung - und in weniger als fünf Sekunden schließen sich sämtliche Türen, die Bank wird zur Festung. 'Es hat in

80 Jahren nie jemand versucht, bei uns einzubrechen', sagt der Angestellte.

Die 'Hüter des Goldes' (Eigenwerbung) sind diskret. Die Reserven gehören 60 unterschiedlichen Nationen. Doch an den Stahlkäfigen hängen keine Ländernamen, sondern Nummern. Nur ganz wenige wissen, wem die zuzuordnen sind. Wie viel Gold der Deutschen Bundesbank gehört, verrät der Mann nicht. Es soll ein Drittel des gesamten Schatzes sein. Kaum zu glauben - Deutschland hat nicht nur große Schulden, sondern auch ein kleines Vermögen: die Währungsreserven der Bundesbank im Wert von 76 Milliarden Euro. Das entspricht knapp einem Zehntel der Bundesschuld. Fast zur Hälfte bestehen die Rücklagen aus Gold. Und die ruhen nicht allein in den USA.

Während die Vereinigten Staaten im Internet veröffentlichen, wie viel Gold in Fort Knox oder New York lagert (danach gehören den USA nur sechs Prozent des Schatzes im Fed-Tresor), richten sich die Deutschen nach dem Sprichwort: Reden ist Silber, Schweigen ist Gold. 'Die Bundesbank macht keine detaillierten Angaben über die Lagerorte', sagt Hans-Helmut Kotz, das für das Reservemanagement zuständige Vorstandsmitglied. Früher einmal gab ein Bankpräsident zu, dass in den Tresoren unter der Frankfurter Zentrale weniger als zwei Prozent des Gesamtgoldes aufbewahrt würden. Ein wenig mehr soll inzwischen in der Hauptfiliale in Mainz lagern. Zu besichtigen ist aus Sicherheitsgründen nur ein einziger von 274.708 Barren der Bundesbank, in ihrem Geldmuseum in Frankfurt.

Immerhin verrät Bank-Vorstand Kotz dem stern: 'Der größte Teil unserer Goldreserven wird außerhalb deutscher Grenzen, wo er entstanden ist, gehalten: bei der Fed in New York, bei der Bank of England in London und der Banque de France in Paris. In dieser Reihenfolge.' Im Kalten Krieg sollte das Gold dort sicherer sein als in Frankfurt, wo die Rote Armee in wenigen Stunden gewesen wäre. Heute macht die Bundesbank betriebswirtschaftliche Gründe geltend, weil ein Transport nach Deutschland 'hohe Kosten' verursachen würde, auch für den Bau neuer Tresore.[2]

Mehr Atombomben in Deutschland als bekannt

Ramstein. In Deutschland lagern nach einem Bericht des »Stern« deutlich mehr amerikanische Atomwaffen als bisher bekannt. Allein auf der US-Airbase Ramstein in der Pfalz sind demnach 130 atomare Sprengkörper stationiert. Bislang war man von 65 bundesweit ausgegangen. Das Magazin beruft sich in seinem Bericht auf eine Studie des »Natural Resources Defense Council«, eine führende Organisation für Atomwaffen-Recherche. Danach liegen in Ramstein 130 Atombomben; auf dem Fliegerhorst Büchel in der Eifel weitere 20. Die Spezialeinheiten, die sämtliche US-Atomwaffen in Europa bewachen, werden dem »Stern« zu Folge von der Luftwaffenbasis Spangdahlem aus kommandiert. Die technische Wartung erfolge von Ramstein aus. Weder die US-Airforce in Ramstein noch die rheinland-pfälzische Landesregierung wollten den Bericht kommentieren. Offiziell geben die USA die Zahl ihrer in Deutschland stationierten Atomwaffen nicht an.[1]

Deutschland wird aber nicht zur atomwaffenfreien Zone. Das erklärten die NATO-Verteidigungsminister bei einem Treffen in Brüssel. Ex-Bundesverteidigungsminister Peter Struck sagte, ein Abzug der in Deutschland verbliebenen US-Atomwaffen stehe nicht zur Debatte.[2]

US-Truppen bleiben

Deutschland wird nach Darstellung des US-Militärs ungeachtet der amerikanischen Umstrukturierungspläne weiterhin eine wichtige strategische Rolle spielen. »In Deutschland wird eine signifikante Anzahl amerikanischer Truppen bleiben«, versicherte der stellvertretende Oberbefehlshaber der US-Streitkräfte in Europa, General Charles F. Wald, am Donnerstag in Stuttgart-Vaihingen.

Wald bestätigte, daß die US-Luftwaffenbasen Spangdahlem in der Eifel und im pfälzischen Ramstein sowie das europäische Hauptquartier EUCOM in Stuttgart bestehen bleiben: »Es gibt keinen Grund für Veränderungen.« Genaue Zahlen zur künftigen US-Truppenstärke in Deutschland nannte er nicht. Wald deutete an, daß neben einer Fallschirmbrigade weitere Einheiten in Deutschland stationiert werden sollen.

Nach Angaben eines hochrangigen EUCOM-Militärvertreters ist aber auch eine Zusammenlegung von Hauptquartieren in Baden-Württemberg denkbar:»Möglicherweise werden in Heidelberg das V. Korps sowie die US-Heeresstreitkräfte (USAREUR) zusammengelegt.« Effizienz sei eines der Ziele der Reform. Die US-Armee unterhält im Südwesten fünf wichtige Hauptquartiere.[3]

60 Jahre nach Hiroshima

Noch immer halten die USA Atombomben in Deutschland bereit

Noch immer halten die USA auf deutschem Boden eine geheim gehaltene Anzahl von B61-11-Atombomben bereit. Jede davon ist mit der fünffachen Sprengkraft der Hiroshima-Bombe ausgestattet, die vor genau 60 Jahren, am 6. August 1945, mehr als 200.000 Menschen in der japanischen Stadt sofort getötet und viele tausend andere schwer chronisch geschädigt hat. Darauf weist die deutsche Sektion der Internationalen Ärztevereinigung zur Verhütung des Atomkrieges (IPPNW) jetzt in einem Appell zur Bundestagswahl hin. 92 Prozent der Deutschen erwarten laut einer Forsa-Umfrage die dringende Beseitigung dieser Waffen, die die deutsche Bundesregierung aufgrund des Artikels II des Atomwaffensperrvertrages von 1968 ohnehin nicht hätte annehmen dürfen, erklärt die IPPNW. Jüngst haben die USA erneut die Erfüllung einer weiteren Verpflichtung aus diesem Vertrag verweigert, nämlich in Verhandlungen mit dem Ziel einer vollständigen nuklearen Abrüstung einzutreten. Deshalb verlangen die Ärzte der IPPNW ... eine klare Stellungnahme zur Frage der atomaren Abrüstung allgemein und speziell zur Befreiung Deutschlands von diesen Waffen.[4]

Aktuelles Besatzungs»recht« V:

Besondere Vorkommnisse

2004: Militärregierungsgesetz Nr. 67

In einer »Übersicht über den Stand der Schuld der Bundesrepublik Deutschland« der Bundeswertpapierverwaltung wird unter dem Punkt »III. Sonstige Schulden, 1.« die Position »Zinsfreie Schuldverschreibung nach dem **Militärregierungsgesetz Nr. 67**« angeführt. Die Summe betrug am 30.9.2004 genau 279,8 Millionen Euro.[1]

1996: Militärregierungsgesetz Nr. 53

Wegen Vergehen gegen das Militärregierungsgesetz Nr. 53 hatte das Landgericht Berlin den Angeklagten Dr. Alexander Schalk-Golodkowski im Jahre 1996 zu einem Jahr Freiheitsstrafe auf Bewährung verurteilt. Mit Urteil vom 9. Juli 1997 hatte der Senat die Revision des Angeklagten verworfen. Nach einer Entscheidung des Großen Senats für Strafsachen des Bundesgerichtshofs aus dem Jahre 1996 gelte das **Militärregierungsgesetz Nr. 53** uneingeschränkt fort (BGHSt 42,113).[2]

US-Geheimdienst in Deutschland aktiv

Jahre lang fehlten handfeste Beweise, nun sind erstmals Dokumente aufgetaucht, welche die Existenz des Abhörsystems Echelon bestätigen. Unter Führung des US-amerikanischen Geheimdienstes NSA (National Security Agency) haben die traditionellen West-Alliierten an den wichtigsten der Internet-Knotenpunkte Abzweigungen eingerichtet. Auch E-Mails aus Deutschland werden zum Teil über diese Route weitergeleitet. Aber nicht nur das Internet, auch die Kommunikation über Satelliten wird angezapft. Der Name Echelon steht nicht für den Verbund der Abhörstationen, sondern für das System zum Austausch der Daten, die mit Hilfe dieser gewonnen werden. Die USA, Kanada, Großbritannien, Australien und Neuseeland sammeln in ihren Stationen Informationen und liefern sie im Bedarfsfall an die Alliierten weiter. Ausgerichtet ist das System zwar in erster Linie auf Wirtschaftsspionage, aber auch persönliche Mails und Faxe können abfangen und ausgewertet werden.[3]

US-Armee lauscht von Darmstadt aus

Die wichtigste Satelliten-Abhöranlage der US-Armee in Europa ist vom bayerischen Bad Aibling nach Darmstadt umgezogen. Das Kommando der US-Marine in Europa hat dies jetzt gegenüber dem Hessischen Rundfunk bestätigt.

Die großen Kugeln in Darmstadt-Griesheim, von den Anwohnern »Riesenchampignons« genannt, messen zwölf Meter im Durchmesser. Unter den Kugeln verbergen sich die Parabolantennen. Rund 300 Militärs - darunter auch Abwehrspezialisten - arbeiten auf dem Gelände am Euler-Flugplatz. Sie unterstehen dem Kommando der US-Navy in London.

»Das war Teil der Schließung von Militärbasen und der Neuorganisation in Europa«, sagte Terence Dudlee, der Sprecher der US-Navy in London dem hr. Es sei festgestellt worden, daß der beste Standort für diese Anlage bei Griesheim sei. »Es handelt sich um vier große Empfangsantennen, mit denen Signale aufgefangen werden, sowie eine Sendeanlage, die nach Westen ausgerichtet ist. Von dort werden die Aufzeichnungen in die USA übertragen«, sagte Dudlee.

Welche Signale aufgezeichnet werden, will der Sprecher der US-Navy nicht sagen. Er bestätigt aber, daß die Anlage von der US-Marine und von den Geheimdiensten genutzt werde.[4]

Geheimdienstexperte: Faxe, E-mails und Gespräche werden abgefangen

Der Geheimdienstexperte Erich Schmidt-Eenboom behauptet, die Anlage in Darmstadt gehöre - wie zuvor die in Bad Aibling - zum weltweiten US-Spionage-System Echelon. Alle satellitengestützten Kommunikationssysteme würden damit abgehört. Mit Computern würden zum Beispiel Faxe, E-mails und Gespräche ausgewertet. Sobald ein Textbaustein den Verdacht auf Terroristen erhärte, werde alles aufgezeichnet und in die USA weitergeleitet, wo Experten das Material auswerteten. Das System diene sogar der Industriespionage, behaupten Geheimdienstkritiker.[5]

Fortdauerndes Besatzungsrecht

Der Überleitungsvertrag wurde am 23. Oktober 1954 zwischen der BRD und den drei Westalliierten geschlossen. Er regelte zahlreiche und verschiedenartige Fragen, die aus dem Krieg und der Besetzung Deutschlands entstanden waren.

Wichtige Bestimmungen dieses Überleitungsvertrages bleiben nach Ziffer 3

28

eines Notenwechsels vom 27./28. September 1990 nach dem Abschluß des Zwei-plus-Vier-Vertrages in Kraft.

Maßnahmen der Besatzungsbehörden

Der nicht aufgehobene Art. 2 Abs. 1 des ersten Teils des Überleitungsvertrages lautet:

»Alle Rechte und Pflichten, die durch gesetzgeberische, gerichtliche oder Verwaltungsmaßnahmen der Besatzungsbehörden oder aufgrund solcher Maßnahmen begründet worden sind, sind und bleiben in jeder Hinsicht nach deutschem Recht in Kraft, ohne Rücksicht darauf, ob sie in Übereinstimmung mit anderen Rechtsvorschriften begründet oder festgestellt worden sind [...].«

Reparationen

Die Reparationsfrage regelt der nicht aufgehobene Art. 3 Abs. 1 des 6. Teils des Überleitungsvertrages:

»Die Bundesrepublik wird in Zukunft keine Einwendungen gegen die Maßnahmen erheben, die gegen das deutsche Auslands- oder sonstige Vermögen durchgeführt worden sind oder werden sollen, das beschlagnahmt worden ist für die Zwecke der Reparation oder Restitution oder auf Grund des Kriegszustandes oder auf Grund von Abkommen, die die Drei Mächte mit anderen alliierten Staaten [...] geschlossen haben oder schließen werden.«

Mit dem Beitritt der DDR wurde in keiner Weise das Besatzungsrecht aufgehoben. Ebensowenig durch die Unterzeichnung des Zwei-Plus-Vier-Vertrages, der der BRD zwar eine Erweiterung der Souveränität zubilligte, aber dennoch nicht die vollständige Aufhebung des Besatzungsrechts.

Einige Fragen bleiben unbeantwortet:

1) Wie frei war die Entscheidung der BRD bei dem Verzicht auf ein großen Teil des deutschen Territoriums bei der Unterzeichnung des Zwei-Plus-Vier-Vertrages?

2) Wie frei war der Wunsch nach einem weiteren Verbleib alliierter Truppen auf deutschem Boden, an dem die fortdauernde Besetzung Deutschlands zu erkennen ist?

3) Wie frei ist die BRD in ihrer Entscheidung, ob sie in der EU oder der NATO verbleiben will oder muß?

Letztendlich ist deutlich zu erkennen, daß das Besatzungsrecht in vielen Variationen fortbesteht und schlimmer noch, längst Einzug gefunden hat in die deutsche Gesetzgebung und sehr deutliche Parallelen zu den alliierten Vorschriften nach der Kapitulation 1945 erkennen lassen.[6]

Vernichtungspläne I:

»Deutschland mit Giftgas zu durchtränken«

»Der frühere britische Premierminister Winston Churchill hat im Zweiten Weltkrieg den Einsatz von Giftgas und Bakterien gegen Deutschland erwogen. Er ließ die Möglichkeit prüfen, über Berlin, Hamburg, Frankfurt und Stuttgart Millionen Bomben mit Milzbrand-Erregern abzuwerfen. Dies geht aus Dokumenten hervor, die jetzt bei der Vorbereitung einer Fernsehsendung der britischen Fernsehgesellschaft BBC entdeckt wurden ...

Der Premier: 'Wir könnten das Ruhrgebiet und viele andere Orte in Deutschland derart mit Giftgas überziehen, daß der größte Teil der Bevölkerung einer ärztlichen Behandlung bedürfe.'

Die Fernsehanstalt BBC berichtete, es sei geplant gewesen, an einem Tag von 2.700 Flugzeugen der Alliierten über Deutschland Milzbrand-Erreger abwerfen zu lassen. Milzbrand ist eine für Mensch und Tier tödliche Seuche. Ein Angriff dieses Umfangs hätte den Tod von drei Millionen Menschen zur Folge haben können. Nach Ansicht eines britischen Experten wären die von einer Bombardierung dieser Art betroffenen Städte auch heute noch nicht bewohnbar.«[1]

1944 »forderte Churchill seine zaudernden Stabschefs auf, sich darauf vorzubereiten, notfalls 'Deutschland mit Giftgas zu durchtränken'. Die Möglichkeiten sollten ,'von vernünftigen Leuten kaltblütig' durchdacht werden 'und nicht von diesen psalmensingenden uniformierten Miesmachern, die einem hin und wieder über den Weg laufen'.

Weil die Militärs für den Fall einer Anwendung von C-Waffen entsprechende deutsche Gegenschläge befürchteten, plädierten sie eher für den Einsatz von Milzbrandbomben. Von denen hatte Churchill bereits am 8. März 1944 bei den Amerikanern eine halbe Million Exemplare geordert: 'Wir sollten es als eine erste Lieferung betrachten.' Zwei Monate später wurden 5.000 dieser Bomben über den Atlantik transportiert.

Am 28. Juli 1944 allerdings gaben die Stabschefs ihre Ansicht zu Protokoll, auf den B-Waffen-Einsatz solle vorerst verzichtet werden - zu Gunsten von überwältigenden, möglichst finalen Brandangriffen auf Städte wie Berlin oder Dresden.«[1]

Vernichtungspläne II:

»Auch Deutschland sollte Ziel der Atombombe sein«

»Washington (dpa): Amerikanische Militärstrategen haben 1944 nach einer Dokumentation des US-Fernsehsenders CBS erwogen, Deutschland und Japan durch den gleichzeitigen Abwurf von Atombomben zur Kapitulation zu zwingen. In einem Bericht erklärt Oberst Paul Tibbets, der Pilot der B-29, von der aus die Bombe auf Hiroshima abgeworfen wurde, er habe damals die Weisung bekommen, sich und seine Leute auf eine 'geteilte Operation' vorzubereiten - 'gleichzeitige Abwürfe in Europa und Japan'.

Der Einsatz gegen Deutschland habe von einem Luftwaffenstützpunkt an der Adria geflogen werden sollen, heißt es in der Dokumentation, der am 31. Juli ausgeführt werden sollte, 6 Tage vor dem Abwurf der ersten Atombombe auf Hiroshima. Im Mai 1945, als sich absehen ließ, daß eine Atombombe tatsächlich in Kürze einsatzbereit sein würde, hatte Deutschland bereits kapituliert.«[1)]

Vernichtungspläne III:

Anweisungen für die Re-education

What to do with Germany. 1945. Distributed by Special Service Division, Army Service Forces, U. S. Army. Not for Sale.

»Die Re-education wird für alt und jung gleichermaßen erzwungen und sie darf sich nicht auf das Klassenzimmer beschränken. Die gewaltige überzeugende Kraft dramatischer Darstellung muß voll in ihren Dienst gestellt werden. Filme können hier ihre volle Reife erreichen. Die größten Schriftsteller, Produzenten und Stars werden unter Anleitung der 'Internationalen Universität' die bodenlose Bosheit des Nazismus dramatisieren und dem gegenüber die Schönheit und Einfalt eines Deutschlands loben, das sich nicht länger mit Schießen und Marschieren befaßt. Sie werden damit beauftragt, ein anziehendes Bild der Demokratie darzustellen, und der Rundfunk wird sowohl durch Unterhaltung wie auch durch ungetarnte Vorträge in die Häuser selbst eindringen. Die Autoren, Dramatiker, Herausgeber und Verleger müssen sich der laufenden Prüfung durch die 'Internationale Universität' unterwerfen; denn sie sind alle Erzieher. Von Beginn an sollen alle nichtdemokratischen Veröffentlichungen unterbunden werden. Erst nachdem das deutsche Denken Gelegenheit hatte, in den neuen Idealen gestärkt zu werden, können auch gegenteilige Ansichten zugelassen werden, im Vertrauen darauf, daß der Virus keinen Boden mehr findet; dadurch wird größere Immunität für die Zukunft erreicht. Der Umerziehungs-Prozeß muß ganz Deutschland durchdringen und bedecken. Auch die Arbeiter sollen im Verlauf von Freizeiten vereinfachte Lehrstunden in Demokratie erhalten. Sommeraufenthalte und Volksbildungsmöglichkeiten müssen dabei Hilfestellung leisten.

Viele deutsche Gefangene werden nach Kriegsende in Rußland bleiben, nicht freiwillig, sondern weil die Russen sie als Arbeiter brauchen. Das ist nicht nur vollkommen legal, sondern beugt auch der Gefahr vor, daß die zurückkehrenden Kriegsgefangenen zum Kern einer neuen nationalen Bewegung werden. Wenn wir selbst die deutschen Gefangenen nach dem Krieg nicht behalten wollen, sollten wir sie nichtsdestoweniger nach Rußland senden.

Die 'Internationale Universität' ist am besten dazu geeignet, die Einzelheiten des deutschen Erziehungswesens, der Lehrpläne, der Schulen, der Auswahl der Lehrer und der Lehrbücher, kurz: alle pädagogischen Angelegenheiten zu regeln. Wir brauchen ein 'High Command' für die offensive Re-education. Besonders begabte deutsche Schüler erhalten Gelegenheit zur Fortbildung an unseren Schulen; sie werden als Lehrer nach Deutschland zurückkehren und eine neue kulturelle Tradition, verbunden mit internationalem Bürgersinn, begründen.

Die Professoren sollen nach Möglichkeit deutsche Liberale und Demokraten sein. Das Eindringen von 'Fremden' könnte aufreizend wirken und muß auf ein Minimum beschränkt werden; aber das darf nicht dazu führen, daß uns die Kontrolle verlorengeht.

Jedes nur denkbare Mittel geistiger Beeinflussung im Sinn demokratischer Kultur muß in den Dienst der Re-education gestellt werden. Die Aufgaben der Kirchen, der Kinos, der Theater, des Rundfunks, der Presse und der Gewerkschaften sind dabei vorgezeichnet.

Die Re-education tritt an die Stelle des Wehrdienstes, und jeder Deutsche wird ihr zwangsläufig unterworfen, so wie früher der gesetzlichen Wehrpflicht.

Uns ist die Aufgabe zugefallen, Frieden und Freiheit zu retten; jene Freiheit, die am Berg Sinai geboren, in Bethlehem in die Wiege gelegt, deren kränkliche Kindheit in Rom, deren frühe Jugend in England verbracht wurde, deren eiserner Schulmeister Frankreich war, die ihr junges Mannesalter in den Vereinigten Staaten erlebte und die, wenn wir unser Teil dazu tun, bestimmt ist zu leben - all over the world!«

Das Re-educations-Programm wurde in begeisterter Zustimmung unterschrieben von Truman, Wallace, Nelson, Wichell, Rickenbacker, Sigrid Undset, Rey Stout, Clifton Fadimann, den Senatoren Burton, Pepper, Capper, Joh. Scheel, Lowell Thomas, Gabriel Heatter, James W. Gerard, Lord Vansittart, Maurice Maeterlinck, Sommerset Maugham, Louis Bromfield, Dean Alfange, Famicie Hurst, Cecil Roberts, Henry Bernstein, Dr. Alvin Johnson, Dr. William Neilson, Gen. Marcel de Baer, Daniel A. Poling, Wallace Deuel, Paul Jordan-Smith, Burnet Hershey, Hugh Cowdin, Edgar Ansel Mowrer, Edwin H. Blanchard, J. H. Jackson, Dr. Melchior Polyi, H. R. Burke und vielen anderen Vertretern des »amerikanischen« Geistes.[1]

Vernichtungspläne IV:

Die Besatzungs-Direktive JCS 1067

(Joint-Chiefs of Staff)

I. Allgemeine und politische Angelegenheiten

[...]

4. Grundlegende Ziele der Militärregierung in Deutschland

a) Es muß den Deutschen klar gemacht werden, daß Deutschlands rücksichtslose Kriegsführung und der fanatische Widerstand der Nazis die deutsche Wirtschaft zerstört und Chaos und Leiden unvermeidlich gemacht haben und daß sie nicht der Verantwortung für das entgehen können, was sie selbst auf sich geladen haben.

b) Deutschland wird nicht besetzt zum Zwecke seiner Befreiung, sondern als ein besiegter Feindstaat. Ihr Ziel ist nicht die Unterdrückung, sondern die Besetzung Deutschlands, um gewisse wichtige alliierte Absichten zu verwirklichen. Bei der Durchführung der Besetzung und Verwaltung müssen Sie gerecht, aber fest und unnahbar sein. Die Verbrüderung mit deutschen Beamten und der Bevölkerung werden Sie streng unterbinden.

c) Das Hauptziel der Alliierten ist es, Deutschland daran zu hindern, je wieder eine Bedrohung des Weltfriedens zu werden. Wichtige Schritte zur Erreichung dieses Zieles sind die Ausschaltung des Nazismus und des Militarismus in jeder Form, die sofortige Verhaftung der Kriegsverbrecher zum Zwecke der Bestrafung, die industrielle Abrüstung und Entmilitarisierung Deutschlands mit langfristiger Kontrolle des deutsche Kriegspotentials und die Vorbereitungen zu einem späteren Wiederaufbau des deutschen politischen Lebens auf demokratischer Grundlage.

d) Andere alliierte Ziele sind die Durchführung des Reparations- und Rückerstattungsprogramms, Nothilfe für die durch den Naziangriff verwüsteten Länder und die Betreuung und Rückführung der Kriegsgefangenen und Verschleppten der Mitgliedsstaaten der Vereinten Nationen.

5. Wirtschaftskontrollen

a) Als Mitglied des Kontrollrats und als Zonenbefehlshaber werden Sie sich von dem Grundsatz leiten lassen, daß der deutschen Wirtschaft in dem Maße Kontrollen auferlegt werden können, als erforderlich ist, um die in der vorstehenden Ziffer 4 aufgezählten Ziele zu erreichen und außerdem soweit sie zum Schutz der Sicherheit und zur Befriedigung des Bedarfs der Besatzungsstreitkräfte und zur Sicherstellung der Produktion und Aufrechterhaltung von Lieferungen und Dienstleistungen notwendig sind, um Hungersnot oder Krankheiten und Unruhen, die eine Gefährdung der Streitkräfte darstellen würden, vorzubeugen. Sie werden bei der Durchführung des Reparationsprogramms oder anderweitig nichts unternehmen, was geeignet wäre, die grundlegenden Lebensbedingungen in Deutschland oder in Ihrer Zone auf einem höheren Stand zu halten als in irgendeinem benachbarten Mitgliedstaat der Vereinten Nationen.

b) Bei der Einführung und Durchführung der durch Sie oder den Kontrollrat vorgeschriebenen Kontrollmaßnahmen sollen die deutschen Behörden, soweit es praktisch durchführbar ist, angewiesen werden, die Durchführung diese Kontrollen anzukündigen und zu übernehmen. Dadurch soll dem deutschen Volk klargemacht werden, dass die Verantwortung sowohl für die Durchführung dieser Kontrollen als auch für jegliches Versagen bei solcher Kontrolltätigkeit bei ihm selbst und bei den deutschen Behörden liegt.

6. Entnazifizierung

a) Der Kontrollrat soll einen Aufruf erlassen, durch den die Nazipartei, ihre Gliederung, angeschlossenen Verbände und untergeordneten Organisationen und alle öffentlichen Nazieinrichtungen, die als Werkzeuge der Parteiherrschaft gegründet worden waren, aufgelöst werden und ihr Wiederentstehen in jeder Form untersagt wird. Sie werden dafür sorgen, dass diese Politik in Ihrer Zone schleunigst verwirklicht wird, und Sie werden alles tun, um das Wiedererstehen irgendeiner dieser Organisationen als Untergrundbewegung, in getarnter oder in geheimer Form, zu verhindern. [...]

b) Alle Mitglieder der Nazipartei, die nicht nur nominell in der Partei tätig waren, alle, die den Nazismus oder Militarismus aktiv unterstützt haben, und alle anderen Personen, die den alliierten Zielen feindlich gegenüber stehen, sollen entfernt und ausgeschlossen werden aus öffentlichen Ämtern und aus wichtigen Stellungen in halbamtlichen und privaten Unternehmungen wie (1) Organisationen des Bürgerstandes, des Wirtschaftslebens und der Arbeiterschaft, (2) Körperschaften und andere Organisationen, an denen die deutsche Regierung oder Unterabteilungen ein überwiegendes finanzielles Interesse haben, (3) Industrie, Handel Landwirtschaft und Finanz, (4) Erziehung und (5) Presse, Verlagsanstalten und andere der Verbreitung von Nachrichten und Propaganda dienenden Stellen. Als Person, die nicht nur nominell in der Partei tätig waren und die den Nazismus oder Militarismus aktiv unterstützt haben, sind diejenigen zu behandeln, die (1) ein Amt innehatten oder anderweitig auf irgendeiner Stufe von den örtlichen bis zu den Reichsstellen der Partei und ihrer Gliederungen aktiv gewesen sind oder in Organisationen, die militaristische Lehren unterstützen, (2) irgendwelche Naziverbrechen, rassische Verfolgungen oder Diskriminierungen veranlasst oder an ihnen teilgenommen haben, (3) sich als Anhänger des Nazismus oder rassischer und militärischer Überzeugungen bekannt haben, oder (4) der Nazipartei oder Nazifunktionären oder Naziführern freiwillig beträchtliche moralische oder materielle Hilfe oder politische Unterstützung irgendwelcher Art geleistet haben. Keine dieser Personen darf in irgendeiner der oben angeführten Beschäftigungsarten aus Gründen der verwaltungstechnischen Notwendigkeit, Bequemlichkeit oder Zweckdienlichkeit beibehalten werden. [...]

7. Entmilitarisierung

a) Sie werden in Ihrer Zone sicher stellen, daß alle Einheiten der deutschen Streitkräfte einschließlich der halbmilitärischen Organisationen als solche aufgelöst werden und daß ihre Angehörigen sofort entwaffnet und überwacht werden. Sie werden alle Militärpersonen, die unter die Bestimmungen der Ziffer 8 fallen, verhaften und gefangen halten, bevor endgültig über sie verfügt wird [...]

8. Als Kriegsverbrecher verdächtige Personen und Verhaftungen im Interesse der Sicherheit

a) Sie werden Adolf Hitler, seine Haupt-Nazikomplizen, andere Kriegsverbrecher und alle diejenigen Personen, die an der Planung oder Durchführung von Naziunternehmen beteiligt waren, die mit Greueltaten oder Kriegsverbrechen in Verbindung standen oder zu solchen führten, ausfindig machen, verhaften und gefangen halten, bis Sie weitere Anweisungen darüber erhalten, was mit ihnen geschehen soll. [...]

9. Politische Tätigkeit

a) Keine politische Tätigkeit irgendwelcher Art darf ohne Ihre Genehmigung begünstigt werden. Sie werden dafür sorgen, daß Ihre Militärregierung keine Bindung zu irgendeiner politischen Gruppe eingeht.

b) Sie werden jegliche Verbreitung von nazistischen, militaristischen oder pangermanistischen Lehren verbieten.

c) Sie werden keine deutschen Aufmärsche militärischer, politischer, ziviler oder sportlicher Art gestatten.

d) Rede-, Presse- und Religionsfreiheit sind zu gewähren, soweit sie nicht militärische Interessen beinträchtigen.

[...]

14. Erziehung

a) Alle pädagogischen Einrichtungen in Ihrer Zone mit Ausnahme derjenigen, die schon vorher auf Grund einer Genehmigung alliierter Stellen wiedererrichtet worden sind, sind zu schließen. Die Schließung von nazistischen Erziehungsinstituten, wie Adolf-Hitler-Schulen, Napolas und Ordensburgen und von Naziorganisationen innerhalb anderer pädagogischer Einrichtungen soll für immer gelten.

b) Ein koordiniertes Kontrollsystem über die deutsche Erziehung und ein bejahendes Programm der Neuausrichtung sollen aufgestellt werden, um die nazistischen und militaristischen Lehren völlig auszurotten und die Entwicklung demokratischen Gedankengutes zu fördern.

c) Sie werden die Wiedereröffnung von Volksschulen, Mittelschulen und Berufsschulen so bald wie möglich nach Ausschaltung des Nazipersonals genehmigen. Lehrbücher und Lehrpläne, die nazistische und militaristische Lehren enthalten, sollen nicht benutzt werden. Der Kontrollrat soll Programme aufstellen, in denen die Wiedereröffnung der höheren Schulen, Universitäten und andere Institute für höhere Bildung in Aussicht genommen wird. Nach Entfernung der besonderen nazistischen Spuren und des Nazipersonals und bis zur Abfassung solcher Programme durch den Kontrollrat können Sie innerhalb Ihrer Zone ein vorläufiges Programm aufstellen und in Kraft setzen und auf jeden Fall die Wiedereröffnung derjenigen Einrichtungen und Abteilungen gestatten, in denen eine Ausbildung geboten wird, die Sie für die Verwaltung der Militärregierung und für die Zwecke der Besatzung für unmittelbar notwendig und nützlich halten.

[...]

II. Wirtschaft

Allgemeine Ziele und Kontrollmethoden

16. Sie werden dafür sorgen, dass die deutsche Wirtschaft so verwaltet und kontrolliert wird, daß die in den Ziffern 4 und 5 dieser Direktive enthaltenen Hauptziele erreicht werden. Wirtschaftskontrollen sind nur in dem Maße einzuführen, wie sie zur Erreichung dieser Ziele notwendig sind, vorausgesetzt, daß Sie in vollem Ausmaß die für die Durchführung der industriellen Abrüstung Deutschlands notwendigen Kontrollen einführen. Abgesehen von den für diese Zwecke erforderlichen Maßnahmen werden Sie keine Schritte unternehmen, die a) zur wirtschaftlichen Wiederaufrichtung Deutschland führen könnten oder b) geeignet sind, die deutsche Wirtschaft zu erhalten oder zu stärken.

17. Soweit es irgend möglich ist, ohne die erfolgreiche Durchführung der Maßnahmen zu gefährden, die notwendig sind, um die in den Ziffern 4 und 5 dieser Direktive umrissenen Ziele zu erreichen, werden Sie sich deutscher Behörden und Dienststellen bedienen und diese derart beaufsichtigen und für

Nichtbefolgung von Anordnungen bestrafen, wie es notwendig ist, um zu gewährleisten, daß sie ihre Aufgaben ausführen.

Zu diesem Zweck werden Sie allen deutschen Dienststellen und Verwaltungsstellen, die Sie für unbedingt notwendig halten, angemessene Vollmachten erteilen. Vorausgesetzt allerdings, daß sie sich jederzeit streng an die Bestimmungen dieser Direktive über die Entnazifizierung und die Auflösung oder Ausschaltung von Naziorganisationen, Einrichtungen, Grundsätzen, besondere Merkmale und Methoden halten. Sie werden, soweit notwendig, einen Verwaltungsapparat errichten, der nicht von deutschen Behörden oder Dienststellen abhängig ist, um die Durchführung der Bestimmungen [...] und aller anderen Maßnahmen, die für die Erreichung Ihrer die industrielle Abrüstung betreffenden Ziele erforderlich sind, zu vollziehen oder sicherzustellen.

18. Um den Aufbau und die Verwaltung der deutschen Wirtschaft im größtmöglichen Ausmaß zu dezentralisieren, werden Sie

a) dafür sorgen, daß alles, was erforderlich ist, um die lebenswichtigen öffentlichen Versorgungsdienste und die industrielle und landwirtschaftliche Tätigkeit aufrechtzuerhalten oder wiederherzustellen, soweit wie möglich auf örtlicher und regionaler Grundlage unternommen wird;

b) im Kontrollrat auf keinen Fall die Errichtung einer zentralisierten Kontrollverwaltung über die deutsche Wirtschaft vorschlagen oder billigen, außer in den Fällen, wo eine solche Zentralisierung der Verwaltung zur Erreichung der in den Ziffern 4 und 5 dieser Direktive aufgeführten Ziele unbedingt notwendig ist. Die Dezentralisierung der Verwaltung darf nicht verhindern, dass im Kontrollrat die weitgehende Einigkeit über die Wirtschaftspolitik erzielt wird.

[...]

Deutscher Lebensstandard

21. Sie werden Schätzungen darüber anstellen, welche Zuschüsse notwendig sind, um Hungersnot, die Ausbreitung von Krankheiten und zivile Unruhen zu vermeiden, die die Besatzungsstreitkräfte gefährden könnten. Als Grundlage für diese Schätzungen soll ein Programm dienen, durch das die Deutschen selbst für ihre Versorgung aus eigener Arbeit und eigenen Hilfsquellen verantwortlich gemacht werden. Sie werden alle durchführbaren wirtschaftlichen und polizeilichen Maßnahmen ergreifen, um sicherzustellen, daß die deutschen Hilfsquellen voll ausgenutzt werden und der Verbrauch auf dem Mindestmaß gehalten wird, damit die Einfuhren streng begrenzt und Überschüsse für die Besatzungsstreitkräfte, verschleppte Personen und Kriegsgefangene der Vereinten Nationen sowie für Reparationszwecke verfügbar gemacht werden können. Sie werden nichts unternehmen, was geeignet wäre, den Mindestlebensstandard des deutschen Volkes nicht höher liegt als bei irgendeinem benachbarten Mitgliedstaat der Vereinten Nationen, falls solche

Maßnahmen dazu beitragen, den Standard in irgendeiner dieser Nationen zu heben. [...]

Arbeitsfragen, Gesundheitswesen und Sozialversicherung

23. Sie werden den Arbeitnehmern gestatten, sich nach demokratischen Gesichtspunkten zu organisieren, vorausgesetzt, daß die notwendigen Garantien gegeben sind, um eine Fortsetzung des nazistischen oder militaristischen Einflusses in jeglicher Tarnung oder ein Weiterbestehen irgendwelcher Gruppen, die den Zielen und Unternehmungen der Besatzungsstreitkräfte feindlich gegenüber zu stehen, zu verhindern.

»DAMIT MAN NICHT GLAUBT, HITLER HABE DEN WAHN FÜR SICH ALLEIN GEPACHTET, SEI AUF DAS **1941** ERSCHIENENE BUCH 'GERMANY MUST PERISH' DES PRÄSIDENTEN DER AMERIKANISCHEN FRIEDENS-GESELLSCHAFT, THEODORE N[...] KAUFMAN, VERWIESEN, DER DIE GESAMTE DEUTSCHE BEVÖLKERUNG FÜR IMMER VOM ERDBODEN VERSCHWINDEN LASSEN WOLLTE, UND ZWAR DURCH TOTALE ZWANGSSTERILISATION.«

Rudolf Augstein, 1947 Gründer des Nachrichtenmagazins »Der Spiegel« und Herausgeber desselben bis zu seinem Tod im Jahr 2002, in »Der Spiegel«, Nr. 2/1985

Noch ehe der Zweite Weltkrieg begonnen hatte, stellte man in den Kreisen der Roosevelt-Administration in den USA Überlegungen an, wie man mit einem besiegten Deutschland verfahren sollte, um das »Verbrechervolk im Herzen Europas« für alle Zeiten unschädlich zu machen. Unter dem Beifall der Anhänger einer biologischen Vernichtung veröffentlichte Theodore N. Kaufman Anfang 1941, also mehr als ein halbes Jahr vor Eintritt der USA in den Krieg, sein Buch mit dem Titel »Germany must perish« (Argyle press). Die hierin geäußerten Gedanken, die später als »Kaufman-Plan« in die Geschichte eingehen sollten, sahen als Hauptpunkt die Zwangssterilisierung der Deutschen.

Was Sie auf den folgenden Seiten lesen, ist die wörtliche Übersetzung dieses Buches:

Vernichtungspläne V:

von Theodre N. Kaufman

»Germany must perish«

(Deutschland muß ausgelöscht werden)

I. Was will dieses Buch?

Dieser Krieg ist keinesfalls ein Krieg gegen Adolf Hitler. Ebensowenig ist es ein Krieg gegen die Nazis.

Es ist ein Krieg, Volk gegen Volk; ein Krieg zivilisierter Völker gegen unzivilisierte Barbaren, die sich im Finstern am wohlsten fühlen. Dieser Krieg ist ein Krieg von Menschen jener Nationen, die voller Hoffnungen vorwärts stürmen zu einem besseren und frischen Leben gegen die Menschen eines Volkes, das mit Begeisterung in die Zeiten des finsteren Altertums zurückmarschiert. Es ist ein Kampf zwischen dem deutschen Volk und der Menschlichkeit.

Für diesen Krieg des deutschen Volkes ist Hitler nicht mehr zu tadeln, als der frühere deutsche Kaiser für den vorigen oder als Bismarck vor dem Kaiser. Diese Männer waren weder die Urheber noch die Führer des Krieges Deutschland gegen die Welt. Sie waren nur die Spiegelbilder, der durch die Jahrhunderte eingebrannten Gier des deutschen Volkes nach Eroberung und Massenmord.

Dieser Krieg wird vom ganzen deutschen Volk geführt. Dieses ist daher verantwortlich zu machen. Deshalb muß auch das gesamte Volk für den Krieg büßen. Andernfalls wird es immer wieder Kriege des deutschen Volkes gegen die Welt geben. Mit diesem Damoklesschwert über ihren Häuptern wird die zivilisierte Welt - ganz gleich wie erhaben ihre Gedanken, wie groß auch ihre Anstrengungen sein mögen - nie erreichen, feste und solide Grundsteine eines ewigen Friedens zu legen. Das wäre doch ihre erste Aufgabe, wenn diese Völker ernsthaft ein Gebäude der besseren Welt errichten wollen. Dabei geht es nicht alleine darum, daß nur die Deutschen endgültig an immer neuen Kriegen gehindert werden, vielmehr darf es in Zukunft einfach nicht mehr die Möglichkeit geben, überhaupt Krieg zu führen. Also ein endgültiges Halt der deutschen Angriffslust! Nicht nur eine zeitweise Unterbrechung! Das muß die Zielsetzung des gegenwärtigen Kampfes sein.

Das bedeutet, nicht einen Waffensieg über Deutschland zu erringen, oder einen Frieden mit politischen oder territorialen Zugeständnissen zu schließen in der stillen Hoffnung, nicht nur einem besiegten und damit auch reumütigen Gegner gegenüberzustehen. Dergleichen Abmachungen bedeuten keine endgültige Garantie gegen erneute deutsche Angriffe.

Dieses Mal hat Deutschland der Welt einen totalen Krieg aufgezwungen.

Es muß daher so fertig gemacht werden, daß ihm auch eine totale Strafe auferlegt wird.

Und es gibt nur eine, eine einzige derartige Strafe: das deutsche Volk muß für immer vollständig vernichtet werden, und das nicht nur theoretisch, sondern wirklich und wahrhaftig.

***

Tag für Tag wird uns erneut vor Augen geführt - den weniger Glücklichen durch Bomben - wie die Deutschen die Notwendigkeit der Gewaltanwendung mittels Krieg aus wirtschaftlichem Zwang und ebensolcher Zweckdienlichkeit behaupten. Das Verlangen ist bei den einzelnen Führern nur eine Begleiterscheinung der Kriegslüsternheit, die dem ganzen deutsche Volke zutiefst innewohnt.

Die deutschen Führer stehen nicht isoliert vom Volke da, denn ohne dessen Billigung hätten sie das ganze Geschehen nicht in Gang setzen oder selbst existieren können. Die Anheizung durch einzelne und die Begründung und selbst die Verniedlichung ihrer Untaten entsprechen ganz und gar dem deutschen Wesen.

Man hat viel zu oft behauptet, daß der derzeitige Drang nach Weltherrschaft sich auf das Begehren der Gosse stütze und nur auf das ganze Volk übertragen werde, so als ob dieses Treiben in erster Linie von den unteren Klassen, vom Bodensatz des deutschen Volkes ausginge. Eine solche Behauptung kann an Hand der Tatsachen nicht aufrecht erhalten werden, denn die gleiche Gier und die gleiche viehische Brutalität, wie sie die Deutschen heute unter der Regierung der sogenannten »minderwertigen Nazis« zur Schau stellen, zeigten sie schon 1914, d. h. zu einer Zeit, als die »Oberen Zehntausend« und deren »nobelste Musterexemplare« -die »Junker« - vom deutschen Volke herausgestellt wurden. Diese regierten damals das Land; außerdem vergesse man nicht: eine sehr beachtliche Zahl von Deutschlands Intelligenz, die ebenso eine gehobene Gesellschaftsschicht vertritt, saß schon damals als Abgeordnete im deutschen Reichstag.

Nun: Die Lösung der deutschen Frage darf nicht erst von der nächsten Generation übernommen werden. Die Welt darf nie wieder durch die Deutschen auf die Folter gespannt und drangsaliert werden. Das ist unser Problem und wir haben es zu beseitigen. Die Welt muß aus den viel zu vielen und nicht zu beschreibenden Schrecknissen die Lehre ziehen, daß unbeschadet dessen, wer oder welche Gesellschaftssicht in Deutschland am Ruder ist, Krieg gegen dieses Volk geführt werden muß, weil der Anlaß dazu, der zum Handeln zwingt, ein unabtrennbarer Bestandteil des deutschen Gemütes ist.

Nun ja, früher einmal mag diese Volksseele anders gewertet worden sein.

Aber die Zeit fiel in das Stadium der zivilisatorischen Entwicklung vor tausend Jahren. Jetzt ist es zu spät.

Wir wissen das. Unsere Menschen von 1917 wußten es nicht. Sie hatten nichts Vergleichbares, auf das sie ihre Erfahrungen hätten stützen können. Wir Heutigen aber haben keinerlei Entschuldigung. Die vergeblichen Opfer und sinnlosen Bestrebungen der damaligen Zeit müssen unser heutiges Handeln und unsere eigenen Entscheidungen bestimmen.

Wir zahlen heute für das Nichtlernen aus den Erfahrungen der letzten Generation, weil wir uns nicht mit der deutschen Volksseele beschäftigt haben. Wann und wenn für uns die Zeit gekommen ist, ähnliche Entscheidungen zu fällen und dementsprechend zu handeln, dürfen wir die alten Fehler nicht wiederholen. Der Einsatz ist zu hoch, nicht nur für uns, sondern auch für alle kommenden Geschlechter.

Endlich muß man nun erkennen, daß in Deutschland überhaupt kein Führer regieren kann, der diesen oben beschriebenen Geist nicht verkörpert und die Kriegsbegeisterung nicht anheizt, von der dieses Volk nun einmal besessen ist. Ich schalte hier ein: die Mehrheit des Volkes denkt so. Und dieses Wort »Mehrheit« ist hier mit Vorbehalt gewählt. Wenn ich ansonsten von der »Masse« spreche, aus der sich nun einmal jedes Volk zusammensetzt, dann muß man wahrheitsgemäß zugeben, daß ein Bruchteil dieser Masse natürlich anders geartet ist. Mithin darf man nicht die unbillige Behauptung aufstellen etwa dahingehend, daß jeder einzelne in Deutschland an der entsetzlichen

Herausforderung gegenüber der Welt schuldig sei. Infolgedessen sollten wir der deutschen Nation zubilligen, daß etwa 20 % der Bevölkerung in dem Sinne vollkommen unschuldig sind, daß sie also keineswegs zu den Kriegstreibern gehören. Damit schränken wir unsere Behauptung dahingehend ein, daß etwa 15.000.000 Deutsche vollkommen unschuldig sind.

Aber sollten Polen, Tschechen, Slowaken, Österreicher, Norweger, Holländer, Belgier, Franzosen, Griechen, Engländer, Iren, Schotten, Kanadier, Australier und Amerikaner - denn schließlich bekamen sie alle den deutschen Stiefel zu spüren - sollen also rund 300.000.000 Menschen der zivilisiertesten und intelligentesten Nationen der Erde ständig die Leidtragenden sein? Soll denn jede Generation erneut vor dieser Frage eines widernatürlichen Todes stehn, nur damit ein kleiner Teil des deutschen Volkes weiterhin existieren kann? Sind diese 15.000.000 Deutsche so wertvoll, so unentbehrlich für die Menschheit, daß 300.000.000 unschuldiger Männer, Frauen und Kinder immer wieder einen Krieg gegen die Deutschen austragen müssen, wenn und wann es diesen gerade paßt? Soll ewiger Kampf gegen das deutsche Volk die Zukunfts-aussicht für die zivilisierten Völker sein? Warum Kinder gebären, während Deutschland Krieg gebiert?

Sind etwa die Holländer kein liebenswertes, glückliches Volk? Haben die Franzosen keine Kultur? Sind die Tschechen nicht fleißig? Hängen die Polen nicht an ihrem Land, ihrer Familie und ihrer Kirche? Sind die Skandinavier nicht nette Leute? Sind die Griechen nicht tapfer und furchtlos? Sind die Engländer, Schotten, Iren und Amerikaner nicht freiheitliebende und fortschrittliche Menschen? Rein rechnerisch bedeutet das: sind 300.000.000 nicht mehr wert als 15.000.000 Deutsche?

Wenn die Demokratie amerikanischen Stils das Gesetz der größeren Zahl im nationalen Bereich bedeutet, dann muß solches auch auf internationaler Ebene gelten. Größtes Wohlergehen für die größere Zahl der Menschen, so könnte - über den Daumen gepeilt - das demokratische Gesetz lauten. Sich für eine Weltdemokratie einsetzen, würde bedeuten, die Rechte der Mehrheit der demokratischen Völker sicher machen gegen Angriffe, die irgendeine autokratische Minderheit gegen sie richten möchte.

Wenn dem aber nicht so ist, wozu dann eine riesige Rüstung zur Verteidigung einer Demokratie unterhalten; wozu dann amerikanische Soldaten ausbilden mit dem Ziel, einen womöglichen Feind der Demokratie zu töten, weil sonst der Appetit eines erfolgreichen Gegners mit jedem abgeschlossenen Blutbad wächst?

Die amerikanischen Soldaten waren ebenso wie die der anderen großen Nationen gezwungen, Millionen zu töten. Wozu? Angenommen, wir werden erneut gezwungen zu töten. Denn Kriege werden nur durch Töten gewonnen, nicht durch natürliches Sterben. Wozu dann wird der Verkauf und der Verrat an unseren Soldaten zur nationalen Gewohnheit?

Denn das ist ganz klar: die Demokratie mit einem anderen Ziel zu verteidigen als dem, jenes Volk restlos zu vernichten, das käme einem deutschen Siege gleich, selbst wenn es den Krieg verlieren würde. Kämpfen und Siegen, ohne das Problem durch vollständige Ausrottung des deutschen Volkes für alle Zeiten zu lösen, dieses Volkes, das seine Weltanschauung überall propagiert, das kann nur einen neuen Krieg gegen Deutschland bedeuten, und zwar innerhalb eines Menschenalters.

Seien wir also auf der Hut, denn es ist keineswegs unlogisch, damit zu rechnen, daß eines schönen Tages der Soldat - gegen seinen Willen ständig unter Waffen und reglementiert - vom Unterbewußtsein getrieben, in seinem abgewetzten Rock der »Pflicht«, an uns herantritt, um ebenso wie der Arbeiter, Kapitalist oder Bürger seine »Rechte« zu verlangen. Dabei scheint es durchaus nicht unvernünftig, wenn er dabei von dem Standpunkt ausgeht, daß ein Soldat ebensoviel Rechte wie Pflichten hat. Ein Mann, gegen seinen Willen zum Töten verpflichtet, hat ganz gewiß auch seine Rechte. Sicherlich nicht auf Lohn und Arbeitszeit, auch nicht Anspruch auf Gewinn, auch nicht das Recht auf hemmungsloses Aufbegehren gegen seine Vorgesetzten. Letzteres käme im militärischen Bereich einer Katastrophe gleich. All diese Rechte hat der Soldat also nicht, aber ein paar ganz selbstverständliche. Drei Punkte müßte er meiner Ansicht nach unbedingt fordern: 1. daß er moderne Waffen in ausreichendem Umfange erhält, damit ein Höchstmaß an Erfolg bei seiner Tötungsaufgabe erreicht wird; 2. daß er nicht durch Angehörige der Fünften Kolonne verraten wird, die während eines Krieges insgesamt interniert oder erschossen gehört; 3. von unbedingter Wichtigkeit: daß er von seiner Regierung die feste Zusage erhält, die ihm ein für allemal garantiert, daß er mit seiner gräßlichen, grausamen Beschäftigung, der Tötung deutscher Menschen, nie wieder etwas zu tun haben wird und daß sein Sohn den Frieden kennenlernt, ohne vorher töten zu müssen.

Wenn ihm eine solche Garantie nicht zugestanden wird, bevor er ins Feld zieht, oder wenn diese Zusage nach dem Kampf nicht eingehalten wird, wie das letzte Mal (und daß, obwohl die Generale - und unter ihnen unser eigener General Pershing - wußten, daß Deutschland restlos vernichtet werden sollte) wird dann der Soldat sein Recht nicht mit seinen eigenen Händen fordern? Wie dem Arbeiter das Recht auf Streik zusteht, wenn seine Rechte verletzt werden; wie dem Kapital das Recht zusteht, ein Angebot zurückzuhalten wenn es bemerkt, das es keinen Profit bringt; wie dem Bürger das Recht zusteht, sich tyrannisiert zu fühlen, wenn seine Freiheiten bedroht sind, welchen Schritt wird dann der Soldat nicht wagen, wenn er feststellt, daß er wieder um das geprellt wurde, wozu er getötet hatte?

Wenn einst der Tag der Abrechnung mit Deutschland kommt - und er kommt bestimmt - darf es nur eine einzige und ganz klare Antwort geben. Kein Staatsmann, kein Politiker oder verantwortlicher Führer der Nachkriegszeit wird das Recht haben, sich den Luxus, das irrige Gefühl oder die heuchlerische Scheinheiligkeit zu leisten, indem er erklärt, Deutschland sei von seinen politischen Managern verführt. Daher müsse das Volk sich auch wieder erholen können. Es darf den Deutschen nicht erlaubt werden, die ausgebombten und verschütteten Millionen von Frauen und Kindern vergessen zu machen oder über sie hinweg zur Tagesordnung überzugehen; diese Ärmsten sind durch eine Hölle auf Erden gegangen. Auch wird es unseren Politikern nicht erlaubt sein, die von Kugeln zu Tode gehetzten, von Panzern zermalmten Soldaten zu übersehen oder die vielen Länder zu vergessen, deren Energiequellen zerwühlt wurden, wodurch deren Versorgung lahmgelegt wurde. Vor allem aber wird es unseren Politikern nicht gestattet sein, die selbstlosen Opfer zu mißachten, dargebracht vom sogenannten»kleinen Mann auf der Straße« in der Überzeugung, daß das Gezücht, das das deutsche Volk nun einmal ist, keinen Raum mehr finde auf dieser Erde.

Es ist eine unausweichliche Pflicht, die die Welt gegenüber denjenigen schuldig ist, die gegen Deutschland gekämpft haben und heute wieder ein Gleiches tun und leiden, wie es auch die verdammte Pflicht und Schuldigkeit gegenüber den noch Ungeborenen der jetzigen Generation ist, Sicherheiten dafür zu schaffen, **daß die ekelerregenden Giftzähne der deutschen Schlange niemals wieder zubeißen können. Und wie das Gift der Zähne nicht aus dem Inneren des Körpers kommt, so kommt die niederträchtige Bosheit aus dem stets lüsternen kriegerischen Geist der Deutschen.**

Menschliche Sicherheit und Rettung kann nur erreicht werden, wenn diese kriegslüsternde Gattung Mensch für immer und für alle Zeiten ausgetilgt wird und der verfaulende Leichnam, der sie beherbergt, für immer von dieser Welt verschwindet. Es gibt einfach keine Alternative:

Deutschland muß restlos ausgetilgt werden!

Dieser Krieg mit seinen verheerenden Auswirkungen, den unbeschreiblichen deutschen Zerstörungen, den unaussprechlichen Greueltaten, dieser Krieg kommt aus dem kriegerischen Geist jener Barbaren, von denen Machiavelli vor über vierhundert Jahren schrieb:

Deutsche Städte sind schlicht und einfach in jeder Beziehung, aber mit militärischen Vorräten gut versorgt, und ihre Festungswerke sind in gutem Zustand ... an Feiertagen werden sie in Ermangelung anderer Ergötzlichkeiten im Waffenhandwerk unterwiesen.

Die Geschichte wiederholt sich.

Wir können einen Tiger aus seiner gewohnten Umgebung bringen, mitten aus seinem Dschungellager heraus. Mit Geduld können wir ihn so zähmen, daß er unter Umständen sogar unsere Liebkosungen erwidert, aus der Hand frißt und auf unser Kommando hört. Je mehr er sich an diese ihm fremde Umgebung gewöhnt hat, um so mehr sind wir später enttäuscht, weil wir uns eingebildet hatten, daß er seine Dschungeltage vergessen habe. Denn das ist die fatale Erkenntnis: unerbittlich kommt einmal die Zeit, daß seine Seele ihn dazu treibt, wieder von seinen Zähnen und Pranken Gebrauch zu machen. Mit dieser unvermeidbaren Antwort des unwiderstehlichen Instinkts verwandelt sich der Tiger wieder in sein Dschungelleben zurück. Er wird wieder der alte Killer.

Genau so verhält es sich mit dem deutschen Volk. Vielleicht hört es eine Zeitlang auf verfeinernde Einflüsse; es sieht so aus, als ob es das Benehmen und äußere Gehabe zivilisierter Völker angenommen habe, und doch bleibt ihm immer die Kriegslust innewohnen, die es, wie den Tiger, bei Gelegenheit wieder dazu treibt, zu morden. Wie groß auch immer der gute Wille zu Vertragstreue, Vernunft oder Zivilisation sein oder gewesen sein mag oder nicht - in Vergangenheit, Gegenwart und Zukunft - dieser Wille wird nie ausreichen, diesen Trieb zu verändern. Denn wenn fast zweitausend Jahre keinerlei Einfluß auf dieses kriegerische Gemüt ausgeübt haben, kann man da allen Ernstes erwarten, daß sich ein solches Wunder plötzlich, von einem Tag zum anderen, vollzieht?

Dieser Vergleich des deutschen Volkes mit der wilden Bestie ist keineswegs ein pöbelhafter. Ich empfinde für diese Menschen keinen größeren Haß, als ich einem Rudel wilder Tiere oder einem Knäuel giftiger Reptilien entgegenbringe. Man kann keine Wesen hassen, deren Seele keine Wärme ausstrahlt. Mit solchen empfindet man allenfalls Mitleid, wenn sich das deutsche Volk still zufrieden mit seiner Unbedarftheit begnügen würde, dann wäre das seine erregendste Angelegenheit. Aber wenn es beharrlich immer wieder den Versuch unternimmt, andere Völker mit diesem stinkenden Dunst zu vernebeln, mit dem es sich selbst umgibt, dann wird es Zeit, diese Menschen aus dem Reich der zivilisierten Völker auszuscheiden. Unter zivilisierten Völkern ist kein Platz für sie, und somit haben sie keine Existenzberechtigung.

Wir haben es gar nicht nötig, die Deutschen zu verdammen, sie verdammen sich selber. Denn es genügt, die gesprochenen und geschriebenen Worte zu hören oder zu lesen, wie sie eben nur die Deutschen verwenden; wir brauchen nur ihre Taten zu beobachten, wie sie eben nur von Deutschen begangen werden können; man verfolge nur die Leiden und Verschleppungen, wie sie eben nur von Deutschen verursacht werden können. Man beobachte, wie sie mit alledem ihre größenwahnsinnigen und verteufelten Neigungen zu verwirklichen suchen. Es sind die Deutschen selber, die ihren Landsleuten das Scherbengericht verordnen, menschliche Wesen zu sein. **Sie sind nichts anderes als Bestien. Sie müssen als solche behandelt werden.**

Das ist ein rein sachlicher Standpunkt, gewissenhaft überdacht und voller Bewußtsein ausgesprochen. Welchen Standpunkt daher auch dieses Buch einnimmt.

Natürlich gibt es in der Welt einschließlich unseres Landes Menschen, die anderer Ansicht sind und die deutsche Gefahr anders beurteilen. Gewöhnlich nehmen diese Menschen einen - wie sie es nennen - »vernünftigen« Standpunkt diesem Problem und dem Fortschritt der Menschheit gegenüber ein. Diese Leute möchten es dem Schicksal überlassen, die Zukunft zu gestalten. Sie würden allen Ernstes den Deutschen gestatten, die Welt zu erobern und zu versklaven. Dabei verwenden sie Ausdrücke, deren Lautstärke vom Ausmaß der eigenen persönlichen Motive oder des persönlichen Vorteils abhängt. Etwa dahingehend, daß die Weltbeherrschung durch die Deutschen nicht ewig dauern könne, daß Deutschland irgendwann in einer nebulösen Zukunft den eisernen Griff auf die Welt endgültig lockern müßte, womit sich dann die Welt selbst befreien könnte. Und wenn ihren Unterhändlern weder eine vorherige Absprache oder die Kapitulationsforderung nicht annehmbar erscheinen sollte, dann werden sie einen Kompromiß mit den Deutschen vorschlagen, den sogenannten »ausgehandelten Frieden«.

Das wären unselige Forderungen. Sie können nur solchen menschlichen Hirnen entspringen, die sich noch mit Mondscheinidyllen beschäftigen: einer menschlichen Spezies rückgratloser Quallen, die noch in den Wassern vergangener Zeiten herumplätschern. Es sind die Ewiggestrigen. Sie werden wohl immer als solche weiterhin leben. Menschen, unfähig, ihren eigenen wissenschaftlichen und geistigen Horizont zu erweitern. Menschen, die versuchen, andere mit sich herabzuziehen in ihre trüben Tiefen und in die höllische Finsternis, die ihre eigene jämmerliche Existenz umgibt.

Diese Menschen, obwohl sie Zeugen der gegenwärtigen Versklavung hochzivilisierter und humaner Völker geworden sind, wie z. B. die Österreicher, Tschechen, Polen, Franzosen, Holländer, Norweger und Belgier, diese Menschen wollen also tatsächlich die Augen vor alledem verschließen und Nichtglauben heucheln, was dennoch eine starke und fruchtbare Wahrheit ist. Es sind Menschen, die sich schicksalsgläubig für klug halten und dadurch narkotisiert werden; die, indem sie das Schicksal als Verbündeten betrachten, in Wirklichkeit seine armseligen Knechte geworden sind.

Glücklicherweise haben diese Menschen noch nicht die Mehrheit, und sie werden sie wohl auch nie bekommen. Aber es wäre möglich, daß die Deutschen sich ihrer bedienen, sie sich fügbar machen oder etliche von ihnen bestechen, um die deutsche Unterweltslehre weiter über die Erde zu verbreiten. Aber selbst als Minderheit bilden sie eine Gefahr, die »Beschwichtiger«, und daher müssen sie rücksichtslos bekämpft werden. Denn bei Unternehmen, die sie wahrscheinlich unter dem Deckmantel eines »unbestreitbaren Patriotismus« durchführen, ist es offensichtlich, daß sie nicht so handeln würden, wenn sich nicht in einem Winkel ihrer Seele ein Stückchen deutscher Eigenart befände. Jene anderen »Beschwichtiger« aber, deren Redlichkeit zweifelhaft ist, deren Vaterlandsliebe man bezweifeln muß - solche, die die Grundsätze des Germanismus zu verteidigen versuchen - sind ausgesprochene Verräter an ihrem Vaterland. Und wenn eine Regierung sie nicht als solche behandeln kann oder will, könnte es dann mit der Zeit nicht dahinkommen, sich nur auf die Menschen verlassen zu müssen, deren Leben und Freiheit auf dem Spiele steht und die entsprechend zu handeln bereit sind!

Ich hege keinesfalls den Wunsch, daß man dieses Buch als ein Hilfsmittel betrachtet, um das eine oder andere Volk zum Kriege zu ermuntern.

Als ein menschliches Wesen beklage ich jeden Krieg. Als zivilisierter Angehöriger einer zivilisierten Nation hasse ich ihn.

Ich hasse den Krieg nicht allein wegen seiner Leiden, seines Grauens, wegen seiner Tragik und seiner sinnlosen Verwüstung, was alles in seinen Spuren läuft. Ich hasse ihn noch mehr, weil ich in ihm eine noch nicht durchtrennte Nabelschnur sehe, die dem moralischen und geistigen Menschenembryo noch mit der Gebärmutter des Tierinstinkts verbindet. Und ich weiß genau, daß - wird die Nabelschnur nicht durchschnitten - die gesellschaftliche Entwicklung und der menschliche Fortschritt dann auf unbeständigem und unsicherem Grund gebaut ist. Auch weiß ich: solange es Kriege gibt, wird es nicht zu dem Weltfrieden kommen, aus dem heraus eines Tages der Weltbund der Völker geboren wird. Ein solcher Bund aber ist das Ziel, das höchste, und eine unabdingbare Notwendigkeit der menschlichen Rasse.

Friede! Auf dieser Welt gibt es wohl kaum einen Mann, eine Frau, ein Kind, das nicht diesen Ruf gehört hätte. Denn über alle Jahrhunderte hinweg war dieses Wort Gegenstand von Diskussionen und Debatten und mehr als jedes andere ein Problem der Menschheit. In Land- und Reichstagen haben große Redner des Friedens dieses Wort laut gepriesen. Die großen Propheten jeder Religion auf dieser Welt haben sein Evangelium gepredigt, und sie haben seinen Segen für die Menschheit herausgestellt. Auf der ganzen Welt entdecken wir, daß das Wort vom Frieden die Allgemeinheit restlos beherrscht. Die Sehnsucht nach »Frieden« verbindet in gemeinsamen Gedanken und Gebeten alle Völker und Nationen der Menschheit, gleich welcher Hautfarbe und Rasse.

Warum denn nur haben wir es im Verlaufe der Jahrtausende nicht erreicht, solch heißes Sehnen zu verwirklichen, nämlich diesen Frieden zu finden? Wie kommt es nur, daß nach so unendlich langer Zeit noch kein einziger praktischer und dauerhafter Schritt in diese Richtung zur Verwirklichung unternommen wurde? Gewiß wird morgen weder ein Mann noch eine Gruppe von Menschen geboren werden, die an Wissen jene großen Männer übertreffen oder an Geschick überragen werden, die in der langen, vergangenen Zeit über Frieden gesprochen, geschrieben und gepredigt haben. Was müssen wir also tun? Die Hände heben und aufgeben? Ist die Frage damit abgetan, daß wir einfach erklären, daß es den Frieden nicht gibt, weil es ihn eben nicht geben kann? Handelt es sich um ein unerreichbares Phantom?

Ich denke allerdings nicht so. Ich glaube fest daran, daß solch ein Frieden als Dauerzustand Wirklichkeit werden kann. Aber selbst wenn man, wie ich, fest daran glaubt, so weiß ich doch, daß er nicht eines schönen Tages aufkreuzt und an meine Türe klopft, um sich plötzlich zu melden: »Hier bin ich!« Nein, er kommt bestimmt nicht von allein!

Ich glaube, daß man einen solchen Zustand schaffen kann, nicht nur als Vorstellung, aber sicherlich nicht, solange es Kriege gibt.

Denn warum gibt es noch immer Krieg?

Ganz einfach, weil es noch nicht möglich gemacht worden ist, ihn überhaupt zu riskieren.

Den Krieg aus der Welt zu schaffen, dazu gibt es nur einen einzigen Weg: man muß einen Angreifer derart hart verfluchen und ihm so furchtbare Folgen androhen, daß er davor glatt zurückschreckt, überhaupt erst Kriegsvorbereitungen zu treffen.

Man darf den Krieg nicht mit immer stärker zerstörenden Waffen austragen, sondern man muß Strafen androhen, die um vieles schrecklicher und risikoreicher sind, als der Krieg selbst. Nur so kann man ihm vorbeugen.

Dieses Buch glaubt allen Ernstes, eine solche Möglichkeit gefunden zu haben: wenn dem deutschen Volke die in diesem Buch vorgeschlagene Strafe auferlegt wird, würde nicht nur eine schlimme Geißel von der Welt genommen, nein, vielmehr würde der Menschheit ein großer Segen beschert.

***

II. Das Hintergründige im deutschen Wesen

Die Deutschen sind ein verfluchtes Volk. Ihr Sinnen und Trachten gilt nur als Rechtsverdrehung. Ihre größte Freude ist: mit ihren Armen, die aussehen wie stachelbewehrte Keulen, in der Luft herumzufuchteln. Ihrem Munde entströmen statt menschlicher Laute Artilleriedonner und

Krach wie von berstendem Stahl. Ihr Leben ist ständig explosions-geladen. Der Deutsche macht keine geistigen Höhenflüge. Er meidet das Klare. Hinterlistig zerreist er Verträge, übt er seinen gehässigen Einfluß auf Zeitungsartikel aus, mißt er über Landkarten gebeugt Winkel, mit glühenden Augen verfolgt er den Grenzverlauf der einzelnen Länder. Sein Vaterland lieben, heißt für ihn, alle anderen Länder verachten, verhöhnen und beleidigen. Er kann nur hassen und lügen, ja, er haßt und belügt sich selbst. Ungebeten mischt er sich in die Angelegenheiten anderer Leute, steckt seine Nase in Dinge, die ihn nichts angehen, kritisiert alles und jedes, setzt alles herab und diskreditiert alles. Was für ein Jammer, daß 23 Jahrhunderte nach Sokrates und Plato und 2.000 Jahre nach Christus noch immer die Stimme von Leuten dieses Schlages in der Welt gehört wird, ja, noch schlimmer, daß man ihnen noch zuhört. Das allerschlimmste aber ist, daß es noch Menschen gibt, die diesen Deutschen glauben. Das Vaterland ist für sie ein abgekapseltes Einzelwesen. Sie geben selbst zu, daß es ihnen nichts ausmacht, in einer Atmosphäre hochmütiger Verachtung für ihre Nachbarn zu leben und zu atmen. In ihrem Volk sehen sie nichts anderes als ein immer neues Werkzeug der Zerstörung, vergleichbar mit einem gefräßigen und nimmersatten Raubtier, dessen einzige Aufgabe darin besteht, Beute zu machen. Alles was er nicht selbst besitzt, haben sich nach seiner Ansicht die anderen zusammengestohlen. Die ganze Welt gehört von Rechts wegen ihnen. Wer ihrer Tyrannei zu entfliehen versucht, gilt als Rebell. **Dieses Volk, das aus lauter Vaterlandsliebe nur sich selbst liebt, dieses blutdürstige Götzenbild,** dessen Hauptverteidiger sie sind, schmückt seine Forderungen - wenn es ihm zweckdienlich erscheint - gleich launenhaften Landesherren - mit schillernden entzückenden Beigaben aus. Wer nicht gleich einer Meinung mit diesen deutschen Überspanntheiten ist, gilt als Barbar. Sie erwarten, daß man dieses bis an die Zähne bewaffnete Volk mit der Feierlichkeit und dem Geheul der Derwische begrüßt, daß man es mit geschlossenen Augen und mit vor Entzückung zitterndem Körper liebt. Wegen ihrer Fehler soll man taube Ohren für die übrige Welt haben. Alles, was ihnen nicht gehört, muß mit Verachtung gestraft werden. Liebe und Haß gehören zu ihrem Volke. Beide entspringen ein und derselben Geisteshaltung. Den Deutschen bedeutet der nationale industrielle Fortschritt nicht ein glückliches Zeichen nationalen Wohlstandes. Für sie ist er nur ein Mittel zur Erringung der Weltherrschaft. Geographie ist für sie nicht die Lehre über die Erdoberfläche, sondern vielmehr die überraschende Entdeckung von Grenzlinien. Hier werden strategische Pläne zur Welteroberung geschmiedet. Gezwungenermaßen ist jeder Nachbar mißtrauisch, und der wachsame Feind ist es natürlich auch. Die Welt wird von Hyänen bevölkert, die demütig über die Erde kriechen, von wo sie eigentlich verjagt werden müßten.

Die Deutschen halten sich als von Gott dazu auserlesen, die moderne Welt zu beherrschen. Wer anderer Ansicht ist, wird als anmaßender Ketzer angesehen und gehörte eigentlich zerschmettert. Die Deutschen behaupten, den Frieden zu wollen, aber das muß wohl eine besondere Art von Frieden sein. Etwa nach dem Muster der persischen Satrapen, die ja auch nichts von Frieden und Eintracht hielten. Sie warfen jeden, der solche Ideale zu vertreten wagte, den Löwen vor. Deutsche Laute sind schrill und rauh. Statt zu argumentieren, geben sie weitschweifige Erklärungen ab und bestimmen, was Recht ist. Beim geringsten Widerspruch laufen sie rot an und nehmen Zuflucht zu Blitz und Donner. Sie schwingen große Reden über die Schlüssigkeit des heiligen kategorischen Imperativs, der an die Stelle von Treu und Glaube tritt. Sie respektieren nichts und niemanden. Kommen sie selbst mit dem Gesetz in Konflikt, dann erklären sie, daß es geändert werden müsse. Minister sind in ihren Augen nur kleine Angestellte, die sie als Strohmänner für ihre politischen Manöver gebrauchen. Die Deutschen sind kleinlich und zänkisch. Sollte wirklich einmal jemand wagen, sie anzuschreien, so schreit er dennoch nie laut genug. Gibt man ihnen recht, so kommt man gleich auf ihre Liste als Zivilagent. Sie sind Hetzer und Säbelrassler. Sie tauchten ihre Feder in Galle, und mit ihren Possenreißern setzen sie die Marionetten in Bewegung, die sich an das Volk wenden und es sogar zum Mittun bewegen können. Die Jugenderzieher, die in all den Jahren herangewachsen sind, und in disziplinierter Schlachtordnung über die Manöverfelder marschieren, haben nie aufgehört, dem Volke in leicht anfälliger Weise die Begeisterung für Krieg und Sieg einzuimpfen, deren Dunst nun zum Himmel steigt und sie zum Überkochen bringt. Das haben sie bewirkt: den Glauben an die unbezweifelbare Überlegenheit der deutschen Rasse, an die Notwendigkeit, den Respekt vor allem Deutschen über die ganze Erde zu verbreiten, an die Notwendigkeit, jeden einzelnen Deutschen überall zu schützen, ganz gleich, was er ist, denn er ist ja schließlich ein Träger der unterweltlichen deutschen Rasse.

Das treffende Bild eines deutschen Nazi? Genau das! Und zwar immer noch, obwohl das obige bereits vor dreißig Jahren (= 1911, der Übersetzer) erstmalig niedergeschrieben wurde. So können wir den Charakter der Deutschen leicht aus längst vergangenen Zeiten wiedererkennen, den Charakter dieser wahnsinnigen Nazis. Gestern hat man sie Pangermanisten genannt, heute schimpft man sie Nazi und morgen wahrscheinlich Supergermanen. Selbst die Zeit kann das innere Gezücht nicht ändern, ganz gleich, was für eines Aushängeschildes sich der Deutsche auch bedienen mag. Die Zeit vermag allenfalls das Betätigungsfeld der Deutschen zu erweitern, auf dem sie sich mit ständig wachsender Kraft und Brutalität austoben und ihre ungeheuerlichen Gewalttaten begehen können, die ihre fiebrigen Hirne kriegstrunken ausbrüten und zu denen ihr kriegerischer Geist sie immer wieder verführt. Wenn diese kriegerische Veranlagung die Deutschen aus einem inneren

Drang heraus dazu treibt, unschuldige Geiseln zu ermorden, dann stelle man sich vor - so man kann - wie sich diese Menschen, tausendfach und mehr fanatisiert, loslassen werden, wenn sie Erfolg haben sollten.

Der fantastische »Fortschritt« der Nazis erschien den meisten Menschen kometenhaft, ein unerwarteter und nicht vorauszusehender Blitzstrahl aus heiterem Himmel. Andere halten hartnäckig daran fest, und das in gefährlicher Selbsttäuschung, daß die Nazis nur durch die Ungerechtigkeiten des Versailler Vertrages an die Macht gekommen seien. Jedenfalls behaupten das die Deutschen. Und nun glauben die Selbsttäuscher, daß die von den Nazis proklamierten Ideale und Ziele nur das Ergebnis einer augenblicklichen, aber vorübergehenden Umwälzung seien. Die Verbreitung derartiger Ansichten wäre die Geburtsstunde einer bestechenden, jedoch äußerst verbrecherischen Fehlbeurteilung der Nazis und ihrer Partei. Derartige Ansichten könnten zu dem Irrglauben verleiten, daß wenn erst die »Ungerechtigkeiten« des Versailler Vertrages beseitigt wären, daß die Nazis alsdann freiwillig von der politischen Bühne verschwinden oder die Deutschen sie durch eine Revolte beseitigen würden.

Solche Fehleinschätzung in Bezug auf das Werden, das innere Gefüge und auf ihre Absichten wurde von den Nazis selber auf das eifrigste gefördert und verbreitet. Wir wissen heute, daß eine derartige Fehleinschätzung bereits ein Dutzend Nationen ins Verderben geführt hat. Trotzdem ist es noch gar nicht lange her, daß ein bekanntes Mitglied unseres Kongresses aufstand und erklärte, daß die Behauptung, die Deutschen wollten die Welt erobern, ein ausgemachter Schwindel sei. Er gab außerdem den Amerikanern den Rat, die solcherart behaupteten Ziele der Nazis als erfundene Märchen abzutun. Äußerungen dieser Art zeugen nicht nur von einer unglaublichen Dummheit, sie sind vielmehr - wenn nicht ausgesprochen verratsverdächtig - außerordentlich gefährlich. Sie führen dazu, das Volk blind zu machen gegenüber den großen Gefahren, denen es fest und ehrenvoll ins Gesicht sehen muß, soll es sie erfolgreich niederkämpfen. Zum andern führen derartige Ansichten dazu, Gleichgültigkeit, Interessenlosigkeit und Verantwortungslosigkeit ins Volk zu tragen, weshalb ja auch die Völker erfahren mußten, die der deutschen Anmaßung bereits zum Opfer gefallen sind. Diese Nationen empfinden die deutsche Gefahr bestimmt nicht als Mythos. Die Leiden dieser Völker zeigen allzu deutlich den deutschen Charakter, die deutschen Methoden und die deutschen Endziele auf.

Wenn man dann noch dabei behilflich ist, den Eindruck zu erwecken, als könne man den deutschen Charakter und die deutschen Absichten verändern; und wenn man weiter eine Propaganda mit der Erklärung betreibt, daß der Sturz des Regimes kurz bevorstände, dann können die Nazis daraus sehr wohl ersehen, daß die so beeinflußten Völker Stärke und Lebensdauer der Partei unterschätzen mußten. Was aber noch viel schlimmer war und ist: Völker, die dieser Propaganda erliegen, können so nicht erkennen, daß Veranlagung und Zielsetzung unveränderbar zum deutschen Charakter gehören, denn sie sind ein Keim, der seine Nahrung nicht aus einem einzelnen Zweig holt, sondern direkt aus den Wurzeln der deutschen Seele.

Nicht alle Deutschen werden Mittel und Wege billigen, die die Nazis angewandt haben, um ihre Weltherrschaftspläne zu verwirklichen.

Demnach müßte es inzwischen jedem klar sein, daß alle Deutschen praktisch einhellig darin übereinstimmen, daß diese Ziel jetzt oder in der Zukunft dennoch erreicht wird. Sollte das deutsche Volk diesen Krieg gewinnen, nicht ein Deutscher würde zögern, seine Rechnung zu präsentieren, um seinen Anteil der Beute zu ergattern. Aber wenn sie den Krieg verlieren, dann wird jeder Deutsche - natürlich einzeln - alle Untaten verurteilen, obwohl sie sie alle gemeinsam unter ihrer Regierung verbrochen haben. So hoffen sie abermals der gerechten Strafe für ihre Sünden zu entgehen. Doch würde ihre Niederlage keineswegs ihren Wunsch zur Strecke bringen, die Welt zu erobern und zu beherrschen. Es gibt also nur einen einzigen Weg, diesen ihren Wunsch zu vereiteln, nämlich den, die Sucht auf Weltherrschaft für sie unerreichbar zu machen. **Und der einzige Weg dazu ist: alle Deutschen auszurotten.**

Um die Richtigkeit dieses Standpunktes einzusehen, braucht man sich nur klar darüber zu sein, daß die Nazis eben keine Menschen sind, die neben den anderen Deutschen dahinleben. Sie alle zusammen bilden das deutsche Volk. Das Zeichen für ihre Neigungen und Ziele ist für alle Deutschen - ob Nazi oder nicht - die gepanzerte Faust. Sie ist für sie genau so aufregend und symbolhaft wie die Freiheitsstatue für uns Amerikaner. Geben wir uns darüber keiner Täuschung hin! Der deutsche Wille zur Weltherrschaft ist keine Fata Morgana und wird es nie sein, er war es auch zu keiner Zeit. Dieser Wille wird bestehen, solange Deutschland existiert. Wenn man weiterhin das Gegenteil behauptet, kann die Weltversklavung durch die Deutschen sehr wohl Wirklichkeit werden.

So fantastisch und widersinnig die Durchführung des Naziprogramms auch scheinen mag, so ist es noch unglaublicher festzustellen, daß es in der gesamten Geschichtsschreibung nicht eine einzige Doktrin gibt, die ihre sture Überzeugung so klar dargelegt, ihre Methoden so genau bis in alle Einzelheiten aufgeführt und ihr Wollen so lebendig, klar und frech aufgezeigt hätte. Es handelt sich dabei um eine sorgfältig und rücksichtslos vorbedachte Verschwörung, die Herrschaft über die Welt zu bekommen, oder, falls das mißlingt, die Welt zu vernichten. Seitdem das deutsche Volk als Nation existiert, trägt es sich geradezu mit dem Gedanken, eine solche Katastrophe jetzt oder in der Zukunft herbeizuführen.

Die Vorbereitungen der verschiedenen Regierungen, diesen fast sintflutartigen Ereignissen entgegenzuwirken, bedeuten eine unglückliche Unzulänglichkeit, wenn man bedenkt, was diese Deutschen alles über uns gebracht haben. Diese Unterlassungssünde wirkt umso alarmierender und unheilvoller, wenn man die Berichte studiert, die zu Tausenden zur Verfügung stehen und die hauptsächlich aus unparteiischen deutschen Quellen stammen. Viele dieser Unterlagen wurden vor mehr als 50 Jahren (d. h. vor 1891: der Übersetzer) niedergeschrieben. Sie zeigen den genauen Ablauf der Ereignisse auf, wie sie später von den Deutschen durchgeführt werden sollten. Bei diesen Dokumenten handelt es sich nicht um pedantische Abhandlungen über Theorien oder Überspannt-heiten, wie sie etwa in Fabeln oder Märchen beschrieben werden, es sind vielmehr nüchterne Ergüsse der wahren deutschen Geisteshaltung. Als solche beleuchten sie grell ihre Struktur und legen ihre Bestrebungen ganz offen dar. Überdies sind die Berichte so klar in ihrer Thematik und so ausführlich auf speziellen Gebieten, daß die Nazis sie fast wortwörtlich übernommen und begrüßt haben. Beim Studium dieser Originalpapiere stellt man dann auch zu seiner großen Bestürzung fest, daß »Mein Kampf« nichts weiter ist, als ein plump abgeschriebener Mischmasch von Schriften, Meinungsäußerungen und Lehrbüchern, hervorgeholt aus Berichten, die vor Jahren erläutert wurden, lange bevor Adolf Schickelgruber (gemeint ist hier Adolf Hitler: der Übersetzer) geboren war. Wie wir noch sehen werden, sich sogar Hitlers viel zitierten mystischen Prophezeiungen und sein Zeitplan für die Eroberungen reine Abschriften jener Veröffentlichungen, die lange Zeit vor seiner Zeit niedergelegt wurden.

Wenn also Hitler mit Siebenmeilenstiefeln vorwärts schreiten konnte, nachdem er die Ungeheuerlichkeit des Pangermanismus wieder ausgegraben hatte, so war das nur möglich, weil das Volk lange vor seiner Geburt vollkommen mit den genau beschriebenen Grundsätzen und Anweisungen geimpft war. Hitler hatte sie also nur erneut zum Ausdruck gebracht und als solche nach außen vertreten.

Der giftige Wein der Zerstörungswut war schon lange vorher destilliert und Hitler brauchte nur diese vergiftete Flüssigkeit - d. i. die deutsche Einstellung zum Krieg - aus der Flasche lassen und in den Krug der Menschenliebe umzufüllen. Der Verfasser dieses Werkes wird noch Einzelheiten anführen und dort, wo es notwendig erscheint, die Richtigkeit seiner Behauptungen nachweisen, und zwar hauptsächlich nach deutschen Quellen. Er wird auch die einzelnen Bestandteile behandeln, aus denen sich die Giftformel des deutschen Pangermanismus zusammensetzt; und wo er es für angebracht und notwendig erachtet, wird er - hauptsächlich aus deutschen Quellen - zitieren. Denn an Hand der Tatsachen, wie sie Hitler geschaffen hat, läßt sich wohl am besten das deutsche Wesen erklären, denn er hat aus seinem Charakter kein Geheimnis gemacht, ebenso nicht aus seinem Ehrgeiz oder seinen Absichten. Durch sein Handeln allein hat er sein Herz und seine Seele offenbart. Durch seine Worte und mit seinen eigenen Händen wird er sich dereinst sein eigenes Grab schaufeln.

***

III. Die alldeutsche Organisation

Alldeutsch - das bedeutet die Einbildung der Deutschen, eine bevorzugte Rasse zu sein, von der Vorsehung dazu bestimmt, eine schwache Welt mit Gewalt und Brutalität zu versklaven. Alldeutsch ist also ein unausgesprochener Glaubenssatz der Deutschen seit den Tagen, da sie noch in germanischen Stammesbewußtsein lebten bis hinein in die letzten Tage des vorigen Jahrhunderts. Hier erst erreichten diese Ideen ihre höchste Blütezeit, und sie wurden in einer gewaltigen und gut organisierten Bewegung zusammengeführt. Ihr verblüffendes und ehrgeiziges Programm verschmolz alle größeren Gedankengänge und Auffassungen deutscher Lehrer, Schriftsteller, Staatsmänner und Philosophen wie Kant, Hegel, Nietzsche, von Bernhardi, Rohrbach, Treitschke und Spengler. Da die von dieser Bewegung gepredigte Glaubenslehre genau auf die germanischen Urseele abgestimmt war und die hauptsächlichen Grundsätze der deutschen Denker beinhaltete, fand diese Organisation sofort einen gewaltigen Zulauf. In der Tat wurden ihre Ansichten bei den Deutschen so volkstümlich, daß ihr verderbliches Dogma zehn Jahre nach ihrem Aufkommen sich über die ganze Erde ausgebreitet hatte.

1886 berief ein gewisser Dr. Karl Peters einen Gesamtdeutschen Kongreß nach Berlin ein. Hier waren dann alle deutschen nationalen Verbände vertreten. Im Verlauf des Kongresses wurden sie alle in einer Gemeinschaft zusammengefaßt, in der sogenannten »Deutschen Liga«. Ihr Programm war zunächst so verschwommen und unklar, daß nach und nach viele Streitigkeiten unter den verschiedenen Gruppen entstanden, so daß ihre Auflösung unmittelbar bevorzustehen schien. Das blieb so, bis 1891 Professor Hasse, Reichstagsabgeordneter für den Bezirk Leipzig, ihr Präsident wurde und die Führung selbst in die Hand nahm.

Als erstes verschickte Professor Hasse eindringliche Aufrufe mit der Bitte um Unterstützung, in denen er - wie er sagte - »die Tradition der deutschen Seele« beschwor. Sein Aufruf fiel auf so günstigen Boden, daß die »Liga« sprunghaft anwuchs. So dauerte es denn auch nicht lange, bis sie in der Lage war, eine eigene Zeitung herauszugeben und zu unterhalten. 1894 änderte sie ihren Namen in »Alldeutsche Liga« um. Gleichzeitig legte sie ein umfassendes Aktionsprogramm vor, in dem die Eroberung der Welt ebenso gefordert wurde wie ihre dauernde Beherrschung durch Deutschland. Dieses Aktionsprogramm zur Erreichung des vorgezeichneten Ziels war so mit

Einzelheiten gespickt, und die Entwicklungsstufen so umfassend, daß sie fast unverändert von den Nazis übernommen wurden. Als Leitspruch wählte die »Liga« den des Großen Kurfürsten: »Gedenke, daß Du ein Deutscher bist«.

In der Zwischenzeit, während die Gefolgsleute die »Alldeutsche Liga« ausbauten, wurde der deutsche Professor Heinrich von Treitschke in ganz Deutschland als neuer Prophet hellauf gefeiert. Über Jahre hindurch hat er den gefährlichen großdeutschen Gedanken leidenschaftlich verbreitet. Seine Reden bestanden aus einer fanatischen Mischung von Kriegshetze, Haß, Christenfeindlichkeit und Zerstörungslust. Das Predigen derartiger Lehren brachte Treitschke dann die hohe »Ehre« ein, von den Deutschen als der Apostel ihrer Ideale anerkannt zu werden.

Heinrich von Treitschke wurde 1834 in Dresden geboren. Nachdem er verschiedene Universitäten besucht hatte, und nachdem er sich eine Zeitlang ziellos hatte treiben lassen, verzehrte er sich plötzlich leidenschaftlich auf den gewundenen Pfanden nach Vereinigung aller Deutschen, die sich auf das Schwert stützen sollte. In dem Bewußtsein, daß die beste Methode zur Verbreitung solcher Gedanken in der damaligen Zeit darin bestand, sich als Lehrer zu betätigen, wandte er sich eifrig dieser Aufgabe zu. Seine unermüdliche Verbreitung des preußischen Gedankens und dessen Lehren der »gepanzerten Faust« erlaubte ihm schließlich, sich in Berlin niederzulassen, wo er als allgemein beliebter Historiker und Publizist wirkte.

Treitschke war ein Kriegstreiber und Verfechter des »Macht-schafft-Recht-Gedankens« ersten Ranges. Von Natur aus mit einer hervorragenden Rednergabe ausgestattet, fasziniert er seine Studenten in seinen Vorlesungen für die »Unterwerfung, koste es was es wolle«, denn in Anlehnung an seine Auffassung über die Entwicklung der Deutschen und ihrer Geschichte mußte diese zwangsläufig einen solchen Verlauf nehmen, um sich über die Grenzen hinaus ausdehnen zu können. Anfangs begnügte er sich mit Europa als »Lebensraum«, aber nach den Erfolgen des deutschen Heeres 1870 vergrößerte und erweiterte er seine erste Erklärung. Dabei behauptete er nun, es sei die Aufgabe Deutschlands, die Welt zu erobern und zu beherrschen. Dadurch, daß man die Welt in einen Krieg hineinschlittern ließe, wäre dann die deutsche Nation vom Schicksal dazu auserkoren, der Superstaat des Universums zu werden und die Weltbevölkerung in Sklaverei zu halten. Mit diesen Vorlesungen, die doch so gänzlich dem deutschen Charakter entsprachen, schlug Treitschke - und später ebenso Hitler - sowohl die Intellektuellen wie auch die Massen der damaligen Zeit in seinen Bann. Seine Lehren wurden von seinen vielen Schülern in ganz Deutschland verbreitet, bis praktisch jeder Gebildete der damaligen Zeit unter seinen Einfluß geriet. Es versteht sich von selbst, daß Treitschke eine so tief verankerte Überzeugung der gewalttätigen Lehre nicht hätte auslösen können, wenn sie nicht im wesentlichen Ziele und Gedanken beinhaltete, die schon ganz eindeutig im deutschen Charakter festgelegt und seinem Unterbewußtsein angeboren sind. Daher verdeutlichen diese Glaubenssätze auch das derzeitige deutsche Verhalten.

Nach Treitschke hat der einzelne kein Recht an sich selbst, er gehört vielmehr nur dem Staate, der also das ausschließliche Recht hat, den Menschen nach staatlichen Gesichtspunkten einzusetzen. Maßgebend ist einzig und allein das Staatsinteresse. Es gibt keine andere Macht als die Staatsraison, und Krieg ist das einzige und beste Mittel, um diesen Willen zum Tragen zu bringen. Ein dermaßen beauftragtes Deutschland kann keine andere irdische Macht anerkennen. Das »Macht-schafft-Recht« gilt für den Deutschen, wenn er das Schwert schwingt. So etwas wie die »Heiligkeit des menschlichen Lebens« gibt es für den Deutschen nicht; Krieg bedeutet für ihn das höchste Glück, weil er dabei »ohne Gemütsbewegung« morden kann. Krieg ist der beste Weg, um Deutschlands Nachbarn den eigenen Willen aufzuzwingen, wie er gleichzeitig die »einzig mögliche Heilbehandlung für die krank gewordenen Nationen ist«.

Und während sich Treitschke so mit Deutschland beschäftigt, untersucht er zugleich die verschiedenen Methoden, wie die Welt zu unterwerfen und zu beherrschen sei.

»Deutschland«, schreibt er, »muß es sich zur Aufgabe machen, im feindlichen Ausland Verräter für seine Interessen zu beschäftigen«, aber sogleich fügt er auch hinzu, »... und jeder gute Deutsche muß ein verkappter - und wenn es sich machen läßt - ein aktiver Spion sein«.

Lüge und Betrug werden als Grundsatz deutscher Politik empfohlen; was Verträge und Vergleiche angeht, meint Treitschke, sind diese nur Fetzen Papier. Er verlangt ausdrücklich, »daß sie von Deutschland aufgekündigt werden können oder müssen, wenn ihre Bestimmungen für Deutschland unvorteilhaft sind. Ja, in letzterem Falle wird jeder Vertrag automatisch ungültig, und die deutsche 'Ehre' verlangt, daß er gebrochen wird«.

So etwas wie internationales Recht und internationale Ordnung oder internationale Anstandspflicht gibt es nicht, fährt Treitschke fort. Und was Gerechtigkeit betrifft, so gibt es nach ihm auch so etwas nicht, es sei denn auf der Spitze des deutschen Schwertes.

Alle Vorlesungen Treitschkes wie auch ihre spitzfindigen und peinlich genauen Auslegungen, immer von deutscher Selbstgefälligkeit bestimmt, werden am besten in einer seiner Erklärungen zusammengefaßt, in der er behauptet, Deutschland könne nie Frieden mit der Welt schließen, denn nach deutscher Auffassung ist es eine »fremde Welt, die nicht reformiert, sondern nur überwunden werden muß«. Somit ist also Deutschlands Ideal aufs Engste mit dem »Gesetz des Teufels« verbunden, demzufolge sich der Deutsche Mühe geben muß, die Zivilisation zu vernichten.

Die »Alldeutsche Liga« faßte die verschiedenen Lehrmeinungen Treitschkes in einem Programm zusammen und stellte in ihrer Satzung vier Hauptgrundsätze auf, die ausführlich erläutert wurden. Die Hauptanliegen waren:

1. In allen Ländern sind alle deutschen nationalen Bewegungen zu überwachen und zu fördern, so daß sich die Deutschen auch für die Unterstützung des Deutschtums einsetzten mit dem Endziel, alle Deutschen auf der Welt zu erfassen und unter einen Hut zu bringen.

2. Sie will eine aktive deutsche Politik in europäischen Belangen wie auch in Übersee und ganz besonders alle kolonialen Bewegungen aus praktischen Gründen fördern.

3. Sie will alle Fragen behandeln und beeinflussen, die die Erziehung der Kinder und die höhere Schulbildung im deutschen Sinne betreffen.

4. Sie will das deutsche Selbstbewußtsein beschleunigt vorwärtstreiben und Widerstand leisten gegen alle sich der nationalen Bewegung entgegenstemmenden Bewegungen.

Über die hier oben angeführten Statuten hinaus gab die »Liga« noch ein Manifest bekannt, i. d. sie erklärt, »daß das Schicksal der Deutschen in Österreich Deutschland nicht gleichgültig lassen könne; es kann ihm auch nicht gleichgültig sein, ob die Sachsen und Schwaben in Ungarn madjarisiert oder ob die Deutschen in der Schweiz oder die Flamen in Belgien romanisiert werden. Die Deutschen müssen alle diesbezüglichen Bewegungen in den betreffenden Ländern unterstützen, um das Alldeutschtum zu stärken. Das Deutschtum in Übersee muß mit allen nur möglichen Mitteln gefördert und vor dem Untergang bewahrt werden.

Heute wissen wir ja nun, wie brav die Deutschen diese Ratschläge befolgt haben.

So um 1900 gab es etwas mehr als 50 verschiedene Verbände, die alle der »Deutschen Liga« angeschlossen waren. In einzelnen Kleinigkeiten zwar unterschiedlich, im großen Ganzen aber übereinstimmend, fühlten sie sich verpflichtet, sogar inbrünstig verpflichtet - seien es nun Soldaten oder Marinevereine, ja selbst Sportklubs oder Bankinstitute - das Deutschtum in allen fernen Ländern zu pflegen und zu hegen. Die »Liga« bekam auch politisch beachtliches Gewicht. 1903 gehörten nicht weniger als 43 Mitglieder dem deutschen Reichstage an.

Plötzlich tauchten auch noch Zweigvereine der »Liga« in größeren Städten auf. In den USA gab es zwei, die eine hatte ihren Sitz in New York, die andere in Texas. Bei der Verbreitung ihrer Propaganda verteilten sie gleichzeitig Geheimagenten über die ganze Welt mit dem Auftrag, die »Liga« mit vertraulichen Berichten zu versorgen, soweit sie das Evangelium des Alldeutschen betrafen. Diese Agenten waren die Vorläufer der »Fünften Kolonne«, wie wir sie heute kennen. Diese Agenten waren es, die mit dem Zusammentragen des sog. »Deutschen Albums« begannen, in das ihre Regierung ihre persönlichen Feinde, aber auch die Gegner der Idee deutscher Weltbeherrschung eintrug. Gemessen an den anderen Verbrechen, verblaßte bei einem Volk wie dem deutschen solch ein Begriff wie Erpressung. Mit jeder dahineilenden Stunde setzten die Mitglieder der »Liga« ihr verbrecherisches Werk fort, und sie lehrten weiterhin das für die Deutschen so große Ideal der Weltversklavung. Dadurch wurde diese Gedankenwelt zum Bestandteil im Leben aller Deutschen und wurde zum Inhalt ihrer Träume. Um 1905 war die Idee der Großdeutschen Gemeingut aller geworden. Der Grundstein war gelegt. Der erbärmliche Virus des Großdeutschtums war in den sprudelnden Kreislauf der Allgemeinheit gespritzt. Nun wartete man auf die Epidemie, von der man ganz genau wußte, daß sie früher oder später die Welt heimsuchen würde.

Fest steht jedenfalls, daß die Arbeit, die Propaganda und das Programm eine Höhe erreicht hatten, zumal sich ja schon deutsche Schriftsteller in so weit zurückliegenden Zeiten wie 1885 damit beschäftigt hatten, daß man nunmehr bereits voraussagte, wie und wann das idealistische Ziel der deutschen Weltherrschaft erreicht sein würde. Das Ziel dieser Propheten war keinesfalls bescheiden. Es gibt eine ganze Anzahl ernst gemeinter Schriften, in denen der Geschichtsablauf des Landes sorgfältig bis in alle Einzelheiten abgehandelt und die Idealisierug des Deutschtums wie ein Evangelium geschildert wird.

Aus einer solchen Prophezeiung erfahren wir, - übrigens schon 1900 geschrieben - daß sich so um 1950 herum Dinge abzeichnen werden, die große Unruhe mit sich brächten. Demzufolge haben sich bis dahin alle Deutschen zusammengefunden, Holland tritt der Deutschen Union bei, in Belgien drängen die Flammen an die Macht. Da das französische Element Unruhe verursacht, sieht sich Deutschland gezwungen zu intervenieren. Falls sich Frankreich der Einverleibung ganz Belgiens widersetzen sollte, fällt das wallonische Gebiet an Frankreich, der flämische Teil an Deutschland. Sollte Frankreich zu den Waffen greifen, wird ganz Belgien besetzt und dem Großdeutschen Reich einverleibt.

Der Verfasser führt dann weiter aus, zwar etwas nebelhaft, die Angelegenheiten in Sachen Frankreich, die Schweiz und die Balkanstaaten zu erörtern, wobei der Verfasser aber die Deutschen gleichzeitig davor warnt, »unter allen Umständen und so weit wie nur möglich einen Krieg gegen Rußland zu führen«. Er vervollständigt seine Voraussage mit der Feststellung, daß »die großdeutsche Weltmacht im Jahre 1950 200 Millionen Einwohner zählen wird. Alle Menschen sind nun glücklich, weil die Deutschen endlich in einem Reich vereinigt sind und damit den Lauf der Welt bestimmen«.

Den Deutschen von heute scheint diese Voraussage womöglich nicht einmal fantastisch. Im ganzen genommen wird diese Prophezeiung heute sogar als zu mäßig angesehen, so daß radikalere Führer die Erreichung der deutschen Welt auf eine viel frühere Zeit als 1950 vorverlegt haben. 1895 schrieb ein ehrgeiziger Deutscher, daß »der Tag« irgendwann um 1915 kommen würde. Hier ist ein Abriß seiner Prophezeiung:

»So um 1915 beginnt die ganze Erde zu beben. Zwei große Staaten nehmen Zuflucht zur Selbstverteidigung: Amerika und Rußland. Amerika läßt sich lauthals mit dem Programm von 'Pan-Amerika' vernehmen. Rußland schließt Zollverträge mit der Türkei, Persien China, und Großbritannien. 'Pan-Amerika' und der panslawistische Koloß drohen, die sechzehn europäischen Staaten zu vernichten, In diesem Augenblick schaltet sich Deutschland ein und, die Gelegenheit beim Schopfe fassend, trifft es Vorbereitungen, Heer und Marine für den kommenden Kampf bereitzustellen.« Dann folgt eine Kriegsbeschreibung und ein Durcheinander von Hirngespinsten, worauf der Schreiber fortfährt:

»Die Junker schwimmen im Geld. Inzwischen ist die 'Pan-Amerika-Bewegung' in Deutschland zur Quelle großer Beunruhigung geworden, denn dadurch wird die Verbreitung des deutschen Gedankens in Südamerika bedroht. Die USA wollen nicht nachgeben, die deutschen, französischen, italienischen Flotten machen mobil und stechen mit Ziel Amerika in See. Die amerikanische Flotte wird vernichtet. An Land machen die deutschen Truppen mit den amerikanischen Söldnern kurzen Prozeß. Unter der hervorragenden Führung der deutschen Militärs bleiben die Deutschen überall siegreich. Auf See beweisen die deutschen Schiffe, Geschütze und Mannschaften ihre große Überlegenheit über die Engländer, die vollständig geschlagen werden. Deutsche Disziplin, deutscher Mut und deutsche Geschicklichkeit machen die deutsche Flotte unüberwindlich. Die britische Flotte wird vernichtet. Nach der Landung in England leisten die Briten nur halbherzigen Widerstand. Deutsche und italienische Soldaten besetzen London. England und Amerika werden besiegt und der Friede wird geschlossen«.

Was die Friedensbedingungen anbetrifft, so erklärt der Verfasser, »Deutschland übernimmt Mexiko, Guatemala, Britisch Honduras, ganz Brasilien südlich des Amazonas, Uruguay, Paraguay, Bolivien, Peru und Nord-Chile. Frankreich nimmt sich Brasilien nördlich des Amazonas, Britisch Guayana, Venezuela, Kolumbien und Ecuador. Italien eignet sich den Rest von Südamerika an, wozu auch Argentinien gehört. West-Indien wird zwischen Deutschland und Frankreich geteilt. Gibraltar wird Spanien zurückgegeben, Italien erhält noch Malta, die Türkei, Cypern. Die Engländer haben eine gewaltige Kriegsentschädigung zu zahlen. In England herrscht große Entrüstung darüber, daß die gesamte englische Flotte von den Deutschen als Faustpfand für die Bezahlung der Kriegsschuld festgehalten wird. Alle Suez-Kanal-Aktien Englands werden beschlagnahmt und unter die Sieger verteilt. Die Kimberley-Diamant-Minen werden von Deutschland übernommen. Alle in Südamerika und Brasilien angelegten englischen und amerikanischen Kapitalien werden in deutschen Hände gegeben. Die Überseekabel werden von Deutschland übernommen; alle englischen und amerikanischen Kolonisten werden aufgefordert, Süd-Amerika innerhalb eines Jahres zu verlassen, und diese werden niemals mehr die Erlaubnis erhalten, in irgendeines dieser Länder des Kontinents zurückzukehren.«

Auf diese Weise werden England und Amerika gedemütigt, und die Herrschaft der deutschen gepanzerten Faust ist auf diese Weise gesichert. Landkarten, die kurze Zeit nach der Prophezeiung veröffentlicht wurden, zeigen die Aufteilung Süd-Amerikas, halb Nord-Amerikas wie auch Mittelamerika und werden dort als deutsche Kolonien ausgewiesen.

Ein anderer Schriftsteller, der den Krieg ähnlich wie der oben erwähnte voraussagt, beschließt seine Prophezeiung mit der Feststellung, daß »nach vollständiger Demütigung für Deutschland die Zeit gekommen wäre, sich mit den USA einzulassen, aber nach der deutschen Mobilmachung bewilligten die USA alle ihre Forderungen ohne auch nur ein einziges I-Tüpfelchen davon zu streichen«.

Mögen auch viele der Prophezeiungen in Einzelheiten abweichen, so wird der Leser dennoch die allen gemeinsamen Hauptthesen bemerken: Die Vergötterung des Alldeutschtums kann nicht ohne Untergang und Demütigung Englands und Amerikas vollständig sein, daß dem so ist, stellte der deutsche Professor Dr. Samassa heraus, indem er 1902 erklärte, Deutschland müsse darauf vorbereitet sein, sich mit den Briten und Amerikanern kriegerisch auseinanderzusetzen; nach Niederwerfung dieser beiden letzten freien Völker könne Deutschland die Welt ganz nach Wunsch und Willen beherrschen.

1904 schrieb ein Beobachter, der alle derartigen Prophezeiungen und Wünsche sorgfältig studiert hatte, eine Analyse, in der er warnend vorhersagte, »daß die alldeutschen Doktrinen sehr wohl zum nationalen Wunschbild werden und einen gefährlichen Geist heraufbeschwören könnten. Für das Angelsachsentum folgt aus dieser Lehre: Bereitsein ist alles. England und Amerika müssen jederzeit darauf vorbereitet sein, dem teutonischen Ansturm, wann immer er auch kommen mag, mit Erfolg entgegentreten zu können«.

IV. Deutsche Propaganda im Ausland

1. USA

Die Aufgabe, den heidnischen Kult der Alldeutschen im Ausland zu verbreiten, wurde der General-Schul-Abteilung übertragen. Das war eine Organisation, die von der »Alldeutschen Liga« unterhalten wurde.

Sie begann 1881 mit ihrer Arbeit und läuft heute unter der bekannten Firmierung Deutsche Auslandsorganisation (AO). Diese Schulabteilung war die erste Einrichtung, um den Grund zu legen und die Entwicklung weiterzutreiben, aber auch um zu testen, wie sie heute von allen deutschen Fünften Kolonnen gehandhabt wird.

Von allen Ländern, in denen die Deutschen ihre teuflische Doktrin verbreiteten, waren es allein die USA, die daran zweifelten, ob sie einen Dauererfolg oder gar eine Weiterentwicklung der deutschen Propaganda erzielen würden. Die Kleingläubigkeit war so stark, daß Professor Hasse in einer seiner Reden vor dem deutschen Reichstag sagte, daß »das Grab des Deutschtums« in Amerika liege und daß der Spaten, der dieses Grab schaufeln würde, die Monroe-Doktrin sei. Aber nicht alle Verfechter des alldeutschen Gedankens sahen so schwarz in Bezug auf ihre Erfolgschancen. Sie glaubten trotz allem, ihre Propaganda zum Erfolg führen zu können. Schon früh unternahmen sie Versuche, ihre Bewegung in den USA zu organisieren.

Genau genommen errangen die Deutschen keine nennenswerten Erfolge bei ihrem Treiben in Amerika. Der Amerikaner aus Deutschland oder deutscher Abstammung hatte kein Interesse daran, sein Deutschtum beizubehalten. Er lag dabei im Widerstreit mit seinem Stolz, als »Amerikaner« anerkannt zu werden. Oder aber er war desinteressiert, weil er sein Geburtsland gerade wegen seiner schändlichen Ideologie mit ihrer politischen Zielsetzung verlassen hatte. So hatte er weder den Wunsch noch die Neigung, derartige Erbärmlichkeiten in einem Land der Freiheit erblühen zu sehen, wollte er doch gerade diese Freiheiten für sich in Anspruch nehmen.

Die deutsche Raserei, durch ekelerregende Phrasen bis zur Siedehitze aufgeputscht, richtete sich oft auch gegen die USA. Den ersten Höhepunkt dieser Propaganda erlebten wir zur Zeit des Spanisch-Amerikanischen Krieges. Hier versuchte Deutschland, ein Bündnis ins Leben zu rufen, um unsern Absichten entgegenzuwirken. Dann wollte Deutschland eine europäische Zollunion gegen die USA aufbauen. Gleich darauf folgte der Versuch, Samoa zu annektieren. Ebenso bemühte sich Deutschland um Venezuela, um die Monroe-Doktrin zu Fall zu bringen. Alle diese Versuche schlugen nur deshalb fehl, weil England sich weigerte, sich mit Deutschland in geheime

Durchstechereien gegen die unabhängigen USA einzulassen, aber wohl auch, weil England die Monroe-Doktrin als Hauptgrundlage und einen Hauptbestandteil der Politik unseres Landes fest anerkannte und vertrat.

Verärgert über das Mißlingen, den USA seinen Willen aufzuzwingen, entschloß sich Deutschland nunmehr, es mit Winkelzügen zu versuchen. Es verfolgt jetzt eine Politik des »laisser faire« ; eine Politik, die Deutschland an und für sich haßte, denn solches entsprach nicht seinem angeborenen Naturell der Arroganz, der brutalen Gewalt und Angriffslust. Eine solche Politik war das genaue Gegenteil der deutschen kriegerischen Veranlagung. Der ererbte Haß Deutschlands gegen den gesamten Ablauf der Weltgeschichte und eine gesunde Entwicklung des internationalen Fortschritts, der die Menschenrechte und die menschliche Würde berücksichtigt, wird von einem seiner fähigsten und volkstümlichen politischen Schriftsteller zusammengefaßt, indem er schreibt (Dr. Paul Rohrbach):

»Glaubt denn irgend jemand, wenn Deutschland den Amerikanern Liebenswürdigkeiten sagt, daß solche aus liebevollem Herzen kommen? Es sagt das doch nur, weil Deutschland die Verdachtsmomente ausräumen muß, mit denen die Amerikaner unsere Politik betrachten«.

Deutschland betrachtet England und die USA wegen ihrer gemeinsamen Sprache und gleicher humanistischer Philosophie als grimmige Feinde seines Superstaates. Deshalb betrachtet es auch als seine Hauptaufgabe, sich als Unruhestifter im letztgenannten Staate zu betätigen, was sich in dem Bemühen ausdrückt, einen Keil zwischen die USA und England zu treiben. Ein Teil seines Hasses richtet sich auch gegen England, weil es sich nicht » geschämt« hat, die Monroe-Doktrin offen anzuerkennen. Diese Doktrin kommt immer aufs neue in Verbindung mit den Anfängen und der Entwicklung des Deutschtums in Amerika zum Vorschein.

1903 erklärte Johannes Volert, daß »die Monroe-Doktrin ungerechtfertigt sei. Sie sei eine direkte Anmaßung und daß, zumal Amerika gar nicht in der Lage sei, ihre Anerkennung zu erzwingen«.

Die ständige Opposition Deutschlands gegen die Monroe-Doktrin wie auch die dauernde Verächtlichmachung derselben wurde wohl am deutlichsten in einem Artikel geschildert, der Anfang dieses Jahrhunderts im » Journal of Commerce« zu lesen war. Der Artikel war eine Antwort auf die deutsche Behauptung, daß die Monroe-Doktrin eine rechtsunwirksame Anmaßung sei. Diese Antwort ist voller Echtheit und Gültigkeit, jedes Wort so inhaltsschwer und klar und besitzt auch heute noch ihren Wert, daß die entsprechende Stelle hier noch einmal wörtlich angeführt werden soll:

»Der zuletzt genannte deutsche Professor (Mommsen) scheint im Streit um die Monroe-Doktrin die allgemeine teutonische Unfähigkeit beweisen zu wollen, überhaupt nicht zu verstehen, um was es sich hierbei handelt. Er behauptet, daß die »bedeutungslose Anmaßung« der USA dazu geschaffen sei, das Schicksal der südamerikanischen Staaten zu kontrollieren und die Europäer von ihnen fernzuhalten. Er kann einfach nicht begreifen, daß die USA kein Vormachtstellungsstreben als vielmehr eine europäische Vorherrschaft in diesen Ländern verhindern wollen. Dieser deutsche Politiker kann nicht einsehen, daß unsere Politik darauf hinzielt, die südamerikanischen Länder unabhängig zu lassen, damit sie ihre eigene Lebensform finden können. Was wir von Europa verlangen ist, daß es sie unabhängig läßt und nichts unternimmt, um ihre Ländereien zu enteignen oder ihre Souveränität zu beschneiden. Die USA wünschen, daß Südamerika sich selbst kontrolliert.«

Nachdem die Deutschen nun dauernd Pech mit ihren Versuchen hatten, einen Keil zwischen die beiden englisch sprechenden Völker zu treiben, wurden sie von ihren Leitstellen angehalten, aus eigener Kraft dem Amerikanismus entgegenzuwirken. Mit einem Seitenblick auf derartige Auseinandersetzungen stellt Professor Hasse fest, daß die einzige Möglichkeit für eine aussichtsreiche Deutschpropaganda in der Zukunft die ist, daß die Deutschen in Amerika zusammenhalten und das deutsche Elemente in diesem Staat so erziehen, »daß ihm schließlich die politische Macht in den Schoß fällt«. Um das zu erreichen, rät der Professor, »allen Versuchungen zu widerstehen, sich an demokratischen und republikanischen Angelegenheiten zu beteiligen. Statt dessen sollen sie eine eigenständige politische Partei bilden«. Ein anderer deutscher Professor, Münsterberg, stimmt Hasse zu und ergänzt ihn sogar noch mit der Forderung, daß die Deutschen in den USA einen Staat im Staate bilden sollen. Ein anderer Schriftsteller erklärt darüber hinaus, der beste Weg dazu wäre, die Amerikaner irischer Abkunft mit dem Virus der Englandfeindlichkeit zu infizieren. Außerdem wird empfohlen, daß die Deutschen in Washington sich eine Vertrauensperson wählen, die mit der amerikanischen Regierung Fühlung aufnimmt, um diese in ihrem Sinne zu beeinflussen.

Natürlich erzeugten alle diese Vorstellungen der deutschen Propaganda große Unruhe hier im Lande. So konnten die Deutschen jedenfalls nicht behaupten, daß ihre Bewegung in den USA nennenswerte Erfolge aufzuweisen hätte. Erst durch die Erstarkung des jetzigen Deutschland und dank der »exportierten« Agitatoren, gekaufter Spione und bestochener Kriecher war es möglich, daß der Traum vom Alldeutschtum von einer kleinen Handvoll Amerikaner deutscher Abkunft vermittels Zwang und Terror geschluckt wurde.

2. Südamerika

Weder blieben die deutschen Pläne in Bezug auf Südamerika geheim, besonders die für Brasilien, noch die angewandten heimtückischen Methoden, mit denen sie die deutschen Interessen zu fördern gedachten. Schon lange vor dieser Regierung hatten die Deutschen Südamerika als ein Land betrachtet, das eines Tages ihnen gehören mußte. Daß es bei Verfolgung dieses Zieles zu einem Machtkampf mit den USA kommen würde, sahen sie als möglich voraus und stellten sich darauf ein. Dabei glaubten sie sich des Erfolges von vornherein sicher. In Dutzenden von Büchern haben bekannte deutsche Schriftsteller immer wieder vorausgesagt, daß die USA aus Furcht vor den Deutschen nachgeben würden, ohne einen Schuß Pulver abzugeben, schlimmstenfalls würden sie nach einem kurzen Kriege kapitulieren. Vorsorglich wurden die Deutschen belehrt, auf diesen Tag vorbereitet zu sein, denn dieser Tag müßte einmal für sie kommen.

Derartige Voraussagen, beständig von deutschen Schriftstellern, Lehrern und Staatsmännern betont, wurden von Professor Schulze-Gaevernitz in+ vollem Umfang und in aller Offenheit bekundet dahingehend, »je mehr Deutschland zu einer Haltung passiven Widerstandes gegenüber den USA gezwungen ist, umso stärker muß es seine Interessen in Mittel- und Südamerika verteidigen. Dazu brauchen wir eine starke Flotte, die nicht nur den jämmerlichen Seestreitkräften der Südstaaten gewachsen ist, sie muß vielmehr so stark sein, daß die USA es sich erst zweimal überlegen, bevor sie einen Versuch wagen, die Monroe-Doktrin in Südamerika durchzusetzen«.

Die deutschen Kolonisten in Südamerika wurden ermutigt, ihr Nationalgefühl, ihre Sprache, Lebensart und ihr Interesse an ihrem »Mutterlande« beizubehalten. So kam es dann - vor allem in Brasilien - zur Bildung von Staaten im Staate. Die von den Deutschen in Brasilien angewandten Methoden entsprachen genau den Grundsätzen, wie sie ein Dr. Kapff in seiner Broschüre an den »Deutschen Schulen« erläutert hat. In dem besagten Werk entdeckt man den vorsichtigen Rat, daß »es für die Deutschen in Brasilien am besten ist, brasilianische Staatsbürger zu werden, da das der sicherste und schnellste Weg ist, politische Macht zu bekommen«. Dr. Kapff warnt seine Landsleute vorsichtshalber mit dem Hinweis, daß die Gefahr für das Deutschtum in Südamerika aus Nordamerika komme, wobei es sich nicht nur um wirtschaftliche Interessen handle. Wird Deutschland stillhalten, wenn sich die USA daranmachen, diesen Kontinent zu amerikanisieren? Das kann Deutschland nicht. Es muß weltweit (urbi et orbi) erklären, daß es entschlossen ist, seine Rechte in Südamerika aufrechtzuerhalten. Brasilien ist der hoffnungsvollste Ankerplatz für die Deutschen und für die Ausbreitung des großdeutschen Gedankens.

Dr. Kapffs Erklärungen wurden von Professor Gustav Schmoller erweitert, welcher ausdrücklich betonte, »daß im XX. Jahrhundert unter allen Umständen in Brasilien ein deutsches Land entstehen müßte, denn in Südamerika würden die Deutschen ein neues Deutschland finden, das sich als ein Segen für das alte Land erweisen und als Beispiel für die ganze Welt dastehen wird«.

Dr. Paul Rohrbach trug die Erklärungen zu den deutschen Absichten noch arroganter vor. Er meint, daß »obwohl die USA womöglich die Erwerbung südamerikanischen Gebietes durch Deutschland verhindern, so können sie aber die Bildung eines Staates im Staate nicht hintertreiben und dann - wenn die Deutschen solches erst vollbracht haben - werden sie in Brasilien alles und jedes bestimmen und über die beschränkteren Menschen des Landes herrschen.«

»Aber«, fügt er hinzu, »die Propaganda muß auch in Deutschland betrieben werden, damit der Gedanke volkstümlich wird und jeder gute Deutsche muß hierbei helfen, denn in deutschen Kolonien in Südamerika liegt eine vielversprechende Zukunft. Um das zu erreichen, müssen die Deutschen ruhig, gemeinsam und fest Untergrundarbeit leisten«. Professor Wolf, der mit dieser Ansicht vollkommen übereinstimmt, brachte seine Meinung so zum Ausdruck: »Südamerika ist für Deutschland das Land der Zukunft, denn dieses Gebiet verspricht größere Erfolgsaussichten als Europa oder Afrika«.

Hieraus ersehen wir, daß Deutschland mit seinem Marsch in Richtung Weltherrschaft Tritt gefaßt hat und es nach wie vor als seine Aufgabe ansieht, seine Mission entweder mit Gewalt oder durch Gaunerei in großen Kolonien in Südamerika zu erfüllen. Genau wie heute hat Deutschland von je her allen aktiven Widerstand von Seiten der USA verlacht und ständig behauptet, unser Volk sei nichts anderes als - um mich eines deutschen Ausdrucks zu bedienen - ein grober Mischmasch krasser, egoistischer Jingos, die keinen Topfen reinen Blutes in ihren Adern hätten. Daher wären sie zu jeder Art von Aufbau unfähig«. Mithin ein Land und ein Volk, das jederzeit leicht von den starken Supermenschen besiegt werden könnte.

Deutschland hat oft versucht, seinen Worten Taten folgen zu lassen. Prinz Solms-Braunfels gab sich die größte Mühe, eine deutsche Kolonie in Texas als amerikanischen Außenposten für das Deutschtum zu gründen. Obwohl er keinen Erfolg hatte, setzte sich dennoch in den deutschen Hirnen der Glaube an die Möglichkeit eines künftigen Erfolges fest.

Die »Alldeutsche Liga« befolgte den Rat ihrer Führer, in Südamerika klammheimlich zu wirken, und so lag eine ungewöhnliche Verschwiegenheit über ihrer Arbeit. Nach und nach versuchten sie, diejenigen Volksteile Südamerikas zu umgarnen, die ihnen für die deutsche Propaganda günstig erschienen. Sie errichteten Zweigvereine und überzogen solche Gebiete netzartig mit zuverlässigen Agenten, die ihre Arbeit getarnt als Reisende, Lehrer oder diplomatische Vertreter ausführten. Von Zeit zu Zeit berichteten sie über das

Erreichte an ihre Zentrale in Deutschland. Erst kürzlich wurde die aufrüttelnde Entdeckung gemacht, daß die deutschen Konsulate Hilfestellung gaben, indem sie den südamerikanischen Völkern Spritzen unter die Haut verpaßten, indem sie ihnen den schändlichen Bazillus des Alldeutschtums beibrachten.

In seinem Werk über Chile gab Dr. Unfold den deutschen Siedlern den Rat, ihre Kinder nach Deutschland zu schicken, damit sie in echt deutschem Geist erzogen würden, daß sie dann zurückgeholt würden, um den deutschen kriegerischen Geist zu propagieren. »Die Zeit kommt bestimmt«, so ermunterte er sie, »daß Deutschland bei einem gelegentlichen Durcheinander, verursacht durch irgendeinen Großbrand internationaler Verwicklungen, in die günstige Lage kommt, koloniale Gebiete in Südamerika zu erwerben«.

Berichte und Taten deren Wahrheit jederzeit durch die Ereignisse bewiesen werden kann, zeigen deutlich, daß die deutsche Politik in Südamerika sowohl ihren Zielen wie auch ihren Methoden nach schon seit langem in aller Öffentlichkeit klar und deutlich von ihren Führern erläutert worden ist. Für den Deutschen sind die Bestrebungen in Südamerika nicht mehr als eine Pflichtübung auf der langen Liste der deutscherseits geplanten Zerreißung der Gesetze der Menschlichkeit und Zivilisation.

Hier seien wortwörtlich die Aussagen eines Beobachters der ehrgeizigen Pläne in Südamerika angeführt, der in seiner ersten, zwei Dutzend Jahre alten Schrift erklärt:

»Ob Deutschland sein Ziel in Südamerika ohne Mißhelligkeiten erreichen kann, das ist etwas, das allein die Zukunft erweisen kann. Die Zukunft Südamerikas ist weithin von der Monroe-Doktrin abhängig und von den Seestreitkräften, die sie hinter sich hat. In nicht allzuferner Zeit wird es dahin kommen, daß die wirtschaftliche Durchdringung Brasiliens und anderer südamerikanischer Länder durch die Deutschen zu einer Vorherrschaft führen kann; sollte diese in Frage gestellt werden, muß der Anspruch entweder aufgegeben oder durchgestanden werden. Die Lösung kann unter Umständen sehr wohl Krieg bedeuten. Wenn auch die Deutschen gegen die Monroe-Doktrin als eine ungesetzliche Anmaßung toben, so bedeutet diese Doktrin nichtsdestoweniger eine politische Lehre, dazu bestimmt, Deutschland den Weg zu versperren. Es gibt schon unmißverständliche Anzeichen dafür, daß die Amerikaner die deutschen Absichten für Südamerika erkannt haben. Das Schicksal Südamerikas hängt von einer starken amerikanischen Flotte ab und von der Solidarität zwischen England und den USA. Wenn Amerika schon lauthals verkündet: 'Hände weg !', dann muß es auch die Kraft haben, die Worte entsprechend zu unterstreichen.«

3. Europa

Österreich:

Daß der derzeitige wahre alldeutsche Gedanke nichts weiter ist als ein primitives Heidentum - wenn auch mit einigen modernen Raffinessen ausgestattet - kann man wohl am besten daran ermessen, wenn man erst entdeckt hat, daß in seinem Namen wirklich barbarische und viehische Untaten gegen unschuldige, zivilisierte Menschen begangen werden. Sollte solch ein Gedanke auf der Welt die Oberhand gewinnen, dann können wir sicher sein, daß alles nur Mögliche unternommen werden muß - darunter Furchtbares, wie es die Deutschen noch nicht begangen haben - um jeden noch schlafenden Tierinstinkt und lasterhaften Charakterzug im Menschen zu wecken.

So wurden unter anderem von den Deutschen angestrebt, die drei Hauptreligionen auszurotten. Der Deutsche war jedoch klug genug einzusehen, daß er nicht alle drei Religionen gleichzeitig bekämpfen konnte, wenn er überhaupt Aussicht auf Erfolg haben wollte. Da nach seiner Ansicht ihre Vernichtung aber unbedingt nötig war, um das Dogma von Haß und Zerstörung predigen zu können, so wandte er sein jetziges und oft ausprobiertes Trickspiel an, zunächst die Gläubigen der einen Religion gegen die einer anderen aufzuputschen, bis er es sich leisten konnte, mit einem einzigen Schlag schließlich den zuletzt übriggebliebenen Gegner niederzustrecken. In Österreich testete er zuerst die Wirksamkeit dieses Schemas, ein Versuch, der zu der Zeit glatter Hochverrat an diesem Lande war.

Der alldeutsche Gedanke als organisierte Bewegung wurde 1878 in Österreich geboren und geführt von einem österreichischen Staatsmann namens Schoenerer. Bis 1898 war seine Ausstrahlung ziemlich begrenzt, d. h. bis sich Schoenerer mit Hasse zusammentat. Von dieser Zeit an wurde die alldeutsche Bewegung Österreichs hauptsächlich von Berlin aus gelenkt, von wo auch die Forderung ausging, in Österreich ständige Stützpunkte einzurichten. Aber zunächst wurde erst einmal ein Angriffsplan entworfen. Hasse und Schoenerer waren sich darin einig, daß - wenn Deutschland Österreich beherrsche - dann das letztgenannte Land vor allem gezwungen werden müsse, mit Rom zu brechen (Römischer Katholizismus). Um dieses Ziel zu erreichen, beschlossen die Führer eine allgemeine ausgedehnte Aktion. Deshalb schufen sie als erstes eine kunstvolle, aufreizende Pseudoreligion: eine Erweckungsbewegung, deren Hauptanliegen und unabdingbare Forderung der Antisemitismus war. Der deutsche Hasse fand einige Abtrünnige, die sich Katholiken nannten (obwohl solche Leute keine praktizierenden Katholiken mehr waren, genau wie jene Männer irgendeiner Religion, die sich hinter eine Kirchenkanzel verkriechen, gegen Gott toben und Haß und Unduldsamkeit predigen). Es fanden sich Mitglieder der führenden katholischen Partei, die sich dazu hergaben. So dauerte es denn auch nicht lange, bis über Österreich eine schreckenerregende Welle antisemitischer Verfolgung hinwegging. Diese dauerte mit unverminderter Heftigkeit an, bis Schoenerer und Hasse merkten, daß ein genügend hoher Grad von Agitation und Terror erreicht war. Dann verlagerten sie ihre Anstrengungen gegen die katholische Kirche mit einer wilden selbständigen »Los-von-Rom-Bewegung«, in der Schoenerer erklärte, daß »die Ketten, die uns an eine dem großdeutschen Gedanken feindliche Religion binden, gebrochen werden müßte!«

Die »Keine-Papisterei-Bewegung« und antikatholische Agitationen wurden von Hasse und Schoenerer dadurch angeheizt, daß sie zahlreiche pseudoevangelische, Seelenpiraterie treibende Pfaffen in Österreich unterbrachten, die großzügig mit Geld und Schnaps bezahlt wurden, damit sie über die Katholiken herzögen.

Wenn auch der volle Erfolg dieses Planes ausblieb, so zeigte er aber ein begrüßenswertes Ergebnis: es stellte nämlich die Frechheit und rücksichtslose Angriffslust des Deutschen bloß.

Tschecho-Slowakei:

Trotz des wütenden Widerstandes, dem die Deutschen in Böhmen begegneten, waren sie in der Lage, verschiedene Stützpunkte ihrer »Liga« einzurichten und ihre eigene Presse zu unterhalten. Bei ihrer Arbeit wurden sie durch Einsetzen deutscher Pfarrer, Lehrer und Agitatoren unterstützt. Sie alle spielten eine ausschlaggebende Rolle in dem Bemühen, den großdeutschen Gedanken in jenes prächtige Land der Freiheit hineinzutragen.

Die mehr als niederträchtige Arbeit der Deutschen war nicht leicht. Man begegnete ihr mit tapferem und ungebeugtem Widerstand. Die Tschechen bekämpften die blöden Deutschen mit einem wütenden und patriotischen Eifer, charakteristisch für ihren alten Helden Hus, dessen berühmtes Wort »Nichts Deutsches« ihr aufrüttelnder Schlachtruf und Wahlspruch wurde. Der tschechische Widerstand gegen den großdeutschen Gedanken war denn auch in der Tat so stark, daß führende Deutsche um 1900 unumwunden erklärten, daß das Schicksal der Bewegung sich in Böhmen entscheide und vom Ausgang des Kampfes in eben diesem Land abhinge.

Um hier den großdeutschen Gedanken möglichst zu verbreiten, taten die Deutschen alles, um das Aufkommen der tschechischen Sprache in Böhmen zu verhindern.

Man muß es den Tschechen schon hoch anrechnen, daß sie bis zu der Zeit, da sie ein Staat wurden, allein gegen die deutsche Oberhoheit kämpften. Obwohl sie bis dahin sich selbst überlassen blieben, so waren sie dennoch niemals bereit zu kapitulieren.

Holland:

Zehn Jahre vor dem ersten Weltkrieg nahm man allgemein als feststehend an, daß Rußland allein als Feind Deutschlands zu betrachten sei. Die zwei Staaten, die sich Deutschland gegenseitig als Feinde gewünscht hätten, waren Großbritannien und die USA, und das einzige Land, das es gerne geschluckt hätte, wäre Holland, ein freies und demokratisches Land, das den großdeutschen Gedanken mit all seinen politisch engstirnigen Grundsätzen haßte. Dennoch verfolgt der Deutsche hier sein Treiben mit jener fanatischen Sturheit, die so fest in seinem Charakter begründet liegt.

1898 hatte man in Holland eine sogenannte Holländische Generalliga gegründet, hauptsächlich um die holländische Sprache in Südafrika zu fördern. Da sie keinen Erfolg hatte, rief sie die »Alldeutsche Liga« zu Hilfe, die sie auch schnell unterstützte. Bei der Vorliebe für »zu beschützende« und »zu übernehmende« Länder, betrachteten die Mitglieder der deutschen Liga Holland schon früh als einen wesentlichen und sicheren Bestandteil Deutschlands und erklärten daher, daß wenn sie Holland nicht durch »freundliches Zureden« gewinnen könnten, dann müßten sie eben Gewalt anwenden.

1901 behauptete ein deutscher Schriftsteller, daß »Deutschland im Falle eines Krieges die holländischen Häfen nicht als neutral anerkennen könne und diese mithin auch nutzen würde«. Kurt von Strautz schreibt 1901 in der »Deutschen Zeitschrift«, »daß es einfach ein unmöglicher Zustand sei, daß die Außenposten der Alldeutschen wie z. B. in der Schweiz, in Holland, Belgien und Österreich für immer außerhalb der deutschen Grenzen blieben«.

Ein anderer Deutscher schreibt zur gleichen Zeit, daß sein Land gut daran täte, sich den Besitz der holländischen Kolonien zu sichern, auch schon um Marinestützpunkte und neue Handelsrouten zu bekommen.

Ein anderer deutscher Schriftsteller wiederum vertritt die Ansicht, daß die holländischen Kolonien von England, den USA und Japan bedroht wären und daher von Deutschland »beschützt« werden müßten.

Obgleich sich die »Liga« auch weiterhin dort große Mühe gab, die Agitation und Unruhe anzuheizen, so konnte der großdeutsche Gedanke doch keine nennenswerten Erfolge in diesem Lande für sich verbuchen, das wegen seiner großen Geistesfreiheit bekannt ist, wie sie nicht einmal die Oberen Zehntausend in Deutschland genießen konnten zu einer Zeit, als man die Niederländer noch als »Niederdeutsche« bezeichnete.

Die Holländer wünschten Holländer zu bleiben, sie fühlten sich in ihrer Freiheit unabhängig und stark genug, so daß sie einen gangsterhaften Schutz der viehischen, unzivilisierten Deutschen nicht nötig hatten und auch nicht wünschten.

Belgien:

Bei der deutschen Planung nach Weltherrschaft hat Belgien nie eine bedeutende Rolle gespielt. Das lag daran, daß das Land bei seiner geringen Ausdehnung leicht und jederzeit gezwungen werden konnte, sich dem deutschen Willen zu beugen. Trotzdem vernachlässigten die Deutschen es nicht ganz und gar. Man erkennt aber, daß sie hier eine vollkommen andere Taktik anwandten als sonst.

Anstatt alle Hebel in Bewegung zu setzen, um in Belgien die deutsche Sprache zu pflegen, glaubte der Deutsche, sein politischer Erfolg in diesem Lande hinge davon ab, daß er in geschickter Weise die französische Sprache zurückdränge und die flämische fördere. Er hoffte, auf diese Weise so etwas wie eine flämische Nation in Belgien schaffen und das Anwachsen des französischen Einflusses verhindern zu können. Gleichzeitig erwarteten sie sich davon, auf diese Weise einen Keil zwischen Frankreich und Belgien zu treiben.

Der Deutsche wurde von den meisten Belgiern mit großem Mißtrauen betrachtet. So war er gezwungen, seine Arbeit meistens durch unterirdische Kanäle zu leiten. Dabei konnte er keine großen Erfolge erzielen. Aber dieser Fehlschlag vermochte seine Hoffnungen auf eine spätere Verwirklichung nicht zu trüben. Deutschland fühlte sich in der Tat sicher, daß dennoch die ausgestreute Saat es eines Tages in den Vollgenuß der Ernte bringen würde. Mit der gewohnten hochfahrenden deutschen Arroganz hatte man ja schon 1901 Belgien in »Deutsch Westmark« umgetauft.

Dänemark:

Ebenso wie in Belgien hielt der Deutsche seine Aufgabe in Dänemark für so einfach, daß er sich erst gar nicht mit dem Gedanken befaßte, irgendwelche »Finessen« anzuwenden bei dem Versuch, die Dänen mit dem alldeutschen Gedanken vertraut zu machen. Er nahm sich von Anfang an vor, ihnen das Deutschtum aufzuzwingen anstatt sich damit aufzuhalten, es ihnen schmackhaft zu machen. Aber das gelang nicht. Dänemark konnte vielleicht durch die deutsche Wehrmacht besetzt, aber nie ein Opfer dessen werden, was die Deutschen ihre »Ideale« nennen, denn die Dänen sind ein unabhängiges, zivilisiertes Volk ohne jede Neigung, nach 1.000 Jahren in die Barbarei zurückgeworfen zu werden.

Schweiz:

Die Arbeit der »Deutschen Liga« in der Schweiz wurde durch ihre eigenen Taktlosigkeiten und stupiden Schnitzer erschwert. Sowohl die früheren wie auch die jetzigen Propagandisten für das Deutschtum haben immer den Fehler gemacht, bei der Beurteilung des vaterländischen Gefühls diese tüchtig zu unterschätzen.

So z. B. dadurch, daß sie lauthals und nachdrücklich behaupteten, die Schweiz sei nur ein Anhängsel ihres Landes und außerdem hätten die Schweizer keine Kultur, aus eigener Kraft könnten sie ihre Freiheit nicht verteidigen. Bei den meisten Schweizern mußten sie daher auf stärksten Widerstand stoßen.

Die Schweizer waren von jeher bestrebt, für alle Zeiten frei zu sein, dazu neutral und unabhängig. Überall wurde den Deutschen entgegengehalten: »Wir Schweizer sind keine Deutschen!«

Welch lebendigeres Zeugnis könnte dafür wohl angeführt werden als die Lehre, die sich aus der Geschichte Wilhelm Tells ziehen läßt, eines anerkannten klassischen Theaterstücks, ausgerechnet von einem deutschen Dichter geschrieben!

Skandinavien:

Von allen Völkern Europas sind die Deutschen in Norwegen und Schweden am unbeliebtesten. Wenn auch von Zeit zu Zeit deutschfreundliche Stimmen laut werden, so erfreute sich die »Deutsche Liga« nur eines geringen Erfolges.

Schweden und Norweger »deutschen Charakters« waren deutscher als die Deutschen und brachten dem deutschen Ideal einen Untertanen gehorsam entgegen, der reiner Verrat war, daher braucht man sich nicht zu wundern, daß die Deutschen einen Quisling in Norwegen finden konnten.

Professor Samassa behauptet, daß der kommende Kampf ums Überleben der Deutschen auf der einen Seite und der Briten und Amerikaner auf der andern Seite durchgestanden werden muß, und er vermerkt, »daß sich die Schweden den Deutschen umso eher nähern werden, je stärker Deutschland wird. Es liegt daher im deutschen Interesse, an der Unabhängigkeit Schwedens festzuhalten. Auf diese Weise können die Schweden von Deutschland aufgesogen werden«.

V. »Gesegnet seien die Kriegshetzer«

»Ihr habt gehört, daß man in alten Zeiten sagte: Gesegnet seien die Sanftmütigen, denn sie werden die Erde besitzen; aber ich sage Euch: Gesegnet seien die Mutigen, denn sie werden die Erde beherrschen; und Ihr habt gehört, daß man Euch sagt: Gesegnet seien die, die da geistig arm sind; ich aber sage Euch: Gesegnet seien die großen Geister und die Freien im Geiste, denn sie werden in Walhall einziehen. Und Ihr habt gehört, daß man zu Euch sprach: Gesegnet seien die Friedfertigen; ich aber sage Euch: Gesegnet seien die Kämpfer, denn man nennt sie nicht die Kinder Jahves, wohl aber die Kinder Odins, der größer ist als Jahve.« (Rückübersetzung aus dem Englischen - der Übersetzer)

So klingt es aus der Bibel der Deutschen anstelle der Bergpredigt, ausgelegt von Friedrich Nietzsche, dem Propheten des Übermenschen, demzufolge das apostolische Schwert in den vergangenen Jahren Millionen von Menschen niedermetzelte, mit ihrem Blute die Erde tränkend.

Aber damals war die Welt blind. Sie erkannte das säbelrasselnde Preußentum nicht als die Fortsetzung des durch die Jahrhunderte entwickelten deutschen Kriegskultes, man betrachtete es vielmehr als eine vorübergehende Erscheinung politischer Geschichts-entwicklung. Hatte denn der Geist Christi, Symbol der Liebe und Brüderlichkeit, nicht neunzehn Jahrhunderte die Welt durchschnitten, der Menschen Herzen erweichend und der Menschen Seelen besänftigend? Konnten denn zivilisierte Menschen in ein derartiges ungeistiges Erbe zurückfallen und alles in den Wind schlagen? Große Kathedralen beherbergen in Deutschland das Kreuz; wenn es andere auch erst nicht wußten, deutschen Denkern aber war es bewußt, daß diese Kirchen nur eine große Seelenleere bargen. Sie wußten genau, die germanischen Götter der Heidenzeit waren nicht tot; sie wußten, daß sie nur schliefen und daß sie selbst noch in ihrem Schlummer ein Feuer in ihrer Brust bewahrten, das bei diesen Menschen die barbarischen Instinkte in Flammen setzen würde.

Heinrich Heine urteilte 1834 über das Christentum in Deutschland also:

»Das Christentum - und das ist sein edelstes Verdienst - unterdrückte bis zu einem gewissen Grade den brutalen, kriegerischen Drang der Deutschen, aber es konnte ihn nicht vollkommen auslöschen; und wenn das Kreuz, dieser bändigende Talisman, in Stücke bricht, dann wird die Wildheit der alten Krieger dieser wahnsinnigen Berserkerwut wieder durchbrechen, worüber die Dichter aus dem Norden so viel geschrieben und so oft gesungen haben. Der Talisman ist brüchig geworden und es wird der Tag kommen, da er jämmerlich zu Staub zerfällt. Die alten Steingötter werden aus den vergessenen Ruinen sich erheben und von ihren Augen den Staub der Jahrhunderte wischen, und Thor mit seinem gewaltigen Hammer wird wieder auferstehen, und er wird die gotischen Kathedralen zerschmettern ... Wenn Ihr die schweren Marschtritte hört oder das Gerassel der Waffen, Ihr Kinder, die Ihr in der Nähe seid, seid auf Eurer Hut ... Es mag Euch schlecht ergehen! ... Lächelt nicht über die Fantasie eines Menschen, der den Ausbruch einer Revolution gleichermaßen kommen sieht, wie sie auf dem Gebiete des Geistes bereits vollzogen ist. Der Gedanke geht der Tat voraus wie der Blitz dem Donner. Der deutsche Donner entspricht genau dem wahren deutschen Charakter: er ist nicht sehr behende, er rumpelt vielmehr langsam daher. Was auch immer geschieht, wenn Ihr ein Krachen hört, wie es bisher in der Weltgeschichte noch nie gehört wurde, dann wisset, daß nunmehr der deutsche Donnerschlag gefallen ist. Bei diesem Getöse werden die Adler tot vom Himmel stürzen und die Löwen in den fernsten Wüsten Afrikas werden den Schwanz einziehen und sich in ihre königlichen Lagerstätten verkriechen. In Deutschland wird sich ein Drama abspielen, das - mit der französischen Revolution verglichen - diese wie eine unschuldige Idylle erscheinen läßt. Zur Zeit ist alles ruhig; und wenn auch hier und da ein paar Leute für etwas Unruhe sorgen, so halte ich diese nicht für die wirklichen Akteure dieses Schauspiels. Sie sind nur die kleinen Köter, die sich gegenseitig durch die Arena jagen ... bis zur festgesetzten Stunde, da die Truppen der Gladiatoren kommen, um auf Leben und Tod zu kämpfen. Und diese Stunde wird kommen.« (Rückübersetzung aus dem Englischen, der Übersetzer)

Deutsche Klugheit, deutsche Kultur, deutsche Gemütsregung, die Industrie, Wirtschaft, Politik, einfach alles Deutsche, jeder der hier aufgeführten Zweige und jeder für sich ist ein kleines Rinnsal, das mit seinem Wasser den großen dahinstürzenden Strom speist, der die deutsche kriegerische Geisteshaltung ist. So wird diese Geisteshaltung zu einem reißenden Strom, gegen den kein Damm gebaut werden kann, hoch und stark genug, seinem Ansturm zu widerstehen. Unsere Aufgabe aber ist es nicht, den Lauf des Stroms zu ändern oder eines dieser Rinnsale aufzustauen, hier heißt es mit dem Strom zu kämpfen und ihn zu überwinden, und zwar mit der gleichen Gewalt, wie sie der kriegerische Geist der Deutschen hervorgebracht hat.

Laßt uns die Frage nach den allzu offensichtlichen Leiden für einen Augenblick in der Schwebe halten, die die deutsche kriegerische Haltung der Welt beschert hat. Laßt uns ganz sachlich den Standpunkt ihrer Rechtfertigung prüfen, inwieweit das alles der Welt zum Segen gereicht hat. Kurz gefragt: ist das kriegerische Deutschland und damit die Ausbreitung des großdeutschen Gedankens für die Zivilisation mehr wert als der mit Menschenleben und mit dem Verlust der Freiheit bereits bezahlte Preis? Wird die Welt durch den Weiterbestand des Deutschen Reiches mehr gewinnen, als durch seine Vernichtung?

Die Antwort auf diese Fragen verlangt von uns keinerlei geistige Kraftanstrengung. Hier nochmals Nietzsche: In seiner Rolle als geistiger Baedecker des Germanismus läßt er nicht die Spur eines Zweifels über die deutschen Segenswünsche aufkommen. Lassen wir hier einige zufällig aufgeschlagene Seiten aus seinem Werk »Ecce Homo« folgen:

»Wohin auch immer Deutschland gekommen ist, er korrumpiert die Kultur ... Jedes große Verbrechen an der Kultur, das in den letzten vierhundert Jahren begangen worden ist, lastet auf dem deutschen Gewissen ... die Deutschen tragen die Verantwortung für alles, was heute existiert, für die Schwachheit und den Stumpfsinn, die sich der Kultur entgegenstellen; für die Neurose, genannt Nationalismus, unter der Europa leidet ... Die Deutschen selbst haben Europa seiner Bedeutung und Intelligenz beraubt und es in eine Sackgasse geführt ... In der Geschichte der Wissenschaften sind die Deutschen nur mit zweifelhaften Namen aufgeführt, sie haben nur gewissenlose Schwindler hervorgebracht. Der 'deutsche Intellekt' steht in schlechtem Ruf, ist eine psychologische Unsauberkeit, die jetzt zum Instinkt geworden ist - eine Unsauberkeit, die mit jedem Wort und mit jeder Geste den Deutschen betrügt. Und wenn ein Mensch nicht sauber ist, wie könnte er tiefer Empfindungen teilhaftig sein? Die seelischen Empfindungen des Deutschen kann man nie ausloten, sie haben keine. Und das ist alles ... Die deutsche Seele ist kleinlich und gemein«. (Rückübersetzung aus dem Englischen, der Übersetzer)

Diesen Worten ist nichts hinzuzufügen. Der Mythos deutscher Klugheit und Kultur zerplatzt unter der Hand der rauhen Wirklichkeit. Die von den Deutschen laut hinausposaunte Kultur ist nichts und hat keinerlei Wert.

Ist denn sonst nicht doch noch etwas Gutes über die Deutschen zu sagen, was wir vielleicht nicht verstehen? Vor mehr als einem Menschenalter war schon der verstorbene amerikanische Historiker Charles Francis Adams über genau die gleiche Frage gestolpert und er unterzog sich der Mühe, der Sache nachzugehen.

»Mißtrauisch gegen mich selbst (da meine Denkungsart ja nicht 'deutsch' ist), habe ich mich vor kurzem beim Studium über dieses Thema fast ausschließlich auf deutsche Quellen beschränkt. Ich nahm einen Anlauf zu Nietzsche und Treitschke, ebenso auf die deutsche 'Denkschrift', beleuchtet durch deutsche Zeitungen unseres Landes und die amtliche Äußerung des Reichskanzlers von Bethmann-Hollweg. Das Ergebnis war mehr als vernichtend. Es hat meine Fähigkeit zu kritischer Betrachtung zerstört. Ich kann nur sagen, wenn das, was ich in diesen Teilen fand, die Voraussetzung für deutsche Denkungsart ist, daß ich dann überhaupt aufhören möchte zu denken. Es ist die absolute Verneinung von allem, was in der Vergangenheit auf die Besserung der Menschen hinauslief, um dafür an seine Stelle ein System der vollkommenen Ehrlosigkeit zu setzen, nachdrücklich unterstrichen durch brutale Dummheit. Darüberhinaus zeugt es auch von niedriger Gesinnung, die für mich in höchstem Grade widerwärtig ist.«

Der Germanismus wurde vor Jahrhunderten geboren und ist durch die Jahrhunderte weiter gewachsen und hat jetzt das Stadium einer vorgeschrittenen Blütezeit erreicht. Hitler ist nur eine Knospe, die darauf hinweist, welcher Art die Blüte sein wird, wenn sie sich voll entwickelt hat. Dann kann die Welt was erleben!

Da Deutschland vor tausend Jahren nicht wie seine Nachbarn irgendwelche Anstrengungen gemacht hat, zur Zivilisation zu finden, so ist es heute ein Außenseiter unter den zivilisierten Nationen. Eine Entwicklung, die bei anderen Völkern tausende von Jahren bis zum Selbstverständnis gebraucht hat, kann nicht von Deutschland plötzlich über Nacht eingeholt werden. Daraus folgt, daß der Weiterbestand Deutschlands für die besten Absichten der zivilisierten Staaten zunehmend gefährlich wird.

Die absichtliche und niederträchtige Entstellung dessen, was bei anderen Völkern ein gesunder und normaler Ablauf der Entwicklung war, gibt Deutschland und seinen Menschen jetzt eine Fähigkeit, unübertroffen von irgendeinem anderen Volk auf dieser Welt, jede Gemeinheit und menschliche Verhaltensweisen zu fördern und zu propagieren. Und während Deutschland versucht, seine giftige Brühe zu verspritzen, ist es gleichzeitig von seinen eigenen Ingredienzien zu berauscht, daß es einfach nicht länger dem Wunsche widerstehen kann, nicht dem drängenden Zwang und der brennenden Lust, die es anspornen, aber auch jedes Zeichen von Güte im Menschen zu töten, wie es sie doch in andern Ländern entwickelt und praktiziert sieht. In Selbstgerechtigkeit möchte Deutschland sein unnatürliches und perverses Leben dadurch rechtfertigen, daß es die andern Völker mit seiner Krankheit besudelt. Deutschland ist nicht mehr zu retten. Die Welt hat auf ihre eigene Erhaltung und Wohlfahrt zu achten, damit nichts von diesem deutschen Gift in ihrem Blutkreislauf eindringt und sie so vernichtet!

Mit jedem erfolgreichen Krieg, den Deutschland plant, angestiftet und entfesselt hat, kommt es seinem Ziele zur Gewinnung der Weltherrschaft näher. Zur Zeit bringt Hitler das deutsche Volk fast an sein Ziel. Dabei will er doch nur die Fehler, die frühere deutsche Führer begangen haben, ausbügeln. Aber Hitler ist nicht der letzte Führer!

Wieviel Elend, Not und Tot und Zerstörung waren eigentlich notwendig, bis die Welt erkannte, daß jeder Kompromiß mit dem Großdeutschtum nichts anderes als die Garantie bedeutet, daß Deutschland schon kurz danach seinen unheiligen Kreuzzug erneut beginnen würde, um die Weltherrschaft zu erreichen. Wieviel Chancen werden der Welt wohl noch gnädigst bewilligt werden, um Deutschland in die Schranken zu weisen? Ich fürchte, die Zeit wird kommen, daß Deutschland nicht mehr Einhalt geboten werden kann. Dürfen wir es wagen, noch zuwarten? Niemand weiß, wann unsere genaue Todesstunde in die Liste eingetragen wird. Können wir mit einiger Sicherheit und Gewißheit sagen, wann die letzte günstige Gelegenheit für uns gekommen sein wird? Es könnte schon sehr wohl sein, daß dieses unsere letzte Chance ist. Ich fürchte, wir verpassen sie. Schaut nach vorn! Das nächste Mal wird die sogenannte »ältere Generation« die in der Hitlerzeit gedrillte heutige Jugend sein, die dann inzwischen Mütter und Väter geworden sind. Sie werden ihre Kinder schon mit dem Gedanken des Weltherrschaftstraums infiziert und dazu ermutigt haben, es zu wagen. So wird der nächste Führer kommen und eine Nation geborener Fanatiker steuern! Und sie werden eine

Kriegsmaschine so gewaltigen Ausmaßes zusammenschweißen, so in ihrer Zerstörungskraft bisher unerreicht, daß sie aber auch jedes Hindernis, das sich ihnen in den Weg stellt, glatt überrennen wird. Denn die Jugend der kommenden Generation - heute auf den Führerschulen erzogen - wird auch mit Sicherheit einen Führer finden, wie frühere Generationen solche immer gefunden haben, der Leib und Seele jenes Volkes verkörpert und personifiziert, der ihren kollektiven Willen beherrscht.

Ein Politiker, der einen solchen deutschen Leib und eine solche Seele mästen will, der wird nur eines ernten: Krieg!

VI. Gibt es einen Mittelweg?

Hiermit dürfte der Großdeutsche Gedanke zu Genüge aufgezeigt sein, der Gedanke und der Wunsch, die Weltherrschaft zu gewinnen. Daher ist die Frage wohl berechtigt: Kann denn die Welt nicht einen Kompromiß finden, der den Völkern wie auch Deutschland eine Existenzmöglichkeit Seite an Seite gemeinsam in Frieden und Gerechtigkeit erlaubt? Deutlicher gefragt: Würde morgen ein Friede geschlossen, mit dem Deutschland zufrieden wäre, könnte man dann vom Blute und von der Erziehung dieser Nation her eine Befriedigung für längere Zeit und für die Zukunft erwarten?

Wir möchten es gerne hoffen können; doch die Geschichte dieses Volkes reißt eine solche Hoffnung aus unsern Herzen.

Die meisten Menschen behaupten, daß es nur Hitler wäre, der zwischen Krieg und Frieden stände. Aber ist es denn nur Hitler, der Österreich, die Tschechoslowakei, Holland, Polen, Norwegen, Belgien, Frankreich und die Balkanstaaten zerschmettert hat? Ist es denn nur Hitler, der diese Völker quält und unterdrückt?

Um das zu ergründen, wollen wir einmal annehmen, Hitler wäre nicht mehr, und die Welt wäre auf der Suche nach einer gesunden Grundlage für einen Frieden mit Deutschland. Dann würden wir ganz schnell entdecken, daß das Deutschland unserer Träume nicht das Deutschland der rauhen Wirklichkeit ist.

Denn erstens gibt es in Deutschland nicht mehr lange die sogenannte »ältere Generation«, mit der unter Umständen sogar noch ein vernünftiges Wort zu reden wäre. Diese jammervolle kleine Klientel ist dann hin und vergessen, und an ihre Stelle tritt jene Legion junger Braunhemden mit dem Lobgesang des Horst-Wessel-Liedes: Heute Europa und morgen die ganze Welt! Ein verherrlichendes Motiv gesungen von pervertierten Menschen als Vorsänger des Weltunterganges, gedichtet von einem Trunkenbold, geschrieben in einem Bordell und einem Zuhälter gewidmet.

Was aber mit einem demokratischen Deutschland?

Demokratie bei einem Volk, das eine Nation von rund dreißig Millionen Polen vernichtet hat unter dem schmückenden Beiwort, »eine so sklavische Rasse habe keine Daseinsberechtigung«? Demokratie bei einem Volk, das nur an seine Überlegenheit glaubt, aber nicht an Gleichberechtigung? Oder etwa Deutschland einfach in kleine selbständige Staaten aufteilen?

Unsinn!

Dieser Berliner Alldeutsche Gedanke, der bei allen Deutschen unabhängig von jedem Zeitabschnitt blinde Ergebenheit erlangt hat, unabhängig auch von jeder Stammeszugehörigkeit, kann einfach nicht über Nacht eine so verpflichtende und dabei schwache Hinderungsschranke ertragen.

Laßt uns die Welt aufteilen und Deutschland seinen Anteil geben, mit dem sowohl die Welt wie auch Deutschland zufrieden sind, wird es dann nicht gehen?

Deutschland hat uns doch schon darauf geantwortet:

»Deutschland wünscht nicht, 'seinen' Teil, es wünscht und verlangt das Alles-oder-Nichts.«

Die jüngere Generation umerziehen?

Selbst wenn ein solches Vorhaben in Gang gesetzt würde, so bliebe es höchst zweifelhaft, ob es die Mühe lohnt oder sein Ziel erreicht. Die Seele ist stärker als das Hirn und mächtiger dazu. Der kriegerische Geist der Deutschen ist unzerstörbar mit seiner Verkettung und untrennbarer Bestandteil seiner Seele. Eines Tages würde jener kriegerischer Geist erneut seinen Willen beherrschen.

Oder noch eine andere Lösung: Deutschland für immer durch eine bewaffnete Macht polizeilich überwachen!

Selbst wenn ein solch Riesenunterfangen eine machbare Chance wäre, Deutschland selbst würde es nicht wollen. So wie der Krieg Krieg gebiert, so gebiert Unterdrückung den Aufstand. Unvorstellbare Schrecken würden sich verbreiten.

Somit stellen wir fest, daß es eben keinen Mittelweg gibt. Keine Bettelei, kein Kompromiß kann zusammengebraut werden, auch keine politische oder wirtschaftliche Zusammenarbeit kann in Betracht gezogen werden. Es gibt einfach keine andere Lösung als diese:

Deutschland und sein Volk müssen für immer von dieser Erde verschwinden!

Und hier werden wir sehen, daß die Durchführung eines solchen Unternehmens heute glücklicherweise nicht mehr unmöglich ist.

VII. Tod dem deutschen Volk!

Wenn ein Mensch mit Vorbedacht einen Mord begeht, dann muß er darauf gefaßt sein, daß er dabei sein Leben riskiert. Wenn nun ein Volk mit Vorbedacht Völkermord begeht, muß es darauf gefaßt sein, daß es sein eigenes nationales Leben verwirkt.

Über diesen Punkt sagen göttliche und menschliche Gesetze ganz klar aus:

Auge um Auge; Zahn um Zahn; Leben um Leben.

Aber was bedeuten menschliche und göttliche Gesetze schon für die Deutschen? Nichts.

Da müßte es schon ein deutsches Gesetz geben, das seine Bestrafung fordert - nämlich die Todesstrafe.

Und es gibt ein solches Gesetz:

»Wie bei allen menschlichen Angelegenheiten muß es auch in jedem Strafsystem eine letzte Grenze geben, über die hinaus es keine weitere Bestrafung mehr gibt. Auch vom Standpunkt der reinen Theorie wird die Notwendigkeit der Todesstrafe gefordert. Es ist die schwerste irdische Strafe, der entbehrliche Eckpfeiler jedes Ordnungssystems im Kriminalrecht. Keinerlei Scheingründe, die gegen sie vorgebracht werden, können einer ernsthaften Kritik standhalten. Der Staat, der für sich in Anspruch nimmt, zum eigenen Schutz die Blüte seiner Jugend zu opfern, darf sich nicht zartfühlend um das Leben eines Mörders sorgen. Wir müssen vielmehr dem Staat das Recht einräumen, Menschen aus dem Wege zu schaffen, die ohne Zweifel für das Gemeinwesen schädlich sind. Daß rechtmäßige Regierungen das Schwert führen müssen, ist tief im Blute des ehrbaren Menschen verankert. Wenn diese Wahrheit aus der Welt geschafft werden sollte, dann geschieht dem einfachen Moralempfinden des Volkes großes Unrecht. Die schwersten Probleme des menschlichen Lebens müssen im sittlichen Bereich, müssen vom praktischen und nicht vom theoretischen her gelöst werden. Das Gewissen jedes ernstzunehmenden Menschen verlangt, daß Blut mit Blut gesühnt wird, da ansonsten der unverbildete Mensch mehr und mehr an der Existenz der Gerechtigkeit auf Erden zweifeln muß, wenn die höchste und schwerste Strafe nicht angewandt wird. Der Staat macht sich selbst lächerlich und verachtenswert, wenn er schließlich nicht in der Lage ist, sich seines Verbrechens zu entledigen. Auch Gnade und Nachsicht müssen eine Grenze kennen, vor allem in der Gesetzgebung, eine letzte Grenze, an der der Staat sagt: 'Bis hierher und nicht weiter! Hier ist Menschlichkeit nicht mehr angebracht'. Es muß möglich bleiben, zu guter Letzt eine Strafe zu vollstrecken, über die hinaus es nichts mehr gibt, und das ist die Todesstrafe.« (Treitschke - Rückübersetzung aus dem Englischen: der Übersetzer)

Deutschlands Wille geschehe!

***

Übrig bleibt also nur noch, den besten Weg aufzuzeigen, die praktischste und schnellste Methode, wie die Höchststrafe am deutschen Volke vollzogen werden kann. Dabei versteht es sich von selbst, Pogrome und restlose Liquidierung stehen außerhalb jeder Diskussion. Außerdem wären sie nicht durchführbar bei einer Bevölkerung von annähernd siebzig Millionen. Derartige Methoden wären unvereinbar mit den moralischen Gesetzen und ethischen Verpflichtungen der Zivilisation. Als einzige Möglichkeit, die Welt ein für allemal vom alldeutschen Gedanken zu befreien, bleibt also nur, die Quelle zu verstopfen, aus der die kriegslüsterne Seele ihren Ursprung nimmt. D. h. das deutsche Volk daran zu hindern, seine Art immer erneut zu zeugen. Diese moderne Methode, wissenschaftlich unter dem Begriff rasseveredelnder Sterilisation bekannt, ist einfach, menschlich und gründlich. Dem Wort »Sterilisation« hat man ein wissenschaftliches Mäntelchen umgehängt und als das beste Mittel bezeichnet, eine Rasse von ihren Mißgeburten, den Degenerierten, erblich Kranken und erblich belasteten Verbrechern zu befreien. Sterilisation darf man nicht mit kastrieren verwechseln. Es handelt sich hierbei um eine einfache und sichere Operation, vollkommen harmlos und schmerzlos, die den Patienten weder verändern noch den Geschlechtsverkehr behindert. Meistens ist die Sterilisation weniger schmerzlich als eine Impfung und nicht ernster zu nehmen als Zahnziehen. Auch geht eine solche Operation außerordentlich schnell vonstatten und dauert nicht länger als zehn Minuten. Hinterher kann der Patient sofort seine Arbeit wieder aufnehmen. Selbst bei der Frau ist die Operation ebenso sicher wie auch leicht, sie benötigt nur mehr Zeit. Man hat sie schon mehrere tausendmal vorgenommen, ohne daß Komplikationen oder Todesfälle bekannt geworden wären. **Wenn man bedenkt, daß Impfungen und Behandlungen mit Sera als gezielte Wohltaten für die Gesamtheit angesehen werden, dann kann die Sterilisation des deutschen Volkes als eine große Gesundheitsmaßnahme verbucht werden, befürwortet von der gesamten Menschheit, um diese selbst für immer immun gegen den Virus des alldeutschen Gedankens zu machen!**

Die Bevölkerung Deutschlands ohne die eroberten und besetzten Gebiete beträgt ungefähr 70.000.000 Menschen, fast zu gleichen Teilen Männer und Frauen. Um den Vorschlag, das deutsche Volk auszurotten, Wirklichkeit werden zu lassen, brauchte man nur etwa 48.000.000 zu sterilisieren, eine Zahl, die Männer und Frauen über 45 Jahre wegen der Einschränkung ihrer

Fortpflanzungsmöglichkeit ausnimmt. Was die Sterilisation der Männer anbetrifft, so würde diese am leichtesten und schnellsten bei den Heereseinheiten als organisierte Gruppen durchzuführen sein. Nehmen wir die Zahl der Ärzte mit etwa 20.000 an und schätzen wir, daß jeder am Tage mindestens 25 Operationen vornimmt, so würde ein Zeitraum von höchstens einem Monat benötigt, um die Sterilisation durchzuführen. Je mehr Ärzte zur Verfügung stehen - und es könnten bedeutend mehr als die erwähnten 20.000 gestellt werden, wenn man bedenkt, daß alle Nationen hinzugezogen werden können - umso weniger Zeit würde natürlich benötigt werden. Die gleiche Anzahl Frauen Deutschlands könnte innerhalb von drei Monaten behandelt werden. Da die Sterilisation der Frau mehr Zeit beansprucht, so müßte man damit rechnen, daß die gesamte deutsche weibliche Bevölkerung innerhalb von drei Monaten oder sogar weniger operiert werden könnte. Die vollständige Sterilisation beider Geschlechter und nicht nur eines muß mit Rücksicht darauf, daß nach der heutigen deutschen Lehre ein Tropfen deutschen Blutes einen Deutschen zeugt, als notwendig angesehen werden.

Nach vollständiger Sterilisation wird es natürlich in Deutschland keine Geburten mehr geben. Bei einer normalen Sterblichkeit von 2 % jährlich wird sich die Bevölkerung im Jahr um etwa 1.500.000 verringern. Demzufolge würde das, was Millionen Menschenleben und Jahrhunderte vergeblicher Anstrengung gekostet hat, nämlich die Ausrottung des großdeutschen Gedankens und seiner Träger, eine vollendete Tatsache werden. Dank der Unmöglichkeit, sich fortzupflanzen, wird der deutsche Wille so verkümmern, daß die deutsche Kraft zur Bedeutungslosigkeit herabsinkt.

Wenn man den oben erwähnten Plan kritisch betrachtet, findet man die sich zwingend ergebende und außer Diskussionen stehende Befürchtung von selbst. Denn:

Erstens wird den Deutschen durch die Sterilisation keinerlei körperliche Qual zugefügt und zudem wird ihnen eine menschlichere Behandlung zuteil, als sie verdient hätten. Auch könnte man wohl als feststehend annehmen, daß die so lang gelitten habenden Völker Europas nach der Niederlage Deutschlands nach einer weniger menschlichen Rache als nur nach dieser Sterilisation verlangen würden.

Zweitens würde die Durchführung dieses Planes keine Bevölkerungsverschiebung mit sich bringen, noch würde sie eine plötzliche seelische Belastung bedeuten. **Daß die Deutschen nach und nach aus Europa verschwinden, wird keine nennenswerte negative Lücke hinterlassen, keine größere als das allmähliche Verschwinden der Indianer hierzulande.**

Zu diesem Punkt sei noch das Zeugnis eines bekannten Deutschen angeführt: »Ein Volk oder ein Einzelwesen mag sterben, beide hinterlassen keine Lücke!« (Spengler - Rückübersetzung)

***

84

Hypothetisch sei hier eine ins einzelne gehende Art und Weise angeführt, wie die geschändeten Opfer des deutschen Ansturms die Gewißheit bekommen, daß Deutschland keine Lücke hinterlassen wird:

Deutschland hat den Krieg verloren. Es fleht um Frieden. Das Gebot der Stunde für die Sieger ist, daß es für alle Zeiten von der Bildfläche verschwinden muß, und mithin ist es für die Staatsmänner zwingend, die Massensterilisation zu wählen, als das beste Mittel, die Deutschen nachhaltig auszurotten. Es muß also folgendes unternommen werden:

1. Sofortige und vollkommene Entwaffnung der deutschen Wehrmacht und Entfernung aller Waffen vom deutschen Gebiet.

2. Alle deutschen Versorgungsbetriebe und alle deutschen Industriewerke sind unter strengste Bewachung zu stellen. Deutsche Arbeitskräfte sind durch Angehörige der Alliierten zu ersetzen.

3. Die deutsche Wehrmacht ist in Gruppen einzuteilen und in sicher eingezäunten Gebieten zu sammeln und insgesamt zu sterilisieren.

4. Die Zivilbevölkerung, Männer und Frauen, sind organisatorisch zu erfassen und gebietsweise zu sterilisieren.

5. Nach der Sterilisation ist die deutsche Wehrmacht in Arbeitsbataillone einzuteilen und beim Wiederaufbau der von ihr zerstörten Städte einzusetzen.

6. Deutschland ist aufzuteilen und seine Gebiete sind an die Nachbarn zu vergeben. Die beigefügte Landkarte mag als Vorschlag dafür gelten, wie sie in etwa den Ländern zugewiesen werden können.

7. Deutschen Zivilisten sind Reisen über die errichteten Grenzen bis nach der Sterilisation zu verbieten.

8. Die deutsche Bevölkerung der jeweiligen Gebiete muß gezwungen werden, die Sprache ihrer neuen Herren zu erlernen; nach Verlauf eines Jahres wird die Veröffentlichung von Büchern, Zeitungen und Nachrichten in deutscher Sprache eingestellt; deutsche Rundfunksendungen sind zu verbieten und der Deutschunterricht in den Schulen entfällt.

9. Bei der ansonsten sehr streng zu handhabenden Sterilisation ist eine Ausnahme zulässig: die Deutschen können von dieser Behandlung ausgenommen werden, deren Verwandte als Bürger der Siegermächte die finanziellen Kosten für die Auswanderung und die Verantwortung für den Unterhalt und moralisches Verhalten solcher Personen übernehmen.

So gerät in Vergessenheit, daß ein Deutschland einmal existiert hat.

VIII. Damit wir nicht vergessen ...

Vielleicht kommt es so ...

Die USA beteiligen sich am Kriege. Der Kampf wird lang und bitter. Aber endlich übernehmen die Alliierten die Führung. Ihre Armeen kreisen Deutschland ein.

Deutschland sieht ein, daß der Krieg verloren ist. Wieder einmal! Es möchte aber die Besetzung verhindern. Es fürchtet die schon lange überfällige Rache. Es bettelt um Frieden. Der Waffenstillstand kommt!

Auf einmal entdeckt Deutschland - wie schon einmal - daß die Worte »Menschlichkeit« - welchen Begriff es erniedrigt hat - und »Gerechtigkeit« - welchen Begriff es zerstört hat - und »Gott« - den es verhöhnt hat - einen unwiderstehlichen Verkaufswert bei den alliierten Staatsmännern haben.

Deutschland setzt seine Propagandamaschine in Betrieb.

Bald werden Männer der Siegervölker drängeln: »Ehrenvollen Frieden!« »Gerechtigkeit ohne Haß!« »Gnade und Barmherzigkeit!« und dazu all die pflaumenweichen und ekelhaften Phrasen, die die ermüdeten Geister und erschöpften Gefühle der Völker, die so lange gelitten haben, in den so geschwächten Demokratien verwirren.

Vergessen im Sehnsuchtsrausch nach Frieden, der kein Frieden sein wird, sind all' die tapferen Jungens, die dem Ungeheuer Deutschland geopfert wurden; vergessen die Verpflichtungen gegenüber den Völkern, deren Hilfsmittel wir hinzugezogen und deren Kräfte wir ausgenutzt haben, um den Ansturm der Teutonen einzudämmen; vergessen auch die Pflicht, die wir den noch ungeborenen Generationen schulden; vergessen wie 1918 den Tag, an dem der nächste deutsche Führer kam.

Ja: alles vergessen, weil die Alliierten einem solchen Anruf nicht zu widerstehen vermochten. Und so fallen die Alliierten erneut dem Lockruf zum Opfer, und das, obwohl hunderte von Beispielen durch Jahrhunderte die Scheinheiligkeit deutscher Versprechungen bewiesen haben. Vergessen, daß der von ihnen geführte Krieg kein sportlicher Wettkampf war; daß ihr Feind ein Ungeheuer und kein menschliches Wesen war! So bis zum Überfluß vollgestopft mit dem ansteckenden Keim der Gefühlsduselei, strecken sie ihre Hand dem gefallenen Gegner entgegen und helfen ihm, sich zu erheben.

Mit einem herzlichen »Nur keine Angst, alter Knabe«, klopfen sie ihm auf die Schulter und sind glücklich, daß der Krieg nun endlich vorbei und erledigt; so kehren sie denn nach Hause zurück.

Und dazu glauben sie dann auch noch allen Ernstes, daß es in Zukunft keinen Krieg mehr mit Deutschland geben wird!

Ja, sie glauben auch noch, daß Deutschland irgendwie und auf unerklärliche Weise Christus wieder bei sich aufgenommen habe.

Ein Jahrzehnt mit viel Schweiß und wenig Freud'.

Aber die demokratischen Völker denken nicht so! Sie denken an ihre Kinder und hoffen auf eine bessere Zukunft, eine bessere Welt.

So denken sie.

Inzwischen erholt sich Deutschland und wird immer stärker. Seine Wehrmacht wird größer und schlagkräftiger denn je; die Deutschen haben neue Waffen entwickelt, deren Wirksamkeit jede Vorstellung übertrifft. Sie haben ihren neuen Führer. Das kriegsbegeisterte Volk ist wieder einmal unwiderstehlich und auf Welteroberung eingestellt.

Und wieder erzittert die Erde unter dem Marschtritt des deutschen Stiefels.

Gleich einer Kobra wiegt sich Deutschland im Gleichklang.

Er schlägt zu!

Die Menschen der zivilisierten Völker sind wie betäubt.

Sie rufen: »Aber das ist doch unmöglich!«

Und es ist es doch.

Und diesmal ist es zu spät.

Denn nun gewinnt Deutschland! Deutschland ist der Herr der Welt.

Und so wird eine tausendjährige Friedenszeit um eines kurzen Aufschubs willen an den Teufel verkauft. Und das nur, weil einige Männer versuchten, einen Körper zu erhalten, anstatt die viehische Seele der kriegslüsternen Deutschen für alle Zeiten zu vernichten.

Die Sonne erzittert, wenn über die finstere Welt sie sich erhebt.

Denn Sklaven der Deutschen sind die Kinder, die einst Freie waren.

Die Zivilisation gilt nichts mehr. Gemeinheit tobt sich wütend aus.

Selbst der Mond schaudert und möcht' zerspringen in froststarrender Kälte.

Das ist es also, das »Deutschland über alles!«

Soll es so werden?

Noch haben wir die Wahl.

Falsche Gefühlsduselei oder mutige Entscheidung -

Was gilt?

MAP SHOWING POSSIBLE DISSECTION OF GERMANY AND APPORTIONMENT OF ITS TERRITORY

Vernichtungspläne VI:

What to do with Germany

von Louis Nizer (1944)

Vorwort

»Der Friede hat sie nicht weniger berühmt gemacht als der Krieg«, schrieb John Milton. Die große Tragödie des XX. Jahrhunderts ist, daß der Friede hat Niederlagen hinnehmen müssen, sogar nach Kriegen, die seinethalben gewonnen wurden. 1918 legte die gequälte Welt die Waffen nieder. Der Friede war da, aber wir drehten ihm den Rücken zu, als könne er sich selbst erhalten, als ob die gleiche gewissenhafte Planung und die Gewaltströme an Energie nicht länger nötig wären, mit deren Hilfe wir den Krieg gewannen, um den Frieden zu behaupten. Zwar wurden die Deutschen demokratisiert, aber wir hatten sie nicht für die Demokratie begeistern können. Nach der vor kurzem gegründeten (Weimarer - der Hrsg.) Republik waren wir selbstgefällig genug, uns damit zufriedenzugeben, als ob es mit der formellen Einrichtung getan wäre, anstatt das Fehlen der Sehnsucht des Volkes nach Selbstregierung zu wecken. Und das Ergebnis: nach zwanzig Jahren des so teuer erkauften Sieges war der Friede verschludert. Erst dann entdeckten wir, daß durch unser Unvorbereitetsein auf den Frieden die Zeit als Präludium für einen neuen Krieg genutzt worden ist. Und gerade wie zum Hohne waren wir auf einen solchen auch nicht vorbereitet!

Ist dann erst Krieg, dann gibt es kein langes Hin und Her: man muß gewinnen oder untergehen. Durch solche Wahlbegrenzung ist denn auch zugleich die Versuchung zur Verzögerung und Abwägung verringert. Auf Irrtum und Zaudern steht daher die Todesstrafe. Ansonsten kann man gemächlich Frieden schließen. Das erlaubt alle Kunstgriffe der Unentschlossenheit: Kommissionen, Experimente, Debatten.

Der Tag zu einer neuen Gelegenheit, vielleicht der letzten, kann uns vielleicht geboten werden für einen ruhmvollen Sieg des Friedens. An dem Tag, an dem das Wort, daß der Krieg beendet sei, über die Erde gesendet wird, wird die Welt widerhallen vom frohen Glockenklang und hysterischen Sirenengesang. Millionen Herzen werden für eine Sekunde stillstehen im heiligen Gebet. Dann wird eine Welle der Begeisterung über die Erde schwappen. Überall werden sich die Menschen spontan zusammenfinden. Hunderte von überfüllten Feiern des Neuanfangs werden in der Nacht irrsinniger Freude begangen werden. Die Kinder - verwundert über die Ausgelassenheit ihrer Eltern - werden kreischen und tanzen in ansteckender Nachahmung. Die Kirchen werden von Besuchern überfüllt sein, zu erregt, um beten zu können. Männer werden sich in einer Anwandlung von Dankbarkeit in philanthropischen Orgien ergehen. Frauen, die während des Krieges viel zu sehr gelitten, als daß sie hätten wehklagen können, werden wieder lernen, vor lauter Freude laut zu schreien. Freudenfeuer werden in unsern Herzen brennen und von dort wird eine Welle religiöser Dankbarkeit zum Himmelsgewölbe steigen. Der Friede ist da! Friede! Wegen des Triumphs und Sieges und Friedens werden wir wie die Berserker herumspringen. Und das wird ausgerechnet der Augenblick der größten Gefahr sein bei der ganzen Geschichte! Wollen wir wieder die Millionen Menschenopfer unseres Volkes umsonst gebracht haben, nur weil wir zu faul zum Denken sind? Wollen wir wieder unsere Trümpfe aus der Hand geben und wieder auf unsere Wanderprediger hören? Oder wollen wir in Kenntnis der Ursachen dieses Jammers uns nicht doch ergrimmt die Aufgabe stellen, den Frieden zu bewahren und den Dritten Weltkrieg zu verhindern?

Kapitel 1

Arznei ohne Heilung

In der kurzen Zeitspanne von 25 Jahren ist der germanische Vulkan zweimal ausgebrochen, jede Menschlichkeit beiseite schiebend. So sind wir denn gezwungen, unsere friedfertigen Werke zu verlassen. Mit dem Maßstab der allgemein üblichen Verbrechensbeurteilung gemessen, sind Deutschlands Verbrechen zu groß, als daß sie nicht unsere allgemeinen Auffassungen über Bestrafung überträfen. Das ist eine nicht zu begreifende Erscheinung. Wir finden sehr schnell unsere Einstellung und Beurteilung bei einem notorischen Faulpelz oder bei einem ruchlosen Mörder. **Was aber sollen wir mit Millionen von Mördern machen? Unser Strafrecht versagt, wenn die Verbrecherbande ein ganzes Volk umfaßt.** Aus diesem Grunde sind die üblichen Strafen für Vergehen Einzelner angesichts dieses Massenverbrechens nicht anwendbar.

1. Ausrotten und Sterilisieren

Wir schütteln uns noch bei dem Gedanken, einen überführten Mörder durch Hängen oder auf dem elektrischen Stuhl hinzurichten. Aber wir mißachten in unserer überempfindlichen Gefühlsduselei die religiöse Lehre »Auge um Auge«, die Funktion der Strafe als ein Abschreckungsmittel Dritten gegenüber. Aber was wird man zu dem Vorschlag sagen, diese Lehre auf das ganze deutsche Volk anzuwenden! Sofort kommen Dutzende von widerstrebenden Meinungen zum Vorschein. »Das gesamte deutsche Volk ist nicht verantwortlich; man kann nicht ein ganzes Volk verurteilen«, oder: »eine derartige Bestrafung äfft die anormale Grausamkeit nach und macht uns zu Nachfolgern der Verurteilten«, oder: »man kann nicht 80 Millionen töten«, oder: »sowas würde eine neue Krise für Europa bedeuten und eines der größten und tüchtigste Völker auslöschen«, usw., usf. Die Franzosen werden wie gewöhnlich sagen: »Entweder müssen wir Deutschland vernichten, oder mit ihm Frieden schließen - und es vernichten, das wäre Wahnsinn«. Aber inzwischen haben die Franzosen erfahren: es ist nicht leicht, mit Deutschland in Frieden zu leben. Andere, die durch die deutschen Brutalitäten zu verzehrendem Haß aufgestachelt sind, schlagen vor, das Volk als Rasse durch rassehygienische Sterilisation auszumerzen. Man wagte zu behaupten, daß - wenn die zwangsweise Serumbehandlung mit Rücksicht auf den Nutzen für die Gemeinschaft zu rechtfertigen sei - daß dann die Sterilisation des deutschen Volkes gewissermaßen als Vorbeugungsmaßnahme zu betrachten sei, um die Welt für alle Zeiten unempfindlich gegen den **deutschen Virus** zu machen. Man betonte dabei, daß die ärztliche Durchführung einfach, dabei schmerzlos sei und den Patienten nicht der natürlichen Empfindungen oder der Lustgefühle beraube. Die Samenstrangunterbrechung beim Mann ist eine einfache Operation und erfordert einen nur leichten Einschnitt, da der Samenstrang direkt unter der Haut liegt. Die Operation dauert nur zehn Minuten, und der Patient kann unmittelbar nachher sogar die Arbeit wieder aufnehmen. Die Trennung der Eileiter, welche Operation die Unfruchtbarkeit der Frau bewirkt, ist schon schwieriger, aber kaum gefährlicher.

Es gibt ungefähr 50 Millionen deutsche Männer und Frauen im zeugungsfähigen Alter. Man schätzt, daß 20.000 Ärzte bei je täglich ungefähr 25 Operationen die gesamte männliche Bevölkerung Deutschlands innerhalb weniger als drei Monate sterilisieren könnten. Bei Frauen dürfte es für die Gesamtheit kaum drei Jahre dauern. Bei einer durchschnittlichen Sterblichkeit von 2 % jährlich, was etwa 1 ½ Millionen ausmachen würde, wäre dann das deutsche Volk innerhalb zweier Generationen praktisch ausgelöscht.

Diesen Vorschlag lehnen wir ab, allerdings keinesfalls aufgrund deutscher Proteste. Die Deutschen haben jedes Recht auf Proteste verwirkt, und sich dies selbst zuzuschreiben. Man schätzt, daß in Deutschland 300.000 und in Polen 700.000 Menschen sterilisiert worden sind. Sie schreckten nicht davor zurück die Bildungsmöglichkeiten abzuschaffen um die Betroffenen in Sklaven zu verwandeln, die Menschen physisch und geistig durch Pornographie und Drogen zu korrumpieren und systematisch ganze Völker auszurotten.

So wollen wir einfach die Stimme von Nazi-Protesten überhören. Allzu oft haben sie mit scheinheiliger Beschwörung der moralischen und ethischen Bedenken ihrer Gegner geantwortet, die sie sonst als zu verachtende Schwäche zu vermerken beliebten. Dennoch können wir unser Gewissen nicht leichtherzig darüberhuschen lassen, wenn wir unsere Zuflucht zu unmoralischer erneuter Vergeltung nehmen. Soll wirklich eine Welt der Gerechtigkeit errichtet werden, dann darf von Rache nicht gesprochen werden. Denn Tausende Unschuldiger würden von ihrem Sog erfaßt, und bleiben würden schleichende Haßgefühle als die neuen Teufel der Zukunft. Würden in einem solchen Fall nicht die Unschuldigen ebenso geschlagen wie die Schuldigen? Wo soll denn dann die Strafe aufhören? Würde die jetzige Generation der über die ganze Erde verstreuten deutschen Kinder diesen Plan nicht scheitern lassen? Sowohl die religiöse wie auch die ethische Begriffswelt vor allem verbiete uns den Willen zur Ausrottung eines Volkes. Der Abscheu vor wissenschaftlicher Verstümmelung ist stärker als alle kühle Rechtfertigung, und sei sie noch so logisch. Und wenn auch Unmenschlichkeit erneut Unmenschlichkeit erzeugt, wir würden verachtet werden von denen, die nach uns kommen. Die moralischen Zwänge sind das Ergebnis einer sich über Jahrhunderte erstreckende Zivilisationsentwicklung. Dessen brauchen wir uns nicht zu schämen. Laßt sie uns in Kanäle leiten, die den Blick für solche Werte schärft.

Wir dürfen das Abnorme nicht nachmachen, wenn es auch nach Rache schreit, und ganz gewiß nicht, wenn wir eine Welt der Gerechtigkeit aufbauen wollen. Der Maßstab für angemessene Strafe muß in Übereinstimmung mit unsern religiösen und ethischen Auffassungen sein. Ein Vorhaben zur zwangsweisen rassischen Sterilisation oder gar vollständigen Ausrottung stieße auf entschiedene Widersprüche aus religiösen und anderen Kreisen und würde zudem erneute Unstimmigkeiten unter den Siegern erzeugen. Es würde die Deutschen zu Märtyrern machen und - ganz natürlich - es käme zu Massenaufständen. Wenn es kein weltweites Vertrauen in die Gerechtigkeit der anzuwendenden Mittel gibt, dann werden sie als praktisches Mittel fehlschlagen. Moralische Sühnemaßnahmen müssen physischen gegenüber Vorrang haben.

Außerdem bedenke man: eine Sterilisation könnte vielleicht das deutsche Problem für künftige Generationen lösen, aber es wäre keine Lösung für die jetzige Zeit. Die Nachwelt sicher zu gestalten, ist ein großartiger Gedanke, aber ihr steht gegenüber die eher unmittelbare Pflicht, an unsere Kinder zu denken.

Auf die Lösung mittels Sterilisation müssen wir also verzichten .

Ein solcher Selbstverzicht ist weit entfernt von unangebrachter Gefühlsduselei. Wir werden gleich Methoden kennenlernen, die uns zu strenger Bestrafung zur Verfügung stehen. Im Augenblick wollen wir das Kapitel über eine Bestrafung mittels Sterilisation als nicht durchführbar an Millionen abschließen, zumal ein solches Vorhaben auch die moralischen Vorschriften, selbst bei einem verurteilten Mörder, verbieten.

2. Zuchtwahl, eine Mendelsche Theorie

Den Vorschlag von Professor Ernst A. Hooton, Anthropologe der Harvard-

Universität, die deutsche Aggressivität aus dem Volke herauszuzüchten, können wir ebenso wenig annehmen. Dieser Vorschlag würde uns zwingen, die Hauptmasse der jetzigen deutschen Armee für eine Zeitspanne von 20 Jahren oder gar noch länger in den verwüsteten Gebieten als Arbeitseinheiten zu beschäftigen. Einzelnen Männern würde dann erlaubt werden müssen, nur Frauen aus diesem Gebiet zu heiraten. Durch eine solche Kreuzung könnte man die Geburtenrate »reiner Deutscher« zurückdrängen und den Aggressionsdrang neutralisieren. Die Lehre der Reinrassigkeit hat keinerlei Wert mehr, wenn sie nur auf die Nazis bezogen wird; wie aber würde sie auf andere wirken? Angriffslust ist kein biologischer Zug. Eine Zeitlang waren Holländer und Türken geschichtlich gesehen Aggressoren. Heute sind sie friedliebend. Bei einer Lösung über die Vererbung übersieht man oder nimmt nicht zur Kenntnis, was Erziehung, wirtschaftliche Verhältnisse und soziale Stellung für den Charakter eines Volkes bewirken können.

3. Politische Aufteilung

Was für andere Heilmittel werden nun geboten? Sollen wir Deutschland in eine Reihe von Einzelgliedern aufsplittern und durch solche Trennungen die Todesstrafe über das Gesamtdeutschtum aussprechen? Wäre das besser als nur für die Nation? Ein derartiges Vorhaben wäre verlockend und wird auch schon in weiten Kreisen erwogen. Man muß aber damit rechnen, daß widerstandsfähige Kräfte des deutschen Volkes übrigbleiben, wenn Deutschland in kleine Minderheitsgruppen aufgeteilt wird. Anfangs bestand Deutschland aus vielen Einzelstaaten, die sich in Kultur, Herkunft und Sprache unterschieden. Nacheinander wurden sie von den Preußen unterworfen. Viele glauben nun, daß die Aufsplitterung des Reiches in seine ursprünglichen Bestandteile ihre regionalen und rassischen Gegensätze wieder aufleben ließe. Den Haß auf die Preußen solle man daher direkt zwischen den Deutschen säen. Aber eine solche Aufteilung dürfte wohl einen zusätzlichen Anreiz zu einem extremen Nationalismus geben, von dem die teutonischen Völker besessen sind. Die deutsche Einigung war eine der erfolgreichsten Propagandamittel des Pangermanismus seit dem XIX. Jahrhundert. Philosophen wie Fichte und Hegel sprachen sich schon dafür aus. 1866 wurde Preußen durch den Sieg über Österreich der beherrschende Staat in Deutschland. Die »Zusammengehörigkeit des deutschen Blutes« wurde als Sprachregelung von Bismarck verbreitet und wurde damit die treibende Kraft für den neuen Großdeutschlandgedanken. Er glättete die ehemaligen Unterscheidungen zwischen Bayern, Sachsen, Württemberg und Hannover.

Nach dem Ersten Weltkrieg war die Abtrennung von Bruchteilen des deutschen Volkes, wie z. B. Danzig und der polnische Korridor, wohl als Strafe gedacht, aber sie schwächte Deutschland nicht. Es wurde die Zahl der deutschen Bevölkerung nur um Bruchteile von Prozenten verringert, aber die Anwendung der gleichen Politik gegenüber Ungarn, Österreich und Bulgarien half die Saat der Drachenzähne für die Zukunft säen. Der fanatische Glaube der jetzt in Deutschland lebenden Generation an ein Gesamtdeutschland würde einen Rückgriff auf die alten Teilungen als höchst untunlich erscheinen lassen. Das würde für die Deutschen geradezu eine Einladung bedeuten, diese Scheingrenzen einfach wegzuwischen. Die Auflösung Deutschlands nach dem Ersten Weltkrieg hat nur zu Umgruppierungen geführt - und zu zunehmender Begeisterung für einen neuen Zusammenschluß. Bei den Deutschen war diese Sehnsucht nach Einheit für alle so selbstverständlich, daß man sie geschickt als zusätzliche Entschuldigung für die Welteroberungspläne ausnutzen konnte. Denn in jedem Lande leben Deutsche, und gemäß der Idee der Blutsgemeinschaft bleiben sie auch weiterhin Deutsche. Außerhalb des deutschen Reiches gibt es ungefähr 33 Millionen Deutsche. Im Westen etwa 15 Millionen und in den USA 10 Millionen. Blutsgemäß können sie sich selbst nicht der unbedingten Treue zu Deutschland entbinden, selbst dann nicht, wenn sie einer anderen Staatsbürgerschaft angehören.

Wenn nichts unternommen wird, um diesen von Grund auf verdammenswerten Glauben an die Blutsgemeinschaft auszurotten, dann wird die bloße Trennung von keinerlei Nutzen sein. Im Gegenteil, eine derartige Maßnahme würde der Anstoß für Wiedervereinigungsbestrebungen sein, mit denen sich dann die Welt abplagen kann. Geschaffen würde nur eine ganze Serie von Minderheitsproblemen. Wirtschaftsschranken wie auch politische Machenschaften wären die Folge.

Außerdem: eine Aufteilung würde die deutsche Eigenstaatlichkeit weder zerstören noch auch nur vorübergehend aufheben. Im Gegenteil, sie würde nur eine Vielzahl kleiner Regime schaffen und dadurch die Probleme vermehren. Denn jede Regierung muß ihre eigene Polizei haben, wenn nicht gar ihr eigenes Heer. Wir haben es doch erlebt, wie die Deutschen in dieser Angelegenheit bereits einmal getäuscht haben. Das Nebeneinander der vielen kleinen Staaten trüge somit zu den Schwierigkeiten bei, die jeweilige Eigenstaatlichkeit zu sichern. Das würde zu wirtschaftlichen und politischen Schwierigkeiten für andere Länder führen, die die deutsche Teilstaatlichkeit als gegeben annehmen, während die vielen anderen »Deutschländer« die Frage einer einheitlichen Exekutive untereinander gelöst haben könnten.

Wenn wir aber nun von Deutschland abgetrennte Gebiete an seine Nachbarstaaten abtreten, dann balkanisieren wir einen weiteren streitlustigen Teil Europas, und vergrößerten so nur alle gesellschaftlichen und nationalen Streitigkeiten: Währungsanpassung, Handel, Politik und Heerwesen - und damit kommen wieder sämtliche alten Rollen der Teufelei zum Vorschein.

4. Zwangsdeportation

Genauso undurchführbar ist der Plan, Deutschland durch Verschiffung seiner Bevölkerung zwecks Kolonisation anderer Gebiete auszusiedeln. Eine solche Forderung übersieht die eine Tatsache, daß die ihrer militärischen Macht beraubten und zerstreuten Deutschen dennoch ihr erfinderisches Talent behalten. Noch einmal: wir brauchen uns vor den nazistischen Schrecknissen mit derartig extremen Maßnahmen nicht zu schützen. Gerade sie haben uns doch vorgemacht, wie man mitleidlos ganze Bevölkerungen deportieren kann: annähernd 500.000 Tschechen wurden von der Tschechoslowakei nach Deutschland gebracht; 4.320.000 Polen wurden aus ihrem Heimatland verschleppt; (nachdem man 900.000 totgeschlagen hatte); die Nazis hatten auch keinerlei Bedenken bei dem zwangsweisen Verbringen von 2.350.000 Franzosen, 468.400 Holländern, 13.000 Norwegern, 532.000 Belgiern und 60.000 Dänen. All diese Menschen wurden ihres Besitztums beraubt, aus ihrer Heimat zu anderen Völkern fremder Zunge und Kultur getrieben. Also: ein deutscher Einspruch gegen eine vorübergehende »Landverschickung« wäre wohl einer, der am allerwenigsten beeindrucken könnte.

Aber eine tatsächliche Entvölkerung der Mitte Europas wäre kein Beitrag zum wirtschaftlichem Wiederaufbau. Abgesehen von dem Problem der Unterbringung und der zwangsweisen Verschiebung von mindestens 50.000.000 Menschen - was für eine Sicherheit wäre damit für die unbedingte Forderung nach Frieden gewonnen? Diesen Plan könnte man recht gut mit dem vergleichen, der empfiehlt, ansteckende Krankheiten dadurch auszurotten, daß man ihre Erreger gleichmäßig über die ganze Erde ausstreut.

Psychologisch gesehen sind solche Vorschläge einer Rassentrennung nur Bemühungen, dem Problem aus dem Wege zu gehen, statt es zu lösen; die Wiedergutmachung zu ersetzen durch äußerste Anstrengung auf einem anderen Gebiet. So wie Ausrottung ein racheerfülltes Heilmittel wäre, so sind die politische Aufteilung oder Deportation wirklichkeitsfremde Vorhaben.

Gerechtigkeit - weder Gefühlsduselei noch Grausamkeit

Den sichersten Beweis, daß wir das Problem nicht gründlich genug durchdacht haben, bietet der vorherrschende Meinungsstreit, wie er in den oberflächlichen Parolen »Schlagt sie Tot!« bzw. »vergebt und vergeßt!« zum Ausdruck kommt. Wir müssen den rührseligen Prediger meiden, der Herzklopfen bekommt, wenn er an den gemeinsten Verbrecher und »dessen Familie« denkt, während er finster und gefühllos sein Haupt schüttelt im Gedenken an die Opfer, die »nun einmal nicht wieder zum Leben erweckt werden können«. Im internationalen Leben gibt es auch sein Gegenstück: den Politiker, der der Ansicht ist, daß nur vollkommene Vergebung einer kriegerischen Wiederholung am besten vorbeugt. Die Göttin der Gerechtigkeit läßt ihre Waagschale sinken und wendet voller Scham ihr Haupt mit den verbundenen Augen ab, wenn derartig unglaubliche Greueltaten, wie sie unsere Feinde der ganzen Welt angetan haben, nicht bestraft würden. Schnelle, sichere und angemessene Strafen müssen angewandt werden. Darüber sprechen wir später. Wir müssen sicher gehen, daß der kommende Friede nicht nur ein Zwischenspiel wird, das die Deutschen, uneinsichtig wie sie sind, dazu benutzen, einen erneuten Angriff vorzubereiten. Wenn wir nicht klug genug sind, einen neuen Anlauf zu verhindern, dann wird dieser Tag kommen und unsere Opfer sind vergebens gewesen. Den Deutschen kann man nicht vertrauen, wenn sie von »Reue« sprechen oder versichern, sich zu bessern und die begangenen Irrtümer einzusehen. Es gibt auch kein Zutrauen in ihre Selbstkontrolle oder ihr Wohlverhalten - bei vollkommenem Mangel an Edelmut.

Kapitel 2

Wer ist verantwortlich?

Sind alle Deutschen oder nur ihre Führer zu tadeln? Sind es nur die Führer, dann sind die vorbeugenden Schritte gegen den Militarismus verhältnismäßig leicht. Ist es aber das ganze Volk, dann stehen wir Tausenden von Problemen gegenüber. Bevor man sich Gedanken über eine saubere Lösung in Bezug auf den Germanismus machen kann, müssen seine Triebkraft und sein Entstehen untersucht werden.

Jede Verallgemeinerung hat die gleichen Fehler. Sie ist allzu vereinfachend, als daß sie treffend sein könnte. Daher ist es unmöglich, ein ganzes Volk in dem Sinne anzuklagen, daß jede Einzelpersönlichkeit verantwortlich sei. Aber wir können auch nicht eine Gesamtverantwortung mit der Begründung leugnen, daß der eine oder andere unschuldig ist. Wenn kein Volk insgesamt als schuldig festgestellt werden kann, es sei denn, die Schuld wäre einhellig von ihm selbst begangen, dann darf man das Benehmen einer Gruppe nicht verallgemeinern. Wir brauchen daher auch den Einwurf gar nicht zu beachten, daß kein allgemeiner Beschluß über die Verantwortlichkeit des deutschen Volkes herbeigeführt werden kann. Ohne Zögern behaupten wir, die Italiener seien ein musikbegabtes Volk, obwohl viele von ihnen vollkommen unmusikalisch sind; oder daß die Schotten sparsam sind, obwohl es unter ihnen direkte Verschwender gibt; oder daß die Engländer gleichmütig sind, obgleich auch sie ihren Anteil an leicht erregbaren Geistern haben; oder daß die Amerikaner ein energiegeladenes, ruheloses Volk sind, obwohl mitten unter ihnen unzählige Faulpelze leben. Wir haben also ein Recht, über das deutsche Volk ebenso zu urteilen.

Wenn wir einem ganzen Volk Fehler anlasten, dann bilden wir uns ein

Charakterurteil über dieses, indem wir es mit einer großen Mehrheit gleichsetzen. Wir brauchen nicht zu erschrecken, wenn wir durch Umfragen feststellen, daß es vor 1933 ungefähr 5 Millionen Kommunisten gegeben hat, 4 Millionen deutsche Katholiken, 600.000 Juden und 8 Millionen Sozialdemokraten.

Bei der letzten freien Reichstagswahl im November 1932 brachten die linken Gruppierungen 13.231.650 Stimmen zusammen. Die Rechten brachten es auf 22.035.235 Stimmen. Solche Statistiken vermögen den Eindruck zu vermitteln, daß ein großer Teil, eine breite Minderheit der Deutschen den Hitlerismus mißbilligte und zudem unter einem gewissen Druck stand. Aber das Hineinleuchten in eine so wichtige Sache kann nicht so allgemein abgeschlossen werden. Vor Hitler gab es den Kaiser, und Bismarck vor dem Kaiser, und Friedrich den Großen vor Bismarck - man kann sogar 2.000 Jahre Germanismus erforschen.

Unter allen Herrschern kämpften Millionen Deutsche fanatisch, heldenhaft, opferbereit. Ihr Verhalten unterlag keinem Zwang. Ihr Wille war, ein bestimmtes Vorhaben durchzuführen, und sie waren bereit, dafür zu sterben. Die beeindruckenden Erfolge der deutschen Aggression hängen damit zusammen, daß Millionen Zahnräder ineinander paßten, haargenau, wie es bei unfreiwilliger Fügsamkeit nie hätte Wirklichkeit werden können.

Vorbereitungen für militärische Eroberungen erfordern begeisterte öffentliche Unterstützung und Opferbereitschaft. Mürrische Anhänglichkeit reicht dazu nicht aus. Es muß schon ein großer Ansporn gegeben sein wie etwa die Weltbeherrschung, oder als Gegenstück der Widerstand gegen Vernichtung. Deutsche und Russen liefern für beides den Beweis. Als in Deutschland Entbehrungen und Niederlagen ihren Anfang nahmen, baute es die mächtigste Kampfkraft seiner Geschichte auf. Denn der größte Teil einer Generation verzichtete von sich aus auf besondere Bedürfnisse und Luxusartikeln, um eine Kriegsmaschine auszubauen. Beweist eine derartige mechanische und industrielle Leistung den bereitwilligen Entschluß zur Gemeinsamkeit nicht mehr als nur Gehorsam gegenüber einem Tyrannen?

Während des Ersten Weltkrieges nahm man in nüchtern denkenden Kreisen im allgemeinen an, daß die USA keinerlei Händel mit dem deutschen Volke hätten, daß vielmehr nur seine gewissenlose Führer unsere Feinde wären. Wilson traf daher folgerichtig ins Schwarze mit den klassischen Worten: »Wir haben nichts gegen das deutsche Volk. Es lag nicht an ihm, daß seine Regierung den Krieg begann«. Seine Aufrufe richteten sich an das deutsche Volk, als handle es sich um unterdrückte Brüder, die wir von ihren eigenen Unterdrückern zu befreien hätten. Indem Wilson die Gesamtverantwortung für den Bruch von Verträgen und die Nichtbeachtung internationaler Gesetze der entthronten Staatsführung auferlegte, war das deutsche Volk praktisch von allen Vorwürfen freigesprochen. Daß die Deutschen die Erniedrigung ihrer Führer als eine ihnen selbst zugefügte empfanden, ist ein bezeichnendes Eingeständnis. Wir werden noch sehen, daß sie so weit gingen, die vorgesehenen Strafmaßnahmen des Versailler Vertrages zu sabotieren, indem sie verzweifelte Anstrengungen machten, ausgerechnet für die einzutreten, die sie - wie bereits gesagt - unter der Fuchtel gehalten hatten.

Alle Anstrengungen der deutschen Demokratie richteten sich nach der Militärkaste. Die Franzosen verjagten nach 1871 ihren Monarchen samt Familie. Millionen Deutsche hingegen votierten bei einer Volksabstimmung für den geflüchteten Kaiser. Und bei drei demokratischen Wahlen kürten sie Hindenburg zum Präsidenten - Hindenburg, der ein eingefleischter Monarchist war, und vor allem deshalb verehrt wurde, weil er einmal Feldmarschall gewesen war. Als demokratisch gewählter Präsident ernannte er legal Hitler zum Kanzler. Zu der Zeit hatte die Nazipartei 288 Sitze im Reichstag gewonnen und war die stärkste Partei in Deutschland. So kam durch den rechtmäßigen Präsidenten Hindenburg direkt der Volkswille zum Ausdruck, bei voller Kenntnis von Hitlers Programm - wie es in »Mein Kampf« dargelegt ist. So entlarvte sich die deutsche öffentliche Meinung selbst, bevor Zensur und Tyrannei ihre Stimme erstickte.

Die Kehrseite der Medaille

Schon etliche Jahre, bevor Hitler die gleiche Ansicht vertrat, was uns aufhorchen ließ, wurde allgemein anerkannt, daß der Versailler Vertrag unerhört hart war. Hier und da gab es schon früh Meinungsverschiedenheiten. Es sei an folgende Anekdote erinnert: Als Marschall Foch dem Grafen Brockdorff-Rantzau die Waffenstillstandsbedingungen vorlegte, erblaßte der Graf angesichts ihrer Härte und erklärte, daß diese jeder zivilisierte Auffassung hohnspräche. Darauf antwortete ihm der Marschall, daß er die eigentlichen Papiere noch in der Tasche habe. Das, was er ihm vorgelegt habe, sei eine Abschrift der deutschen Forderungen, wie man sie für den Fall des Sieges auf deutscher Seite vorbereitet habe. Sie seien dem französischen Geheimdienst in die Hände gefallen. Die Glaubwürdigkeit der Pointe wird durch die karthagischen Bedingungen beleuchtet, wie sie den Russen in Brest-Litowsk 1917 abverlangt wurden, genau wie den Franzosen im Eisenbahnwagen in Compiegne 1940 und anderen eroberten Ländern. Sie entsprachen alle der üblichen Unmenschlichkeit der Deutschen.

Von den einen wurde der Versailler Vertrag als zu hart gegeißelt, von den anderen als zu großzügig. Auf jeden Fall war er nicht Anstoß oder Ursache des nächsten Krieges. Man hat diesem Dokument allzu viel angehängt, das nach deutscher Auffassung nur ein Stück Papier war, das man nicht ernst zu nehmen gedachte. Man sah in ihm allenfalls den Vorwand für »Erpressungen«.

Den Deutschen hätte ein mitleidloser Sieger eher beeindruckt als ein edelmütiger. Ihre Ehrerbietung wäre vor einem harten Gegner gewachsen, wie sie ja auch vor ihren eigenen Führern in dem gleichen Verhältnis zunahm, wie deren Grausamkeit. Nach Ansicht von Emil Ludwig hätte ein leichterer Friede einen Hitler nicht verhindert, wohl aber hätte er bewirkt, daß dieser fünf oder zehn Jahre früher an die Macht gekommen wäre.

Ist es also ein Wunder, daß Edelmut in der internationalen Politik nicht gefragt ist? **Abgesehen von der rein militärischen Unwirksamkeit in der Praxis verkennt man auch die anormale, nationale Psyche der Deutschen, die Toleranz verachten, aber ehrerbietig vor der Grausamkeit kuschen.**

Die Bedingungen des Versailler Vertrages würden immer rücksichtslos mit all ihren Bestimmungen verletzt worden sein, es sei denn, das jahrhundertalte Programm der deutschen Welteroberung wäre zuvor aufgegeben worden. Das ist die nackte Wahrheit. Die Anklage kann nicht auf den Vertrag abgewälzt werden, der trotz aller Mängel ein menschliches, christliches Dokument war, verglichen mit den Zumutungen, die die Nazis den eroberten Ländern auferlegten. Die Verantwortung liegt bei der Unfähigkeit der Vertragsplaner, einzusehen, daß die Formulierung der Grundsätze unzureichend war. Die tiefste Ursache der deutschen Unzuverlässigkeit muß bloßgelegt und berücksichtigt werden, wenn Reformen durchgeführt werden sollen. Eine Vorschrift ohne saubere Diagnose ist sinnlos, selbst wenn sie im Stil eines auferlegten ärztlichen Attestes geschrieben wäre.

Der Versailler Vertrag erlaubte den Deutschen, ihre eigene Regierung zu wählen. Und vierzehn Jahre später riefen sie »Heil Hitler«! Zugegeben, schmerzliche Umstände machten sie aufnahmebereit für demagogische Aufrufe; ist es da verwunderlich, daß sie - anstatt den Aufrufen nach einem besser gesicherten und mehr Wohlstand verheißenden Leben zu folgen - daß sie da lieber den Versprechen auf Weltherrschaft nachliefen? Wie sich dieses Thema doch immer in der deutschen Geschichte wiederholt! **War der Nazismus ein Zufall - oder nicht doch eher die Erfüllung uralter deutscher Träume, philosophisch und systematisch für Jahrhunderte in die deutsche Seele eingepflanzt?**

Schon rein instinktmäßig begreifen die Völker dieser Erde die Antwort. Obwohl sie den Ablauf der deutschen Geschichte nicht in mühsamer Forschungsarbeit erkannt haben und nichts auf solchem Wege von der deutschen Eroberungssucht nach Weltherrschaft erfahren haben, hat sich dennoch ihre Haltung dem deutschen Volke gegenüber geändert. Der gesunde Menschenverstand, der des einfachen Menschen Richtschnur ist, belehrt ihn, daß kein Volk unschuldig sein kann, das in einer Generation zweimal zu Angriffen auf alle Nachbarn - fern und nah - vorgeprellt ist. Wie ist es nur möglich, daß ein Fleck auf der Oberfläche dieser Erde, nicht größer als Texas, sich immer wieder aus der Reihe tanzen und die Welt verwüsten kann?

Und was soll man von den Trinksprüchen, Schlagworten, Hymnen und Schlachtrufen dieses Volkes halten?»Der Tag« - d. h. wenn Deutschland die Welt beherrschen wird.»Deutschland über alles«»Morgen werden wir die Welt beherrschen«.»Deutschland ist vom Schicksal zur Weltherrschaft bestimmt«. Beherrscht die Welt! Beherrscht die Welt! Menschen die solchem Sendungsglauben zujubeln, können nicht die unschuldigen Opfer verruchter Führer sein!

Zu Beginn des Zweiten Weltkrieges sprachen die Führer der westlichen Demokratien noch mehr als verhalten über»das deutsche Volk«. Aber als sich die deutsche Erbarmungslosigkeit offenbarte, da erst fingen wichtige Staatsmänner an, ihren Glauben an die Verantwortlichkeit des deutschen Volkes auszusprechen.

Wir wollen den historischen Hintergrund der deutschen Kriegshetzerei ausleuchten, nicht nur um anzuklagen, vielmehr in der Absicht, den Keim herauszufinden, um so das passende Heilmittel verschreiben zu können. Der Nationalsozialismus ist keine neue Theorie, die etwa aus den Härten des Versailler Vertrages geboren wurde oder auch nur aus wirtschaftlichen Nöten. Es geht darum, die deutschen Bestrebungen durch die Jahrhunderte zu verfolgen.

Cäsar und Tacitus berichten über Nazismus

Wie Cäsar berichtet, hatten die Germanen schon zu Seiner zeit allen Grund, im Falle einer Niederlage den undifferenzierten Haß ihrer Feinde zu fürchten. So erfanden sie für sich die Unterscheidung zwischen»Volk« und»Führung«. Cäsar schreibt:»Ihr ganzes Leben besteht aus Jagd- und Kriegsunternehmen; schon in der frühsten Kindheit werden die Jungen auf Kampf und Abhärtung getrimmt. Je länger sie in Keuschheit leben, um so größer ist das Lob innerhalb der Sitte. Manche denken, daß dadurch der Körper, andere, daß dadurch Kraft und Stärke wachsen. Ferner halten sie es für äußerst schimpflich, wenn ein Mann unter zwanzig Jahren schon Verkehr mit Frauen gehabt hat.«

Seelenärzte werden in diesen Beobachtungen wertvolles Material für ihre Studien finden, wenn sie nach den Grundübeln des deutschen Sadismus bei ihren Studien suchen und nach dem Minderwertigkeitskomplex, der durch

Kriegsführung und Herrschsucht sich abzureagieren sucht. Neigungen zur Homosexualität sind allgemein bekannt in Deutschland und wurden öffentlich nachgewiesen, als Hitler seine Säuberungsaktion im Falle Röhms und seiner Anhänger rechtfertigte mit der Begründung, daß sie Entartungspraktiken nachgegangen seien, die die Regierungskreise korrumpierten, Hitlers und Hess' eigene »Schöngeistigkeit«, Görings anormales Gehabe (was durch ein Schweizer Gericht bestätigt wurde) und das teuflische Benehmen eines Streicher und anderer Naziführer, das alles paßt gut in das Charakterbild von Bestien.   Die Erforschung dieser Seelen- und geistlosen Lebensäußerungen steckt noch im Anfangsstadium. Aber Cäsars vor Jahrhunderten niedergeschriebener Bericht über die Art der Germanen, normale Regungen und Instinkte zuverhelen, oder gar zu verkehren, dieser Ausschnitt aus den Gewohnheiten eines Volksstammes, mag ein bedeutender Hinweis auf die krankhafte Lebensweise der Deutschen sein. Ist es möglich, daß die deutsche Grausamkeit und Blutdurst auf sexueller Unterdrückung beruhen? Ist die pornographische Neigung der Deutschen, gefüttert durch offizielle Dokumente wie Streichers »Stürmer«, von Bedeutung?

Diese und ähnliche Fragen überlassen wir besser den Fachleuten auf dem Gebiet der Medizin, selbst medizinisch sind sie noch schwer faßbar und herausfordernd.

Zuverlässiger ist wohl die Schlußfolgerung, daß die Deutschen derartige Opfer brachten, um Kraft und Stärke für »militärische Zwecke« zu gewinnen.

Cäsar, der als Diktator nicht allzu viel Wert auf ethische Ziele legte, war mehr Beobachter als Moralist, wenn er seine Beobachtungen fortsetzte:

»Für Ackerbau haben sie nicht viel übrig. Ihre Nahrung besteht hauptsachlich aus Milch, Käse und Fleisch. Niemand hat ein bestimmtes Stück Land oder ein eigenes Anwesen. Die Obrigkeiten weisen den Stämmen und Sippen, die sich hier zusammengefunden haben, ausreichend Land an ihnen gut dünkenden Plätzen zu. Nach Jahresablauf sind dann die jeweiligen Landinhaber gezwungen, umzuziehen. Sie geben für diese Praxis viele Gründe an: Die Furcht, daß sie bei länger dauernder Genossenschaft über die Seßhaftigkeit ihre Kriegslust verlieren könnten ... Die Stämme rechnen es sich zur höchsten Ehre an, durch Verwilderung ihrer Grenzen ein möglichst großes Gebiet unbebauten Landes ringsherum zu haben. Sie halten es für ein rechtmäßiges Gütezeichen, die Nachbarn von ihren Ländereien zu vertreiben, und kein Mensch wird es wagen, sich in der Nähe anzusiedeln, gleichzeitig glauben sie, dadurch sicherer zu sein, zumal sie so vor einem plötzlichen Überfall geschützt sind. Raub außerhalb der Grenzen jedes einzelnen Stammes wird nicht verdammt, ja, sie behaupten sogar tatsächlich, daß solche Unternehmen ganz in Ordnung sind, da sich die jungen Männer dabei bilden können und die Faulheit so bekämpft wird. Wenn dann irgend einer der Häuptlinge in der öffentlichen Versammlung sagt, er wolle der Führer sein, dann tut er das mit den Worten: »Diejenigen, die mir folgen wollen, mögen sich also erklären«. Dann stellen sich alle die, die dem Vorschlag zugestimmt haben, ihm zur Verfügung und versprechen gemeinsam ihre Treue. So gewinnt er die allgemeine Zustimmung seines Volkes. Jeder, der nach dem Ausspruch nicht folgt, wird fortan als Gegner und Verräter betrachtet.«

Cäsars ausgezeichneter Bericht wird durch die jahrhundertelange Erfahrung bestätigt. Wir werden noch sehen, wie sehr die Deutschen den Ackerbau fürchteten aus der Besorgnis heraus, daß er auf »ihre Kriegslust« mindere, wodurch die nationale Entwicklung Schaden nehmen könnte. Es war für sie nur natürlich, ihre Grenzpolitik und Räubereien als beständige Sucht der Deutschen beizubehalten. Das Auffallendste ist die Wahl eines Führers, der Eid, ihm blindlings zu folgen und die religiöse Gehorsamkeitspflicht. Alle, die aus der Reihe treten, sind Verräter. Ist diese selbstgestellte Forderung blinder Gefolgschaftstreue, gekoppelt mit der Führeridee, eine genaue Beschreibung des Hitlerismus? Das ist doch haargenau die Überlieferung aus der deutschen Geschichte, die die Naziführer nur anzurufen brauchten.

In der deutschen Geschichte war die umgekehrte Pyramide stets die Regierungsform. Die Autorität ruht auf die Spitze. In der urgeschichtlichen Zeit war der beste Krieger oder Jäger der Führer. Oft folgte ihm der Sohn oder Enkel. Später nannte man ihn König oder Herzog, aber zu allen Zeiten schwor das Volk den feierlichen Treue-Eid und brachte ihm Opfer nach dem alten Eidspruch dar. Jedes selbständige Denken wurde über Bord geworfen. Des Führers Entscheidung war endgültig, selbst wenn er Verrat oder Unehre forderte. Alle Führer wurden ursprünglich vorgeschlagen, weil sie Krieger waren. Als politische Regel galt allgemein die Fähigkeit zur Kriegsführung. Das war vielleicht nichts Außergewöhnliches in dem dunklen Jahrhundert Cäsars, aber die unveränderte Beibehaltung über viele Jahrhunderte hinweg kann nur als zeichnende Erscheinung gelten. Fünfhundert Jahre nach dem Aufstand in Athen und nach gesellschaftlichen Umschichtungen hatten Zivilisationsbestrebungen längst die gesamte Mittelmeer-Region erfaßt, die Germanen aber folgten nach wie vor ihren Führern. Ungefähr ein Jahrhundert später beobachtete Tacitus in seiner berühmten Schrift »De Germania« wiederum die germanischen Bestrebungen. Hatten sie sich geändert? Er schreibt: »Unbewaffnet verhandeln sie nie, seien es nun öffentliche oder persönliche Belange. Die Führer kämpften um den Sieg; aber kämpfen taten in Wirklichkeit die Gefolgsleute. Wenn infolge langer Friedenszeit und sonstiger Untätigkeit die eigene Gemeinschaft verweichlichte, begaben sich viele aus dem jungen Adel aus Ungeduld in andere Länder, von denen man wußte, daß sie sich im

Kriege befanden. Hinzu kommt die Tatsache, daß dieses Volk Ruhe nicht ertragen kann und daß es mit gefährlichen Unternehmen seiner Ruhmsucht dienen will, was zu Gewalt und Krieg führt. Deshalb müssen sie ein ungeheures Gefolge an Lehnsmännern unterhalten. Sie verlangen und genießen es, ihre Kriegshelden und jungen Speerwerfer nach dem Siege mit dem Blut ihrer Feinde zu bemalen. An Stelle von Sold werden sie mit täglichen Tischgesellschaften und Beköstigung versorgt, die - wenn auch grob zubereitet - sehr verschwenderisch ist. Um solche Ungebundenheit und Üppigkeit beibehalten zu können, wird ein Grundstock gebildet durch immer neue Kriege und Plünderungen. Man kann sie nicht so leicht zur Pflege des Ackerlandes überreden, oder dazu, die Wiederkehr der Jahreszeiten abzuwarten und zu ernten, eher schon dazu, den Feind herauszufordern und dabei Wunden oder Tod zu erleiden. Denn sie betrachten es als dumm und geistlos, etwas mit ihrem Schweiß zu bezahlen, was sie mit ihrem Blut zu erkaufen vermögen.«

Die militärischen Stäbe der »Vereinigten Nationen« staunten nicht wenig über die gewagten Glücksspiele der deutschen Generale. Sie werden sie verstehen, wenn sie des Tacitus lustige Schilderung gelesen haben:

»Es scheint unglaublich: Das Würfelspiel ist eine der von ihnen mit großem Ernst betriebenen Beschäftigungen; und sogar nüchtern sind sie große Spaßvögel; ja selbst hoffnungslos fordern sie »Alles oder nichts«, was so weit geht, daß sie nach Verlust ihres ganzen Vermögens ihre Freiheit und ihr Leben bei einem, ihrem letzten Wurf, aufs Spiel setzen«.

Wenn auch minutiös bis ins kleinste ausgearbeitet, so war der Blitzkrieg doch eine Alles-oder-Nichts-Strategie. Auf Verbindunghalten wurde weniger Wert gelegt als auf den Durchruch mit Panzerverbänden, die dem Feind in den Rücken fielen. Entweder Wirrwarr und Schrecken als Ergebnis, oder das Spiel ist verloren. Das ist es, weshalb das Wort »Fahrplan« das Schlüsselwort bei der Nazitaktik wurde. Und das war auch der Grund, weshalb die Vereinigten Staaten den ungeheuren Wert des Zeitgewinns wiederentdeckten. Man braucht nicht nur günstige Bedingungen für die Vorbereitung, sondern man muß den ganzen Fahrplan umstellen, um alles mit einem Schlag zu gewinnen, anstatt, in vielen Einzelschlägen zu verlieren. Goebbels wurde unbeabsichtigt zum Echo des Tacitus, als er sagte: »Wir werden entweder die Welt erobern, oder wir schlagen - wenn wir verschwinden müssen -, die Tür so heftig zu, daß das Weltall zusammenstürzt«! Der Instinkt auch dieses Spielers schürt die vollkommene Vernichtung. Wenn die Wahl zwischen zwei Möglichkeiten nicht gilt, was ist dann da zu gewinnen, wenn wir die Gesetze des internationalen Rechts einhalten oder die Diktate der Menschenrechte? Der verzweifelte Spieler, der den Selbstmord plant, wenn am Ende ihn das Mißgeschick trifft, braucht sich selbst nicht damit zu beschäftigen, was die Mitspieler über seine Ehrenhaftigkeit oder sein sportliches Verhalten denken. Wie wahr ist es, daß die Deutschen ihre »Freiheit und ihr Leben mit einem, dem letzten Wurf, aufs Spiel setzen!« Sie waren von vornherein mit dem Opfern der Freiheit einverstanden, nur um das Spiel um die Weltherrschaft zu wagen. Verheerend marschierten sie quer durch Europa und erfreuten sich an ihren vorübergehenden Triumphen in dem Wahnsinnsglauben, daß sie die Herrenrasse der kommenden tausend Jahren stellen würden. Eine drohende Niederlage hat sie nie davon abgeschreckt, das Spiel des Krieges zu wagen. Sie sind eingefleischte Spieler.

Die Teutonen vernichteten die lateinische Zivilisation im Jahre 378 in der Schlacht bei Adrianopel. Fast sechzehnhundert Jahre später überrannten sie Frankreich. Geschichte ist weltumspannend, und oft findet sich der Unterdrücker später in der gleichen Lage. Cäsars Beschreibung des gallischen Charakters ist das haargenaue Gegenstück zu Vichy. Er schreibt: »Nun gab es aber mal eine Zeit, wo die Gallier die Germanen an Mut übertrafen: und sie griffen sie auch an; und aufgrund ihrer Bevölkerungszahl bei gleichzeitigem Landmangel schickten sie geschlossene Siedlungsgemeinschaften jenseits des Rheins ... Nach und nach gewöhnten sich die Gallier an Niederlagen, und nachdem sie in mehreren Schlachten geschlagen wurden, konnten sie sich in bezug auf Tapferkeit nicht mehr mit den Germanen messen.«

Das ist die Tragödie Frankreichs: vom verweichlichten und luxuriösen Leben vor dem Kampf zu kriecherischem Kuschen nach der Niederlage. Die Germanen führten Krieg und besetzten das Land. Wohin sie ihren Fuß setzten, verwelkte die Kultur und starb. Sie plünderten Paris, Arras, Reims, Tours, Bordeaux und Dutzende anderer Städte, die die zweifelhafte Ehre hatten, von den verbrecherischen Nachkommen späterer Generationen wiederholt besucht worden zu sein. Das kennzeichnende Wort »Vandalismus« wurde einstmals geprägt, um die deutsche Wildheit zu beschreiben, und das englischeWort »war« stammt aus dem Althochdeutsch »werra«, d. h. übertölpeln und verwirren.

Frühere deutsche Führer

Vier Jahrhunderte nach Adrianopel setzte Karl der Große die deutsche Tradition fort.

Andere Führer haben Krieg geführt, weil »Krieg von frühester Jugend an ihre Leidenschaft ist«. Plündern und Freude an Eroberungen waren die treibenden Kräfte. Aber Karl der Große hatte sich eine Lebensaufgabe gestellt. Er gedachte die Welt zu erobern. Ausgedrückt in dem Kehrreim, der schon von jeher mit wahnsinniger und zerstörerischer Ausdauer die deutsche Existenz durchlief. Er führte jedes Jahr einen Krieg. Seine hervorragenden Gaben wurden zur Ausrottung seiner Nachbarn eingesetzt und zur Ausplünderung ihrer Besitzungen. Die Deutschen folgten ihm mit fanatischer Ergebenheit -

der gleichen Tugend, die spätere Generationen dazu brachte, dem Kaiser und Hitler in Treue zu folgen.

Im XII. Jahrhundert waren die Führer zurückhaltender, aber das Ziel blieb weiterhin das gleiche. Dann kam Friedrich Barbarossa, der den Frieden verachtete. Die einzige Frage war, ob die Italiener oder die Slawen zu unterjochen wären. Er entschied sich für die Slawen und führte gegen sie einen erbarmungslosen Krieg. Nach dem Sieg verbot er den Gebrauch der slawischen Sprache und gab strenge Verordnungen gegen die Juden heraus. Hitler kann daher keinesfalls der Erfinder sein. Die übereinstimmenden Vorgänge in der deutschen Geschichte machen ihn nur zum jüngsten Vertreter einer langen Ahnenreihe deutscher Barbaren.

Durch das XIV. Jahrhundert setzten sich die deutschen Gemeinheiten weiterhin fort. Froissart, wohl bekanntester Historiker seiner Zeit, schreibt:»Die Deutschen sind ein unersättliches Volk, schlimmer als alle anderen. Sie kennen kein Mitleid, solange sie die Oberhand haben, und sie springen hart und grausam mit ihren Gefangenen um«. Der Wille zur Weltherrschaft begann systematische Formen anzunehmen. Die Hanse verpflichtete Deutsche in allen Ländern zur Loyalität als selbstverständlicher Pflicht. Die Tätigkeiten der Auslandsdeutschen»Fünften Kolonne« unter Hitlers Regime war nur eine ausgedehnte Kopie des alten deutschen Planes. Wiederum stellen wir fest, daß die teuflischen Nazis nicht die alleinigen Pläneschmiede einer neuen Bewegung sind, vielmehr beweisen sie das beständige deutsche Verhalten durch die Jahrhunderte hindurch.

Alle Historiker, die es verstehen, den Geschichtsablauf gleichsam mit dem Fieberthermometer zu messen, kommen alle - ganz gleich in welchem Jahrhundert - zu dem Ergebnis, daß die abgelesene Temperatur das gleiche Kriegsfieber ausweist. Vor mehr als vierhundert Jahren berichtet Machiavelli:»Deutsche Städte machen nur kleine oder überhaupt keinerlei Aufwendungen außer für ihre Befestigungsanlagen ... In Ermangelung anderer Unterhaltungsmöglichkeiten werden die Deutschen an Feiertagen im Waffengebrauch unterwiesen«.

Während des Dreißigjährigen Krieges im XVII. Jahrhundert waren die Deutschen durch innere Fehden kleiner Dynastien und Händel suchende Fürsten zersplittert. Ihre Brutalität während des Krieges blieb unveränderlich beibehalten. Sie überrannten Böhmen und verfolgten die Tschechen mit Gewalttätigkeiten, die nur noch von den Nazilegionen übertroffen wurde. Tausende von Geiseln wurden niedergeschossen. Folter und Terror gingen Hand in Hand, die überall anzutreffenden Begleiter deutscher Unternehmen. Die Plünderung Magdeburgs war eines der barbarischsten und grausamsten Vorkommnisse in der Geschichte der Menschheit. An die dreißigtausend unschuldige Menschen wurden vorsätzlich abgeschlachtet. Mit Erfolg übertrafen die Deutschen diese Verbrechen bei den kürzlichen Anstrengungen in Rotterdam und Polen. An Führern, die die deutsche Wollust am Krieg beweisen, hat es in Deutschland nie gefehlt: Friedrich Wilhelm, der große Kurfürst, der den Grundstein zum preußischen Despotismus des Militärs legte; der Soldatenkönig wird als einer der widerlichsten Eisenfresser beschrieben, der je gelebt hat; und zum Schluß der Stolz aller Deutschen: Friedrich der Große. Er benutzte zugegebenermaßen seine hohen Gaben zu Verrat und Bedenkenlosigkeit. Einmal sagte er: »Derjenige ist ein Narr, und die Nation ist eine Närrin, die die Macht haben, ihre Feinde zu überrumpeln, sie nicht zuschlägt, und zwar sie tödlich schlägt«. Friedrich der Große zerstörte jeden Frieden, selbst den seiner Gefolgsleute und verwandelte Preußen in eine militärische Selbstherrschaft mit dem einzigen Ziel, Krieg zu führen und Eroberungen zu machen. Zu seinen Raubzügen gehören die Verwüstung Polens und seine Teilung im Einverständnis eines anderen Preußenstämmlings: Katharina die Große von Rußland.

Andere Nationen haben sich zwar ebenso durch Gebietserweiterungen schuldig gemacht. Englands Imperialismus schuf ein Empire. Selbst die Geschichte der USA muß einige Kapitel aufzeichnen, in denen sie schwache Völker angegriffen haben, um ihr Gebiet zu vergrößern. Aber Brutalität und Terrorakte waren nicht wohlüberlegte Methoden um sich daran sadistisch zu weiden. Wichtiger aber ist, daß die Vorgänge der Zivilisation nie als dekadent und unsinnig abgelehnt wurden. Dominiumstatus, Selbstbestimmung, Anerkennung der persönlichen Freiheit standen auf der Tagesordnung der politischen Entwicklung. England ist immerhin die Geburtsstelle der Magna Charta. Die USA forderten Freiheit für die Philippinen und gaben ein einzigartiges Beispiel internationaler Uneigennützigkeit bei Ende des letzten Krieges. In diesen Staaten sind die Minderheitsrechte geschützt, und Unduldsamkeit ist der Ausdruck des Pöbels, nicht aber Regierungspolitik. Die Freiheitsstatue und nicht die »Panzerfaust« ist das Symbol für die Massen. Selbst in Zeiten wirtschaftlicher Notlagen erfreuen sich Demagogen nur begrenzter Beliebtheit, und früher oder später lehnt das gesunde Volksempfinden sie glattweg ab und sie verschwinden von der öffentlichen Szenerie. Heute würde nicht ein einziger politisch Erfolge verbuchen können, der sich für einen Krieg in der Zukunft erklären würde oder der sich mit dem Gedanken trüge, frischfröhliche Eroberungsgelüste auszusprechen, etwa darauf hinweisend, daß unverteidigte Südamerika als leichte Beute einzuheimsen. Gutnachbarliche Politik hat sich als stimmenfangendes Schlagwort herausgestellt. Kann irgend jemand, der die deutsche Geschichte kennt, sich vorstellen, daß er auch nur ähnliche Tatsachen bei dem deutschen Volke ausfindig machen könnte?

Verbrechertum im intellektuellem Schafsfell

Wenn Staat und Kirche auch in den Demokratien getrennt sind, so besteht dennoch Einigkeit in der Anerkennung christlicher Ethik. Die Tugenden des Wohlwollens, der Ehre, der Redlichkeit und des Friedens werden allgemein anerkannt. Nur in wenigen Ländern konnte der Militarismus als Staatsreligion sich breit machen, wie es sich in Deutschland verhält, und in diesen wenigen Ländern werden sich sofort verheerende Folgen für die Regierung einstellen. In Deutschland gibt es verschiedene christliche Märtyrer, aber das Volk bringt seinen Unwillen darüber nicht zum Ausdruck. Offensichtlich gehört die Vernichtung der Religion als wesentlicher Bestandteil zum Programm der Welteroberung, und obwohl sie eine der tiefsten Gemütsbewegungen ist, so haben dennoch große Massen von Deutschland sie freiwillig aufgegeben. Recht und Unrecht können wir nur anhand anerkannter Maßstäbe messen. Aber das Abwägen ist bedeutungslos, wo die Maßstäbe umgekehrt sind, aber wir prägen einen doppelten Moralbegriff. In der nazistischen und faschistischen Welt, wo Lügen so gut wie eine angewandte Waffe gelten; wo Verrat und Vertragsbruch bewundertswerte Einfälle für nationale Aufstiegsmöglichkeiten sind; wo Unmoral aus dem Grunde verlangt wird, um einen volkreichen Soldatenstaat zu bilden; wo Mitleid und Güte als verachtenswerte Schwäche angesehen werden; wo Wissenschaft verteufelt wird, wenn sie die Wahrheit sucht, aber anerkannt wird, wenn sie den Lehrsätzen der Parteihäupter dient; wo Gelehrsamkeit eine gefährliche Sache bei den Männern ist, die ihren Gesetzgebern blindlings in Dummheit gehorchen sollen; wo der Tod auf dem Schlachtfeld die höchste Vollendung und Erwartung der Menschheit bedeutet; was für einen Sinn in einer Welt gekrümmter Zerrspiegel kann es haben, wo schon ein Stäubchen den klaren Blick trüben muß?

Die Deutschen haben eine Philosophie entwickelt, die den Krieg zur Religion und Massenmord zum Kult erhebt. Sie sehen es als ihre geschichtliche Sendung an, alle anderen Völker in die Sklaverei zu zwingen.

Sie anerkennen nicht die Lehren der Heiligkeit des menschlichen Lebens und der Freiheit und setzen an deren Stelle als Ideal den Krieg. Ein einziges Wunder scheint es, daß der Germanismus mit seiner Verschwörung gegen den Weltfrieden nicht bloß Verbrechertum oder Nihilismus ist. Hier handelt es sich um eine intellektuelle Bewegung, anders kann man es nicht nennen. Sie wird durch eine Philosophie gestützt. Sorgfältig ersonnen, gehegt und jedem Bürger eingeprägt. Diese Philosophie wurde von einigen äußerst brillanten Geistern entwickelt und in äußerst scharfsinnig geschriebenen Abhandlungen veröffentlicht. Der große Irrtum - ist wie er sogar noch heute unter den Demokraten herumgeistert - ist, daß der Nazismus Ausdruck des Abschaums des deutschen Volkes sei. Unglücklicherweise stimmt das nicht. Es handelt sich hier um die derzeitige Durchführung eines von deutschen

Intellektuellen vorgeschriebenen Programms. Das kann nicht abgeleugnet werden, denn die Deutschen haben es selbst zugegeben. Als eine Sache von Beständigkeit wird darüber in einer Unzahl von Abhandlungen, Büchern und Artikeln gesprochen. Jeder Deutsche kennt das Programm, dessen Gedanken schon vorhanden waren, lange bevor Hitler geboren war.

Den Antisemitismus könnte es auch in anderen Ländern geben, und so war es auch. Er war der Ausdruck von Unwissenheit und finsterem Vorurteil. Rußlands ungebildeter Muschik war das typische Beispiel. Aber nur in Deutschland war es möglich, einen Antisemitismus regelrecht zu pflegen. **Und nur in Deutschland konnte ein so großer Künstler wie Wagner sein Talent in Blutgier versenken und eine gemütsbetonte Anheizung zu deutschem Massenmord liefern.** Die Bedeutung liegt nicht in einer etwas sonderbaren Theorie, als vielmehr in der Verbindung kultureller und intellektueller Denkungsart in Maßstäben des Pöbels. Ungesetzliche Parteijustiz wird so zur Grundlage nationaler Politik aufgewertet. Und solches wird dann als Weltsendungsauftrag angebetet. Der kleinste gemeinsame Nenner, die Brutalität des Mobs wird zum nationalen Ideal hochstilisiert. Das Gangstertum wird uniformiert und wird patriotisch. Der Rassismus wird Schulfach und mausert sich zur Weltanschauung, Zügellosigkeit wird mit Philosophie umhüllt, wird zum Schicksal. Das ganze Gebräu dient nur noch der Kriegstreiberei. Der Zweck heiligt die Mittel. Natürlich konnte die westliche Welt einfach nicht begreifen, daß ein derartig entsittlichender Einfluß von einem doch offensichtlich klugen Volk als heilsam aufgefaßt wurde. Das ist der Grund, daß die Demokraten die wahre Natur und Gedankenwelt des Nazismus mißverstanden. Sie sahen in ihm nur ein vorübergehendes Übel, die momentane Erscheinungsform eines Volkes, das unter der Fuchtel einer Gangsterbande stand.

Man hat noch immer die brennende Erinnerung an eine Filmszene, die Chamberlain zeigt, wie er aus dem Flugzeug steigt, mit dem er geradenwegs von Berchtesgaden kommt und ein rechteckiges Papier schwenkt, auf dem Hitlers eigenes Versprechen steht, keine weiteren Angriffskriege zu führen. Das leichtgläubige Volk streute Blumen auf seinen Weg, und Daladier ging's ebenso. Aber in Hitlers Buch und auch in Dutzenden deutscher Artikel wird ausdrücklich betont, daß Zusagen von Deutschen gebrochen werden können, wenn solches dem nationalen Interesse dienlich ist. Täuschung und Verrat werden zur nationalen Politik.

Genau betrachtet ist der Nazismus nichts anderes als der neue Name für Pangermanismus, geplant von den adligen Junkern. Philosophie und Antrieb sind die gleichen, denen das gesamte Volk auch noch begeistert zustimmt. In der Kaiserzeit ging es dem deutschen Volk gut. Das wurde weidlich ausgenutzt, um das Kriegsprogramm durchzuführen. »Deutschland«, sagte der

Kaiser, »verehrt den Mut des Römischen Reiches und muß wie dieses ihn in sich aufnehmen und erweitern«. Zu Hitlers Zeiten war Deutschland arm. Das Programm war dennoch das gleiche. Reich oder arm, Adel oder Emporkömmling, klug oder dumm, alle diese Leute glauben daran, daß sie eine Eroberungssendung zu erfüllen haben.

Führer gibt es überall. Alle, die diesen niedrigsten Instinkt des deutschen Volkes ansprechen, können sofort sicher sein, eine zutiefst ergebene Gefolgschaft zu gewinnen. Die westliche Welt ist sich sehr wohl der Unfähigkeit bewußt, die Psychologie der Japaner zu ergründen.

Auch für unser Nichtverstehen gibt es eine Schutzbehauptung schon aus Selbstachtung. Auch die Deutschen besitzen eine unerklärliche Nationalpsychologie und ein unbegründetes Heidentum. Aber sie täuschen uns, weil sie in jeder anderen Hinsicht zum Westen gehören und weil wir sie mit unserem eigenen Maßstab messen. Aus dem Grunde sind wir nicht wachsam genug gewesen, um die Gefahr zu erkennen, die sie in Wirklichkeit darstellen. Und in der Tat scheiden sich bis auf den heutigen Tag die Geister in der Beurteilung tatsächlicher Absichten. Es fällt schwer zu glauben, daß Unrecht mit Vorbedacht als Recht gepredigt wird; daß unsere Tugenden als Dummheit und Schwäche von ihnen verachtet werden; daß ihre Verbrechen hartnäckig als nationale Politik ausgegeben werden und daß man darin einen Teil ihrer göttlichen Sendung erkennen soll. Ja, es gibt sie wirklich, die deutsche Verschwörung gegen den Weltfrieden und gegen die freie Menschheit in sämtlichen Ländern. Es ist eine Verschwörung, die trotz Niederlagen nie gestorben ist. Das ist dem Volk in die Seele gebrannt und hält es selbst in dunklen Zeiten aufrecht bis auf »Den Tag«. Unterbrechungen durch ihnen aufgezwungenen Frieden bedeuten für sie nicht mehr als nur günstige Gelegenheiten zur Vorbereitung eines neuen, noch schrecklicheren Krieges, der so gewaltig und brutal ist, bis er schließlich zum Gelingen führt, und die Welt von den Deutschen als Herren regiert wird, die so ihre Schicksalsaufgabe erfüllt zu haben glauben. Daß dieses nicht nur eine Ansichtssache ist, dafür stehen überzeugende Beweise zur Verfügung, und zwar anhand von Tatsachen. Man findet sie leicht in den Schriftwerken von Deutschen, die zu philosophischen Geisteshelden des deutschen Volkes geworden sind.

Philosophie aus Rasse und Mord

Hegel, ein Verehrer des bekannten deutschen Philosophen Fichte, gehört zu den ersten, die der deutschen Verirrung eine intellektuelle Grundlage verschafften. Er war zunächst ein langweiliger Professor in Heidelberg, aber nationale Beliebtheit gewann er, als er in seinem Buch »Geschichte der Philosophie« die Theorie aufstellte, daß die Menschlichkeit schließlich in der deutschen, germanischen Rasse zum Menschentum geworden wäre. Diese

Weltanschauung wurde mehreren Generationen junger Deutscher vermittelt. 1894 wurde die Großdeutsche Partei gegründet mit dem besonders herausgestellten Programmpunkt der Welteroberung. Ihr Wahlspruch: des Großen Kurfürsten Ausspruch:»Gedenke, daß Du ein Deutscher bist!«. Die unvermeidbare Folge war, daß jeder Deutsche es als seine Pflicht ansehen mußte, Mitglied der Bewegung zu werden, um so dazu beizutragen, die übrige Menschheit zu versklaven.

Dann kam ein anderer deutscher Professor, Heinrich von Treitschke, der seitdem mit besonderer Vorliebe als ihr Parteiprogrammatiker herausgestellt wurde. Den Germanismus legte er als christenfeindlich aus. Hartnäckig lehrte er die Doktrin:»Macht schafft Recht«. Er bezauberte das deutsche Volk mit seiner Theorie vom deutschen Superstaat, der dereinst das All beherrschen würde. Er vertrat den Grundsatz, daß es keine Individualrechte gebe, und jeder Mensch nur für den Staat zu leben habe. Dessen Wille sei die einzige gesetzmäßige Kraft, und Krieg das beste Mittel, um ihn, den Staat, zu verteidigen. Er leugnete die Unverletzlichkeit des menschlichen Lebens und erklärte dazu, daß Krieg eine erhabene Sache sei, denn es adelte den Menschen»ohne Zorn zu morden«.

Noch zu seinen Lebzeiten wurde Treitschke ein regelrechter Volksheld. Bezeichnend ist, daß er selbst kluge Menschen in seinen Bann zwang. Seine Vorlesungen fanden ein Echo an den Universitäten bei den begeisterten Studenten. Erziehung und Kultur bestehen aus solchem Unterricht.

Hitler wurde sogar von deutschen Intellektuellen unterstützt, die Bände füllten, in denen sie die Theorie des Ariertums und seine rassische Überlegenheit bestätigen. In Abwägung der Verantwortlichkeit des deutschen Volkes ist besonders zu verurteilen, daß der gleiche Traum an die Welteroberung nicht nur von der breiten Masse, sondern vielmehr auch von Gebildeten geträumt wurde. Treitschke gab sich aber nicht nur mit Verallgemeinerungen ab. Er führte auch besondere Anweisungen an: Deutschland müsse es sich zur Pflicht machen, aus Selbsterhaltungstrieb Verräter im feindlichen Ausland in Dienst zu stellen. Er erklärt,»daß jeder deutsche Untertan ein heimlicher und bei günstiger Gelegenheit auch ein aktiver Spion sein muß.« Und was Verträge anbetrifft:»Sie können und müssen aufgekündigt werden, wenn die Zusagen, die sie beinhalten, für das eigene Land keinen Nutzen mehr erbringen.« Er stellt das Vorhandensein von internationalen Gesetzen für Recht und Ordnung in Abrede und ebenso die Gültigkeit von Übereinkommen zwischen den Nationen. Er schlußfolgert, daß andere Nationen»eine fremde Welt sind, die nicht reformiert, sondern nur überwunden werden kann«.

Daß das alles kein leeres Geschwätz war, wird durch die Tatsache bewiesen, daß die Großdeutsche Liga dieses Programm offiziell zu ihrer Grundlage machte. Um 1900 hatte die Liga fünfzig ausländische Tochtervereine, die alle zur Vorbereitung von Massensabotage verpflichtet waren - für den Fall eines Falles. So wurden im Ausland Organisationen aufgebaut, die die dunklen Pläne eines Professors Treitschke, die als Staatspolitik anerkannt waren, ausführen könnten. Was später als »Fünfte Kolonne« bekannt wurde, lebte schon lange vor dem Ersten Weltkrieg.

Die geistige Vorbereitung auf den deutschen Expansionsdrang war Voraussetzung für die Triebkräfte. 1887 schrieb Nietzsche in seinem Werk »Genealogie der Moral: »Wenn eine Gesellschaft letztendlich auf Krieg und Eroberung verzichtet, ist sie entartet, sie ist reif für die Demokratie und für Gesetze von Krämerseelen ...« Die Angriffslust der Deutschen unterscheidet sich von der anderer Völker nicht nur in ihrer philosophischen Begründung, sondern vielmehr in der Konstruktion einer Theorie der Herrenrasse. Graf Arthur von Gobineau war der erste Schriftsteller unserer Zeit, der seinen Lesern die Überlegenheit der Arier vorlegte. In seinen Büchern »Die Ungleichheit der menschlichen Rassen« und »Die moralische und geistige Unterschiedlichkeit der Rassen«, niedergelegt im XIX. Jahrhundert, lieferte er einem streberischen deutschen Publikum den scheinwissenschaftlichen Plunder, den es nur so verschlang. Er stellt die Behauptung auf, daß die Stärke eines Volkes von der Menge arischen Blutes abhängt, die es bewahrt. Sein biologisches Wissen war ähnlich schlecht, wie sein historisches, aber die Deutschen schauten über alle Irrtümer hinweg. Er übernimmt von der Bibel die Einteilung der Menschheit in drei Völker: die Nachfahren von Ham, Sem und Japhet. Ersterer, so behauptet er, ging in den afrikanischen Negern auf; der zweite starb infolge Rassenvermischung aus; der dritte dagegen entwickelte drei Zweiglinien. Ein Zweig siedelte sich im Iran an und wurde zum »iranischen Arier«, der zweite schaffte den Grundstock für die Griechen und Römer, und der dritte und edelste bildete die »germanischen Arier«. Dabei übersah er die gesamte gelbe Rasse! Nach Gobineau traten die Arier mit der Eroberung Babylons in die Geschichte ein. Es waren die Meder. Sie besiegten die Hamiten und Semiten und bewiesen sogleich, daß das Wort »arisch« gleichbedeutend wäre mit »ehrenhaft«, und daß ein Arier intelligenter und begabter wäre.

Diese einfältigen Ansichten eines Gobineau wären nicht der Erwähnung wert, da sie aber den Grundstock zur Rassenlehre der Deutschen bilden, kann man nicht darüber hinwegsehen. So brauchte Hitler diese alten Behauptungen nur auszugraben und in sein Buch aufzunehmen. Er trug nicht einmal scharfsinnige Gedanken zur Ausdeutung oder Entwicklung bei. Das hatten schon seine Vorgänger besorgt. Houston Stewart Chamberlain, Richard Wagners Schwiegersohn, übersetzte Gobineaus Theorien in ein halbpolitisches Programm. In seinem Buch »Die Grundlagen des XIX. Jahrhunderts« führte er denn auch die ungeheueren Weitläufigkeiten der menschlichen Geschichte auf die Beobachtung von rassischen Eigenheiten zurück. Es gab nur »germanische« und »antigermanische« Völker. Er »bewies«, daß das Deutsche oder »Germanische« der beherrschende Einfluß auf die Kulturentwicklung sei. Die körperlichen Charakteristika der Germanen werden beschrieben. Sie wären groß, hellhäutig und irgendwie etwas »rötlich« (das genaue Gegenteil der Naziführer, die sich dieser Ideologie bedienten und sie als ihre eigene Ansicht übernahmen).

Die Nazis entdeckten, daß diese Rassentheorie fest im deutschen Bewußtsein verankert war, was als äußerst sichere Grundlage für ihre volksverhetzenden Aufrufe genutzt wurde. Das wurde weidlich zur Aufwiegelung des Mobs angewandt, und die »philosophische Rechtfertigung« wurde gleich mitgeliefert. Der »Rasseschulungsleiter« des Naziregimes Alfred Rosenberg berief sich auf die Quellen der Rasselehren. »Es ist schon seit langem eine Binsenwahrheit«, so schrieb er, »daß alle westlichen Staaten und ihre schöpferischen Werke von Germanen geschaffen worden sind. Houston Stewart Chamberlain war der erste, der hieraus die nötigen Schlußfolgerungen zog: 'wenn das germanische Blut aus Europa verschwindet, ... dann wird die Kultur gleichzeitig mitgerissen ... Wir sind uns heute vollkommen klar darüber, daß wir vor einer endgültigen Entscheidung von ungeheurer Tragweite stehen. Entweder bekennen wir uns zur edlen Tat durch Wiederbelebung und Reinigung unseres Blutes, was gleichbedeutend ist mit Kampfbereitschaft - oder die allerletzten Kulturwerte und die Staatsordnung werden in den schmutzigen Menschenmassen der Weltstädte untergehen ...«

Inzwischen konnten wir ja feststellen, daß das Geschwätz von Treitschke und Nietzsche - von den andern Völkern als harmlose Theorien betrachtet - in die beiden größten und blutigsten Kriege der Geschichte umgesetzt wurde. Die Rassentheorie trug ihren guten Teil zum Glauben an die Sendungsaufgabe zur Welteroberung bei. Gelehrte Männer anderer Nationen haben den unwissenschaftlichen Quatsch unter die Lupe genommen.

Die schöne Lehre wurde zunächst nur innerhalb Deutschlands zur Geltung gebracht, und erst durch den brutalen Krieg wurde dann versucht, sie in der ganzen Welt einzuführen. Von Seiten der Nazis kam die erste Erklärung zur Rassenfrage im Februar 1920, dreizehn Jahre bevor Hitler Kanzler wurde. Die Nationalsozialistische Partei forderte, daß nur diejenigen Bürger der Nation sein könnten, die deutschen Blutes wären. Alle anderen sollten »Gäste« bis zu ihrer Auswanderung sein. Am 7. April 1933 erließ der Nazi-Reichstag ein Gesetz, das besagte, daß »nichtarische Beamte in den Ruhestand versetzt werden sollten.« Kurze Zeit später sollten diese Vorschriften auf anderweitige Berufsgruppen und Universitäten ausgedehnt werden. Im Mai 1935 schrieb das Militäraushebungsgesetz vor, daß nur »Arier« zum Militär eingezogen werden dürften. Es wurde bestimmt, daß derjenige, der von Nichtariern stammte, als solcher anzusehen sei, was besonders die Juden betraf. Die Abstammung bezog sich auf Eltern und Großeltern. Die Aufspürung jüdischen Blutes wurde bis auf den 1. Januar 1800 zurückverfolgt und ein Fachmann für Rassefragen wurde ernannt. Er hatte die Aufgabe zweifelhafte Stammbäume zu durchforschen und alle Herkunftsfragen zu beantworten. Am 15. September wurden auf dem Parteitag in Nürnberg die Gesetze verlesen, die die Bürgerrechte auf Deutsche und Nachkommen artverwandten Blutes beschränkte. Außerdem mußte der Nationalsozialismus bejaht und staatstreue geübt werden.

Diese Gesetze haben freilich nicht den geringsten Anschein von Seriösität. Denn wenn auch die Deutschen die Rassentheorie der Gobineau und Houston Stewart Chamberlain annahmen, so nahmen sie bestimmte Schlußfolgerungen eben dieser Schriftsteller ganz bewußt nicht zur Kenntnis, wenn sie nicht zum Schmieden ihrer finsteren Plane paßten. Z. B. Gobineau: obwohl er die Überlegenheit der Arier über den grünen Klee lobte, so zog er doch den Schluß, daß bei Vermischung mit einer »minderwertigen Rasse« die Nachkommen nicht mehr als reine Arier angesehen werden könnten. Schwarzseherisch erklärte er, daß daher der arische Schicksalsauftrag gescheitert und auch nicht wieder gutzumachen wäre. Aber Rosenberg, der, wie wir bereits gesehen haben, ein begeisterter Schüler Gobineaus war, schreibt nichtsdestoweniger in seinem Mythus: »Heute meldet sich ein neuer Glaube zu Wort, der Mythus des Blutes; der Glaube, daß durch das Blut das göttliche Wesen des Menschen gerettet werden kann; der Glaube, als Heiligtum bewahrt in der klarsten Erkenntnis, daß das nordische Blut das Geheimnisvolle darstellt - das wir übernommen haben - und das alte Sakrament ersetzt.« Und Dr. Wilhelm Kusserow, ein bekannter deutscher Schriftsteller, verfaßte das »Nordische Glaubensbekenntnis«, in dem er festhält: »Wir glauben an die Unsterblichkeit der nordischen Menschheit, an das Erbe seiner Art und an die unverwüstliche nordische Seele als die Kraftquelle des Göttlichen auf Erden und im Universum«. Und ist es auch noch so verrückt, hier steht's ganz deutlich: »Die nordische Menschheit hat einen göttlichen Auftrag auf Erden, sie wird solange leben, wie die Welt besteht«.

Gobineau zollte, wenn auch widerwillig, den tatsächlichen Erfolgen der Juden seine Anerkennung und gab zu, daß auch das »Element« der Neger zur Entwicklung der Kunst seinen Beitrag geleistet habe. Obwohl er die Juden nicht leiden konnte, schrieb er dennoch: »Der Jude ist kein Feind germanischer Zivilisation und Kultur«. Die geistige Unehrenhaftigkeit der Nazis geht so weit, daß sie diese Grundsätze der sonst so vergötterten Propheten verschweigt. Alles, was nicht dem Anstacheln des kriegerischen Geistes dienlich ist, muß weggelassen werden. Die Neigung, Texte zu entstellen, kann man nicht nur Dummköpfen anlasten. Noch einmal entdecken wir intellektuelle Zirkel, die Professoren der deutschen Universitäten, die sich zu solchen Methoden hergeben. Die Theorien Chamberlains verursachten z. B. eine ganze Serie von erläuternden Büchern und eine ganze Reihe dickleibigen Wälzern gelehrter Männer. Aber auch sie entschlossen sich, Chamberlains weitschweifige Erläuterung über die »Germanen« zu übersehen, laut denen die Engländer, Kelten und die Skandinavier dazugehörig sind. Dabei sieht er sogar in den Franzosen Germanen, weil sie ehemals aus Nordeuropa gekommen wären, und nennt die Russen »zumindest halbgermanisch«. Mit einem so breit gespannten Bogen verwässert Chamberlain seine eigenen unwissenschaftlichen Schlußfolgerungen bis zur Bedeutungslosigkeit. Es ist recht bezeichnend, daß die Nazis in ihren eigenen »Nürnberger Gesetzen« das Wort »Arisch« weglassen und durch das Wort »Deutsch« ersetzen. In den Nürnberger Gesetzen wird auch das Wort »Jude« gebraucht anstatt »Nichtarier«. Dem »Juden« wird verboten, eine »Deutsche« zu heiraten. »Jüdische« Haushalte durften sich kein »deutsches« Hausmädchen halten. Die Chamberlainschen Lehrmeinungen beinhalten Abschnitte, die ihn schleunigst in ein KZ gebracht hätten, würde er noch gelebt und die Füße auf den Boden gesetzt haben, dessen »Rasse« er seinerzeit eingesegnet hatte. Denn er behauptet, die Magna Charta von 1215 wäre die Auswirkung germanischen Denkens. Er schrieb:»Ganz gleich, wer sich hiergegen (die Freiheit der Magna Charta) stemmt, ist ein Verbrecher, selbst wenn er eine Krone trägt.« Aber Gobineau und Chamberlain blieben die Apostel der deutschen Rassentheorie, sogar bei ihren fanatischen Bemühungen nachzuweisen, daß Jesus kein Jude war.

Somit stellen wir erneut fest, daß »Mein Kampf« kein Originalwerk ist. Es entlarvt sich als eine kindische Blütenlese, die die Deutschen schon einsogen und anerkannten, bevor Hitler geboren war. Die Rassentheorie in »Mein Kampf« ist also nur schmückende Überarbeitung der Herren Gobineau und Chamberlain. Da wird behauptet:»Die menschliche Kultur und Zivilisation dieser Erde sind untrennbar mit dem Leben der Arier verbunden. Mit ihrem Aussterben oder Schwachwerden werden die finsteren Nebel eines kulturlosen Zeitalters heraufsteigen wie einst.« »Der arische Mensch ist der Begründer einer höheren Menschheit, und folglich ist er ... der Prometheus der Menschheit ... Es ist Pflicht des nationalen Staates darauf zu achten, daß die Weltgeschichte dereinst so geschrieben wird, daß dabei die Rassenfrage die wichtigste und breiteste Stellung bezieht.«

Die Geschichte so schreiben heißt, mit Chamberlains politischer These einverstanden sein, die überraschenderweise aus einem irren »wissenschaftlichen« Werke stammt, nämlich aus dem Buch: »Die heiligste Pflicht der Germanen ... um der germanischen Sache zu dienen ... und nicht nur zu versuchen, unser Reich immer weiter über die Erdoberfläche zu vergrößern und die Naturgewalten zu beherrschen, sondern vor allem die innere Welt für uns selbst bedingungslos zu unterwerfen, indem wir alle diejenigen niederzwingen und ausscheiden, die Fremdlinge sind.«

Das Thema Welteroberung und rassische Überlegenheit durchzieht den Zusammenhang zwischen deutschem Haß und deutscher Verschwörung gegen den Frieden. Das ist das ständige und sich wiederholende Motiv. Es ertönt immer lauter und aufreizender, bis es den höchsten Grad erreicht hat. Dann wird Blut in ganz Europa und den Kontinenten fließen. Millionen deutscher Soldaten sind erneut auf dem Marsch, um zu töten, zu verwüsten, und unaussprechliche Greueltaten zu begehen, damit »Wahrheit« werde, »Deutschland über alles!« Die philosophischen Bläser stoßen immer lauter ins Horn und helfen nach. Es sind viele. Moeller van den Bruck schreibt in »Das dritte Reich«: »Wir denken nicht an das heutige Europa, denn dieses ist zu sehr verkommen, als daß es auch nur eines Gedankens wert wäre. Wir denken an das Europa von vorgestern und an Werte, die aus ihm für das Morgen gerettet werden mögen. Wir denken an das ewige Deutschland, an das Deutschland der verflossenen zweitausend Jahre, an das uns stets gegenwärtige Deutschland, das in uns wohnt und dessen Leben gesichert werden muß, was nur auf der politischen Ebene erreicht werden kann. Affe und Tiger im Menschen kommen bedrohend zum Vorschein, Afrikas Schatten geht quer durch Europa. Uns ist die Aufgabe gestellt, Wächter zu sein an der Türschwelle zu unseren Idealen.« Und Oswald Spengler schreibt in »Mensch und Technik«, daß der Mensch ein fleischfressendes Tier sei: »Daß solchen Tieren wie uns ein ewiger Friede die unerträgliche Langeweile des Römischen Imperiums bedeuten würde« und daß Pazifismus ein dummer Traum sei. Treitschke erklärte in den »Historischen und politischen Aufsätzen«, daß, da die Welt Deutschland nie und nimmer verstehen wird, Deutschland die Welt erobern muß, um sie derart umzuwandeln, daß sie sich willig am deutschen Denken ausrichten kann. Müller, Novalis, Fichte, Johann Josef Görres, alle geben sie den gleichen Ton an. Begierig horcht das deutsche Volk auf diese kriegerische Musik. Sie wühlt sein Gemüt auf. Durch sie wird es zur Raserei gebracht und gleichsam hypnotisiert um sich mit ihren brutalen Stiefeln in Marsch zu setzen. Dieser Leitgedanke zieht sich ständig wiederholend durch die Jahrhunderte der deutschen Geschichte. Mit all dem sind die Deutschen vertraut, und der derzeitige Führer ist nicht die aufstachelnde Ursache ihres Handelns. Es ist die Urwaldtrommel, die sie ruft und sie veranlaßt, ihr Leben unterzuordnen - zuletzt auf dem Schlachtfeld.

Diese Tatsachen wollte man allgemein in der Vergangenheit nicht wahrhaben, weil es einfach nicht glaubhaft war, daß ein anscheinend zivilisiertes

Volk sich in einem Dauerzustand der Kriegsverherrlichung befinden könnte. Der sehr ehrenwerte Charles Francis Adams stellt die gleiche schier unglaubliche Tatsache heraus. Er schrieb:»Da ich meiner eigenen Haut nicht traute - weil meine Denkungsart eine andere - habe ich mich in letzter Zeit fast ausschließlich auf deutsche Quellen bei meinem Studium begrenzt. Ich habe mir Nietzsche und Treitschke vorgenommen, ebenso deutsche Denkschriften, Auszüge aus deutschen Zeitungen, die hier bei uns ausliegen, und die amtlichen Äußerungen des Kanzlers von Bethmann-Hollweg. Das Ergebnis war mehr als verheerend. Es hat mir die Fähigkeit zu unparteiischer Betrachtung genomen. Ich kann nur sagen, wenn das, was ich in diesen Quellen entdeckte, deutschem Denken entspricht, dann möchte ich mir lieber das Denken abgewöhnen. Es ist die absolute Verneinung aller solcher Werte, die in der Vergangenheit darauf gerichtet waren, die Menschheit emporzuheben. An Stelle dieses Strebens setzt man dann ein System der vollkommenen Unehre, unterstrichen durch brutale Dummheit. Es gibt darüber wirklich nur wenig Gescheites zu sagen, was mir zudem im höchsten Maße widerlich ist.«

Die Heiden eignen sich die Musik an

Die Kriegslüsternheit wird nicht nur durch die Eroberungsphilosophie geformt, sondern vielmehr von einer Rassenlehre, die eine mystisch-religiöse Leidenschaft anspricht und die politische Bewegung in einen fanatischen Heidenkult umformt. Richard Wagner war nicht der Vater dieses Gedankens. Im deutschen Volkslied lebt diese Zutat seit Jahrhunderten. Er setzte nur die hübsche und volkstümliche Form in brillante Musik und Handlung um. Für die übrige Welt bedeuteten Wagners Opern reine Fantasieprodukte. Die Deutschen aber nahmen sie ernst, wenn auch unbewußt.

Hitler fühlte sich Wagner gegenüber verpflichtet. In»Mein Kampf« schreibt er:»Mit zwölf Jahren sah ich zum ersten Mal in meinem Leben eine Oper, Wagners Lohengrin. Sie schlug mich sofort in den Bann. Meine jugendliche Begeisterung kannte keine Grenzen für den Bayreuther Meister. Immer wieder wurde ich von seinen Werken angezogen ...«

Die Oper ist eine bürgerliche Tradition, fast jede deutsche Stadt hat ihr Opernhaus. Was zog die Deutschen dabei so an? Nur die Kunst des Wagnerschen Genies? Oder die angeborene philosophische Staatsauffassung?

Der »Ring des Nibelungen« ist ein vierteiliges Bühnenfestspiel, zusamengesetzt aus der»Ring-Trilogie« und einem Vorspiel. An diesem Werk arbeitete Wagner länger als ein Vierteljahrhundert. Es umfaßt alle mystischen und heidnischen Elemente des germanischen Altertums, die vom deutschen Volk gierig als das von ihm zu erfüllende Schicksal aufgenommen wurde.

Wotan ist der Typ des Führers. Als Oberster der alten germanischen Götter schafft er sein eigenes Recht und ist allmächtig. Beständig ist er bestrebt, seine Macht auszudehnen. Wotan mißachtet vorsätzlich abgeschlossene Verträge. Er wird anschaulich beschrieben als einer, der seinen Vertrag mit den Riesen Fasolt und Fafnir bricht. Er ist abhängig von seinem klugen Kanzler Loki, der ihm alle Schwierigkeiten aus dem Wege räumt. Goebbels hält sich wahrscheinlich selbst für den »Loki« Hitlers. Wenn Wotan Geld braucht, beschafft er es sich mit Gewalt. Er setzt den Herrscher der Nibelungen gefangen und dieser muß sich freikaufen. Bei den Nazis übernahmen seine Rolle die Juden.

Als Wotan den »Goldnen Ring der Allmacht« zurückgewinnen muß, ruft er den Tapfersten der Tapferen herbei, seinen Enkel Siegfried. Siegfried tötet den Drachen, wird aber später von Hagen ermordet, einem wollüstigen Adelsmann, dann folgt die Götterdämmerung. Wagner faßt Siegfried als Enkel eines Gottes auf, obwohl er nur ein Mensch ist. Der deutsche Neigung, Götter und Menschen miteinander zu verwechseln ist offenbar charakteristisch. Rauschning berichtet, daß Hitler zu ihm gesagt habe: »Ein Mann muß anerkannt werden - oder durch einen besseren ersetzt werden«. Tatsächlich stimmt Nietzsche auf seine Art mit dieser Einstellung überein. Er ging so weit, den Übermenschen als biologische Variation anzuerkennen. Der Mensch muß Gott werden, so einfach ist das. Der Mensch strebe zum Gleichwerden mit Gott. Wenn das ein Mensch mit ethischer Lebensauffassung ausspricht, dann könnte man das für eine edle, symbolhafte Redensart halten. Ausgesprochen von einem Deutschen mit »Sendungsbewußtsein«, allerdings beinhaltet es die ganzen unheilvollen Mystifikation, die dieses Volk zum Morden treiben. Dein bester Freund oder ein bekannter Räuber mag darauf bestehen, daß »Du eine weite Reise tust«. Hinter diesen Worten verbirgt sich eine angenehme Fahrt oder aber ein unmittelbarer Tod. Psychologisch ....

Ein anderes Wagner-Motiv ist der Angriff aus dem Hinterhalt, der letztlich den Helden zu Fall bringt. Dem entspricht die Legende, Deutschland sei »im Felde unbesiegt«.

Dennoch müssen einige Erklärungen für seine wiederholten Niederlagen herhalten; und Wagner hat eine mustergültige Erläuterung dafür konstruiert. Warum ist es aus dem Hinterhalt niedergestoßen worden? Natürlich durch den stets gegenwärtigen Hagen, mit dem in der Regel der Jude gemeint ist - ein symbol unreifer, sinnlicher Triebe -, dem die »Unreinheit des Blutes« entspricht. Nicht nur Hitler sondern auch die Generäle und die Masse des deutschen Volkes beharren darauf, daß sie den Ersten Weltkrieg auf den Schlachtfeldern gewonnen hätten, würde man ihnen nicht in der Heimat den Dolch in den Rücken gestoßen. Dadurch, daß die Deutschen dies Alibi in dem Glauben an die Überlegenheit ihrer Rasse (ihres Volkstums) in sich aufnahmen, zusammen mit ihrer demütigenden Niederlage, haben sie - dessenungeachtet - standgehalten. Dies sind keine bloßen psychologischen Erwägungen. Sie können den Stoff dafür, wie ein dritter oder vierter Weltkrieg durch die Deutschen verursacht werden könnte, abgeben, wenn wir sie tatsächlich nicht verstehen und nicht endlich angemessene Vorbeugungsmaßnahmen ergreifen.

Wagners Romantik ist vom deutschen Volk in vollen Zügen genossen worden. Hitler, der das einfache Volk geringschätzte, war dennoch empfindsam gegenüber ihren Gefühlen. So war die Wagner-Verehrung in seinem zusammengeflickten Programm enthalten. Er entnahm Wagners Werken den »Heil«-Gruß, den nationalistischen Schlachtruf »Deutschland erwache!« und nannte die westliche Befestigungslinie die »Siegfried-Linie«. In seinem Buche »Mein Kampf« schreibt er über die Nazi-Partei, daß sie aus ihrer Glut heraus entschlossen war, das Schwert zu erheben, um die Freiheit des »deutschen Siegfried« wiederzugewinnen.

Die deutsche Kriegslust gründet sich im folgenden nicht nur auf die scheinbare Tiefgründigkeit ihrer Kriegsphilosophie und rassischen (volklichen) Überlegenheit, sondern auch auf die Wiedererweckung der heidnischen Mythen. Es waltet dort zuerst ein gemeiner kämpferischer Instinkt, quer durch die philosophischen , wissenschaftlichen und mystischen Stadien hindurch in einem in hoher Blüte stehenden glaubensgemäßen, politischen Programm einer Welteroberung gedieh.

Nietzsche schrieb das neue deutsche - gleichsam biblische - Glaubensbekenntnis: »Ihr habt gehört, was in alten Zeiten gesagt worden ist: Selig sind die Sanftmütigen, denn sie werden die Erde erringen, ich aber sage Euch: Selig sind die Mutigen, denn sie werden die Erde zu ihrem Thron machen! Und Ihr habt den Menschensohn sagen hören: Selig sind die Armen im Geiste, aber ich sage Euch: selig sind die Großen in Inbrunst und die Freien im Geiste, denn sie werden in Walhalla eingehen. Und Ihr habt die Menschen sagen gehört: Selig sind die Friedfertigen; doch ich sage Euch: Selig sind die Kriegsbesessenen, denn sie werden gerufen, doch nicht die Jahwe-Kinder, sondern die Kinder von Odin, welcher ist größer als Jahwe!«

Ein deutscher Nostradamus spricht

Einer ihrer eigenen aufrichtigen, weisen Männer, Heinrich Heine, sah den Sturm kommen. Er ging Wagner voran. Seine naturphilosophischen Betrachtungen, anders als Wagners Darstellung, ist ehrlich bemerkenswert.

Seine Voraussagen der kommenden Kriege, die von einem wahnsinnigen deutschen Volk (noch) zu führen seien, sind prophetisch. Wir können ihn wohl ansehen als den Nostradamus des neunzehnten Jahrhunderts. Aber er ist nicht halb so geheimnisumwittert und dunkel wie Nostradamus. Hören wir ihm zu! Im Jahre 1834 schrieb Heine in seiner »Geschichte und Philosophie« in Deutschland: »Der Naturphilosoph wird schrecklich sein, weil er sich zeigen will in Verbindung mit den Urmächten der Natur, dazu fähig, die teuflischen Mächte der alten deutschen Lehre, daß Gott und die Welt eins sei, heraufzubeschwören - die das Erwachen jener Schlachtenverrücktheit bewirken werden, die wir unter den alten germanischen Stämmen finden. Sie kämpften weder um zu töten noch um zu erobern, sondern aus Kampfeslust allein. Es ist das überaus große Verdienst des Christentums, daß es das brutale deutsche gaudium certaminis oder die Schlachtenfreude gemildert hat, jedoch konnte dieselbe nicht völlig gezähmt werden. Und würde jenes bezwingende Zauberzeichen, das Kreuz, zerbrechen, die wilde Raserei der alten Kämpen würde wiederkommen, zerschmetternd und tobend als irrsinnige Berserkerwut, von der die nordischen Dichter künden und singen. Jener Talisman - das Kreuz - ist zerbrechlich; und der Tag wird kommen, an dem er jämmerlich zerbrechen wird. Die alten steinernen Götter aus längst vergessenen Ruinen werden sich erheben und den Staub von tausend Jahren aus ihren Augen wischen.Thor, der sich mit dem riesenhaften Hammer zum Leben aufschwingt, um die gotischen Kathedralen zu zertrümmern!«

Dies hier ist eine genaue Voraussage einer antichristlichen Bewegung, die die Deutschen hinsichtlich einer Rückkehr zum alten Götterglauben vorbereitend in die Wege geleitet haben. Nur durch die Überwindung des Christentums waren die Deutschen in der Lage, ihren Feldzug für eine umfassende Gottlosigkeit zu beginnen. Ihre Angriffe gegen die Juden dienten einem vierfachen Zweck.

1. Sie trafen Vorsorgen für einen charakteristischen Ausgang ihrer Rassentheorie.

2. Sie lieferten einen Hagen, an dem Rache genommen werden konnte für den eingebildeten »heimtückischen Dolchstoß«.

3. Sie gewährten ihnen eine Gelegenheit für Plünderungen und Räubereien, die später auf alle Nationen auszudehnen waren.

4. Doch folgendes ist am wichtigsten: sie dienten, alles in allem, dem Feldzug gegen die Wurzeln der christlichen Religion.

In diesem Fall suchten sich die Nazis den verwundbarsten Bereich aus. Denn sie zählten auf die Christen in der Hoffnung, daß diese, abgestumpft durch das eigene Vorurteil, damit sie den Beginn der gegen sie selbst gerichteten Offensive nicht erkennen. Die Einförmigkeit der deutschen Taktiken, ganz gleich ob auf militärischem, politischem oder psychologischem Gebiet, würde das durchsichtig klar machen. Doch hier verhinderte unsere intellektuelle

Zerrsichtigkeit, daß wir das Offensichtliche wahrnahmen. Deutschlands Glaubenskampf könnte gut mit militärischen Fachausdrücken beschrieben werden.

Zuerst lag der Schwerpunkt auf den Juden: der Eröffnungshieb. Danach erfolgte mittels dieses Aufbrechungskeiles das Aufrollen der »militärischen« Strategie gegen Katholiken und Protestanten, während gleichzeitig neue Offensiven eingeleitet wurden. Oder es mag beschrieben werden als die einfache politische Kriegslist des Trennens und vernichtens - eines nach dem anderen. Es war notwendig wegen der Angriffsabsichten, die Einheit des Widerstandes unter den Religionen zu verhindern, damit das (genannte) Ergebnis erzielt werde. Eine typische Illustration einer solch religiösen »Fünften Kolonne« war der Plan von Hassel und Schönerer (vom Alldeutschen Verband), Österreich schon 1898 für eine deutsche Eroberung reif zu machen durch Brechen der austrokatholischen Ketten. Die Strategie war typisch weitschweifig. Zunächst wurde eine scheußliche antisemitische Kampagne organisiert, die von einigen abgefallenen »Katholiken« gesteuert wurde. Dann plötzlich lenkten Schönerer und Hasse diese Feindseligkeiten gegen die Katholiken selbst. Pseudoevangelische deutsche Geistliche wurden von Deutschland aus eingeschleust. Sie schimpften auf die Katholiken nach dem Motto der »Frei-von Rom«-Bewegung: »Wider die Pfaffenherrschaft«.

Die Nazi-Kampagne gegen die Juden offenbarte sich zuletzt gleichsam als ein Angriff gegen die gesamte Christenheit. Die Identität der jüdisch-christlichen Ethik wurde ausgeschlachtet. Natürlich gibt es Entsprechungen, wie es sie in der Tat unter allen Religionen gibt. Nachdem der Judaismus bedingt mit Entartung gleichgesetzt worden ist, erbrachten die Deutschen den Nachweis, daß das Christentum jüdischen Ursprungs ist - ein überzeugender Beweis der Verderbtheit des Christentums. Nazi-Führer haben in unziemlicher Gemeinheit zum Programm beigetragen. Der »Bund Deutscher Mädel« hat sich das folgende Lied zu eigen gemacht in dem es sinngemäß heißt:

»Wir haben die christliche Linie aufgegeben, denn Christus ist genau ein jüdisches Schwein. Ebenso wie seine Mutter - welche Schmach - war Cohn der Dame wirklicher Name.«

Trotz der unausrottbaren Prägung des religiösen Bewußtseins hatten die Nazis beim Loslösen katholischer Kinder von ihrer konfessionellen Erziehung Erfolg, indem sie sie der Ansteckung durch den Nazismus empfänglich machten. Sie hatten Erfolg beim Eindämmen des protestantischen Widerstands und im Gleichschalten der deutschen Massen mit den Idealen der germanischen Vorzeit. Bischöfe verfaßten glänzende Aufrufe. Priester aller Religionen quälten sich, doch die religiöse Revolte, die in jedem anderen Lande zu einem unkontrollierbaren Flammenmeer aufgelodert wäre - Maschinengewehre oder keine -, fehlte. Das inhaltsschwerste aller menschlichen Gefühle hatte in der Vergangenheit oftmals Revolten entfacht, gelegentlich sogar in den festgefügten Armeen, die die Aufgabe hatten, sie niederzuschlagen. Aber in Deutschland ist das Anti-Christentum einer der unbedeutendsten und lästigen Programmpunkte der Regierungen gewesen. »Das Zauberzeichen« sagte Heine vorher, »würde spröde werden und die alten steinernen Kriegsgötter würden aufstehen« - so geschah es. Unser moderner Nostradamus sah mit unfehlbarer Genauigkeit die Folgeerscheinungen voraus.

»Und lacht nicht«, schrieb er, »über meinen Rat. Der Rat eines Träumers, der auch vor den Kantianern, Fichte-Verehrern und Naturphilosophen warnt, nicht über die Phantasten, die erwarten, in der Welt der Dinge, die vor der Schattenwelt bestanden hat, gesehen zu werden. Gedanken wirken vor der Tat wie der Blitz vor dem Donner. Der deutsche Donner ist in der Tat deutsch. Er befindet sich nicht in Eile und bewegt sich langsam rollend vorwärts. Dennoch - kommen wird er. Wenn ihr das Krachen, so böse es ist, jemals hört - vor der gesamten Weltgeschichte-, dann wißt ihr, daß der deutsche Donner, unser deutscher Donner, zuletzt dem Markus einen Stoß versetzt hat. Bei diesem Geräusch werden die Adler tot aus der Höhe herunterfallen, und die Löwen in den entferntesten Wüsten werden ihre Schwänze einziehen und in ihre königlichen Höhlen kriechen. Man wird in Deutschland ein Drama aufführen lassen, dem gegenübergestellt die große Französische Revolution sich mehr wie ein unschuldiges Kind ausnimmt.«

Als Heine diese Worte schrieb, war Deutschland noch ein Staatenbund. Der war politisch machtlos.

Eine Handvoll Universitätsprofessoren lehrte kleinen Gruppen die Philosophie der Eroberung und des Rassismus. Noch war eine gewisse Einsicht in die Tendenzen der deutschen Massen vorhanden. Er wußte, daß dies die Vorbereitung für den langsamen, doch schrecklichen deutschen Donner war. Andere Völker damals und auch später stellten die Gefahr als geringfügig dar. Die Franzosen wurden nicht beunruhigt durch ein Deutschland, das wegen interner Feudalkonflikte geteilt war. Heine warnte sie: »Ihr habt mehr zu fürchten durch ein Deutschland, das freigeworden ist, als von edlen Mächten der Heiligen Allianz mit allen Kroaten und Kosaken ... Wir hassen einander nicht wegen äußerlicher Kleinigkeiten wie ihr, zum Beispiel wegen verletzter Eitelkeit oder wegen eines ärgerlichen Spottgedichts oder wegen einer unbeantworteten Visitenkarte. Nein, wir hassen in unseren Feinden den schwer verständlichsten, wesentlichsten Teil in ihnen - das Denken selbst.«

Diejenigen, die vertraut mit der Deutung von Prophezeihungen sind, mögen in dem Satzteil »Adler werden tot aus der Höhe herunterfallen« den Hinweis auf den ehrfurchtgebietenden, nur in der Vorstellung bestehenden Konflikt

106 Jahre später (1940), und in der Redensart »Löwen in den entferntesten Wüsten werden ihre Schwänze einziehen« eine Weissagung der Libyschen Feldzüge erkennen. Aber bedeutender ist Heines Erkennen, daß Deutsche den Gedanken an sich haßten, und versuchen würden, die Macht des schieren Barbarismus über den Intellektualismus zu demonstrieren. Seine Behauptung, daß der deutsche Donner die große Französische Revolution gleichsam wie »ein unschuldiges Kind« erscheinen lassen wird, ist von einem tieferen Sinn erfüllt. Die große Französische Revolution wie die Nazi-Revolution sind von Philosophen vorbereitet worden, aber Voltaire, Rousseau und Diderot waren Menschenfreunde. Ihre Philosophie suchte die Massen zu befreien. Denselben Bestrebungen für Freiheit, Gleichheit und Brüderlichkeit wurde Ausdruck verliehen durch Locke, Heine und viele andere. Deutsche Philosophen suchten - wie auch immer - das Volk zu versklaven. Die deutsche Philosophie ist sui generis. Sie wird abgeleitet vom Barbarismus, verfeinert und gefährlich angereichert durch Kultur. Geblieben ist die Zähne- und Klauen-Philosophie, die der Neuzeit angepaßt wurde durch Flugzeugzähne und Panzerklauen. Die Jahrhunderte haben sie nicht verändert. Der Werdegang des Menschen, der seine geistigen Eigenschaften entwickelte, ist durch die Deutschen aufgehalten worden.

Hitlers Hinterlassenschaft

Hitler schuf nicht eine neue Bewegung. Er ererbte eine alte - so alt wie das deutsche Volk. Er schrieb nicht ein neues Programm. Er folgte den Linien des Pangermanismus, die vor ihm viele Generationen beschritten hatten. Er ließ keinen neuen militärischen Plan erstehen. Er folgte der preußischen Version zur Eroberung, die in technischer Hinsicht mittels entsprechender Lektionen, die er seitens der Militärkaste in bezug auf jeden kommenden Krieg erhalten hatte, verbessert worden war. Er hat keinen Zeitplan oder eine Methode erdacht. Diese sind bereits Jahrzehnte zuvor von anderen Deutschen publik gemacht worden. Das deutsche Volk hatte sich so dem Ideal der Welteroberung hingegeben, daß entsprechende Bücher florierten, die die Weise, in der diese völkische Verranntheit erfüllt werden sollte, prophezeiten. Es waren bereits viele Voraussagen der Gegenwart geschrieben worden, um jeden Leser mit einem Sinn für die Wirklichkeit erschauern zu lassen. Im Jahre 1900 zum Beispiel sah das Buch »Großdeutschland und Mitteleuropa um das Jahr 1950« den Triumphtag, der in das Jahr 1950 fallen würde, voraus: »Alle Deutschen sind zu vereinigen, Holland tritt der deutschen Union bei; in Belgien nimmt die Stärke der Flamen zu. Und weil das französische Element wachsende Unruhe verursacht, ist Deutschland gehalten zu internieren ... Es mag sein, daß die Franzosen kämpfen werden, dennoch ist das gesamte Belgien zu annektieren und in das deutsche Weltreich einzugliedern. Im Jahre 1950 wird Großdeutschland eine Bevölkerung von 200 Millionen besitzen.

Ein anderer Autor sah einen viel früheren Triumph voraus. In »Germania Triumphans« schreibt er: »Um das Jahr 1915 beginnt die ganze Welt zu erschauern. Zwei große Staaten bereiten sich auf die Selbstverteidigung vor, Amerika und Rußland. Amerika proklamiert laut die Doktrin von einem Panamerika. Rußland schließt Konventionalverträge mit der Türkei, Persien und China.« Der Krieg wird geschildert. Darin ist die Voraussage, daß »die Vereinigten Staaten, die geneigt sind, den Weg dafür zu ebnen, die deutsche, italienische und französische Marine zu mobilisieren und Segel setzen zu lassen für Amerika. Die amerikanische Marine würde zerstört. Zu Lande machten die deutschen Armeen mit den amerikanischen Söldnern kurzen Prozeß. Unter der glänzenden Führung der deutschen Offiziere wären die Deutschen allenthalben siegreich. Auf See zeigten die deutschen Schiffe, Kanonen und Männer ihre Überlegenheit über die englischen, welche regelrecht besiegt würden. Deutsche Disziplin, deutscher Mut und deutsches Können machten die deutsche Marine unbesiegbar. Die britische Marine würde zerstört. Nachdem die Deutschen eingefallen wären, böten die Engländer einen halbherzigen Widerstand. Die deutschen und italienischen Soldaten eroberten London. England und Amerika würden besiegt. Es würde ein Friede geschlossen.« Die Einzelheiten der Friedensvertragsbestimmungen selbst wurden nicht fortgelassen. Sie enthalten bei vielen anderen Vorbehalten den Erwerb Mexikos und der allermeisten Staaten Südamerikas durch Deutschland - und einige wenige kleine Brocken für Italien.

Die Literatur, die sich mit den Träumen von diesem Tag befaßt, war in Deutschland zu allen Zeiten reichlich vorhanden und wurde vom deutschen Volk aufgenommen mit einer Mischung von Enthusiasmus und Tatsachen-Entgegennahme. In Deutschland waren die Variationen der Weltkarte unbegrenzt. Sie - die Karten - wurden geographische Voraussagen, wie die Welt wohl aussehen würde, wenn der Ruhmestag der deutschen Weltherrschaft gekommen wäre. Die Autoren wetteiferten geradezu untereinander, wie wohl das genaue Wesen des »deutschen Donners« vorherzusagen wäre, wenn man endlich hören könnte, weshalb die Kartographen miteinander in Wettstreit traten, um visuelle Demonstrationen über »Der Tag« darzubieten. In dieser überreichlich vorhandenen Literatur werden im wesentlichen die gesamte Strategie, die Taktiken und sogar das Aufeinanderfolgen der Ereignisse, die später von den Nazis verwirklicht wurden, zu finden sein. Bevor Hitler geboren wurde, gab es schon ausführliche Pläne für den Handstreich zur Eroberung Norwegens - auf Frachtschiffen versteckte deutsche Soldaten sollten sich unerkannt in die Häfen begeben; wie über Dänemark und die Niederlande hergefallen werden würde, um die rechte Flanke vor dem Einmarsch in Belgien und Frankreich zu schützen; in welcher Weise ein Nichtangriffspakt mit Rußland zum Zwecke der Rückgängigmachung der Mobilisierung seiner Truppen bis zur völligen Niederwerfung Frankreichs abgeschlossen werden könnte; und dann, wie Rußland ohne Warnung anzugreifen wäre - und vieles mehr, sogar die Einzelheiten verschiedener Perioden militärischer Handlungen.

Einer der zitierten Auszüge wurde im Jahre 1895 niedergeschrieben. Der Autor spricht noch von der glänzenden Führung durch die deutschen Staatslenker. Das Führungsprinzip wurde in Deutschland stets anerkannt. Hier ist ein eifriges Bestreben zum blinden Gehorsam, das andere Völker in Erstaunen versetzt, vorhanden. Der Deutsche ist bereit, sich in den Dienst einer Sache zu stellen. Ein Volk, das die Freiheit der anderen geringschätzt, wird die Freiheit an sich als Entartung ansehen.

So erbte auch Hitler eine ehrfürchtige, bedingungslose Ergebenheit. In diesem Falle erwies sich die Tradition der Mannestreue als außergewöhnlicher Prüfstein. Er war nicht der gebieterische Preuße, dessen geschwungener, trotziger Schnurbart von der völligen Machtvollkommenheit durch Rücksichtslosigkeit zeugte. Das würde beim Volke Anklang gefunden haben. Er war kein geschulter Militärwissenschaftler, dessen Ausbildung ihn für die Fragen der Eroberung befähigte. Dies würde Achtung und Bewunderung ausgelöst haben. Er gab keine bemerkenswerte Erscheinung ab, die dem Wagnerschen Symbol des Herkuleischen Arianismus entsprach. Das würde Stolz in den Herzen der Deutschen erweckt haben. Nein, er war ein hysterischer, komisch aussehender kleiner Mann, der ein schlechtes Deutsch sprach, ausgelacht und verachtet wurde, während er erfolglos in Münchens Bierhallen umherschrie.

Seit den erfolgreichen Eroberungen der Deutschen Wehrmacht sind ihm schöpferische Fähigkeiten zuerkannt worden. Doch diese negativen Leistungen wurden nur möglich aufgrund der Anstrengungen eines tüchtigen Generalstabes, der selbst nach dem Ersten Weltkriege niemals aufgehört hatte zu bestehen.

Hitler erbte jenen Generalstab und eine ebenso leistungsfähige Reichswehr, deren Angehörige in Sportklubs und Athletenorganisationen herangebildet wurden. Über allem mag einer Sache Glauben zugestanden werden, wo der Ausspruch darauf gerechtfertigt ist: Die Erfolge der Deutschen Wehrmacht konnten nur erzielt werden aufgrund der vorzüglichen militärischen Ausbildung von Millionen eifriger Deutscher, die ihre Weltsendung erfüllten. Der »Totale Krieg« ist unumgänglich.

Damit die gesamte Zivilbevölkerung an der Heimatfront diene, sollte gleichermaßen Millionen deutscher Männer, Frauen und Kinder zugestanden werden, es fanatisch als ein Vorrecht betrachten, zu dem Ereignis »Der Tag« beizutragen. Einer der Gründe für die deutschen militärischen Erfolge liegt darin, daß die Kriegsführung sich dahingehend auswuchs, daß nicht nur Armeen, sondern auch die Zivilbevölkerungen einschließlich der Jungen und Mädchen zwischen dem 13. und 14. Lebensjahr, eine wichtige Rolle in dem schrecklichen Spiel spielten. Automatisch ist dies zu einem großen Vorteil für die Deutschen geworden. Während andere Zivilbevölkerungen nur nach brutalen Angriffen reagiert haben, bedurfte es beim deutschen Volke keines anderen Ansporns, als der günstigen Gelegenheit zum Erobern.

Obschon das deutsche Volk die Qualität der militärischen Ausbildung seiner Soldaten vermutlich als ein großes Kompliment betrachten würde, können wir den Grad seiner Verantwortbarkeit nüchtern abschätzen. Dies sind die Merkmale der deutschen Angriffslust: Kriegsgier, Entschlossenheit, blinder Gehorsam - und von langer Hand geplante militärische Aktionen.

Man irrt sich oft hinsichtlich des Genies Hitlers. Die Deutschen würden dieselben oder möglicherweise bessere militärische Ergebnisse unter einem anderen Oberbefehlshaber erreicht haben. Sie hatten beinahe Erfolg unter dem Kaiser, der nicht als ein Staatsoberhaupt höchster schöpferischer Leistungskraft angesehen wurde. Und es gelang ihnen unter Bismarck. Hitler trug sehr wenig zum deutschen Expansionsdrang bei.

Wenn die maßgebenden Kräfte, die den Isolationismus in den Vereinigten Staaten verkündeten, im Lichte von Hitlers Anmaßung beurteilt würden, könnte man erschauern wenn man bedenkt, was passieren würde, wenn auch der deutsche Führer mit diplomatischer Korrektheit gesprochen hätte, wobei er seine Brutalität mit machiavellischen Erläuterungen bemäntelte und unsere Sinne mit Lobpreisungen und Beteuerungen einlullte.

Man stelle sich vor, daß er in überzeugender Weise die christliche Kirche geachtet und ein Lippenbekenntnis zu ihren Idealen abgegeben hätte! Man nehme an, er hätte die Judenverfolgung nicht durchgeführt oder zu-mindest aufgeschoben? Man unterstelle, er hätte Zwischenfälle mit den Nationen, die er später überfiel, ersonnen. Wären wir nicht so irregeführt und unterschiedlicher Meinung in der Frage des Pacht- und Leihgesetzes, das England rettete, gewesen, so wäre es nicht möglich geworden. Vielleicht hätten wir es nicht versäumt, die allgemeine Wehrpflicht einzuführen, bevor wir angegriffen wurden? Velleicht hätten wir uns geweigert, ein Arsenal der Demokratie zu werden? Man stelle sich vor, Hitler hätte nur einen unendlich kleinen Teil der administrativen Fähigkeiten eines Napoleons oder sogar Friedrichs des Großen besessen, so würde er in den besetzten Gebieten eine »neue Ordnung«, die der äußeren Form nach ein Gefühl der Sicherheit, des Friedens und einer bescheidenen Gerechtigkeit vermittelt hätte, eingeführt haben. Damals würden Millionen entkräfteter, ernüchteter Menschen ihren Eroberer gelten gelassen und seine Probleme erleichtert haben. Stattdessen entfachte seine eingleisige Denkrichtung, die dem Blutbad und dem Terrorismus gewidmet war, die schwelende Glut des Widerstandes, so daß die andauernde Revolte und Anarchie die Stiefel des Unterdrückers versengte.

Hitlers Konflikt mit dem Generalstab hat militärisches Mißgeschick zur Folge gehabt. Bemerkenswerte Beispiele wurden sein Beharren auf dem Angriff auf Moskau Ende 1941, als seine militärischen Ratgeber ihm die Einrichtung einer befestigten Hauptkampflinie nahelegten, und seine Entscheidung für den Angriff auf Stalingrad im Jahre 1942 entgegen dem Rat seiner Generäle, daß diese strategische Maßnahme ein zu risikoreiches Wagnis sei. Dafür wurde seitens der Wehrwissenschaft auf eine kontinuierliche Offensive im Kaukasus hingewiesen. Ursprünglich besaß Hitler ein wenig Hochachtung vor dem wissenschaftlich ausgebildeten Generalstab. Doch als die Siege zu einer hysterischen Propaganda für seine schöpferische Leistungskraft umgekrempelt wurden, machte er in Selbsttäuschung und erließ sogar die komische Verfügung, General von Brauchitsch abzusetzen, damit fortan seine Intuition die Truppenbewegungen in Sowjetrußland leite.

Eines Tages werden wir vom rechten Standort der historischen Perspektive aus in der Lage sein zu erkennen, daß die deutsche Verschwörung gegen die Welt nur um einen Bruchteil gescheitert ist - und daß Hitlers krankhaft selbstsüchtige Torheit eine Entwicklung zu Fall gebracht hat, die vom deutschen Volk so vollkommen vorbereitet und aufopfernd durchgeführt worden ist, daß eine kluge Führung sie mit Erfolg krönen hätte können.

Der Blitz schlug zweimal ein

Wir sollten niemals dazu verleitet werden, die Verantwortlichkeit für die deutsche Angriffslust an die falsche Stelle zu setzen. Es ist nicht der jeweilige Staatslenker, sei es Karl der Große, Kaiser Friedrich Barbarossa, Friedrich Wilhelm, der Große Kurfürst, König Friedrich der Große, Reichskanzler Otto von Bismarck, Wilhelm II. oder Hitler, der den Krieg gegen die Menschheit geführt hat. Es ist das deutsche Volk. Bedingt durch jahrhundertealte falsche Lehren - eine wahnsinnige Philosophie, eine widersinnige »Blut und Boden«-Rassentheorie, eines mystischen Heidentums - sind die deutschen Menschen fortwährend die Erzverschwörer gegen die Zivilisation. Sie haben sich vorsätzlich verschworen, sie zu zerstören und die gesamte Menschheit ins Sklaventum zu führen. Sie haben ihren Verstand, ihre Energien und zahllose Menschenleben durch die Jahrhunderte hindurch in fanatischer Treue für diese Aufgabe hingegeben. Sie haben unmenschliche und sadistische Methoden angewendet um ihre - geistig-seelisch entarteten - entsprechenden Begehren durchzusetzen. Sie haben die Grundform und die Zurückhaltung, die das bürgerliche Leben ihnen auferlegt, nicht beachtet und den Barbarismus zum Ideal erhoben. Sie haben den Nationalismus zu einem heiligen Kult internationaler Mörder entstellt.

Diese Darlegungen stellen die umfassendste Anklageschrift für ein Volk in seiner gesamten Geschichte dar. Doch das ist die Wahrheit. Wenn wir sie nicht als solche gelten lassen, werden wir unfähig sein, das deutsche Problem in den Griff zu bekommen. - Und es ist jenes Problem gewesen; zudem wird es anhalten und auswachsen zur größten Bedrohung des zukünftigen Friedens. Die Niederlage wird die Deutschen von ihren kriminellen Zielen nicht abhalten. Sie werden wieder und wieder die Welt mit Kriegen überziehen. Jedes geglückte Verlangen nähert sich in erschreckendem Maße dem Erfolg. Das nächste Abschlachten, das uns durch rasende, wild dreinschauende und zur Männlichkeit gereifte Nazi-Jugendliche zugefügt werden wird, kann - es ist gegenwartsnah - das Licht unserer Zivilisation für ewige Zeiten auslöschen. Wir wagen nicht, uns in unseren Hoffnungen hinsichtlich des Friedens in dieser Zeit zu täuschen. Den ersten Schritt bezüglich unserer Vorsichtsmaßnahmen muß die klare, unerschütterliche Erkenntnis darstellen, daß das eigentliche Problem das deutsche Volk selbst ist; und das umfaßt - sie sind davon nicht zu trennen - seine Führer und sein Offizierskorps.

Wiederholt ist diese bittere Tatsache klar erkannt worden. Wir können den Ausnahmen eine angemessene Bedeutung beimessen. Die edelmütigste Ansicht ist, daß der einzelne Deutsche in ethischer Hinsicht ganz normal sei, doch in der Masse ist er innerhalb eines bösen Prinzips zusammengeschweißt. Goethe sagte: »Ich habe oft einen bitteren Schmerz empfunden bei dem Gedanken an das deutsche Volk. So schätzenswert es im Einzelnen ist, so abscheulich ist es im Ganzen«. Diesem schizophrenen Nationalcharakter entspricht beim Deutschen die Ansicht: »Du bist nichts, Dein Volk ist alles!«

Eine andere Deutung der sinnlichen Erscheinung der Nationalbestialität in einem Volke, das einen Lessing, Schiller, Kant, Beethoven, Hölderlin und Goethe hervorgebracht hat, ist, daß die großen Geister unter ihnen wie die Regierungen oder die Massen beeinflußt. Klaus Mann hat geschrieben, sie seien große Europäer gewesen, die es als unter ihrer Würde betrachtet haben, sich mit sozialen Problemen und anderen Notwendigkeiten auseinanderzusetzen. Obwohl Emil Ludwig einräumte, daß die intellektuellen Staatslenker den Eroberungen des Kaisers Beifall spendeten und philosophisch ausschmückten, um seinen Drang zur Invasion zu unterstützen, tadelt er insgesamt die deutsche Bewunderung der Gewalt und den Respekt vor Uniformen.

Aber auch er stellte nur eine noble Ausnahme dar und veranschaulichte diesen Zusammenhang mit einem Doppeldecker-Bus, in dem die oben sitzenden Fahrgäste einen weiten Ausblick, jedoch keine Kontrolle über die Fahrtrichtung darunter haben. Ob die Intellektuellen in Deutschland lediglich ihre Rechte eingebüßt haben, oder ob auch ihnen der Wein der nationalen Eroberungen zu sehr zu Kopfe gestiegen ist, ändert nichts an ihrer Verantwortung.

Wir werden nicht jeden Deutschen als verworfenen Vertreter oder Verführer seines Volkes betrachten. In der Tat, wir werden den anständigen Elementen dieses Volkes beim Wiederaufbau helfen, wie es sich gehört. Wir werden sehen, daß sie noch viel leisten können. Wir werden weder die harmlosen Einzelpersonen verfolgen, noch die deutschen Massen hinsichtlich ihrer Einwände freisprechen. Wir werden nichts aufs Spiel setzen wegen der Neugestaltung ihres Staates, noch werden wir geschehen lassen, daß ihr Staatsneubau wegen der wiederkehrenden Brutalität unmöglich gemacht wird. Da wir ihre Rassentheorie nicht teilen, werden wir sie nicht gegen sie anwenden. Somit beschließen wir diese Betrachtung damit, daß die deutsche Nation in hohem Maße ein von ihrem Blute abgeleitetes Volk und jenseits der Möglichkeit eines Ausgleichs mit der Welt ist.

Wie haben wir dann mit dem deutschen Volke zu verfahren? Die Antwort erwächst aus der Betrachtung der folgenden vier Probleme:

1. Bestrafung der Verletzer des internationalen Rechts und der Gebote der Menschlichkeit.

2. Vorbeugende Maßnahmen zur Verhinderung eines Wiederauflebens des deutschen Militarismus.

3. Eine Wirtschafts- und Finanzpolitik zur Wiederherstellung geordneter Staatsverhältnisse.

4. Ausrottung der giftigen Lehrmeinungen des Pangermanismus durch Erziehung, so daß Deutschland in der Lage sein wird, sich verläßlich der Gemeinschaft zivilisierter Nationen anzuschließen.

Diese Dinge sind in regelmäßigem Turnus zu überdenken.

Kapitel 3

Bestrafung

Ein bürgerliches Unrecht belastet eine Einzelperson. Ein Verbrechen geht alle Staatsbürger an und setzt ihre Sicherheit einer Gefährdung aus - etwas Unwichtiges, doch man fragt sich, wie es mitempfunden wurde. Der Angreifer ist eine Bedrohung aller Bürger, nicht nur eine Einschüchterung des betreffenden Leidtragenden. Das ist es, warum die Gemeinschaft die Untersuchung durchführen läßt.

Dieser Grundsatz wird im Rahmen der internationalen Beziehungen von einer höheren Warte aus betrachtet.

Eliha Root wies darauf hin, daß Verletzungen des internationalen Rechts irrtümlicherweise behandelt würden, als wenn sie nur die Einzelnation beträfen, der das Unrecht zugefügt wurde. Zudem würde diese Nation anderen heimzahlen. Er schlug vor, daß jede Nation das Recht haben sollte, gegen die Mißachtung des Kriegsrechts zu protestieren, auch wenn Leben und Eigentum der eigenen Volksangehörigen noch nicht direkt in Mitleidenschaft gezogen wären. In keiner anderen Weise könnte eine derart wirlich öffentliche Weltmeinung, die empfänglich wäre für die Verpflichtung zum Schutz des unverletzten Rechts ins Leben gerufen werden.

Eine Verletzung des internationalen Rechts ist ein Verbrechen gegenüber allen Völkern der Welt. Die unmittelbaren Opfer sind nicht nur die einzelnen Völker, die einen Anspruch darauf haben, Gerechtigkeit zu fordern.

Im Bereiche der internationalen Beziehungen benötigen wir die Macht, die Ungerechten einer gerechten Bestrafung zuzuführen, besonders wenn ihre Verruchtheit alle Vorstellungen der entsetzlichen Brutalität, derer ein Gemüt fähig ist, überschritten haben. Beachtet keine menschliche Stimme, die wegen guter Absichten durcheinandergebracht worden ist und uns dazu rät, das Schwert der Gerechtigkeit niederzuwerfen, ehe wir durch das Schwert der Angreifer verstümmelt worden sind. Die ganze Welt fordert eine gesetzlich durchgeführte Bestrafung, die sich um Einklang mit dem jeweiligen Ausmaß des von jeder Einzelperson begangenen Verbrechens befindet.

Es darf uns keine noch so fein gesponnene Beweisführung über die Ewigkeit des Hasses von dieser Pflicht entbinden. Die Gerechtigkeit erfordert Bestrafung. »Es ist gleichsam zweckdienlich«, sagte Plato, »daß ein schädlicher Mensch bestraft werden muß, wie auch ein kranker Mensch durch einen Arzt zu heilen ist. Denn jede Strafe ist eine Art Medizin.«

Wenn der Verbrecher diesen Sinnspruch haßt, so sei er daran erinnert, daß dieser in gesetzlicher Form immerhin auf bewiesener Schuld beruht. Seine Opfer wurden unschuldig niedergemetzelt. Ja, es geschah häufig (das Morden) aus keinem anderen Grunde als dem, weil sie feine Menschen von intellektueller Kapazität oder von mutiger, heftiger Reaktion auf die Unmenschlichkeit waren.

Wir erkennen die Notwendigkeit der Selbstlosigkeit in unserer Gesellschaft an. Wir werden uns mit konstruktiven Plänen für die Entwicklung internationaler Beziehungen, die vom Hunger auf eine wachgehaltene Rache befreit sind, befassen. Dennoch kann die erstrebte brüderliche Gesellschaft nicht durch Ignorieren scheußlicher Verbrechen verwirklicht werden, in der Hoffnung auf den künftig guten Willen des Aggressors. Ein solches Programm würde eine unvergeßliche Ungerechtigkeit gegenüber den Überlebenden der deutschen Schreckensherrschaft bedeuten. Sie müßten zu sehr hassen. Und sie würden hassen mit der ganzen Verbitterung der Enttäuschung, ebenso sehr wie gegenüber einem Treubruch, wenn die gesetzlichen Strafen nicht gegenüber den Missetätern angewendet werden würden.

Die Strafen müssen sich in Übereinstimmung mit dem Gesetz befinden, falls die Strafen dem Schuldspruch angemessen sind. Sonst wirken sie als reine Vergeltung und verlieren ihre volle moralische Wirksamkeit.

Diese führt uns unverzüglich in den Bereich des internationalen Rechts, einen Fachbereich von so mysteriöser und nicht greifbarer Größe dem Gesetzgeber wie auch dem gemeinen Manne gegenüber, daß er eingehüllt erscheint vom Bestreben, jede Durchsichtigkeit zu verhindern.

Der gesunde Menschenverstand des internationalen Rechts

Das Hausrecht, so wie es sich vom internationalen Recht unterscheidet, ist weiter nichts als die Kristallisation des gesunden Menschenverstandes, der im Laufe der Jahrhunderte durch die Erfahrungen gefiltert und gereinigt worden ist. Dieser ist uns bei der Aufrechterhaltung der Ordnung, zusammen mit der Rechtstaatlichkeit in einer komplizierten Gesellschaft behilflich. Jede Nation erläßt Statuten, die seinen Gesetzen Ausdruck verleihen und bezwecken, ihren Staatsbürgern in unparteiischer Weise davon Kenntnis zu geben, was sie dürfen oder nicht dürfen.

Die Anzahl der Gesetze wächst in dem Grade, in dem der Verstand im Laufe der Zeit in einer sich entwickelnden Gesellschaft bestimmt, was recht oder unrecht sei. Beim Entstehen bestimmter Unterschiedlichkeiten hinsichtlich nicht vorgesehener oder erwarteter Situationen, bleibt es den Bemühungen der Gerichtshöfe mittels einleuchtender Interpretation überlassen, die Gesetze stets so auszulegen, daß jede Variation möglich ist. Auf diese Art und Weise entsteht eine Sammlung allgemeiner Gesetze. In unabhängigen Staaten entwickeln sich die Verfassungen und erläuternden oder von sachkundiger Hand geschaffenen Gesetze beständig fort. Daher ist das Gesetz kein statisches Ding an sich, sondern eine triebkräftige Größe, die sich von selbst auf die Notwendigkeiten der Gesellschaft einpendelt. Es beschreibt die Bestimmungen, nach denen eben jene Gesellschaft zu leben hat. Das internationale Recht enthüllt keinen abweichenden Gesetzesauftrag. Jedoch gibt es keinen Weltvölkerbund und keine unabhängigen Staaten im internationalen Sinne. Folgerichtig gibt es auch keine Grundgesetze, die von einer internationalen gesetzgebenden Körperschaft verfügt worden sind. Es ist bedeutsamer, zu bedenken, daß keine internationalen Gerichtshöfe bestehen, die ein erforderliches Forum für scharfsinnige Erörterungen bilden könnten. Zudem ist keine zwischenstaatliche Durchführungsbehörde, die praktisch bedeutsame Erklärungen für übernationaole Rechte und Pflichten abgeben könnte, vorhanden.

Ein »internationales Recht« hat während der Jahrhunderte immer bestanden. In welcher Form? In Form der Gewohnheiten und Bräuche, die im Umgang der Völker untereinander aufgekommen sind. Dies hat oft seinen Niederschlag in Verträgen, die durch zwischenstaatliche Gegenseitigkeitsverpfichtungen die Zielsetzungen der unabhängigen Staaten stärker als bloße private Gesellschaften voranbrachten, gefunden. Manchmal wird es auf internationalen Tagungen, die für das besondere Ziel des Ordnens der Sammlung von Gesetzen, die die zwischenstaatlichen Verbindungen betreffen, einberufen worden sind, dargestellt. Bisweilen wird es in anerkannten wissenschaftlichen Abhandlungen aufgedeckt. Welche Quellen es auch immer sein mögen, man kann sicherlich von der Notwendigkeit bestimmter Durchführungsbestimmungen, die im internationalen Rahmen so gut wie in zivilen Bereichen anzuwenden sind, ausgehen.

Die wichtigsten Ursprünge des internationalen Rechts sind diejenigen Bündnisse unter den Nationen, die es als ihre Aufgabe betrachten, den Krieg als ein Mittel der Politik zu ächten. Unter diesen war der Pakt von Paris denkwürdig. Er war in umfänglicherem Maße gemeinhin bekannt als der Briand-Kellogg-Pakt von 1928. Fünfzehn Nationen einschließlich Deutschland, Japan und Italien unterzeichneten den Vertrag als einen Anfang. Und im Januar 1929 hatten bereits 21 Nationen das Abkommen ratifiziert. Sie erklärten feierlich, daß sie das Mittel des Krieges zur Lösung von zwischenstaatlichen Streitfragen verdammten. Und sie verwarfen Gewalt als Mittel der internationalen Politik in ihren Beziehungen zueinander.

Die Vertragsurkunde des Völkerbundes, die von 57 Staaten unterzeichnet wurden, wiederum unter Einschluß Deutschlands, hatte eine ähnliche Entschließung bewirkt.

Die Satzung des Internationalen Gerichtshofes und das Protokoll, die beide von 49 Nationen schriftlich bestätigt wurden, erwiesen sich als eine Unterstützung dieser Politik einer friedlichen Beendigung von Konflikten.

Diese verschiedenartigen Abkommen wurden von selbst zu bindenden Grundsätzen des internationalen Rechts. So sagte Dr. Baye, ein Delegierter: »Der Staat, der bei Verletzung des Pariser Vertrages einen Krieg beginnt, muß als Angreifer gegenüber dem Völkerrecht, als ein Verbrecher an der Menschlichkeit gebrandmarkt werden.«

Nach seiner Machtergreifung bestätigte Hitler diese Verpflichtung für Deutschland im Vier-Mächte-Pakt, der auch der »Vertrag von Rom« genannt wurde und dem am 7. Juli 1933 Hitler-Deutschland, Großbritannien, Frankreich und Italien beitraten. In der Präambel heißt es: »Getreu den Verpflichtungen, die sie in Übereinstimmung mit dem Text der Vertragsurkunde des Völkerbundes, der Locarno-Verträge und des Briand-Kellogg-Pakts übernommen haben, und indem sie in Rechnung stellen, daß die Erklärung über die Aufkündigung der Gewalt, dem Leitsatz, auf Grund desselben in der Erklärung verlautbart wurde, war am 11. Dezember 1932 in Genf durch die Bevollmächtigten der Abrüstungskonferenz unterzeichnet und am 2. März 1933 durch die politische Kommission jener Konferenz angenommen worden.«

Überdies schlossen Deutschland und Polen am 26. Januar 1934 einen Nichtangriffsvertrag. Hierin fand der Briand-Kellogg-Pakt seine Fortsetzung. Hitler wies ausdrücklich auf den Pakt hin; dieser war zur wichtigsten Nachkriegsregelung im internationalen Recht geworden. Hitler fügte besonders dem Pakt mit Polen diesen Vertrag und dessen Bestimmungen ein.

Durch die schriftliche Bestätigung dieser Entschließungen wurde jener tiefer im internationalen Recht verankert. Im September 1934 nahm die Gesellschaft für Internationales Recht während ihrer in Budapest stattfindenden Tagung übersetzte Abschnitte des Briand-Kellogg-Paktes in ihre Schriften auf. Darin stand, daß eine Nation, die einschlägige Bestimmungen hinsichtlich der Achtung des Krieges verletzt, als Missetäterin gegenüber dem Völkerrecht gelte.«

Daher beschäftigen wir uns nicht mit einigen älteren Begriffen des internationalen Rechtes, die die Nazis wegen der Zurückdatierung mißbilligen mögen. Es ist hier kein Platz für einen Meinungsstreit bezüglich der verbindlichen Natur internationaler Vereinbarungen, die formal und aus freien Stücken gebilligt worden sind, vorhanden.

Die Budapester Interpretationsartikel von 1934 sagen aus, »ein Unterzeichnerstaat kann sich durch Kündigung oder Nichtbeachtungen des Paktes nicht von seinen im folgenden aufgeführten Verpflichtungen entbinden« und weiter »daß ein Unterzeichnerstaat, der zwecks Lösung von internationaler Streitfragen oder Konflikten die Anwendung militärischer Maßnahmen mittels der Streitkräfte ins Auge faßt, sich des Vertragsbruches schuldig macht.« Solch eine Auslegung des Gesetzestextes spiegelt nur den gesunden Menschenverstand wieder. Sollte es einer Vertragspartei möglich sein, die Kontakturkunde durch Bruch zu verletzen, so würde sie wertlos sein. Sie würde nicht mehr verbindlich wirken können, wann auch immer einer der Parteien daran gelegen sein sollte, sich an die Vorschriften zu halten. Es würde der volle Zweck der Vereinbarung zerstört sein. Es würde nicht mehr unehrenhaft sein, das gegebene Wort zu brechen. Man würde im Hinblick auf den besonderen Akt des mißbrauchten Vertrauens versucht sein, eindeutig festzustellen: Das käme einer Ungültigkeitserklärung der Vereinbarung gleich.

Wir folgern daraus, daß Deutschland damals durch das internationale Recht gebunden war, nicht Krieg zu führen. Außerdem war es, wie wir sehen werden, verpflichtet, gewisse Normen zu erfüllen. In dem Falle, daß es dies tat, erklärte es widerrechtlich den Krieg. Die Verhältnisse der Nationen untereinander sind bedauerlicherweise nicht immer friedlich; und es gibt unausgesprochene wie herausfordernde Kriegsneigungen. Demgemäß gab es auch ein Bedürfnis zur zusammenfassenden Regelung der Vorschriften, die den streitsüchtigen Staaten auferlegt werden sollten und jenen, die zwischen herausgeforderten und neutralen Völkern anzuwenden wären. Dies ist eine bedeutsame Aufgabe des internationalen Rechts geworden: die Beschlußfassung über das Kriegsrecht. Es mochte in der ersten Verwirrung als reine Überbewertung mittelalterlichen Denkens erscheinen, zu erörtern, wie Kriege vorbereitet werden, oder wie Menschen einander töten oder nicht töten dürfen. Jedoch dienen solche Gesetze der Einschränkung des Barbarismus. Sie erwecken freilich den Eindruck, das Töten zu billigen, wenn es sich in Übereinstimmung mit den Kriegsrecht befindet.

Man mag der Brutalität der Preiskämpfe gegenüber sehen - und muß doch den Wert der Rechtsätze von Quensburg anerkennen. Das internationale Recht, so wie es angewendet wird im Hinblick auf einen Krieg, entspricht den Ansprüchen der Menschen, daß sogar in einer Schlacht nicht alle Auffassungen von Erbarmen und Ritterlichkeit aufgegeben werden. Es wertet dies Bewußtsein der Männer als einen verminderten Animalismus. Es sucht die Weltmeinung zu kanalisieren, damit zu dem Zweck Druck auf den Krieger ausübt werde, die Anzahl seiner Überfälle einzuschränken und auch in Kriegszeiten einige der religiösen und moralischen Gebote zu achten, an der die Zivilisation hängt. Es sind genaue Verlautbarungen dieser Kriegsgesetze in den Genfer Konventionen von 1864, 1906 und 1929, in der Internationalen Konvention bezüglich der Behandlung von Kriegsgefangenen im Jahre 1929 und in den Satzungen der Haager Friedenskonferenzen von 1899 und 1907 zu finden. Die Haager Konvention von 1907 erlegte den einfallenden und besetzenden Streitkräften - für den Ernstfall - zahlreiche Beschränkungen auf. Sie mußten die in dem besetzten Lande geltenden Gesetze (Artikel 43), die religiösen Überzeugungen, die Familienehre und die Unversehrtheit der Mitglieder, sowie das private Eigentum seiner Einwohner (Artikel 46) respektieren. Plünderungen sind verboten (Artikel 47). Es darf über die Bevölkerung des besetzten Landes wegen Vergehen von Einzelpersonen keine kollektive Bestrafung - weder pekuniär noch in anderer Weise - verhängt werden (Artikel 50). Das Eigentum von Konfessions-, Mildtätigkeits- und Erziehungseinrichtungen und die Objekte der Kunst und Wissenschaft müssen als Privateigentum angesehen und dürfen daher nicht beschädigt werden (Artikel 56).

Im Interesse der Humanität werden auch die Kampfmethoden eingeschränkt. Die Konvention verbietet den Angriffskrieg. Es ist verboten, Gift oder vergiftete Waffen anzuwenden, heimtückisch zu töten oder zu verletzen, oder solche Waffen, Geschosse und Materialien einzusetzen, die mit Absicht unnötige Schmerzen bereiten. (Artikel 23). Es ist verboten, offene Städte mit einem Geschoßhagel seitens der Marinestreitkräfte zu belegen (Artikel 1 bis 6). Wegen der Gefahr der Versenkung unverdächtiger Handels- und Fahrgastschiffe wird die Verwendung von automatischen Unterseebootskontaktminen mißbilligt (Artikel 20). Von Ballons abgeworfene Sprengkörper sind in gleicher Weise geächtet.

Die Bestimmung, die die Durchführung von Zwangsarbeit seitens der Zivilbevölkerung in den besetzten Gebieten untersagt, geht auf das Jahr 1874, in dem die Brüsseler Konferenz stattfand, zurück. Sie stellt heute eine anerkannte Doktrin des internationalen Rechts dar. Eine andere Bestimmung, die fest im internationalen Recht verankert ist, ist jene, daß man Handelsschiffe ohne vorherige Aufbringung durch ein Prisenkommando, ohne Durchsuchung und ohne sichere Unterbringung der Fahrgäste und Besatzungsmitglieder, nicht versenken darf. Die deutsche Unterseebootskriegsführung stellt eine unverschämte Seeräuberpraxis dar, nicht eine Kriegshandlung. Damit schließen wir wie folgt ab: Deutschland war verpflichtet, den Kriegsgesetzen zu entsprechen, entsprechend hatte jeder Soldat, jeder Offizier und jeder Zivilist zu handeln. Was bürdet diese Schuldigkeit den Beteiligten auf? In welchem Umfange belasten die Bestimmungen des internationalen Rechts den einzelnen Deutschen wegen seiner Handlungen, nachdem der Krieg erklärt worden war? Er ist nur geschützt, wenn er gemäß den anerkannten Gesetzen der Kriegsführung handelt. Jedoch unterliegt er einer Untersuchung seiner Taten und einer Bestrafung seitens der Gerichtshöfe des heimgesuchten Feindvolkes. Im Jahre 1880 bestätigt das Institut des internationalen Rechts ausdrücklich diese Lehrmeinung. Der Artikel 84 des Leitfadens betreffend das Landkriegsrecht, dem in Oxford zugestimmt wurde, erklärte, daß »die angreifenden Kriegsparteien nach dem Anhörungsverfahren von der Gewahrsamsmacht zu bestrafen sind.« Man fügte später hinzu, daß »die Verletzer des Kriegsrechts einer besonderen Gerichtsbarkeit, in Übereinstimmung mit dem Militär-Strafgesetzbuch oder dem Kriminal-Gesetzbuch, unterliegen.«

Im folgenden sind Verbrechen: Plünderungen, Brandstiftungen, Vergewaltigungen, Ermordungen, Mißhandlungen von Kriegsgefangenen und ähnliche Verletzungen des Kriegsrechts. Diejenigen Soldaten, die diese Verbrechen verüben, sind nicht geschützt vor Bestrafungen, trotz der verpflichtenden Bindung an den Kriegsverlauf. Kriegshandlungen - gemeinhin Verbrechen - sind nur dann »rechtmäßig«, wenn sie sich in Übereinstimmung mit den Bestimmungen des internationalen Rechts befinden.

Der oberste Gerichtshof der Vereinigten Staaten hat im folgenden befunden: Die Soldaten sind nicht für durch sie vorgenommene Maßnahmen verantwortlich, wenn dieselben mit der herkömmlichen zivilisierten Kriegsführung und den entsprechenden Befehlen der Militärbehörden übereinstimmen. (Dow v. Johnson, 100 U. S. 158; Freedland v. Williams, 131 U.S. 405). Es ist auch die verneinende Feststellung richtig, daß Soldaten persönlich verantwortlich sind, wenn sie sich an kriegsrechtsverletzenden Handlungen beteiligt haben. Das französische Verzeichnis von Gesetzen der Militärgerichtsbarkeit besagt, daß jede im Kampfgebiet sich aufhaltende Einzelperson, die einen verwundeten, kranken oder toten Soldaten beraubt, mit Gefängnis zu bestrafen ist, wohingegen an jeder Einzelperson, die solchen Soldaten Gewalt antut, die Todesstrafe zu vollziehen ist.

Das US-amerikanische Grundsatz-Feldhandbuch »Regeln der Landkriegsführung« (1914) sieht Bestrafungen vor: für Plünderungen und Mißhandlungen von Verwundeten (Artikel 112) sowie für beabsichtigtes Verletzen oder Töten eines bereits verletzten Feindsoldaten und für ähnliche Fälle. Diese Bestimmungen gelten gleichermaßen für die Soldaten der Armee der Vereinigten Staaten von Amerika wie für diejenigen gefangenen Feindsoldaten, die die Blutschuld auf sich geladen haben.

Das Britische Militärgesetzhandbuch enthält ähnliche Bestimmungen.

Deutschland hat die Rechtswirksamkeit dieser Normen voll anerkannt. Und nun kann es darüber keine Wortkämpfe mehr führen, ob es daran gebunden ist oder nicht. Das deutsche Militärgesetzbuch »Kriegsbrauch im Landkriege« drückt aus, daß die Einwohner der besetzten Gebiete hinsichtlich ihres Lebens, ihres Leibes, ihrer Ehre oder ihrer Freiheit nicht beeinträchtigt werden dürfen. Im folgenden ist demnach strafbar: jedes ungesetzliche Töten, jede Körperverletzung als Folge arglistiger Täuschung oder Vernachlässigung, jede Beschimpfung, jede Störung des Hausfriedens, jeder Angiff auf Familien, deren Ehre und Gesittung - und im allgemeinen jede gesetzwidrige Gewaltanwendung, was alles allerdings auch gegenüber den Einwohnern Deutschlands angewendet werden würde. In Übereinstimmung mit dem Gesetzesverzeichnis wird jede Zerstörung, jede Verwüstung, jedes Niederbrennen und jede Plünderung im Feindesland untersagt und erklärt, daß der Soldat, der sich an solchen Taten beteiligt, »schuldig im Sinne des entsprechenden Gesetzes« sei. Es wird auch festgelegt, daß die Inbesitznahme und das Fortschaffen von Geld, Juwelen und anderen Wertobjekten verbrecherischer Diebstahl und als solcher strafbar ist.

Als während der Haager Konferenz im Jahre 1907 im Hinblick auf die automatischen Unterseebootskontaktminen die einzelnen Bestimmungen formuliert wurden, äußerte sich der deutsche Chefdelegierte, Baron Adolf Marschall von Bieberstein, wie folgt: »Eine kriegsführende Partei, die Minen legt, übernimmt eine sehr schwere Verantwortung gegenüber den Neutralen und der Schiffahrt. In diesem Punkte sind wir uns alle einig. Es wird keiner zur Anwendung solcher Mittel schreiten, es sei denn aus absolut dringenden militärischen Gründen.

Aber militärische Handlungen allein werden nicht durch die Prinzipien des internationalen Rechts gelenkt. Es gibt andere Faktoren: das Gewissen, ein gutes Verständnis und das Pflichtgefühl, die uns durch die Grundsätze der Menschlichkeit auferlegt worden sind, werden die sichersten Ratgeber der Marineleitung sein. Zudem werden sie die wirkungsvollste Gewähr gegen den Mißbrauch darstellen. Ich versichere nachdrücklich, daß die Offiziere der Kaiserlichen Marine stets in der genannten Art und Weise diejenigen sittlichen Forderungen, die vom ungeschriebenen Gesetz der Menschlichkeit und Zivilisation ausgehen, erfüllen werden.«

Diese Aussage ist eine Anerkennung jener Grundsätze des internationalen Rechts, deren Abschnitte nicht zu geschriebenen Satzungen verringert sind. Dennoch leiten sie das Gewicht ihrer bindenden Kraft von den Geboten »der Menschlichkeit und der bürgerlich-sittlichen Lebensordnung« her.

Es ist behauptet worden, daß das internationale Recht vernebelt, gazeartig auf ein vorangegangenes Beispiel gegründet, ohne Überzeugung, Entschiedenheit oder Eindeutigkeit sei, aber der urteilsfähige Mensch kann die Bestimmtheit und die Erhabenheit des Verzeichnisses der Gesittungsgesetze, die mit der Entwicklung der bürgerlich-sittlichen Lebensordnung gewachsen sind, erkennen.

Die zivilisierte Welt beabsichtigt, die Deutschen wegen ihrer Verletzungen des internationalen Rechts anzuklagen und für schuldig zu erklären. In Übereinstimmung mit dem Wortlaut der Moskauer Deklaration, die vom Präsidenten Roosevelt, dem Premierminister Churchill und Stalin am 1. November 1943 erlassen worden ist, heißt es:

»Sobald irgendeiner in Deutschland gebildeten Regierung ein Waffenstillstand gewährt werden wird, werden jene deutschen Offiziere, Soldaten und Mitglieder der Nazipartei, die für Grausamkeiten, Massaker und Exekutionen verantwortlich sind oder daran beteiligt waren, in den Staaten, in denen sie ihre abscheulichen Taten begangen haben, vor Gericht gestellt und bestraft.

Mögen sich diejenigen, die ihre Hand bisher nicht mit unschuldigen Blut besudelt haben, davor hüten, sich den Reihen der Schuldigen beizugesellen ... mit aller Sicherheit werden die drei alliierten Mächte sie bis an die äußersten Enden der Welt verfolgen und sie ihren Anklägern ausliefern, damit Gerechtigkeit geschehe.«

Die Welt befaßt sich mit einer schwierigen Aufgabe

Ähnliche Beschlüsse und kühne Worte waren im Jahre 1918 nicht genug. Schon damals forderte die gesamte Welt die Bestrafung. Französische Frauen unterbreiteten während der Friedenskonferenz die folgende Entschließung:

»Infolge der Verletzung der einfachen Gesetze der Menschlichkeit sind Tausende von Frauen, Mädchen und sogar Kleinkinder aller gesellschaftlichen Stände systematisch ihren Familien entrissen und unmenschlichen Qualen und sklavischen Behandlungen unterworfen worden. Wir Frauen aus Frankreich und den alliierten Ländern kommen vor den Friedenskongreß, um Gerechtigkeit im Namen unserer verfolgten Schwestern zu erbitten. Wir bitten darum, daß jene Personen, die die Grausamkeiten vollzogen und befohlen haben, als Verbrecher verurteilt werden mögen, damit einer Wiederholung ähnlicher Scheußlichkeiten vorgebeugt werde.« Ein führender französischer Schriftsteller, der eine Liste internationaler Verbrechen aufgestellt hat, beendete seine Darlegungen wie folgt: »In der Welt von heute gibt es allgemein kein größeres Sehnen als nach Bestrafung jener Personen, die in dem scheußlichsten Kriege der Geschichte in der abscheulichsten Weise kämpften.«

Ein gesetzliches Gutachten seitens ausgezeichneter französischer Professoren des internationalen Rechts (Ferdinand Larnause, Dekan der Rechts- und Staatswissenschaftlichen Fakultät der Pariser Universität, und Dr. A. G. de Lapradelle, Professor für internationales Recht an derselben Fakultät) erfaßte die Verbrechen der Deutschen systematisch. Sie schufen damit eine gelehrsame Grundlage für die Aufschreie der Völker in den verheerten Ländern. Sie zitierten zum Beispiel einen Brief des deutschen Kaisers an den Kaiser von Österreich, der als Bestandteil des österreichischen Staatsarchivs in die Hände der Alliierten fiel. Der deutsche Kaiser schrieb: »Mir bricht das Herz. Dennoch muß alles zu Feuer und Blut werden. Den Männern, Frauen, Kindern und Betagten müssen die Kehlen durchgeschnitten werden. Weder ein Baum noch ein Haus dürfen stehen bleiben.

Mit solchen Terrormethoden, die allein ein so degeneriertes Volk wie die Franzosen niederschlagen können, wird der Krieg zwei Monate früher endigen. Würde ich menschlichere Mittel anwenden lassen, dürfte sich der Krieg um Jahre verlängern. Trotz meiner gänzlichen Abneigung muß ich die erste Methode wählen.«

Hier offenbart sich die Heuchelei der Deutschen, indem sie den Barbarismus aus Gründen der Barmherzigkeit rechtfertigen. Die Nazis haben diesen noch dadurch vergrößertvergrößert, daß jene, die die Unterjochung nicht gelten lassen oder gar vereiteln, für die Störung des Friedens verantwortlich seien. Dies ergibt sich aus dem Widerstand. Dementsprechend sind alle Opfer »Kriegshetzer«. Die Deutschen suchen und wünschen den Frieden. Sie sind gezwungen zu schlagen, wenn ihnen ihre Überlegenheit nicht durch das Neigen des Kopfes der Besiegten zugestanden wird.

Clemenceau sagte in seiner Rede nach Annahme der Präsidentenschaft der Friedenskonferenz:

»Ich komme nun zur Tagesordnung. Die erste Frage lautet wie folgt: Die Verantwortlichkeit der Urheber des Krieges! Das zweite Problem wird demgemäß aufgeworfen: Strafbestimmungen für Verbrechen, die während des Krieges begangen wurden. Zu Beginn bitten wir Sie, die Frage nach der Verantwortlichkeit der Urheber des Krieges zu untersuchen. Ich brauche unsere Gründe nicht weiter zu zerpflücken und zu erläutern. Sollten wir den Wunsch haben, Gerechtigkeit in der Welt zu begründen, so können wir es jetzt tun. Denn wir haben den Sieg errungen und sind daher imstande, die durch die Justiz geforderten Strafbestimmungen zu formulieren und durchzusetzen. Wir werden auf die Anwendung der Strafbestimmungen gegenüber den Verursachern der abscheulichen Verbrechen, die während des Krieges verübt worden sind, bestehen.«

Die überwältigende Mehrheit der öffentlichen Meinung schlug (so hart) gegen die Friedenskonferenz, indem sie die Bestrafung der Schuldigen forderte. Die Friedenskonferenz ging voran, aber umfassende Schritte zur Einsetzung eines Tribunals und dessen Zuständigkeit für die Strafzumessungen endeten in einem vollständigen Mißerfolg. Warum gingen die angestrengten Bemühungen so vieler vorzüglicher und sachkundiger Männer, diese Forderungen einer einfachen Gerechtigkeit zu erfüllen, in die Binsen? Es ist wichtig, dies Versagen zu analysieren, um heute weisere Entschlüsse hervorzubringen. Wir brauchen Unterstützung, um den richtigen Weg durch Beobachtung des Durcheinanders der Seitenpfade herauszufinden. Er folgte den vorherigen. Selten bot sich im Bereich der politischen Wissenschaften eine so günstige Gelegenheit, aus der Vergangenheit zu lernen. Damals wie heute waren die Deutschen die Missetäter beinahe gegen die ganze Welt. Damals wie heute wurden ihre Freveltaten zugelassen, doch sie waren Kinderspiele, wenn man sie mit der Gründlichkeit und den grausamen Handlungen der Nazis vergleicht. Damals wie heute träumte die Welt von einem dauerhaften Frieden. Und indem sie ihn sehnsüchtig herbeiwünschte, machte sie alle möglichen Zugeständnisse zur Durchführung desselben - ausgenommen die Aufgabe des Rechts Verbrechenstatbeständen zu bestrafen.

Die Friedensvertragsverhandlungen in Versailles begannen glänzend. Es war der erste Friedensvertrag, wobei seitens der siegreichen Kriegsparteien versucht wurde, gegenüber dem besiegten Feind den Grundsatz der individuellen Verantwortlichkeit für begangene Kriegsverbrechen durchzusetzen. Es wurde in aller Form dargelegt, daß Einzelpersonen, die sowohl den Feindstreitkräften als auch dem Verwaltungspersonal des Gegners angehörten, wegen Verletzung des internationalen Kriegsrechts verantwortlich wären. Der Artikel 228 des Vertrages, den Deutschland anerkannt hat, besagte »das Recht der alliierten und angeschlossenen Mächte, diejenigen Personen, die angeklagt wurden, »Regeln und Bräuche des Landkriegs« verletzt zu haben, vor die Militärtribunale zu bringen.«

Auch: »Es sind solche Personen, die für schuldig befunden werden, zur gesetzlichen Bestrafung zu verurteilen. Diese Maßnahmen sind unabhängig von irgendeinem laufenden Verfahren oder irgendeiner Strafverfolgung vor einem Gericht in Deutschland oder in einem Staatsgebiet seiner Verbündeten anzuwenden.«

Ferner verpflichtet der Vertrag Deutschland, den Alliierten und den diesen angeschlossenen Mächten alle jene Personen, die angeklagt werden, »Regeln und Bräuche des Landkriegs« verletzt zu haben, zu überstellen, und alle Urkunden und sonstige Schriftstücke auszuhändigen - ebenso wie die Beweisstücke, die zur vollen Erkenntnis der belastenden Tatsachen, zur Entdeckung der Übeltäter und zur gerechten Würdigung der Verantwortlichkeit erforderlich sein können (Artikel 230). Es sind gleichbedeutende Bestimmungen in dem Friedensvertrag der Alliierten mit Österreich enthalten (Artikel 173).

Die vorangehende Anklage

Eine Kommission, die von der Friedenskonferenz eingesetzt wurde, verfaßte einen sorgfältig durchdachten Bericht über vier Verhandlungsgegenstände:

1. die Verantwortlichkeit der Urheber des Krieges

2. die Verletzungen der Gesetze und Kriegsbräuche

3. der Verantwortlichkeitsgrad wegen jener Verbrechen, die einzelnen Angehörigen der Feindstreitkräfte angelastet werden,

4. eine der Gerichtsverfassung und dem entsprechenden Verfahrenangemessene Untersuchung der genannten Verstöße.

Die Kommission berichtete einmütig, daß »der Krieg von den Mittelmächten in Übereinstimmung mit den ihnen verbündeten Staaten Türkei und Bulgarien vorsätzlich geplant worden war. Dieser Plan beruhte auf einer Reihe von Faktoren, die so überlegen ausgeklügelt waren, daß dem Krieg nicht ausgewichen werden kann.«

Zur Erhärtung dieses Schlusses wurde unter anderem angeführt, daß entschlüsselte, vertrauliche Schriftstücke aus den österreichischen Staatsarchiven in die Hände der Alliierten gelangt seien. Ein Bestandteil dieses diplomatischen Materials war ein Bericht des Herrn Wiesner, des österreich-ungarischen Bevollmächtigten, an die österreichische Regierung. Dieser war nach Sarajewo beordert worden, um Nachforschungen wegen der Ermordung des Erzherzogs und österreich-ungarischen Thronfolgers und seiner Gemahlin, der Herzogin von Hohenberg. Er - Wiesner - drahtete: »Ich habe die Kenntnisse über die Mitglieder der serbischen Regierung, die an der Ermöglichung des Mordanschlages oder an einer Vorbereitung Anteil hatten, sowie über die Waffenlieferungen, erhalten. Diese sind weder bestätigt worden noch werden sie selbst in diesem Augenblick vermutet. Im Gegensatz dazu gibt es Hinweise, die Anlaß geben, die entsprechenden Behauptungen - Beteiligung im Sinne seiner Mitwirkung von Mitgliedern der serbischen Regierung an dem Attentat vom 28. Juni 1914 - zurückzuweisen.«

Ein anderes amtliches Dokument, das einen Hinweis auf das entschlüsselte Telegramm des Grafen Szogyeny, dem österreichischen Botschafter in Berlin enthielt, war an den k. und k. Außenminister in Wien gesandt worden:

»Man hält allgemein für wahrscheinlich, daß im Falle einer abschlägigen Antwort Serbiens unserer sofortigen Kriegserklärung militärische Operationen folgen werden.

Es wird das Hinausschieben des Beginns der Truppenbewegungen hier als eine große Gefahr hinsichtlich der Intervention der anderen Mächte angesehen.

Angesichts der Umstände scheint es uns dringend geraten, sogleich fortzufahren und die Welt vor vollendete Tatsachen zu stellen.«

Es bestand keinerlei Befürchtung wegen eines militärischen Eingreifens anderer Mächte, oder daß Vorschläge zur friedlichen Beilegung gemacht werden könnten. Diese Besorgnis geht aus dem genauen Wortlaut eines entzifferten Telegramms, das mit dem Aufdruck »streng vertraulich« versehen wurde, hervor. Es wurde vom österreichischen Botschafter in Berlin an seine Regierung - einen Tag vor der Kriegserklärung - gesandt.

Ein Abschnitt dieses Dokuments liest sich wie folgt:

»Der Staatssekretär teilte mir sehr bestimmt und bei Erwartung des strengsten Verschwiegenheit mit, daß in naher Zukunft seitens der deutschen Regierung möglicherweise britische Vermittlungsvorschläge zu Ihrer Exzellenz Kenntnis gebracht werden. Die deutsche Reichsregierung gibt hiermit ihre geeignete Versicherung dahingehend ab, daß sie sich in keiner Weise mit diesen Vorschlägen einverstanden erkläre. Im Gegensatz dazu stehe sie den britischen Überlegungen unbedingt ablehnend gegenüber und leitet die Beilegungspläne gemäß der Bitte nur entgegenkommender Weise weiter.«

Die englischen Vermittlungsentwürfe waren von Sir Edward Grey, dem britischen Außenminister, an Sir William Edward Goschen, dem britischen Botschafter in Berlin, telegraphisch übermittelt worden. Es heißt dort: »Falls der Friede in Europa erhalten und die gegenwärtige Krise sicher überwunden werden kann, werde ich eifrig bestrebt sein, eine solche Verbindung von politischen Vorstellungen zu fördern, innerhalb derselben Deutschland die möglicherweise zugesicherte Stellung erhalten könne, die ihm erlaube, keine gegen das eigene Land oder seine Verbündeten gerichtete aggressive oder feindselige Politik durch Frankreich, Rußland und uns befürchten zu müssen, seien es die Mächte im Verband oder einzeln.«

Es ist unter den gegenwärtigen Umständen (denen des Zweiten Weltkrieges) angesichts der wilden Aufrufe eines gedemütigten englischen Premieministers und eines Präsidenten der USA nicht notwendig, auf eine Entsprechung ein Vierteljahrhundert später hinzuweisen: »Hitler möge doch den Frieden bewahren und dadurch die unvergängliche Dankbarkeit der gesammten Menschheit erlangen.«

Die Kommission unterrichtete die Abgeordneten gesondert über Belgien und Luxemburg und brachte den Beschluß zustande, daß die Neutralität dieser beiden Länder vorsätzlich verletzt worden sei. Sie stellt einmütig fest, daß »Deutschland im Einverständnis mit Österreich-Ungarn den vielen von den Entente-Mächten erarbeiteten versöhnlichen Vorschlägen und deren wiederholten Anstrengungen zur Vermeidung des Krieges vorsätzlich zum Erliegen brachte.« Der Beschluß war unumstößlich und stellte in großartiger Weise fest, daß diese Taten ewig verdammenswert und die Schuldigen zwecks »Verwünschung« durch die Menschheit zur Schau zu stellen seien.

Im Verlauf des Sichtbarwerdens ihrer Gesetzesbrüche und Verletzungen der Kriegsbräuche sammelte die Kommission maßgebliche Angaben aus wichtigen Quellensammlungen. Es wurden Berichte durch Lord Bryce von der britischen Kommission und von vielen anderen hervorragenden Gelehrten und Juristen angefertigt. Ein Nichteinverständnis bezüglich der vorliegenden Fakten gab es nicht. In diesem Bericht war einmütig festgestellt: Die Verletzungen der Rechte der Frontkämpfer, der Zivilisten, ... sind zahlenmäßig angestiegen in dieser Liste der grausamsten Praktiken, die ein primitiver, durch die Mittel der modernen Wissenschaft begünstigter Barbarismus zur Durchführung eines sorgfältig geplanten und bis zum Schluß verwirklichten Terrorsystems zu ersinnen fähig war. Die kriegsführenden Parteien, die den Terror wohl erwogen in jedes Herz einzupflanzen versuchten, um jeden Widerstand zu brechen, haben sogar auf Gefangene, Verwundete, Frauen und Kinder keine Rücksicht genommen.

Es stellt damit im Folgenden die beeindruckendste Liste von Verbrechen, die zur ewigen Scham der Missetäter aufgestellt worden ist, vor: Morde, Blutbäder, Folterungen, Lampenschirme aus Menschenhaut, Sippenhaft, die Inhaftierung und Hinrichtung von Geiseln, die Inanspruchnahme von Sach- und Dienstleistungen aus der Bevölkerung für militärische Zwecke, die willkürliche Zerstörung von öffentlichem und privatem Eigentum, die Flächenbombardierungen auf offene Städte ohne Belagerungszustand, das Versenken von Handelsschiffen ohne vorherige Überprüfung und ohne geeignete Vorkehrungen für die Sicherheit der Fahrgäste und der Mannschaften, Metzeleien an den Gefangenen, Angriffe auf Lazarettschiffe, die Vergiftung von Quellen und Brunnen, Freveltaten und Schändungen hinsichtlich des Glaubens und der Ehre von Einzelpersonen, die Ausgabe von gefälschtem Geld - es wurde von der polnischen Exilregierung verrichtet, - die mit Methode vorgenommene, vorsätzliche Vernichtung von Industrieanlagen zu keinem anderen Zweck als dem der Stärkung der deutschen Wirtschaftsoberherrschaft im Hinblick auf die Zeit nach dem Kriege. Den Angaben liegen Tatsachen zugrunde. Sie sind zahlreich und so durch Dokumente erhärtet, daß sie über jeden Zweifel erhaben sind und keinen Ruf nach der Gerechtigkeit zulassen.

Sind dies nicht familiäre Echos? Die exakte Wiederholung? Im Jahre 1919 wurde ein Sonderausschuß zur Gruppeneinteilung der Zeugenaussagen und Unterlagen nach gewissen Kategorien eingesetzt. Eine solche Veranlagung haben die Hunnen, daß sie hier listenmäßig erfaßt werden müssen. Denn seit dem Ende des Ersten Weltkrieges sind sie unverändert und sich treu geblieben.

Im Folgenden sei die Liste mit den darin verzeichneten 32 Verbrechen, die den Deutschen zur Last gelegt werden, unterbreitet:

1. Morde und Blutbäder, systematische Gewaltherrschaft

2. Geiselerschießungen

3. Folterungen von Zivilisten

4. absichtliches Verhungern-Lassen von Zivilisten

5. Vergewaltigungen

6. Entführung von Mädchen und Frauen zum Zwecke der erzwungenen Unzucht (Prostitution)

7. Verbannung von Zivilisten

8. Internierung von Zivilisten unter unmenschlichen Bedingungen

9. Zwangsarbeit von Zivilisten im Zusammenhang mit den Truppenbewegungen der Feinde

10. rechtswidrige Aneignung der Staatshoheit seitens der Besatzungsmacht noch während des Anhaltens der Gefechte zur militärischer Besetzung

11. Zwangsanwerbung und -einteilung von gefangenen Soldaten des besiegten und besetzten Feindlandes

12. Versuche, den Einwohnern des besetzten Gebietes die Identität zu nehmen

13. Plünderungen

14. Beschlagnahme von Eigentum

15. Eintreiben von ungesetzmäßigen oder übermäßigen Zwangsauflagen und ungesetzmäßigen oder übermäßige Inanspruchnahme von Sach- und Dienstleistungen

16. Verminderung des Geldumlaufs im besetzten Lande und Ausgabe von Geldstücken und -scheinen einer Scheinwährung

17. Verhängung von Kollektivstrafen

18. willkürliche Verheerung und Zerstörung von Eigentum

19. vorsätzliche Bombardierung von offenen Städten

20. beabsichtigte Vernichtung von Gebäuden und Denkmälern, die Eigentum von Glaubensgemeinschaften, Wohltätigkeitsstiftungen, Erziehungseinrichtungen oder des Staates (historische Bauwerke) sind

21. Versenkung von Handels- und Fahrgastschiffen ohne Warnung und ohne Vorkehrungen für die Sicherheit von Fahrgästen und Besatzungsmitgliedern

22. Versenkung von Fischerbooten und Hilfsschiffen

23. absichtliche Bombardierung von Krankenhäusern

24. Angriffe auf und Versenkung von Lazarettschiffen

25. Verletzung von Bestimmungen, die die Satzung des Roten Kreuzes betreffen

26. Anwendung von gesundheitsschädlichen und den Erstickungstod bewirkenden Gasen

27. Gebrauch von explodierenden oder Stahlmantelgeschossen (Dum-Dum-Geschosse) und anderer geächteten Sprengkörpern

28. Anweisungen zwecks Verweigerung von Unterkünften für die Bevölkerung des Feindgebietes

29. Mißhandlungen von verwundeten und unverletzten Kriegsgefangenen

30. Verhängung von Zwangsarbeit für Kriegsgefangene

31. Mißbrauch von Unterhändler-Flaggen

32. Vergiftungen von Brunnen.

Alsdann herrschte Einmütigkeit bezüglich der deutschen Strafbarkeit. Die Kommission empfahl die Aburteilung.

Die amerikanisch-japanische Achse

Repräsentanten der Vereinigten Staaten von Amerika lehnten den Verfahrensgang nachdrücklich ab, der von dem Ausschuß behufs Bestrafung der Verletzungen des Kriegsrechts vorgeschlagen worden war. Ihre alleinigen Zunftgenossen hinsichtlich der Nichtübereinstimmung waren die Japaner. Sie hielten es für erforderlich, eine sehr lange Denkschrift aus der Sicht ihrer Minderheit zu unterbreiten. Robert Lansing und James Brown Scott, die folgende Darstellung schrieben, suchten die Reibungen, die vom Meinungsstreit her entstanden waren, überzeugend zu mindern.

» ... wir wünschen unsere hohe Wertschätzung des versöhnlichen und rücksichtsvollen Geistes, der seitens unserer Kollegen während der vielen langwierigen Ausschußsitzungen bekundet wurde, zum Ausdruck zu bringen. Zum ersten gab es ein ernstes Vorhaben, das aufzeigen sollte, wie die vorhandenen unterschiedlichen Auffassungen in Ordnung zu bringen, wie wörtlich festgelegte Erklärungen, die von allen Beteiligten gutgeheißen werden konnten, zu finden und zu sichern seien - nach Möglichkeit ein einstimmiger Bericht. Das Mißlingen des Erreichens dieses Zieles beruhte nicht auf einem Mangel an Anstrengungen seitens dieser Kommission. Der Erfolg blieb aus, weil nach allen unterbreiteten Ausgleichsvorschlägen frei und offen geprüft worden war, daß kein brauchbarer Weg, die unterschiedlichen Auffassungen ohne Preisgabe der grundlegenden Leitsätze in Übereinstimmung zu bringen, gefunden werden konnte. Die Vertreter der Vereinigten Staaten von Amerika konnten das gesteckte Ziel nicht erreichen. Und sie konnten es auch nicht von anderen erwarten.«

Welcher Art waren die Meinungsverschiedenheiten, die nicht zu beheben waren ohne Aufgabe der Grundsätze? Und wie war es mit den verwickelten Prinzipien? Man wird heute auf gewisse, eindeutige Entscheidungen hinsichtlich einer geeigneten Lösung, eine kritische Zergliederung des Ringens, sowie die den streitenden Parteien nicht zu Gebote stehenden Möglichkeiten, ihre Theorien mittels des sachkundigen Überschauens der Zusammenhänge im Lichte einer späteren Geschichtsschreibung zu überprüfen, hinweisen.

Amerikanische Abgeordnete hielten dem in der folgenden Ausdrucksweise entgegen: »Alle Angehörigen der Feindstaaten - welche Stellung sie auch eingenommen haben mögen, ohne Unterschied des Standes einschließlich der Staatschefs -, die wegen der Verstöße gegen die Kriegsgesetze und -bräuche für schuldig befunden worden sind, unterliegen der strafrechtlichen Verfolgung.

Sie behaupteten, die Menschenrechtsgrundsätze seien zu ungenau, um eine Grundlage der strafrechtlichen Verfolgung abzugeben. Die Kriegsgesetze und -bräuche, so räumten sie ein, seien hinlänglich überzeugend.

Diese seien »in bestimmten offiziellen und in den Lebensgewohnheiten der Völker« verankert. Dennoch vereitelten sie die legitime strafrechtliche Verfolgung der »Staatschefs«, deren Verantwortlichkeit niemals zuvor in staatlichen oder zwischenstaatlichen Gesetzen festgehalten worden ist, weil »entsprechende Musterfälle, die für ähnliche Erscheinungen richtungweisend sind, im Hinblick auf die neuzeitlichen Lebensgewohnheiten der Völker nicht vorliegen.«

Sie waren nicht sonderlich bestrebt, den ehemaligen deutschen Kaiser vor ein Strafgericht zu stellen. Sie stritten sich darüber, ob ein Staatsoberhaupt, sei es, daß er König oder Kaiser, überhaupt verantwortlich für Gesetzesbrüche sei. Es sei jedoch verantwortlich »nicht für die exekutive, aber für die politische Gewalt seines Landes«. Sie verließen sich auf die Entscheidung des obersten Richters Marschall in dem zurückliegenden Fall Schooner Exchange v. Mc Faddon and Others, 7 Cranch. 116. Im Jahre 1812 wurde dieser Fall, der besagt, daß Landesherren nicht vor ein Gericht gestellt werden dürfen, entschieden.

Sie übersahen dabei, daß die Lehre der Straffreiheit der im Amt befindlichen und ehemaligen Staatsoberhäuptern von der Rechtsprechung ausländischer Gerichte keine verbindliche Lehre des internationalen Rechts ist. (de Haber v. Ilueen of Portugal, 17 P. B. 171; Hatch v. Baez, 7Hun. 596; Underhill v. Hemandez, 168 U. S. 250) Sie ist lediglich eine auf freiwilliger Grundlage vereinbarte gesetzliche Bestimmung des internationalen Ausschusses und der (gegenwärtigen) öffentlichen Politik und bezweckt, die Gerichte des einen Staates vom Eingriff in die Ausübung der Regierungsgeschäfte seitens des Landesherrn des anderen Staates hinsichtlich der Erleichterung des Gewissens fernzuhalten. Es ist hier nicht beabsichtigt, die Staatsoberhäupter vor der Bestrafung wegen Verbrechen gegen die Rechte anderer Völker zu schützen. Kein maßgebender Mann einer Regierung behauptet, daß ein zurückgetretener oder abgesetzter Staatschef wegen der während seiner Amtszeit anderen Völkern zugefügten Schwerverbrechen nicht vor einem internationalen Obergericht zur Rechenschaft gezogen werden könne.

Nachdem die Friedenskonferenz hinsichtlich der Geltendmachung der persönlichen Verantwortlichkeit für einzelne Missetaten einen neuen Musterfall gesetzt hatte, welche Logik besaß dann die Haltung, daß kein Beispielfall zur Bestrafung eines solchen Gesetzesübertreters, der zufällig ein ehemaliges Staatsoberhaupt war, existiere? Es ist ein grundlegender Leitsatz der Demokratie, daß kein Mann - es ist gleichgültig, wie hoch seine Stellung ist - über dem Gesetz steht. Die Staatsmänner, die bei ihren Untergebenen die Instruktion zum Begehen von Kriegsverbrechen zulassen, gutheißen und unterstützen, sind genauso schuldig und können nicht behufs Abschirmung ihrer Verbrechen vor Strafverfolgung Zuflucht in der Ausrede der Straffreiheit suchen.

Die Nichtübereinstimmung der amerikanischen Auffassung mit der japanischen war ungerechtfertigt. Es war nichts weiter als formale Pfuscherei, zwischen gesetzlichen und moralischen Verbrechen zu unterscheiden und die Hilflosigkeit so hinzustellen, als sei sie mit letzteren zu vergleichen. Wahrhaftig, die begangenen Verbrechen waren keine Musterfälle, die für zukünftige, ähnlich gelagerte Situationen richtungweisend sind. Ziehen sie den Nutzen der Straffreiheit aus dieser rechtlichen Tatsache? Sind wir so bar einer gewissenhaften Findigkeit und zugleich unfähig, ein so verruchtes Verbrechen, das niemals zuvor verübt wurde, zu sühnen? Musterfälle sind wertvolle Anhaltspunkte, jedoch nicht das Allentscheidende. Wenn man eine neue Straße bauen muß, hat man sich die entsprechenden Markierungen auch selbst zu setzen. Den Präzedenzfall über die Forderungen der Gerechtigkeit zu stellen, ist eine verzerrte Sichtweise. Die vorangegangene Erfahrung allein empfiehlt uns darüber nachzudenken, wie andere ihre Weisheit anwenden. Es ist oft ein Trost. Manchmal läßt uns das Irrtümer erkennen und ermöglicht es, den rechten Beschluß zu fassen. Falls ein Mangel an Musterfällen unsere verstandesmäßige Fähigkeit, aus eigenem Antrieb zu handeln, lähmen sollte, wäre dafür kein allgemeines Gesetz vorhanden, denn wegen irgendeines Gesichtspunkts würde jeder gesetzlichen Bestimmung zugestimmt. Es wäre dann ein bahnbrechendes Werk, daß durch spätere, nicht durch vorangegangene Erfahrungen zu erproben wäre.

Es ist nicht ohne Ironie und von tieferer Bedeutung, daß die in ihrer Auffassung abweichenden Amerikaner Unterstützung durch zwei japanische Ausschußmitglieder, die daran zweifelten, daß die Verletzer der Kriegsgesetze, die den Streitkräften einer Feindmacht angehörten, versuchsweise vor ein Gericht, das von der kriegsführenden Gegenpartei eingesetzt würde, zu stellen wären.

Wir können uns heute nur fragen, ob die Japaner die Schau der geläuterten Gesittung seitens der Amerikaner, oder aber deren abweichende Meinung, die den Mangel an wahrhaftiger, sittlicher Entrüstung gegenüber den größten Verbrechen in der Welt offenbarte, teilten.

Das niemals angewandte Gerichtsverfahren

Die Friedenskonferenz stimmte dem Bericht des Ausschusses mit Mehrheit zu - trotz der Nichtübereinstimmung der Amerikaner und Japaner. Denn es gab keinen Grund, der, wie auch immer er erhoben sei, ein Staatsoberhaupt grundsätzlich vor seiner Verantwortlichkeit schützen würde, wenn eben diese Verantwortlichkeit vor einem eigens dafür eingesetzten Gerichtshof bestätigt worden ist, welche gerade jetzt auf die Staatsoberhäupter ausgedehnt wurde. Alle strafbaren Handlungen gegen die Kriegsgesetze und -bräuche oder die Menschenrechte unterliegen der strafrechtlichen Verfolgung.

Es wurden Maßstäbe zur Unterscheidung bezüglich der Handlungen, die einen Krieg herausforderten, geschaffen. Sie wurden nicht ersonnen als Gegenstände eines Strafverfahrens. Vielmehr wurde ein Sondergerichtshof eingerichtet, um den Grad der Verantwortlichkeit festzustellen. Der Artikel 227 des Vertrages sah vor: Die alliierten und angeschlossenen Mächte beschuldigen den ehemaligen deutschen Kaiser Wilhelm II. von Hohenzollern wegen höchster Verstöße gegenüber sittlichem Bewußtsein und der Gültigkeit von Verträgen. Es wird ein Sondergericht eingesetzt werden, damit dem Angeklagten dadurch das wesentliche Unterpfand des Rechts auf Verteidigung gewährleistet sei. Das Richterkollegium ist aus fünf Richtern zu bilden. Jede der fünf nachstehend aufgeführten Mächte ernennt je einen Richter: die Vereinigten Staaten von Amerika, Großbritannien, Frankreich, Italien und Japan. Die erhabensten Bestimmungsgründe der zwischenstaatlichen Politik werden die Entscheidungen dieses Gerichtshofes begleiten - mit einem Blick darauf, die feierlichen Verpflichtungen im Hinblick auf die zwischenstaatlichen Bürgschaften und die Durchschlagskraft des zwischenstaatlichen sittlichen Bewußtseins zu rechtfertigen. Es wird zu seinen Verpflichtungen gehören, die in Frage kommenden Bestrafungsmaßstäbe festzulegen. Die alliierten und angeschlossenen Mächte werden sich an die Regierung der Niederlande mit dem Ersuchen wenden, den früheren deutschen Kaiser behufs Überstellung vor ein alliiertes Gericht auszuliefern.

Man sandte das Ersuchen ab. Die niederländische Regierung lehnte die Auslieferung des ehemaligen deutschen Kaisers ab. »Diese Regierung«, legte sie in ihrer Entgegnung fest, »ist nicht in der Lage, irgendeine andere Verpflichtung als diejenige, die uns durch die Gesetze unseres Königreiches und durch Gewohnheitsrechte auferlegt worden ist, gelten zu lassen.« Gemäß seiner Tradition »hat man Holland stets als Zufluchtsland der Besiegten in zwischenstaatlichen Auseinandersetzungen angesehen«. Die (königlich-niederländisch) Regierung konnte daher dem vormaligen Kaiser nicht die Gunst der Gesetze ihres Landes und seiner Tradition verweigern« und dementsprechend »nicht die Zusage an diejenigen, die sich ihren freien Einrichtungen anvertraut haben, brechen.« Die Niederlande lehnten es ab, die Zusage an den Kaiser zu brechen. Schatten auf Rotterdam!

Es ist als ein Ergebnis der Besorgtheit der Niederlande um den deutschen Kaiser anzusehen, daß die seitens des alliierten Sondergerichtshofes beabsichtigten Zeichen zur Festschreibung der Verantwortlichkeit für den Krieg und den Vertragsbruch niemals erfolgt sind. Man fand nicht einmal den Angeklagten vor, der strafrechtlich zu verfolgen gewesen wäre.

Eine andere juristische Einrichtung zur Bestrafung jener Personen, die zwischenstaatliche Gesetze verletzt hatten, war die Ermächtigung eines jeden Staates, die infolge einer strafbaren Handlung Belasteten vor ihren eigenen Militärgerichten oder zivilen Gerichtshöfen abzuurteilen.

Dort, wo die Missetäter nicht festgenommen werden konnten, oder wo die Gesetzesverletzungen verschiedene Nationen betrafen (wie Mißhandlungen von Kriegsgefangenen unterschiedlicher Nationalität, die alsdann in einem Lager zusammengepfercht wurden), wurde ein hohes Sondergericht zwecks Untersuchung dieser Fälle eingerichtet. Es setzte sich aus 22 Richtern zusammen. Es wurden von folgenden Staaten je drei bestimmt: Vereinigte Staaten von Amerika, Britisches Weltreich, von Frankreich, Italien und Japan; und es wurde je einer ernannt von den nachstehend verzeichneten Nationen: Belgien, Griechenland, Polen, Portugal, Rumänien, Serbien und der Tschechoslowakei.

Das Prinzip der Sittlichkeit, das durch das Sondergericht anzuwenden sei, wären »die Leitsätze der Nationalgesetzgebung als die Ergebnisse der Kultur gesitteter Völker, die Gesetze der Menschlichkeit und die Gebote des öffentlichen Gewissens«. Das hohe Sondergericht hat die Macht, den schuldigen Personen solche Strafen aufzuerlegen, wie die Gerichte der Anklägernation oder die des beschuldigten Landes sie ihnen zugemessen haben würden. Man war gehalten, ein eigenes Prozeßverfahren ablaufen zu lassen, und es durften Richterkollegien von nicht weniger als fünf Mitgliedern vorsitzen. Es wurde ein Strafverfolgungsausschuß von fünf Mitgliedern für den Zweck bestimmt, auf Ersuchen einer jeden dafür in Frage kommenden Nation gewisse Fälle auszuwählen und zu untersuchen.

Jede Regierung der im folgenden genannten Staaten ernannte einen bestellten Richter für dies Richterkollegium: die Vereinigten Staaten von Amerika, das Britische Weltreich, Frankreich, Italien und Japan. Andere alliierte Regierungen haben das Recht, je einen Vertreter abzuordnen, um bei der Strafverfolgungsbehörde mitzuwirken. Einem nationalen Gerichtshof - damit ist ein Militärgericht oder ein Zivilgericht irgendeiner Nation gemeint - wurde nicht gestattet, einen beliebigen Gefangenen, der seitens des Strafverfolgungsausschusses zwecks Untersuchung durch das hohe Sondergericht vorgesehen war, zu verhören. Man hatte besonders darauf geachtet, daß keine Untersuchung oder kein Urteil des Gerichts eines besiegten Feindstaates den vorgeschriebenen Rechtsweg vor einem alliierten nationalen Gerichtshof oder vor dem hohen Sondergericht ausschließen könne.

Dies war die wohldurchdachte Maschinerie, die in Gang gesetzt wurde, um die deutschen Übeltäter zu bestrafen. Sie wäre perfekt und durchführbar. Die Weise, in der ihre Tätigkeit vereitelt wurde, stellt einen Fall großen Verrats in der Geschichte dar. Es waren Berge von Toten angehäuft worden, so daß freie Menschen von jetzt an über einen gerechten Frieden hätten wachen können. Jedoch die Menschen, denen die Verantwortlichkeit anvertraut worden war, waren unfähig, Zeiterfordernissen zu entsprechen. Sie wurden ausmanövriert, getäuscht und von den besiegten Staaten gehindert. Das Ergebnis war eine ungesühnte Schande. Der größte Sieg der gesamten Kriegsgeschichte wurde mittels einer gewandten, hemmenden Kampagne während der Friedenszeit aufgehoben. Diese Geschichte bietet ein Lehrbeispiel, das vollständig zu studieren und zu würdigen ist, wenn der Friede nicht wieder verloren werden soll. Wie auch immer, es gilt mehr zu lernen, als nur die Vermeidung des wiederholten Verrats an der Gerechtigkeit. Es sind angesichts dieser historischen Ausflucht der wesentliche Charakter und die eigentlichen Neigungen des deutschen Volkes, ebenso wie die ihrer verbrecherischen Führung sichtbar geworden.

Ein deutscher Trick

Auf Grund der ermutigenden Aussicht (die in gewissen alliierten Stabsquartieren vertreten wurde), des tiefen, quälenden Empfindens wegen der frevelhaften Führung durch ihre leitenden Männer und der Bekümmertheit, sie zu bestrafen, begannen die Deutschen zu hoffen, einer Bestrafung zu entgehen. Es wurde darauf hingewiesen, daß auch das deutsche Volk unter dem Zwang des preußischen Militarismus gelitten hätte. Deutschland wurde durch die Kriegslust seiner Militaristen in eine unangenehme Lage gebracht. Es bestand eine Übereinstimmung der Interessen zwischen den Völkern der Siegermächte und dem deutschen Volk im Hinblick darauf, daß Gerechtigkeit geschehen und die Schuldigen bestraft werden müßten. In der Tat, man überzeugte den Ausschuß dahingehend, daß das deutsche Volk ein besonderes Interesse daran habe, die Vorbehalte der Strafbestimmungen durch Festlegung der Gültigkeit, die die Unterscheidung zwischen den Herrschern und den Völkern betrifft, vollends ausgearbeitet zu wissen. Nachdem die Verantwortlichkeit der Genannten festgelegt worden war, wurde entsprechendes festgelegt. In einigen öffentlichen Erklärungen in Deutschland wurde der Angelegenheit die Glaubwürdigkeit zuerkannt. Dr. Hans Delbrück und andere konservative Politiker appellierten an die deutsche Regierung, unparteiische Männer, einschließlich führender neutraler Amtspersonen, für einen

Ausschuß zu ernennen, damit die Beschuldigungen bezüglich der Verletzungen des internationalen Rechts seitens Deutschlands im Kriege untersucht werden können. Diese Appelle forderten, daß die Nachforschungen ungeachtet des Standes oder der Würde der angeklagten Personen zu führen seien, damit das deutsche Volk imstande sei, sein Gemüt zu läutern.

Es wurde ein deutscher Staatsgerichtshof eingerichtet. Seiner Natur nach war das ein parlamentarischer Ausschuß, der die Kriegsschuld festzustellen hatte. Die erste Sitzung wurde in Berlin abgehalten, Graf Johann-Heinrich A. von Bernstorff erschien als Zeuge und sagte unter anderem aus, wie unbedeutend der deutsche Kaiser das Friedensangebot des amerikanischen Präsidenten Wilson einschätzte.

Bethmann-Hollweg, der deutsche Kanzler zur Zeit des deutschen Einmarsches in Belgien, gab ausweichende Erklärungen ab. Andere Zeugen, wie die Herren von Kapelle und von Koch, wurden wegen des deutschen U-Boot-Krieges vernommen. Der Vorsitzende der Deutsch-nationalen Volkspartei, Karl Helfferich, erschien vor dem Gerichtshof, wobei er das kaiserliche Deutschland freimütig lobte und den amerikanischen Präsidenten Wilson angriff. Er lehnte es ab, Fragen eines Abgeordneten zu beantworten. Er wurde daraufhin mit öffentlich gerügt, dennoch verharrte er in Widerspenstigkeit. Als Hindenburg freundlich zum Erscheinen aufgefordert wurde, protestierten viele Nationalisten und Studenten, die Alldeutschen Verbänden angehörten, und erhoben wegen des alliierten Drängens zu seinem Auftreten vor dem Ausschuß Einspruch. Schließlich wurde ein Fragebogen entworfen und an den Generalfeldmarschall von Hindenburg gesandt. Alsdann erschien er. Auf seinem Wege dorthin streute eine ihn tief bewundernde Menschenmenge Blumen. Dies war die Art, in der das deutsche Volk seinen Gefühlen über jene »verbrecherischen Verräter« Ausdruck verlieh. Hindenburgs spätere Wahl zum Präsidenten der Weimarer Republik beweist, daß dieses Verhalten keine Demonstration einer persönlichen Anhängerschaft gewesen sei. Er sagte aus, daß er auf die Einrichtung der Unterseebootswaffe und die Fortsetzung des U-Boot-Krieges gedrängt hätte. Dabei nahm er die Gelegenheit wahr, die Lüge, daß die Deutschen militärisch nicht besiegt worden wären, und daß der Dolch des Reichsverrats in den Rücken der deutschen Heimatfront gestoßen worden sei, in die Welt zu setzen, während Deutschlands Soldaten noch im Felde unbesiegt wären. Der aus der Fassung gebrachte und beschämte Ausschuß, der mit dem Ausfindigmachen von Angeklagten, die sich trotzig schuldig bekannten, beschäftigt war, ordnete eine Geheimsitzung an. Das Gericht vertagte sich, und seine Mitglieder kamen niemals wieder zu einer Gerichtssitzung zusammen.

Hjalmar Branting, der für die schwedische Zeitung »Socialdemokraten« berichtete, nannte die Verfahrensweise dieses parlamentarischen Untersuchungsausschusses ganz richtig eine »komische Nachvollziehung ernster Handlungen«. Die Kommission suchte nach Prozeßstillstand und demütiger Unterwerfung Zuflucht in der Vertagung - vor ihren prärevolutionären Herren. Sie hatte sich nicht getraut, wichtige Zeugen einschließlich der Person des Kaisers, vorzuladen. In der Tat sagte der deutsche Bevollmächtigte der Friedenskonferenz, Schücking, in einem Interview mit der »Neuen Züricher Zeitung«: »Ich bin erstaunt, daß man sich am Gedanken einer Strafverfolgung des früheren Kaisers Wilhelm II. und seiner Generäle ergötzt.«

Branting schrieb: »Alles deutet darauf hin, daß der alte Geist sein Haupt dreister erhebt als je zuvor. Wenn die Alliierten eines Tages wegen dieses Unsinns müde werden und die Auslieferung der Beschuldigten zwecks Durchführung eines wirklichen Gerichtsverfahrens, das sich vor die Menschheit stellt wie ein Sittenrichter, um jene - ihrem jeweiligen Anteil gemäß - nach der schrecklichsten Katastrophe, die das Menschengeschlecht in zivilisierten Zeiten je befallen hat, schuldig zu sprechen, können wir schon im voraus den Widerhall der wütenden Proteste im deutschen Blätterwald hören.«

Dieser erste deutsche Versuch, dem alliierten Vorhaben die Zähne zu zeigen, war zu ungeeignet, um Erfolg zu haben. Die Ehrfurcht vor den eigenen Führern hinderte die Deutschen daran, ihre Anstrengungen einzustellen. Ängstliche Vertagungen, die ein alliiertes Eingreifen überflüssig machen würden, konnten nicht unter dem Titel »Selbstregulierung« ferngehalten werden.

Des deutschen Volkes Besorgtheit um ihre Heerführer rief die Alliierten auf den Plan. Sie richteten die durch den Versailler Vertrag vorgesehenen Militärgerichte ein. Sie verlangten die Auslieferung der Personen, die wegen Begehens von Kriegsverbrechen angeklagt waren. Unterdessen hatte die Regierung der Vereinigten Staaten von Amerika den Friedensvertrag verworfen. Sogleich erklärte das Berliner Auswärtige Amt, daß diese Ablehnung die Zurückweisung der Verbrechensklauseln des Vertrages durch Deutschland bedeutet, und verlangte alliierte Konzessionen. Diese Auswirkungen der amerikanischen Ausschließung vom Ausland sind noch niemals in zufriedenstellendem Maße studiert worden. Die neugeborene deutsche Republik stand plötzlich auf, um in den Reihen ihrer Feinde die Zwietracht zu säen.

Dieser Staat, der sich gerade im Stadium des Waffenstillstandes befand, startete einen Angriff, zu dem vierzehn Jahre später der Nachfolger so häufig überging.

Es wurden diplomatische Ausfälle ersonnen, nicht, um die Leiden des deutschen Volkes zu lindern, sondern um die Verantwortlichen und die herzlosen Heeresoffiziere des »ehemaligen« Kaiserreiches vor der Bestrafung zu schützen.

Der deutsche Bevollmächtigte zur Zeit der Friedensverhandlungen, Baron von Lersner, lehnte - ermutigt durch den volkstümlichen deutschen Groll gegenüber den alliierten Forderungen - höflich ab, seiner Regierung in Berlin das alliierte Ersuchen auf Auslieferung von bestimmten leitenden Personen auszuhändigen. Clemenceaus Erwiderung auf von Lersners Zurückweisung ist eine ungewöhnliche Mischung aus grundsätzlichem Zweifel an der deutschen Bezähmbarkeit und der lehrreichen Einsicht in die deutsche Kompromißlosigkeit. Er schrieb: »Die Deutschen streiten nicht ab, daß zahlreiche Verbrechen verübt worden sind, und daß das Weltgewissen auf Grund dieser Verbrechen ernsthaft beeinträchtigt werden würde. Die Urheber sind bekannt und bleiben unbestraft. Irgendwelche menschlichen Wesen gehen durch die nördlichen Gebiete Frankreichs, ebenso wie in Belgien. Und man kann die deutschen Bedenken hinsichtlich einer Zustimmung zur Wiedergutmachung ihrer Verbrechen nicht verstehen angesichts der Tatsachen, die ich mit eigenen Augen gesehen habe: systematische Verheerung dieser Provinzen, durchwegs dem Erdboden gleichmachende Industrie-Niederlassungen, mittels primitiver Methoden zu Staub zermalmte Wohnungen, das Absägen aller Obstbäume einen Meter über dem Boden, gesprengte Bergwerksanlagen und unter Wasser gesetzte Schächte und Sohlen - Menschenwerk ganzer Jahrhunderte, das tückisch vernichtet worden ist.

Hätten dieselben unparteiischen Beobachter aus dem Munde der Einwohner die Schilderung der Behandlung, der sie vier Jahre lang unterworfen, sowie der Gewalttätigkeiten und abscheulichen Nötigungen, die jungen Mädchen, die brutal von ihren Familien getrennt wurden, auferlegt worden sind, gehört, so würden sie nicht imstande sein, ihre Empörungen zurückzuhalten angesichts der Haltung Deutschlands und des anmaßenden Tones.

Wie die Alliierten sind sie tiefgründig überrascht zu erkennen, daß die gegenwärtige Meinung der deutschen Öffentlichkeit sich ihrer Verantwortlichkeit nicht bewußt scheint, genauso wie sie sich nicht fragt, wofür denn die gerechte Bestrafung für begangene Verbrechen sei, und daß unter den Kriegsverbrechern weder genügend Mut noch Vaterlandsliebe vorhanden zu sein scheint, um die Untersuchungen voranzubringen. Sie haben aber auch ein Recht darauf, ihre Führung zu verteidigen und zur Erfüllung der Verpflichtungen ihres Landes förderlich beizutragen.

Solange das Begriffsvermögen der Deutschen - wie auch dasjenige anderer Völker - nicht ausreicht, um Recht von Unrecht zu trennen und einzusehen, daß Verbrecher bestraft werden müssen, darf Deutschland nicht erwarten, der Gemeinschaft der Völker beitreten zu können, noch annehmen, daß die Alliierten seine Verbrechen vergessen werden.

Obgleich eine Ankündigung seitens Herrn Ignace, dem Unterstaatssekretär im französischen Justizministerium, vorlag, daß es nicht die mindeste Neigung der Alliierten, in ihren Forderungen nach Auslieferung der beschuldigten Deutschen nachzulassen, gäbe, und daß »alle schuldigen Personen - wo auch immer und wer auch immer sie sind - die deutsche offene Verachtung und deren Auswirkungen prompt zu bezahlen haben.« Obschon Zehntausende von Deutschen in die Verbrechen verwickelt worden sind, ist die Anzahl der listenmäßig erfaßten beschuldigten Personen auf nur 1.500 herabgesetzt worden.

Der Bevollmächtigte des Deutschen Reiches, Baron von Lersner, empörte sich gegenüber den Alliierten erneut und unterbreitete ihnen eine Denkschrift aus der hervorging, daß die deutsche Nationalversammlung ein Gesetz beschlossen habe. Es sieht vor, daß die Kriegsverbrechen, die von Deutschen begangen worden sind, nur von deutschen Gerichten untersucht und verfolgt werden dürften. Die britischen und französischen diplomatischen Vertreter verwarfen das Memorandum und kündigten an, daß die gerichtlichen Untersuchungen in Paris und in Lille abgehalten werden würden.

Alsdann war die Folge, daß die verantwortlichen Deutschen eine Reihe von Verzögerungsmaßnahmen ergriffen.

So erörterten sie Auslieferungsanträge und lehnten die Unterwerfung unter deren Forderungen ab. Mittlerweile wurden in allen Teilen Deutschlands sorgfältig aufgezogene Demonstrationen, um auf diese Art und Weise das Verfahren zu kippen und Druck auf die Alliierten auszuüben, veranstaltet. Am 5. Januar 1920 wurde eine gesamtdeutsche Konferenz in Berlin abgehalten. Dabei fand eine offene Demonstration gegen die Auslieferung von Deutschen an die ehemaligen Feindmächte statt. Der erste Kanzler der jungen Republik, Scheidemann, sagte voraus, daß Deutschland die gerichtlichen Untersuchungen leiten, und daß die Alliierten »sich beruhigen würden«.

Der Rat der akkreditierten Botschafter in London suchte Baron von Lersners Ablehnung des alliierten Auslieferungsbegehrens formal zu überwinden, indem er es direkt nach Berlin sandte. Die Forderungen wurden durch die verschiedenen diplomatischen Vertreter der Alliierten dort in Berlin übermittelt. Während dieser Zeit wurde die Anzahl der Beschuldigten auf 896 vermindert. England wünschte nur 97 Personen vor Gericht zu stellen, Belgien 334, Frankreich 334, Italien 29, Polen 57 und Rumänien 41. Es befanden sich die folgenden Personen unter ihnen: Generalfeldmarschall Paul von Hindenburg, General Erich Ludendorff, Generalfeldmarschall August von Mackensen, Rupprecht Prinz von Bayern, der Herzog von Württemberg, der ehemalige kaiserlich-deutsche Reichskanzler Theobald von Bethmann-Hollweg und eine Anzahl von Admiralen, darunter Großadmiral Alfred von Tirpitz. Es war auch General Stenger in dieser Gruppe. Er hatte schriftliche Befehle, in denen er

seine ihm unterstellten Soldaten anwies, keine Gefangenen zu machen, sondern sie zu töten, herausgegeben.

Die beschränkte Anzahl in dieser Liste wirkte eigentlich wie ein Verlangen
nach einer Scheinkundgebung zwecks »Bestrafung«. Die während des Krieges verübten Greueltaten zählten nach Zehntausenden. Von einer Bevölkerung von 60 Millionen und einer Streitmacht von 12 Millionen wären von
Deutschland nicht einmal 900 Personen auszuliefern gewesen. Offensichtlich suchten die Alliierten die Unterwerfung Deutschlands so leicht wie möglich zu erlangen. Diejenigen Personen, die in der Liste namentlich aufgeführt
standen, waren fast ohne Ausnahme übelste Militaristen, zur Hauptsache
Angehörige der preußischen Militärkaste. Von diesen Männern wurde angenommen, sie würden vom schlichten und gutartigen deutschen Volk gehaßt.
Es wurde von ihnen geglaubt, sie seien die grausamen obersten Herren, die
das Elend über die unwissenden, aufrichtigen Deutschen gebracht hätten.

Man hätte erwarten sollen, es sei in Deutschland üblich, an den Verrätern
den Rachedurst zu befriedigen. Normalerweise ist ein geschundenes Volk
gierig auf Opfer. Revolutionäre Gruppen rechnen stets mit dem brennenden
Wunsch nach Vergeltung an den einstmals herrschenden Mächten. Man durfte
nicht erwarten, daß das Mitleid des Volkes, das die deutschen nationalistischen Führer in eine Niederlage geführt hatten, über sie komme, selbst wenn
sie tatsächlich nicht so schuldig gewesen wären. Das republikanische Deutsche Reich, das den Gefühlen des einfachen Mannes in Deutschland Ausdruck verlieh, blieb selbst diesen Führern treu ergeben - trotz aller feinen
Unterschiede zwischen dem Volke und seinen Verantwortlichen. Die Republik verblieb dabei, auf ihre eigenen Interessen zu verzichten, nicht, um ihr
Los zu verbessern, sondern, um den hochheiligen Ruf und die unantastba-
ren Persönlichkeiten der Generalität zu beschirmen. Der sozialdemokrati-
sche Minister Noske kündigte in Erwiderung der alliierten Forderung auf Auslieferung an - nun formal unterbreitet - daß eine Überstellung der beschuldigten Deutschen unmöglich sei. Reichskanzler Bauer betete dieselbe Meinung
nach. Der deutsche Ministerrat trat zusammen und entschied, das Auslieferungsbegehren abzulehnen. Die Vereinigung deutscher Offiziere rief das
deutsche Volk zum festen Widerstand auf. Die Studenten der Berliner Universität wirkten dem Auslieferungsbegehren der früheren Feindmächte entgegen. Sie veranstalteten ein feierliches Festessen, während desselben sie
ihren Widerstand verkündeten.

Die Deutschen handelten nicht nur so, als seien sie die Sieger, die andere
Völker diplomatisch herausfordern könnten, sondern sie ließen einen gravie-
renden Mangel an der Einschätzung eines gewagten politischen Spiels sichtbar werden. Sie legten das Auslieferungsbegehren nicht als ein alliiertes Be-

harren auf der Bestrafung der Schuldigen aus, sondern eher als eine symbolische Erniedrigung.

Aus diesem Grunde sandte der Kronprinz des ehemaligen Deutschen Kaiserreiches ein Telegramm an den Präsidenten der Vereinigten Staaten von Amerika, Herrn Woodrow Wilson, in dem er seine Bereitschaft erklärte, sich stellvertretend für die 896 listenmäßig erfaßten Beschuldigten und für die Auslieferung der gewünschten deutschen Militär- und Zivilpersonen zur Verfügung zu stellen. Ein Beispiel für auf den Kopf gestellte Geiselnahme! Es wäre für die Deutschen kein Fehlurteil, wenn Hunderte von Schuldigen straffrei ausgingen und nur ein vermutlich schuldloser Mann verurteilt würde. Hier würde ein Held zum Märtyrer gemacht und die symbolische Erniedrigung in ein ruhmreiches Selbstopfer verwandeln. Hätte man den deutschen Kronprinzen der Verletzung des internationalen Rechts für schuldig befunden, so dürfte seine Bestrafung nicht die Freisprechung der 895 anderen bewirken. Wäre er schuldlos, so würde seine Opferung eher Ungerechtigkeit als Gerechtigkeit darstellen. Selbst wenn es begreiflich wäre, Geschäfte in Sachen Justiz machen zu wollen, so wären die Umstände im höchsten Grade schlecht. Der deutsche Kronprinz erhielt auf sein Telegramm keine Antwort.

Wir benötigen eine einzige Spur zu ihrer Führung, damit über die Verunglimpfung des deutschen Volkes nachgedacht werden und man ihm Sagen könnte, daß seine gesetzestreue Gesinnung gegenüber seinen militärischen Führern niemals erschüttert gewesen sei. Selbst die gesetzmäßig ablaufenden Vorgänge der Demokratisierung wurden wahrgenommen, um den Widerstand gegenüber den Bestrafungsklauseln des Vertrages von Versailles zu offenbaren. Die deutsche Reichsregierung unterbreitete ihre Empfehlungen der Form halber der deutschen Nationalversammlung in Weimar. Der Stimme des Volkes war es dementsprechend möglich, sich durch die kürzlich gewählte Gesetzgebungskörperschaft Gehör zu verschaffen. Es war ein neuer Ton, doch der Widerhall des unvernünftigen, nationalistischen Stolzes war derselbe. Der deutsche Reichswehrminister Gustav Noske versicherte noch einmal, daß weder er noch irgendein anderer Minister eine Arrestierung der von den Alliierten beschuldigten deutschen Führungspersönlichkeiten zum Zwecke der Auslieferung zulassen würde.

Um die Alliierten zu beschwichtigen und ihr Bestehen auf die von ihnen beanspruchten Rechte zu schwächen, wurde der Oberste Ankläger des Reichsgerichts in Leipzig beauftragt, wegen der vorgebrachten Anklagen, gegen die der Verbrechen Beschuldigten zu ermitteln und ein Gerichtsverfahren gegen diese einzuleiten.

Die bewährten und höchst wirksamen Vereitelungspläne, zu denen die Deutschen fähig sind, wurden fortgesetzt. Es wurden fortwährend Gesandte zweiten Grades mit unterschiedlichen Vergleichsplänen nach Paris und London gesandt. Jeder denkbare Vorschlag wurde in den Vordergrund geschoben, es sei denn, daß dem Vertrag, den Deutschland nur eine kurze Zeit vorher unterzeichnet hat, entsprochen werde.

Während der Debatten, die wohlerwogen verlängert wurden, befanden sich die alliierten Unterhändler ständig im Zustande aufreibender Verhandlungen.

Unterdessen nahm Deutschland hinter den Kulissen Zuflucht zu hemmungslosem Druck. Es erklärte das deutsch-belgische Finanzabkommen wegen der Mitwirkung Belgiens an alliierten Auslieferungsbegehren für nichtig. Auf diese Weise wurde Deutschland - selbst in der Niederlage -eher als zuvor bestraft.

Die Alliierten wurden mit der Notwendigkeit, Gewalt gegenüber den deutschen Behörden anzuwenden, um die Auslieferung der Beschuldigten zu erzwingen, konfrontiert. Mittlerweile waren viele von ihnen nach der Schweiz und den Niederlanden ausgewichen. Sie flohen nicht vor dem Ingrimm des deutschen Volkes, sondern in stillschweigendem Einverständnis desselben in Erwartung ihrer alten Feinde. Eine der angeklagten Persönlichkeiten, Admiral von Kapelle, kündigte in scham loser Weise seine Ankunft in Davos, Schweiz, an. Es war die überlegte Geste des Lange-Nase-Zeigens gegenüber den Alliierten. Sie ließ das deutsche Herz vor Freude und aus Gründen der Erleichterung höher schlagen.

In alliierten Kreisen gab es starke Gruppen, die zur Vorsicht und zum Vermeiden eines Konfliktes mahnten. Die Alliierten gaben nach. In Erwiderung auf die deutsche Note vom 25. Januar 1920 billigten sie deren Angebot, das deutsche Reichsgericht in Leipzig werde die Kriegsverbrecher strafrechtlich verfolgen!

In einem Artikel, den der ehemalige deutsche Bevollmächtigte, Baron von Lersner, schrieb - und der später in die historischen Archive einging - schloß dieser mit einem Wagnerschen Fanfarenstoß: »Die erste große Forderung, die die Regierung der Entente uns durch die Rechtswirksamkeit des Diktates von Versailles auferlegen wollten, wurde zerschlagen wie Glas auf dem »Stein« der Einheit des deutschen Volkes.«

Die deutsche Regierung schaffte dann gewandt Entspannung im Hinblick auf die Lage der Alliierten. Es wurde die Ankündigung herausgegeben, daß die deutsche Regierung energisch plane, jeden Mann, dessen Name in der Auslieferungsliste verzeichnet sei, aufgrund des Rechtssatzes, Beweis durch den ersten Anschein der Kriegsverbrechenskommission strafrechtlich zu verfolgen.

Die deutsche Nationalversammlung erließ eine Verordnung zur Bildung der

Untersuchungsgerichte. Es wurden sieben Richter ernannt. Der deutsche Reichsjustizminister gab bekannt, daß er jeden Angeklagten in einem Strafprozeß, der sich widersetzlich zeige, festnehmen lassen würde. Die deutsche Presse setzte dem Volk wie immer auseinander, daß seitens der Regierung durchaus nicht beabsichtigt sei, zurückzuweichen. Die nationalistische »Deutsche Zeitung« in Berlin erläuterte, daß die Alliierten nur wenige »Beispiele von Verurteilungen« wünschten und daß Prozesse für wenige Männer genügen würden. Dementsprechend schrumpfte die Anzahl von Tausenden zunächst auf 1500 und dann auf 896. Danach sank diese Menge der beschuldigten deutschen Persönlichkeiten rapide auf die Zahl 14.

Deutsche Gerichte schüttelten mehrere Hände

Der deutsche Ankläger ließ die Alliierten wissen, daß er Schwierigkeiten hinsichtlich des Erhalts von Zeugenaussagen habe. Die Alliierten nahmen sich sieben Fälle vor, um sie für die Verhandlungen vorzubereiten. Es wurden Vorverhandlungen in Frankreich und Belgien geführt. In London wurden Niederschriften abgefaßt. Aus Übersee wurden Zeugen bestellt und zwecks Aussagen im Reichsgericht zu Leipzig vorgeladen.

Die gerichtlichen Untersuchungen begannen zweieinhalb Jahre nach Beendigung des Ersten Weltkrieges. Nur vier der genannten sieben Fälle wurden gerichtlich untersucht.

Die oberste Anklagebehörde war »nicht imstande«, die drei anderen Beschuldigten ausfindig zu machen - trotz der Tatsache, daß die Alliierten das Beweismaterial bereits zusammengestellt hatten. Einer von ihnen, der Unterseeboots-Kommandant Patzig, war in Danzig, aber seine Anschrift »war unbekannt«. Ein anderer, Trinke, war in Polen ortsansässig geworden. Und Korvettenkapitän Werner, sagten sie, konnte nicht ausfindig gemacht werden.

Die Leutnants Ludwig Dithmar und John Boldt, Untergebene von Patzig, waren wegen Versenkens des britischen Lazarettschiffes »Llandovery Castle« ohne Warnung, sowie Beschießens und Versenkens der Rettungsboote, wobei 234 Verwundete getötet wurden, vor Gericht gestellt worden. Sie wurden für schuldig befunden und zu vier Jahren Gefängnis verurteilt. Boldt wurde gefangengehalten in der Haftanstalt am Holstenplatz in Hamburg, wo im allgemeinen nur Angeklagte, nicht eines Verbrechens überführte Personen, hinter Schloß und Riegel gehalten wurden. Es war ihm ein privates Zimmer zugewiesen worden. Er hatte Verbindung mit der Außenwelt und trug Zivilkleidung. Schnell »entfloh« er und wurde von Mitbeschuldigten über die deutsch-niederländische Grenze hinweg in Sicherheit gebracht. Der andere Gefangene (Dithmar), der wegen der Verstöße gegen das Seekriegsrecht im Unterseebootskrieg rechtskräftig verurteilt worden war, war ebenfalls auf unerklärliche Weise »entschlüpft«.

Eine andere gerichtliche Untersuchung war diejenige, die den Kapitän Emil Müller betraf. Er war in entsetzliche sadistische Grausamkeiten, die an zahlreichen Gefangenen begangen worden waren, und durch Aufrechterhaltung scheußlicher Haftbedingungen, auf Grund derselben Hunderte von Gefangenen starben, verwickelt.

Der mit diesem Fall betreute Senat des deutschen Reichsgerichts in Leipzig befand:

»Der Angeklagte gab zu, daß er (Kapitän Müller) es nach seinem Erscheinen zum Namensaufruf auf dem Appellplatz gern hatte, die Reihen der Angetretenen schnell abzureiten. Die Gefangenen standen verstreut umher. Viele Lagerinsassen, denen es nicht möglich war, schnell aus dem Weg zu gehen, wurden durch die Hufe des Pferdes niedergetreten. Einmal schlug der Angeklagte den Kriegsgefangenen Drewcock während des Anwesenheitsappells mit seinem Reitstock so hart über das verwundete Knie, daß sich dort eine Eiteransammlung (Abszeß) entwickelte. Diese Stelle wurde später geschnitten. Der Angeklagte war nicht in der Lage, Drewcocks Kniewunde vorher zu erkennen, weil sie ihm in dem Augenblick nicht wahrnehmbar war. Gemäß der nichteidlichen Aussage des Zeugen Lovegrove sah der Beschuldigte einmal zwei kranke Männer darniederliegen. Sie waren so kraftlos, daß sie nicht vor ihm aufstehen konnten. Sie waren jämmerlich am Stöhnen. Dennoch ist der Angeklagte, so sagt man, darüber zornig und erregt geworden, daß er sie daraufhin mit dem Fuß trat. Es ist durchaus möglich, daß der Beschuldigte sie nicht verletzen wollte. Er schien offenbar noch nicht an eine wirkliche Krankheit der beiden Kriegsgefangenen zu glauben. Dessen ungeachtet wünschte er sich nur zu vergewissern, daß sein Befehl, daß bei seinem Erscheinen stets soldatische Haltung einzunehmen sei, unmittelbar befolgt würde.«

Der deutsche Kapitän Müller wurde zu insgesamt sechs Monaten Gefängnis verurteilt, weil er wegen sechzehn strafbarer Handlungen für schuldig befunden wurde.

Der deutsche General Stenger, Kommandeur der 58. Brigade, wurde einem Verhör unterzogen, weil man ihm einen Befehl zum Niedermetzeln von verwundeten Kriegsgefangenen zur Last gelegt hatte. Seine Anweisung vom 26. August 1914 wurde dem Gerichtshof vorgelegt. Sie lautete:

a) »Von heute an werden keine Gefangenen mehr gemacht. Es sind alle Kriegsgefangenen, ob verwundet oder nicht, zu töten.

b) Es sind alle Gefangenen niederzumetzeln. Die Verwundeten, ob bewaffnet oder nicht, sind niederzumetzeln. Sogar Männer im Verband großer Einheiten sind niederzumetzeln. Bringen wir es hinter uns; kein Feind darf am Leben bleiben.«

Nichtsdestotrotz, wurde Stenger freigesprochen. Der deutsche Major, der seine Befehle ausführte, wurde wegen »falscher Auslegung« derselben schuldig gesprochen.

Die wenigen anderen Angeklagten, die zur gerichtlichen Untersuchung erschienen waren, äußerten sich schluchzend über ihren Patriotismus. Und sie wurden danach augenblicklich freigesprochen.

Die französischen und englischen Beobachter, die den ersten Gerichtsverhandlungen beiwohnten, zogen sich zurück. Sie berichteten über den schädlichen Geist der Atmosphäre des Zweifels, in dem die Untersuchungen durchgeführt wurden. Die alliierte Kommission sandte bittere Denkschriften, die die Verfahrensweisen des obersten Gerichtshofes Deutschlands betrafen. Dennoch nahm die deutsche »Gerechtigkeit« ihren Lauf.

Die Verfahren, die vor dem deutschen Reichsgericht zu Leipzig stattfanden, waren Possen. Von Hunderttausenden deutscher Kriegsverbrecher hatten die Alliierten nur 1500 listenmäßig erfaßt. Später hatten sie die Anzahl der deutschen Soldaten, die im Ersten Weltkriege strafbare Handlungen begangen hatten, auf 896 herabgesetzt. Auch nicht einer der verantwortlichen Männer wurde mit gerichtlichen Untersuchungen belangt. Es wurden nur wenige schuldig gesprochen. Sie erhielten lachhaft milde Urteile. Selbst diese Strafen wurden in den meisten Fällen nicht verbüßt.

Die Deutschen hatten den Einwand erhoben, es sei ungerecht gegenüber dem einstmaligen Feinde, ihn diesen gerichtlichen Untersuchungen zu unterwerfen, selbst wenn die Gerichte mit zwischenstaatlich anerkannten Juristen besetzt worden wären.

In Anbetracht der Haltung des deutschen Volkes seien die von seinen Richtern geführten gerichtlichen Weltkriegs-Untersuchungen den dadurch ein Richterkollegium geleiteten Strafrechtsverfahren gleichwertig. Als die Alliierten protestierten, verlangte die Weimarer Republik in unverschämter Weise weitere Zugeständnisse. Sie hatte sogar eine schriftliche Note, in der sie forderte, daß die in alliiertem Gewahrsam befindlichen Deutschen zur Durchführung von Prozessen an deutsche Gerichte zu überstellen seien, an den britischen Premierminister Lloyd George gesandt!

Die geschlagenen und hilflosen Deutschen hatten mit der Aufhebung einer der wichtigsten Bedingungen des Vertrages Erfolg, und der Prozeß lief gleich innerhalb der ersten Woche an, nachdem seine Abgesandten ihn feierlich unterzeichnet hatten. Die List war der Deutschen Republik gelungen. Die »demokratischen« Kräfte verschworen sich mit den Junkern, um zu verhindern, daß diejenigen bestraft würden, die Deutschland hinters Licht geführt hatten.

Dieses Vorkommnis verlangt eine klare Absage an die heute nicht gerade schwache Gruppe, die der Meinung ist, daß man den Deutschen gestatten müsse, ihre eigenen Leute selbst zu bestrafen, und daß eine solche Selbstklärung nationalistische Propaganda gegen »fremde Einmischung« im Keim erstickte.

Ganz im Gegenteil, alle betroffenen Nationen müssen sich der Schuldfrage stellen und die Bestrafung vornehmen. Sie müssen jene Elemente vollständig ausmerzen, die nicht nur den letzten Krieg vorbereiteten und führten, sondern auch diejenigen, die eine Brücke zwischen der Niederlage und dem Dritten Weltkrieg bauen wollen.

Tag des göttlichen Strafgerichts

Wie das alles vor sich gehen soll wird klarer, wenn wir unsere seinerzeitigen Fehlleistungen erkennen. Die breiten Prachtstraßen des Wenn und Aber sind dank der Historischen Erfahrungen schmaler geworden. Die Einsicht versperrt viele Nebenwege und führt uns den gleich zu schildernden programmatischen Weg entlang:

1. Besetzung Deutschlands - Hoheitsrechte aussetzen

Es wird so viele nationale und internationale Kriegs- und Zivilgerichte geben, wie benötigt werden, um Hunderte und Tausende von deutschen Missetätern in der ganzen Welt schnell abzuurteilen. Dennoch werden die Strafvollzugsbehörden nicht in der Lage sein, die vielen Millionen von Schuldigen alle vor Gericht zu bringen. Diese Tatsachen dürfen wir keinesfalls außer acht lassen. Das ist nun einmal so bei Strafprozessen, selbst zu normalen Zeiten. Nicht jeder Sünder kommt vor die Schranken des Gerichts und wird verurteilt. Bis zu einem gewissen Grade ist die Durchsetzung eines Gesetzes nur ein Schreckschuß. Die Bestrafung der hauptsächlichen, aber auch verhältnismäßig vieler anderer Verbrecher, soll abschreckend wirken und diejenigen entmutigen, die ihr Verhalten je nach der Schwere einer womöglichen Strafe eher abwägen als nach gesellschaftlicher Verpflichtung. So wird auf internationalem Gebiet nicht jeder Deutsche, der sich gegen die internationalen Gesetze vergangen hat, seinen gerechten Lohn bekommen. Das Volk als Ganzes muß »in Schutzhaft genommen werden«, um eine deutsche Formel in des Wortes wahrster Bedeutung anzuwenden. Schließlich haben wir es uns nicht leicht gemacht beim Überdenken der Verantwortlichkeit des deutschen Volkes, nicht etwa im Sinne der Bestrafung der Einzelperson, sondern als Gruppe gedacht. Sie alle, und nicht nur ihre Führer, tragen die Schuld an dem Gemetzel. Wir haben daher vorher beschlossen, keine Einreden zuzulassen, die uns bei diesem Sachverhalt nur blenden. Man kann den Ausreden und allen anderen Dingen nicht zutrauen, daß sie den Frieden hüten. Ihr Staat als geschlossene Einheit, durch welche die Deutschen handelten, muß aufgelöst werden. Ihre nationale Einheit haben sie so lange verwirkt, bis sie durch Annahme zivilisierter Lebensregeln bewiesen haben, daß sie sich geändert haben. Kurz gesagt, die deutsche Staatshoheit muß außer Kraft gesetzt werden. Das Land muß vollständig von den Streitkräften der »Vereinten Nationen« besetzt werden.

Sollte jemand befürchten, daß die Last der Besatzung für die Sieger zu schwer wäre, dem sei gesagt, daß er die Tatsache zur Kenntnis nehmen muß, daß die Alliierte Militärregierung ihre Aufgabe bereits ebenso leicht wie wirksam durchgespielt hat. Anfangs wird die Besetzung Deutschlands starke militärische Kräfte binden zum Schutz ihrer Anlagen. Aber sobald die Entwaffnung und andere Maßnahmen des Friedensprogramms, über das wir später sprechen, wirksam werden, wird die Polizeikontrolle im gleichen Verhältnis abnehmen. Deutschlands Schreckensherrschaft über das Chaos innerhalb seiner Grenzen und die Folgen für die Sicherheit seines Volkes, als auch das Eigeninteresse, die Besatzungskosten zu verringern, mag zur Zusammenarbeit führen, ist allerdings zur Zeit noch nicht ins Auge gefaßt. Psychologisch gesehen ist die vollständige Besetzung eine notwendige Vorbedingung für das Erziehungsprogramm, über das wir später reden werden. Die beste Antwort auf den Mythos der Unbesiegbarkeit muß ein so überzeugender Hinweis auf die Niederlage sein, daß ein falscher Streit über die »unbesiegte deutsche Armee« nicht wieder aufkommen kann. Man mag die Sache drehen wie man will, die Last einer lang andauernden Besetzung ist ein billiger Preis für diesen Beitrag zum Frieden. Anders als die deutschen Besetzungen werden unsere Maßnahmen wohlwollend und freundlich, aber auch entschlossen sein. Es wird keine Plünderungen, keine Massenhinrichtungen und keine Geiselnahmen geben. Aber wir werden auch keine nationalistischen Proteste zulassen, die Deutschlands Unabhängigkeit und nationale Hoheitsrechte verlangen. Der verbrecherische Staat darf ja nicht mehr Freiheit fordern als der einzelne Verbrecher. Die Freiheitsbeschränkung ist das Ergebnis seines eigenen Verhaltens. Sie ist nötig, um den Frieden aufrecht zu erhalten.

So werden mit einem einzigen Schlage die vielen juristischen Bedenken, mit denen sich die Vertreter in Versailles herumplagen mußten, hinweggeräumt. Die amerikanische und japanische Minderheit, die bei dieser Gelegenheit die Behauptung aufstellen möchte, daß eine Regierung nur dem eigenen Volke gegenüber verantwortlich sei, wird keine neue Eingabe einreichen können. Nachdem wir übereingekommen sind, Deutschlands Eigenstaatlichkeit wegen der begangenen Verbrechen zu zerstören, haben wir keine Lust, auf Spitzfindigkeiten über einen Persönlichkeitsschutz seiner ehemaligen Regierung zu hören. Aufgrund fachmännisch geprüfter internationaler Probleme, wie sie in der »Deklaration« beleuchtet sind, war Churchill verpflichtet, Rudolf Heß zum Staatsgefangenen zu erklären, denn - wäre er als Kriegsgefangener anerkannt,- dann hätte er nach Beendigung des Krieges entlassen werden müssen, was verhindert werden mußte. Es wird keine deutsche Regierung geben, die die Auslieferung von Kriegsverbrechern verweigern kann; die eigene Schwurgerichtsverhandlungen führt; die kleinen Nationen mit wirtschaftlichen Druck droht, wenn diese nicht mit den Deutschen gegen die Sieger arbeiten; die Anleihen aufnimmt, während die Reparationszahlungen ruhen; und - das ist das Wichtigste: die wirtschaftliche und militärische Pläne schmiedet, um die nächste Welteroberung zu versuchen. Es wird keine Reichshoheit geben, kein Berufsheer wie die 100.000 Mann, die man ihnen das letzte Mal neben einer kleinen Kriegsmarine zu unterhalten gestattet hatte. Das Verbot umfaßt auch die Bildung eines Generalstabs. Am Ende des Ersten Weltkrieges verhandelten wir mit der »neuen« deutschen Regierung, und gerade durch diese Anerkennung wurde der Weg frei zur Entlassung des deutschen Volkes aus seiner Verantwortung! Es darf daher keine Friedensverhandlung mit Deutschland geben, denn Frieden können nur zwei selbständige Staaten miteinander schließen. Ein solcher Vertrag sollte Deutschlands Entlassung aus der Probezeit in die deutsche Eigenstaatlichkeit abwarten. Es dürfte kaum wahrscheinlich sein, daß Deutschland trotz des später noch von uns zu behandelnden Programms gelernt hat, die Regeln eines guten internationalen Betragens über eine längere Zeit hinweg anzunehmen. Man möge die Möglichkeit ins Auge fassen, daß der Friedensvertrag zehn oder zwanzig Jahre oder gar noch länger hinausgezögert wird. So wird man das Übel vermeiden können, daß Verhandlungen angesetzt werden, während noch die Flammen des Krieges die Leidenschaften aufwühlen und ihr Rauch eine historische Sicht vernebelt. Unter den befähigten Beobachtern der letzten Friedenskonferenz ist man sich längst im klaren darüber, daß es nicht ratsam ist, ein Verfahren zur Lösung der Übel dieser Welt unter Zeitdruck oder unter dem Druck von außerparlamentarischen Interessenklüngeln in Gang zu setzen. Die ganze Atmosphäre einer Friedenskonferenz unmittelbar nach einem Krieg ist nervenzerfressend, gefühlsbetont, wandelbar, eine Notlösung. Selbst die bestens vorbereitete Planung kann nicht alle Schwierigkeiten voraussehen, die sich ergeben können - denn Europa könnte sonst durch sich immer wieder einstellende Unruhen hin- und hergerissen werden mit nicht vorauszusehenden Folgen. Einige solcher Aufstände und Krisen, die in naher Zukunft plötzlich auftauchen könnten, mögen vielleicht nur leichtere Erschütterungen bringen, aber sie können auch die Vorläufer für das Werden einer neuen Ordnung sein, allerdings ohne dauerhafte Folgen. Jetzt schon eine sofortige dauerhafte Lösung ins Auge zu fassen, hieße Saaten säen für sich ständig steigernde Krisen. Vorzuziehen sind eine allgemeine militärische Kontrolle unter Waffenstillstandsbedingungen und das schrittweise Entwickeln eines Friedensplanes, der noch nicht in einem Friedensvertrag eingefroren ist.

2. Wen soll die Strafe treffen?

Die Naziparteiführer müssen als erste herangezogen werden. Ihre Schuld nachzuprüfen ist überflüssig. Die Waffenstillstandsbedingungen sollen sie einfach für schuldig erklären. Es würde ein Possenspiel bedeuten, Hitler, Himmler, Goering, Streicher, Ley oder andere Massenmörder vor Gericht zu stellen. Sie haben den Nachweis ihrer Blutschuld auf allen Straßen Europas niedergeschrieben. Die Akten der »Vereinten Nationen« platzen mit allen ihren Angaben über die alles überbietenden Greueltaten aus sämtlichen Nähten. Ein Untersuchungsgericht würde diesen Angeklagten gestatten, Fragen zur Person zu beantworten und die Höhe der Strafe zu erfahren, aber nichts weiter.

Wie eine russische Erklärung feststellt: »Die ganze Welt kennt die Namen und die blutigen Verbrechen der Rädelsführer der verbrecherischen Hitler-Anhänger ... Die sowjetische Regierung genau wie die Regierungen aller Staaten fühlen sich verpflichtet, schwere Bestrafung der bereits entlarvten verbrecherischen Hitlerbanden als ihre dringlichste Pflicht anzusehen, schon mit Rücksicht auf die zahllosen Witwen, Waisen, Verwandten und Familien der unschuldigen Menschen, die brutal zu Tode gefoltert und auf Weisung dieser Verbrecher ermordet worden sind.«

Außerdem gibt es hinsichtlich der Nutzlosigkeit von Gerichtsverfahren unter solchen Umständen auch ein internationales Beispiel für eine berühmte gesetzliche Ermächtigung. Napoleon wurde nie vor Gericht gestellt. Durch eine bindende Vereinbarung zwischen England, Österreich, Preußen und Rußland vom 2. August 1815 wurde er zum Gefangenen der Verbündeten erklärt und von ihnen ohne Gerichtsverfahren zu lebenslanger Haft verurteilt. Der Prinzregent von England teilte Napoleon die Begründung in einem Brief mit, in dem er sagte, daß diese Entscheidung notwendig gewesen sei, um ihm »für alle Zukunft keine Gelegenheit zu geben, den Frieden Europas zu gefährden.«

Zimperliche mögen nach der rechtlichen Zulässigkeit fragen und behaupten, daß aus einer öffentlichen Verhandlung kein Unrecht komme und daß man so der Kritik über den »Absolutismus« des Verfahrens vorbeugen könne. Jedoch muß für diese kritischen Probleme erst noch ein internationales Gesetz geschaffen werden, und es würde eine heilsame Wirkung ausstrahlen, wenn das angenommene Gesetz der Ungeheuerlichkeit der Verbrechen entsprechen würde, wie auch der allgemeinen Sorge um schnelle und festumrissene Strafverfügung. Die Ungeheuerlichkeit der Verbrechen, von den Verbrechern selbst dokumentiert, und das Leben von Millionen von Witwen, machen die Forderung nach Beweisen zu einem leeren Formalismus. Da der Sinn dieses Verfahrens ja auch in der Abschreckung künftiger internationaler

Verbrechen liegen soll, so würde jede Paragraphenreiterei, jede Anwendung eines tölpelhaften Brauchtums zur Beweisführung des Selbstverständlichen nur Verachtung statt Respekt vor dem Gesetz verursachen. Dabei ist zu bedenken, daß die Sorge, es könne unter Umständen ein Unschuldiger Opfer scharfer Gesetze werden, zu einer abgeschmackten Überempfindlichkeit wird. Wir haben uns der Dialektik des gesunden Menschenverstandes zu fügen.

Die einfachen Leute auf der Straße müssen die Würde des Gesetzes zu spüren bekommen, die Unumwundenheit und Durchführbarkeit des Verfahrens bei Vermeidung jeder Schablone. Nur so wird das Verlangen nach Vergeltung in gesunde Gesetzeskanäle geleitet. Strafvereitelung kann ansonsten weit ernster zu nehmende Kräfte der Gewalt in Bewegung setzen als jede »rechtliche Piraterie«. **Ob diese Erzhalunken von einem Militär- oder Zivilgericht verurteilt werden, ist von verhältnismäßig geringer Bedeutung. Sicherlich sollten ihre Fälle und Anklagen im voraus vorbereitet werden und in den vorgesehenen Waffenstillstandsbedingungen festgeschrieben werden. Zu den im Waffenstillstandsvertrag namentlich angeführten Persönlichkeiten gehören der »Führer«, die Mitglieder seiner Regierung, die Gauleiter und die Mitglieder des Oberkommandos, Statthalter in den besetzten Gebieten und die leitenden Verwaltungsbeamten des Staates, der Gemeinden und der Naziorganisationen. Das ergibt dann annähernd 5.000 Mann. Todesstrafen sollten verhängt werden. Das würde die wichtigsten Gestalten der Partei und der Regierung vernichten. Die »Vereinten Nationen« könnten sich dann um die weniger belasteten Verbrecher kümmern.**

Als nächste sollten die Leiter der deutschen Massenorganisationen angeklagt und verurteilt werden: Gestapo und Arbeitsfront haben etwa 75.000 Beamte and Angestellte. Außerdem sind da noch etwa 75.000 niedere Dienstgrade, die die SS aufgebaut und unterwiesen hat; die Landfront und andere derartige Organisationen. Das wäre dann die ganze Gruppe von rund 150.000 100%igen fanatischen Nazis, auf die sich das Regime stützte. Die Todesstrafe sollte für alle diese Leute gefordert werden.

Jeder deutsche Offizier vom Oberst aufwärts, einschließlich der entsprechenden Dienstgrade der Luftwaffe und Flotte, jedes Mitglied der Gestapo, SS-Offiziere, die Mitglieder des Volksgerichtshofes und des deutschen Reichstages sollten angeklagt und verurteilt werden.

Jeder deutsche Vorgesetzte, gleich welchen Dienstgrades auch immer, der zu irgendeiner Zeit Befehle gab oder ausführte zur Erschießung von Geiseln, oder zur Ermordung an besiegter Völkerschaften, sollte angeklagt und verurteilt werden.

Zusätzlich sollte der Waffenstillstandsvertrag die vollständige Auflösung des Offizierkorps des deutschen Heeres und auch dessen selbst bestimmen.

Diejenigen, die irgendein Straf- oder internationales Gesetz verletzt haben, sollen angeklagt und mit entsprechend harten Strafen belegt werden.

Jeder Beamte oder Angestellte, ganz gleich welchen Dienstgrades, der sich an Plünderungen in fremden Ländern beteiligt hat, alle Direktoren der deutschen Strahlindustrie, der I. G. Farben oder anderer deutscher Kartelle, die, wie wir noch sehen werden, sich alle mitverschworen haben gegen den Weltfrieden, sollten angeklagt und mit entsprechend schweren Strafen belegt werden. Jeder Soldat oder Zivilist sollte unabhängig von seinem Dienstgrad oder seiner Stellung vor Gericht gestellt werden, wenn gegen ihn Klage erhoben wurde wegen Beteiligung an irgendeiner Gesetzesverletzung.

Nur mit solchen harten Methoden kann das Rückgrat des Nazismus und des Preußentums gebrochen und die Gefahr zukünftiger Angriffskriege verringert werden.

3. Asyl und Auslieferung

Es gibt keine Probleme hinsichtlich der Angeklagten, die unter Kontrolle der »Vereinten Nationen« stehen. Der Waffenstillstandsvertrag sollte bestimmen, daß diese auf Verlangen überstellt werden. Ein ernstes Problem wird es hingegen geben, wenn ein Angeschuldigter ins neutrale Ausland hat fliehen können. Dieses Problem wird ernste Formen annehmen, da Bern in der Schweiz von München aus in einer halben Stunde mit dem Flugzeug zu erreichen ist. Malmö in Schweden kann man von Stettin aus in fünfzehn Minuten erreichen; Spanien grenzt direkt an Frankreich. Im neutralen Ausland werden die Nazis Asylrecht beanspruchen, wie es der Kaiser 1918 tat. Wenn jetzt keine Schritte unternommen werden, das zu verhindern, wird eine Bestrafung unmöglich gemacht. Die größten Zerstörer der Geschichte dürfen nicht aufgrund veralteter Ansichten einen Ruheplatz finden.

Vor kurzem richteten Präsident Roosevelt und der Premierminister Churchill ein Ersuchen an die neutralen Staaten, keinem Kriegsverbrecher Schutz und Obdach zu gewähren. Das wurde zurückgewiesen mit dem Hinweis auf die angebliche Handlungsfreiheit eines neutralen Staates, der sich die Einmischung eines fremden Staates nicht bieten lassen dürfe. Aber dem kann abgeholfen werden! Der Schweiz, Schweden, der Türkei, Spanien, Irland und den anderen wenigen womöglichen Zufluchtsstätten muß klargemacht werd, daß keine Lehrmeinung über politische Asylgewährung im internationalen Recht verankert ist. Es ist eine Art internationaler Noblesse Oblige und es sollte nur im Ermessen der Neutralen liegen, politisch Verfolgte zu schützen. Aber das auf die Nazis anzuwenden, die so viele Rechte neutraler Staaten verletzt haben, das wäre doch wohl ein Mißbrauch einer an und für sich menschenfreundlichen Regel. Sollte es dazu beitragen, dieses trübe Mißverständnis unter den Neutralen auszuräumen, so mag hier eine Entscheidung des deutschen Reichsgerichts aus dem Jahre 1926 angeführt werden, die das Bestehen irgendeines Gesetzes innerhalb des internationalen Rechts bestreitet, das die Auslieferung politischer Rechtsbrecher verbiete. Außerdem gibt es da auch noch eine amtliche Stellungnahme, die zu der gleichen Ansicht kommt (»Harward Research on International Law«, Encyclopedia of the Socia sciences) (1935, S. 110).

Vielleicht wurde die Stellungnahme der Neutralen auch von dem Umstand beeinflußt, daß die Nazis noch an der Macht waren, als ihnen das Ersuchen des Präsidenten überreicht wurde. Die außerordentliche Betonung ihrer Unabhängigkeit sollte doch wohl gerade ihr Nichtvorhandensein beweisen, da doch das Nazivieh ihnen heftig in den Nacken pustet. Vielleicht ändern sie ihre Ansicht, wenn die Kriegsverbrecher vom Jäger zum Gejagten werden. Jedenfalls muß die Angelegenheit nachdrücklichst vertreten werden. Starke Anstrengungen sollten gemacht werden, um die Neutralen dafür zu, sich heftig gegen ein Nachbarland zu wenden, das die Schuldigen in Schutz nehmen will. Mehr noch, jedes neutrale Land, das die Verbrecher beherbergt, wird gegen sich selbst die Proteste seiner eigenen Bürger heraufbeschwören, denn in dieser Hinsicht sind sich die Völker der Welt einig. Wenn diese Angelegenheit im Voraus ausreichend behandelt worden ist, dann werden die Neutralen - wohl allein schon um Schwierigkeiten zu vermeiden - versuchen, von Anfang an den Flüchtlingen den Zutritt zu verwehren. Wahrscheinlich wird das Ergebnis des »Totalen Krieges« sein, daß die Rechtsbrecher keine Gelegenheit zur Flucht bekommen. Durch ihre weitreichenden Angriffskriege haben sie sich selbst der Zufluchtsstätten beraubt, die ihnen andernfalls zur Verfügung gestanden hätten.

4. »Befehlsnotstand« - eine Entschuldigung?

Die Verantwortlichkeit der Soldaten, die auf Befehl gehandelt haben, muß von Anfang an geklärt werden. Inwieweit soll ein Einwand anerkannt werden?

Disziplin ist eine anerkannte Pflicht des Soldaten. Normalerweise darf er ein Befehl bei Todes- oder Gefängnisstrafe nicht verweigern. Wenn er unter solchem Zwang handelt, soll er dann verantwortlich sein für eine ungesetzliche Tat? Solche Sonderfälle waren schon früher Gegenstand von Überlegungen. 1915 tagte in Rennes ein französisches Kriegsgericht und verurteilte einen deutschen Soldaten zum Tode wegen Plünderung, Brandstiftung und Ermordung verwundeter Soldaten auf dem Schlachtfeld. Er focht das Urteil an und berief sich auf die bindenden Befehle seiner Vorgesetzten, nannte den Namen des Generals, von dem der Befehl erlassen worden war, und den des Leutnants, der ihn zwang, den Befehl auszuführen. Nichtestoweniger wurde er für schuldig befunden. Das Gericht überreichte einen entsprechenden Bericht an den Kriegsminister mit der Empfehlung eines Gnadenerlasses, falls dieser einen solchen für richtig halte.

Wenn auch darüber nachgedacht werden darf, ob ein Befehl als mildernder Umstand zu werten ist, sollte man darin aber keine vollständige Entschuldigung sehen. Es ist ein Grundsatz englischen und amerikanischen Rechts, daß die Berufung auf »höheren Befehl« keine Entschuldigung für eine gesetzeswidrige Tat ist. Der Oberste Richter Marshall erklärte, daß es für den Soldaten Pflicht sei, die gesetzmäßigen Befehle auszuführen, daß er aber persönlich für die Ausführung eines gesetzwidrigen Befehls haftbar sei. (Little V. Barreme, 2 Cranch, 170). In einem späteren Fall verwarf der Oberste Gerichtshof der USA die Auffassung, daß ein Offizier sich hinter diesem Schutzschild verstecken dürfe, indem er sich auf einen höheren Befehl beruft. Der Gerichtshof erklärte: »Unabhängig von dem Ausmaß auf die gerichtliche Entscheidung kann schon aus grundsätzlicher Erwägung die Ansicht nicht länger als zulässig gelten, wenn ein Offizier des Heeres sich damit zu rechtfertigen versucht, daß er die Befolgung eines gesetzeswidrigen Befehls auf Weisung seines Vorgesetzten durchgeführt habe«. (Mitchell v. Harmony, 13 How. 115).

Das Gesetz sollte dem Rechtsbrecher nicht erlauben, die Verantwortung auf seinen Vorgesetzten abzuschieben und sich selbst ganz freizusprechen. Wer ein Verbrechen begeht, handelt auf eigene Gefahr, ohne Rücksicht auf Befehle, und wir haben schon aufgezeigt, daß der Bruch eines internationalen Gesetzes auch während des Krieges ein Verbrechen bleibt. Der Beruf eines Soldaten ist ein gefährlicher, und das Risiko umfaßt auch die Verantwortlichkeit für gesetzwidriges Verhalten, selbst wenn dazu ein Befehl erteilt worden ist. Jeder andere Standpunkt wäre widersinnig - das Abschieben der Verantwortung von einem Vorgesetzten zum nächsten würde jeden Mann freisprechen - mit Ausnahme des letzten, des Oberbefehlshabers. Das Argument »Befehlsnotstand« sollte niemanden freisprechen, der während des Krieges an einem Verbrechen beteiligt war. Höchstens kann es sich auf das Strafmaß, nicht auf die Schuldfrage, auswirken.

5. Verfahrensweise der richterlichen Strafmaschinerie

Die große Zahl der vor Gericht zu stellenden Verbrecher und die Notwendigkeit des schnellen Handelns erfordern ein breitgefächertes Rechtssystem. Einfachheit und Umsetzbarkeit jedoch sind höchstwahrscheinlich bei Anwendung des folgenden Entwurfes zu erreichen:

Die Zivil- und die Militärgerichte jedes alliierten Staates sollten die Strafgerichtsbarkeit für alle Verbrechen haben, die auf ihrem Gebiet begangen worden sind. Gesetz, Verfahren und Bestrafung würden sich dann nach der im (von den Alliierten besetzten) Lande üblicher Verfahrensweise abspielen. Die Beschuldigten kämen demzufolge in die Hände der strafverfolgenden Nation entweder durch Gefangennahme, Überstellung laut Waffenstillstandsbedingungen oder durch Auslieferung. Wie schon gezeigt, ein solches Vergehen ist in Übereinstimmung mit dem festbegründeten internationalen Rechtsgrundsatz, der besagt, daß jede alliierte Nation einen Verbrecher vor den eigenen Gerichtshof bringen kann, wenn er ihr in die Hände fällt. Beispiel: die grundlegende amerikanische Felddienstordnung, »Gesetze für die Landkriegsführung« sieht ausdrücklich vor, daß bei Begehen eines Gewaltverbrechens entgegen den Kriegsgesetzen durch eine kriegsführende Macht die »Bestrafung jedes einzelnen gefangenen Rechtsbrechers folgen müsse.« Also müßten die vielen Gerichtshöfe auf die verschiedenen betroffenen Länder verteilt werden. Ihre Gerichtsordnung (bestehend oder neu erstellt) umfaßt Richter, Staatsanwälte, Gesetze und Verfahrensart. All dies muß zur Verfügung stehen. Die Militärgerichtshöfe sind in Übereinstimmung mit den festumrissenen militärischen Grundsätzen für die Verteilung zuständig. Ihre Gefängnisordnung kann angewandt werden und bei Todesurteilen würde die Hinrichtungsart wie für Kapitalverbrechen angewandt.

Nichtsdestoweniger müssen außer diesen Gerichten der Länder noch solche geschaffen werden, die Rechtsbrecher aburteilen, die Verbrechen gegen Völker verschiedener Nationen in gleicher Weise begangen haben; z. B. Greueltaten an Gefangenen verschiedener Staaten, die in einem Lager zusammengepfercht waren. Ferner muß man sich auch um die Verbrechen kümmern, die an Staatenlosen begangen worden sind, oder an Opfern, deren Staatszugehörigkeit nicht genau festgestellt werden kann. In den tragischen Fällen, in denen über Nacht Nationen ausgetilgt wurden, da wird es noch manche Probleme geben.

Das Wichtigste von allem ist - sollte man sich wirklich dazu bereit finden, ein regelgerechtes Gerichtsverfahren durchzuführen, obwohl die Schuld klar zutage liegt -, daß die Gerichte über hohe Offiziere des Heeres und der Marine, sowie über Zivilisten zu urteilen haben, die zudem auch höhere Posten in der Politik bekleideten. Diese Gruppe würde Staatschefs und ihre höchsten Minister umfassen. Ihre Untaten übersteigen die Fähigkeit der Rechtssprechung durch einen einzelnen Staat. Ihre Verbrechen kennt die ganze Welt, und der Widerwille ist ebenso international. Selbst wenn ein einzelner alliierter Staat eigentlich über einen solchen Verbrecher die Strafhoheit ausüben möchte, so sollte man diesen doch lieber einem noch zu schaffenden internationalen Gericht übergeben. Die Menschheit könnte ihre Gebote durch solch ein Forum am besten zum Ausdruck bringen. Für einen internationalen Gerichtshof würde es auch höchst vorteilhaft sein, sich nach dem Krieg die Hände zu reichen um gemeinsam Recht zu sprechen.

Wünschenswert wären zwei Arten von internationalen Gerichten. Vertreter der bestehenden nationalen Militärgerichte oder Untersuchungsausschüsse der »Vereinten Nation« sollten ein internationales Militärtribunal bilden. Da viele dieser Gerichte schnell erstellt werden können, so wird es notwendig, sich mit den langen Verbrecherlisten zu beschäftigen. Die Justiz ist hier als letztinstanzliches Appellationsgericht und als Gericht mit neuartiger Rechtssprechung eingesetzt. Dieses Gericht muß ein internationaler Gerichtshof für die schlimmsten Verbrecher sein, einzig und allein zu diesem Zweck einberufen. Die Richter würden demnach gemäß dem gleichen Muster berufen wie die des Ständigen Internationalen Gerichtshofes. Professor Sheldon Glueck hatte seinerzeit als wünschenswert bezeichnet, neutrale Staaten aufzufordern, für diesen Gerichtshof Beauftragte zu ernennen. So könnte dieses Gericht am besten das Gewissen der gesamten Menschheit repräsentieren. Am besten würden sich dazu tatsächlich demokratische Juristen eignen, die aus Deutschland und Italien als hervorragende Weltbürger verjagt worden sind. Sie könnten dann nicht als Vertreter eines besonderen Staates angesehen werden.

Jedes dieser internationalen Gerichte, ob Militär- oder Strafgericht, müßte eine übergeordnete Rechtsgewalt haben. Deren Forderung, einen Rechtsbrecher vor Gericht zu stellen, hätte Vorrang vor jedem nationalen Rechtsverfahren. Wenn umgekehrt eine Nation aus irgendeinem Grunde einige spezielle Verbrecher nicht heranzuziehen wünscht, dann könnte sie sich mit der Bitte an eines der internationalen Gerichte wenden, das Verfahren zu übernehmen. Ein Stab von Staatsanwälten für die internationalen Gerichte sollte von den einzelnen Ländern berufen werden, die auch ihre Vertreter auf die Richterbänke geschickt haben. Diesen Staatsanwälten sollten so schnell wie möglich die vertraulichen Angaben der anklagenden Regierungen und der Exilregierungen vorgelegt werden, soweit sie die Angeklagten betreffen. Die Anklagen müssen zuvor ausgearbeitet werden, um die Zeugenaussagen sammeln und eidesstattliche Erklärungen entgegennehmen zu können, die womöglich später nicht mehr zu beschaffen sind. Mit anderen Worten, die Ankläger und ihre leistungsfähigen Stäbe müssen darauf vorbereitet werden, sofort nach dem Waffenstillstand an möglichst vielen Gerichten tätig werden zu können.

Jedes Land sollte besondere strafverfolgende Kommissionen einsetzen und Zeugenaussagen für die Hunderte von Verfahren, schon bevor der internationale Gerichtshof zusammentritt, sammeln. Anerkannte Verteidiger müssen für mittellose Gefangene zur Verfügung gestellt werden.

Der Provost-Marschall der militärischen Streitkräfte der »Vereinten Nationen« müßte Polizeioffiziere ernennen mit dem Recht, Beschuldigte zu verhaften und einzusperren und ergangene Urteile zu vollstrecken. Gefängnisse, Krankenhäuser wie auch Bewährungs- und bedingte Entlassung auf Antrag des anklagenden Staates können angewendet werden. Ähnlich verhält es sich, wenn Unstimmigkeiten über die Rechtsauslegung zwischen den Staaten, die die Klage erhoben haben, auftreten sollten, in solch einem Fall gilt die Auslegung des anklagenden Landes.

Der Waffenstillstandsvertrag sollte vorsehen, daß alle Zeugenaussagen dem internationalen Gerichtshof vorgelegt werden, und daß die Vernichtung von Beweismitteln, falls solches festgestellt wird, als schweres Vergehen zu betrachten ist.

6. Eigentumsvergehen gleichen Schwerverbrechen

Außer den Strafgerichten sollten besondere Gerichte für Eigentumsvergehen errichtet werden, die über Streitigkeiten wegen womöglicher Rückerstattung von Eigentum zu entscheiden haben. Im weitesten Sinne handelt es sich hier um eine Wirtschaftsfrage und wird als solche daher später behandelt. Im Augenblick genüge es, darauf hinzuweisen, daß die Nazis Europa um Eigentumswerte in der kaum faßbaren Höhe von, 50 Milliarden Dollar gebracht haben. Diese gestohlenen Güter müssen so weit wie möglich zurückerstattet werden, entweder an die früheren Eigentümer oder, wenn diese nicht mehr ausfindig gemacht werden können, an die Länder, aus denen sie verschwanden. Jedes bestohlene Land sollte Kommissionen einsetzen, die nachforschen und Beweise sammeln über solcherart gestohlenes Eigentum. Verheimlichung oder Vernichtung, oder die Weigerung, den Aufenthaltsort von solchen Gütern preiszugeben, muß als Verbrechen betrachtet und schwer bestraft werden. Die Eigentumsgerichte müssen zu diesem Zweck Strafurteile verhängen können. Wiedergutmachung hat nicht nur für allgemeines Hab und Gut zu erfolgen wie etwa Geld, Maschinen, Kunstwerke, Handels- und Industriegüter, Vieh und Werkzeuge, sondern auch für Aktienanteile oder andere Besitzrechtsanteile, wie schwierig der Nachweis auch sein mag. Glücklicherweise hat ein früherer Versuch trotz seiner Schwierigkeiten nicht entmutigt, sich damit zu beschäftigen. Ein alliiertes Informationskommitee in London hat vor kurzem darüber berichtet, daß deutsche Banken verschiedene Unternehmen kontrollieren.

Die Deutsche Bank kontrolliert und verwaltet direkt oder indirekt: Creditanstalt-Bankverein von Wien; Böhmische Unionsbank, Prag; Unionsbank, Breslau; Kreditbank, Sofia; Banka Commerciale Romana, Bukarest; Kroatischer Bankenverein, Zagreb; Banque Nationale de Grece, Athen; H. Albert Dr. Bary & Co. N. V., Amsterdam; Deutsche Oberseebank, Madrid; Generalbank A. G.

Luxemburg. Außerdem gibt es sichere Hinweise dafür, daß die Deutsche Bank Zweigstellen hat in: Kattowitz, Bielitz, Danzig, Gdingen, Lodz, Posen, Stettin, Zoppot, Krakau, Lwow, Budapest und Brüssel. Die Dresdner Bank kontrolliert und verwaltet direkt oder indirekt: Länderbank A. G., Wien; Kommerzbank A. G., Krakau; Ostbank A. G., Posen; Oberschlesische Diskontbank A. G., Langfuhr; Deutsche Handels- und Kreditbank A. G., Breslau, Kroatische Landesbank A. G.; Societatea Bancara Romana, Bukarest; Handels- und Kreditbank A. G., Riga; Banque d' Athenes, Athen; Soviete Financieere Greco-Allemande; Wechselstube A.G.»Merkur«; Ungarische Allgemeine Kreditbank; Bulgarische Handelsbank, Sofia; Kontinentale Bank, Brüssel u. Antwerpen; Handelstrust West N. V. der Amsterdamer Internationalen Bank.

Die Londoner Kommission berichtet weiter, daß die Commerzbank A.G. kontrolliert und direkt oder indirekt verwaltet: Hansabank N.V., Brüssel; N.V. Ryinische Bank Mij; Banque Commerciale de Grece; Banken in Posen, Lodz, Krakau, Zakopane, Sosnowitze und Kattowitz, Riga, Reval (= Tallin); Rumänische Bankanstalt A. G.; Allgemeiner Jugoslawischer Bankverein.

Die Londoner Kommission vermeldet weiter, daß die Berliner Handelsgesellschaft kontrolliert und direkt oder indirekt verwaltet: Banka Chrissoveloni S. A. R., Bukarest; Badische Bank.

Die Handelsgesellschaft ist im Besitze der Mehrheit der Elsässer Gewerbebank über die Allgemeine Elsässische Bankgesellschaft. Aus dem Bericht geht weiter hervor, daß die Deutsche Bank kontrolliert und direkt oder indirekt verwaltet: Ostdeutsche Privatbank A. G., Danzig; Bank vor Nederlandsche Arbeit N. V., Amsterdam; Westbank N. V.; Banque de Travail S. A., Brüssel; Zweigstellen in Prag, Luxemburg, Metz, Straßburg und Riga. - Die Reichskreditgesellschaft kontrolliert und verwaltet direkt oder indirekt die Rumänische Kreditbank in Bukarest.

Die in England und den USA mit der wirtschaftlichen Kriegsführung Beauftragten haben die Veränderungen in der Festlandindustrie verfolgt, und sie haben dicke Ordner gefüllt mit den Berichten über deutsche Tätigkeiten. Diese und andere Hinweise stehen zur Verfügung, um die allerletzten Verstecke des geplünderten Guts ausfindig zu machen. Der deutsche Fanatismus hört bei einem bestimmten Punkt plötzlich auf. Vor seinem geistigen Auge ziehen die Möglichkeiten der Niederlage vorbei - und geschickt plant er, die nötigen Mittel für einen neuen Versuch zurückzuhalten. Später werden wir daher die geschickten Methoden unter die Lupe nehmen und dazu die Einfälle, die den Nazis kamen, um den Eindruck zu erwecken, sie hätten in bezug auf die gestohlenen Güter treuhänderisch gehandelt, um die Wege der Nachforschung mit möglichst vielen Hindernissen zu versperren.

Es werden Ausreden in Hülle und Fülle vorgebracht werden, vermischt mit »rechtmäßigen Erwerb« in den meisten Fällen. Aber Raub ist Raub, die Maske der Rechtmäßigkeit und des Verantwortungsgefühls sollte bei den Eigentumsgerichten mit harter Hand beiseite geschoben werden. Der Besitz aller deutschen Funktionäre, die sich während der Naziherrschaft bereichert haben, muß enteignet werden, und wenn die Eigentumsverhältnisse nicht vollständig geklärt werden können, dann soll es einem Fonds zur Wiedergutmachung für die Opfer der eroberten Gebiete zugeführt werden. Das könnte bis zu einem gewissen Grade den Verlust von unersetzlichem Hab und Gut ausgleichen.

7. Wiedergutmachung durch Arbeit

Da bleibt noch eine andere Form der Wiedergutmachung: Arbeit. Die Auflösung der deutschen Armee, Schutzstaffel und Sturm-Abteilung, um nur einige Organisationen zu nennen, setzt mindestens vier Millionen Mann frei. Von diesen werden Hunderte und Tausende von nationalen und internationalen Gerichten zu Gefängnisstrafen verurteilt werden. Diese Urteile werden bis zu Lebenslang reichen. Zu Gefängnis Verurteilte sollen dann in Arbeitsbataillonen ihren Dienst tun, die die verwüsteten Gebiete wieder aufbauen und bei der Rücksiedlung der von Haus und Hof vertriebenen Familien helfen.

Man muß sich aber davor hüten, allzuviel Arbeitskraft in die Länder zu holen, was die Kräftigung des betreffenden Landes schädigen würde, genau wie die Überflutung mit Reparationsgütern nach dem Ersten Weltkrieg den Märkten der Gläubiger geschadet hat. Ein Gleichgewicht zwischen notwendiger Eigenhilfe in den verwüsteten Gebieten und dem Arbeitslosenproblem bei den unterstützten Völkern muß hergestellt bleiben.

Kontrollen über die Einhaltung eines solchen Gleichgewichts müssen in dem anzuwendenden Wirtschaftsprogramm vorgesehen werden.

Aber abgesehen von dieser Begrenzung handelt sich dennoch sowohl um ein gerechtes Urteil, wie auch um eine gerechte Strafe, daß Deutschland menschliche Arbeitskraft zur Verfügung stellt, um die mutwillig verödeten Gebiete wieder bewohnbar zu machen. Friedrich Froebel, der allbekannte Erzieher und Begründer der Kindergärten, sagte, daß Kinder, die das Spielzeug anderer Kinder kaputt machten, durch Wegnahme der eigenen Spielsachen zurechtzuweisen sind. Rein mündliche Ermahnungen erreichen nichts. Die Deutschen sind diesbezüglich noch weiter gegangen, indem sie sagten, »Arbeit adelt«, und daher sollten sie nunmehr angehalten werden, wenigstens teilweise in dieser Währung zu zahlen.

Abstufung der Strafmaße

Im Ersten Weltkrieg fielen fast alle acht Millionen Toten auf dem Schlachtfeld. Im Hitlerkrieg schätzt man, daß vier Millionen Zivilisten durch erbarmungslose Rasse-Vernichtungstrupps, Geiselerschießungen und wohlüberlegte Terrorakte beim deutschen Vormarsch umgebracht worden sind. Keine Strafe kann als gleichwertig dem begangenen Unrecht gegenüber angesehen werden. Aber innerhalb der Grenzen der zulässigen Vergeltung, wie es die Menschlichkeit verlangt, ist das Erziehungs- und Reformprogramm, das angewendet werden soll, zugleich auch als Strafe vorgesehen; in diesem Sinne sind diese Vorschläge niedergeschrieben.

Denn zwei Ziele müssen immer im Auge behalten werden. Durch die verwirkte deutsche Staatshoheit bestrafen wir Deutschland und schützen uns selber; aber wir stellen ein Ende der »Probezeit« in Aussicht und die Wiederherstellung Deutschlands als gleichberechtigtes Mitglied der Völkerfamilie, wenn es sich gewandelt hat.

Um seine Militärclique mit der Wurzel auszurotten, werden wir für die gewissenlosesten Mörder der Geschichte die Todesstrafe verhängen.

Gleichzeitig befreien wir das deutsche Volk von seiner Führerschaft, die teils heimlich, teils offen verehrt wurde, was sie zu den wiederholten Blutorgien ermuntert hat.

Durch die Wiedergutmachung in Form von Eigentum und Arbeit geben wir den Opfern einige ihrer rücksichtslos gestohlenen oder zerstörten Werte zurück. Gleichzeitig wird das deutsche Volk daraus lernen. Es wird den einfachen amerikanischen Spruch lernen, daß Verbrechen sich nicht auszahlen. Nicht nur die erzwungene Herausgabe der Beute, sondern auch die Verwüstung des eigenen Landes dürfte ihre ernüchternde Wirkung nicht verfehlen.

Die in Aussicht gestellten Strafen an sich können uns zukünftig weder vollen Schutz gewähren, noch ausreichende erzieherische Abschreckung erzielen.

Es muß noch viel mehr getan werden.

Kapitel 4

Schneidet Samsons Haar

Die wirtschaftliche Gleichberechtigung steht allen Völkern dieser Erde zu, ganz gleich, ob es sich um große und mächtige, oder um kleine und schwache Völker handelt. Seien es nun fremdbeherrschte Kolonialvölker, die auf Erfüllung der Selbstbestimmung warten; seien es ehemalige Feinde; ja, seien es selbst Nazis oder Japaner. Man wird dem deutschen Volk die Hoheitsrechte nehmen, aber nicht die Lebensgrundlage. Seine Vorbereitung auf internationale Zusammenarbeit muß auf einer gesunden Wirtschaft aufbauen. Man kann es nicht zur Demokratie führen, während man sie zu autarker Wirtschaftsführung zwingt. Wir haben bereits gesehen, daß die wirtschaftliche

Misere nicht die Ursache des Hitlerismus ist. Unergründlich korrupte, krankhaft übernationale Mächte waren von jeher die Triebfedern des deutschen Volkes.

Aber die Gemeinschaft der Nationen muß den Verlierern zu gleichen Bedingungen einbeziehen; entweder wirtschaftliche Sicherheit, oder das ganze Gebäude der Weltwirtschaft nimmt Schaden.

Solch eine Politik kann jedoch schnell zu einer neuen Tragödie führen. In der Vorkriegszeit nutzten die Deutschen unseren Wunsch nach wirtschaftlicher Gleichberechtigung weidlich aus.

Aus der damaligen deutschen Niederträchtigkeit läßt sich viel lernen. Eine Wanderung über etliche historische Wege wird uns mit diesem Gebiet vertrauter machen.

Die deutsche Industrie setzt auf Krieg

Deutschland erklärte der Welt den Krieg während seiner republikanischen Zeit. Es handelte sich dabei um einen Wirtschaftskrieg, der nicht so fühlbar und auffallend war, wie der spätere Einfall der Panzertruppen. Aber er war wohlüberlegt und skrupellos - die Wahrzeichen deutscher Gründlichkeit. Seine Wirksamkeit verstärkte sich in dem Maße, wie die Ahnungslosigkeit der »siegreichen« Nationen zunahm. Selbst bis auf den heutigen Tag bewundern einige wenige die Gerissenheit dieser Wirtschaftskriegsführung. Ihr folgte, als Überraschungsmoment, ein militärischer Angriff, der Besuch der ersten Bomber. Beim wirtschaftlichen Angriff bleibt das Element der Täuschung bestimmend. Er ist ebenso raffiniert wie er tödlich ist. **Anfang 1920 und wahrscheinlich schon vorher planten die führenden deutschen Chemiker und Industriellen den Zweiten Weltkrieg.** Sie verfügten über unerschöpfliche Mittel, verborgen in Holland, in der Schweiz und in den USA, wo sie sich Namen jener Länder zulegten. Und sie rechneten ganz richtig darauf, daß ausländische Kapitalanleger Geld nach Deutschland fließen lassen würden, wenn man für Reparationen »Zahlungsunfähigkeit« vorheucheln würde. Viele deutsche Patente waren im Ersten Weltkrieg von den Engländern und den Amerikanern aufgegriffen. Aber das berührte die Deutschen nur wenig, denn sie hatten die Schleier ihrer Patente nicht so offen gelüftet, wie es in internationalen und nationalen Patentgesetzen verlangt wird. Zum Beispiel: um die Syphilis auszurotten, versuchten die USA Salvarsan nach dem deutschen Patent herzustellen, wobei sie allzuspät entdeckten, daß die Rezepte nicht stimmten. So wurden dadurch viele Soldaten vergiftet. Ähnliche Erfahrungen sammelten wir, als wir versuchten, künstliche Stickstoffverbindungen für die Munitionsherstellung zu gewinnen.

Diese deutschen Industriellen planten »Der Tag« mit ihren eigenen Waffen.

In der Herstellung der künstlichen Stickstoffverbindungen besaßen sie das Monopol, und so versuchten sie eine wirtschaftliche »Fünfte Kolonne« in die ausländischen Betriebe einzuschmuggeln, die Erkenntnisse über die Kriegsindustrie sammeln sollte. Karl Duisberg, der Chefchemiker des deutschen Bayer-Konzerns, hatte den Ersten Weltkrieg dadurch verlängert, daß er Ersatzstoffe für Nahrungsmittel und Stoffe entwickelte. Karl Bosch, Chefchemiker der Badischen Anilin- und Sodafabrik, erfand das giftige Chlorgas, das »Blaukreuz« und das Senfgas. Fritz Haber, Leiter des Kaiser-Wilhelm-Instituts, entdeckte die Gewinnung von Stickstoffverbindungen aus der Luft. Diese wurden sowohl zur Herstellung von Munition wie auch als Kunstdünger benötigt. Diese drei bewährten alten Kämpfer für den Ersten Weltkrieg, in Gemeinsamkeit mit vielen jungen Anhängern, planten heimlich, die Märkte für pharmazeutische Mittel und Farben zurückzuerobern. Der erste Schritt dazu war, jedes nur irgendwie wichtige chemische Werk in Deutschland in einem großen Trust zusammenzufassen. Diesen nannten die Deutschen bei ihrer Vorliebe zu langatmigen Wortgebilden »Interessengemeinschaft Farbenindustrie Aktiengesellschaft«. Dann wurden in der ganzen Welt Zweigwerke errichtet. In den USA firmierten sie unter dem Namen I. G. Farben. In andern Ländern führten sie andere Namen. Es ist nicht übertrieben, wenn man sagt, daß dieses gewaltige, weltweite Unternehmen, auch über die Erde verteilte lebenswichtige Industrien kontrollierte, und zwar gleichzeitig das Spionagezentrum für die Militärclique, ebenso förderlich zur Welteroberung wie die deutsche Wehrmacht. Und das alles etwa vierzehn Jahre vor dem Aufstieg Hitlers.

Karl Duisberg wurde Aufsichtsratsvorsitzender der I. G. Farben, Karl Bosch ihr Präsident. Ihnen unterstand nicht nur die chemische Industrie, sondern auch die Schwerindustrie wie Stahl- und Waffenfabriken. Demzufolge gehörten also dazu: Adolf Kirdorf, Zar des deutschen Kohletrusts, Krupp von Bohlen, Fritz Thyssen, Hjalmar Schacht, Hugo Stinnes, Albert Voegler, Generaldirektor der Vereinigten Stahlwerke, und viele andere. Es dauerte nicht lange, und die I. G. Farben gewannen die Kontrolle über ihre früheren beträchtlichen Aktien in den USA zurück. Als sie ihre amerikanischen Interessengebiete erweiterte, faßten sie ihre verschiedenen Tätigkeiten unter dem unschuldigen Namen »American I. G. Chemical Corporation« zusammen. Später wurde sie als »General Aniline and Film Corporation« bekannt.

Die deutschen Industriellen hatten nicht nur vor, Deutschland im Falle eines Krieges unabhängig zu machen, sondern auch ausländische Vorhaben dadurch zu hindern, indem sie ihre Kontrolle auf fremde Länder ausdehnten. Wenn dieses Werk einst durchgeführt wäre, dann sollte die deutsche Republik vernichtet, und geeignete Führerpersönlichkeiten sollten gesucht werden, um die Pläne zur Welteroberung zu verwirklichen. Dabei war an Hitler als Führer noch nicht einmal im Traume gedacht; und wenn er in dieser Zeit von den Verschworenen vorgeschlagen wurde, dann sollte er zweifellos nach getaner Arbeit als dummer und neurotischer Tunichtgut abgestellt werden. Erst später, als seine aufreizende, und mit der nötigen gangstergleichen Skrupellosigkeit versetzte Demagogie eine Gefolgschaft aufgebaut hatte, da erst wurde er für noch größere Leistungen finanziert. In der letzte Phase der industriellen und militärischen Verschwörung gegen die Zivilisation saß Hitler in Bierkneipen, krakeelte gegen Großkapital und Aktiengesellschaften und beschwor den Nationalsozialismus. Später sollte er dann von den Industriellen auf den Thron gesetzt werden, wo er seinem Gerede freien Lauf lassen konnte, um der deutschen Sehnsucht nach Welteroberung zu frönen. Er erbte eine Kriegsmaschine. Von ihm selbst stammt sie nicht.

Die Konstrukteure verbanden ihre Kriegsvorbereitung mit der wirtschaftlichen Eroberung.

Der Versailler Friedensvertrag hatte die deutsche Heeresstärke auf 100.000 Mann, einschließlich der Offiziere, festgesetzt. Diese Begrenzung ging von der Ansicht aus, daß eine solche Streitmacht einmal nötig sein könnte, um die innere Ordnung aufrechtzuerhalten.

Aber die deutsche Hinterhältigkeit ergriff sofort Besitz von ihren. Krupp und Thyssen zahlten für die Freikorps, den Kern der deutschen Armee zur Welteroberung. Das geschah noch zur Zeit der deutschen Republik. Die Industriebarone versahen von Schleicher mit ausreichenden Mitteln, damit er die Schwarze Reichswehr aufbauen konnte. Sie wurde in aller Stille ausgebildet. Ebenso finanzierten sie den Major Duesterberg, der den »Stahlhelm« organisierte, die Veteranen des Ersten Weltkrieges. Für die Freikorps und ihre berüchtigten Führer, Kapitän Ehrhardt und Schlageter, wurde von Schleicher zur Geldquelle. Die Regierungsmitglieder, die nicht mitmachen wollten, wurden terrorisiert. Des Kanzlers Friedrich Ebert Finanzminister Matthias Erzberger, Leiter der katholischen Zentrumspartei, wurde von den Freikorps ermordet. Dieser an die Nazimethoden erinnernde Vorgang war ein Vorläufer für die Nazis und Hitler.

Etwa Anfang 1925 entwickelte Professor Generalmajor Karl E. Nikolas Haushofer die Theorie der Geopolitik mit der Weltvorherrschaft durch die Offiziere der Schwarzen Reichswehr. Klammheimlich wurde ein gut ausgebildeter Generalstab aufgebaut, der bewandert war in neuen und neuesten Techniken. Aber wie kann man eine riesige Armee so heimlich ausbauen? Die Antwort: über ganz Deutschland verteilt gab es Sportlager und Erholungszentren. Die gesamte deutsche Jugend interessierte sich plötzlich für Körperkultur und Dauermärsche. Flieger wurden in Segelfliegervereinen ausgebildet. So wurde das Verbot des Baus von Militärflugzeugen umgangen. Alles das geschah vor der Hitlerzeit und vor den Nazis.

Dr. Karl Joseph Wirth, der neue Führer der katholischen Zentrumspartei und Kanzler der Weimarer Republik, brüstete sich öffentlich, daß er bereits den Grundstock zur deutschen Wiederbewaffnung gelegt habe, und zwar z. Zt. der Weimarer Republik, und daß Hitler nur vollendet habe, was er schon längst begonnen hatte:

»Was die Wiederbewaffnung Deutschlands betrifft, so hat Hitler nur das fortgesetzt, was schon die Weimarer Republik vorbereitet hatte. Gerade ich habe mich um diese Vorbereitung sehr verdient gemacht ... Die große Schwierigkeit war, daß unsere militärischen Vorbereitungen vor den Alliierten verborgen blieben mußte. Ich mußte daher immer höflich und harmlos auftreten. Als dann Hitler an die Macht kam, brauchte er sich nicht um die Qualität der Wehrmacht zu kümmern, sondern nur um die Quantität. Der wirkliche Neuaufbau war unser Werk«. (Lucerne Daily News, 9. August 1937).

Dia Achse wurde lange vor Hitler gegründet

1928 hatte sich Deutschland mit seiner Wirtschaftskriegsführung in den Ländern des Fernen Ostens eingeschmuggelt. Mit der japanischen Regierung war ein Übereinkommen geschlossen worden, Japans chemische Industrie zu übernehmen und die Japaner in der Herstellung von Sprengstoffen und Leichtmetallen zu unterweisen. Dazu gehörte auch die Herstellung der Giftgase, und diese wurden und werden noch unter der Schutzherrschaft der I. G. Farben in der »Sumitomo Chemical Co«-Fabrik in Wihima hergestellt. Ebenso erreichte man volle Übereinstimmung in bezug auf die Gewinnung der synthetischen Stickstoffverbindungen, was die Lizenzgewährung an die japanischen Truste Mitsui und Mitsubishi einschloß. Die Achse war lange vor Hitler in Bildung begriffen.

1931 wünschte sich Mussolini eine große italienische chemische Industrie für Kriegszwecke. Dazu benötigte er von der I. G. Farben Patente und geheime Formeln. Er wurde schnellstens veranlaßt, die italienische Firma Montecatini zu zwingen, sich dem I. G. Farben-Monopol anzuschließen; das wurde durch die Bildung der »Agenzia Chimiche Nazionali Associati« erreicht, um so alle Farben, Schwerchemikalien und Aluminium für Italien herzustellen. Die I. G. Farben erhielt 49 % der Aktien, Montecatini 51%. Aber das war nichts anderes als die typische deutsche Irreführung. In Wirklichkeit beherrschte Deutschland diese Gesellschaft durch die Patentkontrolle. Die italienische Industrie war eben nur ein weiterer Zuarbeiter der I. G. Farben geworden. Es muß noch einmal darauf hingewiesen werden, daß dieses alles im Jahre 1931 vor sich ging. Die deutsch-italienische Achse wurde durch die wirtschaftliche Verflechtung vor Hitlers Emporkommen gebildet. Der Zweck war die Kriegsvorbereitung.

Der sonst so schweigsame Karl Duisberg konnte sein Triumphgefühl nicht länger zähmen. Am 26. März 1931 sagte er in einer öffentlichen Versammlung in München: »Nur ein gefestigter Wirtschaftsblock von Odessa bis Bordeaux wird Europa das wirtschaftliche Rückgrat geben, das es nötig hat, um seine Stellung in der Welt aufrecht zu erhalten.«

Hatten die französische und die russische Regierung die Worte »Bordeaux« und »Odessa« vernommen? Wenn ja, dann hätten sie das letzte Ziel der Deutschen erkennen mussen.

Um 1932 kontrollierte die I. G. Farben die hauptsächlichsten, kriegswichtigen europäischen Industrien. In erster Linie wurde die französische Firma »Etablissement Kuhlmann« 1927 zur Kontrolle durch eine Politik der Preisunterbietung gezwungen. 1929 erlangte I. G. Farben die Kontrolle über die drei größten chemischen Betriebe in der Schweiz. Dabei handelt es sich um die Gesellschaften »Ciba«, »Geigy« und »Sandoz«. Die Herstellung bestimmter Chemikalien wurde anteilmäßig zwischen den internationalen Zweigstellen aufgeteilt. Von den Farben wurden hergestellt: 5% in der Schweiz, 5% in Italien, 8% in Frankreich, 82% in Deutschland. Auch die englische chemische Industrie war gezwungen, Marktvereinbarungen mit der I. G. Farben abzuschließen. Eine ähnliche Kontrolle über die Herstellung synthetischer Stickstoffverbindungen wurde erreicht. Frankreich und Chile, die hauptsächlichen Wettbewerber auf diesem Gebiet, nahmen (durch ein Kartell) Anteilbeschränkung zugunsten Deutschlands gelassen hin. Der bevollmächtigte Stellvertreter der I. G. Farben war in Frankreich - Pierre Laval!

Die amerikanischen Staaten werden angefallen

Die I. G. Farben erwarb 50% der Aktien der »Grasselli Dyestuff Corporation«, der amerikanischen Firma, die die Patente der I. G. Farben von der »Federal Alien Property Custodian« bekommen hatte. Nicht lange, und die I. G. Farben war zu 100% im Besitz der Aktien. Sie hatten ihre Patente zurückerhalten. Dann verwandelte sich die »Grasselli Company« in die »General Aniline and Film Corporation«. Ähnlich erging es der »Bayer Company«, die die deutschen Bayer-Patente von der »Alien Propert Custodian« erworben hatte. Sie wurde geschluckt und zu einem I. G. Farben-Verband gemacht als »Sterling Products Corporation«. Diese Gesellschaften versorgten in der Hauptsache die Märkte in ganz Südamerika mit Arzneimitteln. Sie waren jetzt in deutscher Hand.

Das Einsickern in lebenswichtige amerikanische Industrien ging weiter vor sich - und all das innerhalb von fünf Jahren nach Deutschlands Niederlage, während es »nicht in der Lage war«, Reparationen zu bezahlen.

Die I. G. Farben war Eigentümer eines beträchtlichen Anteils der Ford-Werke in Köln. Edsel Ford besaß Anteile an der I. G. Farben-Tochtergesellschaft (»General Aniline and Film Corp.«) in USA. Er wurde Direktor dieser Werke. Dieser Verbund - endete schließlich mit solch einem ungewöhnlichen Nebenprodukt wie Fritz Kuhn, dem späteren Führer des Nazibundes in den USA, der hier in diesem Lande als Chemiker bei den Ford-Motoren-Werken beschäftigt war. Henry Ford erhielt eine Naziauszeichnung und er lehnte es ab, für England Flugzeugmotoren zu bauen.

Die I. G. Farben hielt ihre Patente zur Herstellung synthetischen Benzins als Köder vor und bildeten so einen Verbund mit der »Standard Oil Co.« in New Jersey. Das konnte vermittelst einer neuen Gesellschaft erreicht werden, die sich den Namen »Standard I. G. Company« zulegte. Danach erwarb diese Gesellschaft die »International Flydrogenation Patents Company Ltd.«, die im Rest der Welt die Patente zur Herstellung des synthetischen Öls überwachte. Walter C. Taegle, Aufsichtsratsvorsitzender der »Standard Oil Co.« von New Jersey, wurde nun Direktor der »General Aniline and Film Corporation«. Der Jahresumsatz der »General Aniline« in den USA allein überstieg 40.000.000 Dollar. Die deutsche Patentüberwachung durch Kartelle bezog sich auf lebenswichtige neue Fertigungsmethoden, die wesentlich für die Kriegsführung waren. Auf Grund der Patentübereinkommen mit deutschen Firmen waren amerikanische Gesellschaften zum Informationsaustausch verpflichtet. So entdecken wir, daß wichtige Geheimnisse über die Herstellung von synthetischem Gummi von amerikanischen Konzernen an Nazideutschland verraten wurden, obwohl sie von dem US-Marineministerium geheim gehalten wurden. Und bis Pearl Harbor wurden die Lizenzgebühren für Flugzeugbenzin, das an die R. A. F. verkauft worden war, beiseite gelegt worden, um nach dem Krieg an die I. G. Farben ausbezahlt zu werden. Militärisch wichtiges neues Material wurde vor unserm Lande verborgen. Als Panzerfahrzeuge der Nazis erbeutet wurden, entdeckten unsere Chemiker, daß sie mit einer uns unbekannten Metallegierung ausgerüstet waren, leichter als Aluminium und fester als Stahl. Erst jetzt konnten wir uns erklären, warum die motorisierten Truppen so ungewöhnlich weit vorstöße hatten leisten können. Diese wie auch andere Legierungen wurden mit Beryllium und Magnesium hergestellt. Beryllium ist das bemerkenswerteste Leichtmetall - und dazu noch billig herzustellen. Es ist leichter und fester als Magnesium. Die Herstellung von Leichtmetallen beschränkte sich in den USA fast ausschließlich auf Aluminium. Magnesium ist aber immerhin 50 % leichter als Aluminium. Und Aluminium ist nur ein Drittel so schwer wie Stahl.

Zu Beginn des Zweiten Weltkrieges erzeugte Deutschland fast drei Viertel der gesamten Weltproduktion. Das war viermal mehr als die USA und das sogar unter dem Umstand, daß Deutschland dieses Metall aus Nebenprodukten gewinnen mußte, während unser Land einen leichteren Zugang zu natürlichen Ressourcen hatte. Wie konnte Deutschland diese Vorrangstellung erreichen? Durch Patentmonopole, die die Ausweitung solch neuer Industrien in den USA verhinderten oder einschränkten.

Mr. Andrew J. Gahagan, Präsident der »Beryllium Corporation« in Pensylvania, bezeugte vor dem Truman-Komitee des USA-Senats, daß seine Gesellschaft durch unabhängige Untersuchungen sich bemühte, die Gewinnung dieses Metalls zu entwickeln. Er sagte weiter aus, daß man ein Grundpatent bei einer wenig bekannten Gesellschaft fand, die sich »Metall and Thermit Corporation« nannte. Nach dreijähriger Verhandlung merkte Gahagan, daß diese das Patent in Wirklichkeit kontrollierte. Vielmehr noch, sie war Eigentum der Firma Siemens und Halske, Deutschlands größtem elektrotechnischen Konzern. Gahagan ging nach Berlin und bekam eine Lizenz, aber zu derartigen Bedingungen, daß die Herstellung von Beryllium in den USA sich auf unbedeutende Menge beschränkte.

Auf dieselbe Art und Weise sorgten internationale Kartelle dafür, daß Deutschland viel Nutzen auf dem Gebiet der Kunststoffherstellung ziehen konnte. Noch kann man nicht übersehen, bis zu welchem Grade Kunststoffe, Stahl, Eisen, Zement und Holz ersetzen können. Aber viele Menschen haben schon vorausgesagt, daß wir drauf und dran sind, daß das industrielle Zeitalter in ein Zeitalter der Kunststoffe umschlägt. Sicher ist jedenfalls, daß Kunststoffe auf vielen Gebieten dem Holz, Glas, Porzellan und anderen Stoffen überlegen sind. Mehr noch, es wird möglich werden, komplizierte Werkzeugmaschinen in vereinfachtem Gießverfahren herzustellen. Deutschland hielt in seinen Händen Grundpatente auf dem Gebiet der Kunststoffherstellung und vergab die Lizenzen so, daß die militärisch wichtigen Stoffe für ausländische Firmen nur in beschränktem Umfange zum Tragen kamen. Die Monopolstellung wurde von einem Kartell so ausgenutzt, daß amerikanische Firmen verleitet wurden, in diese Übereinkommen einzusteigen; z. B. Plexiglas ist so ein neues Material mit ans Wunderbare grenzenden Eigenschaften. Es ist ein glasklarer Kunststoff, der nicht splittert. Man kann es sägen oder schneiden wie Holz, man kann es aber auch wie weiches Metall behandeln. Es eignet sich für die Ummantelung der Flugzeugführerkanzel, für den Bug des Flugzeuges beim Bomber, für Waffentürmchen und Windschutzscheiben. Es erhöht die Erfolgsaussicht und die Sicherheit der Militärflugzeuge.

Bei Kriegsbeginn waren die deutschen Flugzeuge bereits mit diesem Material ausgerüstet. Die deutsche Firma »Rohm & Haas« besaß das Originalpatent. Infolgedessen konnte vor dem Truman-Komitee nur die Erklärung abgegeben werden, daß es in den USA nur ein Unternehmen gäbe, das dieses hochwichtige militärische Erzeugnis herstellen könne. Und das war »Rohm & Haas Inc.« in Philadelphia. Die deutschen und amerikanischen Firmen hatten ein Weltmonopol auf Plexiglas. Auf Grund gegenseitiger Vereinbarungen durfte die deutsche Firma nicht in den USA verkaufen, aber dafür beherrschte sie allein den europäischen Markt, Afrika und Asien, mit Ausnahme Japans. Da die deutsche Firma nur nicht in die USA liefern durfte, konnte sie Plexiglas und seine Enderzeugnisse überall anbieten. 1936 bekamen die »Imperial Chemical Instries of Great Britain« eine Lizenz unter ähnlichen Bedingungen.

Die I. G. Farben hatte mit »Rohm & Haas Inc.« ein besonderes Abkommen vereinbart, demzufolge die I. G. Farben keinerlei Werkstoff ähnlich dem Plexiglas herstellen durfte, während »Rohm & Haas« einwilligten, ihre Patente nicht für Artikel zu verwenden, die der I. G. Farben wettbewerbsfähig werden könnten. Der Grundstoff für Plexiglas ist Methylmethakrylat, ein synthetisches Erzeugnis, das ebenso zur Herstellung künstlichen Gummis verwendet werden kann, aber auch für Farbstoffe und Arzneiartikel. In Anbetracht der beschränkenden Vereinbarung bei Plexiglas hielt Deutschland somit die ausländische Herstellung von künstlichem Gummi und anderem Kriegsmaterial in Grenzen.

Wenn die amerikanische Regierung Plexiglas kaufte, mußte sie 3 % Lizenzgebühren an die deutsche Gesellschaft abführen. Bei Verkäufen an Rußland betrugen diese Gebühren 10 %.

Selbst nach Kriegsbeginn 1939 betrieb Deutschland den Handel mit Plexiglas »wie gewöhnlich«. Es kam mit der amerikanischen Firma überein, die deutschen Märkte zu beliefern und die Lizenzgebühren abzüglich eines berechtigten Dienstleistungsbetrages zu überweisen. In dem Übereinkommen hieß es ausdrücklich: »wenn wir wieder in der Lage sein werden, an die vorgenannten Länder zu liefern, werden Sie uns Durchschriften sämtlicher Rechnungen vorlegen, ebenso Preisabsprachen usw., die für uns von Wichtigkeit sind, um wieder ins Geschäft zu kommen.«

Industrie und Spionage

Deutschland plante auf folgende Weise den Neubeginn ohne Rücksicht auf das Ergebnis des Ersten Weltkrieges, - nicht nur durch Verhandlungsgeschick, sondern durch die Kontrolle der militärisch wichtigen Materialien als ersten Schritt auf dem Weg zur Weltherrschaft. Man kann die Art und Weise von Deutschlands Wirtschaftskrieg nicht ohne die niederdrückende Überzeugung studieren, daß es ohne Unterbrechung auf jenen glorichen Tag hinarbeitete. Eine Schlappe wurde philosophisch nur als harter Zuchtmeister betrachtet, wodurch Erfahrung und Information gewonnen wurden zugunsten der letzten erfolgreichen Anstrengung.

Lizenzgebühren für Plexiglas erhielt die deutsche Firma sogar noch nach Inkrafttreten des »Lend-Lease« Vertrages. Diese Geschäftsabrechnungen über gelieferte Waren an die USA und Kanada dienten der Luftwaffe natürlich als klare Hinweise auf die Fortschritte in der Herstellung der Militärflugzeuge in den USA.

Die I. G. Farben verstand sich nicht nur als große Wirtschaftsmacht. Sie waren ein wesentlicher Bestandteil der deutschen militärischen Verschwörung. Ihre Vertreter wurden hier in den USA Staatsbürger und umgaben sich mit stattlichen Anwesen- und Hauspersonal. Das alles war dazu angetan, ihnen die Spionagetätigkeit für Deutschland zu erleichtern. Das F. B. I. gab sich die erdenklichste Mühe, um die Quellen ausfindig zu machen, aus denen die ungeheuren Geldmittel flossen, die die USA und Südamerika mit zersetzender Propaganda überfluteten. 1934 ging dem Kongreß ein Licht auf. Als man im Laufe einer Untersuchung einem gewissen Ivy Lee, einem bekannten Lobbyisten, auf die Finger klopfte, entdeckte man, daß er auf der Gehaltsliste der I. G. Farben geführt wurde - mit einem Einkommen von 25.000 Dollar jährlich, zuzüglich Spesen. Im Rahmen seiner Beschäftigung besuchte Lee Deutschland und erhielt seine Anweisungen direkt von Goebbels. In den USA gab er Millionen von Dollar für Nazipropaganda aus. Hier bei uns wurde Lee von der »General Aniline«, der Tochtergesellschaft von I. G. Farben, bezahlt. Einige Zahlungen liefen über das Mitglied der I. G. Farben-Dachgesellschaft in der Schweiz - die »I. G. Chemie«.

Jeder, der in den USA für die »Fünfte Kolonne« tätig war, so unwissend oder unbedeutend er auch war, lebte mit allen Bequemlichkeiten, wenn nicht gar in Luxus. Die Gelder für pöbelhafte Veröffentlichungen gingen niemals aus. Die William Dudley Pelleys, die Joe McWilliams, die Deatheridges und ihresgleichen ließen es sich gut gehen. I. G. Farben war die finanzielle Hauptquelle für den Faschismus.

Endlich, nach dem Skandal von 1941, vervollständigten die Länderbehörden ihre Kenntnisse über die Tätigkeiten der I. G. Farben-Angestellten, die sich hinter ihrer amerikanischen Staatsangehörigkeit verschanzten. Strafanzeige wurde gegen W. E. Weiss, einen Direktor der »General Aniline« und Aufsichtsratsvorsitzenden der I. G. Farben-Tochter »Sterling Products« und eine Unmenge anderer leitender Figuren der I. G. Farben erhoben. Die Anklage lautete auf »verbrecherische Verschwörung«. Aber »Sterling Products« erwirkten einen Zustimmungserlaß, demzufolge sich die Abmachungen zwischen »Sterling« und der I. G. Farben in nichts auflösten. Die Verteidiger bekamen nur die lächerliche Summe von 26.000 Dollar. Ebenso wurde eine Anklageschrift gegen Rudolf Ilgner, einer der Gründer der »American Aniline«, eingereicht. Es handelt sich um den Bruder von Max Ilgner vom Berliner I. G. Farben-Büro. Bei der verwirrenden Anklage ging es um die Kontrolle der Stickstoffverbindungen und anderer lebenswichtiger Chemikalien zur Herstellung hochexplosiver Munition in den USA. Während das F. B. I. seine

Nachforschungen mit Nachdruck fortsetzte, befahl Ilgner die Vernichtung all seiner Berichte, die sich auf die I. G. Farben-Patente und Lizenzgebühren bezogen. Er bekannte sich frech schuldig, die Verbrennung dieser Berichte angeordnet zu haben und wurde zu 1.000 Dollar Strafe verurteilt!

Als 1941 die Vereinbarungen zwischen der I. G. Farben und der »Standard Oil Company« an die Öffentlichkeit kamen, verursachte das zunächst kaum irgendwelche Aufregung. Dabei handelte es sich um den ausschließlichen Bereich der Verwendung der Patente für die Herstellung synthetischen Öls. Die Patente zur Herstellung synthetischen Gummis wurden ebenfalls von diesen beiden Gesellschaften kontrolliert, die durch eine Tochtergesellschaft tätig wurden, die sich »Jasco Inc.« benannte. Die »Goodyear« und die »Goodrich Company« wurden bei ihren Bemühungen zwecks Errichtung einer Industrie zur Herstellung von synthetischem Gummi für die Landesverteidigung behindert. Selbst nach Pearl Harbor konnten diese Gesellschaften die Lizenzen nicht bekommen, um die von »Jasco« gehaltenen Patente in Anwendung zu bringen. So erreichten die Nazis dank ihrer Mittelsmänner in Amerika, die USA daran zu hindern, künstlichen Gummi herzustellen, die doch von den Japanern ihrer natürlichen Quellen beraubt waren.

Obwohl Großbritannien, Belgien und Holland die Besitzungen der I. G. Farben gleich nach Kriegsausbruch beschlagnahmt hatten, wurde in den USA der Schein aufrecht erhalten, als handle es sich bei den I.G. Farben entweder um »amerikanische« Unternehmen oder solche von Schweizer Besitzern. Die Schweiz war ja neutral. Im Oktober 1941 schritt endlich Präsident Roosevelt ein und ernannte den Richter John E. Mack zum Präsidenten der »General Aniline«, wo er Dietrich A. Schmitz ablöste; und William C. Bullit wurde zum Aufsichtsratsvorsitzenden bestimmt, womit Wilhelm von Rath abgesetzt war. Im Dezember 1941 übernahmen Beauftragte des Schatzamtes die vollständige Überwachung. Drei Tage später wurden vom F. B. I. Anklageschriften niedergelegt gegen die I. G. Farben und deren Angestellte mit der Beschuldigung, daß sie Tätigkeiten ausgeübt hatten, die verbrecherisch gewesen wären - und vermutlich ihren Anfang im Mai 1924 genommen hätten. Im Februar 1942 übernahm der Finanzminister Morgenthau 97 % der I.G. Farben-Aktien und verhinderte damit womöglich einen unterirdischen Geldstrom durch besondere Kanäle nach Deutschland, und ebenso die gleichgroße Gefahr der Finanzierung der schäbigen Nazipropaganda in unserm Land. Aber die Tätigkeiten beschränkten sich nicht auf die USA. Im Januar 1941 wurde eine Konferenz der Lateinamerikanischen Länder nach Rio de Janeiro einberufen. Dort wurde dann nachgewiesen, daß die Vertreter der I. G. Farben ihre wirtschaftliche Machtstellung mit dreister Spionage von höchster Wirksamkeit verbunden hatten. In Ecuador wurde die Firma I. G. Farben von »Brueckmann & Co« in Guayaquil, mit dem führenden Chef L. E.

Brueckmann an der Spitze, geführt. Brueckmann war Nazikonsul. Etliche Nazikonsularangestellte waren Vertreter der I. G. Farben. Der Direktor der Firma Brueckmann, Herr Tetke, und der Kassenverwalter Herr Reperti waren die führenden Nazis in Ecuador.

Der wichtigste Ausgangspunkt für Naziunternehmen in Brasilien waren die Farbenfirmen »Allianca Commercial de Anilinas Ltd.« und »A. Quimica Bayer of Rio de Janeiro«. Herr Hammer muß zu den Verantwortlichen der I. G. Farben gerechnet werden - und zu einem hochrangigen Mann des Nazigeheimdienstes. Zwei andere Nazigeheimdienstler waren die Herren Burmeister und Max Hahne.

In Chile hieß der Nazichef Werner Siering. Er war der Naziparteisekretär der den Nazigeheimdienst in Chile aufbaute. In Peru waren es zwei Nazigeheimdienstler. Dabei handelte es sich um leitende Angestellte der »Farben Compania General de Alininas«.

In Mexiko war der leitende Farbenchef Baron von Humboldt Vertreter der Gestapo in diesem Land. Die I. G. Farben unterhielt in Mexiko drei führende Firmen, die von der »General Aniline and Sterling Products from New York« ergänzt wurden. Das wirtschaftliche und politische Machtgeflecht um die I. G. Farben war in ähnlicher Weise vorherrschend in Kolumbien, das am Panamakanal liegt, aber auch in andern lateinamerikanischen Ländern.

Das Kartell - Eine Geheimwaffe

Allerdings war die I. G. Farben nicht der einzige industrielle Riese, der im Dienste der deutschen »Mission« stand. Eine andere typische Aufhellung zur Weltkontrolle durch Kartellmonopole liefert die optische Militärausrüstung. Die Zeiß-Werke in Deutschland sind der Welt größte Hersteller auf dem Gebiete optischen Kriegsmaterials. Mit großer Sorge wurde darauf geachtet, amerikanisches Können an der Entwicklung auf diesem Gebiet zu behindern. »Bausch & Lomb«, ebenfalls Deutsche, waren die alleinigen Vertreter von Zeiß in den USA. Zeiß kaufte sich in diese amerikanische Firma ein. Dann kam der Erste Weltkrieg, und unser Land befand sich in einer derartig gräßlichen Not in bezug auf optisches Militärmaterial, daß öffentliche Aufrufe mit der Bitte um Doppelferngläser und andere optische Geräte erlassen wurden. Unter der Führung des »Bureau of Standards« wurden »Bausch & Lomb«, aber auch noch andere Firmen, angehalten, optische Gläser herzustellen.

Trotz dieser Erfahrung überließ man nach dem Kriege dieses Tätigkeitsfeld »Bausch & Lomb«, und diese schlossen mit Zeiß einen 21-Jahresvertrag. Demzufolge wurde »Bausch & Lomb« als ausschließliches Gebiet die USA zugewiesen, um militärische Instrumente herzustellen und zu verkaufen. Den Rest der Welt versorgte Zeiß. »Bausch & Lomb« zahlten 7 % Lizenzgebühr an Zeiß für jedes verkaufte Stück. Und wiederum wurde Deutschland durch das unverdiente Schicksal eines ahnungslosen Lizenzzahlers zum Nutznießer, denn damit wurde Deutschland in die Lage versetzt, genau zu erfahren, welche Art Ausrüstung die USA kauften - und in welcher Menge.

1935 lehnten »Bausch & Lomb« einen Vertrag mit Frankreich und England zur Lieferung von Militär-Ausrüstung im Werte von 1.500.000 Dollar ab.

Alle möglichen Anstrengungen wurden unternommen, um die Fertigungsrate amerikanischer Werke niedrig zu halten. Zwar hatten »Bausch & Lomb« 1918 480.000 Pfund an optischem Glas hergestellt, aber 1940 wurden es nur 200.000 Pfund. Der Rest wurde von Zeiß aufgefüllt. Mit anderen Worten: Deutschland kontrollierte die amerikanische Versorgung durch seine Kartellverträge mit »Bausch & Lomb«.

Auf die Kruppwerke in Deutschland fällt ein weiteres Licht. Wolframkarbid ergibt eine größere Schneidfestigkeit bei Werkzeugmaschinen. Man nennt es daher auch »Kriegsdiamant«. 1928 erhielten Krupp und die Allgemeinen Elektrizitätswerke gemeinsam Ringpatente auf dieses Material. 1936 erweiterten sie ihre Verträge, die den Allgemeinen Elektrizitätswerken die ausschließliche Kontrolle innerhalb der USA zugestanden, und Krupp bekam die gleichen Rechte für die übrige Welt. Die Allgemeine Elektrizitätsgesellschaft verpflichtet sich, keine Lizenzfreigabe für die Herstellung von Wolframkarbid ohne Zustimmung von Krupp zu bewilligen.

Die Wichtigkeit dieser Beschränkung möge man an dem Umstand messen, daß Wolframkarbid bei vielen Maschinenarbeiten die Herstellungsrate um 500 % zu steigern vermag. Dabei verwendete man in Deutschland zwanzigmal soviel Wolframkarbid als in den USA.

Einer der Gründe für die bescheidene Nutzung war das Monopol der Allgemeinen Elektrizitätsgesellschaft bei uns hier im Lande, was ihr erlaubte, die Produktion zu drosseln und die Preise konkurrenzlos festzusetzen. Wo Krupps Pfundpreis z. B. 90,60 Dollar betrug, verlangte die Allgemeine Elektrizitätsgesellschaft dafür 407,70 Dollar. Statt des Krupp-Preises von 37,14 Dollar forderte die Allgemeine Elektrizitätsgesellschaft 199,32 Dollar.

Als der Zweite Weltkrieg kam, hatte es das ehemals geschlagene Deutschland erreicht, die USA um den Masseneinsatz des »Kriegsdiamanten« zu bringen.

Das sind aber keine Einzelfälle der deutschen Ränkeschmiederei. All dies geschah mit Hilfe amerikanischer Firmen durch das Geschenk der Monopolbewilligung und war ein wesentlicher Bestandteil der wohlüberlegten deutschen Planung, wie sie angewendet wurde bei Aluminium, synthetischem Gummi, Chinin, Atabrin und anderen wichtigen Chemikalien und Metallen.

Während des Ersten Weltkrieges übernahmen die USA 12.000 deutsche Patente. Die meisten von ihnen verheimlichten gesetzwidrig wesentliche Informationen, so daß es eigentlich gar keine echten Patente waren. Der amerikanische Erfindungsgeist wurde lange Zeit zu gering geschätzt und fand nunmehr eigene Wege. Aber Deutschland bekam später direkt seine Patente zurück, oder es gewann erneut die Kontrolle darüber auf dem Umweg über Kartellvereinbarungen.

So tauchte denn auch fast überall ein Kartell auf, und das führte 1942 zu Kriegsmaterialmangel.

Worauf die amerikanischen Firmen ihren Ehrgeiz auch gesetzt hatten, sie handelten unabhängig und nicht nach behördlichen Anweisungen. Tatsächlich gab Vizepräsident Wallace erst kürzlich eine Feststellung bekannt im Namen von Ralph W. Gallagher, dem Präsidenten der »Standard Oil Company of New Yersey«, daß man nach Gallaghers Besuch übereingekommen seien, daß es keine internationalen Kartelle mehr geben solle, die die Preise über einen Wettbewerbspreis trieben; daß ferner alle internationalen Verträge gleichgeschaltet werden sollten mit der Bundesregierung; daß Patente uneingeschränkt vergeben werden sollten zu vernünftigen Gebühren; daß Kartelle, die die Herstellung drosseln, Preise absprechen, Gebiete teilen und technische Entwicklungsmöglichkeiten hemmen, der allgemeinen Politik widersprechen und unvereinbar seien mit unsern Grundsätzen »freier Marktwirtschaft«. Das entspricht der vorurteilsfreien Sprache amerikanischen Geschäftsgebarens und gilt heute. Die deutschen Firmen waren dagegen Instrumente ihrer Regierung, und ihr letztendliches Ziel war die militärische Machtstellung.

Ein Fünfzig-Milliarden-Dollar-Fischzug

Diese Darstellung der deutschen Unternehmen wird dazu beitragen, die hinterlistigen deutschen Taten zu verstehen, die die Industrie plante und auch ausführte, als sie mit dem Heer einen Angriffskrieg gegen die Welt vom Stapel ließ. Zu ihrer »Vision« gehörte auch die Ausplünderung Europas. Beides, sowohl der Krieg wie auch der folgende internationale Raubzug war ihnen damit gelungen.

Die Naziwehrmacht war wahrscheinlich die einzige Armee auf der ganzen Welt, die einen besonderen Wirtschaftsverband unterhielt, der mit dem Generalstab zusammenarbeitete. Seine Aufgabe bestand darin, weitere Quellen für die Durchführung des Krieges zu erschließen. Er war eine Sondereinheit des Herres, wissenschaftlich auf Kriegsbeute getrimmt. Diese Abteilung nannte sich Wehrwirtschafts- und Rüstungsamt im Oberkommando der Wehrmacht, abgekürzt WIRÜ. Während der Vorbereitung auf den Überfall auf Polen machte das WIRÜ die Probe auf's Exempel im Saargebiet. Die gesamte Zivilbevölkerung wurde innerhalb weniger Stunden umgesiedelt. In die verlassenen Dörfer und Städte zogen dann Einheiten des Wehrwirtschaftsstabes mit Kraftwagen und Kriegsgerät. Ausgebildete Mechaniker bauten Werkzeugmaschinen und andere Industriemaschinen aus, während gleichzeitig Militärschreiber eine ins einzelne gehende Bestandsaufnahme machten und jeden Gegenstand mit einem Zettel kennzeichneten. Dreitausend Güterwagen brachten alles in Gebiete weiter östlich. Das war eine Generalprobe für das dann folgende deutsche Programm.

Das Amt für wirtschaftliche Kriegsführung in den USA berichtet, daß die Deutschen Europa jedes Jahr um einen Betrag von zehn Milliarden Dollar ausgeplündert haben. Systematisch wurden fortgeschafft: Maschinen, Nahrungsmittel, Kriegsmaterial, Bekleidung. Die Plünderei erstreckte sich von ganzen Industriebetrieben bis hin zu Gartenwerkzeug und Türangeln. Weniges nur blieb verschont. Laborgeräte und wissenschaftliche Apparate aus Europas größten Forschungsanstalten wurden nach Deutschland gebracht. Pferde, Rinder, Schafe und Schweine wurden beschlagnahmt. Öffentliche Galerien und private Sammlungen wurden ihrer Kunstschätze beraubt.

Am 25. April 1941 gab das Oberkommando der Wehrmacht bekannt, daß es 872 Schiffe mit einer Gesamttonnage von zwei Millionen BRT in den besetzten Häfen beschlagnahmt habe.

Allein in Polen wurde öffentliches Eigentum im Werte von 2.900.000.000 Dollar eingezogen.

Von Frankreich erlangten die Deutschen genügend Stahlschrott, ausreichend bei normalem Verbrauch für drei einhalb Jahre, zuzüglich Ölreserven, Kupfer, Nickel, Nahrungsmittel, Seife, Stiefel, Bekleidung, Papier, Rasierklingen und sogar Zahnpasta. Gekaperte Züge, die die Beute fortschaffte, kamen nicht zurück. Aus der Tschechoslowakei allein holten die Deutschen militärische Ausrüstungen im Wert von mehr als 1.500.000.000 Dollar heraus. Sie stahlen sogar die Vorratswäsche aus den Militärlazaretten. Kriegsgerät aus Österreich und der Tschechoslowakei ging nach Südosteuropa gegen Nahrungsmittel und Rohstoffe. Dann überfiel man auch diese Länder - und die alte Ausstattung wurde wieder eingesammelt. Gegen Ende 1941 erreichte der Wert der Plünderei mindestens 36 Milliarden Dollar! 1943 überschritt der Wert 50 Milliarden. Neapel und Rom sind die vor kurzem hinzugekommenen Opfer eines Rekorddiebstahls, wie er seinesgleichen in der Geschichte nicht hat.

Gewalt schafft »Recht«

Das ist aber noch nicht alles! Nachdem wir erfahren haben, wie man Reparationszahlungen aus dem Wege gehen kann, werden wir gleich sehen, wie die Deutschen es verstanden, solche Gelder selbst zu sammeln. »Besatzungskosten« wurden Frankreich auferlegt, zahlbar in täglichen Raten zu 400.000.000 Franc. Deutschlands wirkliche Besatzungskosten betrugen 275.000.000 Franc täglich. Um zu festgesetzten Preisen »einzukaufen«, und zwar jedes irgendwie wichtige französische Industrieunternehmen, dazu reichte der Gewinn von täglich 125.000.000 Franc.

In der ersten Zeit wurde der Grundstock für diese Besatzungskosten durch Vorschußkredite der Bank von Frankreich gebildet. Aber als die Deutschen das Geld dazu benutzten, französische Wertpapiere und französisches Eigentum zu kaufen, legten die früheren Eigentümer als letzten Ausweg ihre Vermögenswerte in Regierungsschuldscheinen an. Dies versetzte die Vichy-Regierung in die Lage, weitere Zahlungen an Deutschland zu leisten. Dank diesem machiavellischen Zirkel wurde Frankreich seines echten Reichtums beraubt und so immer tiefer in die Geldentwertung hineingetrieben.

In den besetzten Gebieten wurden sog. Soldatenbanken eingerichtet. Sie wurden mit besonderen Heeresschuldscheinen ausstaffiert und liefen unter dem Namen Reichskreditkassenschein. Sie wurden gedruckt, ohne daß dahinter irgendeine Deckung stand. Sie waren nur in dem Lande gültig, in dem sie ausgestellt waren. Die für Belgien ausgegebenen Reichskreditscheine galten nicht in Frankreich und erst recht nicht in Deutschland. Die deutschen Dienststellen setzten einen willkürlichen Wechselkurs fest zwischen dieser Besatzungsmark und der Währung des besetzten Landes. Sobald das WIRÜ mit genügend Geldscheinen versorgt war - bis dahin war jede wirtschaftliche Überschreibung ohne Genehmigung der Militärdienststelle verboten - wurden die Reichskreditkassenscheine zum gesetzlichen Zahlungsmittel erklärt. Örtliche Banken mußten sie gezwungenermaßen als örtliches Zahlungsmittel zum festgesetzten Kurs annehmen. Wenn nun ein Deutscher etwas in einem französischen Laden gekauft hatte, wechselte der Besitzer diese bei seiner Bank in Francwährung um. Die örtliche Bank tauschte das Besatzungsgeld bei den Zweigstellen der Bank von Frankreich ein und erhielt dafür französische Franc. Dazu waren alle Stellen verpflichtet. Da die Bank von Frankreich ihrerseits diese Scheine nicht in deutsche Währung umwechseln, sie aber auch nicht in anderen Ländern in Zahlung geben konnte, so war die Bank von Frankreich gezwungen, sie bei sich aufzustapeln. Sie bedeuteten nichts anderes als die ständig wachsende Verschuldung der französischen Regierung. Und so gelang es, die deutschen Schulden durch diese Schuldscheine in französische Schulden umzumünzen. Daher bedeuteten »Käufe« nichts anderes als Beschlagnahme. Die Güter gingen nach Deutschland. Die Verantwortung für Zahlungen verblieb bei dem besetzen Land. Dadurch, daß die Deutschen einen künstlichen Zwangskurs bestimmten, erweckten sie den Anschein, daß sie hohe Preise zahlten.

Mit diesem Trick gewann Deutschland gleich nach der Besetzung zwei Millionen Tonnen Ölreserven aus Frankreich und Belgien, 300.000 Tonnen Kartoffeln aus Norwegen, dänischen Speck im Werte von 10.000.000 Dollar, dänische Butter und Eier, was alles eigentlich für den englischen Markt bestimmt war, zuzüglich neun Zehntel der dänischen Butterreserve; 2.000.000 Tonnen Weizen (ohne Frankreich). Allein aus Frankreich holten sich die Deutschen für über 900.000.000 Dollar Nahrungsmittel und für 800.000.000 Dollar Maschinen, Textilien, Metalle, Öl, ja sogar Federbetten und Küchengewürze. Jedes besiegte Land wurde ausgeplündert. Gestohlen wurde jeder Vorrat an Nahrungsmitteln, Mineralien, Stoffe und außerdem jede Menge Industrie- und Handelsunternehmen. Darüber hinaus wurden die Nationalbanken der eroberten Länder gezwungen, mehr Papiergeld zu drucken, deren einzige Dekkung in den wertlosen deutschen Besatzungsgeldern bestand. Und davon hatten sie in Hülle und Fülle. Das Ergebnis war eine tiefgreifende Geldentwertung, so daß der Ladeninhaber nicht nur seine Ware los war, sondern auch nicht mehr in der Lage, mit dem wertlosen Geld irgend etwas neu einzukaufen.

Deutschland kassierte - meist in Waren - alle 41 Tage einen Wert gleich dem, den es nach dem Ersten Weltkrieg jährlich an Reparationen für die angerichteten Schäden bezahlen sollte. Verglichen mit den viereinhalb Milliarden Dollar, die Deutschland Jahr für Jahr von den besetzten Ländern erpreßte, sind die 234.000.000 Dollar, die es als Endsumme des Youngplanes zahlen sollte, nur ein Tropfen auf den heißen Stein.

Wenn die Wiedergutmachungszeit herankommt, müssen wir daran denken, daß Deutschland nicht einfach stahl und plünderte. Der Anschein des gesetzmäßigen »Kaufes« war eine wohlüberlegte Angelegenheit, denn die Deutschen hatten von Anfang an die Möglichkeit mit einkalkuliert, daß sie bei ihrem Streben nach der Weltherrschaft einen Schlag ins Wasser tun könnten. Um im Falle einer Niederlage gewappnet zu sein und gleichzeitig einen neuen Feldzug vorbereiten zu können, haben sie ihren Raub schlau den Anschein von Rechtsgültigkeit gegeben.

Die Wirtschaft als Oberkommando

Es ist schwierig, sämtliche Umstände der deutschen Ränke zu entwirren und festzuhalten, ob die Industriekapitäne Deutschlands mehr als das militärische Oberkommando dazu beigetragen haben, daß sich Deutschland nach der Niederlage erneut an der Unterwerfung der friedenshungrigen Welt versuchte. Jedenfalls konnten die einen nicht ohne die andern in Erscheinung treten. Waffen kosten Geld. Die anderen Nationen mußten durch militärische Unzulänglichkeit schwach gehalten werden, wozu auch zersetzende Propaganda gehörte. Das unersättliche Verlangen nach deutscher Weltherrschaft erfaßte die Industrie nicht weniger als die Militärs. Es ist bezeichnend genug, daß die Kriegsplanung ausgebrütet und vorangetrieben wurde, lange bevor die fanatischen und wahnsinnigen Nazianhänger ihr hysterisches Lügengespinnste herausbrüllten.

Will man also gerecht über die deutsche Wirtschaft urteilen, dann muß man die einzigartige Zielsetzung der deutschen Unternehmen ins Auge fassen; der deutsche Unternehmer sucht mehr als nur Erfolg und Wohlergehen. Er betrachtet sich als verantwortlich für das deutsche Schicksal. Er glaubt, daß die deutsche Erfindungsgabe als militärische Waffe eingesetzt werden muß. Er ist ein Verschwörer, kein Unternehmer, und jedes sittenwidrige Geschäftsgebaren ausländischer Wettbewerber verblaßt zur Bedeutungslosigkeit, gemessen an seinem Programm der Metzelei und Weltausplünderung. In Deutschland herrschte die totale Kriegsvorbereitung, lange bevor es den totalen Krieg gab.

Ebenso wie das deutsche Oberkommando der Wehrmacht ausgerottet werden muß - und zwar in einem Maße, daß es nie wieder neue militärische Pläne ausbrüten kann; ebenso wie das Kriegsmaterial und die Schwerindustrie ausgerottet werden müssen und zwar in dem Maße, daß sie nie wieder heimlich Vernichtungswaffen herstellen kann; so muß auch die deutsche Unterwanderung internationaler Unternehmen verhindert werden, die durch Kartelle und Kontrolle über strategisches Kriegsmaterial eine wirtschaftliche »Fünfte Kolonne« bildet. Ihr unschuldiges Äußeres benutzen sie zu Spionage und Sabotage, was für alle Zeiten unmöglich gemacht werden muß. Jeder Plan zur wirtschaftlichen Überwachung, der diese Tatsachen übersieht, wird genauso wirkungslos sein wie die Entwaffnungsbestimmungen des Versailler Vertrages. Deutsche Redlichkeit gibt's nie und nirgendwo. Die Kraft, Schlechtes zu tun, muß vernichtet werden.

Vor der Planung eines zusagenden Programms für die Wiederzulassung der deutschen Wirtschaft unter Beachtung genauer Sicherheiten wird ein anderer historischer Ausflug lehrreich sein. Wir wollen dabei in die finanziellen und geldlichen Bereiche vordringen, die eng mit der wirtschaftlichen Planung verflochten sind.

Der Reparationsbetrug

Bis auf den heutigen Tag behauptet Deutschland 31.875 Millionen Dollar an Reparationen bezahlt zu haben. Zu verschiedenen Zeiten haben sogar Sachverständige der Alliierten an diese Schätzung geglaubt. In Wirklichkeit zahlte Deutschland 4.671 Millionen Dollar. Der Unterschied erklärt sich dadurch, daß Schachts Betrug Kriegverluste und Kriegsschäden mitrechnete, als wären es Reparationen. So bewertete er den Verlust der deutschen Kolonien mit 22,5 Milliarden Dollar. Hinzu rechnete er Staatsbesitz in den abgetretenen Gebieten, wie Bahnhöfe, Schulen, Verwaltungsgebäude und Reichs-straßen. Deutschland schloß dann auch noch die Kosten für die Entwaffnung ein, das Schleifen deutscher Festungen und die Umstellung der deutschen Kriegsindustrie auf Friedensfabrikation. Das ist wahrlich eine drollige Verrechnungskunst. Die Schäden und Verluste des geschlagenen Gegners als »Reparationen«!

Es stimmt schon, daß Deutschland unter einer schweren Inflation zu leiden hatte. Ein Dollar entsprach 4.200.000 Mark. Trotzdem bleibt die Tatsache bestehen, daß Deutschlands Realeinkommen zwischen 1924 und 1939 höher war als in den Jahren vor dem Krieg. Der einzelne Deutsche verdiente in diesen »Notjahren« mehr als in der Blütezeit unter Wilhelm II.

Von den Alliierten erhielt Deutschland Anleihen und Warenkredite, also von den »Siegern«, im Werte von 6.750 Millionen Dollar, d. h. eine Summe, die weit über seine Zahlungen hinausgeht. Und ausgerechnet noch während der Laufzeit seiner Anleihen, als Deutschlands Einkommen um 77 % höher war als 1913, strichen die Alliierten 17.100 Millionen Dollar der deutschen Ver-schuldung wegen seiner angeblichen Notlage.

In Anbetracht dieser gewaltigen Schuldennachlässe war man in Deutschland schließlich dahingehend einig, mit den ewigen Bitten um Erleichterungen auf-zuhören und jährlich 234.000.000 Dollar zu zahlen - weniger als die Hälfte der normalen Zahlungen nach dem Dawesplan. Ein Jahr später wandte sich Hindenburg trotzdem an Präsident Hoover mit der Bitte um Erleichterungen, woraufhin ihm ein Zahlungsaufschub von einem Jahr bewilligt wurde. Die Reparationszahlung des laufenden Jahres wurden einfach gestrichen.

Bei den Handelsanleihen sah es nicht besser aus. Deutschland erhielt 5.355 Millionen Dollar in bar. Und - Hitler nahm sie gelassen an. Nutzte er sie? In Wirklichkeit wurden diese Gelder zum Aufbau einer neuen Militärmaschine benutzt.

Die Alliierten wurden unglaublich zum Narren gehalten. Dank der Inflation von 1923 lösten sich Deutschlands innere Schulden praktisch in nichts auf. Großbritannien dagegen schlug sich mit einer Staatsverschuldung von 31,5 Milliarden Dollar herum, und Frankreich ebenso mit 250 Milliarden Franc. Und all das neben etwa 8,625 Millionen Dollar Kriegsschulden dieser beiden Nationen den USA gegenüber.

Die Siegernationen litten unter ihren Verpflichtungen, während die Besiegten Schuldenstreichungen, Anleihen und Kapitalanlagen erhielten, womit eine neue Militärmaschinerie aufgebaut wurde. Deutschland genoß nicht nur die Gelegenheit zu einer betrügerischen Militäraufrüstung unter der Maske der Armut, sondern die Alliierten waren zur gleichen Zeit, in der sie an Deutschland Zahlungen leisteten, nicht in der Lage, ihr eigenes Rüstungsprogramm zu finanzieren. Solcherart ist der deutsche Rekord an Verschlagenheit, Täuschung und Rücksichtslosigkeit im Finanzbereich. Eine solche finanzielle Gaunerei darf sich nicht wiederholen.

Wichtiger als das Studium des Geldproblems ist - wenn wir in erster Linie unsere eigene Zukunft ins Auge fassen wollen - eine Untersuchung über Reparationen in Naturalien. Nach dem Ersten Weltkrieg standen sich hauptsächlich zwei Wirtschaftsauffassungen gegenüber. Die eine hatte ihre Anhänger bei den Franzosen, die nachdrücklich behaupteten, daß Deutschlands Weigerung, in Gold zu zahlen, böse Absicht sei, und daß entsprechende Druckmittel die Deutschen zur Zahlung schon zwingen würden. Die andere Meinung, die die Engländer vertraten unter der Führung von Professor John Maynard Keynes, die »Dynamische Lösung«, drang darauf, daß die deutsche Industrie durch Gewährung großer Darlehen in ihre früheren Rechte wieder eingesetzt werden müsse. Das würde Deutschland in die Lage versetzen, Rohstoffe zu kaufen und die Werksanlagen zu modernisieren. Nur ein erfolgreiches Deutschland könnte Reparationen bezahlen, wurde hier also behauptet.

Zwischen diesen beiden Ansichten wurde ein Kompromiß geschlossen. Unter dem Dawesplan wurde der Reichsbank eine Anleihe von 800 Millionen Goldmark gewährt, gegen Verpfändung der deutschen staatlichen Reichsbahn und bestimmter Steuern. Danach sollte Deutschland seine Reparationsverplichtung jährlich mit einer Rate von einer Milliarde Goldmark abgelten. Vom fünften Jahre an sollte sich die Summe auf zweieinhalb Milliarden erhöhen. Diese Zahlungen sollten jedoch zum Teil in Fertigware oder Rohmaterialien bezahlt werden.

Sofort überflutete Deutschland die Weltmärkte mit seinen Waren. Die alliierten Nationen errichteten Handelsschranken, um den deutschen Konkurrenzmarkt auszuschalten. Deutschland wehrte sich gegen solche Zurücksetzung. Es nahm seine Zuflucht zur Preisunterbietung und ähnlichen Methoden, wodurch es eine nochmalige Überprüfung der Reparationszahlungen durchsetzen konnte. Es folgte der Youngplan, der eine erneute bedeutende Herabsetzung der Zahlungen brachte, aber Bedingung war, daß die Zahlung in Gold und nicht in Waren geleistet werden sollte. Deutschland nahm diese Zahlungsherabsetzung an, aber es leistete nicht die verlangte Barzahlung. Im Gegenteil, es zahlte sogar keine Zinsen an die Hauptgläubiger mehr für die Anleihen und gleichzeitig verstärkte es seine Ausfuhr durch Preisunterbietung. Die Devisen und das Gold, das es auf diese Weise erhielt, benutzte es nicht etwa, um Reparationen zu bezahlen, sondern dienten zur Finanzierung der Wiederbewaffnung.

Während Deutschland dieses Spielchen der finanziellen Täuschung spielte, war es pausenlos beschäftigt mit einer Propaganda, die dahin wirksam werden sollte, den Nachweis zu erbringen, daß es ohne Zugang zu den Rohstoffen nicht lebensfähig wäre. Und tatsächlich überschritt seine Einfuhr von Rohstoffen bei weitem den Vorkriegsbedarf, trotz einer verkleinerten Bevölkerungszahl. Verbraucht wurde dieses Material für die heimlich konstruierten Waffen. Die deutsche Propaganda konnte verblüffende Erfolge bei den Neutralen und sogar bei früheren Kriegsgegnern aufweisen. Das Hoover-Moratorium war das bezeichnende Ergebnis. Diese historischen Feststellungen sind keinesfalls nur Gegenklagen. Die gleichen wirtschaftlichen Überlegungen, die damals die Fachleute entsprechende Folgerungen ziehen ließ, sind auch heute noch in manchem hohen Stabe im Schwange. Die Erkenntnisse der deutschen Täuschung mag wachsamer gemacht haben, aber die überkommenen Ansichten in bezug auf Patente, Handel, Zölle und Reparationen sind immer noch vorhanden. Der Reiz zur Sympathiewerbung für die Massen der »unschuldigen« Deutschen ist nicht unbedeutend. Auch wird unsere zum Widerstand neigende Kraft durch die zahlreichen deutschen Organisationen nicht gerade gestärkt, die zweifelsohne uns gegenüber behaupten werden und das stark unterstrichen durch ein heftiges Sich-an-die-Brust-schlagen -, daß sie alle nur unterdrückte Demokraten seien, die dem Naziwillen nur unter Druck und Zwang nachgegeben hätten. Die Opfer des Hitlerismus werden durch ihren Aufenthalt in den Konzentrationslagern an Ansehen gewinnen - und zweifelsohne werden auch viele von ihnen es ehrlich meinen. Aber hinter einer solchen Maskerade werden sich auch Verschwörer gegen den Weltfrieden verstecken, deren Wandel und Demokratiepredigten nur Verstellung sind, die sie beibehalten, bis sie wieder zum Kriege hetzen können. Anders kann es gar nicht sein. Also müssen wir uns sowohl an der wirtschaftlichen wie auch an der politischen Front stark machen, um die Kraft, Übles zu tun, vollkommen auszurotten, und das mit so drastischen Methoden, wie es die Umstände befehlen.

Wirtschaftliche Abrüstung

Es wird nicht genügen, die militärische Kaste zu vernichten. Eine neue könnte sich bilden. Deutschlands Möglichkeiten, Kriegsgerät für eine erneute Kriegsmaschinerie zu erstellen, müssen nachhaltig zerstört werden - durch eine vollständige industrielle Abrüstung. Vielleicht würde man besser sagen »Entrümpelung«. Die Beschlagnahme der vorhandenen Waffen könnte für Deutschland sogar von Vorteil sein. Die beschlagnahmte Ausrüstung, soweit sie die Alliierten in die Hand bekommen, würde bald veraltet sein, während Deutschland sich ein neues und wirksameres Waffenlager zulegen könnte. Ein ähnlicher Nachteil wirkte sich aus, als Deutschland angriff. Die Demokratien, die ja unvorbereitet überrascht wurden, stellten modernere Waffen her.

Als sie die Werkzeugmaschinen für Bomber, Jagdflugzeuge oder Panzer herstellten, da hatten sie den Vorteil dauernder und schneller Verbesserungen an ihren Modellen auf ihrer Seite. Der Frühbeginn seiner Anstrengungen belastete Deutschland insofern, als es veraltete Modelle baute und fürchtete, mit der vollständigen Überholung seiner Kriegsmaschinerie Zeit zu verlieren. So glichen wir - obwohl an Menge weit hinter dem Erforderlichen zurück - sehr oft die Quantität durch Qualität aus. Bei der Sorge um die Zivilisation kam uns vielleicht das moralische Recht der Rache zu Hilfe, um die zu strafen, die sich früh auf diesen Krieg vorbereiteten - und denen zu helfen, deren Unvorbereitetsein ihren Friedenswillen bewies. **Wir dürfen uns nicht mit alten Waffen vollstopfen und den Deutschen erlauben, heimlich ein modernes Massenvernichtungsmittel herzustellen. Also müssen alle mit der Herstellung von Kriegsmaterial beschäftigten Betriebe abgetakelt und die Fabrikanlagen vernichtet werden. Der Maschinenpark muß ins Ausland gebracht oder verschrottet werden. Alle Vorräte an Erz, Öl und Gummi, die über den für die Zivilbevölkerung notwendigen Bedarf hinausgehen, müssen fortgeschafft werden, und den Deutschen sei nie wieder erlaubt, Vorräte von strategisch wichtigem Material anzusammeln.**

Aber was noch viel wichtiger ist: die Werkzeugmaschinen-, Eisen-, Stahl-, Aluminium-, Chemie- u. a. Industrien, soweit eine Wiederbelebung ins Auge gefaßt ist, dürfen nicht unter deutscher Leitung stehen, weder unter einer einzelnen Persönlichkeit, noch unter einer deutschen Leistungsgemeinschaft. Eine Kontrollmöglichkeit bestände darin, daß man die Mehrheit der Aktien der Schwerindustrie Vertretern der »Vereinten Nationen« zu »Treuen Händen« gäbe. Wenn - wie es später in diesem Kapitel aufgezeigt werden soll - die Oberaufsicht einer internationalen Körperschaft übertragen wird, die sich mit wirtschaftlichen Problemen auseinanderzusetzen hat, dann könnte eine solche Organisation als Treuhänder dienen. In beiden Fällen wäre der deutschen Industrie, die in hohem Maße zentralisiert ist, die Gelegenheit genommen, die Entwaffnungsmaßnahmen eines Waffenstillstandes zu umgehen. Eine einfache Besichtigung von Fabrikanlagen, um festzustellen, ob dort womöglich doch militärische Ausrüstungsstücke hergestellt werden - darauf kann man keinerlei Vertrauen setzen. Die Schwierigkeit, deutsche Industriekomplexe zu entwirren, ist zu groß. Außerdem läßt der Eifer, fündig zu werden, mit der Zeit nach. **Wesentlich ist die Kontrolle der Wirtschaftspolitik.** Eine Industriekontrolle an der Quelle würde die Gefahr ausschalten, daß die Überwachung erlahmt. Wie meistens bei undramatischen Aufgaben weicht die anfängliche gewissenhafte Sorgfalt nach und nach dem verlockenden Müßiggang. In einer so lebenswichtigen Angelegenheit dürfen wir nicht mit der fieberhaften Wachsamkeit der frühen Besatzungszeit rechnen. **Die Deutschen könnten in den Fabriken arbei-**

ten und tagtäglich überwacht werden, aber die Treuhänder hätten die letzte Entscheidungsgewalt über die gesamte Belegschaft, Verträge, Ausstattung, Gesamtfinanzierung, alle ausländischen Abmachungen, ganz gleich, ob es sich um ein Kartell oder andere Geschäftsgebaren handelt. Für deutsche Unternehmer wäre es unmöglich, über ausländische Gesinnungsfreunde Spionage- oder Sabotageorganisationen aufzubauen, schon gar nicht unter der Maske eines geschäftlichen Unternehmens. Die gefährlichste Form der »Fünften Kolonne« wäre damit verunmöglicht.

Wie es die Aufgabe eines guten Arztes ist, einer Krankheit eher vorzubeugen als sie zu heilen, so würde diese Kontrolle direkt an der Quelle eine heimliche Aufrüstung ersticken. Damit erübrigten sich die sonstigen Notwendigkeiten, wie: Entwirrung der grenzenlosen Verflochtenheit ausländischer Unterstützung; vertragliche Vereinbarungen; Entwirrung von Körperschaften, die offensichtlich unter der Leitung von ortsansässigen Bürgern stehen; Entwirrung von Patentrechten und Lizenzen in deren Namen; Behandlung der Herstellungsbegrenzung militärisch wichtigen Materials; Preisfestsetzung; Aufdeckung von Vereinbarungen, die der deutschen Forschung von Nutzen sein könnten und unserer eigenen hinderlich sein. Die beachtliche Verwandlungskunst der Deutschen hätte sich totgelaufen, die aus einem Lippenstiftbehälter eine Kartusche macht; eine Waschmaschine entpuppt sich als Fliegerabwehrbasis; Fernrohre verwandeln sich in Feldartillerie und rollende Güterwagen wachsen sich zu Panzern aus. Es wäre nicht der letzte aller Vorteile dieses Programms, daß es einen volksverhetzenden Lösungsvorschlag, die Arbeitslosigkeit betreffend, unmöglich machte, nämlich die Aufrüstung. Diktatoren haben oft zu diesem künstlichen Hilfsmittel gegriffen, um die wirtschaftliche Misere zu bekämpfen. Solche Lösungsmethode hat nur allzuoft dafür herhalten müssen, den verbrecherischen Plänen der Deutschen zu dienen. Die Schaffung der Streitkräfte hatte dabei den Zweck, das eigene Regime zu gewährleisten und sich auf Kosten anderer zu ernähren. Das diente dazu, die Opfer des »Kapitalismus« zu besänftigen (obwohl Faschismus Staatskapitalismus ohne soziale Wohlfahrt bedeutet); es diente dazu, durch den Glanz der Uniform Gangstertum gesellschaftsfähig zu machen; das alles diente nur dazu, dem Beruf des Soldaten den Glorienschein der Vaterlandsliebe aufzusetzen. Unter Hitler war die Arbeitslosigkeit innerhalb von drei Jahren von sechs Millionen auf unter eine Million gesunken.

1937, im vierten Jahre seiner Regierung, warb Deutschland tatsächlich »Fremdarbeiter« an. Wenn die Beobachtungs- und Ausdeutungsgabe der Welt nicht so verkrüppelt gewesen wäre durch eine mehr als merkwürdige Art der Selbsthypnose, dann würde sie an dieser einfachen Tatsache erkannt und begriffen haben, daß der Sturm der Zerstörung näher rückte.

Eisen und Roggen

Schließlich und endlich muß die Abrüstung auch eine Landwirtschaftsreform umfassen. Das bedeutet zugleich ein Aufbrechen des preußischen Feudalsystems. 1879 verkündete Bismarck seinen berühmten »Pakt zwischen Stahl und Boden«. Das bedeutet eine hohe Schutzzollpolitik, die die Schwerindustrie und die feudalen Gutsbesitzer gegen den Mittelstand zusammenführte. Um diesen Wandel in der politischen Macht zu rechtfertigen, nahm er noch einmal seine Zuflucht zur Schwärmerei von der Heiligkeit des Bodens, des deutschen Bodens. Ihr stellte er die »gottlose« Sozialdemokratie und den »jüdischen« Kapitalisten gegenüber. So wurde also schon lange vor Hitler und vor den Nazis der Aberglaube von der Überlegenheit des deutschen »Blut-und-Bodens« genährt, um die Junker zu schützen, die landbesitzende Aristokratie und Militärkaste Preußens.

Noch eine Generation zuvor gab es nur zwei wirkliche Klassen: die preußisch-feudalen Lehns- und Gutsherren und die Bauern. Das trug zum deutschen Kastengeist bei, zur gesellschaftlichen Spaltung und zugleich zur fanatischen Autoritätshörigkeit. Das erklärt auch die altväterliche Staatshörigkeit in Preußen. In Süddeutschland dagegen, wo der Boden noch meist im Besitz von Bauern war, bot sich von selbst die Ausbreitung der deutschen »Gemütlichkeit« an.

Die Junker blieben während der beiden Weltkriege die herrschende Schicht. Sie kontrollierte die Gesetzgebung und verbanden sich mit Hitler, um so die preußische Überheblichkeit in aller Welt zur Schau zu stellen. Diese landbesitzende Klasse, die fanatischen Geburtshelfer eines Supernationalismus, muß zerschmettert werden. Sie darf auf keinen Fall überdauern, wie man es nach der Niederlage des Kaisers zugelassen hatte. Ihre bevorzugte wirtschaftliche Stellung, gestützt auf Willkür und übertriebenen Schutzzoll - auf Roggen, Weizen u. a. Getreide - muß aufgehoben werden. Ihre Güter müssen beschlagnahmt und auf die Bauern verteilt werden - in kleineren Parzellen. »Die Landreform und Verteilung von Grund und Boden, wie sie sich nach dem letzten Krieg in verschiedenen europäischen Ländern zugetragen hat, ist die wesentliche Grundlage für Demokratie und friedvolle Zusammenarbeit.« (J. B. Condliffe, Notizen für eine Welt nach dem Kriege).

Bezeichnend ist, daß Deutsche, die den Fluch ihres Landes gerne ablegen möchten, einen besonderen Wert auf eine solche Reform legen. So hat z. B. Professor Einstein geschrieben: »Ich bin davon überzeugt, daß eine erneute Aggression von Seiten Deutschlands verhindert werden kann, wenn die Industriekontrolle auf deutschem Boden den deutschen Händen entwunden und die großen Landgüter enteignet und parzelliert werden.«

Vom Wesen der Gnade

Unmittelbar nach Eintritt des Waffenstillstandes wird die qualvolle Lage Europas eine großherzige, heilende Hand nötig haben. Die Irrsinnstaten eines Krieges bedeuten: je größer die Schlacht, um so mehr muß wieder aufgebaut werden; je erfolgreicher die Blockade, um so mehr Lebensmittel sind notwendig. Das aber ist nicht unser Bier. Die zivilisierte Welt begeht Mord und Verwüstung nur, damit diese Kräfte nicht für alle Zeiten auf den Thron gesetzt werden. Aber Wiederaufbau bringt ganz von selbst die Ausbreitung der Gnade sogar über Unwürdige mit sich. Man schätzt, daß in den ersten sechs Monaten 9.268.138 Tonnen gehaltreicher Lebensmittel nach Europa verschifft werden müssen, sobald der Waffenstillstand geschlossen ist. Sonst besteht keinerlei Aussicht, die Ordnung einigermaßen aufrechtzuerhalten. Die Empfänger mögen dann in Form von Rohstoffen oder andern Erzeugnissen zahlen, die die Lebensmittel erzeugenden Länder wohl gebrauchen können. Frankreich, Holland und Belgien sind glücklicherweise in der Lage, in Gold und Devisen zu zahlen, zumal sie die Länder sein werden, die die größten Mengen an Lebensmitteln benötigen werden. Da wir aber sicherlich damit rechnen müssen, daß aus all diesem ein »Geschenk« wird, so sollten wir auch darüber nicht weiter erschrecken. Schon aus egoistischen Gründen - und ganz abgesehen von menschlichen Gefühlsregungen - wird es immer noch billiger werden, als die kostspieligen Luftbomben, die wir zollfrei über Hamburg abgeliefert haben, oder als die Millionen Tonnen an Benzin, die unsere Jeeps in Afrika und unsere Kriegsschiffe am Tag verbrauchen, so wie wir sie eingesetzt haben. Verglichen mit den Milliarden von Dollar, die es gekostet hat, um eine üble Macht in Europa zu vernichten, sind die Kosten für die Wiederherstellung einer bescheidenen Ordnung unbedeutend. »Die USA haben ein sehr großes Interesse daran«, schrieb Walter Lippmann, »daß sich der befreite Kontinent wieder an die Arbeit macht.«

Den Kindern in Deutschland muß in erster Linie geholfen werden; dabei muß man deutlich die amerikanische, englische und französische Flagge zeigen - auch die anderer Verbündeter - und Schriften verteilen, um darauf hinzuweisen, daß es die Demokratien sind, die ihnen Hilfe bringen. Denn es darf - wie wir noch sehen werden - keine Gelegenheit ungenutzt bleiben, um mit der Umschulung - genauso wie mit der Entwaffnung - des deutschen Volkes zu beginnen.

Rücksichtnahme auf alles Menschliche ist eine wichtige Sache, und kein Entwicklungsplan für die Nachkriegszeit wurde besser vorbereitet als das Ernährungsproblem. Vierundvierzig Staaten haben bereits ein Übereinkommen unterzeichnet, das eine Hilfs- und Wiederaufbauverwaltung der verbündeten Staaten vorsieht.

Internationale Wirtschaftskontrolle über Deutschland

Hier seien einige vorbeugende Hilfs- und Entlastungsmaßnahmen aufgezeigt, die ergriffen werden müssen. Aber das Kräftegleichgewicht zwischen Schutzmaßnahmen und Erleichterungshilfen verlangt nach internationaler Kontrolle. Nach dem letzten Kriege saßen wir gebannt in dem Strudel zweier entgegengesetzter Strömungen. Die eine wollte Deutschland bestraft wissen und zahlen lassen. Die andere versuchte Deutschland zu helfen und ihm wirtschaftliche Festigkeit zu geben. Keines der beiden Ziele wurde erreicht. Für die Planer ist's ein schwacher Trost, daß es deutscher Täuschungsmanöver bedürfe, ihre ganzen wirtschaftlichen Theorien koppheister gehen zu lassen.

Wir sind dafür verantwortlich, daß es deutscher Gewieftheit nicht noch einmal gelingt, eine solche Gelegenheit beim Schopfe zu fassen.

Die Aufgabe wird durch eine ganze Menge von Sachzwängen bedeutend erschwert: wir müssen darauf bestehen, daß Deutschland Wiedergutmachung leistet, was es eines Teils des unrechtmäßig erworbenen Wohlstandes beraubt; andern Teils aber wünschen wir zur gleichen Zeit, den Zusammenbruch der deutschen Wirtschaft zu verhindern, der auf Resteuropa überspringen würde.

Wir möchten, daß die Deutschen die verwüsteten Gebiete wieder aufbauen, denn das ist auch eine Form von Wiedergutmachung. Aber zur gleichen Zeit fordern wir, daß durch deutsche Zwangsarbeit in den wieder aufzubauenden Gebieten dort kein Arbeitslosenproblem entsteht.

Wir möchten Deutschland vollkommen entwaffnen, wodurch wir ihm ungeheure Ausgaben ersparen. Aber wir möchten nicht, daß unsere Industrie mit den Kosten belastet wird, um die Waffen instand zu halten.

Wir möchten Deutschland die unmittelbarsten Qualen ersparen. Aber wir möchten nicht unter den Ausgabendruck dauernder Polizeiaufsicht kommen.

Wir sind darauf bedacht, daß Deutschland Reparationen zahlt. Dabei dürfen wir aber keinesfalls Gefahr laufen, daß es sich durch Preisunterbietung auf unsern Märkten breitmacht. Das sind nur einige der wirtschaftlichen Widersprüche.

In groben Zügen könnte man eine richtige Politik Deutschland gegenüber etwa so zusammenfassen: Deutschland muß die größtmögliche Wiedergutmachung zahlen, ohne jedoch die eigene und die Weltwirtschaft zu schädigen. Erfolgreich können diese Widersprüche nur durch internationale Kontrollen aufgelöst werden. Das letzte Ziel muß sein, ein stärkeres gemeinschaftliches Handelssystem zu errichten, ein besser gefestigtes. Einzelheiten für einen solchen Plan können nicht festgesetzt werden. Er darf nicht starr sein. Die Aufgabe heißt ständige Überwachung und Anpassung. Aus diesem Grunde ist eine übernationale Körperschaft nötig. Eine solche Weltwirtschaftskommission würde behelfsmäßige und verzweifelte Anstrengungen wie Dawes- und Youngplan in der letzten Minute verhindern, die sich mit der Krise beschäftigten, als diese schon vorhanden war. Sie könnte die Kontrollen so einrichten, daß die deutsche Wirtschaft ausreichend gesund bleibt, trotz der größtmöglichen Wiedergutmachung. Die Einziehung einseitiger Strafreparationen ist unzulässig, und zwar nicht auf Grund irgendwelcher Zuneigung oder Gefühlsduselei, vielmehr weil sie nicht erfaßbar sind. Und bei wilder Handhabung würde die Weltwirtschaft, ein hochempfindlicher Organismus, durcheinander geraten.

Unter der strengen Überwachung durch eine internationale Kommission könnten sich Deutschlands Wirtschaftsbedingungen bessern und festigen, während es gleichzeitig gehalten wäre, Wiedergutmachung zu leisten. Führende Wirtschaftler wie Professor P. E. Corbett, Professor Edward H. Carr und Professor J. B. Condliffe stimmen dieser Ansicht zu. Sie halten es für möglich, daß sowohl ein höherer Wohlstand wie auch Reparationen erarbeitet werden können, sofern es zu einer vernünftigen Gemeinschaftsarbeit kommt. Seit Hitlers Machtergreifung ist der deutsche Lebensstandard so niedrig, daß es ein leichtes sein wird, ihn zu heben - trotz Reparationen und Wiedergutmachung. Bei sauberer Führung könnte Deutschland, über seine erhöhten Bedürfnisse hinaus, Werte schaffen und den Überschuß zum Ausgleich für die von ihm verursachten Schäden verwenden.

Wirtschaftliche Einflüsse sind so unsicher und manchmal so überraschend, ihre Folgen so verworren und unvorhersehbar, daß feste und endgültige Pläne, die sich damit beschäftigen, notgedrungenerweise fehlerhaft sein müssen. Eine wirklichkeitsnahe Lösung muß gesucht werden, eine, die mit dem Fortschritt mitgeht. Wer kann sagen, was neue Industrien entwickeln werden? Wer weiß, was für neue Geheimnisse sich auf dem Gebiete chemischer Erkenntnisse auftun werden. Und wie sollen wir im voraus beurteilen, welch neu entwickelte Rohstoffe oder Fertigwaren benötigt werden, oder an welcher Stelle dieser Erde sie zufällig lagern? Wer kann heute wohl sagen, was für neue Technologien finanziert werden müssen, und ob es nicht doch ratsam erscheint, deutsche Tüchtigkeit und deutsche Geschicklichkeit in friedvollem Rahmen zu nutzen, indem wir einige dieser neuen Industrien in der Mitte Deutschlands ansiedeln, sowohl zum Segen der Weltwirtschaft, als auch zu deutschen Nutzen.

Ein internationales Direktorenbüro, (ähnlich der World Investment Commission und der World Investment Bank, wie sie Professor Eugene Staley vorgeschlagen hat) zur Beobachtung von Geschäftsangelegenheiten könnten diese Vorschläge zur Ausreifung bringen. Eine Verdrängung von persönlicher

Unternehmertätigkeit ist dabei nicht beabsichtigt. Im Gegenteil, sie sollte ermutigt werden! Ihre Anregungen und ihre Leistungsfähigkeit könnten nur schwer durch Regierungsmaßnahmen ersetzt werden. Aber die so wirksam gewordenen Kräfte müssen im Interesse der Gesellschaft in besondere Kanäle geleitet werden. Doch die Kontrollen, wie wir sie in unserm eigenen Lande anwenden, wie z. B. Anti-Trustgesetze und Steuerpläne, die dem Schutze des Wirtschaftslebens dienen, müssen in ähnlicher Weise in erweitertem Maße bei der internationalen Wirtschaftshandhabung angewendet werden. Der Mißbrauch der Macht ist ein selbstzerstörerischer Zug. Aufgeklärtes Privatunternehmer Bewußtsein ist sich dessen sehr wohl bewußt, so daß es am besten beibehalten werden sollte, sofern es sich gesellschaftlicher Zurückhaltung befleißigt.

Wirtschaftlicher Alleingang bedeutet Bankrott

Bei Betrachtung der Probleme Deutschlands dürfen wir unser Hauptanliegen seinen Opfern gegenüber nicht übersehen. Aber Deutschland ist keine in sich abgeschlossene Insel. Es ist ein Teil des weltwirtschaftlichen Mittelpunktes. Wirtschaftskriesen schwappen über nationale Grenzen. Die Lösung des deutschen Problems hilft Weltprobleme lösen. Aber die Beziehungen sind gegenseitig. Die vollständige Lösung der deutschen Schwierigkeiten verlangt das Ausbleiben jedweder internationalen Wirtschaftsanarchie. Die Verantwortung liegt also bei uns, die wirtschaftliche Kraft so zu lenken, daß wir ihr das größtmögliche Wohlergehen für alle Völker - einschließlich des deutschen Volkes - verdanken. Ein Alleingang ist nicht mehr durchführbar im Rahmen der Weltwirtschaft, ebensowenig wie auf außenpolitischem Gebiet.

Es gab einmal eine Zeit, in der der Freihandel ohne jede Kontrolle den größten Fortschritt in bezug auf den Lebensstandard brachte , wie ihn die Welt zuvor nicht gekannt hat. Und diese Zeit war auch die längste Zeit eines relativen Friedens, der der Menschheit beschieden war. Aber die Entwicklung ging weiter und die Schwierigkeiten sind gewachsen und haben die Lage verändert.

Es gab auch einmal eine Zeit, in der sich der Handel ungehindert von Reglementierungen mit höchster Geschwindigkeit entwickelte. Aber mit dem Anwachsen der Verkehrsdichte wird die Formel des »Einfach-laufen-Lassens« gefährlich. Verkehrsampeln und Verkehrspolizisten mußten die Flut der Fahrzeuge unterbrechen und Weisungen geben, oder aber es wäre zu hoffnungslosem Durcheinander und Unfällen gekommen. Der Wirtschaftsgüterverkehr ist nicht anders. Es kann zu einem langanhaltenden wirtschaftlichen Rückschlag kommen, gerade wenn man auf Schnelligkeit drängt. Ein solches Durcheinander läßt sich vermeiden, wenn international zusammengearbeitet wird.

Gemeinschaftlich abgestimmte Regeln bringen Aufschwung, wogegen einseitige Alleingänge nur Rückschläge bringen. Technologischer Fortschritt verlangt neue Rohstoffe, und egoistische nationale Einschränkung führt nur zurück zu Plagen für die, die sie anwenden.

Die Not hat schon zu beträchtlicher gebietsmäßiger Zusammenarbeit gezwungen. Etwa im Rahmen der Inter-American Economic and Financial Advisory Committee and Development Commission. Da gibt es Pläne für eine inneramerikanische Bank. Den Ausschlag hierzu gab die Erforschung und Entwicklung gebietsmäßiger Bedarfsquellen, die Sicherung des Arbeitsbedarfs für örtlich bedingte Notwendigkeiten und die Sicherstellung von Kapitalien für wünschenswerte Unternehmen.

Die Fachleute der »Liga der Nationen« hatten Vorahnungen einer aufkommenden wirtschaftlichen Anarchie. Die Liga brachte Anleihen auf zur Unterstützung Österreichs und Ungarns. Sie versuchte, die Folgen der Preissteigerungen zu überwinden, indem sie Vereinbarungen traf zwecks Vereinfachung und Bekanntgabe von Festpreisen. Sie warnte vor den Gefahren, die Ein- und Ausfuhrverbote heraufbeschwören würden. Aber hinter ihr standen keine Machtmittel. Sie konnte nur studieren, berichten, beraten und beschwören.

1939 machte sich die Liga einen Bericht zu eigen, der vorgeschlagen hatte, die wirtschaftlichen Belange von den politischen zu trennen. Mit anderen Worten: der Rat der Liga sollte das Recht erhalten, andere Staaten, die der Liga nicht angehörten, aufzufordern, sich an den wirtschaftlichen Maßnahmen zu beteiligen. Die Leitstelle der wirtschaftlichen Abteilung sollte auf 24 amtliche und acht nichtamtliche Vertreter erweitert werden. In einer Versammlung wählte die Liga einen Organisationsausschuß, der im Februar 1940 in Den Haag zusammentrat.

Dieser in der Schwebe befindliche Plan mag wohl eines schönen Tages ans Licht kommen werden, wobei er dann als das Kernstück einer übernationalen Organisation zur Zusammenarbeit der internationalen Wirtschaft dienen kann. Gut ausgearbeitete Regeln der internationalen Arbeiterorganisation sind erforderlich, wie auch für freiwilliges Ausscheiden aus der Liga und der internationalen Wertanlagebank. Unter einer solch übernationalen Behörde könnte eine Zentralbank errichtet werden, ähnlich der Federal Reserve Bank, mit der Vollmacht ausgestattet, die Zinsen in allen Ländern gleichzeitig zu heben oder zu senken. Solche Befugnisse könnte dann ausgedehnt oder beschränkt werden, und zwar in Übereinstimmung mit den höchsten Interessen aller Staaten. In diesem Falle würde ein »Lenker vom Dienst« eingesetzt werden, und es würde keinesfalls gestattet, ziellos herumzuwirtschaften. Wechselkurse könnten stabilisiert werden und ein internationaler Anleihefond könnte dazu dienen, die Angst einzugrenzen, die von den Schwankungen bei Kurzzeitkrediten ausgehen könnte. Vor allen Dingen könnten Anteile, Zölle und andere Handelsbeschränkungen kontrolliert, Schutzzölle für junge, noch nicht voll entwickelte Industrieunternehmen befürwortet werden. Die Zuständigkeiten dieser internationalen Körperschaft müßten auch die Kontrolle der Kartelle umfassen, die so zu Werkzeugen internationaler Zusammenarbeit umgeformt werden könnten anstatt zu solchen internationalen Gegeneinanders.

Diejenigen, die lieber einem neuen Gedanken folgen möchten, der schon teilweise erprobt und für verwendbar befunden wurde, seien an das trilaterale Abkommen zwischen den USA, Großbritannien und Frankreich verwiesen, abgeschlossen im September 1936. Belgien, Holland und die Schweiz hatten sich in der Folgezeit angeschlossen. Alle waren sich darüber einig, daß die größtmögliche Unparteilichkeit bei dem System internationalen Wechselverkehrs obwalten müsse, um zu vermeiden - und das bis zur allerletzten Möglichkeit! -, daß durch nationale Schiebungen auf dem Geldmarkt Unruhe auf diesem Gebiet entsteht. Dieses Übereinkommen zeigte gute Wirkung, obwohl es natürlich an der begrenzten Beteiligung litt.

Nichts von all dem fußt auf einem romantischen Idealismus. Daran gearbeitet hat der schärfste, unerbittliche Menschenverstand voller Verantwortungsbewußtsein. Die USA haben die Atlantik-Charta unterschrieben, die folgendes vorsieht:

»Viertens: Bei pflichtgemäßer Rücksichtnahme auf die bereits bestehenden Verpflichtungen werden diese in allen Staaten die Lebensfreude heben, ganz gleich, ob es sich um große oder kleine Staaten handelt, um Sieger oder Besiegte; sie alle sollen in den Genuß des Zugangs zum Handel, aber auch zu den Rohstoffen der ganzen Welt - zu gleichen Bedingungen - kommen, die zur wirtschaftlichen Blüte beitragen.

Fünftens: Gewünscht ist, die vollständigste Zusammenarbeit aller Völker auf wirtschaftlichem Gebiet zuwege zu bringen - mit dem Ziel, für alle verbesserte Arbeitsbedingungen, wirtschaftlichen Fortschritt und gesellschaftliche Sicherheit zu gewährleisten.«

Aber die Charta kann nur dann Erfolg haben, wenn bestimmte übernationale Antriebskräfte eingebaut werden. Zu guter Letzt wird eine solche internationale Zusammenarbeit wie eine Binsenwahrheit angesehen werden, wie auch unsere althergebrachte Zusammenarbeit mit dem Völkerbund, um den Opiumhandel zu unterbinden, Maßnahmen zur Verhinderung der Ausbreitung gefährlicher Krankheiten zu treffen und zur Wirtschaftsforschung zu ermutigen. Während die USA sich vom Völkerbund fernhielten, wurden sie Mitglied der »Internationalen Arbeitsorganisation« und der »Bank für Internationale Wertanlagen«. 32 Nationen trafen sich erst kürzlich im November 1941 auf einer Konferenz in den USA unter der Schirmherrschaft der »Internationalen Arbeiterorganisation«, um die Pläne zur wirtschaftlichen und gesellschaftlichen Neubelebung zu besprechen.

Eine ähnliche Körperschaft widmet sich den internationalen Wirtschaftsproblemen und zeigte eine echte Lösung für eine ganze Serie von verblüffenden Problemen, wobei Deutschland nur eines davon darstellt.

Erst füttere den Bauch - dann den Verstand

Wie das Programm aufzeigt, setzt es einen Frieden voraus, der politisch hart, wirtschaftlich aber großzügig ist. Die wirtschaftliche Gerechtigkeit verlangt natürlich notwendigerweise die schmerzliche Aufgabe der Wiedergutmachung und wenigstens teilweise Reparationen. Das deutsche Volk von diesen Lasten befreien hieße eine wirtschaftliche Benachteiligung aufzubauen für die Russen, deren Fabriken, Dämme und landwirtschaftliche Betriebe gnadenlos zerstört wurden, und von denen Millionen zu Zwangsarbeit gezwungen würden; aber auch für die Franzosen, Tschechen, Polen, Jugoslawen, Holländer und andere Opfer der deutschen Aggression. Ebenso verlangt der Weitblick, daß, anstatt Rachegedanken zu schüren, praktische Schritte unternommen werden, um Deutschland - das immer wieder entsprechende Mittel gefunden hat - daran zu hindern, die Welt auszuplündern. Einige Maßnahmen zur Erreichung dieses Ziels habe ich bereits angeführt. Trotzdem hat das Programm nicht außer Acht gelassen, daß Deutschland Nutzen aus der verbesserten Weltwirtschaft ziehen muß und dazu lernen soll, daß gelegentliche Plünderung nicht der rechte Weg zu echtem Wohlstand ist; und daß der Preis für militärische Erfolge stets die Senkung des Lebensstandards bedeutet.

Etliche meinen, im Friedensvertrag müsse man Gleiches mit Gleichem vergelten, was sich aus berechtigter Wut der unmittelbaren Betroffenheit herleite und man müsse - vor allem bei ruhiger Überlegung - um eine lange friedliche Zukunft besorgt sein. Beide Gedankengänge gebündelt könnten erreichen, daß der entsprechende Kompromiß Gerechtigkeit bringt. Der Grundstock muß in Deutschland selbst gelegt werden, und zwar für eine gesunde Wirtschaft, die der deutschen Krankheit weniger Ausbreitungsmöglichkeit bietet und auf deren Grundlage unsere eigenen Anstrengungen, die Probezeit zum Erfolg zu nutzen, bestens gedeihen können. Die ökonomische Basis ist entscheident für einen dem Leben dienenden Erziehungsauftrag.

Kapitel 5

Erziehung Kains

»Die Menschen bleiben brutal, solange sie an Widersinniges glauben«, hat Voltaire gesagt.

Als Entschuldigung für die ständige deutsche Geisteszerrüttung mit Hinsicht auf internationales Verhalten mag allenfalls gelten, daß das Volk über Generationen hinweg durch falsche Erziehung entsprechend programmiert worden ist. Der Umstand, daß Deutschland seine Rettung in einem zweiten Weltkrieg suchte, nachdem es bei seinem ersten Versuch zusammengeschlagen worden war, mag den Ungeduldigen dazu verleiten, Deutschland für unheilbar zu erklären. »Ein Fall von schlechtem Blut.« Solch verzweiflungsvollen Seufzer hat schon mancher Schriftsteller von sich gegeben. Da meint einer: »Wie ich schon eingangs betont habe, dieses Buch wurde in der festen Überzeugung geschrieben, daß die Gefahr bleibt, und, ich sehe keinen gangbaren und sicheren Weg, etwas daran zu ändern«. (Jack Cherry, einer von vielen). Die den Deutschen eigene Rassentheorie würde eine solche Ansicht unterstützen. Nachdem sie die unvergänglichen Merkmale von Blut, Boden und Rasse auf den Thron gehievt haben, wollen ihre eigenen »Qualitäten« schier unausrottbar erscheinen. Professor Karl A. Kuhn schrieb in seinem Buch »Die wahren Kriegsursachen«: »Muß die Kultur auf Bergen von Leichen und Ozeanen von Tränen ihre Dome errichten - unter der Todesrassel der Sieger? Ja, sie muß! ... Die Macht des Siegers ist das höchste Gesetz der Moral, vor dem sich der Besiegte zu beugen hat.« Professor Werner Sombart von der Berliner Universität schrieb in seinem Buch »Krämerseelen und Helden«: »Der Krieg scheint uns, die wir erfüllt sind von soldatischem Eifer, ein heilig Ding an sich, als Allerheiligstes auf Erden.«

Professor Adolf Lasson schrieb in »Der Krieg als Kulturideal« ungefähr 65 Jahre vor Hitler: »Unter Staaten gilt nur eine Rechtskraft, das Recht des Stärkeren. Es ist also ganz verständlich, daß es immer Kriege zwischen Staaten geben wird. Es ist einfach unmöglich, daß ein Staat ein Verbrechen begehen kann ... Alle Verträge der Welt ändern nichts an der Tatsache, daß der Schwache zur Beute des Stärkeren wird, sofern letzterer den Wunsch dazu hegt und in der Lage ist, diesen Grundsatz zur Geltung zu bringen. Sobald wir Staaten als eine verstandsbegabte Einheit betrachten, können Streitigkeiten zwischen ihnen nur durch materielle Kampfmittel ausgeräumt werden. »Der Staat, der sich nur auf Frieden aufbaut, ist kein echter Staat. Der Staat offenbart seine ganze Bedeutung nur durch seine Kriegsbereitschaft ... Das Gesetz ist der Freund des Schwachen. Krieg bedeutet die grundsätzliche Offenbarung im Leben eines Staates, und die Einstellung dazu nimmt einen Rang von höchster Wichtigkeit im nationalen Leben ein.«

Offen gesagt - dies scheint recht entmutigend für diejenigen, die ererbte Merkmale nicht anerkennen, die ein menschliches Wesen vom andern unterscheiden. Lächerlicherweise wäre es geradezu verlockend, die nazieigenen Theorien zu übernehmen, als trügen die Deutschen ein unveränderliches Kainsmal, welches sie für alle Zeiten zu Parias der Gesellschaft machte! Was für eine philosophische Vergeltung bestünde darin, sie an ihren eigenen Maßstäben zu messen und so einen karthagischen Frieden zu rechtfertigen! Der Mörder, der sich anmaßte, ein Wissenschaftler zu sein versichert gleichsam dem Gerichtshof, daß er unheilbar und der Versöhnung abhold sei. Da er Unschuldigen den Tod brachte, ist er damit einverstanden, ihm keinerlei Gnade zu erweisen. Aber das Recht hört nicht auf ihn oder seine abergläubischen Ansichten, - doch hier handelt es sich nicht um eine Gedankenspielerei, in der das Opfer sich in seiner eigenen Logik verfängt.

Wir halten die Rassentheorie für vollendeten Blödsinn. Sie ist weder für Arier noch für Nichtarier gültig. Ihre Behauptung, daß Minderwertigkeit blutbedingt sei, ist keiner wissenschaftlichen Widerlegung wert. Wie anders könnte man jenes andere Deutschland, das Deutschland Goethes, Lessings, Kants, Schillers und Beethovens erklären, denn keiner von diesen war Nationalist.»Es gibt keinen 'Unterschied' in bezug auf Verstand und Muskelkraft, ganz gleich, ob der Mensch nun auf diesem oder jenem Längen- oder Breitengrad geboren worden ist. Die Menschen unterscheiden sich nicht voneinander, seien sie nun weiß, schwarz, braun oder gelb.« So Sir Norman Angel in »Verantwortung, Strafe, Reparationen« (The Dial, 28. Dez. 1918). Im neunten Jahrhundert waren die Skandinavier noch kriegslüsterne Wikinger. Heute sind sie Musterknaben, die nur den Frieden lieben.

Nein, es gibt noch Hoffnung für die Deutschen. Sie sind so normal geboren wie jeder von uns. Wie erklärt sich dann aber ihre krankhafte Sucht nach Weltherrschaft?

Die wichtigsten Fakten des letzten halben Jahrhunderts

Versuche, die man mit Kindern angestellt hat, beweisen, daß das menschliche Wesen im Vergleich zu anderen Lebewesen nur noch wenige Instinkte besitzt, daß diese aber bei allen gleich sind, unabhängig von der Rasse. Das Kind hat eine instinktive Angst vor plötzlichen lauten Geräuschen, vor dem Fallen, vor dem Mangel an Beistand. Aber instinktiv wird es keine Angst vor Tieren haben, ob es sich dabei um eine Schlange, ein Krokodil oder irgendein menschliches Wesen handelt. Angst und Neigungen sind meistens das Ergebnis von Erfahrung; aus ähnlichem Grund ist ihm auch nicht das Streben angeboren, ein Tier zu töten oder zu unterjochen. Auch das will gelernt sein. Je höher entwickelt ein Wesen des Tierreiches ist, um so niedriger ist der Anteil an Instinkten. Die Lernfähigkeit ist dagegen größer, angeboren.

Ein Frosch kann nicht soviel lernen wie ein Säugetier, wie z. B. eine Ratte oder ein Hund, und sein Verhalten wird in höherem Grade vom Instinkt gelenkt. Der Mensch erbt das höchstentwickelte Gehirn aller Wesen der Welt. Bei der Geburt kennt er noch kein Verhaltensvorbild; er ist auf Lernen angewiesen; daher ist das menschliche Verhalten bildungsfähig und der Änderung durch Erfahrung unterworfen.

Um den deutschen Kriegs-»Instinkten« auf die Spur zu kommen - im Grunde genommen sind es gar keine echten Instinkte - müssen wir die Bildungsströme verfolgen, aus denen sie trinken. Bei dieser Gelegenheit können wir Trost daraus schöpfen, daß reines Wasser die Wirkung einer Kur hat. Obwohl die Aufgabe schwierig und mit Unwägbarkeit befrachtet ist, und obwohl wir auf Widerstand beim Patienten stoßen werden, der noch unter dem Einfuß der vergifteten Fracht steht, so besteht dennoch zumindest die Aussicht auf einen Erfolg. Wissenschaftler sind daran gewöhnt, jahrelang in mühevoller Versuchsarbeit zu forschen, und das nur mit einem Schimmer von Hoffnung, daß die Spur nicht vollkommen falsch ist. Darf der politische Wissenschaftler zögern, weil der Erfolg nicht 100 %ig gewährleistet ist?

Frühere Untersuchungen lassen den Weg des Giftes einer verderblichen Erziehung nachvollziehen. H. G. Wells schreibt: »Es kann nicht deutlich genug gesagt werden: es ist die rauheste Wirklichkeit in der Geschichte des letzten halben Jahrhunderts, daß das deutsche Volk regelrecht mit dem Gedanken geimpft worden ist, daß es einen Anspruch auf weltweite Vorherrschaft habe. Gestützt wurde dieser auf Gewalt, mit der Begründung, daß Krieg die natürlichste Sache der Welt sei.«

Den Schlüssel zum deutschen Geschichtsunterricht kann man am besten in des Grafen Moltke Ausspruch finden: »Ewiger Friede ist ein Traum - und nicht einmal ein schöner Traum. Krieg ist ein Element der Weltordnung, bestimmt von Gott selbst; ohne Krieg käme die Welt ins Stocken und würde sich im Materialismus wiederfinden«. Dem stimmt auch Nietzsche zu: »Es ist ein reines Gaukelspiel und eine niedliche Rührseligkeit«, schreibt er, »von der Menschheit viel (wenn überhaupt etwas) zu erwarten, wenn sie vergißt, wie man Krieg zu führen hat. Ist doch sonst kein Mittel bekannt, das so große Dinge wachruft wie ein großer Krieg, der rohe Kräfte - geboren aus dem Nebel - der tiefe Selbstlosigkeit aus Haß geboren, der Gewissenhaftigkeit - geboren aus Mord und Kaltblütigkeit, der Leidenschaft - geboren aus dem Bemühen, den Feind zu vernichten - der stolze Gleichgültigkeit bei Verlust, ja, des eigenen Lebens oder das des Kameraden, der die einem Erdbeben gleiche Seelenerschütterung hervorbringt, das braucht ein Volk, wenn es auf dem Wege ist, seine Lebensfähigkeit zu verlieren.«

Die Selbsterziehung nach dem Ersten Weltkrieg

Selbst nachdem 1918 das Hohenzollernhaus gestürzt war, nahm die Erziehung in Deutschland ihren gewöhnlichen Lauf, unbeschwert. Lesebücher und Geisteswissenschaften, die faßbar gewordenen Destillate des Pangermanismus, blieben die gleichen. Die deutschen höheren Schulen und Universitäten bestanden aus dem gleichen Gymnasium und der gleichen Realschule, und sie lehrten die gleichen Stoffe.

Mutige gesetzliche Vorhaben wurden angenommen, z. B. Aufklärungsunterricht, aber ebenso, wie bei der Republik selbst, blieb es bei den Versuchen, und beides wurde nicht ernst genommen. Die Verfassung der Deutschen Republik, 1919 in Weimar angenommen, legte im § 148 fest:

»In allen Schulen ist das Ziel die Erziehung zu Moral und Unterricht in Bürgertugenden, zu persönlicher und beruflicher Tüchtigkeit und vor allem: Pflege des deutschen Nationalcharakters und des Geistes zu internationaler Aussöhnung. Im Unterricht der öffentlichen Schulen lege man Wert darauf, die Gefühle und Empfindungen derjenigen nicht zu verletzen, die andere Ansichten vertreten«. Besonders die preußischen Lehrer konnten die »Pflege des deutschen Nationalcharakters« und den »Geist internationaler Aussöhnung« nicht miteinander in Einklang bringen. Wenn sie aufgefordert wurden, den § 148 zu behandeln, dann erklärten sie ihrer Klasse: »Das ist wirklich ein nettes Ideal, und vielleicht kommt in der Zukunft einmal der Tag, wo wir unsere Jugend in solchem Geist unterrichten können. Solange aber Frankreich farbige Truppen am Rhein stehen hat, solange können wir nicht über internationale Aussöhnung sprechen.«

Diese Aufhetzung zum Haß und zur Rache begründete man damit, daß man sie als grundsätzliche Vorsorge auslegte. Sie wurde sogar noch als gemäßigt bezeichnet. Die Weitergabe der preußischen Erziehungsmethode, die im deutschen Schulsystem vorherrschte, war »ein Kniff, den man anwandte, um ein recht kühnes politisches Ziel zu erreichen. So sollte der einzelne zum wesentlichen Bestandteil eines regelrechten Willkürregimes hochstilisiert werden, indem man den Schüler entweder zum Instrument oder zum Sklaven erzog, je nach seiner gesellschaftlichen Herkunft.« (Samuel Laing, »Notizen eines Weltenbummlers«)

Mit den Schulplänen für demokratische Selbstbestimmung stand es nicht zum besten in der Republik. Am 2. April 1920 gab das Erziehungsministerium eine Anordnung heraus, daß die Schüler aller Klassen zu Beginn jeden Jahres einen Sprecher in geheimer Wahl bestimmen sollten. Die Anordnung sah weiter vor, daß die Sprecher der oberen Klassen einen Verwaltungskörper bilden sollten, einen Studentenausschuß; auch sollten in regelmäßigen Abständen alle Studenten zu einer Generalversammlung einberufen werden, um Angelegenheiten zu besprechen und zu regeln, soweit diese für die Studentenschaft von Interesse seien. Dieser wohldurchdachte Versuch einer dezentralen Demokratie war ein vollkommener Fehlschlag. Die Studentenschaften zersplitterten sich an rassischen Auffassungen oder frönten rein politischen Interessen, ohne innerhalb der Schulverwaltung irgendetwas Praktisches zu erreichen. Die meisten Studenten waren Republikgegner und demokratiefeindlich. Sie hielten an der altmodischen Regel unbedingter Autorität fest und sabotierten wohlüberlegt die Verordnunge, die Selbstverwaltung betreffend, um zu beweisen, daß diese Bemühungen einfach lächerlich seien. Die demokratische Minderheit, die trotz der Gegner an freie Aussprache glaubte, war anläßlich eines Versuches nicht in der Lage, Unruhen zu vermeiden, die die Selbstverwaltung zum Gespött machten. Mit endlosem Geschwafel behaupteten die demokratiefeindlichen Kräfte, daß aus einer »Beratenden Versammlung« nichts anderes zu erwarten sei als fruchtloses Geschwätz und Unschlüssigkeiten. Sie beanspruchten das demokratische Recht auf Redefreiheit, um damit ihren antidemokratischen Standpunkt zu vertreten. Auf diese Weise wurde in allen Schulen die Bestrebung nach demokratischer Selbstdisziplin sabotiert. Diese skandalösen Bekundungen waren bis zu einem geringen Grade gewissermaßen gesetzliche Verfügungen dessen, was in erweitertem Maße auf dem politischen Gebiet der deutschen Republik dann tatsächlich geschah.

All das ging den deutschen Erziehungsbehörden über ihren Horizont. Selbst Lehrer, die für die demokratischen Verordnungen und Anweisungen waren, konnten mit dieser feindlichen Einstellung nicht fertig werden. »Die Moral der Geschichte« ist, daß liberale An- und Verordnungen oder sogar Verfassungen noch keine Demokratie machen. Nicht Glaubensbekenntnisse, sondem ihre Durchführung läßt Demokratie erfolgreiche Wirklichkeit werden. Die Erziehung muß der Praxis vorausgehen. Der umgekehrte Weg muß in jedem Fall versagen. Den derzeitigen Schulmeistern kann offensichtlich nicht die Lösung dieses Problems überlassen werden. Sie und ihre Vorgänger haben den Glauben an die Demokratie untergraben. Sie stecken so tief in der preußischen Tradition, daß ihre Regierungstreue die Verneinung der edelsten Grundsätze geradezu herausfordert - und letztlich sogar der Wahrheit. Der Preuße zeichnet sich durch Ergebenheit seinen Vorgesetzten gegenüber aus und durch seine Gefolgschaftstreue, ohne Rücksicht auf Opfer. Seine »besten« Eigenschaften sind deshalb infolge vorgetäuschter Berechtigung gegen uns aufmarschiert. Ebensowenig wie dem deutschen Oberkommando die Selbst-Entwaffnung kann man den deutschen Lehrern anvertrauen, die deutsche Jugend auf den Pfad der Tugend zurückzubringen.

Des Teufels Gebräu

Die ungeheure Schwierigkeit unserer Aufgabe kann man nur dann vollkommen verstehen, wenn man das unter Hitler entwickelte Erziehungssystem genau studiert. Es übertrifft unsere schlimmsten Erwartungen.

Die Unterdrückung der Wahrheit wird zum erzieherischen Grundsatz. Es fördert die schnelle Einprägung eines unausstehlichen Glaubensbekenntnisses. Verlogenheit wird zum Ideal. Märchen verdrängen die Tatsachen so oft, daß der Verstand über die einfachsten Wahrheiten zugunsten gewohnter Lügen rebelliert. Der ganze Lügen-Sud wird mit Vorurteil und Haß zusammengebraut und verstärkt durch die hypnotisierende Wiederholung. Es ist wirklich ein Teufelsgebräu, das den Verstand aus dem Sattel wirft und ihn jeder kritischen Werturteilsfähigkeit beraubt. Es entfacht Fanatismus und Mordlust. Diejenigen, die die unbarmherzige Grausamkeit des deutschen Volkes nicht begreifen können, das da aufmarschiert zum Morden und Plündern, sollten die deutsche Erziehungsmethode studieren, wie sie unter den Nazis zur äußersten Vollendung gebracht worden ist. Dann wird ihr Zweifel schon schwinden.

In »Mein Kampf« kann man das Ziel nachlesen: »Das eigentliche und höchste Erziehungsziel in einem Volksstaat liegt darin begründet, in Herz und Hirn das instinktive Vertrauen zu diesem einzubrennen - und dazu den Glauben an die Rasse ... Es ist die Pflicht eines nationalbewußten Staates darauf zu achten, daß die Weltgeschichte dereinst vor allem unter dem Gesichtspunkt der Rassenfrage geschrieben wird ... Dementsprechend müssen die Lehrbücher unter diesem Blickwinkel aufgebaut werden. Gemäß diesem Plan muß die Erziehung so angelegt sein, daß die jungen schulentlassenen Menschen keine halben Pazifisten, Demokraten oder sonst was sind, sondern nichts als Deutsche ... Das Ziel der Erziehung der Mädchen muß unabdingbar sein, daß sie einmal gute Mütter werden.«

Die Tatsache, daß solche Mißerziehung die wichtigste Waffe im Kriegsarsenal ist, wird freimütig in »Mein Kampf« festgehalten: »Die Frage ist nicht, wie wir Waffen herstellen können. Wichtiger ist, wie können wir den Geist schaffen, der ein Volk willens macht, Waffen zu führen? Wenn dieser Geist vorherrscht in einem Volk, dann finden sich tausend Wege, um an Waffen heranzukommen.« Mit systematischer Hartnäckigkeit haben die Nazis jede Annäherung an althergebrachte internationale Auffassungen unmöglich gemacht. Das Schulbuch von Karl Alne empfiehlt, daß der Geschichtsunterricht »ein Mittel sein muß, die politisch-historische Aufgabe zu lösen - das Ziel des Unterrichts ist, die Bereitschaft zum Kampf zu wecken und das völkische Selbstbewußtsein zu heben ... Die Weltgeschichte muß unter dem Gesichtspunkt der Rassenkunde geschrieben werden.«

In der Zeitschrift »Nationalsozialistisches Bildungswesen« schreibt Friedrich Freider: »Geschichte ist das Wissen aus politischer Erziehung. Der gegenwärtige und zukünftige Geschichtsunterricht anerkennt die Tatsache, daß das Ziel nicht so sehr die Wissenschaft als vielmehr die Politik ist«, und kursiv gesetzt fügt er hinzu: »Die Grundlage unseres Geschichtsunterrichts beruht auf nichts anderem als auf der Gefolgschaftstreue zum Führer.«

Das amtliche Hand- und Leitbuch für den Lehrer, »Erziehung und Unterricht«, gibt folgende Richtlinie:

»Der Hauptgegenstand für den Geschichtslehrer sollte die deutsche Nation mit ihren germanischen Charakterzügen und in ihrer geschichtlichen Größe sein, ihr schicksalsschwerer Kampf um innere und äußere Anerkennung.

»Aus dem Bekenntnis der nationalsozialistischen Bewegung zur Zukunft des deutschen Volkes ist auch ein neues Verständnis für die deutsche Vergangenheit erwachsen. Der Geschichtsunterricht muß sich auf den lebendigen Glauben stützen, er muß unserer Jugend das sichere Gefühl vermitteln, daß sie zu einer Nation gehören, die von allen europäischen Völkern am längsten und schwersten gelitten hat, bevor sie ein Reich wurde, das aber heute mit Vertrauen in die Zukunft schauen kann. Diese Unterrichtsart wird unserer Jugend die Augen zur achtungsvollsten Betrachtung unserer Vergangenheit öffnen, was andererseits unser Gefühl für den eigenen Wert vertiefen und unsere Größe Anerkennung finden läßt ... Die Grundsätze der Rassenzugehörigkeit lehren uns nicht nur die edlen Charakterzüge unseres Volkes, sondern bieten auch den allumfassenden Schlüssel zur Weltgeschichte!«

Anders gesagt, Geschichte ist nicht nur ein Studium der Vergangenheit, sondern auch eine gekünstelte Interpretation von Ereignissen, um die Nazigegenwart zu rechtfertigen.

Der Geschichtsunterricht wird durch die Lehre der Geopolitik ergänzt, die zum Gegenstand hat, wie und warum Deutschland die Welt beherrschen muß.

Im amtlichen »Leitfaden für den Lehrer« wird dieser für den Erdkundeunterricht über Nordamerika dahin belehrt, daß Deutschland seinen Anteil an der Welt und ihren Schätzen einfordern müsse. Die Erdkunde wird aufgerufen, aus der Jugend echte Deutsche und echte Nationalsozialisten zu machen.

Dem Lehrer für nordamerikanische Erdkunde wird eine besondere Bestimmung auferlegt. Er muß dem Schüler beibringen, daß »Amerika ein Land ist, in dem die Änderung des Rassen- und Landschaftsbildes durch die Einwanderung von Europäern verursacht worden ist, die aus wirtschaftlichen Gründen dorthin gekommen sind. Die Lebensbedingungen der Einwanderer als da sind: Rassenvermischung in bezug auf wirtschaftlichen Fortschritt, Ausbeutung, Massenfabrikation; Überproduktion; Negerfrage; das Problem der gelben Rasse an der Westküste; die Indianerfrage. - Das alles sind Spitzenthemen für eine Diskussion«.

Die nazistisch erzogene Jugend begreift einen Amerikaner als einen demoralisierten, blutschänderischen und verweichlichten, in Rasseproblemen verstrickten und verurteilungswürdigen Bastard. Dem Biologielehrer wird im »Leitfaden für Lehrer« klargemacht, daß »Biologie eine große Rolle in der nationalsozialistischen Ideologie spielt ... Die Biologie ist besonders dafür geeignet, das Märchen zu zerstören, daß der Mensch in erster Linie ein Verstandeswesen ist.« Der Chemielehrer wird angewiesen, die Wichtigkeit der Zivil- und Luftverteidigung hervorzuheben und den jungen Studenten klarzumachen, wie wichtig es ist, daß Ingenieure, Arbeiter und Unternehmer für ein größeres Deutschland zusammenarbeiten.

Selbst die unbefangene Wissenschaft der Mathematik wird von den Nazis instrumentalisiert. Der »Leitfaden für Lehrer« gibt die Anweisung: »Dieses Faches Abhängigkeit von der Rasse ist offensichtlich. Es ist für den nordischen Geist bezeichnend, daß er dies große Gebiet mit Macht eroberte, sei es mit der schaffenden Hand oder mit dem grübelnden Verstand. Die philosophischen Überlegungen eines Kopernikus, eines Kepler, eines Leibnitz, eines Kant und eines Gauss haben ihre Grundlage in der Mathematik«. Die abendländische Mathematik wird als »arisches Geistesgut« beschrieben und als »Ausdruck des nordischen, kämpferischen Geistes«, womit man die Tatsache außer Acht läßt, daß die Mathematik zuerst von den Griechen, und im Mittelalter von den Arabern und Juden entwickelt worden ist.

Die kleinsten mathematischen Aufgaben werden in eine Propagandaerfindung umgebogen. Die Kinder werden genötigt auszurechnen, wieviel Volksdeutsche durch den Versailler Vertrag verlorengingen, oder wieviel Bomben ein Flugzeug tragen kann, oder wie tief ein Luftschutzraum sein müßte.

»Erziehung und Unterricht« stellt einfach plump fest, daß die Schule ein wesentlicher Bestandteil der nationalsozialistischen Ordnung sei, und daß sie »die Aufgabe hat, das nationalsozialistische Wesen zu formen ... Das nationalsozialistische Erziehungssystem stammt nicht von einer pädagogischen Theorie, sondern sie ist das Ergebnis aus politischen Konflikten und aus deren Erfahrungen ... Es ist daher die Aufgabe der deutschen Schulen, Männer und Frauen zu erziehen, daß sie in echter Freiwilligkeit alles für Volk und Führer zu opfern bereit sind und fähig, ein echtes deutsches Leben zu leben.«

Jedes deutsche Kind sagt am Tage fünfzig - oder hundertfünfzigmal »Heil Hitler«. Jedes Kind gehört mindestens einer nazistischen Organisation an, wie z. B. dem »Jungvolk« oder dem »Bund deutscher Mädel«. Ein Bericht (Patsy Ziemer »Zweitausend und zehn Tage mit Hitler) gibt auch wortwörtlich eine typische Geschichtsstunde mit Fragen des Lehrers wieder:

»Wer ist der wichtigste und edelste Mensch in der heutigen Welt?« Einhellig schreit die Klasse, »Der Führer«. »Was müssen wir für unsern Führer tun?«

»Wir müssen ihn lieben und verehren«, brüllen alle.

»Warum muß jedes deutsche Mädel jede Nacht Gott auf den Knien danken?«

»Weil er uns den Führer geschenkt hat«.

»Warum hat Gott uns den Führer gegeben?«

»Um uns zu retten«.

»Wovor hat uns der Führer bewahrt?«

»Vor dem Untergang«.

»Wovor noch?«

»Vor dem Kommunismus«.

»Und weiter?«

»Vor der übrigen Welt«.

»Was ist der Führer?«

»Er ist Deutschlands Retter«.

»Ja, der Führer ist unser Retter. Er hat Deutschland wieder stark und geachtet gemacht. Er hat Deutschland zur stärksten Macht gemacht, so daß wir die Deutschen überall in der Welt schützen können. Was hat er uns gegeben?«

»Das stärkste Heer der Welt«.

»Was noch?«

»Die stärkste Luftwaffe.«

»Was müssen wir jede Nacht tun?«

»Wir müssen Gott für den Führer danken«.

»Was ist der größte Traum jedes deutschen Mädels?«

»Den Führer zu sehen«, schreien die Mädel.

»Was für einen noch schöneren Traum als das gibt's wohl?«

»Dem Führer die Hand zu geben«, antworten Buben und Mädel.

Als die Geschichtsstunde zu Ende war, gingen sie in die Biologieklasse. Das Lehrbuch, verwendet in allen höheren Schulen, ist ein Nazilesebuch. Es lehrt die »Ungleichheit der Menschen«, und daß nur reinblütige Deutsche die deutsche Staatsbürgerschaft bekommen. Dann wird ein vermischter Biologie- und Menschenkundeunterricht abgehalten und die deutsche Rassenlehre als eine wissenschaftliche Tatsache hingestellt. Im Lehrbuch liest sich das so:

In Europa gibt es sechs Rassen, die sich nicht nur körperlich unterscheiden, sondern auch geistig und seelisch: die nordische, die fälische, dinarische, westische, ostische und baltische Rasse. Die meisten Menschen nordischer Rasse findet man in Deutschland, aber viele auch in anderen Ländern Nordeuropas wie Schottland, Schweden und Norwegen.

Nordische Menschen zeichnen sich durch Treue und Tatkraft aus; Handeln, nicht schwätzen ist der nordische Wahlspruch, und also sind sie von vornherein von Natur aus zur Führerschaft berufen. Eng verwandt mit den nordischen sind die fälischen Menschen, die hauptsächlich in Westfalen leben, auch in Schweden und auf den Kanarischen Inseln; die Fälischen eignen sich besser als treibende Kraft unter der Führung der nordischen Menschen denn als eigene Führungskraft.

Die Westischen überwiegen in England und Frankreich und haben verschiedene Gemütseigenschaften, sie sind redselig und reizbar, und ihnen fehlt die schöpferische Kraft.

Die Dinarischen sind fast ähnlich den Nordischen in bezug auf Seelenkraft, sie sind stolz und tapfer, ihre Heimat ist der Südwesten und die Mitte Deutschlands.

Leider findet man unter ihnen keine großen Denker.

Die ostischen und die baltischen Menschen findet man in Holland, im Baltikum und teilweise in Italien und Frankreich, und ihre Geschichte beweist, daß sie immer unfähig waren, sich selbst zu regieren.

Um die Richtigkeit all dieser Lehren unter Beweis zu stellen, nämlich daß die nordische Rasse mit ihrer Überlegenheit und schicksalhaften Sendungsaufgabe über niedere Rassen zu herrschen habe, dazu führt das Lehrbuch die Mendelsche Vererbungslehre an und verwendet sie zur Aufstellung von Rasseidealen. Ist die Biologiestunde zu Ende, dann geht das Kind auf den Hof. Dabei muß es durch verschiedene Klassenzimmer gehen, wo es gerahmte Sprüche sieht, die überall an den Wänden hängen. Auf Befehl des Erziehungsministers - ausgegeben 1934 - muß jeder Raum Sprüche wie etwa diese aufzeigen: »Die Zehn Gebote sind der Bodensatz der niedrigsten menschlichen Instinkte«, »Der Volksstaat muß um sein Leben kämpfen«. »Bei der Erziehung der Mädel muß alsoberstes Ziel die Bereitschaft zur Mutterschaft stehen«.

Der Schulhof ist mit Sand bedeckt und daher immer trocken zum Marschieren. Marschieren!

Die wichtigste Grundlage ist der scheinwissenschaftliche Unterricht, aber weder die Nazis noch ihre Vorgänger begnügten sich damit, den deutschen Geist zu festigen. Schicht auf Schicht von Vorurteil und Falschheit wurde auf diese Grundlage in den höheren Schulen gelegt. Zu guter Letzt überzogen die Universitätsprofessoren das Ganze noch mit der leuchtenden Politur einer typisch deutschen Gefühlsempfindung. Wissenschaftler entstellen freiwillig die Wahrheit im Dienste des deutschen Sendungsbewußtsein. Das heranwachsende Kind, unendlich aufnahmewillig, nimmt schließlich die letzte Überzeugung aus jedem Lehrsatz der Lüge in sich auf. Bei so ausgeklügelten Vorgängen werden menschliche Gemüter, obwohl rein äußerlich kultiviert und scheinbar normal, zu Wilden. Weit schlimmer als Wilde, haben sie Schulung und Erziehung genossen, was sie »schwerfällig macht«, allerdings nur im Sinne der Zivilisation, nicht aber in bezug auf Organisation und Waffen.

Das deutsche Kind wird in diese barbarische Gußform gezwängt, bevor sein Sinn für Rassendiskriminierung genügend geschärft ist, um es davor zu bewahren. Die hervorragende Fähigkeit der Gehirnzellen, die eine unbegrenzte Weiterentwicklung erlauben, wird für eine teuflische Lehre mißbraucht. Der Versklavung von Millionen Fremdarbeitern - nicht das unerheblichste der deutschen Verbrechen! - entspricht die geistige Versklavung der eigenen Jugend. Denn hier gibt's keinen Widerstand, keine Untergrundbewegung. Sie wartet nicht auf eine eindringende Armee, die sie befreit. Sie befindet sich im tiefsten Zustand der Sklaverei und ist zufrieden mit ihrer Erniedrigung. Das ist die gefährlichste Folge des Wirkens der Nazis, denn dies kann nicht durch unsern Sieg allein rückgängig gemacht werden. Es gleicht einer von selbst weiterfressenden Kraft, einer selbstläuferischen Schreckensmaschine der Nazis, die, wenn erst voll entwickelt, wieder im Gänsemarsch die Weizenfelder niedertrampeln und die Städte in Brand setzen wird.

Diese vergiftete deutsche Gesinnung über Generationen hin ist »das hervorstechendste Vorkommnis des letzten halben Jahrhunderts«. Die Abrüstung ist in erster Linie fehlgeschlagen, weil wir nicht erkannt haben, daß sie sozusagen von einer »Seelenentgiftung« hätte begleitet sein müssen. Der unbändige Drang zur Eroberung setzt eine ganze Reihe von Nebenerscheinungen gegen gutnachbarliche Beziehungen in Bewegung. Alle im Glauben an den Pangermanismus begangenen Verbrechen werden von den Verbrechern als Notwendigkeit im Schicksalsauftrag angesehen. Gemäß dieser Auffassung sehen sie in ihrem brutalen Auftreten nichts anderes als den unvermeidbaren Strom der Geschichte, die die »Zukunft tragende Welle«. Gegen solche Sucht, verbrämt als Vaterlandsliebe und »Weltsendung«, hilft es nicht, Moralpredigten herauszuschreien. Ihre Erziehung hat ihnen einen anderen Begriff von Moral gegeben, den wir verachten und der für einen würdevollen Geist nicht verständlich ist. Auch kann man sich keine Appelle an die Vernunft erlauben, denn ihr Verstand ist zu grausamen Begriffen geronnen, die Sittsamkeit als Schwäche auslegen.

»Wenn ein umstürzlerischer Psychiater behaupten möchte, das allerbeste System ersinnen zu wollen, um die jungen empfänglichen Seelen mit an Wahnsinn grenzenden Werten zu befruchten, dann könnte er nichts Gescheiteres tun, als dem typischen Lehrplan eines deutschen Gymnasiums zu folgen ... Daß ein solches Unternehmen in der Nazi-Weltanschauung gipfeln würde, wäre nicht erstaunlicher als daß ein starker Apfelbaum zu gegebener Zeit Früchte trüge« (Dr. Richard Brickner in: »Ist Deutschland unheilbar?«).

Einsperren und entwaffnen allein befreit keinen Verbrecher von seinem verbrecherischen Drang. Dieser nimmt sogar in der Tat an Heftigkeit zu unter dem Druck einer eingebildeten Verfolgung, und während wir Rache als solche ablehnen, schwört jener, sie durchzuführen. All das schwächt um kein Jota die Notwendigkeit, Deutschland zu bestrafen, ihm die Hoheitsrechte abzuerkennen und sicherzustellen, daß es materialmäßig nicht wieder aufrüsten kann. Aber ehe wir es wieder in der Gesellschaft der Nationen willkommen heißen, ehe wir ihm erneut Glauben schenken, daß es ein sittsamer Weltbürger geworden ist, müssen wir uns doch noch tiefer mit den Ursachen seiner verbrecherischen Veranlagung, seines Mißratens, beschäftigen. Wir sind dafür verantwortlich, daß das deutsche Gemüt wieder gesundet, nicht seinet-, sondern unserthalben. Auf keinen Fall dürfen wir ihm die Gelegenheit zu einem erneuten Ausbruch geben. Aber der Gedanke beunruhigt uns alle, daß wir ständig unsere Hände mit uneingeschränkter Wachsamkeit über es halten und für alle Zeiten Wachposten an seine Türschwelle stellen sollen. Auch kann die wiedererstehende Welt der Wirtschaft, des Handels und des internationalen Waren- und Gedankenaustausches nicht blühen, wenn gleichzeitig eins der wichtigsten Gebiete der Welt, von 60 Millionen arbeitsamer Menschen bewohnt, trotz gefährlicher Anzeichen von der Kette gelassen wird.

Deutschland muß seelisch abgerüstet werden. Sein Schulsystem muß abgetakelt und vernichtet werden, genau wie die Munitionsfabriken. Eine neue Erziehungsmaschinerie muß aufgebaut werden, deren Ergebnis eine friedliche Natur offenbart, in Übereinstimmung mit den normalen Auffassungen über Ethik.

Jede nachlässigere Lösung kann nur zu dem Schluß führen, daß der Verbrecher unheilbar ist und daher für alle Zeiten unschädlich gemacht und ausgerottet werden muß; und auf die Felder streue man dann Salz. Die Aufgabe, die deutsche Erziehung zu sanieren, heißt nicht Deutschland seiner Rechte berauben oder eine Kränkung seiner Gefühle herbeiführen. Es ist die Hand des Arztes, der seine Kur auf den widerstrebenden Kranken ausdehnt, um ihn gegen sein eigenes Fieber zu schützen und die Welt vor der wütenden Furie zu bewahren. Das ist besser als eine Zwangsjacke.

Arzt ist kein Rechtsberater

Jeder Vorschlag zur Umerziehung Deutschlands hat einen Sturm von Mißfallen ausgelöst. Die Protestler anerkennen die Notwendigkeit der Aufgabenlösung, aber sie bestehen darauf, daß diese nicht von außerhalb hereingetragen werden dürfe. Vielleicht geben Brownings Worte ihren Standpunkt am besten wieder. »Es ist ein ärgerlich Ding, mit Seelen zu spielen, wo es doch schon eine Aufgabe wäre, die eigene zu retten«. Unverzüglich wurde an die USA die Forderung gestellt, die Dummheit in den eigenen Reihen zu bekämpfen und sich mit dem faschistischen Pöbel im eigenen Land zu beschäftigen. Es wird geltend gemacht daß gerade wenn die deutsche Vaterlandsliebe verwandt mit religiösem Fanatismus ist, sie sich gegen die Aufpropfung einer fremden Kultur auflehnen würde. Man macht den Einwand, daß ein von der Besatzungsmacht aufgezwungenes Schulsystem ebenso widerwillig anerkannt werden würde wie eine Besatzung am Rhein. Alle möglichen Einwände gegen ein Zwangsschulsystem werden vorgebracht. Dieser Standpunkt glaubt allen Ernstes daran, daß die deutschen Demokraten dieses Problem in Deutschland selbst lösen müssen; daß die Einmischung der »Vereinten Nationen« die deutsche Jugend zum Widerstand treiben und somit derartige Pläne durchkreuzen würde. Einige Leute rechtfertigen diesen unüberwindlichen Widerwillen mit der Bemerkung, daß wir doch nicht anders reagieren würden. Andere bedauern es, kommen aber zu keinem anderen Schluß.

Die Schwierigkeit des Problems wird dadurch gekennzeichnet, daß jede Lösung für Kritik offen bleibt. Aber die Entwicklung kann nicht auf vollkommene Vorschläge warten, noch darf sie überempfindlich gegenüber Kritik sein. Das Ungeheuerliche des Problems, die Gefahr, die es für den Weltfrieden in sich birgt, verlangt eine starke Haltung. Auf einem toten Gleis droht oft kein geringeres Risiko als bei einer nicht angetretenen Reise. Auf diese Weise kommt die Umerziehung nicht voran! Es könnte Hunderte, ja, vielleicht Tausende von deutschen Demokraten geben, die das Zeug zum Lehrer in sich tragen, aber sie dürften kaum in der Lage sein, das gesamte Schulsystem einer feindlich eingestellten Nation zu reformieren. Wir haben doch die Sabotagemethoden erlebt, wie sie erfolgreich von den »Patrioten« nach dem Ersten Weltkrieg angewandt wurden, um die Kriegsverbrecherprozesse zur Posse verkommen zu lassen, und anders erginge es der militärischen Abrüstung und den demokratischen Erziehungsversuchen auch nicht. Müssen wir nicht die echten deutschen Demokraten gegen ihre innerdeutschen Feinde beschützen?

Die Lehren aus unseren früheren Fehlern sind von ganz besonderer Bedeutung, denn die künftig zu erbenden Voraussetzungen werden tausendmal schlimmer sein. Die gewaltsame Verkrüppelung des deutschen Geistes ist fortdauernder, beständiger Prozeß durch Jahrhunderte. Dem entspricht zutiefst der Charakter eines kriegslüsternen Volkes. Aber die Nazis haben diesen Prozeß noch beschleunigt und machten ihr Anliegen lauthals mit ungewohnter Begeisterung bekannt. In ihrer Unverschämtheit haben sie die schnelle Methode der Hysterie gewählt, anstatt der langsamen Gangart der Überzeugung. Die Nazijugend trieft von Rassenhaß und suhlt sich in den Vorstellungen des Herrenmenschen. Vaterlandsliebende Demokraten werden mit der gleichen Feindseligkeit betrachtet wie die Vertreter der »Vereinten Nationen«. Bei Abwägung dieser Aussichten dürfte dieser die Wahl zwischen den Verrätern daheim und dem Eroberer, der das Schulwesen bestimmt, nicht schwerfallen. Wenn wir spitzfindig sein wollen, dann glaube ich, daß die Nazijugend mehr Respekt vor den Siegern als vor den Verrätern haben wird.

Der entscheidende Punkt ist, daß wir uns auf deutsche Selbsterziehung nicht verlassen können, jedenfalls nicht mehr als auf selbstauferlegte Abrüstung oder deutsche Selbstregierung im allgemeinen. Denn eins ist sicher, wenn nicht alle geschichtlichen Erfahrungen außer Acht gelassen werden sollen, daß einem Volke Bedingungen gestellt werden müssen, wenn man es für die Demokratie bereit machen will,- andernfalls sind die Bemühungen wirkungslos. Die entsprechenden Erfahrungen besagen, daß die Erziehung ein Problem berührt, das den Deutschen wohl nicht anvertraut werden kann. Hier stoßen wir auf die direkte Quelle für den »nächsten« Krieg. Widmen wir uns also in angemessener Weise dem wahren Ursprung der Krankheit, die auch weiterhin ihr ansteckendes Gift auf den politischen Körper träufelt. Der Friede steht auf dem Spiel! Wenn wir schon an der Schwelle des kleinen Schulhauses fehltreten, dann werden die zur Todesbereitschaft erzogenen Menschen und die Milliarden von Dollars sinnlos auf den Scheiterhaufen des Krieges verbrannt worden sein. Die umfassenden Entwürfe für einen friedvollen Weltbau wären unnütz, und das Gebäude würde bei dem ersten Erzittern eines neuen patriotischen Ausbruchs einstürzen.

Es ist vollkommen verständlich, daß viele Leute fordern, daß wir unser eigenes kulturelles Rüstzeug nicht fest mit eines andern Volkes »Seele« verklammern. »Arroganz« - so lautet der Vorwurf. Aber man kann sich doch auch Zurückhaltung auferlegen, wenn man die Lösung eines gewichtigen Problems unternimmt. Es werden ja nicht die USA, Großbritannien oder irgendein anderer Staat allein die Lehrer in Deutschland stellen. Die »Vereinten Nationen« werden dabei in Erscheinung treten und - wie wir hoffen - ein ziemlich lang amtierender übernationaler Rat, der mit der Durchführung beauftragt wird. Aber selbst wenn die Vorzeichen weniger international wären, wäre der Einwurf unsinnig; denn die Anmaßung eines Überlegenheitsgefühl gehört ja nicht dazu. Dies ist kein Streit der Olympiker, in dem die relative Intelligenz und Bildung entsprechender Bevölkerungen getestet wird.

In Deutschland gab es weniger Analphabeten als in irgendeinem Lande der »Vereinten Nationen«. Das deutsche Vorhaben, die Weltherrschaft, erforderte umfassendes Studium der Schwächen der anderen Völker. Unsere Aufgabe berührt nicht die Umerziehung als solche, sondern nur die Beschaffenheit des deutschen Schulwesens.

Die teutonische Heimsuchung

Das ewige vernunftwidrige Verhalten der Deutschen in internationalen Fragen muß doch einen Grund haben. Ist der Ursprung als auf der Erziehung beruhend diagnostiziert, dann müssen wir bestimmen, daß unsere besten Geister daran zu arbeiten haben, um ein besseres Schulsystem zu schaffen; einer macht sich auf die Suche nach der Wahrheit; ein anderer wird den Deutschen bisher verbotene Grundvoraussetzungen verfügbar machen, ohne die ihr Geist nicht ausgeglichen werden kann; ein weiterer wird ihnen die Unverzichtbarkeit einfacher Tugenden beibringen: die Achtung des internationalen Friedens, sowie Freundlichkeit und bescheidene Rücksichtnahme dem Landsmann gegenüber. Wenn sich das ersonnene Programm als wirksamer erweist als das derzeitige - und eine Gelegenheit zur Verbesserung ist immer gegeben natürlich dann können wir es natürlich annehmen und umsetzen. Jedenfalls könnte man einen tüchtigen Arzt ebensogut disqualifizieren, weil seine Gallenblase nicht in Ordnung ist, wie das Recht der Demokraten verwerfen, die barbarische Erziehung Deutschlands zu normalisieren, weil sie in den eigenen Reihen auf Unwissenheit stoßen. Es darf kein Zögern entstehen, diese Last zu übernehmen, das ist unsere Pflicht. **Dies ist ebenso dringend, wie unsere »Arroganz« bei der Abrüstung Deutschlands, bei der Wegnahme seiner Hoheitsrechte und bei dem Bestehen auf eine Probezeit. Wir müssen den Deutschen unschädlich machen, damit er uns nicht wieder an die Gurgel springen kann. Es handelt sich um eine Vorbeugungs- und Verteidigungsmaßnahme und leitet sich von der Verpflichtung zum Dienst am Weltfrieden ab. Wir werden Lebensmittel senden, aber wir müssen auch den Geist nähren und ihn mit allen Vitaminen einer strengen demokratischen Diät versorgen, bis der Patient seine Krankhaftigkeit verloren hat, seine mürrische Widerspenstigkeit ebenso; bis er in vollem geistigen Umfang ein nützliches Mitglied der Gesellschaft wird.**

Die internationale Universität

Die Überwachung dieses gewaltigen und heiklen Unternehmens sollte einer internationalen Universität anvertraut werden.

Eine solche Einrichtung könnte noch viele Nebenaufgaben übernehmen, wenngleich die Errichtung schon mit der Lösung dieser einen gerechtfertigt wäre. Errichtet werden müßte sie an einem einigermaßen historischen Ort, etwa in der Schweiz. Ihr Lehrkörper müßte sich aus den Professoren führender Universitäten zusammensetzen und im übrigen aus solchen, die auf ihrem Fachgebiet international anerkannt sind. Das Besondere einer solchen Berufung - die unbegrenzte Wirkungsmöglichkeit, und zuletzt, die großzügigen Gehälter, die man veranschlagen muß, wird genügend Anreiz geben, weltbekannte Wissenschaftler anzulocken. Es müssen Männer sein, die sich ganz dem internationalen Frieden verpflichtet fühlen und - da sie nach bestem Wissen und Gewissen ausgesucht worden sind - zugleich würdige Vertreter ihres Volkes sein. Sie müssen über die engstirnigen Vorurteile des Nationalismus erhaben sein. Hier, in der akademischen Luft, wo die Wahrheit die einzige Göttin ist, werden wir wahrscheinlich eher die Unparteilichkeit erreichen als auf politischen Gebiet. Solch eine Universität könnte die Weltnation aufrichtig vertreten und für sie eintreten, ohne fürchten zu müssen, in der politischen Versenkung zu verschwinden.

Die Universität müßte für Lehrer und Schüler ohne Unterschied der Rassen und Religionen offenstehen. Die studentische Verbindung wäre das A und 0 nach der Studienzeit; und schon nach kurzer Zeit wird der Vorzug einer solchen Universität die vielversprechendsten jungen Burschen und Mädel aller Völker hinter ihre Mauern locken. Kunst und Wissenschaft können hier erblühen. **Aber als dringendster Vorschlag müßte es von Bedeutung sein, daß die Lehrbücher aller deutschen Universitäten - besonders solche die Geschichte und Politik behandelnden - die der Internationalen Universität erhalten. Sie muß das Recht haben, alle für deutsche Schulen vorgeschlagenen Texte anzunehmen, zu verwerfen oder sie zu ändern.** Notfalls müssen Gelehrte neue Texte schreiben. Das sichert den die Wahrheit lehrenden Unterricht anstelle des durch patriotische Brillen verzerrten, wie er so leicht in den Klassenzimmern stattfindet. Ein festgefügter wahrheitsgemäßer Geschichtsunterricht über den Deutschen ist verlockend, weil das die direkte Antwort auf seine Lehre wäre, daß Krieg eine edle Sache ist und erst den Mann beweist. Um die Aufrichtigkeit sicherzustellen, sollte der Student angehalten werden, die verzerrten Geschichtsbücher zu lesen, aber erst, nachdem ihm die Wahrheit unterbreitet wurde. Auf diese Weise lernt er die Folgen der Rassendiskriminierung kennen und könnte seine Zweifelsucht an seiner früheren Überzeugung stärken.

Kurse über Menschlichkeit und Philosophie könnten die dafür Verantwortlichen an der Internationalen Universität genau aufzeichnen, um der eigenartigen Veranlagung der deutschen Jugend zu begegnen. Demokratie muß gelernt werden nicht als ein politisches Fachgebiet, sondern vielmehr als Philosophie der Menschenrechte, um so festzulegen, wie der Mensch regiert werden muß.

Mit allem Nachdruck wird man den Deutschen die Literatur im Unterricht vorlegen, deren Schriftsteller die Nazis unterdrückt hatten. Denn da werden die deutschen Studenten die wahre deutsche Größe finden, wie sie in der ganzen Welt anerkannt und bewundert wird. Folgerichtig könnte man ihrem nationalen Stolz durch eine wirkungsvolle Gegenüberstellung der Neuentdeckungen mit ihren früheren Halbgöttern, die von der Menschheit verachtet werden, schmeicheln. Allmählich dürfte dem deutschen Studenten ein Licht aufgehen, daß die Hoffnung des Nationalsozialismus auf ein »Tausendjähriges Reich« eine sinnlose Prahlerei gewesen ist, unerreicht seit nunmehr fast 990 Jahren. Der deutschen Größe wäre jedoch eine dauernde Anerkennung sicher, wenn der Deutsche sich der wahren Wissenschaft zuwenden würde, mit der er sich zuvor nicht beschäftigen durfte. Seine heiße Vaterlandsliebe möge er alsdann in soziale Betätigung umsetzen, nachdem er die neuen, echten Heroen entdeckt hat, die sich nicht so fest und so dauerhaft in der Weltliteratur hätten behaupten können, wenn sie auf tönernen Füßen stünden. Gottbegnadete Fachkräfte der Universitäten werden Lehrpläne ausarbeiten, ebenso die zu behandelnden Stoffe und Methoden, wie sie an den deutschen Schulen zu handhaben sind, um einen gesunden demokratischen und liberalen Geist und ebensolche Kulturbegriffe zu prägen. Die größten Leuchten des Erziehungswesens werden herangezogen, um auch die stärksten Säulen des Preußentums und seines letzten Ausläufers, des Nationalsozialismus, einzureißen. An deren Stelle werden sie alsdann ein neues und verbessertes Erziehungssystem setzen. Diese Lehrkräfte müssen selbstverständlich die entsprechende Feinfühligkeit und psychologisches Fingerspitzengefühl besitzen. Bei gleicher Eignung sollen möglichst überall deutsche Kräfte bevorzugt werden. Nichtdeutsche Lehrer werden aus allen Völkern der Welt ausgesucht. Die Lehrerschulungsabteilung der Internationalen Universität könnte dann mit der Zeit die hervorragendsten deutschen Studenten als Lehrer nach Deutschland zurückschicken. Durch sie wird der internationale Gesichtspunkt und das demokratische Vorbild auf die jüngeren Studenten abfärben.

Eine sich immer mehr verstärkende Folge von Lehren über Toleranz wird so entstehen. Durch Schüler- und Lehreraustausch wird das beschränkte Bild des Nationalismus zur erweiterten Ansicht des Internationalismus.

Natürlich würde Deutschland in erster Linie den Nutzen aus solch einem Programm ziehen, aber ebenso können alle anderen Völker davon profitieren. Vielleicht legt sich auf diese Weise die deutsche Überheblichkeit. So werden die Geschichtsbücher aufhören, unangemessene Betonung auf Feldzüge, auf Kriegstriumphe und auf Heldenverehrung für Generäle zu legen. Derlei würde seinen gehörigen Platz dann einnehmen, wenn die Menschen anfangen auf Frieden zu setzen, statt den blöden Kriegsgedanken nachzuhängen. Nicht länger mehr würden Kriege als heldenhafte und verehrungswürdige Ereignisse gefeiert werden. Wie man ja auch Duellanten, die eine Beleidigung mit dem Degen rächen wollen, nicht besonders herausstellt; oder wie man ja auch nicht die Indianer danach einschätzt, wieviele Feinde sie skalpiert haben. Die Schulbücher werden sich ändern, indem sie Nachdruck auf Zusammenarbeit legen, wie etwa beim Weltpostverein und bei der »Internationalen Telegraphenunion«. Während eintausend Jahren führten Schweden und Norwegen drei oder vier blutige Kriege in jedem Jahrhundert. Ihre Regierungen ernannten eine Kommission von Lehrern mit dem Auftrag, aus ihren Lehrbüchern jede Stelle zu verbannen sollte, die einen Schweden oder Norweger in seinen Gefühlen verletzen könnte. Dänemark und Schweden taten ein Gleiches. Das Ergebnis des guten Willens steht in keinem Verhältnis zu der Einfachheit und Leichtigkeit, mit denen das Einverständnis seine Wirkung erzielte.

Sturm auf den deutschen Geist

Wenn wir die Wichtigkeit der Erziehungsreform anerkennen, dann muß die Kritik an der internationalen Überwachung in ihrer ganzen Bedeutung aufleuchten. Wir werden uns daher dieser Aufgabe mit dem Einfallsreichtum, mit der Originalität und mit dem Ernst unterziehen, die der verzweifelten Lage angemessen sind. Man muß sich schon etwas mehr einfallen lassen als verbesserte Lehrpläne, besseren Lehrstoff, vernünftige Lehrkörper. Wir müssen für diesen Feldzug zumindest großzügig einen Bruchteil des Geldes ausgeben und einen Bruchteil der Zeit, die das »Oberkommando« für die militärischen Unternehmungen verschwendet hat. **Wir müssen allen Scharfsinn und alle geistige Wendigkeit einsetzen, bei Radio, Film und für geschickte Erziehungspropaganda. Es ist die größte und vornehmste Aufgabe, die uns je auferlegt worden ist, denn es geht darum, das geistige Fundament eines ganzen Volkes zu zerstören und diesem einen neuen Charakter einzuprägen.**

Diese Anstrengungen dürfen sich nicht auf Anschläge am »Schwarzen Brett« beschränken. Alle nur verfügbaren Kräfte müssen für die Durchdringung des deutschen Denkens bei diesem noblen Angriff ins Feld geführt werden. Die Kirchen müssen ermutigt werden, daß die verlorenen Schafe wieder eingefangen werden, denn religiöse Ideale gehören zur Rückgewinnung der Bescheidenheit, die die Deutschen wiederfinden müssen.

Hier darf nichts unversucht bleiben. Das Schlagwort der deutschen Glaubensbewegung hieß: »Das Kreuz muß fallen, wenn Deutschland leben soll«. Mit

Hitlers Leitgedanken, daß das Gewissen eine jüdische Erfindung sei, ist die deutsche Jugend aufgehetzt worden: »es ist ein Schandfleck wie die Beschneidung«. Oder Rosenbergs Worte: »Entweder christlich oder deutsch! Es gibt keine arischen Christen oder christliche Arier«. Lehrer dieser Religion war Bischof Müller, der sagte: »Gnade ist ein undeutscher Gedanke, mit dem wir nichts zu schaffen haben«. Und wenn die Kinder marschierten, dann sangen sie blasphemische Lieder wie: »Laßt Christus verrotten, und die Hitler-Jugend marschiert«.

Die Vernichtung des heidnischen Glaubens ist ein Schritt in die Richtung des Heilungsprozesses. Die Kirchen aller Glaubensbekenntnisse werden natürlich zur Mitarbeit aufgerufen, und der Widerstand dagegen wird bei den großen Konfessionen und der Bevölkerung bestimmt nur schwach sein.

Der Welt Kirchenmänner werden aufgefordert werden, einen Feldzug gegen diesen modernen, heidnischen und gottlosen Glauben mit seiner Kriegslüsternheit zu entfesseln.

»Das Christentum hat nie aufgehört zu sein«, sagte Shaw, »es ist niemals angezweifelt worden«.

Es steckt sehr viel Wahrheit in dieser sinnsprüchlichen Übertreibung. Die Kirchen werden aufgefordert werden, mit ihren Glaubensbekenntnissen ein lebendiges und praktisches Programm auszuarbeiten. Eine religiöse Wiedergeburt wird in Deutschland ein wesentliches Element bei der seelischen Erlösung des gemarterten Volkes sein, das seine Qual z. Zt. auch noch an andere weitergibt.

Die Gewerkschaften, auferstanden aus der Asche des Faschismus, werden wertvolle Verbündete bei dem Umerziehungsprogramm sein. Sicherlich haben sie bei der Schaffung eines gesunden Deutschland viel mitzureden. Darüber hinaus mag die aktive Teilnahme an Gewerkschaftswahlen dazu beitragen, die deutschen Arbeiter durch die Erfahrung auf den Geschmack zu bringen, daß man in einer echten Republik richtig wählen kann.

Wir werden sowohl für Alt wie auch für Jung einen Zwangsunterricht einführen, der allerdings nicht an Klassenzimmer gebunden ist. Die ungeheure Überzeugungskraft dramatischer Darbietung muß voll ausgeschöpft werden. Der Film käme hier voll zur Geltung.

Die größten Schriftsteller, Filmemacher und Schauspieler werden die ergründliche Verworfenheit des Nazismus schön und schlicht dramatisieren und dem Volke zeigen, das nich länger beschäftigt sein wird mit; Schießen - Marschieren, Marschieren - Schießen. Es ist ... besiegt. Sie, die Künstler, werden beauftragt werden, ein gleichsam künstliches Abbild der Demokratie zu schaffen. **Das Radio wird mit Unterhaltung und offenen Vorträgen selbst in die Wohnstuben vordringen.** Kein Gedanke, der zum Untergang der Nazilehre beitragen kann, darf übersehen werden, noch darf die ernsthafteste Anstrengung unter unserer Würde sein. **Die Schriftsteller, Dramatiker und Publizisten müssen die Internationale Universität durchlaufen. Das ist berechtigt, denn sie alle sind gewissermaßen Erzieher.** Zeitungen werden nicht zensiert, aber anfangs werden undemokratische Veröffentlichung gesperrt. Wenn später die deutsche Geistesverfassung durch Ausnutzung der Gelegenheit gestärkt ist, dann mögen auch gegensätzliche Auffassungen im Vertrauen darauf, daß der Virus von selber ausgeschaltet wird, zu Worte kommt. Bei solcher Handhabung wird die Unempfindlichkeit gegenüber Krankheitserregern in Zukunft nur wachsen.

Man wird umfassende Beispiele für demokratisches Verhalten vorführen. Demokratie ist nämlich nicht nur ein Glaube, sondern vielmehr eine Selbstverständlichkeit, die erworben sein will. Für das Schulwesen in Stadt und Land müssen Mittel und Wege ersonnen werden, die nach und nach zur Vorbereitung der Selbstverwaltung führen. Die Intellektuellen, die »besseren Deutschen«, halten es laut ihren Anklägern für unter ihrer Würde, sich mit sozialen Fragen zu beschäftigen, und die, die das politische Feld an andere abgetreten haben, müssen nun dazu gebracht werden, staatsbürgerliche Verantwortung zu übernehmen.

Der Erziehungsvorgang müßte ganz Deutschland gründlich erfassen und durchdringen. Alle Betriebe müßten angehalten werden, Pausen einzulegen, in denen den Arbeitern leicht verständliche Vorträge über Demokratie gehalten werden. Den Büroangestellten müßten ähnliche Zwischenspiele geboten werden. Bürgerrechte dürften nur zuerkannt werden, wenn Erziehungsbescheinigungen vorgewiesen werden können, die von andern Umerziehungseinrichtungen - einschließlich Fernunterricht - ausgestellt worden sind, sofern sie von der »Internationalen Universität« die Berechtigung dazu erhalten haben. Überall sollten Sommerschulen aufgemacht werden, in denen die Leute einen Teil ihres Urlaubs verbringen müßten.

Erst wenn die Deutschen den hochgelehrten und überparteilichen Kuratoren der »Internationalen Universität« soweit genügen, daß sie für eine gewisse Souveränität reif und für die Welt keine Bedrohung mehr sind, wird man sie in die Völkerfamilie aufnehmen. Dann ist die Probezeit vorbei. Es liegt also an den Deutschen, die Probezeit so kurz wie möglich zu halten. Im wahrsten Sinne des Wortes haben sie ihr Schicksal in ihren eigenen Händen.

Die Erfüllung jeden Punktes dieses Programms trägt zu ihrer Entlastung

bei. Durch den Entzug der Souveränität wollen wir sie nur von den Lasten der Staatsverwaltung befreien, die zu tragen sie noch nicht genügend vorbereitet sind. Mit der Bestrafung ihrer Kriegsverbrecher werden wir sie nur von den Gewalttätigsten und Rachsüchtigsten befreit haben, damit diese nicht mehr in ihrer Mitte leben, und damit haben sie freie Hand für Reformen, ohne die unbarmherzige Überwachung ihrer früheren Peiniger. Durch wirtschaftliche Erleichterungen und Arbeitsgelegenheiten wird es ihnen möglich sein, Wiedergutmachung und Reparationen zu leisten, ohne allzu starke Inanspruchnahme oder gar Zusammenbruch, was ihnen bei den gewaltigen Verpflichtungen normalerweise sicher wäre.

Die große Ernüchterung wird ihnen dabei helfen. Die äußerste Maßlosigkeit des Nazismus, die unangezweifelte Siegeszuversicht des »Herrenvolks«, die Ansicht, daß die Demokratien dekadent wären und nicht kämpfen könnten das alles hatte man als heiliges Vermächtnis angesehen. Wird der tiefe Fall die Deutschen munter machen und sie von dem Alptraum befreien, in dem die leben? Durch seelenverkrümmende Logik erreichte Überzeugungen überleben oft eine Niederlage und erblühen plötzlich aus einem Märtyrertum. Aber sollte da nicht irgendwo ein Punkt erreicht werden können, an dem der Fanatismus und die Hysterie so geschockt werden durch die Niederlage, daß beides einfach ausgelöscht wird?

Der Psychiater gibt ohne weiteres zu, daß er die Ursache der Geistesstörung nicht kennt, aber ihre Kennzeichen sind leicht zu entdecken. Dabei handelt es sich um größenwahnsinnige, rätselhafte Vorstellungen, um einen religiösen Glauben an Schicksalsbestimmtheit, um eine krankhaft ehrgeizige Persönlichkeitsstruktur, um die Verfolgung eines schier religiösen Zieles, das einen kalt berechnenden Mord rechtfertigt. Dr. Richard Brickner (in »Ist Deutschland unheilbar?«) hat eine sehr überzeugende Diagnose, das deutsche Verhalten betreffend, gestellt: Massenhysterie mit allen Anzeichen von Größenwahn, Sendungsglauben, verbunden mit fanatischer Gewaltbereitschaft und ebensolchem Verfolgungswahn. Wenn man diese Auffassung teilt, dann muß man für das Heilverfahren in den Fällen, wo es überhaupt mit Aussicht auf Erfolg angewandt werden kann, die »reine« Ausstrahlung einer Persönlichkeit nutzbar machen, die nicht dem geistigen Wahn unterliegt; und diese reine Atmosphäre muß auf das gesamte Wahnsinnsgebiet wirken. Bei diesem Volk bilden die demokratiefreundlichen Deutschen diese »reine« Atmosphäre. **Dadurch, daß wir normale patriotische Gefühle zulassen - auch Nationalstolz, zumal wenn dieser sich ökonomisch vorteilhaft auswirken kann - und gleichzeitig die größten Fanatiker aus ihrer Mitte entfernen, können wir nach und nach für die »reine Atmosphäre« sorgen, die wir brauchen, um die Deutschen unter Kontrolle zu halten.**

Nachdem wir die tiefe Verankerung des wurmstichigen Gebäudes festgestellt haben, dürfen wir uns keinerlei Täuschung darüber hingeben, wie wir das Problem lösen und wie wir mit den Schwierigkeiten fertig werden sollen, um ein neues demokratisches Gebäude zu errichten. Man wird uns mit verachtender Willfährigkeit, mürrischer Nichtbeachtung und dreistem Trotz begegnen. Aber diese Gemütsverfassung ist ein Teil des Problems und muß durch einsichtige Fachleute mit Unparteilichkeit behandelt werden. Mit Ausdauer und endloser Wiederholung müssen die Massen der Deutschen für eine neue Überlieferung losgelassen werden. **Die preußische Erziehung muß für immer abtreten.**

Die Deutschen werden lernen müssen, daß »Der Tag« jetzt »Alltäglich« bedeutet, daß die Wärme der Sonne, der Weizen vom Felde, die Freude an der Familie und die Kameradschaft dazu gehören. Wenn sie so weit sind, dann lassen wir jedem einzelnen seine Ruhe.

Kapitel 5

Und morgen die ganze Welt

Jetzt wird es Zeit, sich Gedanken über die sich ständig vergrößernden Kreise zu machen. Dabei sollten wir nicht außer acht lassen, daß der für Deutschland vorgesehene Plan - wenn er nicht nur ein frommer Wunsch bleiben soll - sich als internationales Gemeinschaftswerk darstellt. Theoretisch läßt sich der Plan jedenfalls durchführen, wenn sich die Sieger gemeinschaftlich dafür einsetzen. Vorzuziehen wäre allerdings, die Überwachung eher übernational als nur national zu handhaben. Wir haben nämlich gesehen, daß die internationale Zusammenarbeit auf den Gebieten der Wirtschaft, der Erziehung und der Politik jeweils eine gewichtige Rolle spielt.

Das Geheimnisumwitterte Rätsel der »Staatshoheit«

Was ist eigentlich das größte Hindernis dafür, daß die »Oberste Gewalt« von einer übernationalen Organisation ausgeübt wird? Es liegt in der Auffassung von den Staatshoheitsrechten begründet, die uns daran hindert, den Gipfel zum Vorteil für die internationale Gerechtigkeit und Ordnung zu erklimmen.

Vielleicht sollten wir aus dem besonderen deutschen Beispiel lernen, daß übertriebener Nationalismus und vollständige Wahrung der staatlichen Souveränität ohne Bedeutung für das Wohlergehen eines Volkes sind. Wenig ist heutzutage so sicher, wie dieses. Daß das zur Zeit nicht sehr populär ist, das müssen wir als sicher voraussetzen. Aber einige Überlegungen sollten trotzdem nicht fehlen. Anfangs war es schwierig, den Sippen und Familien ihre »Hoheitsrechte« wegzunehmen und sie in eine Gemeinschaft einzubinden.

Jahrhunderte waren nötig, die Sippe davon zu überzeugen, sich der ungewohnten Ergebenheit einer größeren Gruppe unterzuordnen. »Sippenverbundenheit« schlug die aufwieglerischen Trommeln. »Sollen wir fremden Gruppen untertan sein? Was wird aus unserer Familie und unsern Gepflogenheiten?« Aber als die Gesellschaft wuchs und handfester wurde, da überwand die Notwendigkeit zu gemeinschaftlichem Handeln die natürliche Besorgtheit der benachbarten Sippen. Nach und nach entstand so der Nationalstaat, der sich nun daranmachte, eine Lehre über Staatshoheit zu entwickkeln. Bis zu einem gewissen Grade geschah das aus Gründen der Selbstverteidigung. Sie war ein Schutzschild gegen die Forderungen des Papsttums und des Heiligen Römischen Reiches. Weisungen von außen konnten nicht geduldet werden, erklärten die Staatsoberhäupter, weil jedes Volk seine eigenen Hoheitsrechte besitze, die vordringlich je notwendig wären. Es war eine Art Monroe-Doktrine im Sinne unabhängiger Einzelstaaten.

Der Nationalstaat versuchte nun die Reibungen innerhalb der verschiedenen Gruppierungen dadurch zu überwinden, daß er von Vaterlandsliebe sprach - und so den Nationalstolz vor den Gruppenstolz setzte.

Das war eine nützliche Erfindung im Dienste der nationalen Einheiten. Die USA wandten dieses Mittel nach ihren Revolutions- und Bürgerkriegen an. Aber die Fähigkeit zur Treue und Liebe dem Land gegenüber überstieg bald die normalen Bande. Dichter, Redner, Gesetzgeber und Philosophen vergoldeten deren Wappen, bis sie uns blendeten. Alle Arten sagenumwobener Eigenschaften wurden für die Staatshoheit in Anspruch genommen. Es entwickelte sich alles nach eigenem Gutdünken - und nistete sich in einen Überorganismus ein, den man Staat nannte. Ein Volk hörte auf, eine Gemeinschaft nur zu dem Zweck zu bilden, die Angelegenheiten des Volkes voranzutreiben. Der Staat wurde eine eigenständige Institution mit eigenen Aufgaben und eigenen Wünschen, geradeso als ob er unabhängig von seinen Bürgern sein Leben fristete. Der Nationalismus wurde ein Ideal an sich, und die Vaterlandsliebe bestand in der fanatischen Hingabe an ihn. Eine Art religiöser Nimbus schwebte über diesem Gebilde, und die daraus sich ergebende Treue beruhte auf Glauben, nicht auf Vernunft. »Mein Land, Recht oder Unrecht, aber es ist mein Land!«

Die Nazis entwickelten den Nationalismus natürlich bis zum äußersten. Der Staat wurde gleichsam vergöttert, die Bürger waren ihm Untertanen, von denen er jedes nur denkbare Opfer in »freiwilliger« Pflichterfüllung verlangen konnte. Der Nazismus anerkannte nur einen Treuebegriff, der alle anderen ersetzt. Sein Streben zielte auf eine mittelalterliche Einigkeit in der Hingabe an den Staat ohne jede Einschränkung. Die Nazis entwickelten die Staatshoheit zu einem »frankensteinischen Ungeheuer«, über das niemand mehr Kontrolle hat. Man hat ihm nur blindlings zu dienen.

Der Hoheitsbegriff, wie ihn auch die Demokratien beibehalten haben, ist eine abgenutzte Übertreibung. Denn eine Nation sollte nicht eine Einheit bilden, die vollkommen unabhängig und ohne überstaatliche Überwachung ist. Die Rechte anderer Völker sollten ihr Beschränkungen auferlegen. Aber die gleichsam »göttliche« Souveränität das Staates leugnet diese schlichte Wahrheit. Sie beharrt auf der Allmacht des Staates, die jede echte Zusammenarbeit in einer übernationalen Organisation völlig unmöglich macht. Kein einziges Mitglied der »Liga der Nationen« möchte auch nur den kleinsten Zipfel seiner Staatshoheit preisgeben. Einstimmigkeit wurde bei jeder wichtigen Entscheidung verlangt. Mit anderen Worten, die Liga war ein freiwilliger Zusammenschluß ohne irgendeine feste Verpflichtung der Mitglieder. Keiner wollte sich die staatlichen Vorrechte beschneiden lassen. Die USA hielten nicht nur ihre Hoheitsrechte für so hochheilig, daß sie nicht einmal einen Überredungsversuch wagten aus Angst vor dem Abstimmungsergebnis in der Liga. Der Versailler Vertrag formte neue Staaten und sicherte ihnen eigene, unantastbare Hoheitsrechte zu. Da der Völkerbund über keine Machtmittel verfügen konnte, die die Hoheitsrechte irgendeines Staates auch nur antasteten, so nahm denn auch der Widersinn des Nationalismus tatsächlich noch zu.

Heute stehen wir vor der Tatsache, daß nur wenige Tätigkeiten des Staates auf dessen eigenes Territorium beschränkt bleiben. Jedes Volk ist von anderen Nationen abhängig. Es gibt einfach keine echte nationale Unabhängigkeit auf industriellem, wirtschaftlichem oder finanziellem Gebiet. Irgendwelche Kräfte außerhalb der Landesgrenzen bestimmen über unsere gesundheitlichen und wirtschaftlichen Lebensbedingungen. Sogar die Juristen stützen sich notgedrungenermaßen auf die Lehren internationalen Rechts, das auf der angemessenen Grundlage des Völkerrechts aufgebaut ist. »Was lauthals nach Verständigung schreit, ist schon allein der Umstand, daß moderne Technologie und Geschäftsverbindungen mit ihren Organisationen der Menschheit längst schon dienlich sind. Die politische Organisation des Menschen bleibt immer noch hinter der Zeit zurück.« (P. E. Corbett, »Die Welt nach dem Kriege«). Wir kommen dem neuen Denken behutsam immer näher, und zwar durch die weltweite Telegraphen- und Postunion, die Internationale Ausgleichsbank, den Ständigen Weltgerichtshof und die Internationale Arbeiterorganisation, aber wir sind noch weit davon entfernt, die Anmaßung der Lehre von der Staatshoheit abgestreift zu haben. Einige hervorragende Denker wie Walter Lippmann schlagen ein britisch-amerikanisches Bündnis vor und sehen solches lieber als eine »Internationale Vergesellschaftung«, um die Aufgabe auch nur des kleinsten Zipfelchens an Hoheitsrechten zu vermeiden. Und wenn die Nationalisten gerade ein solches Bündnis angreifen mit der Begründung, daß die Staatssouveränität gefährdet würde, dann kommt man uns mit der entschuldigenden Erklärung, daß man »gegenseitige Beratungen« führen würde, und daß man jederzeit zu einer vielversprechenden »Übereinkunft« kommen könnte. So versichert man uns denn, daß die Hoheitsrechte nicht angetastet würden. Und in der Tat, sie bleiben uns erhalten, ja, sie werden noch verstärkt durch die Vorteile, die aus einem derartigen Vertrag fließen. So wird denn also vorgeschlagen, zu den altmodischen Militärbündnissen zurückzufinden, trotz all ihrer bekannten Mängel. So führt man uns die großen Schwächen der Lehren über die Hoheitsrechte vor, indem man zu Bündnissen anstachelt, ihnen den Rang streitig machen - und das folgenden Hin und Her des Mächtegleichgewichts in Kauf nimmt. Und all das nur um zu vermeiden, daß der helle Schein der Lehre von den Hoheitsrechten nicht getrübt wird. Es macht nichts, daß das vorgeschlagene Bündnis klug und wohlgemeint ist, auch nicht, daß es vielleicht der erste praktische Schritt in Richtung auf eine echte »Nationenvereinigung« ist, deren Machtbereich um des internationalen Friedens aller Völker willen begrenzt sein möge. Die Tatsache bleibt, daß die breite Öffentlichkeit noch nicht reif für die vollkommene Entwicklung der Staaten zu einem Weltstaat ist. Man muß mit aller Vorsicht eine Umweg einschlagen, wenn das Marschziel überhaupt erreicht werden soll. Vaterlandsliebe, d. h. Begeisterung für die Größe der eigenen Nation, ist sowohl ein natürlicher als auch edler Lebensantrieb. Er ist jedoch oft bis zur Kriegshetze verzerrt und leitet seine Kraft aus einem überspitzten Begriff der Staatshoheit ab. Früher oder später werden wir erkennen, daß in dieser zusammengedrängten Welt der Verzicht auf einige unserer Hoheitsrechte für die Erhaltung des Friedens notwendig ist. Viele Nationen wissen inzwischen, daß, wenn sie allzu eifrig über ihre Hoheitsrechte wachen, sie allein auf weiter Flur bleiben, um dann von dem gefräßigen deutschen Wolf verschlungen zu werden. Die Geschichte vom Zusammenbruch der öffentlichen Ordnung ist ein Schauermärchen nationaler Primadonnen, allzu spießbürgerlich und selbstzufrieden, um zu kooperieren.

Zweifellos gibt es viele, sogar sehr viele Menschen, die auf jede Einschränkung der staatlichen Hoheitsrechte mit verletzter Vaterlandsliebe blicken und sich gewaltig in Positur werfen, bereit ihr Leben für ihre fehlgeleitete Treue auf's Spiel zu setzen. Solch ein Standpunkt ist die motivierende Kraft zum Kriege. Das Nationalgefühl gerät außer Kontrolle. Für diejenigen, die schon den ersten Schritt zur Organisation des Friedens glauben nicht tun zu können, ist der zweite - in Richtung auf eine übernationale Institution natürlich noch kränkender. Zwar nehmen sie ohne jede Aufregung die Einschränkung ihrer Persönlichkeitsrechte in Kauf, aber ihre eigenwillige Moralauffassung gesteht dies dem Staat gerne zu, dessen Allmacht sie - um der Sache willen - anerkennen. Sie können sogar das letzte Hilfsmittel ungesetzlicher Kraftanstrengung schlucken, d. h. Krieg. Manchmal predigen sie eine Unvermeidbarkeit, wenn nicht sogar Notwendigkeit, aber sie sind unfähig zu begreifen, daß gesetzlich anerkannte Kräfte gegen eine rechtsverletzende Nation eingesetzt werden sollten.

Regionaler Föderalismus

Der Bürger von New York oder Kalifornien erwartet Sicherheit nicht nur von seinem Bundesstaat, sondern ebenso von der gesamten Nation. Er ist mehr als zufrieden mit seinen nationalen Bürgerrechten und wohl auch mit seinen bundesstaatlichen und regionalen. Aber die Erweiterung auf eine andere Autoritätsebene - die einer Völkergemeinschaft der Nationen - erscheint ihm als eine unzumutbare Belastung.

Die »logischen« Begründungen, wie sie uns dieser Widerstand entgegenstellt, zeigten uns allzu deutlich das Vorurteil. Da wird z. B. viel davon geredet, daß »unsere Jungs bis zum Ende der Welt gebracht werden«, um in irgendeinem Gebiet als Polizeitruppe die Ordnung wieder herzustellen; aber kein Widerspruch wird laut, wenn unsere gewaltige Seemacht, selbst mitten in Friedenszeiten »unsere Jungs« ständig in weit entfernten Meeren herumsegeln läßt. Der Berufssoldat einer internationalen Ordnungsmacht würde seinen Marschbefehl als einen Teil seines Dienstes anerkennen. Zivilisten hätten dann größere Aussicht, von unerwünschten Reisen befreit zu bleiben, wenn es eine internationale Streitmacht gäbe, die stark genug wäre, ihren Auftrag erfolgreich durchzuführen.

Im übrigen sind die USA ein gelungener Staatenbund, in dem noch vor achtzig Jahren jeder gegen jeden Krieg führen konnte. Wenn man die Verfassung im Lichte der jetzigen Streitfragen betrachtet, so sieht man, daß sie ein bewunderungswertes Dokument ist. Die stolzen und überausherrlichen Staaten Virginia, New York usw. haben ihre an und für sich unveräußerlichen Rechte, gegeneinander Krieg oder Handelskriege zu führen und Ausfuhrzölle zu erheben, aufgegeben. Der Oberste Gerichtshof der USA mit seiner Rechtssprechung über Streitfragen der Staatshoheit ist das beste historische Beispiel für einen internationalen Gerichtshof. Diesen sehr begrenzten, erstmaligen Vorgang mögen andere Menschen und Staaten sich zum Vorbild nehmen. Die Hoffnung dabei ist, nach und nach einen Weltstaat zu erreichen. Lonel Curtis hat in seinem »Civitas Dei« einen Zusammenschluß von Großbritannien, Australien und Neuseeland vorgeschlagen. Clarence Streit drängt in »Weltvereinigung jetzt« auf eine erweiterte Zusammenbindung von fünfzehn Nationen (USA, Großbritannien, Kanada, Frankreich, Australien, Belgien, Dänemark, Finnland, Irland, Holland, Neuseeland, Norwegen, Schweden, Schweiz und Südafrikanische Union). Die meisten Befugnisse sollen den Nationen gewissermaßen »individuell« vorbehalten bleiben, aber das Recht zur Verleihung der Staatsbürgerschaft, die Verteidigung, der internationale Handel, die Regelung von Währungsfragen und das Nachrichtenwesen würden durch die Weltunion kontrolliert. Ein Zweikammersystem der gesetzgebenden Körperschaft, ein Exekutivorgan, samt Premierminister, ein Kabinett und ein Hoher Gerichtshof sind als Bundesorgane vorgesehen. Die Abgeordnetenvertretung soll sich nach der Gesamtzahl der Bevölkerung richten, im Rahmen der gesetzgebenden Körperschaft. Bei den anderen Zweigen der gesetzgebenden Körperschaft fußt sie auf einer Minimum - Plus - Bevölkerung. Diese und andere regional begrenzte Pläne (wie etwa die des Grafen Coudenhove -Kalergi) sind vorfühlende Versuche einer aufgewühlten Welt für ein Ziel, daß nicht sofort erreichbar ist. Diese Pläne muß man vom Völkerbund unterscheiden, der die uneingeschränkte Oberhoheit jedes Staates anerkennt und daher arbeitsunfähig ist. Diese Vorschläge haben aber wenigstens die Übergabe einiger Hoheitsrechte im Interesse des Weltfriedens ins Auge gefaßt. Ihr erziehungsmäßiger und psychologischer Wert ist beachtlich, denn die Unterbreitung solcher Vorschläge bereitet die Öffentlichkeit auf eine neue und schockierende Idee vor. Patrioten werden bei der Gelegenheit die Entdeckung machen, daß die Liebe zu ihrem Land und die Ergebenheit zu einer Art Staatenbund - zu dem ja auch ihr Land gehörten - keinen Widerspruch bedeutet. Wenn man das Leid sieht, das jedes Land immer einmal wieder erdulden muß, dann ist das Opfern eines Teils der Staatssouveränität letztlich ein sehr niedriger Preis für die nationale Sicherheit.

Lincoln hat einmal behauptet, daß wahre Vaterlandsliebe sich daran zeigt, daß man auch außergewöhnliche Ansichten in Betracht zieht. »Die Heilslehren der vergangenen ruhigen Zeit passen nicht in die stürmische Gegenwart. Diese ist angefüllt mit Schwierigkeiten, und wir müssen mit dieser Lage fertig werden. Da unser Problem neu ist, so müssen wir es auch neu überdenken und verhandeln. Wir müssen uns selbst aus der Knechtschaft befreien, dann werden wir auch unser Land retten.«

Einige Leute haben die regionale Bundesstaaterei kritisiert und drängen darauf, den letzten Schritt in einem kühnen Sprung zu tun. »Ein Weltbündnis oder ein Weltstaat ist die mögliche politische Organisationsform einer weltumspannenden Zivilisation. Je weniger die Menschheit mit Ersatz - oder aufgeblasenen regional orientierten Lösungen herumwurstelt, um so schneller können Sicherheit und Frieden erreicht werden«, schrieb Nikolas Doman in »Das kommende Zeitalter der Weltunion«. Aber wenn man zu wählen hat zwischen der Möglichkeit eines vollkommenen Fehlschlages - wegen der im Volke wurzelnden Abneigung - und einem Teilerfolg, ist da nicht das letztere das klügere Wagnis?

Wir können sicher sein, daß die Entwicklung zu internationalem Zusammenschluß nach und nach immer mehr Platz greift. Dynastische Kriege erzeugten monarchische Staaten. Nationale Kriege dienten zur Schaffung nationaler Staaten. Jetzt sind Weltkriege dabei, die Entwicklung in Richtung auf eine weltweite Organisation zu beschleunigen.

Die wütenden Flammen des Krieges lassen uns im Augenblick abseits stehen, und verbergen etlichen von uns die sich verschmelzenden Vorgänge. Unsere Aufmerksamkeit richtet sich fast ausschließlich auf das Schlachtfeld, und dabei bemerken wir nicht, daß einige der Instrumente, die für den Krieg geschmiedet wurden, auch in Friedenszeiten von Nutzen sein werden. Die nationalistischen Eifersüchteleien der militärischen Führer und Streitkräfte sind wie nie zuvor überholt. General Dwight Eisenhower, General Douglas Mac Arthur und Lord Louis Mountbatten befehligen Streitkräfte vieler Nationen; gemeinsame Konferenzen entwickeln politische und militärische Pläne. Die überlebte militärische Allmacht, die ihre oberste Autorität aus dem Nationalismus bezog, wird jetzt auf internationale Führerschaft getrimmt. Das ist ein Vorgehen über den schwierigsten Abschnitt der gesamten Front hinweg. Das bedeutet ein Annähern an eine internationale Ordnungsstreitmacht, wie man solches vor zehn Jahren vorauszusagen nicht gewagt hätte.

Ähnliche regionale Organisationsformen sind im Werden, der Umfang wird durch den Ausgang des Krieges bestimmt. Churchill machte während des Krieges den Vorschlag, aus Frankreich und England einen Staat zu machen. Ähnliche Bestrebungen kann man in Skandinavien und auf dem Balkan beobachten. Die tschechische und polnische Exilregierung haben schon darüber verhandelt, nach dem Kriege beide Völker in einem Bundesstaat zu vereinigen.

Die Italiener haben einen romanischen Block vorgeschlagen. Die Panamerikanische Gemeinschaft hat weitere Fortschritte gemacht durch die Montevideo-Konferenz 1933, das Übereinkommen von Buenos Aires 1936 und das Übereinkommen in Lima 1938. Alle diese Bestrebungen fußen auf dem System der interamerikanischen Besprechung von 1929. Die Beilegung des bolivianisch-paraguayischen Streitfalles bewirkte auch der gemeinsame Druck der zwanglosen »Förderation« das war ein Hinweis auf die womögliche Wirkungskraft einer regionalen Organisation. Im August 1940 schlossen der Präsident der USA und der Premier von Kanada in Ogdensbourg eine Übereinkunft, die für ihre beiden Länder die Errichtung eines gemeinsamen Verteidigungsrates vorsieht. All dieses ist noch weit von einem verfassungsmäßigen Bundesstaat entfernt, aber zeigt doch die Zwangsläufigkeit der historischen Entwicklung auf. Aber über alle anderen Bestrebungen hinaus gilt der feste Knoten, der die einheitliche Führung von Großbritannien und den USA in bezug auf wirtschaftliche Hilfsquellen, Streitkräfte, Waffen und politische Vorhaben in einer komplexen Strategie zusammenhält. Gemeinsam mit China und Rußland können sehr wohl die Bänder zwischen den gebietsmäßig getrennten Bünden geknüpft werden. Auch hier sind die Vorzeichen günstig. Sie zeigen in dieselbe Richtung. Die »Großen Vier«, USA, Britannien, Rußland und China haben kürzlich die Hilfs- und Wiedereingliederungsverwaltung der Vereinten Nationen überarbeitet, um vierzig ihrer kleineren Kollegen mit einzuschließen. Es wurde ein politisches Beratungsgremium geschaffen, in dem je ein Vertreter der Staaten sitzt, die zuletzt beigetreten sind. Auch ein Zentralkomitee wurde gebildet, das aus je einem Vertreter der »Großen Vier« besteht. Der Rat tritt auf Mehrheitsbeschluß sämtlicher Mitglieder, ob groß oder klein, in Tätigkeit. Auf Grund der einstimmigen Empfehlung des Zentralkomitees wird ein Generaldirektor ernannt. Während der Sitzungspause des »Großen Rates« soll dieses Zentralkomitee »notfalls politische Entscheidungen treffen«, aber alle diese Entscheidungen »müssen offen bleiben und neu verhandelt werden im 'Großen Rat' bei jeder regelmäßigen oder außerordentlichen Sitzung.«

Hier liegt ein gutes Fundament für eine Nachkriegsorganisation vor. Mit seinen starken Richtlinien und den praktischen Bestimmungen bietet es den Vorteil, daß diejenigen, die fürchten, daß es unmöglich sein würde, dieses Vorhaben, den geisterbeschwörenden Entwurf der unbequemen Weltarchitekten, Wirklichkeit werden zu lassen, ihre Meinung nochmals überdenken.

Haltet alle Zeit den Frieden fest

Auf diese Weise kann das Vorbild einer weltweiten übernationalen Organisation aus der Entfernung erahnt werden, wenn auch nur verschwommen. Vielleicht werden die prophetischen Worte, geschrieben von Viktor Hugo auf den Mauern des Palais de Vosges in Paris, »Ich bin eine Partei, eine Partei, die es überhaupt noch nicht gibt. Eine Partei der Revolution - der Zivilisation; diese Partei wird das neunzehnte Jahrhundert überstehen; durch sie werden zunächst die Vereinigten Staaten von Europa und später die Vereinigten Staaten der Welt das Licht erblicken.«

Natürlich werden die üblichen Sticheleien nicht ausbleiben: »sternguckerischer Idealismus«, »seherische Schemen«, »nicht zu verwirklichende Träumereien« - und all die überlebten Redensarten, zusammengetragen von jenen praktischen, nüchternen Menschen, die nicht in der Lage waren, den Abstieg der Welt in den finstersten Abgrund aufzuhalten. Sie sind »Fachleute, durch und durch«, aber dank des größten Fehles der Geschichte disqualifiziert. Sie haben das Recht verloren, sich mit höhnischer Kritik und Überlegenheitsmienen zu Wort zu melden. Die schlagfertige Antwort der Geschichte auf ihren »Realismus«, hat sie als Phantasten und unfähig erwiesen. Die Fackel ist ihnen aus den Händen geglitten und erloschen. Mutig und kühn müssen wir sie wieder anzünden. Wir haben nur wenig Zeit zu verlieren. Sie haben uns eine zerstörte, geplünderte, in Agonie zusammengesackte Welt vererbt. Ihre schwachen Echos, die uns mit Warnungen vor der Undurchführbarkeit und Unmöglichkeit verfolgen, sind die letzten Seufzer einer üblen Miesmacherei.

Wir dürfen sie nicht beachten. Die Welt hat immer gegen die Verächter des Fortschritts kämpfen müssen. Unsere Behentheit in dieser kritischen Zeit der Menschheitsgeschichte muß die Geringschätzung für diese Unglücks- propheten einschließen. Wenn diese in dem weltweiten Schlachthaus, daß sie geschaffen haben, »mit den Füßen auf der Erde bleiben«, dann wollen wir danach streben, unsere Häupter zu den Wolken zu erheben.

Kapitel 7

Kein »Wie gehabt«

Vielleicht hätte dieses Kapitel das erste sein sollen. Es ist eigentlich eine Einführung - ein Vorwort für den Frieden von morgen. Aber es ist hierher gesetzt worden, weil sein Inhalt in positivem Licht auf den vorherigen Seiten beleuchtet - nun sehr kritisch unter die Lupe genommen werden wird.

Drei Methoden sind bei der Suche nach einer Lösung des deutschen Pro- blems in Anwendung gekommen. Erstens haben wir die besonderen Um- stände zergliedert und sind von da zu allgemeinen Schlüssen gekommen, statt es umgekehrt zu machen. Ein Konzert für den Weltfrieden haben wir nicht entworfen, um es auf Deutschland anzuwenden. Wir haben vielmehr das deutsche Problem studiert und daraus Bedingungen für den Weltfrieden abgeleitet. Diese Methode wurde nicht nur angewandt, weil Deutschland ein einziges sprengstoffgeladenes Element in dem Ungleichgewicht der Welt ist, sondern auch, weil durch die Begrenzung des ursprünglichen Umfangs der Nachforschungen eine klare Zergliederung ermöglicht wurde. Die Versuchung einer allgemeingültigen Vereinfachung wurde so vermieden. Besondere Pro- bleme erheben ihre sorgenvollen Häupter und fordern Beachtung. Ein Stäub- chen, dicht genug ans Auge gebracht, verdeckt den Himmel.

Zweitens haben wir die historische Betrachtungsweise angewandt. Dem Ver- halten der Deutschen und der Alliierten haben wir den Versailler Vertrag ge- genübergestellt, um so die vorliegenden Empfehlungen zu begründen. Die Geschichte mag sich wiederholen, aber es kommt selten vor, daß sich so wenig unterscheidbare Merkmale finden lassen wie im Falle der beiden Welt- kriege. Bei genauer Prüfung der historischen Ereignisse haben wir heute die günstige Gelegenheit, aus der Späterkenntnis für die Zukunft zu lernen! Hier wird nicht nur mit dem Studium der Geschichte eine akademische Pflicht- übung geleistet, sondern mehr als im Normalfall. Das Studium gewährt Ein- blicke, nach denen man eifrig greift, wenn man dem deutschen Rätsel ge- genübersteht. Das ist auch der Grund, warum wir soviel Zeit für die Hervor- hebung der Vergangenheit vertan haben. Selbst der kühnste und nüchternst denkende Mensch muß bei diesem Studium nachdenklich werden. Wir haben gesehen, wie Deutschland sich trotz einer »Hexenjagd« dem Kriegsschuldurteil des Versailler Vertrages entzog, obwohl es gefesselt und anscheinend an Händen und Füßen gebunden war. Jetzt, da wir die trügerischen Knoten kennen und ebenso die lockeren Handschellen, soll es seiner Strafe nicht entgehen. Wir haben die betrügerische Buchführung mit ihren Eintragungen über Reparationen studiert, ebenso wie Verheimlichung von Vermögenswerten und die geschickten Kunstgriffe, durch die die Abrüstungsvorschriften unwirksam wurden. Unsere Erkenntnisse machen solche Täuschungen nicht länger möglich. Auch haben wir die Tatsache nicht übersehen, daß - genau wie eine Bande, die ein Verbrechen begeht, zerschlagen wird und ihrer bürgerlichen Rechte verliert - auch eine verbrecherische Nation ihres Souveränitätsanspruchs verlustig gehen muß.

Wir haben wie gewissenhafte Überwachungsbeamte die Spuren der Vorgeschichte des Verbrechens verfolgt und sind auf eine erbärmliche Erziehungsmethode gestoßen, die sich viele Generationen zurückverfolgen läßt. Jetzt wissen wir, wie wichtig die Schulreform ist, und daß besondere Aufmerksamkeit den einzelnen Lehrplänen gegenüber angezeigt ist, um den Einfluß falscher Moralgrundsätze zurechtzurücken. **Wir haben festgestellt, daß das Erziehungsprogramm nicht durch die hiesigen Politiker entworfen werden darf, sondern durch akademische Autoritäten von höchstem Rang - durch die »Internationale Universität«.**

Da wir eingesehen haben, daß eine Umgebung von Armut und Hoffnungslosigkeit das Aufkommen einer aufrichtigen Reue verhindert und ein Umdenken verunmöglicht, haben wir eine vielversprechende wirtschaftliche Lebensgrundlage des Abtrünnigen vorbedacht. Bei allem hat die Geschichte wie ein Wegweiser gewirkt, der uns die Richtung weist; seine Inschriften sind gespickt mit deutlichen Anleitungen.

Drittens haben wir der Notwendigkeit Rechnung getragen, Empfehlungen zu formulieren, selbst auf die Gefahr hin, daß die Ergebnisse anscheinend widersinnig sind. Die meisten Pläne für Deutschland fallen in fest umrissene Begriffsklassen. Da gibt es die sogenannten »rührseligen Schmierentheaterpläne«, die Großzügigkeit und Vergebung predigen. Die anderen weit übertriebenen Pläne sagen »Murkst sie ab!« - nach der Philosophie des »Auge um Auge«. Aber Weisheit fällt nun einmal nicht in vorgefaßte Klassifikationen. Das hätte nichts mit Folgerichtigkeit zu tun. Wir haben erkannt, daß die Deutschen mit Strenge behandelt werden müssen, sowohl was die Bestrafung und den Wiederaufbau als auch vorbeugende Maßnahmen betrifft. Aber auf dem Wirtschaftsgebiet heißt es großzügig zu sein. Für die Erziehung ist jede Methode recht. Widersinnig genug: auf dem Gebiet der Wirtschaft ist die bedingungslose Anwendung des Grundsatzes der Großzügigkeit notwendig. Das Leben ist kein schulischer Wettstreit gegensätzlicher Deutungsarten, mit der bequemen Übergabe des Reifezeugnisses am Ende der Feierlichkeit. Ich bin bestrebt gewesen, sowohl die Schlußfolgerungen als auch die Späne dahin fallen zu lassen, wohin sie wollen, ohne Rücksicht auf Ungereimtheiten des Musters.

Gute Maler verstehen es, nach dem Auge zu malen. Die hier angedeuteten Richtlinien mögen undurchführbar scheinen, aber der Nutzeffekt, wenn einer den Mut hat sie zu befolgen, ergibt eine saubere Perspektive. Der Stümper fürchtet anscheinende Entstellungen und »verbessert« die Linien, so daß man eher seine Interpretation als seine Beobachtungsgabe beurteilen kann. Seine Logik ist fehlerfrei, aber seine Schlußfolgerung ist falsch. Solches erlebt man oft in philosophischen Entwürfen. Die passende Lösung für Deutschland mag gemäß der logischen Überzeugungskraft weder in Rache noch Gnade liegen. Zur Zeit sind die Linien nicht so deutlich gezogen. Sie krümmen sich und verlaufen unregelmäßig, wenn gebündelte Kräfte sie erschüttern. Die angedeuteten Unregelmäßigkeiten der Linien bedeuten keinerlei Abweichung. Man kann sie deutlich beobachten. Man kann nur hoffen, daß das Ergebnis in richtiger Perspektive gesehen wird.

Kurze Zusammenfassung des Programms

Der mühsame Kampf des Menschen um ein glücklicheres Leben hat viel Aberglauben, viele Vorurteile und Ungerechtigkeiten überwunden. Ein Volk, daß die Gipfel der Zivilisation durch langsamen Aufstieg hätte erklimen können, stattdessen aber durch die Jahrhunderte in Barbarei versank, hat mit Eigensinn und Falschheit seine heidnische Aufgabe erfüllt was alle Menschen guten Willens sehr betroffen gemacht hat. Wir geloben feierlich, daß solches nicht wieder vorkommen darf und unterstützen diesen feierlichen Entschluß mit einem Programm.

Die Strafe

Nachdem wir festgestellt haben, wo die Verantwortung liegt, ergreifen wir das Schwert der Gerechtigkeit mit aller angemessenen, unparteiischen Heftigkeit.

Erstens sprechen wir Deutschland alle staatlichen Hoheitsrechte ab. Wir werden sie wieder herstellen, wenn und falls es aufhört, eine Bedrohung für die Gemeinschaft der Völker darzustellen. Wir haben aufgezeichnet, wie diese Entscheidung gefällt werden soll.

Zweitens, nachdem wir die Nation als solche gestraft haben, bestrafen wir die einzelnen Kriegsverbrecher. Zu diesem Zweck errichten wir zwei Arten von Gerichtshöfen. Solche jeden Volkes, in denen die Verbrecher aufgespürt sein mögen, also nationale militärische Strafgerichte. Sie werden ihre eigenen Gesetze in Anwendung bringen, und sie bestimmen darüber hinaus ihre eigenen Ankläger, Gefängnisse, Bewährungsabteilungen und Irrenhäuser. Die zweite Art ist der Internationale Gerichtshof mit seinen strafrechtlichen und militärischen Kammern. Sie handeln als Instanzen ohne Berufungsmöglichkeit und sollen Regierungsmitglieder und andere Hauptkriegsverbrecher aburteilen. Schon der Waffenstillstand verlangt die unmittelbare Auslieferung aller Kriegsverbrecher an das Gericht. Ihre Namen und die Anklagen gegen sie werden in vielen Fällen den Waffenstillstandsbedingungen beigelegt. Auch müssen alle amtlichen Beweisstücke und Zeugnisangaben unversehrt vorgelegt werden.

Drittens sollen internationale wie auch nationale Kommissionen unter der unmittelbaren Leitung der Ankläger die im Überfluß vorhandenen Angaben über verbrecherische Handlungen sammeln.

Viertens nehmen wir die Gruppe der Verfechter des großdeutschen Gedankens in Listen auf. Die amtlich organisierte Brutalität ist nämlich ihr Werk. Sie müssen als erste der unerbittlichen Rachejustiz ins Auge sehen. Diese, die oberste Kruste des Nazismus, der Führer, das Kabinett und die Gauleiter, das Oberkommando der Wehrmacht, die Gestapo, die Sturmabteilung, die Arbeitsfront, der deutsche Volksgerichtshof, die Schutzstaffel müssen rechtsgültig ausgelöscht werden.

Fünftens haben wir Hinweise gegeben, wie gewisse lästige Fragen in Bezug auf das internationale Recht beantwortet werden sollten, wie zum Beispiel die Verteidigung mit der Einlassung, daß der Befehl eines höheren Offiziers ausgeführt worden wäre.

Sechstens haben wir Maßnahmen vorgeschlagen, die verhindern sollen, daß Schuldige Asyl in neutralen Ländern erhalten.

Trotz eines ausgedehnten Rechtssprechungssystems - aufgestellt im Versailler-Vertrag - entging Deutschland schon einmal einer ernstzunehmenden Bestrafung. Wir haben die listenreichen Methoden studiert, die es mit Erfolg angewandt hat. Unser Programm schließt die Tür vor solcher Verschlagenheit. Der preußische Kriegskult und seine führenden nazistischen Vollstrecker müssen zerstört werden. Die Gerechtigkeit verlangt das. Die Hoffnung auf eine bessere Welt erfordert es.

Das Wirtschaftsprogramm

Die Strafmaßnahmen betreffen auch das Wirtschaftsgebiet. Das Leben ist stürmisch und verläuft nicht in gleichmäßigen, althergebrachten Bahnen und die scharf getrennten Entwürfe der Planer kennen keinen Unterschied des Ranges oder der Person. Das Wirtschaftsprogramm teilt sich in zwei Richtungen, eine vorbeugende und strafende - und eine fördernde Seite.

Die erstere ist bestimmt, Deutschland sowohl wirtschaftlich wie militärisch lahmzulegen. Vorgesehen ist: Erstens, daß alle Fabriken und Maschinen, die Kriegsmaterial herstellen, abgerissen, entfernt, verschrottet oder zerstört werden.

Zweitens, daß die Werkzeugmaschinenindustrie, Stahlwerke, Elektrizitätsbetriebe und die wichtige Schwerindustrie zerstört oder der deutschen Verwaltung entzogen werden. Während die körperlichen Arbeiten den Deutschen überlassen werden können, sollen internationale Vertrauensleute kontrollieren: Die Zusammensetzung der Werksleitung, Verträge, Investitionen und ausländische Verpflichtungen. Man kann sich nicht nur auf »Inspektionen« verlassen. Die Kontrolle der Wirtschaft selbst muß angestrebt werden. So können keine Kartellabmachungen getroffen werden, um ausländische Hersteller lebenswichtiger Materialien zu behindern. Auch können keine »Fünften Kolonnen« für Sabotage und Spionage unter der geschickten Maske geschäftlicher Unternehmen organisiert werden.

Drittens werden Vorräte an Metall, Öl oder anderem strategischen Kriegsmaterial, die über den normalen, zivilen Verbrauch hinausgehen, außer Landes gebracht und nicht wieder ersetzt. Viertens werden Wiedergutmachungen für gestohlenes Eigentum geleistet, soweit das nur möglich ist. Wir haben die verschiedenen Methoden erläutert, wie man Gesetzeswidrigkeiten erkennt. Die Palette reicht von Raubzügen durch militärische Plünderer, genannt WiRü, bis zu »rechtmäßiger Erwerbung« durch abwegigen Betrug, wie z. B. mit Hilfe des »Besatzungsgeldes«. So oder so haben die Deutschen den größten Fischzug in der Geschichte des Banditentums gemacht, fast fünfzig Milliarden Dollar.

Fünftens sollen die Gerichtshöfe zur Feststellung der Eigentumsverhältnisse die widerspenstigen strafrechtlich belangen und Termine für die Prüfung angemeldeter Besitzansprüche bestimmen. Die Besitzanhäufungen der Nazis, ganz gleich in welcher Form und in welchem Land, werden beschlagnahmt und zur Wiedergutmachung an die Opfer oder deren Herkunftsland verwendet. Die Vorkehrungen, die diesen veruntreuten Gütern den Anschein des berechtigten Anspruchs geben sollen, werden aufgedeckt. Wir haben einige der betrügerischen Methoden angeführt, die bei Angaben über die Räubereien auf die falsche Spur lenken sollen.

Sechstens müssen die Reparationen in Geld und Gütern im vollen Ausmaß der deutschen Leistungsfähigkeit gezahlt werden. Jedoch werden die Verpflichtungen flexibel sein und unter der Kontrolle einer internationalen Wirtschaftsbehörde, die (a) den Zusammenbruch der deutschen Wirtschaft infolge Erschöpfung verhindert und (b) Schaden von den Weltmärkten dadurch abwendet, daß deutsche Waren nicht zu Niedrigpreisen oder auf andere Weise auf den Markt geworfen werden können. Wir haben das Geschick aufgezeigt, mit dem Deutschland Reparationszahlungen zu vermeiden wußte, aber zur selben Zeit riesige Anleihen empfing. Der vorgeschlagene Plan macht die Sieger zu Nutznießern der Reparationen - und nicht die Besiegten.

Siebtens sollen Reparationen auch in der Form von Arbeitsbataillonen geleistet werden, um verwüstete Gebiete wieder aufzubauen. Diese Bataillone werden in erster Linie mit zu Freiheitsstrafen verurteilten Verbrechern zu Gefängnisbedingungen gebildet. Diese »Zahlungsart« unterliegt auch der Kontrolle einer internationalen Behörde, um Nachteile für das wiederaufgebaute Gebiet zu vermeiden, die durch die Einführung überschüssiger Arbeitskräfte entstehen könnten.

Mit diesem Programm werden die deutschen Rüstungsbetriebe nicht nur zerstört, sondern auch Mörtel und Stein fortgeschafft, ohne deren Vorhandensein keine neuen errichtet werden können. Es sieht die gründliche wirtschaftliche Abrüstung vor und ist mit aller Sorgfalt so entworfen, daß gewissenlose Machenschaften und das neue Aufkommen von Kräften der deutschen Kriegstreiber (Geschäftsleute ebenso wie Soldaten) in Schach gehalten werden. Der deutsche Fanatismus muß entwaffnet und so gehalten werden, damit man seine Unvernunft und sein schandvolles Verhalten allen Menschen gegenüber deutlich macht. Es darf nicht zugelassen werden; daß Deutschland sich eine neue Rüstung zulegt, um sich der Welt als braver Knecht und Krieger zu präsentieren, wenn man Gerechtigkeit durch Wiedergutmachung zum Sieg verhelfen will.

Der zweite Abschnitt des Wirtschaftsprogrammes ist nicht strafender Art, obwohl es eine für die Nazis verherrende Wirkung haben sollte. Es ist in erster Linie ersonnen, um der wirtschaftlicher Gesundheit und dem wirtschaftlichen Wachstum Deutschlands zu dienen. Es sieht vor:

1. Deutschland wird sofort nach dem Waffenstillstand mit Lebensmitteln versorgt, wie sie auch allen anderen Ländern in Europa während der Notzeit zugeteilt werden. Eine ausgedehnte internationale Kommission hat bereits Pläne für die Hilfe ausgearbeitet.

Ebenso muß Deutschland ein gleichberechtigter Teilnehmer an der medizinischen Versorgung werden. Es ist unsere Absicht, Deutschlands Massenwahn und dessen Bestrebungen auszulöschen; wir müssen günstige Lebensbedingungen schaffen, um eine geistige Neubesinnung zu ermöglichen. Der deutsche Verfolgungswahn darf nicht durch Hunger und wirtschaftliche Sorgen entfacht werden. Denn diese Probleme werden, anders als die Strafmaßnahmen allgemein verbreitet sein und treffen Schuldige wie Unschuldige gleichermaßen. Wir haben bereits von der Schuld des deutschen Volkes gesprochen, ohne dabei außer Betracht zu lassen, daß es auch viele individuelle Ausnahmen gibt. Bei dem wirtschaftlichen Abschnitt unseres Programms bestimmt die Ausnahme die Regel. Jede Überlegung ist darauf gerichtet, die Lebensbedingungen in Deutschland zu verbessern.

2. Die preußischen Güter werden beschlagnahmt, aufgeteilt und an deutsche Bauern verteilt. Die Leibeigenschaft in Deutschland - ein immer noch nicht ausgestorbener Unsinn - wird auf diese Weise ausgelöscht. Diese Landwirtschaftsreform wird der unduldsamen Beherrschung Deutschlands durch die Großgrundbesitzer - die Junker - ein Ende setzen, und damit dem anmaßenden militaristischen und nationalistischen Glaubensbekenntnis. Sie wird die preußische Vorherrscht beenden, die die besseren Instinkte vieler Deutschen terrorisiert hat. Das wird die deutsche Wirtschaft verbessern und demokratisieren.

3. Deutschland wird in voller Gleichberechtigung an den Segnungen der internationalen wirtschaftlichen Planung und Kontrolle teilnehmen. Wir streben ferner einen Wirtschaftsrat an, wie das 1940 im Februar in Den Haag vorgeschlagen worden ist. Die folgenden wirtschaftlichen Vorteile werden Deutschland, aber auch anderen Nationen, gewährt werden: (a) eine Zentralbank wird gleichzeitig in allen Ländern den Zinssatz anheben oder senken; (b) gebietsgebundene Hilfsfouds werden aufgebart; (c) Zuweisung von Arbeitskräften wird den örtlichen Bedürfnissen gemäß durch Lockerung oder Einengung der Zuwanderungsbeschränkung angepaßt; (d) Wechselkurse werden dadurch stabil gehalten, daß der Goldpreis in regelmäßigen Abständen neu festgesetzt wird; (e) ein Ausgleichsfounds wird durch Kündigung von Aktien und Wertpapieren Gefahren eindämmen; (f) Anteilsfestsetzungen und Beschränkungen werden im internationalen Handel beseitigt, mit der Einschränkung, daß sich solches unter gewissen Umständen von selbst verbietet; (g) Sondervergünstigungen werden in erster Linie im Aufbau begriffenen Industrien gewährt; (h) Kartelle werden nach Art der internationalen S. E .C. (Security and Exchange Commission) überwacht um sicher zu gehen, daß ihr Vorhandensein im öffentlichen Interesse liegt; (i) neue, für den Frieden arbeitende Industrien können Deutschland oder anderen Ländern zugewiesen werden, wenn die Lagerung verschiedener Rohmaterialien oder Ressourcenörtlich gebunden ist, woraus der entsprechenden Region wirtschaftliche Vorteile erwachsen werden.

Diese oder ähnliche Maßnahmen werden der Forderung der Atlantik Charta, »die Lebensqualität in allen Staaten zu heben gleich, ob groß oder klein, Sieger oder Besiegte«, genügen. Das wird durch den »gleichberechtigten Zugang zu Handel Rohstoffen erreicht werden, als Voraussetzung für das wirtschaftliche Wohlergehen der Völker dieser Erde.«

Deutschland wird wieder aufgebaut, gesunden und gute Lebensbedingungen erhalten. Es wird aus seiner Geschichte lernen, daß ein Krieg den Wohlstand schneller verschlingt, als daß er ihn durch Beutezüge mehren könnte. Verarmung ist der gemeinsame Nenner für Sieg und Niederlage. Vielleicht wird dieses zu einer friedvollen Geisteshaltung führen. Auf alle Fälle jedoch dient es der Weltwirtschaft. Aber den deutschen Drang nach Weltherrschaft kann man nicht so leicht endgültig beseitigen. Wirtschaftliche Gerechtigkeit ist die Voraussetzung für den Plan der Umerziehung, aber noch keine Erziehung an sich. Die Anstrengungen in dieser Richtung müssen von einem Ehrgeiz getrieben werden, der der Größe des Problems entspricht. Wir haben uns vorgenommen, Deutschlands Lebensbedingungen so zu gestalten, daß es einen angemessenen Platz in einer friedvollen Gemeinschaft der Völker finden kann.

Das Erziehungsprogramm

Dieser Abschnitt des Programms sieht vor:

1. Das gesamte Erziehungssystem Deutschlands muß vernichtet werden, genau wie seine Rüstungswerke. Seine geistige Verfassung, deren Auswirkungen für die Menschheit nicht weniger gefährlichsind als die verschiedenen Granaten aus den Munitionsfabriken, hat es sich selbst zuzuschreiben.

2. Die Aufgabe, die falschen Lehren des deutschen Nationalismus auszurotten, kann nicht den Deutschen allein anvertraut werden. Seit Generationen wurden sie mit diesem verbrecherischen Glaubensbekenntnis geimpft. Die Nazis haben alles nur hysterisch beschleunigt vorangetrieben. Wir haben die entartete Erziehungsmethode nach dem Ersten Weltkrieg kennengelernt, als wir sie ungehindert den Deutschen zur Lösung überlassen hatten. Gut gemeinte hinweise blieben ebenso wie feierliche Aufforderungen zur Abrüstung unbeachtet. Der Preis für unsere Fehler war der Zweite Weltkrieg. Die Angelegenheit darf nicht wieder einer deutschen Selbstreform überlassen werden.

3. Das Erziehungsprogramm muß unter internationaler Schirmherrschaft durchgeführt werden. Wenn ein übernationales Aufsichtsgremium erstellt ist, wird dies der zweckmäßigsten und unauffälligsten Überwachung dienen. Im übrigen sollen die »Vereinten Nationen« mit der Aufgabe betraut werden, die auch die Verantwortung für die anderen Abschnitte des Programms übernehmen müssen. Die bestmögliche Lösung für die Einzelheiten der Erziehungsreform, wie z. B. die Überwachung der Lehrpläne an den Schulen, die Auswahl der Lehrer und Lesebücher sowie der pädagogischen Fragen im allgemeinen, würde eine »Internationale Universität« sein. Den Aufbau, Ablauf und die aufsichtsführenden Organe haben wir aufgezeigt. Die Universität wäre also gewissermaßen das »Oberkommando« der Erziehungsoffensive.

Alle deutschen Schulbücher müßten den Zulassungsstempel der» Internationalen Universität« haben. Überragenden deutschen Studenten soll nach Beendigung des Hochschulbesuches die Gelegenheit zu einem Studium an der »Internationalen Universität« geboten werden. Sie werden nach Deutschland als Lehrer zurückkehren, um den Grundstein zu einer neuen Kulturtradition zu legen, die von einem kosmopolitischen Bewußtsein erfüllt sein muß. Ein neuer Kreislauf eines normalen Nationalismus wird von vorn beginnen, dessen Vollendung Deutschlands Beitrag zur Wohlfahrt und zum Frieden in Europa ist.

4. Soweit es möglich ist, sollten die Professoren aus deutschen Liberalen und Demokraten ausgewählt werden. Fehlende werden international gewählt. Wir haben auch die Provokation durch »ausländische« Einflüsse in Betracht gezogen. Diese müssen auf das geringste herabgeschraubt werden. Sie dürfen nicht zur Begründung dienen, die Aufsicht abzuschaffen. Wir haben die verheerenden Ergebnisse bei dem letzten Versuch studiert, der uns eine selbständige Erziehungsreform beschert hat.

5. Die Wiederbelebung demokratischer Kultur muß sich aller erdenkbaren Mittel zur Beeinflussung der Geisteshaltung bedienen. Wir haben aufgezeigt, wie in dieser Hinsicht Kirche, Film, Theater, Radio, Presse und Gewerkschaften eingespannt werden können. Es wird also einen »Erziehungsdienst« statt Militärdienst geben, und jeder Deutsche wird auf seine dem Frieden dienende Pflicht zwangsweise so vorbereitet, wie einst auf den Kriegsdienst.

6. Ein breit gefächertes Erziehungsprogramm wird zum Hauptziel die Anleitung zur demokratischen Selbstregierung haben. Wenn und wann das deutsche Volk nach dem unparteiischen Urteil der »Internationalen Universität« auf seine Rolle in der Staatsgemeinschaft vorbereitet ist, werden wir es mit seinen neuen Verbindlichkeiten willkommen heißen. Die Deutschen sind dann nicht länger als Bedrohung anzusehen. Sie werden ihre Souveränität zurücker halten. Bedingung dafür ist ganz einfach eine neue Geisteshaltung. Denn nur, wenn ihre Absichten und Ansichten normal sind, werden die äußerlichen Schutzmaßnahmen gegen sie überflüssig.

Am Ende steht der Friede

Jeder Friedensarchitekt könnte durch die gewaltige Größe seiner Aufgabe eingeschüchtert werden. Nicht einem von uns ist die Weisheit gegeben, die Welt umzugestalten. Kein noch so schöner Plan kann verwirklicht werden, ohne daß schwere Fehler vorkommen. Diese Erkenntnis beruht keinesfalls auf allgemeiner Bescheidenheit, sondern aus dem echten Wissen um unsere Unzulänglichkeit, die hirnrissigste Bedrohung des menschlichen Lebens durch Rezepte zu lösen. Aber diese Einsicht kann zweierlei bewirken. Sie kann zur Untätigkeit führen, d. h. zur Feigheit, oder sie kann einem Mut machen, ohne messianische Überzeugung zu planen.

Man starrt gebannt auf die nächste schmale Sprosse der Stufenleiter und kann sich nicht wirklich sicher sein, ob sie einen auch tragen wird.

Man spricht sich nun selbst Mut zu, wie man das auch von anderen erwartet, und ist schon zufrieden, wenn von den vielen Aufmunterungen, die einem gewährt werden, auch nur einige von Wert sind.

Dieses Programm, »Was sollen wir mit Deutschland machen?«, bemüht sich, den Versuch zu wagen, das Leben einfacher Menschen vor der Gewalttätigkeit eines ewigen Aggressors zu beschützen und nach gebührender Bestrafung und Ergreifung vorbeugender Maßnahmen den Agressor soweit zu zähmen, daß wir ihn in die Völkergemeinschaft aufnehmen können.

Der Glaube an die Macht des Schicksals ist von jeher der kostspieligste Aberglaube der Menschheit gewesen. Durch die Jahrhunderte hindurch hat er in die Irre geführt, was der Menschheit nur Verwüstung eingetragen hat. Jede Art von Verbrechen ist in seinem Namen geschehen. Der Tyrann und Kriegstreiber bildet sich selbst ein, nur der Vollstreckungsbeauftragte »auf der Woge der Zukunft« zu sein, und läßt sich vom Teufel, einem fragwürdigen Ratgeber, zur Gewaltanwendung verleiten.

Wo »Sendungsbewußtsein« an die Stelle moralischer Werte tritt, beginnt der tragische Niedergang des Menschentums. Man verliert jegliche Moral und jedwede religiöse Bindung. Es ist kein Zufall, daß Deutschland und Japan ständig von ihrer Bestimmung und ihrem Schicksal reden. Sie haben damit ein Götzenbild aufgestellt, nach ihrem, nicht nach dem Bilde Gottes. Ihre Besessenheit ist für sie nur etwas Natürliches; sie kommt aus den tiefsten Tiefen des Fanatismus, der nicht weniger gefährlich ist als ihr Glaube an das Schicksal.

Wir sind keine Wünschelruten, die über den wilden Wassern des Lebensstromes ausschlagen. Das Bestreiten der jungfräulichen Empfängnis ist das Grundübel der Gottesleugnung. Schicksal gibt es nur insoweit, als wir seine Meister sind und es gestalten können. Wir können uns nicht freisprechen von Unrecht und Fehlverhalten, indem wir die Kräfte über uns schelten. Es gibt keine Flucht aus der Verantwortung für unser Tun. Die Kraft, mit der wir dem entgegentreten, ist die höchste Prüfung unserer moralischen Zulänglichkeit.

Im Ablauf der Ereignisse kommt die kritische Zeit, in der man den Helm fester schnallen muß, und die Behauptung nicht länger aufrecht erhalten darf, daß ein ziellose treibendes Schiff die Folge der wildwogenden See wäre. Wenn wir schon Halt in Fantasien suchen, dann sollen es wenigstens vernünftige sein. Denken wir doch einmal an jene jungen Männer, die wie wir wußten, wer ihr junges rechtschaffenes Leben, das sie planten wie wir, so plötzlich zerstörte. Sie würden sich dafür einsetzen, daß die heutigen Kinder die volle Spanne ihres Lebens genießen könnten. Wir wollen uns daran erinnern, daß die nächste, und die übernächste Generation von uns abhängig ist. In gewissem Sinne sind wir die Garanten der Zukunft. Die Erschütterungen unserer Zeit haben das bewirkt.

Ein Kartenzeichner kann die große Ausdehnung der Welt auf eine einzige Karte malen und uns dabei die Übersicht über Hügel und Täler des Gebietes vermitteln. Gäbe es eine ähnliche Methode, eine Karte zu zeichnen, auf der die Zeitalter nebeneinander abgebildet wären, dann würden wenige Tage der Befreiung des menschlichen Geistes genügen, um haushohe Berge in dieser Karte der Geschichte einzuzeichnen.

Solch ein Tag war der 23. Juni 1215, als William d'Albini, Stephen Langton und ihre Kameraden sich in einer ruhigen Ecke auf dem 160 Acker großen Weideland von Runymede trafen und vom König John ein geschriebenes Versprechen forderten, dahingehend, daß »kein freier Mann ergriffen oder ins Gefängnis geworfen werden darf ... es sei denn auf Grund eines gesetzmäßigen Urteils seines Pairs oder auf Grund der Landesgesetze«. Dieses war der Tag der Magna Charta; um mit Blackones Worten zu sprechen, »es war die allmähliche Umwandlung der Charter der Freiheiten der USA zur endgültigen Verfassung«.

Solch ein Tag war der 12. September 1787, als der Gouverneur Morris auf einer Sitzung in der Independencehall im Namen eines Ausschusses für »Stil und Fassung« die endgültigen Verfassung der Vereinigten Staaten vortrug. Solch ein Tag ist auch heute. Noch in Jahrhunderten wird die gesamte Menschheit Veranlassung dazu haben, auf ihn zurückzublicken und zu urteilen, ob wir uns der historischen Verantwortung gewachsen gezeigt haben.

Wir dürfen nicht nachlassen.[1]

Vernichtungspläne VII:

Züchtet den Militarismus aus den Deutschen heraus

von Earnest Hooten

Professor Earnest Albert Hooton, Professor für Anthropologie an der Harvard-Universität, interessiert sich besonders für die biologische Entwicklung des Menschen.

Er ist der Verfasser von »Affen, Menschen und Schwachsinnige«, veröffentlicht 1937. Die Art und Weise, wie er an anthropologische und gesellschaftliche Probleme herangeht, ist ungewöhnlich. Nichts liebt er mehr, als schockierende Gedanken zu äußern, um die Diskussion anzuregen. Sein Beitrag »Was wollen wir mit den Deutschen machen?« ist in dieser Art geschrieben.

(Die folgenden Vorschläge/Anregungen kommen von einem Anthropologen, der viele Jahre damit verbracht hat, die Rassen, den Nationalismus und das Verhältnis zwischen der biologischen Anlage des einzelnen zu seinem Verhalten zu untersuchen. Diese Anregungen repräsentieren nicht die Meinung der anthropologischen Forscher/ Forschung. Sie wurden nicht irgendeiner Gruppe (Gremium) vorgelegt und wurden von einem solchen auch nicht bestätigt oder unterstützt. Der Verfasser selbst ist von der Durchführbarkeit der beschriebenen Maßnahmen nicht überzeugt. Er bietet sie nur als Grundlage und Ausgangspunkt für die Diskussion an. E.A.H.)

Grundforderungen:

1. Das Verhalten einer Nation/eines Volkes ergibt sich aus der Masse seiner Bevölkerung; es hängt nicht von Führern oder unterdrückten Klassen ab. Die Volksstruktur, die Volksseele und die Wertvorstellungen sind zugleich das Ergebnis der Summe der biologischen Einheiten der Bevölkerung und der Einflüsse, die dazu neigen, nach Gesichtspunkten des Überlebens auszuwählen und die biologischen Archetypen zu verstärken, die dem völkischen Verhaltensmuster am nächsten kommen. Sowohl das kulturelle Umfeld wie auch die Erbanlagen wirken zusammen und schaffen in den Nationen/Völkern feste und beständige Verhaltensformen/- normen.

2. Eine grundlegende Verbesserung des Volksverhaltens kann nicht allein durch äußere Einflüsse erreicht/ bewirkt werden, um die Volkskultur zu ändern (Regierungsform, Weltanschauung, Religion, Erziehung, Wirtschaftsform).

Biologische Maßnahmen zur Verbesserung der körperlichen, geistigen und moralischen Güte der einzelnen menschlichen Einheiten müssen ebenfalls ergriffen werden, um eine dauerhafte Verbesserung zu erreichen.

3. Um den Teufelskreis zwischen einem militaristischen Staat und räuberischen Neigungen seiner Bürger zu durchbrechen, muß zuerst der Staat zerstört werden, und dann müssen die Anlagen/ Neigungen der Bevölkerung neutralisiert oder herausgezüchtet werden. Da der Staat den Rahmen für Gruppenaggression(en) darstellt, trägt seine Zerstörung höchst wirkungsvoll dazu bei, solche Aggressionsgelüste zu unterbinden. Gleichzeitig erleichtert es die Aufgabe, sich mit der kulturellen und biologischen Güte des einzelnen in dieser Bevölkerung zu befassen.

Anwendung/Übertragung auf das Nachkriegs-Deutschland

Allgemeines Ziel:

Die Zerstörung des deutschen Nationalismus und seiner aggressiven Ideologie. Gleichzeitig sollen jedoch wünschenswerte biologische und gesellschaftliche Fähigkeiten der Deutschen bewahrt und verfestigt werden.

Maßnahmen:

1. Alle Führer der Nazi-Partei sind hinzurichten oder lebenslang einzusperren. Alle Wehrmachtsoffiziere sind für immer zu verbannen.

2. Die Massen der gegenwärtigen deutschen Wehrmachtsangehörigen sind für 20 Jahre oder mehr als Arbeitseinheiten in den zerstörten Gebieten der Alliierten in Europa und sonstwo einzusetzen. Diese Arbeitskräfte sollten nicht als Kriegsgefangene oder Sträflinge, sondern als Beschäftigte bezahlt werden (sie sollten jedoch bewacht und in ihrer Bewegungsfreiheit auf ihren Arbeitsbereich eingeschränkt werden). Bei Nachweis guter Führung sollte ihnen das Vorrecht gegeben werden, sich einbürgern zu lassen. Die Unverheirateten sollten nur Frauen des Landes, in dem sie arbeiten oder sich einbürgern lassen, heiraten dürfen. Die Familien der schon Verheirateten sollten einige Jahre in Deutschland verbleiben, sollten aber gegebenenfalls die Möglichkeit haben, zu den Familienvätern zu reisen, um bei ihnen zu bleiben.

Auch die Familienväter dürften auf keinen Fall nach Deutschland zurückkehren. Die Ziele dieser Maßnahmen beinhalten die Reduzierung der Geburtenrate von »reinrassigen« Deutschen (»pure Germans«), die Neutralisierung deutscher Aggressivität durch ein Herauszüchten und die Entdeutschung indoktrinierter Einzelpersonen.

3. Das Deutsche Reich ist in mehrere Einzelstaaten aufzuteilen (wahrscheinlich in seine ursprünglichen Bestandteile). Jedem Teil soll nach einer gewissen Zeit der Überwachung und Verwaltung durch die Vereinten Nationen die Möglichkeit gegeben werden, seine eigene Form einer nichtfaschistischen

Regierung zu wählen. Das Ziel dieser Maßnahmen ist es, den nationalen Rahmen vereinter/geeinter deutscher Angriffslust zu zerstören/zerschlagen.

4. Während der Zeit der Überwachung und Besetzung der verschiedenen deutschen Einzelstaaten durch Truppenteile und Zivilpersonal der Vereinten Nationen sollten die Angehörigen dieser Gruppen ermutigt werden, deutsche Frauen zu heiraten und sich auf Dauer dort niederzulassen. Während dieser Zeit ist auch die Einwanderung und Niederlassung von Nicht-Deutschen, vor allem von Männern, zu ermutigen.[1]

Vernichtungspläne VIII:

Der Morgenthau-Plan wurde von dem US-amerikanischen Politiker Henry Morgenthau (1934-1945 Finanzminister und Freund von F. D. Roosevelt) während des Zweiten Weltkriegs entwickelt:

Der Morgenthau-Plan

von Henry Morgenthau, August 1944

1. Entmilitarisierung Deutschlands

Es sollte das Ziel der Alliierten Streitkräfte sein, die vollständige Entmilitarisierung Deutschlands in kürzest möglicher Zeit nach der Kapitulation durchzuführen. Das bedeutet: vollständige Entwaffnung der deutschen Wehrmacht und des deutschen Volkes (einschl. des Abtransportes oder der Zersetzung allen Kriegsmaterials, totale Zerstörung der gesamten deutschen Rüstungsindustrie und Abtransport oder Zerstörung der anderen Schlüsselindustrien, welche für die Wehrkraft grundlegend sind.

2. Die neuen Grenzen Deutschlands

a) Polen sollte denjenigen Teil Ostpreußens erhalten, welcher nicht an Rußland fällt, dazu den südlichen Teil Schlesiens.

b) Frankreich sollte die Saar und die angrenzenden Gebiete erhalten, welche durch den Rhein und die Mosel begrenzt werden.

c) Wie unter Ziffer 4 angeführt, sollte eine internationale Zone geschaffen werden, welche die Ruhr und die umgebenden Industriegebiete umfaßt.

3. Aufteilung des neuen Deutschland

Der Restteil Deutschlands sollte in zwei autonome, unabhängige Staaten

1. einen süddeutschen, bestehend aus Bayern, Württemberg, Baden und einigen kleineren Gebieten, und

2. einen norddeutschen, umfassend den größeren Teil des alten preußischen Staates, Sachsen, Thüringen und einzelne kleine Staaten, aufgeteilt werden.

Herstellung einer Zollunion zwischen dem neuen süddeutschen Staat und Österreich, welches nach den Grenzen von vor 1938 wiederherzustellen sein wird.

4. Das Ruhrgebiet

(Die Ruhr mit dem gesamten Industriegebiet einschl. des Rheinlandes, des Kieler Kanals und aller deutschen Gebiete nördlich davon)

Hier liegt das Herz der deutschen industriellen Macht. Dieses Gebiet sollte nicht nur von allen dort augenblicklich bestehenden Industrien entblößt, sondern so geschwächt und kontrolliert werden, daß es in absehbarer Zeit kein Industriegebiet wieder werden kann. Folgende Schritte würden das vollenden:

a) Innerhalb kürzester Frist, wenn möglich nicht länger als sechs Monate nach Einstellung der Feindseligkeiten, sollen alle Industrieanlagen und Ausrüstungen nicht durch eine militärische Aktion zerstört, sondern vollständig demontiert und als Restitution für die Alliierten abtransportiert werden. Alle Kohlengrubenausrüstungen sollen entfernt und die Kohlengruben geschlossen werden.

b) Das Gebiet sollte internationalisiert und durch eine internationale Sicherheitsbehörde, die durch die Vereinten Nationen zu errichten wäre, verwaltet werden. Die Internationale Behörde sollte sich bei Verwaltung des Gebietes durch Richtsätze leiten lassen, die geeignet sind, die oben genannten Ziele zu erreichen.

5. Restitution und Reparation

Reparationen in Form zukünftiger Zahlungen und Ablieferungen sollten nicht gefordert werden. Restitutionen und Reparationen werden wirksamer sein durch die Abtretung der vorhandenen deutschen Hilfsquellen (Ressourcen, Bodenschätze) und Gebiete, d. h.:

a) durch Rückerstattung des Eigentums, welches die Deutschen in den besetzten Gebieten geplündert haben;

b) durch Abtretung deutscher Gebiete und deutscher Privatrechte auf industrielles Eigentum an die überfallenen Länder und die Internationale Behörde gemäß Aufteilungsprogramm;

c) Durch Abtransport und Verteilung der industriellen Anlagen und Ausrüstungen innerhalb der internationalen Zone und den norddeutschen und süddeutschen Staaten unter die verwüsteten Länder, entsprechend den Verteilungsbestimmungen;

d) durch Zwangsarbeit Deutscher außerhalb Deutschlands;

e) durch Beschlagnahme aller deutschen Guthaben jedweder Natur außerhalb Deutschlands.

6. Erziehung und Propaganda

a) Alle Schulen und Universitäten sind zu schließen, bis eine Alliierte Erziehungskommission ein wirkliches Reorganisationsprogramm aufgestellt hat. Es ist vorauszusehen, daß es vielleicht eine längere Zeitspanne dauern wird, bis höhere Schulen wieder eröffnet werden können. Währenddessen sollte die Ausbildung deutscher Studenten auf auswärtigen Universitäten nicht verboten werden. Grundschulen sind, sobald geeignete Lehrer und Schulbücher verfügbar sind, wieder zu eröffnen.

b) Alle deutschen Sender und Zeitungen, Zeitschriften, Wochenausgaben usw. werden ihr Erscheinen einstellen, bis entsprechende Kontrollen gewährleistet und ein bestimmtes Programm aufgestellt sind.

7. Politische Dezentralisation

Die Militärverwaltung Deutschlands sollte in der Anfangszeit ausgeführt werden im Hinblick auf die eventuelle Teilung Deutschlands. Um die Teilung zu erleichtern und ihr Bestehen zu festigen, sollten sich die Militärbehörden durch folgende Grundsätze leiten lassen:

a) Alle leitenden Beamten der Reichsregierung sind zu entlassen und vorerst mit Lokalverwaltungen zu verhandeln;

b) Die Wiedererrichtung der Länderregierungen entspr. der 18 Länder, in welche Deutschland gegenwärtig geteilt ist, in die Wege zu leiten und die preußischen Provinzen als selbständige Länder zu errichten.;

c) Nach der Teilung Deutschlands sollen die verschiedenen Länderregierungen ermutigt werden, eine Bundesregierung (federal government) zu organisieren für jedes der neu aufgestellten Gebiete. Solche neuen Regierungen sollten eine Art Staatenföderation sein mit sehr weitgehenden staatliche Rechten und weitgehender örtlicher Autonomie.

8. Verantwortung der Armee für die Wirtschaft

Das einzige Ziel der Armee bei der Kontrolle der deutschen Wirtschaft sollte darin bestehen, die militärischen Operationen und die militärische Besetzung zu erleichtern. Die Alliierten Militärregierungen sollten für Wirtschaftsprobleme wie Preiskontrollen, Rationierung, Arbeitslosigkeit, Erzeugung, Wiederherstellung, Verteilung, Verbrauch, Unterbringung oder Verkehr oder Maßnahmen, welche bestimmt sind, die deutsche Wirtschaft zu erhalten und zu stärken, nicht die Verantwortung übernehmen mit Ausnahme derjenigen, welche für die Heeresverwaltung (military operations) notwendig sind. Die Verantwortung für die Erhaltung der deutschen Wirtschaft und des deutschen Volkes liegt bei den Deutschen selbst mit denjenigen Hilfsmitteln, die unter den gegenwärtigen Umständen zur Verfügung stehen.

9. Kontrolle der deutschen Wirtschaftsentwicklung

Während der Dauer von etwa 20 Jahren nach der Kapitulation sollten durch die Vereinten Nationen entsprechende Kontrollen einschl. der Kontrolle über

den Außenhandel und fester Beschränkungen der Kapitalinvestitionen beibehalten werden, die dazu bestimmt sind, in den neu errichteten Ländern
den Auf- und Ausbau von Schlüsselindustrien, welche für das deutsche Wehr-
potential notwendig sind, zu verhindern und andere Schlüsselindustrien zu
kontrollieren.

10. Agrarprogramm

Aller Großgrundbesitz sollte aufgehoben, unter die Bauern aufgeteilt und das
Erbhofgesetz (system of primogeniture and entail) beseitigt werden.

11. Bestrafung von Kriegsverbrechen und Behandlung spez. Gruppen

Aufstellung eines Programms für die Bestrafung von Kriegsverbrechern und
für die Behandlung nazistischer Organisationen.

12. Uniformen und Paraden

a) Keinem Deutschen soll, eine gewisse Zeit nach Einstellung der Feindseligkeiten, erlaubt sein, irgendeine militärische Uniform oder Uniform einer
   halbmilitärischen Organisation zu tragen.

b) Nirgends sind in Deutschland militärische Paraden zu gestatten und alle
   Musikkorps aufzulösen.

13. Flugzeuge

Alle Militär- und Zivilflugzeuge (einschl. der Segelflugzeuge) werden beschlagnahmt. Keinem Deutschen soll es erlaubt sein, zu fliegen oder als Flug- oder
Bodenpersonal zu dienen.

14. Verantwortung der Vereinigten Staaten

Obwohl die USA auf jeder internationalen Kommission oder Kommissionen,
welche für die Durchführung des gesamten deutschen Programms eingesetzt werden mögen, die militärischen und zivilen Interessen voll wahrneh-
men würden, sollte die Hauptverantwortung für die Aufsicht (policing) über
Deutschland durch die Wehrmacht der kontinentalen Nachbarn Deutschlands,
insbesondere durch russische, französische, polnische, tschechische, grie-
chische, jugoslawische, norwegische, holländische und belgische Soldaten
übernommen werden.

Nach diesem Programm könnten die amerikanischen Truppen in relativ kurzer Zeit abgezogen werden.[50]

Reparationen bedeuten ein mächtiges Deutschland

Wenn wir davon ausgehen, daß Deutschland laufend Reparationen zahlt, ob
das nun in Form von Geld oder Waren sei, würden wir von Anfang an ge-

zwungen sein, ein Sanierungs- und Wiederaufbauprogramm für die deutsche Wirtschaft anlaufen zu lassen. Wir müßten Deutschland z. B. Transportmittel, Ersatzteile für die öffentlichen Versorgungsbetriebe, Lebensmittel für die arbeitende Bevölkerung sowie Maschinen für die bombengeschädigte Schwerindustrie beschaffen und für den Wiederaufbau von Wohnungen wie für Rohstoffe für die Industrie sorgen. Unabhängig davon, wie man das Programm gestalten mag, würden wir im Endeffekt für Deutschland das tun, was wir für die befreiten Gebiete Europas in Gang zu setzen beabsichtigen; aber möglicherweise in einem noch größeren Ausmaß, da die Industrialisierung Deutschlands weiter fortgeschritten ist.

Wenn dann die Reparationslieferungen auslaufen, würde Deutschland mit einer stärkeren Wirtschaftskraft dastehen und auf den Auslandsmärkten einen größeren Anteil haben, als es ihn in den dreißiger Jahren hatte.

Daher muß ein weitreichendes Reparationsprogramm aus folgenden Gründen abgelehnt werden:

1. Politisch würde es sehr schwierig sein, die Völker des befreiten Europas und anderer Völker der Vereinten Nationen, einschließlich der USA, zu überreden, ein Programm zum sofortigen Wiederaufbau der deutschen Wirtschaft anzunehmen.

2. Wenn das befreite Europa wirtschaftlich von den Reparationen Deutschlands abhängig wird, kann diese Abhängigkeit nicht einfach mit Beendigung der Reparationen abgebrochen werden. Das übrige Europa würde weiterhin von Deutschland sowohl als Versorgungsquelle wie auch als Markt abhängig sein. Diese wirtschaftlichen Bindungen würden auch politische Bindungen bedeuten. Deutschland würde dann wieder dort angelangt sein, wo es sich in den dreißiger Jahren befand, als es durch seine industrielle Stärke das übrige Europa wirtschaftlich zu beherrschen vermochte und seine wirtschaftliche Macht zur Erreichung der politischen Vorherrschaft einsetzen konnte.

3. Ein wirtschaftlich mächtiges Deutschland stellt ipos facto (durch sein bloßes Dasein, der Übersetzer) eine militärische Bedrohung der Sicherheit der Welt dar.

4. Die Zahlung von Reparationen stellt eine direkte Konkurrenz zur Exportindustrie der USA, Großbritanniens und Frankreichs dar und würde politische Unstimmigkeiten innerhalb der Vereinten Nationen hervorrufen.

a) Alles, was die Empfängerländer an Reparationen erhalten, werden sie in der Nachkriegszeit nicht von den alliierten Industriemächten kaufen.

b) Wenn man Deutschland auf die Grundlage von Reparationen stellt, muß es Industriegüter an die nichteuropäischen Märkte exportieren, um die nötigen Devisen zum Import der Rohstoffe für seine Industrie zu beschaffen. Damit würde es erneut mit England und den Vereinigten Staaten auf den Märkten von Lateinamerika, Afrika und Asien konkurrieren.

5. Ein wirtschaftlich starkes Deutschland würde in der Lage sein, noch wirkungsvoller mit anderen Ländern zu konkurrieren, sobald die Reparationszahlungen aufhören.

Ein Reparationsprogramm für Deutschland nach diesem Kriege verspricht keinen größeren Erfolg als der Versuch mit dem Dawes- und Young-Plan nach dem Ersten Weltkrieg.

Wirtschaftliche Ersatzleistung Deutschlands an die Vereinten Nationen

An Stelle von wiederkehrenden Reparationszahlungen werden die Nationen, die einen Anspruch auf solche Zahlungen haben, von Deutschland einen Pauschalbetrag erhalten, und zwar in Gestalt von deutschen Sachgütern, deutschen Arbeitskräften und deutschem Gebiet.

Diese Pauschalzahlung, die eher als Sühneleistung denn als Wiedergutmachung beschrieben werden könnte, wird in folgender Weise verwirklicht :

a) durch die Übereignung deutscher Territorien an die befreiten Länder, einschließlich der darauf befindlichen Industrieeinrichtungen. Es ist beabsichtigt, die großen Industriegebiete Schlesiens an Polen und die Industrie der Saar zusammen mit den umliegenden Territorien an Frankreich zu übereignen. Diese Gebiete werden für die Empfängerländer einen enormen Wert darstellen;

b) durch Demontage und Verteilung von Industrieanlagen und -Ausrüstungen sowie Verkehrseinrichtungen, einschließlich Eisenbahnen, die im restlichen Deutschland und Ruhrgebiet gelegen sind, an die verwüsteten Länder. Beabsichtigt ist, Betriebe, Maschinen, Ausrüstungen, Rohstofflager, Eisenbahn- und Schiffsbestand vollständig an die verwüsteten Länder zu übereignen und damit eine echte Grundlage für den Wiederaufbau und für die Industrialisierung des befreiten Europas zu schaffen. Innerhalb des Möglichen wird so die gesamte Industrie der Ruhr überführt werden;

c) durch die Schaffung von deutschen Arbeitsbataillonen, die zur Wiederaufbauarbeit außerhalb Deutschlands eingesetzt werden;

d) durch Einziehung aller deutschen Auslandsguthaben, welcher Art diese auch sein mögen.

Die oben beschriebene Ersatzleistung wird für die Empfängerländer sowohl politisch als auch wirtschaftlich günstiger sein, als es wiederkehrende Reparationszahlungen wären.

Der Nutzen würde sofort durch den Erhalt von Maschinen, Einrichtungen und Arbeitskräften eintreten, und die Wirtschaft der einzelnen Empfängerländer wird gegenüber Deutschland sowohl absolut als auch relativ gestärkt werden.

In dem Maße, wie der Bedarf dieser Länder an Industriegütern von den USA und Großbritannien anstatt von Deutschland gedeckt wird, ziehen die Empfängerländer den Nutzen aus der schnelleren Lieferung für die Zeit unmittelbar nach dem Krieg. Außerdem hätten die USA und Großbritannien den Vorteil, ihre ausländischen Nachkriegsmärkte zu erweitern.

Es ist ein Trugschluß, daß Europa ein starkes, industrialisiertes Deutschland braucht

1. Die manchmal vertretene Annahme, Deutschland sei für das übrige Europa eine unentbehrliche Quelle für industrielle Versorgungsgüter, trifft nicht zu.

Die USA, Großbritannien und die französisch-luxemburgisch-belgischen Industriezentren hätten mit Leichtigkeit aus ihrer ungenutzten Industriekapazität heraus praktisch alles liefern können, was Deutschland während des Zeitraums vor dem Kriege nach Europa lieferte. Für den Zeitraum nach dem Krieg kann die erweiterte Industriekapazität der Vereinten Nationen, besonders der USA, mit Leichtigkeit den Bedarf für den Wiederaufbau und die Industrie Europas ohne Beihilfe Deutschlands decken.

Die gesamten deutschen Exporte in die ganze Welt betrugen 1938 nur etwa 2 Mrd. Dollar, wobei der Anteil von Maschinen, Stahl und Stahlwaren bei etwa 750 Mio. Dollar, von Kohle bei 165 Mio. Dollar und Chemikalien bei 230 Mio. Dollar lag.

Diese Beträge sind unbedeutend im Vergleich zu dem erhöhten Industriepotential alleine der USA oder Großbritanniens. Ein Fünftel unseres Leih- und Pacht - Exports von 1943 würde genügen, um die Exporte Deutschlands in die ganze Welt in ihrem vollen Umfang zu ersetzen.

2. Man hat die Behauptung aufgestellt, daß Europa von der Ruhrkohle abhängig sei. Die französisch-belgische Stahlindustrie und einige neue Industriekomplexe, die nach dem Krieg in Europa entstehen werden, benötigen die Versorgung mit importierter Kohle. Die britische Kohlenindustrie jedoch, die vor dem Krieg unter der deutschen Konkurrenz litt, wird in der Lage sein, den größten Teil, wenn nicht überhaupt den gesamten Bedarf, zu decken. Die Kohlenindustrien in Frankreich, Polen, und an der Saar sind ebenfalls zu einer Produktionserweiterung fähig, wenn die Konkurrenz der Ruhr ausgeschaltet ist. Eine weitere Deckung des Bedarfs könnte erforderlichenfalls von den Vereinigten Staaten erreicht werden, allerdings zu einem wesentlich hö-

heren Preis. Die unterschiedliche Qualität der Ersatzkohle mag eine technische Abänderung erfordern, aber eine solche Umstellung ist durchführbar.

Deutschland wies 1937 einen Netto-Kohlenexport von 32 Mio. Tonnen aus. Die Differenz der britischen Kohlenproduktion zwischen einem guten Jahr und einem unterdurchschnittlichen Jahr war größer als der gesamte deutsche Kohlenexport. Darüber hinaus hat die britische Kohlenindustrie in den letzten 25 Jahren nie mit voller Kapazität gearbeitet.

3. Deutschland war für das übrige Europa bedeutsam als Markt vor allem für landwirtschaftliche Überschüsse. Die deutschen Lebensmittelimporte aus der ganzen Welt betrugen 1937 etwa 800 Mio. Dollar, wovon auf Europa etwa 450 Mio. Dollar entfielen. Die gesamten deutschen Rohstoffkäufe in Europa betrugen 1937 etwa 350 Mio. Dollar. Der Verlust des deutschen Marktes wird weitgehend durch die folgenden Entwicklungen kompensiert:

a) Wenn die deutsche Industrie ausgeschaltet ist, wird die Masse der industriellen Rohstoffe, die bisher Deutschland zu kaufen pflegte, zweifellos von anderen europäischen Nationen gekauft werden, welche von nun an jene Industriegüter herstellen werden, die früher Deutschland hergestellt und nach Europa exportiert hat.

b) Die Industrialisierung und die Erhöhung des Lebensstandards im übrigen Europa werden einen Teil der Lebensmittelüberschüsse absorbieren, die früher nach Deutschland gingen.

c) Diejenigen Teile Deutschlands, die anderen Ländern zugeschlagen werden (das Rheinland, Schlesien, Ostpreußen), werden wohl einen genauso hohen Lebensmittelimport haben wie vorher, vielleicht sogar noch einen höheren.

d) Der restliche Teil Deutschlands wird weiterhin einige Lebensmittel importieren, vielleicht 25-50% der früheren Lebensmittelimporte.

4. Deutschland war für das übrige Europa in den nachfolgenden Bereichen als Markt wichtig:

Prozentsatz der Exporte eines jenen Landes nach Deutschland:

Großbritannien	4 %
Frankreich	6 %
UdSSR	7 %
Belgien	12 %
Norwegen	13 %

Italien	15 %
Tschechoslowakei	15 %
Niederlande	15 %
Dänemark	20 %
Jugoslawien	38 %
Griechenland	38 %

Großbritannien exportierte hauptsächlich Kohle und Textilien nach Deutschland, und Frankreich exportierte hauptsächlich Eisenerz und Wolle. Die Ausschaltung der deutschen Industrieexporte wird entsprechende Märkte für diese und weitere Exporte schaffen.

Der Verlust des deutschen Marktes könnte für die Balkanländer von großer Bedeutung sein. Die landwirtschaftlichen Exporte dieser Länder nach Deutschland waren im Jahre 1938 unnatürlich umfangreich wegen der deutschen skrupellosen Ausnutzung durch das Zahlungsausgleichs-Abkommen und andere Kunstgriffe. Diese Länder werden für einen Teil ihrer Lebensmittelüberschüsse Märkte finden, allein schon durch die Industrialisierung und durch einen höheren Lebensstandard innerhalb des eigenen Landes. Die deutschen Gebiete werden weiterhin einige Lebensmittel von ihnen importieren. Einen Netto-Marktverlust könnten jedoch die Länder Dänemark, Holland und Jugoslawien ausweisen. Diese Länder werden allerdings eine Anpassung ihrer Wirtschaftsstruktur durchführen müssen, was wohl nicht schwierig sein dürfte in der Zeit großer Umschichtungen, die mit der Befreiung kommen wird.

5. Zusammengefaßt: Die Behauptung, daß eine gesunde europäische Wirtschaft von der deutschen Industrie abhängt, war niemals wahr, noch wird sie in Zukunft wahr sein. Deshalb sollte über die Behandlung Deutschlands ohne Rücksicht auf wirtschaftliche Folgen für das übrige Europa entschieden werden. Im schlimmsten Fall werden diese wirtschaftlichen Folgen nur relativ geringe wirtschaftliche Nachteile für gewisse Teile Europas mit sich bringen. Im günstigsten Fall werden sie die industrielle Entwicklung Europas außerhalb Deutschlands beschleunigen. Aber alle Nachteile werden durch echte Vorteile in bezug auf die politischen Ziele und die wirtschaftlichen Interessen der Vereinten Nationen als Ganzes mehr als ausgeglichen werden.

Warum die Rohstoffvorkommen an der Ruhr unzugänglich gemacht und die Anlagen demontiert werden sollten

Während der letzten hundert Jahre ist die Industriemacht des Ruhrgebietes die Grundlage des modernen deutschen Militarismus gewesen. Sehr ausgedehnte Vorkommen von Kohle hoher Qualität, die sich besonders gut zur

Herstellung von Koks eignet, und eine günstige geographische Lage, die den Import von Eisenerz erleichterte, waren die Grundlage einer industriellen Struktur, die einzigartig auf der Welt ist und deren Entwicklung bewußt durch militärische Zielsetzung gesteuert worden ist.

Die Beseitigung dieser industriellen Struktur ist unumgänglich, um eine erneute deutsche Aggression auf viele Jahre hinaus unmöglich zu machen. Kein anderer Plan könnte diesem zentralen Anliegen der Vereinten Nationen mit derselben Wirksamkeit dienen. Die Zerstückelung Deutschlands alleine würde nicht genügen, da politische Entwicklungen in kommenden Jahrzehnten eine Wiedervereinigung verschiedener deutscher Staaten möglich machen könnten. In diesem Falle würde ein wiedervereinigter deutscher Staat sofort wieder ein enormes Industriepotential besitzen, falls die Ruhrindustrie nicht zerstört wird.

Wenn das Ruhrgebiet erst mal ausgeschaltet ist, werden zweifellos neue Eisen- und Stahlindustrien im übrigen Europa aufgebaut werden, um die benötigten Mengen an Eisen und Stahl zu beschaffen, die sonst von der Ruhr kamen, und um die französische Eisenerzproduktion zu nutzen. Kohle könnte man aus dem Saargebiet, aus einer erhöhten Förderung in Frankreich, aus Großbritannien, Schlesien und Polen bekommen. Die Ausschaltung der Ruhr würde daher ein willkommener Beitrag zum Gedeihen der Kohleindustrie von mehreren Mitgliedern der Vereinten Nationen werden. Großbritannien hat sehr große Kohlereserven; man schätzt, daß seine nachgewiesenen Reserven bei der gegenwärtigen Fördermenge den Bedarf von etwa 500 Jahren decken.

Die Kohleförderung Großbritanniens war in dem Zeitraum zwischen den beiden Kriegen stark rückläufig und hat niemals wieder ihr Maximum von 1913 erreicht (298 Mio. Tonnen). Die Förderhöhe in den vergangenen Jahren war die der Jahrhundertwende, wobei der Anstieg zwischen 1900 und 1913 verlorengegangen ist. Die Förderung im Jahr 1938 lag um Mio. Tonnen niedriger als 1913.

Die neuen Eisen- und Stahlindustrien, die an Stelle des Ruhrgebietes in Europa entstehen werden, werden eine so mächtige, unabdingbare Stellung besitzen, daß sie eine dauerhafte und wirksame Schranke gegen eine erneute Industrialisierung der Ruhr darstellen werden.

Wie die britische Industrie aus dem hier vorgeschlagenen Programm Nutzen ziehen würde

1. Die britische Industrie würde sich von der Depression der dreißiger Jahre durch die Gewinnung neuer Märkte erholen. England würde den größten Teil des europäischen Kohlenbedarfs decken, der früher vom Ruhrgebiet mit ei-

ner Jahresproduktion von 125 Mio. Tonnen gedeckt wurde. Die daraus folgende Steigerung der britischen Kohlenförderung würde die Erweiterung und Neuordnung von Englands führender, seit 1918 von Depressionen betroffene Industrie zur Folge haben und würde es erleichtern, die depressiven Bereiche zu beseitigen.

2. Die Verringerung der deutschen Industriekapazität würde die deutsche Konkurrenz mit den britischen Exporten auf dem Weltmarkt ausschalten. England würde nicht nur viele Auslandsmärkte wiedergewinnen, die es nach 1918 an Deutschland verloren hat, sondern es wird auch an den Lieferungen von Verbrauchs- und Industriegütern aller Art teilhaben, welche die verwüsteten Länder Europas in den ersten Nachkriegsjahren für ihren Wiederaufbau benötigen.

3. Die Übereignung eines großen Teils des deutschen Schiffsbestandes an England, sowohl von Handels- als auch von Kriegsschiffen, wie auch von Werftanlagen, wird ein wichtiger Punkt in Englands Programm zur verstärkten Erholung der Wirtschaft im Rahmen einer Wiedergutmachung nach dem Kriege sein.

4. Großbritanniens Devisenposition wird gestärkt und der Druck auf das Pfund durch die Ausweitung seiner Exporte und Dienstleistungen im Bereich des Schiffswesens vermindert werden.

5. Die Gewähr von Frieden und Sicherheit würde für England den unvergleichlich größten wirtschaftlichen Nutzen aus dem hier vorgeschlagenen Programm bringen, denn es soll bewirken, daß Deutschland niemals wieder einen erfolgreichen Krieg auf dem Kontinent führen kann. England würde in der Lage sein, das Programm für den wirtschaftlichen und sozialen Wiederaufbau in Angriff zu nehmen, wie es im Beveridge-Plan vorgestellt ist, sowie auch das Regierungsprogramm für Vollbeschäftigung, ohne sich über zukünftige finanzielle Belastungen durch die Unterhaltung einer umfangreichen Armee und einer riesigen Rüstungsindustrie auf unabsehbare Zeiten Sorgen machen zu müssen.

6. Die politische Stabilität Großbritanniens würde gestärkt werden durch seine wachsende Fähigkeit, den dringenden inländischen Forderungen nach wirtschaftlicher Reform nachzukommen, die sich aus den Garantien für äußere Sicherheit und für eine Ausweitung der Exporte ergeben.

Das Ergehen der deutschen Wirtschaft ist Sache der Deutschen und nicht der alliierten Militärbehörden

Die wirtschaftliche Sanierung Deutschlands ist ein Problem des deutschen Volkes und nicht der alliierten Militärbehörden. Das deutsche Volk muß die Folgen seiner eigenen Handlungen tragen.

Der einzige Zweck der bewaffneten Macht als Kontrollorgan der deutschen Wirtschaft sollte sein, die militärischen Operationen und die militärische Besetzung zu fördern. Die alliierte Militärregierung soll keineswegs die Verantwortung für solche wirtschaftlichen Probleme übernehmen wie Preiskontrollen, Rationierung, Arbeitslosigkeit, Produktion, Wiederaufbau, Verteilung, Verbrauch, Wohnungsfragen oder Verkehrswesen oder irgendwelche Maßnahmen ergreifen, die geeignet wären, die deutsche Wirtschaft zu erhalten oder zu stärken. Die Verantwortung für die Erhaltung der deutschen Wirtschaft und der Bevölkerung bleibt dem deutschen Volk selbst überlassen mit den Möglichkeiten, die unter den gegebenen Umständen zur Verfügung stehen mögen.

Es sollten nicht mehr Hilfsgüter importiert oder aus deutschen Warenlagern verteilt werden, als es der Minimalbedarf erforderlich macht, um Krankheiten und solche Unruhen zu verhüten, welche die militärischen Maßnahmen oder die Besetzung gefährden oder behindern könnten. Die alliierten Militärbehörden sollten keine Verantwortung für Versorgung, Verteilung oder auch Unterstützungsmaßnahmen, einschließlich der Versorgung mit Lebensmitteln und medizinischem Bedarf, übernehmen. Der deutsche Importbedarf sollte strikt auf Minimalquoten für kritische Ersatzartikel beschränkt werden und sollte in keinem Falle Vorrang vor den Versorgungsbedürfnissen der befreiten Territorien haben.

Die landwirtschaftlichen Vorräte in Deutschland sollten für die deutsche Bevölkerung verwendet werden, jedoch unter der Voraussetzung, daß der deutsche Verbrauch auf einem Minimum gehalten wird, um auf diese Weise einen möglichst großen Überschuß an landwirtschaftlichen Produkten für die befreiten Länder zur Verfügung zu haben.

Die alliierten Militärbehörden sollten sich nicht mit der Wiederherstellung von Kriegsschäden befassen mit Ausnahme derer, die für die Gesundheit der Bevölkerung absolut unentbehrlich sind. Die Deutschen werden selbst die Verantwortung haben, ihre Sache so gut zu machen, wie sie es eben können.

Einflußnahme auf die Entwicklung der deutschen Wirtschaft

Ein Langzeitprogramm zur Beeinflussung der strategischen Bestandteile der deutschen Wirtschaft sollte für einen längeren Zeitraum in Kraft gesetzt werden, und zwar für mindestens 20 Jahre. Die zu beeinflussenden Bereiche wären die folgenden:

1. die deutschen Auslandsguthaben, eingeschlossen Patente und Urheberrechte;

2. der deutsche Außenhandel;

3. Verrechnungs- und Handelsabkommen mit dem Ausland;

4. Kapitalimporte und Kapitalexporte;

5. Industrien, die strategische Materialien herstellen, außer denen, für die bereits besondere Bestimmungen getroffen worden sind;

6. die deutsche Handels- und Fischereiflotte;

7. die Binnenschiffahrt, d. h. auch Kanäle und Flüsse.

Es ist wesentlich, daß die oben genannten strategischen Bestandteile der deutschen Wirtschaft überwacht werden, damit die Deutschen nicht durch ihre Nutzung erneut darangehen, verschiedene Teile ihrer Industrie- und Wirtschaftsstruktur für zukünftige militärische und aggressive Zwecke wieder aufzubauen. Deutschland war in der Welt führend, wenn es darum ging, bei der Anwendung von Zolltarifen, Meistbegünstigungsklauseln, bei der Devisenkontrolle, der Kontrolle über den Transithandel, bei Einfuhrquoten, internationalen Kartellen, Patenten und Urheberrechten zum Zweck benachteiligender und unlauterer Handelsvorteile gegenüber seinen Nachbarn aufzutreten. Hier lag die eigentliche Ursache für viele schwärende Wunden und konkurrierende Handelskriege die ganzen zwanziger und dreißiger Jahre hindurch.

Was bezüglich der deutschen Umerziehung geschehen soll

Der militaristische Geist, der das deutsche Volk durchdringt, wurde von allen Erziehungseinrichtungen in Deutschland über viele Jahrzehnte hinweg planmäßig genährt. Schulen, Oberschulen und Universitäten wurden sehr wirksam dazu benutzt, in die Kinder und in die Jugend der Nation den Samen des aggressiven Nationalismus und den Wunsch zur Beherrschung der Welt einzupflanzen. Eine Umerziehung des deutschen Volkes muß daher Teil des Programms sein, Deutschland unfähig zu machen, eine aggressive Macht zu sein.

Die Umerziehung kann nicht wirksam von außerhalb des Landes durchgeführt und von ausländischen Lehrern getragen werden. Sie muß von Deutschen selbst geleistet werden. Die harten Tatsachen der Niederlage und der Notwendigkeit zur politischen, wirtschaftlichen und sozialen Umgestaltung müssen die Lehrmeister des deutschen Volkes werden. Das bestehende Erziehungssystem, das völlig nazifiziert ist, muß vollkommen neu geordnet und umorganisiert werden. Die Hauptaufgabe wird darin bestehen, politisch zuverlässige Lehrer ausfindig zu machen und so schnell wie möglich neue Lehrer auszubilden, die von einem neuen Geist beseelt sind.

Bei den Vereinten Nationen sollte eine Kommission für Erziehungsfragen geschaffen werden, welche die höchste Amtsgewalt in allen Fragen der Erziehung und bei den Organen der öffentlichen Meinung ausüben wird. Sämtliche Lehr- und Erziehungseinrichtungen, welcher Art auch immer, sind zu schließen. Ihre Wiedereröffnung wird abhängen von (1) von der Möglichkeit, Lehrkörper zusammenzustellen, in die politisches Vertrauen gesetzt werden kann, (2) von der Umgestaltung der Lehrpläne, (3) von der Fertigstellung neuer Lehrbücher, um die völlig unbrauchbaren Bücher der Vergangenheit zu ersetzen. Für eine Übergangszeit sollten die Ernennungen von Fachkräften an den Erziehungsanstalten der Genehmigung der Kommission der Vereinten Nationen für Erziehungsfragen unterworfen sein. Während es noch möglich sein könnte, nach einer verhältnismäßig kurzen Zeit wieder Lehrkörper für die Grundschulen zusammenzustellen, werden wohl alle höheren Bildungseinrichtungen, die in der Vergangenheit die Hauptzentren der militärischen, pangermanischen Propaganda waren, möglicherweise noch mehrere Jahre lang geschlossen bleiben müssen.

Der deutsche Militarismus kann nicht durch Zerstörung des Nazismus allein beseitigt werden

1) Das Nazi-Regime ist in seinem Wesen der Höhepunkt des unveränderten deutschen Dranges zur Aggression.

a) Die deutsche Gesellschaft ist während mindestens drei Generationen von machtvollen Kräften beherrscht gewesen, die den deutschen Staat und die deutsche Nation zu einer Maschine der militärischen Eroberung und der Selbstüberhöhung gemacht haben. Seit 1864 hat Deutschland fünf Angriffskriege (sic) gegen andere Mächte begonnen, wobei jeder Krieg größere Zerstörung über weitere Gebiete brachte als der vorhergehende.

b) Wie auch im Falle Japans, hat die schnelle Entwicklung eines modernen Industriesystems in Deutschland die wirtschaftliche Grundlage des deutschen Militarismus unermeßlich gestärkt, ohne jedoch die Ideologie des preußischen Feudalismus oder ihren Rückhalt in der deutschen Gesellschaft zu schwächen.

c) Das Nazi-Regime ist kein Auswuchs einer sonst gesunden Gesellschaft, sondern es wächst organisch aus dem deutschen Staatskörper heraus. Schon vor der Machtergreifung des Nazi-Regimes hat die deutsche Nation eine unvergleichbare Fähigkeit an den Tag gelegt, sich von einer militärischen Clique verführen zu lassen, die ihr das Versprechen auf wirtschaftliche Sicherheit und politische Herrschaft gab als Gegenleistung für die disziplinierte Hinnahme ihrer Führerschaft. Was das Nazi-Regime getan hat, war die systematische Verderbnis der passiven deutschen Nation in einem beispiellosen Maßstab und die Umgestaltung zu einer organisierten und entmenschlichten Militärmaschine, in die noch alle Kräfte der modernen Technik und Wissenschaft eingegliedert worden sind.

2) Die Auflösung der Nazi-Partei allein wird deshalb nicht die Vernichtung des militärischen Geistes sicherstellen, welcher dem deutschen Volk über Generationen eingeflößt wurde und dem man im letzten Jahrzehnt eine überwältigende Stoßkraft verlieh. Dies wird notwendigerweise ein mühsamer Prozeß sein, und während einer langen, zukünftigen Zeitspanne würde es geradezu ein Spielen mit dem Schicksal der Zivilisation sein, sich auf eine unbewiesene deutsche Fähigkeit zur Selbsterneuerung zu verlassen, angesichts einer bewiesenen Fähigkeit zur Schaffung von neuen Vernichtungswaffen für die Verwendung in Angriffskriegen. Daher wird zusätzlich zur Entwaffnung und zur Schwächung Deutschlands als Militärmacht den Interessen der Weltsicherheit am besten gedient sein mit folgenden Maßnahmen:

a) Zwangsmäßige Verringerung der Industriekapazität Deutschlands, so daß es aufhört, eine größere wirtschaftliche, militärische und politische Macht zu sein;

b) Stärkung aller Nachbarn Deutschlands auf politischem und wirtschaftlichem Gebiet im Verhältnis zu Deutschland; damit wird seine Einsicht in die Nutzlosigkeit der militärischen Philosophie, aus welcher die Aggression entsteht, um so wahrscheinlicher.

Bestrafung bestimmter Kriegsverbrechen und Behandlung besonderer Gruppen

A. Bestrafung bestimmter Kriegsverbrecher

1. Hauptverbrecher

Eine Liste von Hauptverbrechern dieses Krieges, deren offenkundige Schuld von den Vereinten Nationen allgemein festgestellt worden ist, soll so bald wie möglich aufgestellt und den entsprechenden militärischen Behörden übermittelt werden. Die Militärbehörden sollen in bezug auf alle Personen, die auf einer solchen Liste enthalten sind, folgendermaßen angewiesen werden:

a) Sie sollen so schnell wie möglich ergriffen und so schnell wie möglich nach ihrer Ergreifung identifiziert werden; die Identifizierung soll von einem Offizier im Generalsrang bestätigt werden.

b) Sobald diese Identifizierung durchgeführt worden ist, soll die identifizierte Person umgehend von Erschießungskommandos hingerichtet werden, die aus Soldaten der Vereinten Nationen zusammengesetzt sind.

2. Bestimmte andere Kriegsverbrecher

a) Von der alliierten Militärregierung sollen Militärkommissionen eingesetzt werden zum Prozeß wegen gewisser Verbrechen, die während dieses Krieges gegen die Zivilisation begangen worden sind. So bald wie praktisch möglich, sollen Vertreter der befreiten Länder Europas in diese Kommissionen aufgenommen werden. Diese Verbrechen sollen die Verbrechen einschließen, welche im folgenden Abschnitt erfaßt sind, und jene anderen Verbrechen, wie man sie diesen Militärkommissionen von Fall zu Fall zur Verhandlung zuweisen wird.

b) Jede Person, die verdächtigt wird, verantwortlich zu sein für die Verursachung des Todes irgendeines menschlichen Wesen (durch Befehlsausgabe oder anderweitig) oder teilgenommen zu haben bei der Verursachung des Todes irgendeines menschlichen Wesens in den folgenden Fällen, soll verhaftet und sofort von diesen Militärkommissionen abgeurteilt werden; es sei denn, daß eine der Vereinten Nationen vor dem Prozeß gefordert hätte, daß eine solche Person zur Durchführung eines Prozesses wegen ähnlichen Anklage in ihren Gewahrsam gebracht wird, und zwar für Taten, die innerhalb ihres Territoriums begangen worden sind:

1) wenn der Tod durch eine die Kriegsregeln verletzende Handlung verursacht wurde;

2) wenn das Opfer als Geisel zur Vergeltung für Taten anderer Personen getötet wurde;

3) wenn das Opfer den Tod erlitt aufgrund seiner Nationalität, Rasse, Hautfarbe, seines Glaubens oder seiner politischen Überzeugung.

c) Jede Person, die von den Militärkommissionen wegen der in Paragraph b) aufgeführten Verbrechen überführt ist, soll zum Tode verurteilt werden, es sei denn, daß die Militärkommissionen in Ausnahmefällen beschließen, daß mildernde Umstände gegeben sind, in welchem Falle auf eine andere Bestrafung erkannt werden kann, einschließlich Deportation zu einem Straflager außerhalb Deutschlands. Nach dem Schuldspruch soll das Urteil sofort vollstreckt werden.

B. Festnahme bestimmter Gruppen

Alle Mitglieder der folgenden Gruppen sollen in Haft gehalten werden, bis der Umfang der Schuld jeweils festgestellt ist:

a) SS

b) Gestapo

c) Alle höheren Amtsträger der Polizei, der SA und anderer Sicherheitsorganisationen

d) Alle höheren Amtsträger der Regierung und der Nazi-Partei

e) Alle führenden Persönlichkeiten des öffentlichen Lebens, die eng mit dem Nationalismus identifiziert sind

C. Registrierung

Es ist ein geeignetes Registrierungsprogramm zu erstellen mit der Absicht, alle Mitglieder der Nazi-Partei und ihrer angegliederten Organisationen, der Gestapo, der SS und der SA, zu identifizieren.

D. Arbeitsbataillone

Abgesehen von der Frage festgestellter Schuld wegen besonderer Verbrechen bildet die bloße Zugehörigkeit zur SS, zur Gestapo und zu ähnlichen Gruppen einen ausreichenden Grund zur Einschließung in Zwangsarbeitsbataillone, die außerhalb Deutschlands bei Wiederaufbaumaßnahmen eingesetzt werden.

E. Auflösung der Nazi-Organisationen

Die Nazi-Partei und alle ihre angegliederten Organisationen wie die Arbeitsfront, die Hitler-Jugend, Kraft durch Freude usw. sollen aufgelöst und ihr Eigentum und ihre Akten beschlagnahmt werden. Es müssen alle erdenklichen Anstrengungen gemacht werden, jeden Versuch zu verhindern, sie im Untergrund oder in getarnter Form wieder herzustellen.

F. Verbot der Ausübung gewisser Rechte

Alle Mitglieder folgender Gruppen sollen aus dem öffentlichen Dienst entfernt werden, das Wahlrecht und die Erlaubnis zur Bekleidung öffentlicher Ämter verlieren. Sie dürfen nicht mehr als Journalist, im Lehrberuf oder im Rechtsberuf tätig sein oder im Bankwesen, in der Produktion oder im Handel irgendeine führende Stellung einnehmen:

1) Mitglieder der Nazi-Partei

2) Sympathisanten der Nazis, die mit Worten oder Taten das Nazi-Programm faktisch unterstützt oder ihm Vorschub geleistet haben

3) Die Junker

4) Die Offiziere des Heeres und der Kriegsmarine

G. Verbot der Auswanderung

1) Es ist eine Bekanntmachung herauszugeben, die allen in Deutschland ansässigen Personen das Verlassen Deutschlands oder den Versuch dazu verbietet, ausgenommen mit Erlaubnis der alliierten Militärregierung.

2) Die Verletzung dieses Verbotes soll ein Straftatbestand sein, der von den Militärkommissionen der alliierten Militärregierung abzuurteilen ist, und harte Strafen, einschließlich der Todesstrafe, sollen vorgeschrieben werden.

3) Von den Militärbehörden sind alle denkbaren Schritte zu unternehmen, um alle diese Personen am unerlaubten Verlassen des Landes zu hindern.

Vernichtungspläne IX:

Der »Vertrag« von Versailles

Die Vereinigten Staaten von Amerika, das Britische Reich, Frankreich, Italien und Japan,

die in dem gegenwärtigen Vertrage als die alliierten und assoziierten Hauptmächte bezeichnet sind,

Belgien, Bolivien, Brasilien, China, Cuba, Ecuador, Griechenland, Guatemala, Haiti, Hedschas, Honduras, Liberia, Nicaragua, Panama, Peru, Polen, Portugal, Rumänien, der serbisch-kroatisch-slowenische Staat, Siam, die Tschechoslowakei und Uruguay,

die mit den obengenannten Hauptmächten die alliierten und assoziierten Mächte bilden,

einerseits

und Deutschland

andererseits

sind in Anbetracht,

daß auf den Antrag der Kaiserlich Deutschen Regierung am 11. November 1918 Deutschland von den alliierten und assoziierten Hauptmächten ein Waffenstillstand mit dem Ziel demnächstigen Friedensschlusses bewilligt worden ist,

daß die alliierten und assoziierten Mächte gleichfalls den Wunsch haben, an der Stelle des Krieges, in den sie nacheinander unmittelbar oder mittelbar verwickelt worden sind und der in der Kriegserklärung Österreich-Ungarns an Serbien vom 28. Juli 1914 in den Kriegserklärungen Deutschlands an Rußland vom 1. August 1914 und an Frankreich vom 3. August 1914 sowie in dem Einfall in Belgien seinen Ursprung hat, einen festen, gerechten und dauerhaften Frieden treten zu lassen ...

Mit dem Inkrafttreten des gegenwärtigen Vertrages nimmt der Kriegszustand ein Ende. Von diesem Augenblick an werden unter Vorbehalt der Bestimmungen des gegenwärtigen Vertrages die amtlichen Beziehungen der alliierten und assoziierten Mächte mit Deutschland und dem einen oder anderen der deutschen Staaten wieder aufgenommen.

Völkerbundssatzung

In der Erwägung, daß es zur Förderung der Zusammenarbeit unter den Nationen und zur Gewährleistung des internationalen Friedens und der interna-

tionalen Sicherheit wesentlich ist, bestimmte Verpflichtungen zu übernehmen, nicht zum Kriege zu schreiten; in aller Öffentlichkeit auf Gerechtigkeit
und Ehre gegründete internationale Beziehungen zu unterhalten;
die Vorschriften des internationalen Rechtes, die fürderhin als Richtschnur
für das tatsächliche Verhalten der Regierungen anerkannt sind, genau zu
beobachten, die Gerechtigkeit herrschen zu lassen und alle Vertrags-
verpflichtungen in den gegenseitigen Beziehungen der organisierten Völker
peinlich zu achten, nehmen die Hohen vertragschließenden Teile die gegenwärtige Satzung, die den Völkerbund errichtet, an.

Artikel 1

Ursprüngliche Mitglieder des Völkerbunds sind diejenigen Signatarmächte, deren
Namen in der Anlage zu der gegenwärtigen Satzung aufgeführt sind, sowie die eben-
falls in der Anlage genannten Staaten, die der gegenwärtigen Satzung ohne jeden
Vorbehalt durch eine binnen zwei Monaten nach Inkrafttreten der Satzung im Se-
kretariat niedergelegte Erklärung beizutreten; die Beitrittserklärung ist den andern
Bundesmitgliedern bekanntzugeben.

Alle Staaten, Dominien oder Kolonien mit voller Selbstverwaltung, die nicht in der
Anlage aufgeführt sind, können Bundesmitglieder werden, wenn ihre Zulassung von
zwei Dritteln der Bundesversammlung ausgesprochen wird, vorausgesetzt, daß sie
für ihre aufrichtige Absicht, ihre internationalen Verpflichtungen zu beobachten, wirksame gewähr leisten und die hinsichtlich ihrer Streitkräfte und Rüstungen zu Lande,
zur See und in der Luft von dem Bundes festgesetzten Ordnung annehmen. Jedes
Bundesmitglied kann nach zweijähriger Kündigung aus dem Bunde austreten, vorausgesetzt, daß es zu dieser Zeit alle seine internationalen Verpflichtungen einschließlich derjenigen aus der gegenwärtigen Satzung erfüllt hat.

Artikel 2

Der Bund übt seine in dieser Satzung bestimmte Tätigkeit durch eine Bundesversammlung und durch einen Rat, denen ein ständiges Sekretariat beigegeben ist,
aus.

Artikel 3

Die Bundesversammlung besteht aus Vertretern der Bundesmitglieder.

Sie tagt zu festgesetzten Zeitpunkten und außerdem dann, wenn die Umstände es
erfordern, am Bundessitz oder an einem zu bestimmenden anderen Orte.

Die Bundesversammlung bestimmt über jede Frage, die in den Tätigkeitsbereich
des Bundes fällt oder die den Weltfrieden berührt.

Jedes Bundesmitglied hat höchstens drei Vertreter in der Bundesversammlung und
verfügt nur über eine Stimme.

Artikel 4

Der Rat setzt sich aus Vertretern der alliierten und assoziierten Hauptmächte und
aus den Vertretern der anderen Bundesmitglieder zusammen. Diese vier Bundes-

mitglieder werden von der Bundesversammlung nach freiem Ermessen und zu den Zeiten, die sie für gut befindet, bestimmt. Bis zu der ersten Bestimmung durch die Bundesversammlung sind die Vertreter Belgiens, Brasiliens, Spaniens und Griechenlands Mitglieder des Rates.

Mit Zustimmung der Mehrheit der Bundesversammlung kann der Rat andere Bundesmitglieder bestimmen, die von da ab ständig im Rat vertreten sind. Er kann mit der gleichen Zustimmung die Anzahl der Bundesmitglieder, die durch die Bundesversammlung als Vertreter in den Rat gewählt werden, erhöhen.

Der Rat tagt, wenn es die Umstände erfordern, am Bundessitz oder an einem zu bestimmenden anderen Orte, und zwar zum mindesten einmal im Jahre. Der Rat befindet über jede Frage, die in den Tätigkeitsbereich des Bundes fällt oder die den Weltfrieden berührt. Jedes im Rate nicht vertretene Bundesmitglied wird eingeladen, zur Teilnahme an der Tagung einen Vertreter abzuordnen, wenn eine seine Interessen besonders berührende Frage auf der Tagesordnung des Rates steht. Jedes im Rate vertretene Bundesmitglied verfügt nur über eine Stimme und hat nur einen Vertreter.

Artikel 5

Beschlüsse der Bundesversammlung oder des Rates erfordern Einstimmigkeit der in der Tagung vertretenen Bundesmitglieder, es ei den, daß in den Vorschriften dieser Satzung oder den Bestimmungen des gegenwärtigen Vertrags ausdrücklich ein anderes vorgesehen ist. Alle Verfahrensfragen, die sich im Laufe der Tagung der Bundesversammlung oder des Rates ergeben, einschließlich der Ernennung von Ausschüssen zur Untersuchung besonderer Angelegenheiten, werden durch die Bundesversammlung oder den Rat geregelt und durch die Mehrheit der anwesenden Bundesmitglieder entschieden.

Die erste Tagung der Bundesversammlung und die erste Tagung des Rates erfolgen auf Einberufung des Präsidenten der Vereinigten Staaten von Amerika.

Artikel 6

Das ständige Sekretariat befindet sich am Bundessitz. Es besteht aus einem Generalsekretär sowie den erforderlichen Sekretären und dem erforderlichen Personal.

Der erste Generalsekretär ist in der Anlage benannt. Für die Folge wird der Generalsekretär mit der Zustimmung der Mehrheit der Bundesversammlung durch den Rat ernannt.

Die Sekretäre und das Personal des Sekretariats werden mit der Zustimmung des Rates durch den Generalsekretär ernannt.

Der Generalsekretär des Bundes ist ohne weiteres auch Generalsekretär der Bundesversammlung und des Rates.

Die Kosten des Sekretariats werden von den Bundesmitgliedern nach den Verhältnissen getragen, das für die Umlegung der Kosten des internationalen Büros des Weltpostvereins maßgebend ist.

Artikel 7

Der Bundessitz in in Genf.

Der Rat ist berechtigt, ihn jederzeit an jeden anderen Ort zu verlegen.

Alle Ämter des Bundes oder seines Verwaltungsdienstes, einschließlich des Sekretariats, sind in gleicher Weise Männern wie Frauen zugänglich.

Die Vertreter der Bundesmitglieder und die Beauftragten des Bundes genießen in der Ausübung ihres Amtes die Vorrechte und die Unverletzlichkeit der Diplomaten. Die dem Bund, seiner Verwaltung oder seinen Tagungen dienenden Gebäude und Grundstücke sind unverletzlich.

Artikel 8

Die Bundesmitglieder bekennen sich zu dem Grundsatz, daß die Aufrechterhaltung des Friedens eine Herabsetzung der nationalen Rüstungen auf das Mindestmaß erfordert, das mit der nationalen Sicherheit und mit der Erzwingung internationaler Verpflichtungen durch gemeinschaftliches Vorgehen vereinbar ist. Der Rat entwirft unter Berücksichtigung der geographischen Lage un der besonderen Verhältnisse eines jeden Staates die Abrüstungspläne und unterbreitet sie den verschiedenen Regierungen zur Prüfung und Entscheidung. Von zehn zu zehn Jahren sind diese Pläne einer Nachprüfung und gegebenfalls einer Berichtigung zu unterziehen. Die auf diese Weise festgesetzte Grenze der Rüstungen darf nach ihrer Annahme durch die verschiedenen Regierungen nicht ohne Zustimmung des Rates überschritten werden.

Mit Rücksicht auf die schweren Bedenken gegen die private Herstellung von Munition oder Kriegsgerät beauftragen die Bundesmitglieder den Rat, auf Mittel gegen die daraus entspringenden schlimmen Folgen Bedacht zu nehmen, und zwar unter Berücksichtigung der Bedürfnisse der Bundesmitglieder, die nicht in der Lage sind, selbst die für ihre Sicherheit erforderlichen Mengen an Munition und Kriegerät herzustellen. Die Bundesmitglieder übernehmen es, sich in der offensten und erschöpfendsten Weise gegenseitig jede Auskunft über den Stand ihre Rüstung, über ihr Heer-, Flotten- und Luftschiffahrtsprogramm und über die Lage ihrer auf Kriegszwecke einstellbaren Industrien zukommen zu lassen.

Artikel 9

Ein ständiger Ausschuß wird eingesetzt, um dem Rate sein Gutachten über die Ausführung der Bestimmungen in Artikel 1 und 8 und überhaupt über Heer-, Flotten- und Luftschiffahrtsfragen zu erstatten.

Artikel 10

Die Bundesmitglieder verpflichten sich, die Unversehrtheit des Gebiets und die bestehende politische Unabhängigkeit aller Bundesmitglieder zu achten und gegen jeden äußeren Angriff zu wahren. Im Falle eines Angriffs, der Bedrohung mit einem Angriff oder einer Angriffsgefahr nimmt der Rat auf die Mittel zur Durchführung dieser Verpflichtung Bedacht.

Artikel 11

Ausdrücklich wird hiermit festgestellt, daß jeder Krieg und jede Bedrohung mit Krieg, mag davon unmittelbar ein Bundesmitglied betroffen werden oder nicht, eine Angelegenheit des ganzen Bundes ist, und daß dieser die zum wirksamen Schutz des Völkerfriedens geeigneten Maßnahmen zu ergreifen hat. Tritt ein solcher Fall ein, so beruft der Generalsekretär unverzüglich auf Antrag irgend eines Bundesmitgliedes den Rat. Es wird weiter festgestellt, daß jedes Bundesmitglied das Recht hat, in freundschaftlicher Weise die Aufmerksamkeit der Bundesversammlung oder des Rates auf jeden Umstand zu lenken, der von Einfluß auf die internationalen Beziehungen sein kann und daher den Frieden oder das gute Einvernehmen zwischen den Nationen, von dem der Friede abhängt, zu stören droht.

Artikel 12

Alle Bundesmitglieder kommen überein, eine etwa zwischen ihnen entstehende Streitfrage, die zu einem Bruche führen könnte, entweder der Schiedsgerichtsbarkeit oder der Prüfung durch den Rat zu unterbreiten. Sie kommen ferner überein, in keinem Falle vor Ablauf von drei Monaten nach dem Spruch der Schiedsrichter oder dem berichte des Rates zum Krieg zu schreiten.

In allen in diesem Artikel vorgesehenen Fällen ist der Spruch der Schiedsrichter binnen angemessener Frist zu erlassen und der Bericht des Rates binnen sechs Monaten nach dem Tage zu erstatten, an dem er mit der Streitfrage befaßt worden ist.

Artikel 13

Die Bundesmitglieder kommen überein, daß, wenn zwischen ihnen eine Streifrage entsteht, die nach ihrer Ansicht einer schiedsrichterlichen Lösung zugänglich ist und die auf diplomatischem Wege nicht zufriedenstellend geregelt werden kann, die Frage in ihrer Gesamtheit der Schiedsgerichtsbarkeit unterbreitet werden soll. Streitfragen über die Auslegung eines Vertrages, über alle Fragen des internationalen Rechtes, über das Bestehen jeder Tatsache, welche die Verletzung einer internationalen Verpflichtung bedeuten würde, oder über Umfang und Art der Wiedergutmachung im Falle einer solchen Verletzung gelten allgemein als solche, die einer schiedsrichterlichen Lösung zugänglich sind. Als Schiedsgericht, dem der Streitfall unterbreitet wird, wird das Gericht tätig, das von den Parteien bestimmt wird oder das in früheren Übereinkommen von ihnen vereinbart ist. Die Bundesmitglieder verpflichten sich, den erlassenen Schiedsspruch nach Treu und Glauben auszuführen und gegen klein Bundesmitglied, das sich dem Schiedsspruch fügt, zum Kriege zu schreiten. Im Falle der Nichtausführung des Spruches schlägt der Rat die Schritte vor, die ihm Wirkung verschaffen sollen.

Artikel 14

Der Rat wird mit dem Entwurf eines Planes zur Errichtung eines ständigen internationalen Gerichtshofes betraut und hat den Plan den Bundesmitgliedern zu unterbreiten. Dieser Gerichtshof, befindet über alle ihm von den Parteien unterbreiteten internationalen Streitfragen. Er erstattet ferner gutachterliche Äußerungen über jede ihm vom Rate oder der Bundesversammlung vorgelegten Streifragen oder sonstigen Angelegenheiten.

Artikel 15

Entsteht zwischen Bundesmitgliedern eine Streitfrage, die zu einem Bruche führen könnte, und wird diese Streitfrage nicht, wie im Artikel 13 vorgesehen, der Schiedsgerichtsbarkeit unterbreitet, so kommen die Bundesmitglieder überein, sie vor den Rate zu bringen. Zu diesem Zwecke genügt es, wenn eine der Parteien den Generalsekretär von der Streitfrage benachrichtigt; dieser veranlaßt alles Nötige zu erschöpfender Untersuchung und Prüfung.

Die Parteien haben ihm binnen kürzester Frist eine Darstellung ihres Falles mit allen einschlägigen Tatsachen und Belegstücken mitzuteilen; der Rat kann deren sofortige Veröffentlichung anordnen. Der Rat bemüht sich, die Schlichtung der Streitfrage herbeizuführen. Gelingt es, so veröffentlicht er, soweit er es für zweckdienlich hält, eine Darstellung des Tatbestandes mit den zugehörigen Erläuterungen und dem Wortlaut des Ausgleichs. Kann die Streitfrage nicht geschlichtet werden, so erstattet und veröffentlicht der Rat einen auf einstimmigen Beschluß oder Mehrheitsbeschluß beruhenden Bericht, der die Einzelheiten der Streitfrage und die Vorschläge wiedergibt, die er zur Lösung der Frage als die gerechtesten und geeignetsten empfiehlt. Jedes im Rate vertretene Bundesmitglied kann gleichfalls eine Darstellung des Tatbestandes der Streitfrage und seine eigene Stellungnahme dazu veröffentlichen. Wird der Bericht des Rates von denjenigen seiner Mitglieder, die nicht Vertreter der Parteien sind, einstimmig angenommen. so verpflichten sich die Bundesmitglieder, gegen keine Partei, die sich dem Vorschlag fügt, zum Kriege zu schreiten. Findet der Bericht des Rates nicht einstimmige Annahme bei denjenigen seiner Mitglieder, die nicht Vertreter der Parteien sind, so behalten sich die Bundesmitglieder das Recht vor, die Schritte zu tun, die sie zur Wahrung von Recht und Gerechtigkeit für nötig erachten.

Macht eine Partei geltend, und erkenne der Rat an, daß sich der Streit auf eine Frage bezieht, die nach internationalem Rechte zur ausdrücklichen Zuständigkeit dieser Partei gehört, so hat der Rat dies in einem Bericht festzustellen, ohne eine Lösung der Frage vorzuschlagen. Der Rat kann in allen in diesem Artikel vorgesehenen Fällen die Streitfrage vor die Bundesversammlung bringen. Die Bundesversammlung hat sich auch auf Antrag einer der Parteien mit der Streitfrage zu befassen; der Antrag ist binnen vierzehn Tagen zu stellen, nachdem die Streifrage vor den Rat gebracht worden ist.

In jedem der Bundesversammlung unterbreiteten Falle finden auf das Verfahren und die Befugnisse der Bundesversammlung die Bestimmungen dieses Artikels und des Artikels 12, die sich auf das Verfahren und die Befugnisse der Rates beziehen, mit der Maßgabe Anwendung, daß ein Bericht, den die Bundesversammlung unter Zustimmung der Vertreter der dem Rate angehörenden Bundesmitglieder immer mit Ausschluß der Vertreter der Parteien verfaßt, dieselbe Bedeutung hat wie ein Bericht des Rates, den seine Mitglieder mit Ausnahme der Vertreter der Parteien einstimmig gutheißen.

Artikel 16

Schreitet ein Bundesmitglied entgegen den in den Artikeln 12, 13 und 15 übernommenen Verpflichtungen zum Kriege, so wird es ohne weiteres so angesehen, als hätte es eine Kriegshandlung gegen alle anderen Bundesmitglieder begangen. Diese verpflichten sich, unverzüglich alle Handels- und Finanzbeziehungen zu ihm abzubrechen, ihren Staatsangehörigen jeden Verkehr mit den Staatsangehörigen des vertragsbrüchigen Staates zu untersagen und alle finanziellen, Handels- und persönlichen Verbindungen zwischen den Staatsangehörigen dieses Staates und jeden anderen Staates, gleichviel ob Bundesmitglied oder nicht, abzuschneiden. In diesem Falle ist der Rat verpflichtet, den verschiedenen beteiligten Regierungen vorzuschlagen, mit welchen Land-, See- oder Luftstreitkräften jedes Bundesmitglied für sein Teil zu der bewaffneten Macht beizutragen hat, die den Bundesverpflichtungen Achtung zu verschaffen bestimmt ist. Die Bundesmitglieder sagen sich außerdem wechselseitige Unterstützung bei der Aisführung der auf Grund dieses Artikels zu ergreifenden wirtschaftlichen und finanziellen Maßnahmen zu, um die damit verbundenen Verluste und Nachteile auf das Mindestmaß herabzusetzen. Sie unterstützen sich gleichfalls wechselseitig in dem Widerstand gegen jede Sondermaßnahme, die der vertragsbrüchige Staat gegen eines von ihnen richtet. Sie veranlassen alles Erforderliche, um den Streitkräften eines jeden Bundesmitglieds, daß an einem gemeinsamen Vorgehen zur Wahrung der Bundesverpflichtungen teilnimmt, den Durchzug durch ihr gebiet zu ermöglichen. Jedes Mitglied, daß sich der Verletzung einer aus der Satzung entspringenden Verpflichtung schuldig macht, kann aus dem Bunde ausgeschlossen werden. Die Ausschließung wird durch Abstimmung aller anderen im Rate vertretenen Bundesmitglieder ausgesprochen.

Artikel 17

Bei Streitfragen zwischen einem Bundesmitglied und einem Nichtmitglied oder zwischen Staaten, die Nichtmitglieder sind, werden der Staat oder die Staaten, die Nichtmitglieder sind, aufgefordert, sich für die Beilegung der Streitfrage den Bundesmitgliedern obliegenden Verpflichtungen zu unterwerfen, und zwar unter den vom Rat für gerecht erachteten Bedingungen. Wird dieser Aufforderung Folge geleistet, so gelangen unter Vorbehalt der Änderung, die der Rat für erforderlich erachtet, die Bestimmungen der Artikel 12 bis 16 zur Anwendung.

Zugleich mit dem Erlaß dieser Aufforderung eröffnet der Rat eine Untersuchung über die Einzelheit der Streitfrage und schlägt die Schritte vor, die er in dem besonderen Falle für die besten und wirksamsten hält.

Lehnt der so aufgeforderte Staat es ab, die Verpflichtungen eines Bundesmitglieds für die Beilegung der Streitfrage auf sich zu nehmen, und schreitet er zum Krieg gegen ein Bundesmitglied so finden die Bestimmungen des Artikel 16 auf ihn Anwendung.

Weigern sich beide Parteien auf die Aufforderung hin hin, die Verpflichtungen eines Bundesmitglieds für die Beilegung der Streifrage auf sich zu nehmen, so kann der Rat alle zur Vermeidung von Feindseligkeiten und zur Schlichtung des Streites geeigneten Maßnahmen ergreifen und Vorschläge machen.

Artikel 18

Jeder Vertrag oder jede internationale Abmachung, die ein Bundesmitglied künftig abschließt, ist unverzüglich beim Sekretariat einzutragen und sobald wie möglich von ihm zu veröffentlichen. Kein solcher Vertrag und keine solche internationale Abmachung ist vor dieser Eintragung rechtsverbindlich.

Artikel 19

Die Bundesversammlung kann von Zeit zu Zeit die Bundesmitglieder zu einer Nachprüfung der unanwendbar gewordenen Verträge und solcher internationalen Verhältnisse auffordern, deren Aufrechterhaltung den Weltfrieden gefährden könnte.

Artikel 20

Die Bundesmitglieder erkennen jeder für sein Teil an, daß die gegenwärtige Satzung alle gegenseitigem Verpflichtungen oder Verständigungen aufhebt, die mit den in ihr enthaltenen Bestimmungen unvereinbar sind; sie verpflichten sich feierlich, in Zukunft keine solchen Verträge mehr zu schließen.

Hat ein Mitglied vor seinem Eintritt in den Bund Verpflichtungen übernommen, die mit den Bestimmungen der Satzung unvereinbar sind, so muß es sofort das Erforderliche veranlassen, um sich von diesen Verpflichtungen zu befreien.

Artikel 21

Internationale Vereinbarungen, wie Schiedsgerichtsverträge, und Verständigungen über bestimmte Gebiete, wie die Monroe-Doktrin, die der Aufrechterhaltung des Friedens dienen, werden nicht als unvereinbar mit den Bestimmungen der gegenwärtigen Satzung betrachtet.

Artikel 22

Auf die Kolonien und Gebiete, die infolge des Krieges aufgehört haben, unter der Souveränität der Staaten zu stehen, die sie vorher beherrschten, und die von Völkern bewohnt sind, die noch nicht imstande sind, sich unter den besonders schwierigen Verhältnissen der modernen Welt selbst zu leiten, finden nachstehende Grundsätze Anwendung. Das Wohlergehen und die Entwicklung dieser Völker bilden eine heilige Aufgabe der Zivilisation, und es erscheint zweckmäßig, in diese Satzung Sicherheiten für die Erfüllung dieser Aufgabe aufzunehmen.

Der beste Weg, diesen Grundsatz praktisch zu verwirklichen, ist die Übertragung der Vormundschaft über diese Völker an die fortgeschrittenen Nationen, die auf Grund ihrer Hilfsmittel, ihrer Erfahrung oder ihrer geographischen Lage am besten imstande und bereit sind, eine solche Verantwortung auf sich zu nehmen: diese Vormundschaft hätten sie als Mandatare des Bundes und in dessen Namen zu führen. Die Art des Mandates muß sich nach dem Maße der Entwicklung des Volkes, der geographischen Lage seines Gebiets, seinen wirtschaftlichen Bedingungen und nach allen sonstigen entsprechenden Umständen richten.

Gewisse Gemeinwesen, die ehemals zum Türkischen Reiche gehörten, haben einen solchen Grad der Entwicklung erreicht, daß ihr Dasein als unabhängige Nationen vorläufig anerkannt werden kann, unter der Bedingung, daß die Ratschläge und die Unterstützung eines Mandatars ihrer Verwaltung bis zu dem Zeitpunkt zur Seite stehen, wo sie imstande sind, sich selbst zu leiten. Bei der Wahl des Mandatars sind die Wünsche dieser Gemeinwesen in erster Linie zu berücksichtigen.

Der Grad der Entwicklung, in dem sich andere Völker, insbesondere diejenigen Mittelafrikas, befinden, erfordert, daß der Mandatar dort die Verwaltung des Gebiets unter Bedingungen übernimmt, die das Aufhören von Mißbräuchen, wie Sklaven-, Waffen- und Alkoholhandel, gewährleisten und zugleich die Freiheit des Gewissens und der Religion verbergen, ohne andere als die durch die Aufrechterhaltung der öffentlichen Ordnung und Sittlichkeit gebotenen Einschränkungen. Dabei ist die Errichtung von Festungen oder von Heeres- oder Flottenstützpunkten, sowie die militärische Ausbildung der Eingeborenen, soweit sie nicht für Polizeidienste oder für die Verteidigung des Gebiets erforderlich ist, zu verbieten. Auch sind den anderen Mitgliedern des Bundes gleiche Möglichkeiten für Handel und Gewerbe zu gewährleisten.

Endlich gibt es Gebiete, wie das südwestliche Afrika und gewisse Inseln im australischen Stillen Ozean, die infolge der geringen Dichtigkeit ihrer Bevölkerung, ihrer beschränkten Ausdehnung, ihrer Entfernung von den Mittelpunkten der Zivilisation und ihres geographischen Zusammenhangs mit den beauftragten Staaten oder infolge anderer Umstände am besten nach den Gesetzen des Mandatars und als Integrierender Bestandteil dieses Staates, vorbehaltlich der vorstehend im Interesse der eingeborenen Bevölkerung vorgesehenen Schutzmaßnahmen, verwaltet werden.

In allen Fällen hat der Mandatar dem Rat einen jährlichen Bericht über die seiner Fürsorge übertragenen Gebiete vorzulegen.

Wenn der Umfang an Machtbefugnis, Aufsicht oder Verwaltung, der dem Mandatar zusteht, nicht Gegenstand eines früheren Übereinkommens zwischen den Bundesmitgliedern bildet, wird darüber von dem Rat besondere Bestimmung getroffen.

Eine ständige Kommission erhält die Aufgabe, die Jahresberichte der Mandatare entgegenzunehmen und zu prüfen, sowie dem Rate in allen bei der Ausführung der Mandatsverpflichtungen angehenden Fragen sein Gutachten zu erstatten.

Artikel 23

Unter Vorbehalt und in Gemäßheit der Bestimmungen der gegenwärtig bestehenden oder in Zukunft zu schließenden internationalen Vereinbarungen werden die Bundesmitglieder

a) sich bemühen, für Männer, Frauen und Kinder in ihren eigenen Gebieten sowie in allen Ländern, auf die sich ihre Handels- und Gewerbebeziehungen erstrecken, angemessene und menschliche Arbeitsbedingungen herzustellen und aufrechtzuerhalten, auch zu diesem Zweck die erforderlichen internationalen Organisationen einzurichten und zu unterhalten;

b) der eingeborenen Bevölkerung der ihrer Verwaltung anvertrauten Gebiete eine angemessene Behandlung gewährleisten;

c) dem Bunde die allgemeine Überwachung der Verträge über den Mädchen- und Kinderhandel sowie über den Handel mit Opium und anderen schädlichen Waren übertragen;

d) dem Bunde die allgemeine Überwachung des Waffen- und Munitionshandels mit denjenigen Ländern übertragen, wo die Überwachung dieses Handels im allgemeinen Interesse erforderlich ist;

e) die notwendigen Bestimmungen treffen, um die Freiheit des Verkehrs und der Durchfuhr sowie eine angemessene Behandlung des Handels aller Bundesmitglieder zu sichern und aufrechtzuerhalten, und zwar unter Berücksichtigung der besonderen Bedürfnisse der im Kriege 1914 bis 1918 verwüsteten Gegenden;

f) internationale Maßnahmen zur Verhütung und Bekämpfung von Krankheiten treffen.

Artikel 24

Alle bereits früher durch Kollektivverträge errichteten internationalen Büros treten, vorbehaltlich der Zustimmung der Vertragsparteien, unter die Leitung des Bundes. Alle sonstigen internationalen Büros und alle Kommissionen zur Regelung von Angelegenheiten internationalen Interesses, die künftig geschaffen werden, werden der Autorität des Bundes unterstellt sein.

Für alle Fragen von internationalem Interesse, die durch allgemeine Verträge geregelt, aber nicht der Überwachung durch internationale Kommissionen oder Büros unterworfen sind, hat das Bundessekretariat auf Verlangen der Vertragsparteien und mit Zustimmung des Rates alle geeigneten Nachrichten zu sammeln und zu verteilen, sowie dabei jede erforderliche oder erwünschte Unterstützung zu gewähren.

Der Rat kann entscheiden, daß die Ausgaben der Büros oder Kommissionen, die unter die Leitung des Bundes treten, in die Ausgaben des Sekretariats einbezogen werden.

Artikel 25

Die Bundesmitglieder verpflichten sich, die Einrichtung und das Zusammenarbeiten gebührend autorisierter freiwilliger nationaler Rote-Kreuz-Organisationen, welche die Verbesserung der Gesundheit, die Vorbeugung von Krankheiten und die Linderung der Leiden der Welt zur Aufgabe haben, anzuregen und zu fördern.

Artikel 26

Abänderungen der vorliegenden Satzung treten in Kraft, nachdem sie von den Bundesmitgliedern, aus deren Vertretern der Rat besteht, und der Mehrheit derjenigen Mitglieder, deren Vertreter die Versammlung bilden, ratifiziert worden sind.

Jedem Bundesmitglied steht es frei, Abänderungen der Satzung abzulehnen; in diesem Falle hört seine Zugehörigkeit zum Bunde auf.

Artikel 27

Die Grenzen Deutschlands werden folgendermaßen festgelegt:

1. Gegen Belgien:

Von dem Treffpunkt der belgischen, niederländischen und deutschen Grenze nach Süden:

die Nordostgrenze des ehemaligen Gebietes von Neutral-Moresnet, dann die Ostgrenze des Kreises Eupen, dann die Grenze zwischen Belgien und dem Kreise Monschau, dann die Nordost- und Ostgrenze des Kreises Malmedy bis zum Treffpunkt mit der Grenze von Luxemburg.

277

2. Gegen Luxemburg:

Die Grenze vom 3. August 1914 bis zu ihrem Zusammentreffen mit der Grenze von Frankreich vom 18. Juli 1870.

3. Gegen Frankreich:

Die Grenze vom 18. Juli 1870 von Luxemburg bis zur Schweiz mit den in Artikel 48, Abschnitt IV (Saarbecken), Teil III gemachten Vorbehalten.

4. Gegen die Schweiz:

Die gegenwärtige Grenze.

5. Gegen Österreich:

Die Grenze vom 3. August 1914 von der Schweiz bis zu der im folgenden umschriebenen Tschecho-Slowakei.

6. Gegen die Tschecho-Slowakei:

Die Grenze vom 3. August 1914 zwischen Deutschland und Österreich von ihrem Treffpunkt mit der alten Verwaltungsgrenze zwischen Böhmen und der Provinz Oberösterreich bis zu dem Punkt nördlich des ungefähr 8 km östlich von Neustadt liegenden Vorsprungs der alten Provinz Österreichisch-Schlesien.

7. Gegen Polen:

Von dem oben erwähnten Punkt und bis zu einem im Gelände noch zu bestimmenden Punkte etwa 2 km östlich von Lorzendorf: die Grenze, wie sie nach Artikel 83 des gegenwärtigen Vertrages bestimmt wird; von da in nördlicher Richtung und bis zu dem Schnittpunkt der Verwaltungsgrenze Posens mit der Bartsch: eine im Gelände noch zu bestimmende Linie, die Polen die Ortschaften: Skorischau, Reichthal, Trembatschau, Kunzendorf, Schleise, Groß-Kosel, Schreibersdorf, Ripplin, Fürstlich-Niefken, Pawelau, Tscheschen, Konradau, Johannisdorf, Modzenowe, Bogdaj und Deutschland die Ortschaften: Lorzendorf, Kaulwitz, Glausche, Dalbersdorf, Reesewitz, Stradam, Groß-Wartenberg, Kraschen, Neu-Mittelwalde, Domaslawitz, Wedelsdorf, Tscheschen- Hammer läßt; von da nach Nordwesten die Verwaltungsgrenze Posens bis zu ihrem Schnittpunkt, wo sie die Eisenbahn Rawitsch - Herrnstadt; von dort bis zum Schnittpunkt derVerwaltungsgrenze Posens mit der Straße Reisen - Tschimau: eine im Gelände noch zu bestimmende Linie, die westlich von Triebusch und Gabel und östlich von Saborwitz verläuft; von dort die Verwaltungsgrenze Posens bis zu ihrem Treffpunkt mit der östlichen Verwaltungsgrenze des Kreises Fraustadt; von dort nach Nordwesten bis zu einem an der Straße zwischen den Orten Unruhstadt und Kopnitz zu wählenden Punkte; eine im Gelände noch zu bestimmende Linie, die westlich der Ortschaften Geyersdorf, Brenno, Fehlen, Altkloster, Klebel, und östlich der Ortschaften Ulbersdorf, Buchwald, Ilgen, Weine, Lupitze, Schwenten verläuft; von dort nach Norden bis zum Nordende des Chlopsees: eine im Gelände noch zu bestimmende Linie, die der Mittellinie der Seen folgt; wobei jedoch Stadt und Bahnhof Bentschen (einschließlich des Knotenpunkts der Linien Schwiebus - Bentschen und Züllichau - Bentschen) auf polnischem Gebiet bleiben; von dort nach Nordosten bis zum Treffpunkt der Grenzen der Kreise Schwerin, Birnbaum und Meseritz: eine im Gelände zu bestimmende Linie, die östlich von Betsche vorbeiführt;

von dort nach Norden die Grenze zwischen den Kreisen Schwerin und Birnbaum, dann nach Osten die Nordgrenze Posens bis zum Schnittpunkt dieser Grenze mit der Netze; von dort der Lauf der Netze stromaufwärts bis zur Mündung der Küddow; von dort der Lauf der Küddow aufwärts bis zu einem etwa 6 km südöstlich von Scheidemühl noch zu wählenden Punkte;

von dort nach Nordosten bis zu der südlichsten Spitze der von der Nordgrenze Posens gebildeten Einbuchtung ungefähr 5 km westlich von Stahren: eine im Gelände noch zu bestimmende Linie, welche in diesem Raum die Eisenbahnlinie Schneidemühl - Konitz ganz auf deutschem Gebiete läßt; von dort die Grenze Posens nach Nordosten bis zu ihrer ungefähr 15 km östlich Flatow vorspringenden Spitze;

von dort nach Nordosten bis zum Treffpunkt der Kamioncka mit der Südgrenze des Kreises Konitz etwa 3 km nordöstlich Grunau: eine im Gelände noch zu bestimmende Linie, die Polen die folgenden Ortschaften: Jasdrowo, Groß Lutau, Klein Lutau, Wittkau und Deutschland die Ortschaften: Groß Butzig, Cziskowo, Battrow, Böck, Grunauläßt; von dort nach Norden die Grenze der Kreise Konitz und Schlochau bis zu ihrem Schnittpunkt mit der Brahe;

von dort bis zu einem 15 km östlich von Rummelsburg belegenen Punkte der Grenze Pommerns: eine im Gelände noch zu bestimmende Linie, die Polen die Ortschaften: Konarzin, Kelvin, Adl. Briesen und Deutschland die Ortschaften: Sampohl, Neuguth, Steinfort, Gr. Peterkau läßt; von dort nach Norden die Grenze Pommerns bis zu ihrem Treffpunkt mit der Grenze der Kreise Konitz und Schlochau;

von dort nach Norden die Grenze zwischen Pommern und Westpreußen bis zu dem Punkte an der Rheda (etwa 3 km nordwestlich von Gohra), wo diese einen von Nordwesten kommenden Nebenfluß aufnimmt; von dort bis zu der Krümmung der Piasnitz ungefähr 1½ Kilometer nordwestlich von Warschkau zu wählenden Punkte: eine im Gelände zu bestimmende Linie; von dort den Lauf der Piasnitz abwärts, dann die Mittellinie des Zarnowitzer Sees und schließlich die alte Grenze Westpreußens bis zur Ostsee.

8. Gegen Dänemark:

Die Grenze, wie sie nach den Bestimmungen der Artikel 109 bis 111, Teil III, Abschnitt XII (Schleswig) festgelegt wird.

Artikel 28

Die Grenzen Ostpreußens werden unter Vorbehalt der Bestimmungen des Abschnitts IX (Ostpreußen), Teil III. wie folgt festgelegt:

von einem Punkt an der Ostseeküste ungefähr 1 ½ Kilometer nördlich der Kirche von Pröbbernau und in einer ungefähren Richtung von 159 Grad (von Norden nach Osten gerechnet): eine im Gelände zu bestimmende Linie von ungefähr 2 km Länge; von dort in gerader Linie auf das Leuchtfeuer, das an der Biegung der Fahrrinne nach Elbing ungefähr in 54°19½' nördlicher Breite und 19°26' östlicher Länge von Greenwich gelegen ist; von dort bis zur östlichsten Mündung der Nogat in einer ungefähren

Richtung von 209° (von Norden nach Osten gerechnet); von dort der Lauf der Nogat aufwärts bis zu dem Punkte, wo dieser Fluß die Weichsel verläßt; von dort die Hauptfahrrinne der Weichsel aufwärts, dann die Südgrenze des Kreises Marienwerder, dann die Südgrenze des Kreises Rosenberg nach Osten bis zu ihrem Treffpunkt mit der alten Grenze von Ostpreußen; von dort die alte Grenze zwischen West- und Ostpreußen, dann die Grenze zwischen den Kreisen Osterode und Neidenburg, dann der Lauf des Flusses Skottau abwärts, dann der Lauf der Neide aufwärts bis zu einem Punkte, der ungefähr 5 km westlich von Bialutten zunächst der alten russischen Grenze gelegen ist; von dort nach Osten bis zu einem Punkte unmittelbar südlich des Schnittpunktes der Straße Neidenburg - Mlawa mit der alten russischen Grenze: eine im Gelände noch zu bestimmende Linie, die nördlich von Bialutten verläuft; von dort die alte russische Grenze bis östlich von Schmalleningken, dann die Hauptfahrrinne der Memel (des Njemen) abwärts, dann der Skierwietharm des Deltas bis.zum Kurischen Haff; von dort eine gerade Linie bis zum Schnittpunkt der Ostküste der Kurischen Nehrung mit der Verwaltungsgrenze etwa 4 km südwestlich von Nidden; von dort diese Verwaltungsgrenze bis zum Westufer der Kurischen Nehrung.

Artikel 29

Die oben beschriebenen Grenzen sind in rot auf einer Karte im Maßstabe von 1:1000000 eingezeichnet, die dem gegenwärtigen Vertrag unter Nummer 1 als Anlage beigefügt ist.

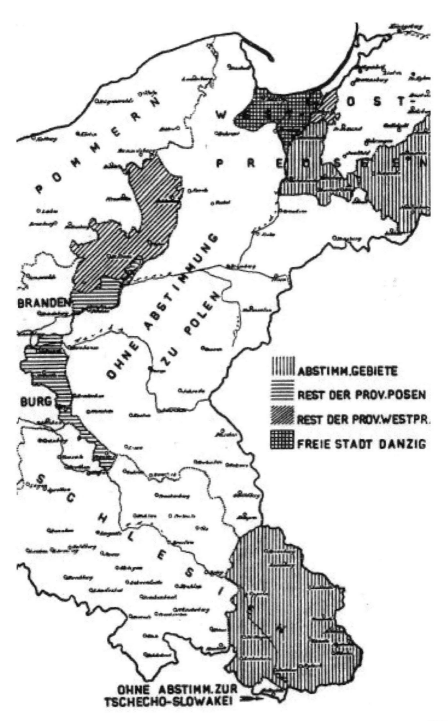

POMMERN

BRANDEN

BURG

OHNE ABSTIMMUNG

ZU POLEN

SCHLESI

W PRE SEN

OST EUSSEN

ABSTIMM.GEBIETE

REST DER PROV.POSEN

REST DER PROV.WESTPR.

FREIE STADT DANZIG

OHNE ABSTIMM. ZUR
TSCHECHO-SLOWAKEI

Im Falle von Abweichungen zwischen dem Wortlaut des Vertrags und dieser Karte ist der Wortlaut des Vertrags maßgebend.

Artikel 30

Wenn die Grenzen durch einen Wasserweg bezeichnet sind, so bedeuten die in den Beschreibungen des gegenwärtigen Vertrags gebrauchten Asdrücke »Lauf« oder »Fahrrinne« bei nichtschiffbaren Flüssen die Mittellinie des Wasserlaufes oder seines Hauptarmes, bei schiffbaren Flüssen die Mittellinie der Hauptschiffahrtstinne. Jedoch bleiben es den durch den gegenwärtigen Vertrag vorgesehenen Grenzreglungsausschüssen überlassen, im einzelen festzusetzen, ob die Grenzlinie den jeweiligen Veränderungen des so bezeichneten Wasserlaufes oder der so bezeichneten Fahrrinne folgen oder endgültig durch die Lage des Wasserlaufs oder der Fahrrinne beim Inkrafttreten des gegenwärtigen Vertrags bestimmt werden soll.

Artikel 31

Deutschland erkennt an, daß die Verträge vom 19. April 1839, die die Rechtslage Belgiens vor dem Kriege bestimmten, den gegenwärtigen Verhältnissen nicht mehr entsprechen. Es stimmt daher der Aufhebung dieser Verträge zu und verpflichtet sich schon jetzt zur Anerkennung und Beachtung aller Abkommen, die zwischen den alliierten und assoziierten Hauptmächten oder zwischen irgendeiner dieser Mächte und den Regierungen von Belgien und von Holland zum Ersatz für die genannten Verträge von 1839 getroffen werden können. Sollte Deutschlands formeller Beitritt zu solchen Abkommen oder zu irgendeiner Bestimmung solcher Abkommen verlangt werden, so verpflichtet sich Deutschland schon jetzt, ihnen beizutreten.

Artikel 32

Deutschland erkennt die volle Staatshoheit Belgiens über das gesamte strittige Gebiet von Moresnet (sogenanntes Neutral-Moresnet) an.

Artikel 33

Deutschland verzichtet zugunsten Belgiens auf alle Rechte und Ansprüche auf das Gebiet von Preußisch-Moresnet westlich der Straße von Lüttich nach Aachen; der Teil dieser Straße am Rande dieses Gebietes gehört zu Belgien.

Artikel 34

Ferner verzichtet Deutschland zugunsten Belgiens auf alle Rechte und Ansprüche auf das gesamte Gebiet der Kreise Eupen und Malmedy.

Während der ersten 6 Monate nach dem Inkrafttreten dieses Vertrages werden in Eupen und Malmedy durch die belgischen Behörden Listen ausgelegt. Die Bewohner dieser Gebiete haben das Recht, darin schriftlich ihren Wunsch auszusprechen, daß diese Gebiete ganz oder teilweise unter deutscher Staatshoheit bleiben.

Es ist Sache der belgischen Regierung, das Ergebnis dieser Volksabstimmung zur Kenntnis des Völkerbundes zu bringen, dessen Entscheidung anzunehmen sich Belgien verpflichtet.

Artikel 35

Eine Kommission von 7 Mitgliedern, von denen 5 durch die alliierten und assoziierten Hauptmächte, eins durch Deutschland und eins durch Belgien bestimmt werden, wird

14 Tage nach dem Inkrafttreten dieses Vertrages gebildet, um an Ort und Stelle die neue Grenzlinie zwischen Belgien und Deutschland festzusetzen unter Berücksichtigung der wirtschaftlichen Lage und der Verkehrswege.

Die Entscheidungen werden mit Stimmenmehrheit getroffen und sind für die Beteiligten bindend.

Artikel 36

Sobald der Übergang der Staatshoheit über die obengenannten Gebiete endgültig geworden ist, erwerben die in diesen Gebieten ansässigen deutschen Reichsangehörigen ohne weiteres und endgültig die belgische Staatsangehörigkeit und verlieren die deutsche Reichsangehörigkeit.

Die deutschen Reichsangehörigen jedoch, die sich in diesen Gebieten nach dem 1. August 1914 niedergelassen haben, können die belgische Staatsangehörigkeit nur mit einer Genehmigung der belgischen Regierung erwerben.

Artikel 37

Während der zwei ersten Jahre nach dem endgültigen Übergang der Staatshoheit über die Belgien auf Grund dieses Vertrages zugesprochenen Gebiete sind die deutschen Reichsangehörigen, die älter als 18 Jahre und in diesen Gebieten ansässig sind, berechtigt, für die deutsche Reichsangehörigkeit zu optieren.

Die Option des Ehegatten hat die der Ehegattin, die Option der Eltern die ihrer noch nicht 18 Jahre alten Kinder zur Folge.

Die Personen. die von dem oben vorgesehenen Optionsrecht Gebrauch gemacht haben, müssen in den darauf folgenden 12 Monaten ihren Wohnsitz nach Deutschland verlegen.

Es steht ihnen frei, die unbeweglichen Güter, die sie in den durch Belgien erworbenen Gebieten besitzen, zu behalten. Sie können ihre bewegliche Habe aller Art mitnehmen. Es wird ihnen dafür keinerlei Zoll, weder für die Ausfuhr noch für die Einfuhr, auferlegt.

Artikel 38

Die deutsche Regierung hat der belgischen Regierung unverzüglich die Archive, Register, Pläne, Urkunden und Dokumente aller Art auszuliefern, die die Zivil-, Militär-, Finanz- und Justizverwaltung oder andere Verwaltungen des unter belgische Staatshoheit gelangten Gebietes betreffen.

Desgleichen hat die deutsche Regierung der belgischen Regierung die Archive und Dokumente aller Art zurückzuerstatten, die im Laufe des Krieges durch die deutschen Behörden aus den öffentlichen belgischen Verwaltungen, namentlich aus dem Ministerium der auswärtigen Angelegenheiten in Brüssel, fortgenommen wurden.

Artikel 39

Umfang und Art der finanziellen Lasten Deutschlands und Preußens, die Belgien für die ihm abgetretenen Gebiete zu übernehmen hat, werden gemäß den Artikeln 254 und 256 des IX. Teiles (finanzielle Bestimmungen) dieses Vertrages festgelegt.

Artikel 40

Deutschland verzichtet in bezug auf das Großherzogtum Luxemburg auf die Vorteile aller Bestimmungen, die zu seinen Gunsten in den Verträgen vom 8. Februar 1842, vom 2. April 1847, vom 20./25. Oktober 1865, vom 18. August 1866, vom 21. Februar und vom 11. Mai 1867, vom 10. Mai 1871, vom 11. Juni 1872, vom 11. November 1902 sowie in allen auf diese Verträge folgenden Abkommen enthalten sind.

Deutschland erkennt an, daß das Großherzogtum Luxemburg mit dem 1. Januar 1919 aufgehört hat, dem deutschen Zollverein anzugehören. Es verzichtet auf alle Rechte bezüglich des Betriebes der Eisenbahnen, stimmt der Aufhebung der Neutralität des Großherzogtums zu und nimmt im voraus alle internationalen Vereinbarungen an, die zwischen den alliierten und assoziierten Mächten bezüglich des Großherzogtums getroffen werden.

Artikel 41

Deutschland verpflichtet sich, dem Großherzogtum Luxemburg auf Ersuchen der alliierten und assoziierten Hauptmächte alle Vorteile und Rechte einzuräumen, die dieser Vertrag zugunsten dieser Mächte oder ihrer Staatsangehörigen in wirtschaftlichen, Verkehrs- und Luftschiffahrtsfragen festlegt.

Artikel 42

Es ist Deutschland untersagt, Befestigungen sowohl auf dem linken Ufer des Rheins wie auch auf dem rechten Ufer westlich einer 50 km östlich dieses Flusses gezogenen Linie zu unterhalten oder zu errichten.

Artikel 43

Ebenso sind in der im Artikel 42 angegebenen Zone die Unterhaltung oder die Zusammenziehung einer bewaffneten Macht, sowohl in ständiger wie auch in vorübergehender Form, sowie alle militärischen Übungen jeder Art und die Aufrechterhaltung irgendwelcher materiellen Vorkehrungen für eine Mobilmachung untersagt.

Artikel 44

Falls Deutschland in irgendeiner Weise den Bestimmungen der Artikel 42 und 43 zuwiderhandeln sollte, würde dies als feindliche Handlung gegenüber den Signatarmächten dieses Vertrages und als Versuch der Störung des Weltfriedens betrachtet werden.

Artikel 45

Als Ersatz für die Zerstörung der Kohlengruben in Nordfrankreich und in Anrechnung auf den Betrag der Wiedergutmachung von Kriegsschäden, die Deutschland schuldet, tritt letzteres an Frankreich das vollständige und unbeschränkte Eigentum an den Kohlengruben im Saarbecken ab, wie dieses im Artikel 48 abgegrenzt ist. Das Eigentum geht frei von allen Schulden und Lasten sowie mit dem ausschließlichen Ausbeutungsrecht über.

Artikel 46

Um die Rechte und das Wohl der Bevölkerung zu sichern und Frankreich volle Freiheit bei der Ausbeutung der Gruben zu verbürgen, nimmt Deutschland die Bestimmungen der Kapitel I und II der beigefügten Anlage an.

Artikel 47

Zur rechtzeitigen Regelung der endgültigen Rechtslage des Saarbeckens, unter Berücksichtigung der Wünsche der Bevölkerung, nehmen Frankreich und Deutschland die Bestimmungen des Kapitels III der beigefügten Anlage an.

Artikel 48

Die Grenzen des Gebietes des Saarbeckens, das den Gegenstand dieser Bestimmungen bildet, werden wie folgt festgesetzt: Im Süden und Südwesten: durch die Grenze Frankreichs, wie sie durch diesen Vertrag festgesetzt ist.

Im Nordwesten und Norden: durch eine Linie, die der nördlichen Verwaltungsgrenze des Kreises Merzig folgt von dem Punkte, wo diese die französische Grenze verläßt, bis zu ihrem Schnittpunkt mit der Verwaltungsgrenze zwischen den Gemeinden Saarhölzbach und Britten. Die Linie folgt dann dieser Gemeindegrenze in südlicher Richtung bis zur Verwaltungsgrenze der Bürgermeisterei Merzig, so daß die Bürgermeisterei Mettlach mit Ausnahme der Gemeinde Britten in das Gebiet des Saarbeckens fällt. Darauf folgt sie den nördlichen Verwaltungsgrenzen der Bürgermeistereien Merzig und Haustadt, welche dem genannten Gebiet des Saarbeckens angegliedert werden, sodann nacheinander den Verwaltungsgrenzen, die die Kreise Saarlouis, Ottweiler und St. Wendel von den Kreisen Merzig, Trier und vom Fürstentum Birkenfeld trennen, bis zu einem Punkte etwa 500 Meter nördlich des Dorfes Furschweiler (Gipfel des Metzelberges). Im Nordosten und im Osten: Von diesem oben festgesetzten Punkte bis zu einem Punkt etwa 3½ Kilometer ostnordöstlich von Sankt Wendel eine im Gelände festzulegende Linie. Sie verläuft östlich von Furschweiler, westlich von Roschberg, östlich der Höhen 418, 329 (südlich von Roschberg), westlich von Leitersweiler, nordöstlich von der Höhe 464, folgt sodann nach Süden der Kammlinie bis zu ihrem Treffpunkt mit der Verwaltungsgrenze des Kreises Kusel.

Von da nach Süden die Grenze des Kreises Kusel, sodann die des Kreises Homburg nach Südsüdosten bis zu einem Punkte etwa 1000 Meter westlich von Dunzweiler. Von da bis zu einem Punkte etwa 1 Kilometer südlich von Hornbach eine im Gelände festzulegende Linie. Sie verläuft über die Höhe 424 (etwa 1000 Meter südöstlich von Dunzweiler), über die Höhe 363 (Fuchsberg), 322 (südwestlich von Waldmohr), darauf östlich von Jägersburg und Erbach, sodann, Homburg einschließend, über die Höhen 361 (zirka 2½ Kilometer ostnordöstlich der Stadt), 342 (etwa 2 Kilometer südöstlich der Stadt), 357 (Schreinersberg), 356, 350 (etwa 1½ Kilometer südöstlich von Schwarzenbach), führt dann östlich vom Einöd, südöstlich der Höhen 322 und 333, etwa 2 Kilometer östlich von Webenheim, 2 Kilometer östlich von Mimbach, umgeht nach Osten den Rücken, auf dem die Straße Mimbach - Böckweiler läuft, so daß die letztere Straße dem Saargebiet zufällt, geht unmittelbar nördlich der etwa 2 Kilometer nördlich von Altheim gelegenen Abzweigung der beiden von Böckweiler und von Altheim kommenden Straßen, sodann über Ringweilerhof, das ausgeschlossen bleibt, und die Höhe 322, die eingeschlossen wird, und erreicht die französische Grenze an der Biegung, die diese etwa 1 Kilometer südlich von Hornbach macht. (Siehe die Karte 1:1000000, die diesem Vertrag unter Nr. 2 beigelegt ist.)

Eine Kommission von 5 Mitgliedern, von denen eins durch Frankreich, eins durch Deutschland und drei durch den Rat des Völkerbundes ernannt werden, welche letzterer Angehörige anderer Mächte wählen wird;. tritt binnen 14 Tagen nach dem Inkrafttreten dieses Vertrages zusammen, um an Ort und Stelle den Verlauf der oben beschriebenen Grenzlinie festzusetzen.

Bei den Teilen der vorerwähnten Grenzlinie, die mit den Verwaltungsgrenzen nicht zusammenfallen, wird sich die Kommission bemühen, der angegebenen Grenzlinie nahezukommen, indem sie soweit wie möglich die örtlichen wirtschaftlichen Interessen und die bestehenden Gemeindegrenzen berücksichtigt.

Die Kommission entscheidet mit Stimmenmehrheit; ihre Beschlüsse sind für die Beteiligten bindend.

Artikel 49

Deutschland verzichtet zugunsten des Völkerbundes, der insoweit als Treuhänder gilt, auf die Regierung des obenbezeichneten Ge-bietes.

Nach Ablauf einer Frist von 15 Jahren nach Inkrafttreten des gegenwärtigen Vertrages soll die Bevölkerung dieses Gebietes darüber entscheiden, unter welche Souveränität sie zu treten wünscht.

Artikel 50

Die Bestimmungen, nach denen die Abtretung der Gruben des Saarbeckens zu erfolgen hat, sowie die Maßnahmen, die den Schutz der Rechte und die Wohlfahrt der Bevölkerung zugleich mit der Regierung des Gebiets sicherstellen sollen, und die Bedingungen, unter denen die oben vorgesehene Äußerung der Bevölkerung stattzufinden hat, sind in der Anlage niedergelegt, die als untrennbarer Bestandteil des gegenwärtigen Vertrags gilt und die Deutschland gutzuheißen erklärt.

Artikel 51

Die infolge des Versailler Vorfriedens vom 26. Februar 1871 und des Frankfurter Vorfriedens vom 10. Mai 1871 an Deutschland abgretretenen Gebiete fallen mit Wirkung vom Zeitpunkte des Waffenstillstandes vom 11. November 1918 ab unter die französischen Souveränität zurück. Die Bestimmungen der Verträge über die Grenzführung vor 1871 treten wieder in Kraft.

Artikel 52

Die deutsche Regierung hat der französischen Regierung unverzüglich die Archive, Register, Pläne, Urkunden und Schriftstücke aller Art zu übermitteln, welche die Zivil-, Militär-, Finanz-, Gerichts- und sonstige Verwaltung der unter die französische Souveränität zurückfallenden Gebiete betreffen. Schriftstücke, Archive, Register, Urkunden oder Pläne, die etwa entfernt worden sind, hat die deutsche Regierung auf Ersuchen der französischen Regierung zurückzuschaffen.

Artikel 53

Die Regelung der Interessen der Einwohner der im Artikel 51 bezeichneten Gebiete, besonders hinsichtlich ihrer bürgerlichen Rechte, ihres Handels und der Ausübung ihres Berufes erfolgt durch Sonderverträge zwischen Frankreich und Deutschland. Jedoch verpflichtet sich Deutschland schon jetzt, die in der beigefügten Anlage niedergelegten Vorschriften über die Staatsangehörigkeit der Einwohner der genannten Gebiete und der aus ihnen stammenden Personen anzuerkennen und anzunehmen, niemals und nirgends für die aus irgendeinem Grunde für Franzosen Erklärten die deutsche Reichsangehörigkeit zu beanspruchen, die anderen in seinem Gebiet aufzunehmen und bezüglich des Gutes der deutschen Reichsangehörigen in den im Artikel 51 bezeichneten Gebiete sich nach den Bestimmungen des Artikel 297 und der Anlage zu Abschnitt IV, Teil X (Wirtschaftliche Bestimmungen) des gegenwärtigen Vertrags zu richten. Die deutschen Reichsangehörigen, die, ohne die französische Staatsangehörigkeit zu erwerben, von der französischen Regierung die Genehmigung erhalten, in den genannten Gebieten zu wohnen, sind den Bestimmungen des angeführten Artikels nicht unterworfen.

Artikel 54

Die Personen, die kraft § 1 der beigefügten Anlage die französische Staatsangehörigkeit wiedererlangen, gelten für die Ausführung der Bestimmungen dieses Abschnitts als Elsaß-Lothringer. Die im § 2 der bezeichneten Anlage erwähnten Personen gelten von dem Tage an, an dem sie die Verleihung der französischen Staatsangehörigkeit beantragt haben, mit rückwirkender Kraft bis zum 11. November 1918 als Elsaß-Lothringer. Bei denjenigen, deren Antrag zurückgewiesen wird, endet diese Vorzugsbehandlung mit dem tage des abschlägigen Bescheids. Desgleichen gelten als elsaß-lothringisch die juristischen Personen, denen diese Eigenschaft von den französischen Verwaltungsbehörden oder durch eine gerichtliche Entscheidung zuerkannt wird.

Artikel 55

Die im Artikel 51 bezeichneten Gebiete fallen an Frankreich frei und ledig von allen öffentlichen Schulden unter den im Artikel 255 Teil IX (Finanzielle Bestimmungen) des gegenwärtigen Vertrags vorgesehenen Bedingungen zurück.

Artikel 56

Nach den Bestimmungen des Artikel 256 Teil IX (Finanzielle Bestimmungen) des gegenwärtigen Vertrags geht alles Gut und Eigentum des Deutschen Reichs oder der deutschen Staaten, das in den im Artikel 51 bezeichneten Gebieten liegt, ohne Bezahlung oder Gutschrift in französischen Besitz über. Diese Bestimmung bezieht sich auf alles bewegliche und unbewegliche Gut öffentlichen sowie privaten Staatseigentums sowie die rechte jeder Art, die dem Reich oder den deutschen Staaten oder ihren Verwaltungsbezirken zustanden. Das Gut der Krone und das Privateigentum des vormaligen Kaisers oder vormaliger deutscher Herrsche steht dem Staatsgut gleich.

Artikel 57

Deutschland darf keine Verfügungen treffen, die darauf hinauslaufen, durch eine Abstempelung oder durch sonstige gesetzliche oder Verwaltungsmaßregeln, die nicht auch für den übrigen Teil seines Gebietes Geltung haben, den gesetzlichen Wert der deutschen Zahlungsmittel oder Geldsorten, die bei der Unterzeichnung des gegenwärtigen Vertrags gesetzlichen Kurs haben und sich zu dem genannten Zeitpunkt im Besitz der französischen Regierung befinden, oder ihre Eignung zur rechtswirksamen Erfüllung von Verbindlichkeiten zu beeinträchtigen.

Artikel 58

Ein Sonderabkommen wird die Bedingungen festsetzten, nach denen die außerordentlichen Kriegsausgaben in Markwährung zurückzuzahlen sind, die Elsaß-Lothringen oder seine öffentlichen Verbände im Laufe des Krieges für Rechnung des Reiches gemäß der deutschen Gesetzgebung vorschußweise bestritten haben, wie z. B. Familienunterstützungen Kriegsteilnehmer, Beitreibungen, Einquartierungslasten, Beihilfe für Abgeschobene. Bei der Festsetzung der Höhe dieser Beträge wird zugunsten Deutschlands der betrag verrechnet, den Elsaß-Lothringen an das Reich zur Deckung der durch solche Rückzahlungen entstehenden Ausgaben hätte zahlen müssen; und zwar ist dieser Beitrag verhältnismäßig nach den Einnahmen zu errechnen, die das Reich aus Elsaß-Lothringen im Jahre 1913 bezogen hat.

Artikel 59

Der französischen Staat erhebt für seine eigene Rechnung die verschiedenen deutschen Steuern, Abgaben und Gebühren, die in dem im Artikel 51 bezeichneten Gebieten fällig und zur Zeit des Waffenstillstandes vom 11. November noch nicht eingezogen waren.

Artikel 60

Die deutsche Regierung setzt unverzüglich die Elsaß-Lothringer (natürliche und juristische Personen sowie öffentliche Anstalten) wieder in den Besitz ihres gesamten, ihnen am 11. November 1918 gehörenden und auf deutschem Gebiet belegenen Gutes, sowie ihrer gesamten dort zu jenem Zeitpunkt ihnen zustehenden Rechte und Interessen.

Artikel 61

Die deutsche Regierung verpflichtet sich, die Ausführung der in den verschiedenen Waffenstillstandsabkommen vorgesehenen finanziellen Bestimmungen, betreffend Elsaß-Lothringen, ohne Verzögerung fortzusetzen und zu beendigen.

Artikel 62

Die deutsche Regierung verpflichtet sich, alle in Elsaß-Lothringen am 11. November 1918 erdienten Zivil- und Militärpersonen, deren Auszahlung dem Haushalt des Deutschen Reiches oblag, zu übernehmen. Die deutsche Regierung liefert jedes Jahr die nötigen Mittel, um die Beiträge, auf welche die in Elsaß-Lothringen wohnenden Personen Anspruch in Markwährung gehabt hätten, wenn Elsaß-Lothringen unter deutscher Staatsgewalt verbleiben wäre, in Franken zum Jahresdurchschnittskurse auszuzahlen.

Artikel 63

Bezüglich der von Deutschland in Teil VIII (Wiedergutmachungen) des gegenwärtigen Vertrags übernommenen Verpflichtungen, Ersatz für die in Gestalt von Geldstrafen der Zivilbevölkerung der alliierten und assoziierten Länder zugefügten Schäden zu leisten, stehen die Einwohner der im Artikel 51 bezeichneten Gebiete der genannten Bevölkerung gleich.

Artikel 64

Die Grundsätze der Rhein- und Moselordnung sind in Teil XII (Häfen, Wasserstraßen und Eisenbahnen) des gegenwärtigen Vertrags niedergelegt.

Artikel 65

Binnen drei Wochen nach Inkrafttreten des gegenwärtigen Vertrags werden die Häfen von Straßburg und von Kehl für die Dauer von sieben Jahren zu einer Betriebseinheit ausgestaltet.

Die Verwaltung dieser Betriebseinheit leitet ein Direktor, den die Rheinschiffahrts-

Zentralkommission ernennt und auch wiederabberufen kann. Dieser Direktor muß französischer Staatsangehörigkeit sein. Er untersteht der Rheinschiffahrts-Zentralkommission und hat seinen Sitz in Straßburg.In beiden Häfen werden Freizonen gemäß Teil XII (Häfen, Wasserstraßen und Eisenbahnen) des gegenwärtigen Vertrags eingerichtet. Ein Sonderabkommen zwischen Frankreich und Deutschland, das der Billigung der Rheinschiffahrts-Zentralkommission bedarf, bestimmt die Einzelheiten dieser Ordnung, insbesondere auf finanziellem Gebiet. Es besteht Einverständnis, daß im Sinne dieses Artikels der Kehler Hafen alles für den Hafenverkehr und den dazu gehörigen Zugverkehr nötige Gelände umfaßt, einschließlich der die Hafeneinrichtung bildenden Binnenhäfen, Ladestraßen, Schienenwege, Dämme, Kräne, Lade- und Lagerhallen, Silos, Aufzüge und Werke mit elektrischer, aus dem Wasser gewonnenen Kraft.

Die deutsche Regierung verpflichtet sich, alle von ihr erforderten Anordnungen für die bestmögliche Zusammenstellung und Verschiebung der nach Kehl bestimmten und von dort ausgehenden Züge sowohl rechts- wie linksrheinisch zu treffen. Alle Eigentums- und sonstigen Rechte von Privatpersonen bleiben gewahrt; insbesondere hat die Hafenverwaltung sich jedes Eingriffs in die Eigentumsrechte der französischen oder badischen Eisenbahnen zu enthalten. In beiden Häfen wird den Staatsangehörigen, Schiffen und Gütern sämtlicher Nationen gleichmäßige Behandlung in bezug auf den Handel zugesichert. Ist Frankreich nach Ablauf des sechsten Jahres der Ansicht, daß der Stand der Straßburger Hafenarbeiten eine Verlängerung dieser Übergangsordnung erheischt, so steht ihm frei, sie bei der Rheinschiffahrts-Zentralkommission zu beantragen. Diese kann sie für eine Zeit von höchstens drei Jahren bewilligen. Während der ganzen Dauer der Verlängerung bleiben die oben erwähnten Freizonen bestehen. Bis zur Ernennung des ersten Direktors durch die Rheinschiffahrts-Zentralkommission kann ein vorläufiger Direktor, der französischer Staatsangehörigkeit sein muß, von den alliierten und assoziierten Hauptmächten unter den oben angeführten Bedingungen ernannt werden. Alle mit diesem Artikel zusammenhängenden Fragen werden von der Rheinschiffahrts-Zentralkommission mit Stimmenmehrheit entschieden.

Artikel 66

Die Eisenbahn- und anderen Brücken, die gegenwärtig im Bereich von Elsaß-Lothringen über den Rhein führen, werden in allen ihren Teilen und in ihrer ganzen Länge Eigentum des französischen Staates, dem ihre Unterhaltung obliegt.

Artikel 67

Die französische Regierung tritt in alle Rechte des Deutschen Reichs auf allen gegenwärtig in Betrieb oder im Bau befindlichen Eisenbahnstrecken ein, die unter Verwaltung der Reichseisenbahnen stehen.

Daselbe gilt für die Rechte des Reiches hinsichtlich der Eisenbahn- und Straßenbahnkonzessionen in den im Artikel 51 bezeichneten Gebieten. Aus diesem Eintritt in die deutschen Rechte erwächst dem französischen Staat keine Verpflichtung zu irgendwelcher Zahlung.

Die Grenzbahnhöfe werden durch ein späteres Abkommen festgelegt, wobei im voraus festgesetzt wird, daß sie an der Rheingrenze auf dem rechten Rheinufer liegen sollen.

Artikel 68

Entsprechend den Bestimmungen des Artikels 268 Kapitel I, Abschnitt I, Teil X (Wirtschaftliche Bestimmungen) des gegenwärtigen Vertrags genießen während eines Zeitraums von fünf Jahren nach Inkrafttreten des gegenwärtigen Vertrags die Roh- und Fertigerzeugnisse, die aus den im Artikel 51 bezeichneten Gebieten stammen und aus ihnen ausgeführt werden, bei Eingang in das deutsche Zollgebiet volle Zollfreiheit. Die französische Regierung behält sich vor, jedes Jahr durch einen der deutschen Regierung kundgegebenen Erlaß die Art und die Menge der Erzeugnisse zu bestimmen, denen diese Zollfreiheit zustatten kommt. Die jährliche Menge der Erzeugnisse, die auf diese Weise nach Deutschland geschickt werden dürfen, darf den Jahresdurchschnitt der Jahre 1911 bis 1913 nicht überschreiten.

Außerdem verpflichte sich die deutsche Regierung, während der genannten fünf Jahre frei von allen Zollabgaben oder sonstigen Lasten, einschließlich der inneren Steuern, aus Deutschland aus- und dorthin wieder einführen zu lassen: Garne, Gewebe und andere Textilstoffe oder -erzeugnisse jeder Art und in jedem Zustand, die aus Deutschland in die im Artikel 51 bezeichneten Gebiete zwecks irgendwelcher Veredelung, wie z. B. zum Bleichen, Färben, Bedrucken, Merzerisieren, Garzieren, Zwirnen oder Zurichten eingeführt werden.

Artikel 69

Während eines Zeitraums von zehn Jahren nach Inkrafttreten des gegenwärtigen Vertrags sind die auf deutschem Gebiete liegenden Kraftwerke, die die im Artikel 51 bezeichneten Gebiete oder irgendeine Anlage, deren Betrieb entgültig oder vorläufig von Deutschland an Frankreich übergeht, mit Elektrizität versorgen, verpflichtet, diese Versorgung bis zur Höhe des Verbrauchs fortzusetzen, der den am 11. November 1918 gültigen Abschlüssen und Verträgen entspricht.

Der Strom ist nach den in Kraft befindlichen Verträgen und zu Sätzen zu liefern, welche die von den deutschen Reichsangehörigen an die Werke gezahlten Sätze nicht übersteigen dürfen.

Artikel 70

Es besteht Einverständnis, daß die französische Regierung das Recht behält, in Zukunft in den im Artikel 51 bezeichneten Gebieten jegliche neue deutsche Beteiligung

1. an der Verwaltung oder Ausnutzung des öffentlichen Eigentums und der öffentlichen Anstalten, wie Eisenbahnen, Schiffahrtsstraßen, Wasser-, Gas- und Elektrizitätsversorgung usw.;

2. an dem Eigentum der Gruben und Steinbrüche aller Art und der damit zusammenhängenden Betriebe;

3. endlich an den Hüttenwerken, auch wenn ihr Betrieb in keiner Weise mit dem einer Grube in Verbindung steht, zu verbieten.

Artikel 71

In den im Artikel 51 bezeichneten Gebieten verzichtet Deutschland für sich und seine Angehörigen mit Wirkung vom 11. November 1918 ab auf Geltendmachung der Bestimmungen des Gesetzes vom 25 Mai 1910 über den Handel mit Kalisalzen sowie überhaupt aller Bestimmungen über die Mitwirkung deutscher Stellen bei der Ausbeutung der Kaligruben. Es verzichtet desgleichen für sich und seine Angehörigen auf Geltendmachung aller Abmachungen, Bestimmungen oder Gesetze, die bezüglich anderer Erzeugnisse der genannten Gebiete zu seinem Vorteil bestehen.

Artikel 72

Die Fragen, betreffend die vor dem 11. November 1918 zwischen dem Reich und den deutschen Staaten oder ihren in Deutschland wohnenden Angehörigen einerseits und den in Elsaß-Lothringen wohnenden Elsaß-Lothringern andererseits entstandenen Schuldverhältnisse werden gemäß den Bestimmungen des Abschnitts III Teil X (Wirtschaftliche Bestimmungen) des gegenwärtigen Vertrags geregelt, und zwar mit der Maßgabe, daß an die Stelle des Ausdrucks »vor dem Kriege« der Ausdruck »vor dem 11. November 1918« tritt. Umrechnungskurs bei dieser Regelung ist der an der Genfer Börse während des Monats vor dem 11. November 1918 notierte Durchschnittkurs.

In den im Artikel 51 bezeichneten Gebieten kann zur Abwicklung der genannten Schuldverhältnisse unter den in Abschnitt III Teil X (Wirtschaftliche Bestimmungen) des gegenwärtigen Vertrags vorgesehenen Bedingungen ein besonderes Prüfungs- und Ausgleichsamt errichtet werden, und zwar besteht Einverständnis, daß dies Amt als Landesamt gemäß § 1 der Anlage jenes Abschnitts zu gelten hat.

Artikel 73

Für die privaten Güter, Rechte und Interessen der Elsaß-Lothringer in Deutschland sind die Bestimmungen des Abschnitts IV Teil X (Wirtschaftliche Bestimmungen) des gegenwärtigen Vertrags maßgebend.

Artikel 74

Die französische Regierung behält sich das Recht vor, alle Güter, Rechte und Interessen, die am 11. November 1918 deutsche Reichsangehörige oder von Deutschland abhängige Gesellschaften in den im Artikel 51 bezeichneten Gebieten besaßen, unter den im letzten Absatz des obigen Artikels 53 festgesetzten Bedingungen einzubehalten und zu liquidieren.

Deutschland hat seine durch diese Liquidation enteigneten Angehörigen unmittelbar zu entschädigen.

Die Verwendung des Erlöses dieser Liquidationen regelt sich gemäß den Bestimmungen der Abschnitte III und IV Teil X (Wirtschaftliche Bestimmungen) des gegenwärtigen Vertrags.

Artikel 75

Unter Abweichung von den in Abschnitt V Teil X (Wirtschaftliche Bestimmungen) des gegenwärtigen Vertrags vorgesehenen Bestimmungen bleiben alle Verträge in Kraft, die, bevor das französische Dekret vom 30. November 1918 in Elsaß-Lothringen verkündet wurde, zwischen Elsaß-Lothringern (natürlichen und juristischen Personen) oder anderen Einwohnern Elsaß-Lothringens einerseits und dem Reich oder den deutschen Staaten oder deren in Deutschland wohnenden Angehörigen andererseits abgeschlossen sind und deren Ausführung durch den Waffenstillstand oder durch die spätere französische Gesetzgebung ausgesetzt worden ist. Indes sind alle Verträge aufgehoben, deren Auflösung im allgemeinen Interesse die französischen Regierung binnen sechs Monaten nach Inkrafttreten des gegenwärtigen Vertrags Deutschland mitteilt. Ausgenommen bleiben die Schuldforderungen und sonstigen Geldverbindlichkeiten, die sich aus einer vor dem 11. November 1918 auf Grund eines solchen Vertrags bereits vollzogenen Rechtshandlung oder Zahlung ergeben. Hat diese Auflösung für eine der Parteien einen erheblichen Nachteil zur Folge, so wird der geschädigten Partei eine angemessene Entschädigung zugebilligt, die aber lediglich nach dem angelegten Kapital ohne Rücksicht auf den entgangenen Gewinn berechnet wird.

Für Verjährung, Ausschlußfrist und Verfall gelten in Elsaß-Lothringen die in Artikel 300 und 301 Abschnitt V Teil X (Wirtschaftliche Bestimmungen) enthaltenen Bestimmungen, und zwar mit der Maßgabe, daß an die Stelle des Ausdrucks »Kriegsausbruch« der Ausdruck »11. November 1918« und an die Stelle des Ausdrucks »Kriegsdauer« der Ausdruck »Zeit vor dem 11. November 1918 bis zum Inkrafttreten des gegenwärtigen Vertrags« tritt.

Artikel 76

Die Fragen des gewerblichen, literarischen und künstlerischen Eigentums der Elsaß-Lothringer regelt sich nach den allgemeinen Bestimmungen des Abschnitts VII Teil X (Wirtschaftliche Bestimmungen) des gegenwärtigen Vertrags, und zwar mit der Maßgabe, daß die Elsaß-Lothringer, denen derartige Rechte nach der deutschen Gesetzgebung zustehen, den vollen und unbeschränkten Genuß dieser Rechte im deutschen Gebiet behalten.

Artikel 77

Das Deutsche Reich verpflichtet sich, den Anteil der Straßburger Invaliden- und Altersversicherungsanstalt an den gesamten zum Zweck der Invaliden- und Altersversicherung gesammelten Rückstellungen des Reiches oder von ihm abhängiger öffentlicher oder privater Stellen an den französischen Staat abzuführen.

Das gleiche gilt für die in Deutschland angelegten Kapitalien und Rückstellungen, die rechtlich den anderen sozialen Versicherungsträger, den Knappschaftskassen, der Eisenbahn-Pensionskasse von Elsaß-Lothringen oder solchen anderen Pensionskassen zustehen, die für das Personal der öffentlichen Verwaltung und Anstalten errichtet sind und in Elsaß-Lothringen arbeiten, sowie für die Kapitalien und Rückstellungen, welche die Reichsversicherungsanstalt für Angestellte in Berlin auf Grund von Verpflichtungen zugunsten von in Elsaß-Lothringen wohnenden Versicherten dieser Art schuldet.

Ein Sonderabkommen legt die Bedingungen und Einzelheiten dieser Übertragungen fest.

Artikel 78

Für Vollstreckung von Urteilen, für Einlegung von Rechtsmitteln und für Strafverfolgung gelten folgende Regeln:

1. Alle seit dem 3. August 1914 zwischen Elsaß-Lothringern oder zwischen Elsaß-Lothringern und Ausländern oder zwischen Ausländern in bürgerlichen oder Handelssachen ergangenen Urteile erlsaß-lothringischer Gerichte, die vor dem 11. November 1918 Rechtskraft erlangt haben, gelten als endgültig und ohne weiteres vollstreckbar. Ist das Urteil zwischen Elsaß-Lothringern und Deutschen oder zwischen Elsaß-Lothringern und Staatsangehörigen der mit Deutschland verbündeten Mächte ergangen, so wird es erst vollstreckbar, nachdem das entsprechende neue Gericht des wiederangegliederten im Artikel 51 bezeichneten Gebiets ein Vollstreckungsurteil erlassen hat.

2. Alle seit dem 3. August 1914 wegen politischer Verbrechen oder Vergehen gegen Elsaß-Lothringer von deutschen Gerichten gefällten Urteile gelten als nichtig.

3. Alle Entscheidungen des Reichsgerichts in Leipzig, die nach dem 11. November 1918 infolge der Einlegung eines Rechtsmittels gegen die Entscheidungen der elsaß-lothringischen Gerichte ergangen sind, gelten als null und nichtig und sind aufzuheben. Die solchen reichsgerichtlichen Entscheidungen zu Grunde liegenden Akten der Vorinstanzen sind an die betreffenden elsaß-lothringischen Gerichte zurückzusenden.

Kein beim Reichsgericht gegen Entscheidungen elsaß-lothringischer Gerichte eingelegtes Rechtsmittel wird weiter verfolgt. Die Akten werden in der oben angegebenen Weise zurückgesandt und unverzüglich an den französischen Kassationshof weitergeleitet, der für die Entscheidung zuständig ist.

4. Alle Verfolgungen in Elsaß-Lothringen wegen Straftaten, die in der Zeit vom 11. November 1918 bis zum Inkrafttreten des gegenwärtigen Vertrags begangen worden sind, werden nach den deutschen Gesetzen durchgeführt, soweit diese nicht von den französischen Behörden durch ordnungsgemäß an Ort und Stelle veröffentlichte Erlasse abgeändert oder ersetzt worden sind.

5. Alle anderen Zuständigkeits-, Verfahrens- sowie Justizverwaltungsfragen werden durch ein Sonderabkommen zwischen Frankreich und Deutschland geregelt.

Artikel 79

Die anliegenden Zusatzbestimmungen über die Staatsangehörigkeit haben gleiche Kraft und Geltung wie die Bestimmungen dieses Abschnitts.

Alle anderen Elsaß-Lothringen betreffenden Fragen, die nicht in diesem Abschnitt und seiner Anlage oder in den allgemeinen Bestimmungen des gegenwärtigen Vertrags geregelt sind, sollen Gegenstand späterer Übereinkommen zwischen Frankreich und Deutschland bilden.

Artikel 80

Deutschland erkennt die Unabhängigkeit Österreichs innerhalb der durch Vertrag zwischen diesem Staate und den alliierten und assoziierten Hauptmächten festzusetzenden Grenzen an und verpflichtet sich, sie unbedingt zu achten; es erkennt an, daß diese Unabhängigkeit unabänderlich ist, es sei denn, daß der Rat des Völkerbunds einer Abänderung zustimmt.

Artikel 81

Deutschland erkennt, wie die alliierten und assoziierten Mächte es schon getan haben, die vollständige Unabhängigkeit der Tschecho-Slowakei an, die das autonome Gebiet der Ruthenen südlich der Karpaten mit einbegreift. Es erklärt sein Einverständnis mit der Abgrenzung dieses Staates, wie sie durch die alliierten und assoziierten Hauptmächte und die anderen beteiligten Staaten erfolgen wird.

Artikel 82

Die Grenze zwischen Deutschland und der Tschecho-Slowakei bildet die alte Grenze zwischen Österreich-Ungarn und dem Deutschen Reich, so wie sie am 3. August 1914 bestand.

Artikel 83

Deutschland verzichtet zugunsten der Tschecho-Slowakei auf alle Rechte und Ansprüche auf den folgendermaßen umschriebenen Teil des schlesischen Gebietes:

von einem Punkte ab, der etwa 2 km südöstlich von Katscher auf der Grenze der Kreise Leobschütz und Ratibor liegt:

die Grenze zwischen den beiden Kreisen;

dann die alte Grenze zwischen Deutschland und Österreich-Ungarn bis zu einem Punkte, der an der Oder hart südlich der Eisenbahnlinie Ratibor-Oderberg liegt;

von dort nach Nordwesten bis zu einem Punkte ungefähr 2 km südöstlich von Katscher:

eine im Gelände nach zu bestimmende Linie, die westlich von Kranowitz verläuft.

Ein aus sieben Mitgliedern zusammengesetzter Ausschuß, von denen fünf durch die alliierten und assoziierten Hauptmächte, eines von Polen und eines von der Tschecho-Slowakei ernannt werden, tritt zwei Wochen nach Inkrafttreten des gegenwärtigen Vertrags zusammen, um an ort und Stelle die Grenzlinie zwischen Polen und der Tschecho-Slowakei festzusetzen.

Dieser Ausschuß entscheidet mit Stimmenmehrheit. Seine Entscheidungen sind für die Beteiligten bindend.

Deutschland verzichtet bereits jetzt zugunsten der Tschecho-Slowakei auf alle Rechte und Ansprüche auf den von den nachstehend bezeichneten Grenzen eingefaßten Teil des Kreises Leobschütz für den fall, daß infolge der deutschpolnischen Grenzfestsetzung der bezeichnete Teil dieses Kreises den Zusammenhang mit Deutschland verlieren sollte:

von dem Südostende des Vorsprungs der alten österreichischen Grenze etwa 5 km westlich von Leobschütz in südlicher Richtung bis zum Treffpunkt mit der Grenze der Kreise Leobschütz und Ratibor:

die alte Grenze zwischen Deutschland und Österreich-Ungarn;

dann nach Norden die Verwaltungsgrenze zwischen den Kreisen Leobschütz und Ratibor bis zu einem Punkte etwa 2 km südöstlich von Katscher; von dort gegen Nordwesten bis zum Ausgangspunkt dieser Grenzbeschreibung: eine im Gelände noch zu bestimmende Linie, die östlich von Katscher verläuft.

Artikel 84

Die deutschen Reichsangehörigen, die ihren Wohnsitz in irgendeinem als Bestandteil der Tschecho-Slowakei anerkannten Gebiet haben, erwerben von Rechts wegen die tschecho-slowakische Staatsangehörigkeit unter Verlust der deutschen.

Artikel 85

Zwei Jahre lang nach Inkrafttreten des gegenwärtigen Vertrags sind die über achtzehn Jahre alten deutschen Reichsangehörigen, die in irgendeinem der als Bestandteil der Tschecho-Slowakei anerkannten Gebiete ansässig sind, berechtigt, für die deutsche Reichsangehörigkeit zu optieren. Die Tschecho-Slowaken, die deutsche Reichsangehörigkeit besitzen und in Deutschland wohnen, sind ebenso berechtigt, für die tschecho-slowakische Staatsangehörigkeit zu optieren. Die Option des Ehemannes erstreckt ihre Wirkung auf die Ehefrau, die Option der Eltern erstreckt ihre Wirkung auf Kinder unter achtzehn Jahren. Personen, die von dem oben vorgesehenen Optionsrecht Gebrauch machen, müssen in den nächsten zwölf Monaten ihren Wohnsitz in den Staat verlegen, für den sie optiert haben. Es steht ihnen frei, das unbewegliche Gut zu behalten, das sie im Gebiete des anderen Staates besitzen, in dem sie vor der Option wohnten. Sie dürfen ihr gesamtes bewegliche Gut mitnehmen. Es wird dafür keinerlei Ausfuhr- oder Einfuhrzoll von ihnen erhoben. Innerhalb derselben Frist haben die Tschecho-Slowaken, die deutschen Reichsangehörigen sind und sich im Ausland befinden, das Recht, - falls dies den Bestimmungen des fremden Gesetzes nicht zuwiderläuft und falls sie nicht die fremde Staatsangehörigkeit erworben haben - die tschecho-slowakische Staatsangehörigkeit unter Verlust der deutschen nach Maßgabe der von der Tschecho-Slowakei erlassenen Vorschriften zu erwerben.

Artikel 86

Die Tschecho-Slowakei ist damit einverstanden, daß die alliierten und assoziierten Hauptmächte in einen mit ihr zu schließenden Vertrag die Bestimmungen aufzunehmen, die sie zum Schutze der Interessen der nationalen, sprachlichen und religiösen Minderheiten in der Tschecho-Slowakei für notwendig erachten, und genehmigt damit diese Bestimmungen. Auch ist die Tschecho-Slowakei damit einverstanden, daß die alliierten und assoziierten Hauptmächte in einem mit ihr zu schließenden Vertrag die Bestimmungen aufnehmen, die sie zur Sicherung der freien Durchfuhr und einer gerechten Regelung des Handelsverkehrs der anderen Völker für notwendig erachten: Umfang und Art der finanziellen Lasten, die die Tschecho-Slowakei mit Rücksicht auf das unter ihre Souveränität fallenden schlesische Gebiet vom Deutschen Reiche und von Preußen zu übernehmen hat, werden nach Artikel 254 Teil IX (Finanzielle Bestimmungen) des gegenwärtigen Vertrags festgesetzt.

Alle nicht durch den gegenwärtigen Vertrag geregelten Fragen, die sich aus der Abtretung des bezeichneten Gebiets ergeben, werden in späteren Übereinkommen geregelt.

Artikel 87

Deutschland erkennt, wie die alliierten und assoziierten Mächte es bereits getan haben, die völlige Unabhängigkeit Polens an und verzichtet zugunsten Polens auf alle Rechte und Ansprüche auf das Gebiet, das begrenzt wird durch die Ostsee, die Ostgrenze Deutschlands, wie sie im Artikel 27 Teil II (Deutschlands Grenzen) des gegenwärtigen Vertrags festgesetzt ist, bis zu einem Punkte etwa 2 km von Lorzendorf, dann durch eine Linie bis zu dem von der Nordgrenze Oberschlesiens gebildeten spitzen Winkel etwa 3 km nordwestlich von Simmenau, dann durch die Grenze Oberschlesiens bis zu ihrem Treffpunkt mit der alten deutsch-russischen Grenze, dann durch diese Grenze bis zu ihrem Schnittpunkt mit der Memel, dann durch die Nordgrenze von Ostpreußen, wie sie im Artikel 28 des angeführten Teiles II festgelegt ist.

Keine Anwendung finden indes die Bestimmungen dieses Artikels auf die Gebiete Ostpreußens und der Freien Stadt Danzig, wie sie in dem bezeichneten Artikel 28 Teil II (Deutschlands Grenzen) und im Artikel 100 Abschnitt XI (Danzig) dieses Teils abgegrenzt sind.

Soweit die Grenzen Polens in dem gegenwärtigen Vertrag nicht näher festgelegt sind, werden sie von den alliierten und assoziierten Hauptmächten später bestimmt.

Ein aus sieben Mitgliedern zusammengesetzter Ausschuß, von denen fünf durch die alliierten und assoziierten Hauptmächte, eines von Deutschland und eines von Polen ernannt werden, tritt zwei Wochen nach Inkrafttreten des gegenwärtigen Vertrags zusammen, um an Ort und Stelle die Grenzen zwischen Polen und Deutschland festzulegen.

Dieser Ausschuß entscheidet mit Stimmenmehrheit. Seine Entscheidungen sind für die Beteiligten bindend.

Artikel 88

In dem Teile Oberschlesiens, der innerhalb der nachstehend beschriebenen Grenzen gelegen ist, werden die Einwohner berufen, im Wege der Abstimmung kundzutun, ob sie mit Deutschland oder Polen vereinigt zu werden wünschen:

von der ungefähr 8 km östlich von Neustadt belegenen Nordspitze des Vorsprungs der ehemaligen österreichischen Provinz Schlesien, die alte deutsch-österreichische Grenze bis zu ihrem Treffpunkt mit der Grenze der Kreise Leobschütz und Ratibor;

von dort nach Norden bis zu einem Punkte etwa 2 km südöstlich von Katscher: die Grenze der Kreise Leobschütz und Ratibor;

von dort nach Südosten bis zu einem am Laufe der oder hart südlich an der Eisenbahnlinie Ratibor-Oderberg belegenen Punkte: eine im Gelände noch zu bestimmende Linie, die südlich von Kranowitz verläuft;

von dort die alte deutsch-österreichische Grenze, dann die alte deutsch-russische Grenze bis zu ihrem Treffpunkt mit der Verwaltungsgrenze zwischen Polen und Oberschlesien.

von dort diese Verwaltungsgrenze bis zu ihrem Treffpunkt mit der Grenze zwischen Ober- und Mittelschlesien;

von dort nach Westen bis zu dem Punkt, wo die Verwaltungsgrenze etwa 3 km nordwestlich von Simmenau sich im spitzen Winkel nach Südosten wendet:

die Grenze zwischen Ober- und Mittelschlesien;

von dort nach Westen bis zu einem noch zu bestimmenden Punkte etwa 2 km östlich von Lorzendorf:

eine im Gelände noch zu bestimmende Linie, die nördlich von Klein-Hennersdorf verläuft;

von dort nach Süden bis zum Schnittpunkt der Grenze zwischen Ober- und Mittelschlesien mit der Straße Städtel-Karlsruhe;

eine im Gelände noch zu bestimmende Linie, die westlich der Ortschaften Hennersdorf, Polkowitz, Noldau, Steinersdorf und Dammer und östlich der Ortschaften Strehlitz, Naßadel, Eckersdorf, Schwirz und Städtel verläuft;

von dort die Grenze zwischen Ober- und Mittelschlesien bis zu ihrem Treffpunkt mit der Ostgrenze des Kreises Falkenberg;

von dort die Ostgrenze des Kreises Falkenberg bis zu einem Punkte des Vorsprungs etwa 3 km östlich von Puschine;

von dort bis zur Nordspitze des Vorsprungs der ehemaligen österreichischen Provinz Schlesien etwa 8 km östlich von Neustadt:

eine im Gelände noch zu bestimmende Linie, die östlich von Zülz verläuft. Die Regelung, gemäß der diese Äußerung der Bevölkerung herbeizuführen und ihr Folge zu geben ist, bildet den Gegenstand der Bestimmungen der beigefügten Anlage.

Die polnische und die deutsche Regierung verpflichten sich bereits jetzt, jede, insoweit sie es angeht, an keiner Stelle ihres Gebietes wegen politischer Vorkommnisse, die sich in Oberschlesien währen der Dauer der in der beigefügten Anlage bestimmten Regelung bis zur endgültigen Regelung des Schicksals dieses Gebiets ereignen, Strafverfolgungen einzuleiten und weiterzuführen oder irgendwelche Ausnahmemaßregeln zu ergreifen.

Deutschland verzichtet bereits jetzt zu Gunsten Polens auf alle Rechte und Ansprüche auf den Teil Oberschlesiens, der jenseits der auf Grund der Volksabstimmung von den alliierten und assoziierten Hauptmächten festgesetzten Grenzlinie gelegen ist.

Artikel 89

Polen verpflichtet sich, dem Personen-, Güter-, Schiffs-, Boots-, Wagen-, Eisenbahnwagen- und Postverkehr zwischen Ostpreußen und dem übrigen Deutschland durch das polnische Gebiet einschließlich der Hoheitsgewässer völlige Durchgangfreiheit zuzugestehen und ihm hinsichtlich der Verkehrserleichterungen oder -beschränkungen sowie in jeder anderen Hinsicht zum mindesten dieselbe günstige Behandlung zuteil werden zu lassen, wie dem Verkehr von Personen, Gütern, Schiffen, Booten, Wagen, Eisenbahnwagen und Postsendungen, die polnischer Nationalität, polnischen Ursprungs, polnischer Herkunft, polnisches Eigentum sind oder von einem polnischen Abgangsort kommen; wird einer anderen Nationalität eine noch günstigere Behandlung als der polnischen bewährt, so ist diese Behandlung maßgebend.

Durchfuhrgüter bleiben von allen Zoll- oder ähnlichen Abgaben frei.

Die Durchgangsfreiheit erstreckt sich auf den Draht- und Fernsprechverkehr unter den Bedingungen, wie sie in den im Artikel 98 vorgesehenen Übereinkommen festgelegt sind.

Artikel 90

Polen verpflichtet sich, während eines Zeitraumes von fünfzehn Jahren die Ausfuhr der Bergwerkserzeugnisse nach Deutschland aus allen denjenigen Teilen Oberschlesiens zu gestatten, die auf Grund des gegenwärtigen Vertrags an Polen übergehen.

Diese Erzeugnisse bleiben von allen Ausfuhrabgaben sowie allen auf ihrer Ausfuhr lastenden Gebühren oder Beschränkungen frei.

Polen verpflichte sich desgleichen, alle erforderlichen Maßnahmen zu ergreifen, damit der Verkauf der verfügbaren Erzeugnisse dieser Gruben an Käufer in Deutschland unter ebenso günstigen Bedingungen erfolgt, wie der Verkauf gleichartiger Erzeugnisse, die unter entsprechenden Verhältnissen an Läufer in Polen oder in irgend einem anderen Lande verkauft werden.

Artikel 91

Die deutschen Reichsangehörigen, die ihren Wohnsitz in den endgültig als Bestandteil Polens anerkannten Gebieten haben, erwerben von Rechts wegen die polnische Staatsangehörigkeit unter Verlust der deutschen.

Indes können deutsche Reichsangehörige und ihre Nachkommen, die sich nach dem 1. Januar 1919 in jenen Gebieten niedergelassen haben, die polnische Staatsangehörigkeit nur mit besonderer Genehmigung des polnischen Staates erwerben.

Zwei Jahre lang nach Inkrafttreten des gegenwärtigen Vertrags sind die über achtzehn Jahre alten deutschen Reichsangehörigen, die in einem der als Bestandteil Polens anerkannten Gebieten ihren Wohnsitz haben, berechtigt, für die deutsche Reichsangehörigkeit zu optieren.

Polen deutscher Reichsangehörigkeit im Alter von über achtzehn Jahren, die in Deutschland ihren Wohnsitz haben, sind ebenso berechtigt, für die polnische Staatsangehörigkeit zu optieren.

Die Option des Ehemannes erstreckt ihre Wirkung auf die Ehefrau, die Option der Eltern erstreckt ihre Wirkung auf Kinder unter achtzehn Jahren.

Alle Personen, die von dem oben vorgesehenem Optionsrecht Gebrauch machen, steht es frei, in den nächsten zwölf Monaten ihren Wohnsitz in den Staat zu verlegen, für den sie optiert haben.

Es steht ihnen frei, das unbewegliche Gut zu behalten, das sie im Gebiete des anderen Staates besitzen, in dem sie vor der Option wohnten. Sie dürfen ihr gesamtes bewegliches Gut zollfrei in das Land mitnehmen, für das sie optiert haben. Die etwa bestehenden Ausfuhrzölle oder -gebühren werden dafür von ihnen nicht erhoben.

Innerhalb derselben Frist haben die Polen, die deutsche Reichsangehörige sind und sich im Ausland befinden, das Recht - falls dies den Bestimmungen des fremden Gesetzes nicht zuwiderläuft und falls sie nicht die fremde Staatsangehörigkeit erworben haben - die polnische Staatsangehörigkeit unter Verlust der deutschen auf Grund der von dem polnischen Staat zu erlassenden Vorschriften zu erwerben.

In dem Teile Oberschlesiens, in dem die Volksabstimmung stattfindet, treten die Bestimmungen dieses Artikels erst nach der endgültigen Zuteilung dieses Gebietes in Kraft.

Artikel 92

Umfang und Art der finanziellen Lasten, die Polen vom Deutschen Reiche und von Preußen zu übernehmen hat, werden nach Artikel 254, Teil IX (Finanzielle Bestimmungen) des gegenwärtigen Vertrags festgesetzt.

Der Teil der Staatsschuld, der nach der Entscheidung des im genannten Artikel erwähnten Widergutmachungsausschusses auf die von der deutschen und preußischen Regierung für die deutsche Besiedlung Polens getroffenen Maßnahmen entfällt, bleibt bei der Berechnung des Polen aufzuerlegenden Anteils außer Betracht. Die gemäß Artikel 256 des gegenwärtigen Vertrags von dem Wiedergutmachungsausschuß vorzunehmende Abschätzung des gleichzeitig mit den abzutretenden Gebieten an Polen fallenden Guts und Eigentums des Reichs und der deutschen Staaten erstreckt sich nicht auf Gebäude, Wälder und sonstiges Staatseigentum, das dem ehemaligen Königreich Polen gehörte. Diese erwirbt Polen frei und ledig von allen Lasten.

In allem deutschen Gebieten, die auf Grund des gegenwärtigen Vertrags übergehen und endgültig als Bestandteil Polens anerkannt werden, dürfen die Güter, Rechte und Interessen der deutschen Reichsangehörigen auf grund des Artikel 297 von der polnischen Regierung nur nach Maßgabe nachstehender Bestimmungen liquidiert werden:

1. Der Liquidationserlös muß unmittelbar an den Berechtigten ausbezahlt werden;

2. falls letzterer vor dem in Abschnitt VI, Teil X (Wirtschaftliche Bestimmungen) des gegenwärtigen Vertrags vorgesehenen Gemischten Schiedsgerichtshof oder vor einem von diesem Gericht bezeichneten Schiedsrichter nachweist, daß die Verkaufsbedingungen oder daß von der polnischen Regierung außerhalb ihrer allgemeinen Gesetzgebung ergriffene Maßnahmen den Preis unbillig beeinflußt haben, ist der Gerichtshof oder der Schiedsrichter befugt, dem Berechtigten eine angemessene Entschädigung zuzusprechen, die von der polnischen Regierung bezahlt werden muß. Alle in dem gegenwärtigen Vertrag nicht geregelten Fragen, die anläßlich der Abtretung der bezeichneten Gebiete entstehen, werden in späteren Übereinkommen geregelt.

Artikel 93

Polen ist damit einverstanden, daß die alliierten und assoziierten Hauptmächte in einem mit ihm zu schließenden Vertrag die Bestimmungen aufnehmen, die sie zum Schutz der Interessen der nationalen, sprachlichen und religiösen Minderheiten in

Polen für notwendig erachten, und genehmigt damit diese Bestimmungen. Auch ist Polen damit einverstanden, daß die alliierten und assoziierten Hauptmächte in einen mit ihm zu schließenden Vertrag die Bestimmungen aufnehmen, die sie zum Schutz der freien Durchfuhr und einer gerechten Regelung des Handelsverkehrs der anderen Völker für notwendig erachten.

Artikel 94

In der Zone zwischen der Südgrenze Ostpreußens, wie sie im Artikel 28 Teil II (Deutschlands Grenzen) des gegenwärtigen Vertrags bezeichnet ist, und der nachstehend beschriebenen Linie werden die Einwohner berufen, im Wege der Abstimmung zu erklären, mit welchem Staate sie vereinigt zu werden wünschen:

West- und Nordgrenze des Regierungsbezirks Allenstein bis zu ihrem Treffpunkt mit der Grenzlinie zwischen den Kreisen Oletzko und Angerburg; von dort Nordgrenze des Kreises Oletzko bis zu ihrem Treffpunkt mit der alten Grenze Ostpreußens.

Artikel 95

Binnen längstens zwei Wochen nach Inkrafttreten des gegenwärtigen Vertrags haben die deutschen Truppen und Behörden das oben umschriebene Gebiet zu verlassen. Bis zur Vollendung der Räumung haben sie sich aller Beitreibungen in Geld- und Naturalien und jeder Maßnahme zu enthalten, wodurch die wirtschaftlichen Interessen des Landes beeinträchtigt werden könnten.

Mit Ablauf der vorerwähnten Frist wird die genannte Zone einem internationalen Ausschuß unterstellt, der aus fünf von den alliierten und assoziierten Hauptmächten ernannten Mitgliedern besteht. Dieser Ausschuß erhält allgemeine Verwaltungsbefugnis und hat insbesondere die Aufgabe, die Abstimmung in die Wege zu leiten und alle Maßnahmen zu treffen, die er zur Sicherung einer freien, unbeeinflußten und geheimen Stimmenabgabe für erforderlich erachtet. Er erhält desgleichen Vollmacht zur Entscheidung aller Fragen, zu denen die Ausführung der gegenwärtigen Bestimmungen Anlaß gibt. Er trifft ferner alle geeigneten Anordnungen, um sich bei der Ausübung seines Amtes durch Hilfskräfte unterstützen zu lassen, die er selbst unter der örtlichen Bevölkerung auswählt. Er entscheidet mit Stimmenmehrheit.

Stimmberechtigt ist jede Person, ohne Unterschied des Geschlechts, die den nachstehenden Bestimmungen genügt:

a) Sie muß bei Inkrafttreten des gegenwärtigen Vertrags das zwanzigste Lebensjahr vollendet haben;

b) sie muß in der Zone, in der die Volksabstimmung stattfindet, geboren sein oder seit einem von dem Ausschuß festzusetzenden Zeitpunkt dort ihren Wohnsitz oder gewöhnlichen Aufenthalt gehabt haben.

Jeder stimmt in der Gemeinde, in der er seinen Wohnsitz hat, oder, wenn er seinen Wohnsitz oder Aufenthalt nicht in der Zone hat, in der Gemeinde, in der er geboren ist.

Das Abstimmungsergebnis wird gemeindeweise und zwar nach der Stimmenmehrheit in jeder Gemeinde festgestellt.

Nach Beendigung der Abstimmung teilt der Ausschuß den alliierten und assoziierten Hauptmächten die Anzahl der in jeder Gemeinde abgegebenen Stimmen mit und reicht gleichzeitig einen eingehenden Bericht über die Wahlhandlung sowie einen Vorschlag über die Linie ein, die unter Berücksichtigung sowohl des durch die Abstimmung kundgegebenen Willens der Einwohner als der geographischen und wirtschaftlichen Lage der Ortschaften in dieser Gegend als Grenzen Ostpreußens angenommen werden soll. Die alliierten und assoziierten Hauptmächte setzen alsdann die Grenze zwischen Ostpreußen und Polen in dieser Gegend fest.

Schließt der von den alliierten und assoziierten Hauptmächten festgesetzte Grenzverlauf irgendeinen Teil des im Artikel 94 umschriebenen Gebiets von Ostpreußen aus, so erstreckt sich der oben im Artikel 87 vorgesehene, von Deutschland zugunsten Polens ausgesprochene Rechtsverzicht auf die so ausgeschlossenen Gebietsteile.

Sobald die alliierten und assoziierten Hauptmächte die Grenzlinie festgesetzt haben, werden die ostpreußischen Verwaltungsbehörden von dem Ausschluß dahin verständigt, daß sie in dem nördlich dieser Grenzlinie liegenden Gebiet die Verwaltung wider zu übernehmen haben. Diese Übernahme hat binnen Monatsfrist nach der Benachrichtigung und in der von dem Ausschuß vorgeschriebenen Art zu erfolgen. Binnen derselben Frist und ebenfalls in der von dem Ausschuß vorgeschriebenen Art hat die polnische Regierung für die Verwaltung des südlich der Grenzlinie liegenden Gebiets Sorge zu tragen. Sobald hiernach die Verwaltung des Landes durch die ostpreußischen oder polnischen Behörden sichergestellt ist, nahmen die Befugnisse des internationalen Ausschusses ein Ende.

Die Ausgaben des Ausschusses für seine eigene Tätigkeit sowie für die Verwaltung der Zone werden aus den örtlichen Einnahmen bestritten; das Mehr an Ausgaben wird nach einem von den alliierten und assoziierten Hauptmächten festgesetzten Verhältnis von Ostpreußen getragen.

Artikel 96

In einer Zone, die die Kreise Stuhm und Rosenberg, den östlich der Nogat liegenden Teil des Kreises Marienburg und östlich der Weichsel liegenden Teil des Kreises Marienwerder umfaßt, werden die Einwohner berufen, durch eine gemeindeweise Abstimmung kundzutun, ob sie wünschen, daß die verschiedenen in diesem Gebiete liegenden Gemeinden zu Polen oder zu Ostpreußen gehören sollen.

Artikel 97

Binnen längstens zwei Wochen nach Inkrafttreten des gegenwärtigen Vertrags haben die deutschen Truppen und Behörden die im Artikel 96 bezeichnete Zone zu verlassen. Bis zur Vollendung der Räumung haben sie sich aller Beitreibungen in Geld oder Naturalien und jeder Maßnahme zu enthalten, wodurch die wirtschaftlichen Interessen des Landes beeinträchtigt werden könnten.

Mit Ablauf der vorerwähnten Frist wird die genannte Zone einem internationalen Ausschuß unterstellt, der aus fünf von den alliierten und assoziierten Hauptmächten ernannten Mitgliedern besteht. Dieser Ausschuß, dem erforderlichenfalls die nötigen Streitkräfte beizugeben sind, erhält allgemeine Verwaltungsbefugnis und hat insbesondere die Aufgabe, die Abstimmung in die Wege zu leiten und alle Maßnahmen zu treffen, die er zur Sicherung einer freien, unbeeinflußten und geheimen Stimmenabgabe für erforderlich erachtet. Er hat sich, soweit möglich, nach den Bestimmungen des gegenwärtigen Vertrags über die Volksabstimmung in der Allensteiner Zone zu richten. Er entscheidet mit Stimmenmehrheit.

Die Ausgaben des Ausschusses für seine eigene Tätigkeit sowie für die Verwaltung der ihm unterstellten Zone werden aus den örtlichen Einnahmen bestritten.

Nach Beendigung der Abstimmung teilt der Ausschuß den alliierten und assoziierten Hauptmächten die Anzahl der in jeder Gemeinde angegebenen Stimmen mit und reicht gleichzeitig einen eingehenden Bericht über die Wahlhandlung sowie einen Vorschlag über die Linie ein, die unter Berücksichtigung sowohl des durch die Abstimmung kundgegebenen Willens der Einwohner als auch der geographischen und wirtschaftlichen Lage der Ortschaften in dieser Gegend als Grenzlinie Ostpreußens angenommen werden soll. Die alliierten und assoziierten Hauptmächte setzen alsdann die Grenze zwischen Ostpreußen und Polen in dieser Gegend fest, wobei zum mindesten für die gesamte Strecke, auf der die Weichsel die Grenze bildet, die volle und uneingeschränkte Überwachung des Stromes einschließlich seines östlichen Ufers in der Tiefe, die für die Regulierung und Verbesserungsarbeiten erforderlich ist, Polen zugesprochen werden muß. Deutschland verpflichtet sich, niemals irgendwelche Befestigungen in irgendeinem Teile des erwähnten Gebiets, soweit es deutsch bleibt, anzulegen.

Die alliierten und assoziierten Hauptmächte erlassen gleichzeitig Vorschriften, die der ostpreußischen Bevölkerung den Zugang zur Weichsel und die Benutzung des Stromes für sie selbst, für ihre Güter und für ihre Schiffe unter angemessenen Bedingungen und unter vollster Rücksichtnahme auf ihre Interessen sichern.

Die Grenzbestimmungen und die oben vorgesehenen Vorschriften sind für alle Beteiligten bindend.

Sobald die Verwaltung des Landes durch die ostpreußischen oder polnischen Behörden übernommen ist, nehmen die Befugnisse des Ausschusses ein Ende.

Artikel 98

Deutschland und Polen werden binnen Jahresfrist nach Inkrafttreten des gegenwärtigen Vertrags Übereinkommen abschließen, deren Wortlaut im Streitfalle von dem Rate des Völkerbundes festgesetzt wird und die einerseits Deutschland für den Eisenbahn-, Draht- und Fernsprechverkehr zwischen Ostpreußen und dem übrigen Deutschland durch das polnische Gebiet die volle Möglichkeit geeigneter Betätigung gewährleisten und andererseits Polen für seinen Verkehr mit der Freien Stadt Danzig durch das etwa auf dem rechten Weichselufer zwischen Polen und der Freien Stadt Danzig liegende deutsche Gebiet die gleiche Möglichkeit sichert.

Artikel 99

Deutschland verzichtet zugunsten der alliierten und assoziierten Hauptmächte auf alle Rechte und Ansprüche auf die Gebiete zwischen der Ostsee, der in Artikel 28 Teil II (Deutschlands Grenzen) des gegenwärtigen Vertrags beschriebenen Nordgrenze

Ostpreußens und den alten deutsch-russischen Grenzen.

Deutschland verpflichtet sich, die von den alliierten und assoziierten Hauptmächten hinsichtlich dieser Gebiete, insbesondere über die Staatsangehörigkeit der Einwohner getroffenen Bestimmungen anzuerkennen.

Artikel 100

Deutschland verzichtet zugunsten der alliierten und assoziierten Hauptmächte auf alle Rechte und Ansprüche auf das Gebiet, das von den nachstehend angegebenen Grenzen umschlossen wird:

von der Ostsee nach Süden bis zu dem Punkte, an dem die Hauptschiffahrtswege der Nogat und der Weichsel zusammentreffen:

die ostpreußische Grenze, wie sie im Artikel 28 Teil II (Deutschlands Grenzen) des gegenwärtigen Vertrags beschrieben ist;

von dort der Hauptschiffahrtsweg der Weichsel talwärts bis zu einem Punkt ungefähr 6½ km nördlich der Dirschauer Brücke;

von dort nach Nordwesten bis zur Höhe 5, 1½ km südöstlich der Kirche von Güttland:

eine im Gelände noch zu bestimmende Linie;

von dort nach Westen bis zu dem Vorsprung, die die Grenze des Kreises Berent 8½ km nordöstlich von Schöneck bildet:

eine im Gelände noch zu bestimmende Linie, die zwischen Mühlbanz im Süden und Rambeltsch im Norden verläuft;

von dort nach Westen die Grenze des Kreises Berent bis zu der Einbuchtung, die sie 6 km nordnordwestlich von Schöneck bildet;

von dort bis zu einem Punkte auf der Mittellinie des Lonkener Sees: eine im Gelände noch zu bestimmende Linie, die nördlich von Neu-Fietz und Schatarpi und südlich von Barenhütte und Lonken verläuft;

von dort die Mittellinie des Lonkener Sees bis zu seinem Nordende;

von dort bis zum Südende des Pollenziner Sees:

eine im Gelände noch zu bestimmende Linie;

von dort die Mittellinie des Pollenziner Sees bis zu seinem Nordende;

von dort nach Nordosten bis zu dem ungefähr 1 km südlich der Kirche von Koliebken liegenden Punkt, wo die Eisenbahn Danzig-Neustadt einen Bach kreuzt:

eine im Gelände noch zu bestimmende Linie, die südöstlich von Kamehlen, Krissau, Fidlin, Sulmin (Richthof) Mattern, Schäferei und nordwestlich von Neuendorf, Marschau, Czapielken, Hoch- und Klein-Kelpin, Pulvermühl, Renneberg und den Städten Oliva und Zoppot verläuft;

von dort der Lauf des oben erwähnten Baches bis zur Ostsee.

Die vorstehend beschriebenen Grenzen sind auf einer deutschen Karte im Maßstab 1:100000, die dem gegenwärtigen Vertrag unter Nr. 3 als Anlage beigefügt ist, eingezeichnet.

Artikel 101

Ein Ausschuß, der aus drei von den alliierten und assoziierten Hauptmächten ernannten Mitgliedern , darunter einem Oberkommissar als Vorsitzenden und aus je einem von Deutschland und Polen ernannten Mitgliede besteht, tritt binnen zwei Wochen nach Inkrafttreten des gegenwärtigen Vertrags zusammen, um unter möglichster Berücksichtigung der bestehenden Gemeindegrenzen die Grenzlinie für das vorstehend bezeichnete Gebiet an Ort und Stelle festzulegen.

Artikel 102

Die alliierten und assoziierten Hauptmächte verpflichten sich, die Stadt Danzig nebst dem im Artikel 100 bezeichneten Gebiet als Freie Stadt zu begründen; sie tritt unter den Schutz des Völkerbunds.

Artikel 103

Die Verfassung der Freien Stadt Danzig wird im Einvernehmen mit einem Oberkommissar des Völkerbunds von ordnungsgemäß berufenen Vertretern der Freien Stadt Danzig ausgearbeitet. Die Verfassung wird von dem Völkerbund gewährleistet. Der Oberkommissar wird ferner mit der erstinstanzlichen Entscheidung aller Streitigkeiten betraut, die zwischen Polen und der Freien Stadt aus Anlaß des gegenwärtigen Vertrags oder ergänzender Vereinbarungen und Abmachungen entstehen sollten.

Der Oberkommissar hat seinen Sitz in Danzig.

Artikel 104

Die alliierten und assoziierten Hauptmächte verpflichten sich, ein Übereinkommen zwischen der polnischen Regierung und der Freien Stadt Danzig zu vermitteln, das mit der Begründung der Freien Stadt Danzig in Kraft treten und den Zweck haben soll:

1. die Freie Stadt Danzig in das polnische Zollgebiet aufzunehmen und die Einrichtung einer Freizone im Hafen in die Wege zu leiten;

2. Polen die freie Benutzung und den Gebrauch der Wasserstraßen, Docks, Binnenhäfen, Ladestraßen und der sonstigen im Gebiete der Freien Stadt gelegenen, für die Ein- und Ausfuhr Polens notwendigen Anlagen ohne irgendwelche Einschränkungen zu gewährleisten;

3. Polen die Überwachung und Verwaltung der Weichsel sowie des gesamten Eisenbahnnetzes innerhalb der Grenzen der Freien Stadt, mit Ausnahme der Straßenbahnen und der sonstigen in erster Linie den Bedürfnissen der Freien Stadt dienenden Bahnen, ferner die Überwachung und Verwaltung des Post-, Draht- und Fernsprechverkehrs zwischen Polen und dem Hafen von Danzig zu gewährleisten;

4. Polen das Recht zum Ausbau und zur Verbesserung der Wasserstraßen, Docks,

Binnenhäfen, Ladestraßen, Eisenbahnen und der sonstigen vorerwähnten Anlagen und Verkehrsmittel zu gewährleisten, sowie das Recht zur Miete oder zum Ankauf des dazu erforderlichen Geländes und Eigentums zu angemessenen Bedingungen;

5. Vorsorge zu treffen, daß in der Freien Stadt Danzig keinerlei unterschiedliche Behandlung der Bevölkerung zum Nachteil der polnischen Staatsangehörigen und anderer Personen polnischer Herkunft oder polnischer Zunge stattfindet;

6. der polnischen Regierung die Leitung der auswärtigen Angelegenheiten der Freien Stadt Danzig sowie den Schutz ihrer Staatsangehörigen im Ausland zu übertragen.

Artikel 105

Mit dem Inkrafttreten des gegenwärtigen Vertrags verlieren die in dem im Artikel 100 bezeichneten Gebiete wohnhaften deutschen Reichsangehörigen von Rechtswegen die deutsche Reichsangehörigkeit und werden Staatsangehörige der Freien Stadt Danzig.

Artikel 106

Zwei Jahre lang nach Inkrafttreten des gegenwärtigen Vertrags sind die über achtzehn Jahre alten deutschen Reichsangehörigen, die in dem in Artikel 100 bezeichneten Gebiet ihren Wohnsitz haben, berechtigt, für die deutsche Reichsangehörigkeit zu optieren.

Die Option der Ehemanns erstreckt ihre Wirkung auf die Ehefrau, die Option der Eltern erstreckt ihre Wirkung auf Kinder unter achtzehn Jahren.

Personen, die von dem oben vorgesehenen Optionsrecht Gebrauch machen, müssen in den nächsten zwölf Monaten ihren Wohnsitz nach Deutschland verlegen.

Es steht ihnen frei, daß unbewegliche Gut, das sie im Gebiete der Freien Stadt Danzig besitzen zu behalten. Sie dürfen ihr gesamtes bewegliches Gut mitnehmen. Es wird dafür keinerlei Ausfuhr- oder Einfuhrzoll von ihnen erhoben.

Artikel 107

Alles Gut des Deutschen Reiches oder der deutschen Staaten, das im Gebiete der Freien Stadt Danzig liegt, geht auf die alliierten und assoziierten Hauptmächte über, um von diesen, nach gerechtem Ermessen, an die Freie Stadt oder den polnischen Staat wieder abgetreten zu werden.

Artikel 108

Umfang und Art der finanziellen Lasten, die die Freie Stadt vom Deutschen Reiche und von Preußen zu übernehmen hat, werden nach Artikel 254 Teil IX (Finanzielle Bestimmungen) des gegenwärtigen Vertrags festgesetzt.

Alle anderen Fragen, die sich aus der Abtretung des in Artikel 100 bezeichneten Gebiets ergeben, werden durch spätere Bestimmungen geregelt.

Artikel 109

Die Grenze zwischen Deutschland und Dänemark wird in Übereinstimmung mit dem Wunsche der Bevölkerung festgesetzt.

Zu diesem Zwecke wird die Bevölkerung derjenigen Gebiete des bisherigen Deutschen Reichs, die nördlich einer von Osten nach Westen verlaufenden (auf der dem gegenwärtigen Vertrag als Anlage beigefügten Karte Nr. 4 durch einen braunen Strich kenntlich gemachten) Linie gelegen sind, die von der Ostsee ungefähr 13 km ostnordöstlich von Flensburg ausgeht, sich dann nach Südwesten wendet und südöstlich von Sygum, Ringsberg, Munkbrarup, Adelby, Tastrup, Jarplund, Oversee und nordwestlich von Langballigholz, Langballig, Bönstrup, Rüllschau, Weseby, Kleinwolfstrup, Groß-Solt verläuft, dann gegen Westen südlich von Frörup, nördlich von Wanderup verläuft, dann gegen Südwesten südöstlich von Oxlund, Stieglund und Ostenau und nordwestlich der Dörfer an der Straße Wanderup-Kollund verläuft, dann gegen Nordwesten südwestlich von Löwenstedt, Joldelund, Goldelund und nordöstlich von Kolkerheide und Högel bis zum Knie der Soholmer Au, etwa 1 km östlich von Soholm verläuft, wo sie mit der Südgrenze des Kreises Tondern zusammentrifft, dieser Grenze bis zur Nordsee folgt und südlich der Inseln Föhr und Amrum und nördlich der Inseln Oland und Langeneß verläuft, berufen, ihren Willen durch eine Abstimmung kundzutun, die unter den nachstehenden Bedingungen stattfindet:

1. Mit Inkrafttreten dieses Vertrags, und zwar längstens binnen zehn Tagen, haben die deutschen Truppen und Behörden (einschließlich der Oberpräsidenten, Regierungspräsidenten, Landräte, Amtsvorsteher, Oberbürgermeister) die nördlich der obenfestgesetzten Linie liegende Zone zu räumen.

Binnen derselben Frist werden die in dieser Zone bestehenden Arbeiter- und Soldatenräte aufgelöst; ihre Mitglieder, die aus einer anderen Gegend stammen und ihr Amt bei Inkrafttreten des gegenwärtigen Vertrags noch ausüben oder es nach dem 1. März 1919 niedergelegt haben, fallen gleichfalls unter die Räumungsvorschrift. Die genannte Zone wird unverzüglich einem internationalen Ausschuß von fünf Mitgliedern unterstellt, von denen drei durch die alliierten und assoziierten Hauptmächte ernannt werden; die norwegische und die schwedische Regierung sollen ersucht werden, je ein weiteres Mitglied zu benennen; erfolgt die Benennung durch diese Regierungen nicht, so werden die beiden Mitglieder von den alliierten und assoziierten Hauptmächte gewählt. Der Ausschuß, der nötigenfalls von den erforderlichen Streitkräften unterstützt wird, erhält allgemeine Verwaltungsbefugnis. Er hat insbesondere unverzüglich für den Ersatz der von der Räumungsvorschrift betroffenen deutschen Behörden zu sorgen und gegebenenfalls selbst insoweit die Räumung anzuordnen und der Ersatz der etwa in Frage kommenden Ortsbehörden in die Wege zu leiten. Er hat alle Maßnahmen zu treffen, die er zur Sicherung einer freien, unbeeinflußten und geheimen Stimmenabgabe für erforderlich hält. Er hat deutsche und dänische technische Berater, die er sich selbst unter der örtlichen Bevölkerung auswählt, zur Hilfeleistung heranzuziehen. Er entscheidet mit Stimmenmehrheit. Die Hälfte der Kosten des Ausschusses und der durch die Volksabstimmung verursachten Ausgaben fallen Deutschland zur Last.

2. Stimmberechtigt ist jede Person, ohne Unterschied des Geschlechts, die den nachstehenden Bedingungen genügt:

a) Sie muß bei Inkrafttreten des gegenwärtigen Vertrags das zwanzigste Lebensjahr vollendet haben;

b) Sie muß in der Zone, wo die Volksabstimmung stattfindet, geboren sein oder dort seit einem vor dem 1. Januar 1900 liegenden Zeitpunkt ihren Wohnsitz haben oder von den deutschen Behörden ohne Beibehaltung des Wohnsitzes in der Zone ausgewiesen worden sein.

Jeder stimmt in der Gemeinde ab, in der er seinen Wohnsitz hat oder aus der er stammt.

Den Militärpersonen, Offizieren, Unteroffizieren und Soldaten der deutschen Armee, die aus der Zone Schleswigs stammen, wo die Volksabstimmung stattfindet, ist zwecks Teilnahme an der Abstimmung die Rückkehr an ihren Heimatort zu ermöglichen.

3. In dem Abschnitt der geräumten Zone, der nördlich einer von Osten nach Westen verlaufenden (auf der dem gegenwärtigen Vertrage als Anlage beigefügten Karte Nr. 4 mit einem roten Strich kenntlich gemachten) Linie liegt, welche:

südlich der Insel Alsen verläuft und der Mittellinie der Flensburger Förde folgt, die Förde an einem Punkt ungefähr 6 km nördlich von Flensburg verläßt und dem Laufe des bei Kupfermühle vorbeifließenden Baches aufwärts bis zu einem Punkt nördlich von Niehuus folgt,

dann nördlich von Pattburg und Ellund und südlich von Fröslee verläuft und die Ostgrenze des Kreises Tondern an dem Punkte erreicht, wo sie mit der Grenze zwischen dem ehemaligen Gerichtssprengel von Slogs und Kjaer (Slogs Herred und Kjaer Herred) zusammentrifft, dieser letzteren Grenze bis zum Scheidebeck folgt,

dann abwärts dem Laufe des Scheidebeck (Alte Au) der Süderau und der Wiedau bis zu der nordwärts gerichteten Biegung folgt, die diese letztere ungefähr 1½ km westlich von Ruttebüll beschreibt, sich dann nach West-Nordwesten wendet und die Nordsee nördlich von Sieltoft erreicht,

von dort nördlich der Insel Sylt verläuft, wird spätestens drei Wochen nach erfolgter Räumung des Landes durch die deutschen Truppen und Behörden zu der oben vorgesehenen Abstimmung geschritten.

Das Wahlergebnis bestimmt sich nach der Mehrheit der in diesem gesamten Abschnitt abgegebenen Stimmen. Es wird von dem Ausschuß unverzüglich zur Kenntniß der alliierten und assoziierten Hauptmächte gebracht und verkündet.

Lautet das Abstimmungsergebnis auf Wiederangliederung dieses Gebietes an das Königreich Dänemark, so darf die dänische Regierung nach Verständigung mit dem Ausschuß das Gebiet unmittelbar nach jener Verkündung durch ihre Militär- und Verwaltungsbehörden besetzen lassen.

4. In dem Abschnitt der geräumten Zone, der südlich des vorstehend behandelten Abschnittes und nördlich einer Linie liegt, die an der Ostsee 13 Kilometer von Flensburg beginnt und nördlich der Inseln Oland und Langeneß endet, wird spätestens fünf Wochen nach der Abstimmung in dem ersten Abschnitt zur Abstimmung geschritten.

Das Abstimmungsergebnis wird hier gemeindeweise, und zwar nach der Stimmenmehrheit in jeder Gemeinde festgestellt.

Artikel 110

Bis zur Festlegung der Grenze an Ort und Stelle wird von den alliierten und assoziierten Hauptmächten eine Grenzlinie bestimmt. Ihre Linienführung wird von dem internationalen Ausschuß vorgeschlagen; sie hat das Abstimmungsergebnis zugrunde zu legen und die besonderen geographischen und wirtschaftlichen Verhältnisse der Ortschaften zu berücksichtigen.

Von diesem Zeitpunkt an kann die dänische Regierung diese Gebiete durch dänische Zivil- und Militärbehörden besetzen lassen, ebenso kann die deutsche Regierung bis zu der genannten Grenzlinie die von ihr zurückgezogenen deutschen Zivil- und Militärbehörden wiedereinsetzen.

Deutschland erklärt, endgültig zugunsten der alliierten und assoziierten Hauptmächte auf alle Souveränitätsrechte über die Gebiete Schleswigs zu verzichten, die nördlich der in der oben angegebenen Weise festgesetzten Grenzlinie liegen. Die alliierten und assoziierten Hauptmächte werden diese Gebiete Dänemark zuweisen.

Artikel 111

Ein Ausschuß von sieben Mitgliedern, von denen fünf von den alliierten und assoziierten Hauptmächten und je eines von Dänemark und Deutschland ernannt werden, tritt binnen zwei Wochen nach der Feststellung des endgültigen Abstimmungsergebnisses zusammen, um an Ort und Stelle den Lauf der Grenzlinie festzulegen.

Der Ausschuß entscheidet mit Stimmenmehrheit. Seine Entscheidungen sind für die Beteiligten bindend.

Artikel 112

Alle Einwohner des an Dänemark zurückfallenden Gebietes erwerben von Rechtswegen das dänische Indigenat (Bürgerrecht) unter Verlust der deutschen Reichsangehörigkeit.

Jedoch können Personen, die sich erst nach dem 1. Oktober 1918 in diesem Gebiet niedergelassen haben, das dänische Indigenat nur mit Genehmigung der dänischen Regierung erwerben.

Artikel 113

Zwei Jahre lang nach dem Tage, an dem die Souveränität über die Gesamtheit oder einen Teil der Gebiete, in denen Volksabstimmungen stattfindet, an Dänemark zurückfällt, kann jede über achtzehn Jahre alte Person, die in den an Dänemark zurückfallenden Gebieten geboren ist, aber keinen Wohnsitz in dieser Gegend hat und die deutsche Reichsangehörigkeit besitz, für Dänemark optieren; und jede über achtzehn Jahre alte Person, die in den an Dänemark zurückfallenden Gebieten ihren Wohnsitz hat, für Deutschland optieren.

Die Option des Ehemanns erstreckt ihre Wirkung auf die Ehefrau und die Option der Eltern erstreckt ihre Wirkung auf Kinder unter achtzehn Jahren.

Personen, die von dem oben vorgesehenen Optionsrecht Gebrauch macht haben, müssen in den nächsten zwölf Monaten ihren Wohnsitz in das Gebiet des Staates verlegen, für den sie optiert haben.

Es steht ihnen frei, das unbewegliche Gut zu behalten, das sie in dem Gebiete des anderen Staates besitzen, in dem sie vor der Option wohnten. Sie dürfen ihr gesamtes bewegliches Gut mitnehmen. Es wird dafür keinerlei Ausfuhr- oder Einfuhrzoll von ihnen erhoben.

Artikel 114

Umfang und Art der finanziellen Lasten, die Dänemark vom Deutschen Reiche oder von Preußen zu übernehmen hat, werden nach Artikel 254 Teil IX (Finanzielle Bestimmungen) des gegenwärtigen Vertrags festgesetzt.

Alle anderen Fragen, die sich aus dem ganzen oder teilweisen Rückfall der Gebiete, deren Aufgabe der Vertrag vom 30. Oktober 1864 Dänemark auferlegt hatte, an dieses Land ergeben, werden durch besondere Bestimmungen geregelt.

Artikel 115

Befestigungen, militärischen Anlagen und Häfen der Insel Helgoland und der Düne sind unter Überwachung der alliierten und assoziierten Hauptregierungen von der deutschen Regierung auf eigene Kosten innerhalb einer von den genannten Regierungen festgesetzten Frist zu zerstören.

Unter »Häfen« sind zu verstehen:

Die Nordost-Mole, der Westdamm, die äußeren und inneren Wellenbrecher, die Geländeteile, die innerhalb dieser Wellenbrecher dem Meere abgewonnen sind, sowie alle vollendeten oder im Bau befindlichen Marine- und Militäranlagen, -befestigungen und -bauten innerhalb der Linien, welche die nachstehenden Orte, so wie sie auf der Karte Nr. 126 der britischen Admiralität vom 19. April 1918 verzeichnet sind, verbinden:

a) Nördliche Breite 54° 10' 49";
Östliche Länge 7° 53' 30";

b) Nördliche Breite 54° 10' 35";
Östliche Länge 7° 54' 18";

c) Nördliche Breite 54° 10' 14";
Östliche Länge 7° 54' 00";

d) Nördliche Breite 54° 10' 17";
Östliche Länge 7° 53' 37";

e) Nördliche Breite 54° 10' 44";
Östliche Länge 7° 53' 26";

Deutschland darf weder diese Befestigungen noch diese militärischen Anlagen wiedererrichten, auch nicht diese Häfen wiederanlegen oder irgendein entsprechendes Werk künftig herstellen.

Artikel 116

Deutschland erkennt die Unabhängigkeit aller Gebiete, die am 1. August 1914 zum ehemaligen russischen Reiche gehörten, an und verpflichtet sich, diese Unabhängigkeit als dauernd und unantastbar zu achten.

Gemäß den Bestimmungen der Artikel 259 und 292 Teil IX (Finanzielle Bestimmungen) und Teil X (Wirtschaftliche Bestimmungen) des gegenwärtigen Vertrags erkennt Deutschland die Aufhebung der Verträge von Brest-Litowsk sowie aller anderen Verträge, Vereinbarungen und Übereinkommen an, die es mit der maximalistischen Regierung in Rußland abgeschlossen hat.

Die alliierten und assoziierten Mächte behalten sich ausdrücklich die Rechte Rußlands vor, von Deutschland jede Widerherstellung und Wiedergutmachung zu erhalten, die den Grundsätzen des gegenwärtigen Vertrags entspricht.

Artikel 117

Deutschland verpflichtet sich, die volle Gültigkeit aller Verträge und Vereinbarungen anzuerkennen, die von den alliierten und assoziierten Mächten mit den Staaten abgeschlossen werden, die sich auf dem Gesamtgebiete des ehemaligen russischen Reiches, wie es am 1. August 1914 bestand, oder in einem Teil desselben gebildet haben oder noch bilden werden. Deutschland verpflichtet sich ferner, die Grenzen dieser Staaten so, wie die danach festgesetzt werden, anzuerkennen.

Artikel 118

Außerhalb seiner Grenzen in Europa, wie sie durch den gegenwärtigen Vertrag festgesetzt worden sind, verzichtet Deutschland auf und in bezug auf all ihm oder seinen Verbündeten gehörenden Gebiete sowie auf alle Rechte, Ansprüche und Vorrechte, die ihm aus irgendwelchem Grunde den alliierten und assoziierten Mächten gegenüber bislang zustanden.

Deutschland verpflichtet sich bereits jetzt, die Maßnahmen anzuerkennen und gutzuheißen, die von den alliierten und assoziierten Hauptmächten, gegebenenfalls mit dritten Mächten, zur Regelung der sich aus der vorstehenden Bestimmung ergebenden Folgen getroffen sind oder noch werden.

Insbesondere erklärt sich Deutschland mit den Bestimmungen der nachfolgenden, sich auf einige besondere Gegenstände beziehende Artikel einverstanden.

Artikel 119

Deutschland verzichtet zugunsten der alliierten und assoziierten Hauptmächte auf alle seine Rechte und Ansprüche bezüglich seiner überseeischen Beziehungen.

Artikel 120-158

Diese Arktikel regeln dieRechte und Interessen des Deutschen Reiches außerhalb Deutschlands, insbesondere die deutschen Kolonien.

Artikel 159

Die deutschen Streitkräfte werden gemäß nachstehenden Bedingungen demobilgemacht und herabgesetzt.

Artikel 160

1. Spätestens am 31. März 1920 darf das deutsche Heer nicht mehr als sieben Infanterie- und drei Kavallerie-Divisionen umfassen.

Von diesem Zeitpunkt ab darf die gesamte Iststärke des Heeres des sämtlichen deutschen Einzelstaaten nicht mehr als einhunderttausend Mann, einschließlich der Offiziere und der Depots, betragen. Das Heer ist nur für die Erhaltung der Ordnung innerhalb des deutschen Gebietes und zur Grenzpolizei bestimmt.

Die Gesamtstärke der Offiziere, einschließlich der Stäbe, ohne Rücksicht auf deren Zusammensetzung, darf die Zahl viertausend nicht übersteigen.

2. Die Divisionen und die Stäbe der Generalkommandos sind nach der diesem Abschnitt angefügten Übersicht I zu bilden.

Die Zahl und Stärke der Einheiten an Infanterie, Artillerie, Pionieren, technischen Dienstzweigen und Truppen, welche die erwähnte Übersicht vorsieht, bedeuten Höchststärken, die nicht überschritten werden dürfen.

Folgende Einheiten dürfen ein eigenes Depot besitzen:

Das Infanterie-Regiment,
das Kavallerie-Regiment,
das Feldartillerie-Regiment,
das Pionier-Bataillon.

3. Die Divisionen dürfen nur unter zwei Generalkommandos zusammengefaßt werden.

Die Unterhaltung oder Bildung anderswie zusammengefaßter Formationen oder anderer Kommandobehörden oder Behörden für Kriegsvorbereitung ist verboten.

Der deutsche Generalstab und alle ähnlichen Formationen werden aufgelöst und dürfen unter keiner Gestalt neu gebildet werden.

An Offizieren und ihnen Gleichgestellten dürfen die Kriegsministerien der deutschen Einzelstaaten und die ihnen angegliederten Behörden nicht mehr als dreihundert zählen, die auf die Höchststärke von viertausend nach Nummer 1, Absatz 3 dieser Artikels anzurechnen sind.

Artikel 161

Alle Gattungen des Zivilpersonals der Verwaltungsbehörden des Heeres, das nicht in den durch die gegenwärtigen Bestimmungen vorgesehenen Höchststärken enthalten ist, werden auf ein Zehntel der durch den Heereshaushalt für 1913 festgesetzten Stärke herabgesetzt.

Artikel 162

Die Zahl der im Zollwächterdienst, im Forst- und Küstenschutz verwendeten Angestellten und Beamten der deutschen Staaten darf nicht die der im Jahre 1913 diesen Dienst versehenden Angestellten und Beamten übersteigen.

Die Zahl der Gendarmen sowie der Angestellten und Beamten der Polizei-verwaltungen für einzelne Bezirke oder Gemeinden darf nur im Verhältnis der seit 1913 in den betreffenden Bezirken oder Gemeinden eingetretenen Bevölkerungs-zunahme vermehrt werden.

Diese Angestellten und Beamten dürfen nicht zu militärischen Übungen zusam-mengezogen werden.

Artikel 163

Die im Artikel 160 vorgeschriebene Herabsetzung der Streitkräfte Deutschlands kann schrittweise in der folgenden Art durchgeführt werden.

Binnen drei Monaten nach Inkrafttreten des gegenwärtigen Vertrags ist die gesamte Iststärke auf zweihunderttausend Mann zurückzuführen; die Zahl der Einheiten darf das Doppelte der im Artikel 160 vorgesehenen Zahl nicht überschreiten.

Nach Ablauf dieser Frist und am Schlusse jedes folgenden Vierteljahrs setzt ein Ausschuß von Heeressachverständigen der alliierten und assoziierten Hauptmäch-te die für das nächste Vierteljahr durchzuführenden Herabsetzungen fest, und zwar in der Weise, das spätestens am 31. März 1920 die gesamte Iststärke der deut-schen Streitkräfte die im Artikel 160 vorgesehene Höchstziffer von einhunderttausend Mann nicht überschreitet. Bei dieser schrittweisen Herabsetzung bleibt das Verhält-nis zwischen Mannschaften und Offizieren und ferner das Verhältnis zwischen den verschiedenen Einheiten, so wie es in dem bezeichneten Artikel vorgesehen ist, gewahrt.

Artikel 164

Bis zu dem Zeitpunkt, an dem Deutschland als Mitglied in den Völkerbund eintreten darf, darf das deutsche Heer an Bewaffnung nicht mehr besitzen, als in der diesem Abschnitt beigefügten Übersicht II festgesetzt ist, abgesehen von einem freigestell-ten Zuschlag von höchstens einem Fünfundzwanzigstel an Handfeuerwaffen und einem Fünfzigstel an Geschützen, der lediglich als Ersatz für Ausfälle bestimmt ist.

Deutschland sagt für den Zeitpunkt, zu dem ihm der Eintritt in den Völkerbund ge-stattet wird, jetzt bereits zu, daß die in der angezogenen Übersicht festgesetzte Bewaffnung nicht überschritten werden wird und daß es dem Rat des Völkerbunds zustehen soll, sie andersweit zu regeln; es verpflichtet sich, die von dem Rat des Völkerbunds in dieser Richtung getroffenen Entscheidungen genau zu befolgen.

Artikel 165

Die Höchstziffer von Geschützen, Maschinengewehren, Minenwerfern und Gewehren, sowie die Vorräte an Munition und Ausrüstung, welche Deutschland während der im Artikel 160 erwähnten Zeit zwischen Inkrafttreten des gegenwärtigen Ver-trags und dem 31. März 1920 halten darf, haben zu den zulässigen Höchstziffern der diesem Abschnitt beigefügten Übersicht III in demselben Verhältnis zu stehen, in dem die deutschen Streitkräfte je nach dem Fortschreiten der im Artikel 163 vor-gesehenen Herabsetzung zu den nach Artikel 160 zulässigen Höchststärken ste-hen.

Artikel 166

Am 31. März 1920 dürfen die für das deutsche Heer verfügbaren Munitionsvorräte nicht höher sein, als die in der diesem Abschnitt angefügten Übersicht III niedergelegten Zahlen ergeben.

Binnen der gleichen Frist muß die deutsche Regierung die Stapelplätze dieser Vorräte den Regierungen der alliierten und assoziierten Hauptmächte kundgeben. Es ist verboten, irgendwelche andere Bestände, Niederlagen oder Vorräte an Munition anzulegen.

Artikel 167

Die Zahl und das Kaliber der Geschütze, die bei Inkrafttreten des gegenwärtigen Vertrags die Bestückung der Festungswerke, Festungen und festen Plätze, sei es im Lande, sei es an der Küste, bilden, die Deutschland beibehalten darf, sind sofort durch die deutsche Regierung den Regierungen der alliierten und assoziierten Hauptmächte kundzugeben. Sie stellen Höchstzahlen dar, die nicht überschritten werden dürfen.

Binnen zwei Wochen nach Inkrafttreten des gegenwärtigen Vertrags Wird die Ausstattung dieser Geschütze mit Munition auf höchstens 1500 Schuß je Geschütz von Kaliber 10,5 cm und darunter und 500 Schuß je Geschütz für die größeren Kaliber gleichmäßig zurückgeführt und auf diesem Satz erhalten.

Artikel 168

Die Anfertigung von Waffen, Munition und Kriegsgerät aller Art darf nur in Werkstätten und Fabriken stattfinden, deren Lage den Regierungen der alliierten und assoziierten Hauptmächte zur Kenntnisnahme mitgeteilt und von ihnen genehmigt worden ist. Diese Regierungen behalten sich vor, die Zahl der Werkstätten und Fabriken zu beschränken.

Binnen drei Monaten nach Inkrafttreten des gegenwärtigen Vertrags werden alle anderen Anlagen, die der Anfertigung, Herrichtung, Lagerung von Waffen, Munition und Kriegsgerät aller Art oder der Herstellung von entsprechenden Entwürfen dienen, geschlossen. Dasselbe gilt für alle Zeughäuser außer denen, die zur Lagerung des zugelassenen Munitionsvorrates dienen. Binnen der gleichen Frist wird das Personal dieser Zeughäuser entlassen.

Artikel 169

Binnen zwei Monaten nach Inkrafttreten des gegenwärtigen Vertrags sind die deutschen Waffen, Munitionsvorräte und das Kriegsgerät einschließlich jeden Flugabwehrgerätes, die in Deutschland über die zugelassenen Mengen hinaus vorhanden sind, den Regierungen der alliierten und assoziierten Hauptmächte zur Zerstörung oder Unbrauchbarmachung auszuliefern. Dasselbe gilt für alle für die Anfertigung von Kriegsgerät bestimmten Werkzeuge und Maschinen, abgesehen von dem, was als notwendig für die Bewaffnung und Ausrüstung der zugelassenen deutschen Streitkräfte anzuerkennen ist. Die Auslieferung erfolgt auf deutschem Gebiet; den ort im einzelnen bestimmen die genannten Regierungen.

Binnen der gleichen Frist wird den genannten Regierungen was an Waffen, Munition und Kriegsgerät einschließlich des Flugabwehrgerätes aus dem Auslande stammt, ohne Rücksicht auf seinen Zustand, ausgeliefert. Die Regierungen entscheiden über die weitere Bestimmung.

Bestände an Waffen, Munition und Gerät die infolge der schrittweisen Herabsetzung der deutschen Streitkräfte über die nach den Übersichten II und III der Anlage dieses Abschnitts zulässigen Mengen hinausgehen, sind, wie vorstehend angegeben, auszuliefern, und zwar in den Fristen, die von den im Artikel 163 vorgesehenen Ausschüssen vom Heeressachverständigen bestimmt werden.

Artikel 170

Die Einfuhr von Waffen, Munition und Kriegsgeräten jeder Art nach Deutschland ist ausdrücklich verboten.

Dasselbe gilt für Anfertigung und Ausfuhr von Waffen, Munition und Kriegsgeräten jeder Art für fremde Länder.

Artikel 171

Mit Rücksicht darauf, daß der Gebrauch von erstickenden, giftigen oder ähnlichen Gasen, sowie von allen derartigen Flüssigkeiten, Stoffen oder Gefahrensarten verboten ist, wird ihre Herstellung in Deutschland und ihre Einfuhr streng untersagt.

Dasselbe gilt für alles Material, das eigens für die Herstellung, die Aufbewahrung oder den Gebrauch der genannten Erzeugnisse oder Verfahrensarten bestimmt ist.

Desgleichen ist die Herstellung von Panzerwagen, Tanks oder irgendwelche anderen ähnlichen Vorrichtungen, die Kriegszwecken dienen können, in Deutschland verboten, ebenso deren Einfuhr nach Deutschland.

Artikel 172

Binnen drei Monaten nach Inkrafttreten des gegenwärtigen Vertrags hat die deutsche Regierung den alliierten und assoziierten Hauptmächten Beschaffenheit und Herstellungsart aller Spreng- und Giftstoffe oder anderen chemischen Präparate, die von ihr im Laufe des Krieges angewendet oder zu dieser Verwendung vorbereitet worden sind, mitzuteilen.

Artikel 173

Die allgemeine Wehrpflicht wird in Deutschland abgeschafft.

Das deutsche Heer darf nur im Wege freiwilliger Verpflichtung aufgestellt und ergänzt werden.

Artikel 174

Unteroffiziere und Gemeine verpflichten sich für eine ununterbrochene Dauer von zwölf Jahren.

Artikel 175

Die Offiziere, die in der Armee bleiben, müssen sich verpflichten, wenigstens bis zu einem Alter von fünfundvierzig Jahren zu dienen.

Die Offiziere, die neu ernannt werden, müssen sich verpflichten, wenigstens fünfundzwanzig Jahre hintereinander wirklich Dienst zu tun.

Die Offiziere, die früher irgendwelchen Heeresformationen angehört haben und die nicht in den Einheiten untergebracht werden können, deren Bestehenbleiben zugelassen ist, dürfen an keiner theoretischen oder praktischen militärischen Übung teilnehmen und sind keinerlei militärischer Dienstpflicht unterworfen.

Der Satz an Offizieren, die aus irgendeinem Grunde vor Ablauf der Verpflichtungszeit aus dem Dienst ausschieden, darf im Jahr fünf v. H. der gesamten durch den gegenwärtigen Vertrag (Artikel 160, Nummer 1, Absatz 3) festgelegten Iststärke nicht überschreiten.

Artikel 176

Nach Ablauf von zwei Monaten nach Inkrafttreten des gegenwärtigen Vertrags darf in Deutschland nur noch die Zahl von militärischen Schulen bestehen, die für den Offiziersersatz der zugelassenen Einheiten unumgänglich nötig ist. Diese Schulen sind ausschließlich für die Heranbildung der Offiziere der einzelnen Waffe bestimmt, derart, daß jede Waffengattung eine Schule hat.

Die Zahl der Schüler, die zum Lehrgang der genannten Schulen zugelassen werden, muß genau der Zahl der zu besetzenden Stellen in den Offizierskorps entsprechen. Die Schüler und die Stämme der Schulen zählen bei Berechnung der durch den gegenwärtigen Vertrag (Artikel 160, Nummer 1, Absatz 2 und 3) festgelegten Stärken mit.

Infolgedessen werden in der oben festgelegten Frist alle Kriegsakademien oder ähnlichen deutschen Einrichtungen, ebenso wie die verschiedenen Militärschulen für Offiziere, Offiziersaspiranten, Kadetten, Unteroffiziere oder Unteroffizierschüler, abgesehen von den oben erwähnten Schulen, aufgehoben.

Artikel 177

Unterrichtsanstalten, Hochschulen, Kriegervereine, Schützengilden, Sport- und Wandervereine, überhaupt Vereinigungen jeder Art, ohne Rücksicht auf das Alter ihrer Mitglieder, dürfen sich nicht mit militärischen Dingen befassen.

Es ist ihnen namentlich untersagt, ihre Mitglieder im Waffenhandwerk oder im Gebrauch von Kriegswaffen auszubilden oder zu üben oder ausbilden oder üben zu lassen.

Diese Vereine, Gesellschaften, Unterrichtsanstalten und Hochschulen dürfen in keinerlei Verbindung mit dem Kriegsministerium oder irgendeiner anderen militärischen Behörde stehen.

Artikel 178

Alle Mobilmachungsmaßnahmen oder solche, die auf eine Mobilmachung hinzielen, sind untersagt.

In keinem Fall dürfen bei Truppenteilen, Behörden oder Stäben Stämme für Ergänzungsinformationen vorhanden sein.

Artikel 179

Die alliierten und assoziierten Mächte vereinbaren ihrerseits vom Inkrafttreten des gegenwärtigen Vertrags an, keinen Reichsdeutschen in ihr Heer, ihre Flotte oder ihre Luftstreitkräfte einzureihen oder zu Förderung der militärischen Ausbildung in ein Zugehörigkeitsverhältnis zu ihnen im Heer, Marine oder Luftfahrwesen anzustellen.

Von dieser Bestimmung bleibt jedoch das Recht Frankreichs, die Mannschaft seiner Fremdenlegion gemäß den französischen militärischen Gesetzen und Vorschriften zu ergänzen, unberührt.

Artikel 180

Alle befestigten Anlagen, Festungen und festen Plätze zu Lande, die auf deutschem Gebiet westlich einer Linie in 50 Km Abstand östlich des Rheins liegen, werden abgerüstet und geschleift.

Die Anlage jeder neuen Befestigung, gleichviel welcher Art und Wichtigkeit, ist in der im ersten Absatz dieses Artikels bezeichneten Zone verboten.

Artikel 181

Nach Ablauf einer Frist von zwei Monaten nach Inkrafttreten des gegenwärtigen Vertrags dürfen die deutschen Seestreitkräfte im Dienst höchstens betragen:

sechs Schlachtschiffe der Deutschland- oder Lothringen-Klasse,

sechs kleine Kreuzer, zwölf Zerstörer, zwölf Torpedoboote oder eine kleine Anzahl von Ersatzschiffen der im Artikel 190 vorgesehenen Bauart.

Es darf kein Unterwasserfahrzeug darunter sein.

Artikel 182

Bis zur Beendigung der im Artikel 193 vorgesehenen Minenräumarbeiten hat Deutschland die von den Regierungen der alliierten und assoziierten Hauptmächte festzusetzende Anzahl Minenräumfahrzeuge in Dienst zu halten.

Artikel 183

Nach Ablauf der Frist von zwei Monaten nach Inkrafttreten des gegenwärtigen Vertrags darf die gesamte Kopfstärke der deutschen Kriegsmarine, Offiziere und Personal aller Grade und Gattungen eingeschlossen 15.000 Mann nicht übersteigen.

Artikel 184

Mit Inkrafttreten des gegenwärtigen Vertrags verliert Deutschland das Eigentum an allen deutschen Überwasserkriegsschiffen, die sich außerhalb der deutschen Häfen befinden. Deutschland verzichtet auf alle Rechte an den genannten Schiffen.

Schiffe, die in Ausführung der Bestimmungen des Waffenstillstandes vom 11. November 1918 zur Zeit in den Häfen der alliierten und assoziierten Mächte interniert sind, werden für endgültig ausgeliefert erklärt.

Schiffe, die zur Zeit in neutralen Häfen interniert sind, sind dort an die Regierungen der alliierten und assoziierten Hauptmächte auszuliefern. Die deutsche Regierung hat bei Inkrafttreten des gegenwärtigen Vertrags den neutralen Mächten entsprechende Mitteilung zu machen.

Artikel 185

Binnen zwei Monaten nach Inkrafttreten des gegenwärtigen Vertrages sind die nachstehend aufgeführten deutschen Überwasserkriegsschiffe den Regierungen der alliierten und assoziierten Hauptmächte in den durch diese Mächte zu bestimmden alliierten Häfen auszuliefern.

Artikel 186

Mit Inkrafttreten des gegenwärtigen Vertrags hat die deutsche Regierung unter Überwachung der Regierungen des alliierten und assoziierten Hauptmächte den Abbruch aller zur Zeit im Bau befindlichen deutschen Überwasserkriegsschiffe in die Wege zu leiten.

Artikel 187

Die nachstehend aufgeführten deutschen Hilfskreuzer und Hilfskriegsschiffe werden desarmiert und wie Handelsschiffe behandelt:

In neutralen Ländern internierte Schiffe:

»Berlin«	»Seydlitz«
»Santa Fé«	»Yorck«

Schiffe in deutschen Häfen:

»Ammon«	»Fürst Bülow«
»Answald«	»Gertrud«
»Bosnia«	»Kigoma«
»Cordoba«	»Rugia«
»Cassel«	»Santa Elena«
»Dania«	»Schleswig«
»Rio Negro«	»Möwe«
»Rio Pardo«	»Sierra Ventana«
»Santa Cruz«	»Chemnitz«
»Schwaben«	»Emil Georg von Strauß«
»Solingen«	»Habsburg«
»Franken«	»Waltraude«
»Gundomar«	»Scharnhorst«

Artikel 188

Nach Ablauf einer Frist von einem Monat nach Inkrafttreten des gegenwärtigen Vertrags müssen alle deutschen Unterseeboote ebenso wie die Hebeschiffe und Docks für Unterseeboote einschließlich des Druckdocks den alliierten und assoziierten Hauptmächten ausgeliefert sein.

Diejenigen dieser Unterseeboote, Schiffe und Docks, die nach Ansicht der genannten Regierungen imstande sind, mit eigener Kraft zu fahren oder geschleppt zu werden, sind von der deutschen Regierung in die hierfür bezeichneten Häfen der alliierten Länder zu überführen.

Die anderen Unterseeboote sowie die im Bau befindlichen hat die deutsche Regierung unter Aufsicht der genannten Regierungen vollständig abbrechen zu lassen. Der Abbruch muß spätestens drei Monate nach Inkrafttreten des gegenwärtigen Vertrags vollendet sein.

Artikel 189

Alle Gegenstände, Maschinen und Materialien, die von dem Abbruch der deutschen Kriegsschiffe jeder Art, Überwasserschiffen oder Unterseebooten herrühren, dürfen nur zu rein gewerblichen oder reinen Handelszwecken Verwendung finden.

An das Ausland dürfen sie weder verkauft noch abgetrieben werden.

Artikel 190

Es ist Deutschland untersagt, irgendwelche Kriegsschiffe zu bauen oder zu erwerben, es sei denn zum Ersatz der durch den gegenwärtigen Vertrag (Artikel 181) vorgesehenen in Dienst gestellten Einheiten.

Die vorerwähnten Ersatzbauten dürfen keine größere Wasserverdrängung haben als

10000 Tonnen für die Schlachtschiffe,
5000   Tonnen für die kleinen Kreuzer,
800   Tonnen für die Zerstörer,
200   Tonnen für die Torpedoboote.

Außer im Falle des Verlustes eines Schiffes dürfen die Einheiten der verschiedenen Klassen erst nach einem Zeitpunkt von

20 Jahren für die Schlachtschiffe und Kreuzer,

15 Jahren für die Zerstörer und Torpedoboote

gerechnet vom Stapellauf an, ersetzt werden.

Artikel 191

Der Bau und der Erwerb aller Unterwasserfahrzeuge, selbst zu Handelszwecken, ist Deutschland untersagt.

Artikel 192

Die in Dienst gestellten deutschen Kriegsschiffe dürfen nur die durch die alliierten und assoziierten Hauptmächte festgesetzten Mengen an Waffen, Munition und Kriegsmaterial an Bord oder in Reserve haben.

Binnen eines Monats nach Festsetzung obiger Mengen sind die Bestände an Waffen, Munition und Kriegsmaterial jeder Art, einschließlich Minen und Torpedos, die sich zur Zeit in den Händen der deutschen Regierung befinden und die über die erwähnten Mengen hinausgehen, den Regierungen der genannten Mächte an den von ihnen zu bezeichnenden Orten auszuliefern. Sie werden zerstört oder unbrauchbar gemacht.

Irgendwelche anderen Vorräte, Lager oder Reserven von Waffen, Munition oder Seekriegsmaterial jeder Art sind unstatthaft.

Auch die Herstellung der genannten Gegenstände auf deutschem Boden für fremde Länder oder ihre Ausfuhr dorthin ist verboten.

Artikel 193

Mit Inkrafttreten des gegenwärtigen Vertrags hat Deutschland unverzüglich die Räumung der Minen innerhalb folgender Zonen der Nordsee östlich von 4° 00' östlicher Länge von Greenwich in die Wege zu leiten:

1. zwischen 53° 00' und 59° 00' Breite,

2. nördlich von 60° 30' nördlicher Breite.

Deutschland hat diese Zonen frei von Minen zu halten.

Deutschland hat ebenso diejenigen Zonen der Ostsee, die ihm späterhin durch die Regierungen der alliierten und assoziierten Hauptmächte bezeichnet werden, von Minen zu säubern und freizuhalten.

Artikel 194

Das Personal der deutschen Marine darf sich ausschließlich im Wege freiwilliger Verpflichtung, und zwar bei Offizieren und Deckoffizieren für die Dauer von mindestens 25, bei Unteroffizieren und Mannschaften mindestens 12 aufeinanderfolgenden Jahren ergänzen.

Die Zahl der Neueinstellungen als Ersatz für Personal, das aus irgendeinem Grunde vor Ablauf seiner Verpflichtungszeit aus dem Dienst ausscheidet, darf 5 von Hundert jährlich der gesamten in diesem Abschnitt (Artikel 183) vorgesehenen Kopfstärken nicht übersteigen.

Das Personal, das aus dem Dienst der Kriegsmarine ausscheidet, darf keine Art militärischer Ausbildung erhalten und keinen Dienst, weder in der Flotte, noch im Heere, wieder annehmen.

Die Offiziere, die der deutschen Kriegsmarine angehören und nicht demobilisiert werden, müssen sich verpflichten, ihren Dienst bis zu einem Alter von 45 Jahren fortzusetzen, es sei denn, daß sie den Dienst aus berechtigten Gründen verlassen.

Kein Offizier oder Mann der Handelsmarine darf irgendwelche militärische Ausbildung erhalten.

Artikel 195

Damit allen Nationen völlig freier Zutritt zur Ostsee gesichert wird, darf Deutschland in der Zone zwischen 55°27' und 54°00' nördlicher Breite und 9°00' und 16°00' östlicher Länge von Greenwich keine Befestigungen anlegen und keine Seewege zwischen Nordsee und Ostsee beherrschenden Geschütze aufstellen. Die Befestigungen, die zur Zeit in dieser Zone vorhanden sind, sind zu schleifen und die Geschütze unter Aufsicht der alliierten Mächte und in den von ihnen festgesetzten Fristen zu entfernen.

Artikel 196

Alle befestigten Werke und Anlagen und festen Seeplätze, die nicht in Abschnitt XIII (Helgoland) Teil III (Politische Bestimmungen über Europa) und im Artikel 195 erwähnt sind und entweder weniger als 50 km von der deutschen Küste oder auf den deutschen Inseln vor der Küste liegen, gelten als zur Verteidigung bestimmt und dürfen in ihrem gegenwärtigen Zustande bleiben.

In dieser Zone darf keine neue Befestigung errichtet werden. Die Bestückung dieser Werke darf an Zahl und Kaliber der Geschütze niemals die bei Inkrafttreten des gegenwärtigen Vertrags vorhandenen übersteigen. Die deutsche Regierung hat unverzüglich deren Zusammensetzung allen europäischen Regierungen mitzuteilen.

Nach Ablauf einer Frist von zwei Monaten nach Inkrafttreten des gegenwärtigen Vertrags wird die Ausstattung dieser Geschütze mit Munition auf höchstens 1500 Schuß je Geschütz von Kaliber 10,5 cm und darunter und 500 Schuß je Geschütz für die größeren Kaliber gleichmäßig zurückgeführt und auf diesem Satz erhalten.

Artikel 197

Während einer Frist von drei Monaten nach Inkrafttreten des gegenwärtigen Vertrags dürfen die deutschen drahtlosen Großstationen von Nauen, Hannover und Berlin ohne Ermächtigung der alliierten und assoziierten Hauptmächte nicht dazu verwendet werden, um Nachrichten über Angelegenheiten der Seemacht, des Heeres oder der Politik zu übermitteln, die für Deutschland oder die mit Deutschland während des Krieges verbündet gewesenen Mächte von Belang sind. Handelsdrahtungen dürfen diese Stationen übermitteln, aber nur unter Überwachung der genannten Regierungen, die auch die zu benutzende Wellenlänge festsetzen.

Währen derselben Frist darf Deutschland weder auf seinem eigenen Gebiet noch auf dem Österreichs, Ungarns, Bulgariens oder der Türkei drahtlose Großstationen errichten.

Artikel 198

Deutschland darf Luftstreitkräfte weder zu lande noch zu Wasser als Teil seines Heerwesens unterhalten.

Deutschland darf längstens bis zum 1. Oktober 1919 eine Höchstzahl von einhundert Wasserflugzeugen oder Flugbooten unterhalten, die, ausschließlich zur Aufsuchung von Unterseeminen bestimmt, diesem Zweck mit der nötigen Ausrüstung versehen sind und in keinem Fall Waffen, Munition oder Bomben irgendwelcher Art mitführen dürfen.

Außer den in den vorgenannten Wasserflugzeugen oder Flugbooten eingebauten Motoren darf für jeden Motor eines jeden dieser Apparate ein einziger Reservemotor vorgesehen werden.

Keine Lenkluftschiff darf beibehalten werden.

Artikel 199

Binnen zwei Monaten nach Inkrafttreten des gegenwärtigen Vertrags ist das Personal der Luftfahrt, das gegenwärtig in den Listen der deutschen Streitkräfte zu Land und zu Wasser geführt wird, demobil zu machen. Indes darf Deutschland bis zum 1. Oktober 1919 eine Gesamtzahl von eintausend Mann, einschließlich Offizieren für die Gesamtheit der Verbände, fliegendes und nichtfliegendes Personal aller Formationen und Anstalten, beibehalten und unterhalten.

Artikel 200

Bis zur völligen Räumung des deutschen Gebiets durch die alliierten und assoziierten Truppen sollen die Luftfahrzeuge der alliierten und assoziierten Mächte in Deutschland freie Fahrt im Luftraum sowie Durchflugs- und Landefreiheit haben.

Artikel 201

Während einer Frist von sechs Monaten nach Inkrafttreten des gegenwärtigen Vertrags ist die Herstellung und Einfuhr von Luftfahrzeugen und Teilen solcher, ebenso wie von Luftfahrzeugmotoren und Teilen von solchen für das ganze deutsche Gebiet verboten.

Artikel 202

Mit Inkrafttreten des gegenwärtigen Vertrags ist das ganze militärische und Marineluftfahrzeugmaterial mit Ausnahme der in Artikel 198 Absatz 2 und 3 vorgesehenen Apparate den Regierungen des alliierten und assoziierten Hauptmächte auszuliefern.

Diese Auslieferung hat an den von den genannten Regierungen zu bestimmenden Orten zu erfolgen; sie muß binnen drei Monaten beendet sein.

Zu diesem Material gehört im besonderen dasjenige, das für kriegerische Zwecke im Gebrauch oder bestimmt ist oder im Gebrauch oder bestimmt gewesen ist, namentlich:

Die vollständigen Land- und Wasserflugzeuge, ebenso solche, die sich Herstellung, Auslieferung oder Aufbau befinden.

Die flugfähigen Luftschiffe, ebenso solche, die sich in Herstellung, Auslieferung oder Aufbau befinden.

Die Geräte für die Herstellung von Wasserstoffgas.

Die Luftschiffhallen und Behausungen aller Art für Luftfahrzeuge.

Bis zu ihrer Auslieferung sind die Luftschiffe auf Kosten Deutschlands mit Wasserstoffgas gefüllt zu halten. Die Geräte zur Herstellung von Wasserstoffgas ebenso wie die Behausungen für Luftschiffe können nach freiem Ermessen der genannten Mächte

Deutschland bis zur Auslieferung der Lenkluftschiffe belassen werden.

Die Luftfahrzeugmotoren.

Die Zellen (Ballonette und Tragflächen).

Die Bewaffnung (Kanonen, Maschinengewehre, leichte Maschinengewehre, Bombenwerfer, Torpedolanziervorrichtungen, Apparate für Synchronismus, Zielapparate).

Die Munition (Patronen, Granaten, geladene Bomben, Bombenkörper, Vorräte von Sprengstoff oder deren Rohstoffe.

Die Bordinstrumente.

Die Apparate für die drahtlose Telegraphie, die photographischen und kinematographischen Apparate für Luftfahrzeuge.

Einzelteile, die einer der vorstehenden Gattungen angehören.

Das vorerwähnte Material darf nicht ohne ausdrückliche Ermächtigung der genannten Regierungen von Ort und Stelle verbracht werden.

Artikel 203

Alle Bestimmungen des gegenwärtigen Vertrags über Landheer, Seemacht und Luftfahrt, für deren Durchführung eine zeitliche Grenze festgesetzt ist, sind von Deutschland unter Überwachung interalliierte Ausschüsse durchzuführen, die zu diesem Zweck von den alliierten und assoziierten Hauptmächten besonders ernannt werden.

Artikel 204

Die interalliierten Überwachungsausschüsse werden besonders damit betraut, die regelrechte Ausführung der Auslieferungen, der Zerstörung, des Abbruchs und der Unbrauchbarmachung zu überwachen, wie sie zu Lasten der deutschen Regierung durch den gegenwärtigen Vertrag vorgesehen sind.

Sie bringen den deutschen Behörden die Entscheidungen zur Kenntnis, welche die Regierungen der alliierten und assoziierten Hauptmächte sich zu treffen vorbehalten haben oder welche zur Durchführung der Bestimmungen über Landheer, Seemacht und Luftfahrt nötig werden.

Artikel 205

Die interalliierten Überwachungsausschüsse dürfen ihre Dienststellen am Sitz der deutschen Reichsregierung einrichten.

Sie sind befugt, so oft sie es für angebracht erachten, sich an jeden beliebigen Ort des deutschen Reichsgebiets zu begeben, Unterausschüsse dorthin zu entsenden oder eins oder mehrere ihrer Mitglieder zu beauftragen, sich dorthin zu verfügen.

Artikel 206

Die deutsche Regierung hat den interalliierten Überwachungsausschüssen und ihren Mitgliedern jedes Entgegenkommen zu erweisen, das zur Erfüllung ihrer Aufgabe notwendig ist.

Sie hat für jeden interalliierten Überwachungsausschuß einen geeigneten Beauftragten zu bezeichnen, dessen Aufgabe es ist, von dem Ausschuß die für die deutsche Regierung Regierung bestimmten Mitteilungen entgegenzunehmen und dem Ausschuß alle verlangten Auskünfte oder Schriftstücke zu liefern oder zu beschaffen.

In allen Fällen liegt es der deutschen Regierung ob, auf eigene Kosten sowohl für das Personal wie für das Material die Mittel zur Durchführung der in dem gegenwärtigen Vertrag vorgesehenen Auslieferungen, Zerstörungen, Schleifungen, Abbrüche und Unbrauchbarmachungen zu beschaffen.

Artikel 207

Der Unterhalt und die Kosten der Überwachungsausschüsse und die Aufwendungen, die durch ihre Tätigkeit veranlaßt werden, fallen Deutschland zur Last.

Artikel 208

Der interalliierte Überwachungsausschuß vertritt die Regierungen der alliierten und assoziierten Hauptmächte bei der deutschen Regierung in allem, was die Durchführung der militärischen Bestimmungen betrifft.

Er ist namentlich dazu berufen, von der deutschen Regierung die Mitteilungen bezüglich des Lagerungsplatzes der Munitionsvorräte und Lager, bezüglich der Bestückung derjenigen Festungswerke, Festungen und festen Plätze, die Deutschland behalten darf, bezüglich der Lager der Werkstätten und Fabriken von Waffen, Munition und Kriegsgerät und bezüglich ihres Betriebes entgegenzunehmen.

An ihn erfolgt die Auslieferung von Waffen, Munition und Kriegsgerät; er setzt die Orte fest, wo diese Auslieferung stattzufinden hat und überwacht die durch den gegenwärtigen Vertrag vorgesehenen Zerstörungen, Abbrüche und Unbrauchbarmachungen.

Die deutsche Regierung hat dem interalliierten Heeresüberwachungsausschuß alle Auskünfte und Schriftstücke zu liefern, die er für nötig erachtet, um sich über die vollständige Durchführung der militärischen Bestimmungen zu vergewissern, namentlich alle Unterlagen, deren Inhalt gesetzliche oder Verwaltungsbestimmungen oder innere Dienstvorschriften bilden.

Artikel 209

Der interalliierte Marineüberwachungsausschuß vertritt die Regierungen des alliierten und assoziierten Hauptmächte bei der deutschen Regierung in allem, was die Durchführung der Bestimmungen über die Seemacht betrifft.

Er ist namentlich berufen, sich auf die Bauwerften zu begeben und den Abbruch der Schiffe zu überwachen, die sich dort im Bau befinden, die Auslieferung aller Überwasser- und Unterwasserfahrzeuge, Hebeschiffe, Docks sowie des Druckdocks entgegenzunehmen und die vorgesehenen Zerstörungen und Abbrüche zu überwachen.

Die deutsche Regierung hat dem Marine-Überwachungsausschuß alle Auskünfte und Schriftstücke zu liefern, die er für nötig erachtet, um sich über die vollständige Durchführungen der Bestimmungen über die Seemacht zu vergewissern, namentlich die Pläne der Kriegsschiffe, die Zusammensetzung ihrer Bestückung, die Einzelheiten und die Modelle von Kanonen, Munition, Torpedos, Minen, Sprengstoffen und Apparaten für drahtlose Telegraphie, überhaupt von allem, was auf das Material für die Seekriegsführung Bezug hat, sowie alle Unterlagen, deren Inhalt gesetzliche, Verwaltungsbestimmungen oder innere Dienstvorschriften bilden.

Artikel 210

Der interalliierte Luftfahrt-Überwachungsausschuß vertritt die Regierungen der alliierten und assoziierten Hauptmächte bei der deutschen Regierung in allem, was die Durchführung der Bestimmungen über die Luftfahrt betrifft.

Dieser Ausschuß ist namentlich dazu berufen, den Bestand des auf deutschem Boden befindlichen Luftfahrzeugmaterials aufzunehmen, die Werkstätten für Flugzeuge, Ballons und Luftfahrzeugmotoren, die Fabriken von Waffen, Munition und Sprengstoffen, die von Luftfahrzeugen verwandt werden können, zu besichtigen, alle Flugplätze, Hallen, Landungsplätze, Parks und Lager zu besuchen und gegebenenfalls die Verbringung des erwähnten Materials an einen anderen Ort zu veranlassen und seine Auslieferung entgegenzunehmen.

Die deutsche Regierung hat den Luftfahrt-Überwachungsausschuß alle Auskünfte und Unterlagen, deren Inhalt gesetzliche, Verwaltungsbestimmungen oder innere Dienstvorschriftenbilden, sowie Unterlagen sonstigen Inhalts zu liefern, die er für nötig erachtet, um sich über die vollständige Durchführung der Bestimmungen über die Luftfahrt zu vergewissern, namentlich eine zahlenmäßige Aufstellung über das Personal im Dienste aller deutschen Flugverbände, sowie über das fertig vorhandene, in Herstellung befindliche oder bestellte Material, ferner eine vollständige Liste aller für die Luftfahrt arbeitenden Betriebsstätten nebst Angabe ihrer Lage, sowie aller Hallen und Landungsplätze.

Artikel 211

Nach Ablauf einer Frist von drei Monaten nach Inkrafttreten des gegenwärtigen Vertrags muß die deutsche Gesetzgebung die erforderlichen Abänderungen erfahren haben und dann von der deutschen Regierung mit diesem Teile des gegenwärtigen Vertrags in Einklang gehalten werden.

Binnen der gleichen Frist müssen von der deutschen Regierung alle Verwaltungs- und sonstigen Maßnahmen zur Ausführung der Bestimmungen dieses Teiles getroffen worden sein.

Artikel 212

Folgende Bestimmungen des Waffenstillstands vom 11. November 1918, nämlich Artikel VI, Artikel VII Absätze 1, 2, 6 und 7, Artikel IX, Anlage 2, Bestimmungen I, II, V, sowie das Zusatzprotokoll vom 4. April 1919 zum Waffenstillstand vom 11. November 1918 bleiben in Kraft, soweit sich nicht aus den vorstehenden Bestimmungen ein anderes ergibt.

Artikel 213

Solange der gegenwärtige Vertrag in Kraft bleibt, verpflichtet sich Deutschland, jede Untersuchung zu dulden, die der Rat des Völkerbunds mit Mehrheitsbeschluß für notwendig erachtet.

Artikel 214

Die Heimschaffung der Kriegsgefangenen und Zivilinternierten soll nach Inkrafttreten des gegenwärtigen Vertrags sobald wie möglich stattfinden und mit der größten Beschleunigung durchgeführt werden.

Artikel 215

Die Heimschaffung der deutschen Kriegsgefangenen und Zivilinternierten wird gemäß den im Artikel 214 festgesetzten Bedingungen durch einen Ausschuß veranlaßt, der aus Vertretern der alliierten und assoziierten Mächte einerseits und der deutschen Regierung andererseits besteht.

Für jede der alliierten und assoziierten Mächte regelt ein Unterausschuß, der sich nur aus Vertretern der beteiligten Macht und der deutschen Regierung zusammensetzt, die Einzelheiten der Heimschaffung der Kriegsgefangenen.

Artikel 216

Sobald die Kriegsgefangenen und Zivilinternierten an die deutschen Behörden abgeliefert sind, haben diese für ihre unverzügliche Rücksendung nach dem Heimatsort Sorge zu tragen.

Diejenigen, deren Wohnsitz vor dem Kriege sich in einem von den Truppen der alliierten und assoziierten Mächte besetzten Gebiet befand, sind, vorbehaltlich der Zustimmung und Überwachung von seiten der militärischen Behörden der alliierten und assoziierten Besetzungsarmeen gleichfalls dorthin zurückzusenden.

Artikel 217

Sämtliche Kosten der Heimschaffung vom Augenblick der Abbeförderung an fallen der deutschen Regierung zur Last; auch ist diese verpflichtet, die Beförderungsmittel zu Lande und zu Wasser sowie das technische Personal gemäß Anforderung des im Artikel 215 vorgesehenen Ausschusses zu stellen.

Artikel 218

Kriegsgefangene und Zivilinternierte, die wegen Vergehen gegen die Disziplin eine Strafe verwirkt haben oder verbüßen, werden ohne Rücksicht auf die Dauer der noch zu verbüßenden Strafe oder auf das gegen sie schwebende Verfahren heimgeschafft.

Diese Bestimmung findet keine Anwendung auf Kriegsgefangene und Zivilinternierte, die für Handlungen bestraft worden sind, welche nach dem 1. Mai 1919 begangen wurden.

Bis zu ihrer Heimschaffung bleiben alle Kriegsgefangenen und Zivilinternierten den bestehenden Vorschriften, besonders hinsichtlich der Arbeit und der Disziplin, unterworfen.

Artikel 219

Kriegsgefangene und Zivilinternierte, die Strafen wegen anderer Vergehen als solcher gegen die Disziplin verwirkt haben oder verbüßen, können in Haft behalten werden.

Artikel 220

Die deutsche Regierung verpflichtet sich, alle heimzuschaffenden Personen ohne Unterschied in ihr Gebiet aufzunehmen.

Deutsche Kriegsgefangene oder Reichsangehörige, die nicht heimgeschafft zu werden wünschen, dürfen von der Heimschaffung ausgeschlossen werden; jedoch behalten sich die alliierten und assoziierten Regierungen das Recht vor, nach ihrer Wahl sie heimzuschaffen oder sie in ein neutrales Land zu verbringen oder ihnen die Niederlassung im eigenen Lande zu gestatten.

Die deutsche Regierung verpflichtet sich, gegen solche Personen oder ihre Angehörigen keinerlei Ausnahmebestimmungen zu erlassen, auch nicht aus diesem Grunde sie irgendwelcher Verfolgung oder Belästigung auszusetzen.

Artikel 221

Die alliierten und assoziierten Regierungen behalten sich das Recht vor, die Heimschaffung der deutschen Kriegsgefangenen und deutschen Reichsangehörigen in ihrer Gewalt davon abhängig zu machen, daß die deutsche Regierung alle etwa noch in Deutschland befindlichen kriegsgefangenen Staatsangehörigen der alliierten und assoziierten Mächte unverzüglich angibt und freiläßt.

Artikel 222

Deutschland verpflichtet sich:

1. den Ausschüssen zur Nachforschung nach Vermißten freien Zutritt zu gestatten, ihnen jede geeignete Beförderungsgelegenheit zu verschaffen, ihnen Einlaß in die Gefangenenlager, Lazarette und alle sonstigen Räumlichkeiten zu gewähren sowie ihnen alle amtlichen und privaten Urkunden zur Verfügung zu stellen, die ihnen bei ihren Nachforschungen Aufschluß geben können;

2. strafweise gegen deutsche Beamte und Privatpersonen vorzugehen, die einen Staatsangehörigen einer alliierten oder assoziierten Macht verborgen halten oder es verabsäumen, nach erlangter Kenntnis von ihm Anzeige zu erstatten.

Artikel 223

Deutschland verpflichtet sich, alle Gegenstände, Werte oder Urkunden, die Staatsangehörigen der alliierten und assoziierten Mächte gehört haben und etwa von den deutschen Behörden zurückbehalten sind, unverzüglich nach Inkrafttreten des gegenwärtigen Vertrags zurückzustellen.

Artikel 224

Die Hohen vertragschließenden Teile verzichten auf die gegenseitige Erstattung der Aufwendungen für den Unterhalt der Kriegsgefangenen in ihren Gebieten.

Artikel 225

Die alliierten und assoziierten Regierungen und die deutsche Regierung werden dafür Sorge tragen, daß die Grabstätten der auf ihren Gebieten beerdigten Heeres- und Marineangehörigen mit Achtung behandelt und instandgehalten werden.

Sie verpflichten sich, jeden Ausschuß, der von irgendeiner der alliierten oder assoziierten Regierungen mit der Feststellung, der Verzeichnung, der Instandhaltung dieser Grabstätten oder der Errichtung würdiger Denkmäler auf ihnen betraut wird, anzuerkennen und in der Erfüllung seiner Aufgaben zu unterstützen.

Sie kommen ferner überein, Wünsche wegen Überführung der irdischen Reste ihrer Heeres- und Marineangehörigen in die Heimat, vorbehaltlich der Bestimmungen ihrer Landesgesetze und der Gebote der öffentlichen Gesundheitspflege, gegenseitig nach Möglichkeit zu erfüllen.

Artikel 226

Die Grabstätten, der in Gefangenschaft verstorbenen, den verschiedenen kriegsführenden Staaten angehörenden Kriegsgefangenen und Zivilinternierten sind nach Maßgabe der Bestimmungen im Artikel 225 des gegenwärtigen Vertrags würdig instandzuhalten.

Die alliierten und assoziierten Regierungen einerseits und die deutsche Regierung andererseits verpflichten sich weiter einander:

1. eine vollständige Liste der Verstorbenen mit allen zur Feststellung der Person dienlichen Angaben,

2. alle Auskünfte über Zahl und Ort der Gräber sämtlicher Toten, die ohne Feststellung der Person beerdigt worden sind,

zu übermitteln.

Artikel 227

Die alliierten und assoziierten Mächte stellen Wilhelm II. von Hohenzollern, vormaligen Kaiser von Deutschland, wegen schwerster Verletzung des internationalen Sittengesetzes und der Heiligkeit der Verträge unter öffentliche Anklage.

Artikel 228

Die deutsche Regierung räumt den alliierten und assoziierten Mächten die Befugnis ein, die wegen eines Verstoßes gegen die Gesetze und Gebräuche des Krieges angeklagten Personen vor ihre Militärgerichte zu ziehen.

Artikel 229

Sind die strafbaren Handlungen gegen Staatsangehörige einer der alliierten und assoziierten Mächte begangen, so werden die Täter vor die Militärgerichte dieser Macht gestellt.

Sind die strafbaren Handlungen gegen Staatsangehörige mehrerer alliierter und assoziierter Mächte begangen, so werden die Täter vor Militärgerichte gestellt, die sich aus Mitgliedern von Militärgerichten der beteiligten Mächte zu sammensetzen.

In jedem Fall steht den Angeklagten die freie Wahl seines Anwalts zu.

Artikel 230

Die deutsche Regierung verpflichtet sich, Urkunden und Auskünfte jeder Art zu liefern, deren Vorlegung zur vollständigen Aufklärung der verfolgten Taten, zur Ermittlung der Schuldigen und zur erschöpfenden Würdigung der Schuldfrage für erforderlich erachtet wird.

Artikel 231

Die alliierten und assoziierten Regierungen erklären und Deutschland erkennt an, daß Deutschland und seine Verbündeten als Urheber für alle Verluste und Schäden verantwortlich sind, die die alliierten und assoziierten Regierungen und ihre Staatsangehörigen infolge des Krieges, der ihnen durch den Angriff Deutschlands und seiner Verbündeten aufgezwungen wurde, erlitten haben.

Artikel 232

Die alliierten und assoziierten Regierungen erkennen an, daß die Hilfsmittel Deutschlands unter Berücksichtigung ihrer dauernden, sich aus den übrigen Bestimmungen des gegenwärtigen Vertrages ergebenden Verminderung nicht ausreichen, um die volle Wiedergutmachung aller dieser Verluste und Schäden zu gewährleisten.

Immerhin verlangen die alliierten und assoziierten Regierungen und Deutschland verpflichtet sich dazu, daß alle Schäden wieder gutgemacht werden.

Artikel 233

Der Betrag der bezeichneten Schäden, deren Wiedergutmachung Deutschland schuldet, wird durch einen interalliierten Ausschuß festgesetzt, der den Namen Wiedergutmachungsausschuß (Reparationskommission) trägt.

Zu gleicher Zeit stellt der Ausschuß einen Zahlungsplan auf, der die Fälligkeitszeiten und die Art und Weise vorschreibt, wie Deutschland vom 1. Mai 1921 ab seine gesamte Schuld in einem Zeitraum von 30 Jahren zu tilgen hat.

Artikel 234

Der Wiedergutmachungsausschuß prüft vom 1. Mai 1921 ab von Zeit zu Zeit die Hilfsmittel und Leistungsfähigkeit Deutschlands. Er gewährt dessen Vertretern nach Billigkeit Gehör und Vollmacht, danach die Frist für die im Artikel 233 vorgesehenen Zahlungen zu verlängern und die Form der Zahlung abzuändern; ohne besondere Ermächtigung der verschiedenen im Ausschuß vertretenen Regierungen darf er jedoch keine Zahlung erlassen.

Artikel 235

Um den alliierten und assoziierten Mächten schon jetzt die Wiederaufrichtung ihres gewerblichen und wirtschaftlichen Lebens zu ermöglichen, bevor der endgültige Betrag ihrer Ansprüche festgesetzt ist, zahlt Deutschland in Anrechnung auf obige Schuld während der Jahre 1919, 1920 und der ersten vier Monate von 1921 in so viel Raten und in solcher Form (in Gold, Waren, Schiffen, Wertpapieren oder anderswie), wie es der Wiedergutmachungsausschuß festsetzt, den Gegenwert von 20 000 000 000 (zwanzig Milliarden) Mark Gold; aus dieser Summe werden zunächst die Kosten für die Besetzungsarmee entsprechend dem Waffenstillstandsvertrag vom 11. November 1918 bestritten; weiter können diejenigen Mengen von Nahrungsmitteln und Rohstoffen, die von den Regierungen der alliierten und assoziierten Hauptmächte für nötig gehalten werden, um Deutschland die Möglichkeit zur Erfüllung seiner Verpflichtung zur Wiedergutmachung zu gewähren, gleichfalls mit Genehmigung der genannten Regierungen aus der bezeichneten Summe bezahlt werden. Der Rest ist von Deutschlands Wiedergutmachungsschuld in Abzug zu bringen. Außerdem hinterlegt Deutschland die im § 12c) der beigefügten Anlage II vorgesehenen Schatzscheine.

Artikel 236

Des weiteren willigt Deutschland ein, daß seine wirtschaftlichen Hilfsmittel der Wiedergutmachung unmittelbar dienstbar gemacht werden, wie in Anlage III, IV, V und VI, betreffend Handelsflotte, Wiederherstellung in Natur, Kohle und deren Nebenprodukte, Farbstoffe und andere chemische Erzeugnisse, näher bestimmt ist; immer mit der Maßgabe, daß der Wert der übertragenen Güter und des von ihnen gemäß den genannten Anlagen gemachten Gebrauchs, nachdem er in der dort vorgeschriebenen Weise festgestellt ist, Deutschland gutgeschrieben wird und von den in obigen Artikeln festgesetzten Verpflichtungen in Abzug kommt.

Artikel 237

Die jeweiligen Zahlungen Deutschlands auf obige Ansprüche einschließlich der in den vorstehenden Artikeln behandelten werden von den alliierten und assoziierten Regierungen nach einem von ihnen im voraus festgesetzten, auf Billigkeit und den Rechten jeder Regierung beruhenden Verhältnis verteilt.

Bei dieser Verteilung wird er Wert der gemäß Artikels 243 und Anlage III, IV, V, VI und VII gelieferten Güter und geleisteten Dienste in derselben Weise in Rechnung gestellt wie die im gleichen Jahr bewirkten Zahlungen.

Artikel 238

Außer den oben vorgesehenen Zahlungen bewirkt Deutschland gemäß dem von dem Wiedergutmachungsausschuß bestimmten Verfahren die Rücklieferung in bar des weggeführten, beschlagnahmten oder sequestrierten Bargeldes wie auch die Rücklieferung der weggeführten, beschlagnahmten oder sequestrierten Tiere, Gegenstände aller Art und Wertpapiere, falls es möglich ist, sie auf dem Gebiete Deutschlands oder seiner Verbündeten festzustellen.

Bis zur Einführung dieses Verfahrens werden die Rücklieferungen entsprechend den Bestimmungen des Waffenstillstandes vom 11. November 1918, seiner Verlängerungsabkommen und der Nachtragsprotokolle fortgesetzt.

Artikel 239

Die deutsche Regierung verpflichtet sich, die in obigem Artikel 238 vorgesehenen Rücklieferungen unverzüglich durchzuführen und die in Artikel 233, 234, 235 und 236 vorgesehenen Zahlungen und Lieferungen zu bewirken.

Artikel 240

Die deutsche Regierung erkennt den durch Artikel 233 vorgesehenen Ausschuß in der Form an, wie er von den alliierten und assoziierten Regierungen gemäß Anlage II zu bilden ist. Sie gesteht ihm unwiderruflich Besitz und Ausübung aller ihm durch den gegenwärtigen Vertrag verliehenen Rechte und Befugnisse zu.

Die deutsche Regierung liefert dem Ausschuß alle Auskünfte über Finanzlage und Finanzgeschäfte, Güter, Produktionskraft, Vorräte und laufende Erzeugung von Rohstoffen und gewerblichen Erzeugnissen Deutschlands und seiner Reichsangehörigen, deren er bedarf; desgleichen liefert sie jede Auskunft über militärische Operationen, deren Kenntnis für die Feststellung von Deutschlands Verpflichtungen gemäß Anlage I von dem Ausschuß für nötig erachtet wird.

Sie räumt den Mitgliedern des Ausschusses und seinen anerkannten Vertretern alle Rechte und die Unverletzlichkeit ein, die die ordnungsgemäß beglaubigten diplomatischen Vertreter befreundeter Mächte in Deutschland genießen.

Deutschland übernimmt es außerdem, die Bezüge und Kosten des Ausschusses und des von ihm benötigten Personals zu bestreiten.

Artikel 241

Deutschland sagt zu, alle Gesetze, Verordnungen und Verfügungen bekanntzumachen, in Kraft zu halten und zu veröffentlichen, die für die vollständige Erfüllung gegenwärtiger Bestimmungen nötig werden.

Artikel 242

Die Bestimmungen dieses Teils des gegenwärtigen Vertrags finden keine Anwendung auf Eigentum, Rechte und Interessen, die unter Abschnitt III und IV Teil X (Wirtschaftliche Bestimmungen) des gegenwärtigen Vertrags fallen, ebensowenig auf den Erlös ihrer Liquidation, außer soweit der im Artikel 243a) erwähnte endgültige Saldo zugunsten Deutschlands in Betracht kommt.

Artikel 243

Auf seine Wiedergutmachungsschuld werden Deutschland folgende Posten gutgeschrieben:

a) Jeder endgültige Saldo zugunsten Deutschlands gemäß Abschnitt V (Elsaß-Lothringen) Teil III (Politische Bestimmungen über Europa) und gemäß Abschnitt III und IV Teil X (Wirtschaftliche Bestimmungen) des gegenwärtigen Vertrags;

b) alle an Deutschland auf Grund der in Abschnitt IV (Saarbecken) Teil III (Politische Bestimmungen über Europa), Teil IX (Finanzielle Bestimmungen) und Teil XII (Häfen, Wasserstraßen und Eisenbahnen) vorgesehenen Abtretungen geschuldeten Summen;

c) alle Summen, die nach dem Urteil des Ausschusses Deutschland in Anrechnung auf jede sonstige durch den gegenwärtigen Vertrag vorgesehene Übertragung von Eigentum, Rechten, Konzessionen oder anderen Interessen gutzubringen sind.

Keinesfalls dürfen jedoch die auf Grund von Artikel 238 dieses Teils erfolgten Rücklieferungen Deutschland gutgeschrieben werden.

Artikel 244

Die Abtretung der deutschen Überseekabel, die nicht Gegenstand einer besonderen Bestimmung des gegenwärtigen Vertrags bilden, ist durch Anlage VII geregelt.

Artikel 245

Binnen sechs Monaten nach Inkrafttreten des gegenwärtigen Vertrags hat die deutsche Regierung der französischen Regierung gemäß einem von dieser ihr zuzustellen Verzeichnis die Trophäen, Archive, geschichtlichen Erinnerungen und Kunstwerke zurückzugeben, die von den deutschen Behörden im Laufe des Krieges 1870/71 und des letzten Krieges aus Franreich weggeführt sind, insbesondere die im Kriege 1870/71 erbeuteten Fahnen und alle politischen Schriftstücke, die am 10. Oktober 1870 von den deutschen Behörden auf Schloß Cerçay bei Brunoy (Seine-et-Oise) weggenommen sind, das damals dem früheren Staatsminister Herrn Rouher gehörte.

Artikel 246

Binnen sechs Monaten nach Inkrafttreten des gegenwärtigen Vertrags hat Deutschland Seiner Majestät dem König des Hedschas den Originalkoran zurückzugeben, der dem Kalifen Osman gehört hat und von den türkischen Behörden aus Medina entfernt worden ist, um dem vormaligen Kaiser Wilhelm II. als Geschenk überreicht zu werden.

Binnen der gleichen Frist ist der Schädel des Sultans Makaua, der aus dem deutschen Schutzgebiet Ostafrika entfernt und nach Deutschland gebracht worden ist, von Deutschland der Regierung Seiner Britischen Majestät zu übergeben.

Ort und Bedingungen der Rückgabe werden von den Regierungen bestimmt, an die dieses Gegenstände zurückzuerstatten sind.

Artikel 247

Deutschland verpflichtet sich, an die Hochschule zu Löwen binnen drei Monaten nach Empfang der ihm durch Vermittlung des Wiedergutmachungsausschusses zugehenden Aufforderung Handschriften, Wiegendrucke, gedruckte Bücher, Karten und Sammlungsgegenstände zu liefern, die der Zahl und dem Werte nach den Gegenständen entsprechen, die bei dem von Deutschland verursachten Brande der Bücherei von Löwen vernichtet worden sind. Alle Einzelheiten dieser Erstattung werden von dem Wiedergutmachungsausschuß bestimmt.

Deutschland verpflichtet sich, durch die Vermittlung des Wiedergutmachungsausschusses binnen sechs Monaten nach Inkrafttreten des gegenwärtigen Vertrags an Belgien, um ihm die Wiederherstellung zweier großer Kunstwerke zu ermöglichen, abzuliefern:

1. die Flügel des Triptychons der Brüder van Eyck »Die Anbetung des Lammes« (»Agneau mystique«), früher in der Kirche Sankt Bavo in Gent, jetzt im Berliner Museum;

2. die Flügel des Triptychons von Dierk Bouts, »Das Abendmahl«, früher in der Kirche Sankt Peter in Löwen, von denen sich jetzt zwei im Berliner Museum und zwei in der Alten Pinakothek in München befinden.

Artikel 248

Unter Vorbehalt der von dem Wiedergutmachungsausschuß etwa bewilligten Ausnahmen haften der gesamte Besitz und alle Einnahmequellen des Deutschen Reiches und der deutschen Staaten an erster Stelle für die Bezahlung der Kosten der Wiedergutmachung und aller anderen Lasten, die sich aus dem gegenwärtigen Vertrag oder aus allen ihn ergänzenden Verträgen und Übereinkommen oder aus den zwischen Deutschland und den alliierten und assoziierten Mächten während des Waffenstillstands und seinen Verlängerungen geschlossenen Abmachungen ergeben.

Bis zum 1. Mai 1921 darf die deutsche Regierung ohne vorherige Zustimmung der durch den Wiedergutmachungsausschuß vertretenen alliierten und assoziierten Mächte weder Gold ausführen oder darüber verfügen noch seine Ausfuhr oder die Verfügung darüber zu gestatten.

Artikel 249

Deutschland trägt die gesamten Unterhaltskosten der alliierten und assoziierten Heere in den besetzten deutschen Gebieten von der Unterzeichnung des Waffenstillstandsvertrags vom 11. November 1918 an. Darunter fallen: die Ausgaben für die Ernährung der Personen und Tiere, für Einquartierung und Unterbringung, für Sold und andere Bedürfnisse, für Gehälter und Löhne, für Nachtlager, Heizung, Beleuchtung, Bekleidung, Ausrüstung, Geschirr [engl. Text:»und Sattelzeug«], Bewaffnung und rollendes Material, für Flugwesen, Kranken- und Verwundetenbehandlung, Veterinär- und Remontewesen, das gesamte Beförderungswesen (wie Eisenbahn, See- und Flußschiffahrt und Lastkraftfahrzeuge), Verkehrs- und Nachrichtenwesen, überhaupt die Verwaltungs- und technischen Dienstzweige, die für die Ausbildung der Truppen, die Erhaltung ihrer Bestände und ihrer militärischen Leistungsfähigkeit erforderlich sind.

Die deutsche Regierung hat den alliierten und assoziierten Regierungen alle Ausgaben der obenbezeichneten Art, soweit sie auf Käufen oder Beitreibungen der alliierten und assoziierten Regierungen in den besetzten Gebieten beruhen, in Mark zum Tageskurs oder zu dem von Deutschland zugestandenem Kurse zu erstatten. Alle anderen oben aufgeführten Ausgaben sind in Mark Gold zu bezahlen.

Artikel 250

Deutschland bestätigt die Übergabe des gesamten an die alliierten und assoziierten Mächte in Ausführung des Waffenstillstandsvertrags vom 1. November 1918 und aller späteren Waffenstillstandsabkommen ausgelieferten Materials und erkennt das Recht der alliierten und assoziierten Regierungen auf dieses Material an.

Der Wert des gemäß Artikel VII des Waffenstillstandsvertrags vom 11. November 1918 oder Artikel III des Waffenstillstandsvertrags vom 16. Januar 1919 ausgelieferten Materials kommt von der Wiedergutmachungsforderung der alliierten und assoziierten Regierungen in Abzug und wird Deutschland gutgeschrieben; der Wert wird durch Schätzung des im Artikel 233 Teil VIII (Wiedergutmachungen) des gegenwärtigen Vertrags vorgesehenen Wiedergutmachungsausschusses festgesetzt. Das gleiche gilt für alles sonstige in Ausführung des Waffenstillstandsvertrags vom 11. November 1918 und aller späteren Waffenstillstandsabkommen ausgelieferten Materials, bei dem mit Rücksicht auf seinen nichtmilitärischen Charakter nach Ansicht des Wiedergutmachungsausschusses der Wert der deutschen Regierung zu vergüten ist.

Nicht gutgeschrieben wird der deutschen Regierung das Gut der alliierten und assoziierten Regierungen oder ihrer Staatsangehörigen, das auf Grund der Waffenstillstandsverträge in Natur zurückgegeben oder ausgeliefert worden ist.

Artikel 251

Die vorzugsweise Befriedigung gemäß Artikel 248 findet unter dem im letzten Absatz des gegenwärtigen Artikels erwähnten Vorbehalt in folgender Reihenfolge statt:

a) die in Artikel 249 näher aufgeführten Kosten der Besetzungsarmeen während des Waffenstillstands und seinen Verlängerungen;

b) die in Artikel 249 näher aufgeführten Kosten aller Besetzungsarmeen nach Inkrafttreten des gegenwärtigen Vertrags;

c) der Betrag der Wiedergutmachungen, der sich aus dem gegenwärtigen Vertrag oder den ergänzenden Verträgen und Übereinkommen ergibt;

d) alle anderen Verpflichtungen Deutschlands aus den Waffenstillstandsabkommen, dem gegenwärtigen Vertrag oder den ergänzenden Verträgen und Übereinkommen.

Die Kosten der Versorgung Deutschlands mit Lebensmitteln und Rohstoffen und alle von Deutschland zu leistenden Zahlungen, soweit sie von den alliierten und assoziierten Regierungen für notwendig erachtet werden, um Deutschland die Erfüllung seiner Wiedergutmachungspflicht zu ermöglichen, haben Vorrang in dem Maße und unter den Bedingungen, die von den alliierten und assoziierten Regierungen festgesetzt worden sind oder noch werden.

Artikel 252

Das Verfügungsrecht jeder einzelnen der alliierten und assoziierten Mächte über die feindlichen Guthaben und das feindliche Eigentum, die sich bei Inkrafttreten des gegenwärtigen Vertrags im Bereich ihrer Gerichtsbarkeit befinden, wird durch die vorstehenden Bedingungen nicht berührt.

Artikel 253

Ordnungsmäßig zugunsten der alliierten und assoziierten Mächte oder ihrer Staatsangehörigen von dem Deutschen Reiche oder den deutschen Staaten oder von deutschen Reichsangehörigen an ihrem Gut oder ihren Einnahmen bestellte Pfänder oder Hypotheken werden von diesen Bestimmungen in keiner Weise berührt, falls die Bestellung dieser Pfänder oder Hypotheken vor Eintritt des Kriegszustands zwischen der deutschen Regierung und der beteiligten Regierung erfolgt ist.

Artikel 254

Die Mächte, denen deutsche Gebietsteile abgetreten werden, übernehmen vorbehaltlich der Bestimmungen des Artikel 255 die Verpflichtung zur Zahlung:

1. eines Teiles der Schuld des Deutschen Reiches nach ihrem Stande vom 1. August 1914. Der Wiedergutmachungsausschuß bezeichnet eine bestimmte Gattung von

Einkünften, die nach seinem Urteil des rechte Bild von der Zahlungsfähigkeit der abgetretenen Gebiete ergeben. Der zu übernehmende Anteil wird alsdann nach dem Durchschnitt der drei Rechnungsjahre 1911, 1912 und 1913 auf Grund des Verhältnisses berechnet, in dem diese Einkünfte in

Artikel 255

1. In Abweichung von den obigen Bestimmungen und angesichts dessen, daß Deutschland 1871 es abgelehnt hat, einen Teil der französischen Staatsschuld zu übernehmen, wird Frankreich bezüglich Elsaß-Lothringens von jeder Zahlung gemäß Artikel 254 befreit.

2. Bezüglich Polens wird der Teil der Schuld, der nach der Feststellung der Wiedergutmachungskommission aus Maßnahmen der deutschen und preußischen Regierungen für die deutsche Ansiedlung Polens herrührt, von der Schuldenübernahme gemäß Artikel 254 ausgeschlossen.

3. Bezüglich aller anderen abgetretenen Gebietsteile als Elsaß-Lothringen wird der Teil der Schulden des Deutschen Reiches oder der deutschen Bundesstaaten, welcher nach dem Urteil der Wiedergutmachungskommission den Ausgaben entspricht, die das Deutsche Reich oder die deutschen Bundesstaaten für den in Artikel 256 erwähnten Besitz gemacht haben, von der Schuldübernahme im Sinne des Artikels 254 ausgeschlossen.

Artikel 256

Die Mächte, denen bisherige deutsche Gebietsteile zufallen, erwerben allen Besitz und alles Eigentum, welche dem Deutschen Reich oder den deutschen Bundesstaaten gehören, soweit sie in diesen Gebietsteilen liegen. Der Wert dieser Erwerbungen wird durch die Wiedergutmachungskommission festgesetzt, durch den erwerbenden Staat an sie bezahlt und dem Deutschen Reich auf die für Wiedergutmachungen geschuldeten Summen gutgeschrieben. Im Sinne des vorstehenden Artikels werden unter Besitz und Eigentum des Deutschen Reiches und der deutschen Bundesstaaten das gesamte Eigentum der Krone, des Reiches, der Bundesstaaten, der Privatbesitz des früheren deutschen Kaisers und der anderen Mitglieder des Königlichen Hauses gerechnet.

In Anbetracht der Bedingungen, unter denen Elsaß-Lothringen 1871 an Deutschland abgetreten wurde, wird Frankreich betreffs Elsaß-Lothringens von jeder Zahlung oder Leistung zugunsten Deutschlands für den Wert des unter diesen Artikel fallenden Besitzes und Eigentums befreit, die dem Deutschen Reiche oder den deutschen Bundesstaaten gehören und in Elsaß-Lothringen gelegen sind.

Ebenso wird Belgien von jeder Bezahlung oder Leistung zugunsten Deutschlands bezüglich des Besitzes und Eigentums befreit, die dem Deutschen Reich oder den deutschen Bundesstaaten gehören und in den Gebietsteilen liegen, die auf Grund dieses Vertrages durch Belgien erworben werden.

Artikel 257

Was die früheren deutschen Gebietsteile anbelangt, einschließlich der Kolonien, Schutzgebiete und Nebenländer (dependances), die gemäß Artikel 22, Teil 1 (Völkerbund) dieses Vertrages verwaltet werden, übernimmt weder das Gebiet selbst noch die Mandatarmacht irgendeinen Teil des Schuldendienstes des Deutschen Reiches oder der deutschen Bundesstaaten.

Aller Besitz und alles Eigentum, die dem Deutschen Reich oder den deutschen Bundesstaaten gehören und in diesen Gebietsteilen liegen, gehen gleichzeitig mit den Gebietsteilen selbst auf die Mandatarmacht in ihrer Eigenschaft als solche über; für diesen Übergang erfolgt keinerlei Zahlung und keinerlei Gutschrift zugunsten der abtretenden Regierungen.

Im Sinne des vorstehenden Artikels werden unter Besitz und Eigentum des Deutschen Reiches und der deutschen Bundesstaaten das gesamte Eigentum der Krone, des Reiches, der Bundesstaaten, der Privatbesitz des früheren deutschen Kaisers und der anderen Mitglieder des Königlichen Hauses gerechnet.

Artikel 258

Deutschland verzichtet auf jede, ihm oder seinen Reichsangehörigen durch Verträge, Konventionen oder Abmachungen irgendwelcher Art zugebilligte Vertretung oder Teilnahme an der Kontrolle oder Verwaltung von Kommissionen, Staatsbanken, Agenturen oder anderen finanziellen oder wirtschaftlichen Organisationen internationalen Charakters, die Kontroll- oder Verwaltungsbefugnisse ausüben und die in irgendeinem der alliierten oder assoziierten Staaten, in Österreich, Ungarn, Bulgarien oder der Türkei oder in den Besitzungen und Nebenländern dieser Staaten oder im früheren russischen Reiche bestehen.

Artikel 259

1. Deutschland verpflichtet sich, binnen einem Monat nach Inkrafttreten des gegenwärtigen Vertrags den von den alliierten und assoziierten Hauptmächten bezeichneten Behörden die Summe auszuantworten, die bei der Reichsbank auf den Namen des Verwaltungsrats der türkischen Staatsschuldenverwaltung als Unterlage für die erste Papiergeldausgabe der türkischen Regierung in Gold hinterlegt werden sollte.

2. Deutschland erkennt seine Verpflichtung an, zwölf Jahre hindurch jährlich die Goldzahlungen zu bewirken, auf welche die von ihm zu verschiedenen Zeitpunkten auf den Namen des Verwaltungsrats der türkischen Staatsschuldenverwaltung als Unterlage der zweiten und der folgenden Papiergeldausgaben der türkischen Regierung hinterlegten deutschen Schatzanweisungen lauten.

3. Deutschland verpflichtet sich, binnen einem Monat nach Inkrafttreten des gegenwärtigen Vertrags den von den alliierten und assoziierten Hauptmächten hierfür bezeichneten Behörden das bei der Reichsbank oder an anderer Stelle hinterlegte Golddepot auszuantworten, das den rückständigen Teil des am 5. Mai 1915 vom Verwaltungsrat der türkischen Staatsschuldenverwaltung der Kaiserlich osmanischen Regierung zugesagten Goldvorschusses darstellt.

4. Deutschland verpflichtet sich, den alliierten und assoziierten Hauptmächten seine etwaigen Rechte an der Summe Gold und Silber zu übertragen, die es dem türkischen Finanzministerium im November 1918 als Anschaffung für die im Mai 1919 fällige Zahlung für den Dienst der inneren türkischen Anleihe überwiesen hat.

5. Deutschland verpflichtet sich, binnen einem Monat nach Inkrafttreten des gegenwärtigen Vertrags den alliierten und assoziierten Hauptmächten alle Goldsummen auszuantworten, die Deutschland oder seine Angehörigen aus Anlaß der von ihnen der österreichisch-ungarischen Regierung gewährten Vorschüsse als Pfand oder sonstige Sicherheit überwiesen wurden.

6. Deutschland bestätigt seinen im Artikel XV des Waffenstillstandsvertrag vom 11. November 1918 ausgesprochenen Verzicht auf alle Vorteile aus den Bestimmungen der Verträge von Bukarest und Brest-Litowsk und ihrer Zusatz-Verträge. Die Bestimmung des Artikel 292 Teil X (Wirtschaftliche Bestimmungen) des gegenwärtigen Vertrags bleibt unberührt. Es verpflichtet sich, alles, was es an Zahlungsmitteln, Bargeld, Werten, begebbaren Handelspapieren oder Erzeugnissen auf Grund der vorgenannten Verträge erhalten hat, je nachdem auf Rumänien oder auf die alliierten und assoziierten Hauptmächte zu übertragen.

7. Die Art und Weise der Verwendung der auf Grund der Bestimmungen dieses Artikels zu liefernden, zu zahlenden oder zu übertragenen Barbeträge, Zahlungsmittel, Werte und Erzeugnisse aller Art wird von den alliierten und assoziierten Hauptmächten später bestimmt.

Artikel 260

Unbeschadet des auf Grund des gegenwärtigen Vertrags von Deutschland ausgesprochenen Verzichts auf eigene Rechte oder Rechte seiner Angehörigen kann der Wiedergutmachungsausschuß binnen einem Jahre nach Inkrafttreten des gegenwärtigen Vertrags fordern, daß Deutschland alle Rechte oder Beteiligungen deutscher Reichsangehöriger an allen öffentlichen Unternehmungen oder Konzessionen in Rußland, China, Österreich, Ungarn, Bulgarien, der Türkei, den Besitzungen und zugehörigen Gebieten dieser Staaten oder in Gebieten, die früher Deutschland oder seinen Verbündeten gehört haben und auf Grund des gegenwärtigen Vertrags abgetrennt werden müssen oder unter Verwaltung eines Mandatars treten, erwirbt; andererseits hat die deutsche Regierung binnen sechs Monaten nach Geltendmachung dieser Forderung die Gesamtheit dieser Rechte und Beteiligungen sowie alle Rechte und Beteiligungen, die Deutschland etwa selbst besitzt, dem Wiedergutmachungsausschuß zu übertragen.

Deutschland übernimmt die Verpflichtung seine auf diese Weise enteigneten Angehörigen zu entschädigen. Der Wiedergutmachungsausschuß setzt den Wert der übertragenen Rechte und Beteiligungen fest und schreibt Deutschland die entsprechenden Summen auf die Wiedergutmachungsschuld gut. Die deutsche Regierung hat dem Widergutmachungsausschuss binnen sechs Monaten nach Inkrafttreten des gegenwärtigen Vertrags eine Liste alle in Betracht kommenden Rechte und Beteiligungen zu übermitteln, einerlei, ob die Rechte und Beteiligungen bereits erworben oder nur Anwartschaften oder noch nicht ausgeübt sind, und hat zugunsten der alliierten und assoziierten Mächte sowohl in seinem eigenen Namen wie in dem seiner Angehörigen auf alle obigen Rechte und Beteiligungen, die in der vorgenannten List etwa nicht verzeichnet sind, zu verzichten.

Artikel 261

Deutschland verpflichtet sich, auf die alliierten und assoziierten Mächte seine gesamten Forderungen an Österreich-Ungarn, Bulgarien und die Türkei zu übertragen, insbesondere diejenigen, die sich aus der Erfüllung von Verpflichtungen ergeben oder ergeben werden, die es diesen Mächten gegenüber während des Krieges übernommen hat.

Artikel 262

Jede Barzahlungsverpflichtung Deutschlands aus dem gegenwärtigen Vertrage, die in Mark Gold ausgedrückt ist, ist nach Wahl der Gläubiger zu erfüllen in Pfund Sterling zahlbar in London, in Golddollars der Vereinigten Staaten zahlbar New-York, in Goldfranken zahlbar Paris und in Goldlire zahlbar in Rom.

Bei Ausführung des gegenwärtigen Artikels bestimmt sich Gewicht und Feingehalt für die oben genannten Münzen jeweils nach dem am 1. Januar 1914 in Geltung gewesenen gesetzlichen Vorschriften.

Artikel 263

Deutschland gewährleistet der brasilianischen Regierung die Rückzahlung aller bei dem Bankhause Bleichröder in Berlin hinterlegten Summen, die aus dem Verkauf von Kaffee des Staates Sao Paulo in den Häfen von Hamburg, Bremen, Antwerpen und Triest herrühren; die Summe ist zu dem vereinbarten Satze oder den vereinbarten Sätzen zu verzinsen. Da sich Deutschland der rechtzeitigen Überweisung der genannten Summen an den Staat Sao Paulo widersetzt hat, gewährleistet es ebenfalls, daß die Zahlung zum Marktkurse des Hinterlegungstags erfolgt.

Artikel 264

Deutschland verpflichtet sich, die Waren, Roh- oder Fertigerzeugnisse irgendeines der alliierten oder assoziierten Staaten bei der Einfuhr in das deutsche Gebiet ohne Rücksicht auf den Abgangsort keinen anderen oder höheren Gebühren oder Abgaben, einschließlich der inneren Steuern, zu unterwerfen als denen, welchen die gleichen Waren, Roh- oder Fertigerzeugnisse irgendeines anderen der genannten Staaten oder irgendeines anderen fremden Landes unterworfen sind.

Deutschland darf gegen die Einfuhr von Waren, Roh- oder Fertigerzeugnissen der Gebiete irgendeines der alliierten oder assoziierten Staaten bei der Einfuhr in das deutsche Gebiet, ohne Rücksicht auf den Abgangsort, keinerlei Verbote oder Beschränkungen beibehalten oder erlassen, die sich nicht in gleicher Weise auf die Einfuhr der gleichen Waren, Roh- oder Fertigerzeugnisse irgendeines anderen der genannten Staaten oder irgendeines anderen fremden Landes erstrecken.

Artikel 265

Deutschland verpflichtet sich ferner, in seinen Grundsätzen für die Regelung der Einfuhr keine unterschiedliche Behandlung zum Nachteil des Handels irgendeines der alliierten oder assoziierten Staaten gegenüber irgendeinem anderen der genannten Staaten oder irgendeinem anderen fremden Lande eintreten zu lassen, auch nicht mittelbar etwa durch seine Zollverwaltungs- oder Zollabfertigungsvorschriften, seine

Untersuchungs- oder Analysemethoden, seine Zahlungsvorschriften für die Gebühren, seine Tarifierungs- oder Tarifauslegungsgrundsätze oder durch Monopole.

Artikel 266

Was die Ausfuhr betrifft, so verpflichtete sich Deutschland, Waren, Roh- oder Fertigerzeugnisse bei der Ausfuhr aus dem deutschen Gebiet nach den Gebieten irgendeines der alliierten oder assoziierten Staaten keinen anderen oder höheren Gebühren oder Abgaben, einschließlich der inneren Steuern, zu unterwerfen, als denen, die für die gleichen Waren bei der Ausfuhr nach irgendeinem anderen der genannten Staaten oder nach irgendeinem fremden Lande entrichtet werden.

Deutschland darf gegen die Ausfuhr irgendwelcher waren aus dem deutschen Gebiete nach irgendeinem der alliierten oder assoziierten Staaten keinerlei Verbote oder Beschränkungen beibehalten oder erlassen, die sich nicht in gleicher Weise auf die Ausfuhr der gleichen Waren, Roh- oder Fertigerzeugnisse nach irgendeinem anderen der genannten Staaten oder nach irgendeinem anderen fremden Lande erstrecken.

Artikel 267

Alle Vergünstigungen, Befreiungen oder Vorzugsrechte in bezug auf die Einfuhr, Ausfuhr oder Durchfuhr von Waren, die von Deutschland irgendeinem der alliierten oder assoziierten Staaten oder irgendeinem anderen fremden Lande eingeräumt werden, treten gleichzeitig und bedingungslos ohne besonderen Antrag und ohne Gegenleistung für sämtliche alliierten oder assoziierten Staaten in Geltung.

Artikel 268

Die Bestimmungen der Artikel 264 bis 267 dieses Kapitels und des Artikel 323 Teil XII (Häfen, Wasserstraßen und Eisenbahnen) des gegenwärtigen Vertrags erleiden folgende Ausnahmen:

a) Während eines Zeitraums von fünf Jahren nach Inkrafttreten des gegenwärtigen Vertrags genießen die Roh- oder Fertigerzeugnisse, die aus den mit Frankreich wieder vereinigten elsässischen und lothringischen Gebieten stammen und herkommen, bei ihrem Eingang in das deutsche Zollgebiet vollständige Zollfreiheit.

Die französische Regierung wird alljährlich durch einen der deutschen Regierung mitzuteilenden Beschluß die Art und Menge der Erzeugnisse festsetzen, denen diese Befreiung zustatten kommt.

Die Mengen jedes Erzeugnisses, die so jährlich nach Deutschland gesandt werden können, dürfen den Jahresdurchschnitt der im Laufe der Jahre 1911 bis 1913 versandten Mengen nicht überschreiten.

Außerdem verpflichtet sich die deutsche Regierung, während des oben angegebenen Zeitraums aus Deutschland Garne, Gewebe und andere Spinnstoffe oder Gespinstwaren aller Art und in jedem Zustand, die aus Deutschland in die elsässischen oder lothringischen Gebiete gehen, um dort irgend einem Veredelungsverfahren, wie Bleichen, Färben, Bedrucken, Merzerisieren, Gazieren, Zwirnen oder Zurichten unterworfen zu werden, frei aus Deutschland ausgehen und frei von allen

Zöllen und anderen Angaben, einschließlich der inneren Steuern, nach Deutschland wiedereingehen zu lassen.

b) Während eines Zeitraums von drei Jahren nach Inkrafttreten des gegenwärtigen Vertrags genießen die Roh- oder Fertigerzeugnisse, die aus den vor dem Kriege zu Deutschland gehörigen polnischen Gebieten stammen oder herkommen, bei ihrem Eingang in das deutsche Zollgebiet vollständige Zollfreiheit.

Die polnische Regierung wird alljährlich durch einen der deutschen Regierung mitzuteilenden Beschluß die Art und Menge der Erzeugnisse festsetzen, denen diese Befreiung zustatten kommt.

Die Mengen jedes Erzeugnisses, die so jährlich nach Deutschland gesandt werden können, dürfen den Jahresdurchschnitt der im Laufe der Jahre 1911 bis 1913 versandten Mengen nicht überschreiten.

c) Die alliierten und assoziierten behalten sich das Recht vor, Deutschland die Verpflichtung aufzuerlegen, für einen Zeitraum von fünf Jahren nach Inkrafttreten des gegenwärtigen Vertrags die Roh- oder Fertigerzeugnisse, die aus dem Großherzogtum Luxemburg stammen und herkommen, bei ihrem Eingang in das deutsche Zollgebiet vollständig zollfrei einzulassen.

Die Art und Menge der Erzeugnisse, denen diese Behandlung zustatten kommen soll, werden alljährlich der deutschen Regierung mitgeteilt.

Die Mengen jedes Erzeugnisses, die so jährlich nach Deutschland gesandt werden können, dürfen den Jahresdurchschnitt der im Laufe der Jahre 1911 bis 1913 versandten Mengen nicht überschreiten.

Artikel 269

Währen einer Frist von sechs Monaten nach Inkrafttreten des gegenwärtigen Vertrags dürfen die von Deutschland auf die Einfuhr der alliierten und assoziierten Mächte gelegten Abgaben nicht höher sein, als die vorteilhaftesten Sätze, die für die Einfuhr nach Deutschland am 31. Juli 1914 in Anwendung waren.

Diese Bestimmung bleibt während eines weiteren Zeitraums von dreißig Monaten nach Ablauf der ersten sechs Monate weiter in Anwendung, jedoch ausschließlich für die im ersten Abschnitt, Unterabschnitt A, des deutschen Zolltarifs vom 25. Dezember 1902 aufgeführten Erzeugnisse, deren Zollsätze am 31. Juli 1914 auf Grund von Verträgen mit den alliierten oder assoziierten Mächten vertraglich festgelegt waren, ferner für alle Arten Wein und Pflanzenöle, für Kunstseide und gewaschene oder entfettete Wolle, gleichviel, ob diese vor dem 31. Juli 1914 Gegenstand besonderer Übereinkommen gewesen sind oder nicht.

Artikel 270

Die alliierten und assoziierten Mächte behalten sich vor, für das deutsche, von ihren Truppen besetzte Gebiet eine eigene Zollordnung sowohl für die Einfuhr wie für die Ausfuhr in Geltung zu setzen, sofern ihnen eine solche Maßnahme erforderlich erscheint, um die wirtschaftlichen Interessen der Bevölkerung dieser Gebiete zu wahren.

Artikel 271

In Bezug auf Fischerei, Küstenschiffahrt und Schleppschiffahrt zur See sollen die Schiffe und Boote der alliierten und assoziierten Mächte in den deutschen Hoheitsgewässern die Behandlung erfahren, die den Schiffen und Booten der meistbegünstigten Nation zugestanden wird.

Artikel 272

Deutschland ist damit einverstanden, daß ohne Rücksicht auf alle gegenteiligen Bestimmungen in den Übereinkommen, betreffend die Fischerei und den Handel mit geistigen Getränken in der Nordsee, alle Untersuchungs- und Polizeirechte soweit Fischereifahrzeuge der alliierten Mächte in Betracht kommen, lediglich durch Fahrzeuge dieser Mächte ausgeübt werden.

Artikel 273

Alle Arten Zeugnisse oder Papiere, die sich auf Schiffe und Boote der alliierten und assoziierten Mächte beziehen und die von Deutschland vor dem Kriege als gültig anerkannt waren oder in Zukunft durch die Hauptseestaaten als gültig anerkannt werden sollen, werden von Deutschland als gültig und gleichwertig mit den den deutschen Schiffen ausgefolgten entsprechenden Zeugnissen anerkannt.

Ebenso sind die Zeugnisse und Papiere, die von den neuen Staaten ihren Schiffen und Booten ausgefolgt werden, gleichviel, ob die Staaten über Meeresküsten verfügen oder nicht, unter der Voraussetzung anzuerkennen, daß diese Zeugnisse und Papiere in Übereinstimmung mit den in den Hauptseestaaten allgemein geltenden Gebräuchen ausgestellt sind.

Die Hohen vertragschließenden Teile sind sich darüber einig, die Flagge der Schiffe jeder nicht über Meeresküsten verfügenden alliierten und assoziierten Macht anzuerkennen, wenn die Schiffe an einem einzigen bestimmten auf ihrem Gebiete gelegenen Orte eingetragen sind. Dieser Ort gilt als Registerhafen der Schiffe.

Artikel 274

Deutschland verpflichtet sich, alle erforderlichen Gesetzgebungs- oder Verwaltungsmaßnahmen zu treffen, um die Roh- oder Fertigerzeugnisse einer jeden alliierten oder assoziierten Macht gegen jede Art von unlauteren Wettbewerb im Handelsverkehr zu schützen.

Deutschland verpflichtet sich, durch Beschlagnahme und durch alle anderen geeigneten Rechtsbehelfe die Ein- und Ausfuhr sowie für das Inland die Herstellung, den Umlauf, den Verkauf und das Feilbieten aller Erzeugnisse oder Waren zu unterdrücken und zu verhindern, die auf dem betreffenden Gegenstand selbst oder seiner unmittelbaren Aufmachung oder seiner äußeren Verpackung irgendwelche Marken, Namen, Aufschriften oder Zeichen tragen, welche unmittelbar oder mittelbar falsche Angaben über Ursprung, Gattung, Art oder charakteristische Eigenschaften dieser Erzeugnisse oder Waren darstellen.

Artikel 275

Deutschland verpflichtet sich unter der Bedingung der Gegenseitigkeit auf diesem

Gebiet, die in einem alliierten oder assoziierten Lande geltenden und durch die zuständigen Behörden Deutschland gehörig bekanntgegebenen Gesetze und in Übereinstimmung mit diesen Gesetzen ergangenen Verwaltungs- oder Gerichtsentscheidungen zu beobachten, wodurch das Recht auf eine Legebezeichnung für die in dem betreffenden Lande erzeugten Weine oder geistigen Getränke bestimmt oder geregelt wird oder wodurch die Bedingungen bestimmt oder geregelt werden, an welche die Erlaubnis zum Gebrauch einer Lagebezeichnung geknüpft ist. Die Ein- und Ausfuhr, die Herstellung, der Umlauf, der Verkauf oder das Feilbieten von Erzeugnissen oder Waren, die den obengenannten Gesetzen oder Entscheidungen zuwiderlaufende Lagebezeichnungen tragen, sind von Deutschland zu untersagen und durch die im vorigen Artikel vorgeschriebenen Maßnahmen zu unterdrücken.

Artikel 276

Deutschland verpflichtet sich:

a) die Staatsangehörigen der alliierten und assoziierten Mächte hinsichtlich der Ausübung von Handwerk, Beruf, Handel und Gewerbe keine Ausschlußmaßnahmen zu unterwerfen, die nicht in gleicher Weise und ausnahmslos für alle Ausländer gilt;

b) die Staatsangehörigen der alliierten und assoziierten Mächte keinen Vorschriften oder Beschränkungen hinsichtlich der in Absatz a) bezeichneten Rechte zu unterwerfen, soweit sie unmittelbar oder mittelbar den Bestimmungen des genannten Absatzes widersprechen oder soweit sie von anderer Art oder ungünstiger sind als diejenigen, die für die der meistbegünstigten Nation angehörenden Ausländer gelten;

c) die Staatsangehörigen der alliierten und assoziierten Mächte, deren Güter, Rechte oder Interessen, einschließlich der Gesellschaften oder Vereinigungen, an denen sie beteiligt sind, keinen anderen oder höheren direkten oder indirekten Gebühren zu unterwerfen, als sie den eigenen Angehörigen oder deren Gütern, Rechten oder Interessen auferlegt sind oder etwa auferlegt werden;

d) den Staatsangehörigen irgendeiner der alliierten und assoziierten Mächte keinerlei Beschränkungen aufzuerlegen, die nicht am 1. Januar 1914 auf die Staatsangehörigen dieser Mächte anwendbar war, sofern nicht seinen eigenen Angehörigen dieselbe Beschränkung gleichfalls auferlegt wird.

Artikel 277

Die Staatsangehörigen der alliierten und assoziierten Mächte sollen auf deutschem Gebiete für ihre Person, Güter, Rechte und Interessen ständigen Schutz genießen und freien Zutritt zu den Gerichten haben.

Artikel 278

Deutschland verpflichtet sich, die neue Staatsangehörigkeit, die von seinen Angehörigen gemäß den Gesetzen der alliierten und assoziierten Mächte und gemäß den Entscheidungen der zuständigen Behörden dieser Mächte, sei es auf dem Wege der Einbürgerung, sei es auf Grund einer Vertragsbestimmung etwa erworben ist oder erworben wird, anzuerkennen und auf Grund der neuerworbenen Staatsangehörigkeit dieses Reichsangehörigen in jeder Richtung von jeder Pflicht gegenüber ihrem Heimatstaate zu entbinden.

Artikel 279

Die alliierten und assoziierten Mächte dürfen in den Städten und Häfen Deutschlands Generalkonsuln, Konsuln, Vizekonsuln und Konsularagenten ernennen. Deutschland verpflichtet sich, die Ernennung dieser Generalkonsuln, Konsuln, Vizekonsuln und Konsularagenten, deren Namen ihm bekanntgegeben werden, gutzuheißen und sie zur Ausübung ihrer Tätigkeit nach Maßgabe der üblichen Regeln und Gebräuche zuzulassen.

Artikel 280

Die Deutschland vorstehend durch Kapitel I und durch die Artikel 271 und 272 des Kapitels II auferlegten Verpflichtungen erlöschen fünf Jahre nach Inkrafttreten des gegenwärtigen Vertrags, sofern sich nicht aus dem Wortlaut das Gegenteil ergibt oder sofern nicht der Rat des Völkerbunds spätestens zwölf Monate vor Ablauf dieser Frist entscheidet, daß die Verpflichtungen mit oder ohne Abänderung für einen weiteren Zeitraum aufrechterhalten bleiben.

Der Artikel 276 des Kapitels IV bleibt, mit oder ohne Abänderung, nach Ablauf dieser fünf Jahre in Kraft, wenn dies die Mehrheit des Rates des Völkerbunds beschließt; der Beschluß setzt zugleich die Dauer der Verlängerung fest, die indes fünf Jahre nicht überschreiten darf.

Artikel 281

Treibt die deutsche Regierung internationalen Handel, so soll sie in dieser Hinsicht keinerlei Rechte, Vorrechte und Freiheiten der Souveränität haben, auch nicht so angesehen werden, als ob sie solche hätte.

Artikel 282

Vom Inkrafttreten des gegenwärtigen Vertrags ab und unter Vorbehalt der darin enthaltenen Bestimmungen gelten lediglich die nachstehend und in den folgenden Artikeln aufgezählten Kollektivverträge, -übereinkommen und -abmachungen wirtschaftlicher oder technischer Art zwischen Deutschland und denjenigen alliierten und assoziierten Mächten, die daran als Vertragsschließende beteiligt sind:

1. Übereinkommen vom 14. März 1884, vom 1. Dezember 1886 und vom 23. März 1887, sowie Schlußprotokoll vom 7. Juli 1887 zum Schutz der unterseeischen Telegraphenkabel;

2. Übereinkommen vom 11. Oktober 1909, betreffend den internationalen Verkehr mit Kraftfahrzeugen;

3. Abmachung vom 15. Mai 1886, betreffend die Plombierung der der Zollbesichtigung unterliegenden Waggons, und Protokoll vom 18. Mai 1907;

4. Abmachung vom 15. Mai 1886, betreffend die technische Einheit im Eisenbahnwesen;

5. Übereinkommen vom 5. Juli 1890, betreffend die Veröffentlichung der Zolltarife und die Organisation einer internationalen Vereinigung zur Veröffentlichung der Zolltarife;

6. Übereinkommen vom 31. Dezember 1913, betreffend die Vereinheitlichung der Handelsstatistiken;

7. Übereinkommen vom 25. April 1907, betreffend die Erhöhung der türkischen Zolltarife;

8. Übereinkommen vom 14. März 1857, betreffend die Ablösung des Zolles im Sund und in den Belten;

9. Übereinkommen vom 22. Juni 1861, betreffend die Ablösung des Elbzolls;

10. Übereinkommen vom 16. Juli 1863, betreffend die Ablösung des Scheldezolls;

11. Übereinkommen vom 29. Oktober 1888, betreffend Festsetzung einer endgültigen Regelung zur Sicherung der freien Benutzung des Suezkanals;

12. Übereinkommen vom 23. September 1910, betreffend Vereinheitlichung gewisser Regeln über den Zusammenstoß von Schiffen, die Hilfeleistung und Bergung in Seenot;

13. Übereinkommen vom 21. Dezember 1904, betreffend Befreiung der Lazarettschiffe von Hafenabgaben und -taxen;

14. Übereinkommen vom 4. Februar 1898, betreffend die Eichung der Binnenschiffe;

15. Übereinkommen vom 26. September 1906 über das Verbot der Nachtarbeit von Frauen;

16. Übereinkommen vom 26. September 1906 über das Verbot der Verwendung von weißem Phosphor bei der Zündholzfabrikation;

17. Übereinkommen vom 18. Mai 1904 und vom 4. Mai 1910 zur Bekämpfung des Mädchenhandels;

18. Übereinkommen vom 4. Mai 1910 zur Bekämpfung der Verbreitung unzüchtiger Veröffentlichungen;

19. Sanitätsübereinkommen vom 30. Januar 1892, 15. April 1893, 3. April 1894, 19. März 1897 und 3. Dezember 1903;

20. Übereinkommen vom 20. Mai 1875, betreffend die Einigung und Vervollkommnung des metrischen Systems;

21. Übereinkommen vom 29. November 1906, betreffend die Vereinheitlichung pharmazeutischer Formeln für starkwirkende Medikamente;

22. Übereinkommen vom 16. und 19. November 1885, betreffend die Herstellung einer Normalstimmgabel;

23. Übereinkommen vom 7. Juni 1905, betreffend die Schaffung eines internationalen Ackerbauinstituts in Rom;

24. Übereinkommen vom 3. November 1881 und vom 15. April 1889, betreffend Maßregeln gegen die Reblaus;

25. Übereinkommen vom 19. März 1902 zum Schutz für die der Landwirtschaft nützlichen Vögel;

26. Übereinkommen vom 12. Juni 1902 zur Regelung der Vormundschaft über Minderjährige.

Artikel 283

Vom Inkrafttreten des gegenwärtigen Vertrags ab lassen die Hohen vertragschließenden Teile unter der Bedingung, daß Deutschland die besonderen in diesem Artikel enthaltenen Bestimmungen befolgt, die nachstehend aufgeführten Übereinkommen und Abreden, soweit sie davon betroffen werden, wieder gelten.

Übereinkommen und Abreden des Weltpostvereins, unterzeichnet in Wien am 4. Juli 1891;

Übereinkommen und Abreden des Weltpostvereins, unterzeichnet in Washington am 15. Juni 1897;

Übereinkommen und Abreden des Weltpostvereins, unterzeichnet in Rom am 26. Mai 1906.

Internationale Telegraphenübereinkommen, unterzeichnet in St. Petersburg am 10./ 22. Juli 1875;

Ausführungsbestimmungen und Tarife der internationalen Telegraphenkonferenz in Lissabon vom 11. Juni 1908.

Deutschland verpflichtet sich, seine Einwilligung zum Abschlusse von Sonderabreden mit neuen Staaten, wie sie durch die Übereinkommen und Abreden, betreffend den Weltpostverein und den internationalen Telegraphenverein, vorgesehen sind, nicht zu verweigern, soweit die neuen Staaten diesen Übereinkommen und Abreden beigetreten sind oder beitreten werden.

Artikel 284

Vom Inkrafttreten des gegenwärtigen Vertrags ab lassen die Hohen vertragschließenden Teile unter der Bedingung, daß Deutschland die ihm von seiten der alliierten und assoziierten Mächte mitzuteilenden vorläufigen Bestimmungen befolgt, das internationale funktelegraphische Übereinkommen vom 5. Juli 1912, soweit sie davon betroffen werden, wieder gelten.

Wird binnen fünf Jahren nach Inkrafttreten des gegenwärtigen Vertrags an Stelle des Übereinkommens vom 5. Juli 1912 ein neues Übereinkommen zur Regelung der internationalen funktelegraphischen Beziehungen geschlossen, so ist dieses Übereinkommen für Deutschland bindend, selbst wenn Deutschland sich geweigert haben sollte, bei dessen Ausarbeitung mitzuwirken oder es zu unterzeichnen.

Ein solches neues Übereinkommen tritt zugleich an Stelle der vorläufigen Bestimmungen.

Artikel 285

Vom Inkrafttreten des gegenwärtigen Vertrags ab lassen die Hohen vertragschließenden Teile, soweit sie davon betroffen werden und unter der im Artikel 272 festgesetzten Bedingung, die folgenden Übereinkommen gelten:

1. Übereinkommen vom 6. Mai 1882 und vom 1. Februar 1889 zur Regelung der Nordseefischerei außerhalb der Territorialgewässer;

2. die Übereinkommen und Protokolle vom 16. November 1887, vom 14. Februar 1893 und vom 11. April 1894, betreffend den Branntweinhandel in der Nordsee.

Artikel 286

Das internationale Pariser Übereinkommen vom 20. März 1883 zum Schutze des gewerblichen Eigentums, revidiert in Washington am 2. Juni 1911, und das internationale Berner Übereinkommen vom 9. September 1886 zum Schutze von Werken der Literatur und Kunst, revidiert in Berlin am 13. November 1908 und vervollständigt durch das Berner Zusatzprotokoll vom 20. März 1914, erlangen vom Inkrafttreten des gegenwärtigen Vertrags ab erneute Geltung und Wirksamkeit, soweit sie nicht durch die in letzterem vorgesehenen Ausnahmen und Einschränkungen betroffen und abgeändert werden.

Artikel 287

Vom Inkrafttreten des gegenwärtigen Vertrags ab lassen die Hohen vertragschließenden Teile, soweit sie davon betroffen werden, das Haager Übereinkommen vom 17. Juli 1905 über den Zivilprozeß gelten. Doch bleibt diese Wiederinkraftsetzung gegenüber Frankreich, Portugal und Rumänien jetzt und fernerhin ohne Wirksamkeit.

Artikel 288

Die Deutschland durch den Artikel 3 des Übereinkommens vom 2. Dezember 1899 über die Samoa-Inseln gewährten besonderen Rechte und Vorrechte gelten als mit dem 4. August 1914 erloschen.

Artikel 289

Jede der alliierten oder assoziierten Mächte wird, getreu dem Geiste der allgemeinen Grundsätze oder der besonderen Bestimmungen des gegenwärtigen Vertrags, Deutschland die zweiseitigen Übereinkommen oder Verträge mitteilen, deren Wiederinkraftsetzung im Verhältnis zu ihr sie verlangt.

Die in diesem Artikel vorgesehene Mitteilung ergeht entweder unmittelbar oder durch die Vermittlung einer anderen Macht. Deutschland wird den Empfang schriftlich bestätigen. Die Wiederinkraftsetzung hat Wirkung von der Mitteilung an.

Die alliierten oder assoziierten Mächte verpflichten sich untereinander, nur diejenigen Übereinkommen oder Verträge mit Deutschland wieder in Kraft zu setzen, die mit den Bestimmungen des gegenwärtigen Vertrags im Einklang stehen.

Die Mitteilung bezeichnet gegebenenfalls diejenigen Bestimmungen der Übereinkommen oder Verträge, die, weil sie den Bestimmungen des gegenwärtigen Vertrags nicht entsprechen, nicht wieder in Kraft treten sollen.

Bei Meinungsverschiedenheiten wird der Völkerbund um seine Entscheidung angegangen.

Für die Mitteilung wird den alliierten oder assoziierten Mächten eine Frist von sechs Monaten nach dem Inkrafttreten des gegenwärtigen Vertrags gewährt. Nur diejenigen zweiseitigen Übereinkommen und Verträge, die den Gegenstand einer solchen Mitteilung bilden, treten zwischen den alliierten oder assoziierten Mächten und Deutschland wieder in Kraft; alle andern sind und bleiben aufgehoben.

Die vorstehenden Bestimmungen finden auf alle zweiseitigen Übereinkommen und Verträge Anwendung, die zwischen irgendeiner zu den Signatarmächten des gegenwärtigen Vertrags gehörenden alliierten und assoziierten Macht und Deutschland bestehen, selbst wenn sie sich für Deutschland nicht im Kriegszustand befunden hat.

Artikel 290

Deutschland erkennt an, daß durch den gegenwärtigen Vertrag alle Verträge, Übereinkommen oder Abmachungen, die es mit Österreich, Ungarn, Bulgarien oder der Türkei seit dem 1. August 1914 bis zum Inkrafttreten des gegenwärtigen Vertrags abgeschlossen hat, aufgehoben sind und bleiben.

Artikel 291

Deutschland verpflichtet sich, die alliierten und assoziierten Mächte, sowie deren Beamte und Staatsangehörigen ohne weiteres in den Genuß aller Rechte und Vorteile jeder Art treten zu lassen, die es Österreich, Ungarn, Bulgarien oder der Türkei oder den Beamten und Angehörigen dieser Staaten vor dem 1. August 1914 durch Verträge, Übereinkommen oder Abmachungen eingeräumt hat, und zwar so lange diese Verträge, Übereinkommen oder Abmachungen in Kraft bleiben.

Die alliierten und assoziierten Mächte behalten sich vor, den Genuß dieser Rechte und Vorteile für sich in Anspruch zu nehmen oder nicht.

Artikel 292

Deutschland erkennt an, daß alle mit Rußland oder irgendeinem Staate oder irgendeiner Regierung, deren Gebiet früher einen Teil Rußlands bildete, sowie mit Rumänien vor dem 1. August 1914 oder seit diesem Tage bis zum Inkrafttreten des gegenwärtigen Vertrags geschlossenen Verträge, Übereinkommen oder Abmachungen aufgehoben sind und bleiben.

Artikel 293

Falls seit dem 1. August 1914 eine alliierte oder assoziierte Macht, Rußland oder ein Staat oder eine Regierung, deren Gebiet früher einen Teil Rußlands bildete, infolge einer militärischen Besetzung oder mit anderen Mitteln oder aus anderen Gründen genötigt worden ist, Deutschland oder einem deutschen Reichsangehörigen durch ein von irgendeiner öffentliche Behörde ausgehenden Maßnahme Konzessionen, Vorrechte und Begünstigungen irgendwelcher Art zu gewähren oder gewähren zu lassen, so werden diese Konzessionen, Vorrechte und Begünstigungen durch den gegenwärtigen Vertrag ohne weiteres hinfällig.

Alle hieraus möglicherweise entspringenden Lasten oder Schadensersatzansprüche werden unter keinen Umständen, sei es von den alliierten und assoziierten Mächten, sei es von den Mächten, Staaten, Regierungen oder öffentlichen Behörden getragen, die dieser Artikel von ihren Verpflichtungen entbindet.

Vom Inkrafttreten des gegenwärtigen Vertrags ab verpflichtet sich Deutschland, die alliierten und assoziierten Mächte sowie ihre Staatsangehörigen an allen Rechten und Vorteilen jeder Art, die seit dem 1. August 1914 bis zum Inkrafttreten des gegenwärtigen Vertrags, Übereinkommen oder Abmachungen nicht kriegführender Staaten oder deren Staatsangehörigen eingeräumt hat, ohne weiteres teilnehmen zu lassen, solange diese Verträge, Übereinkommen und Abmachungen in Kraft bleiben.

Artikel 294

Mit dem Inkrafttreten dieses Vertrages verpflichtet sich Deutschland ohne weiteres, den alliierten und assoziierten Mächten ebenso wie ihren Staatsangehörigen die Rechte und Vorteile jeglicher Art zuzubilligen, welche es seit dem 1. August 1914 bis zum Inkrafttreten dieses Vertrages durch Verträge, Abmachungen und Vereinbarungen nicht kriegführenden Staaten oder deren Staatsangehörigen bewilligt hat, solange diese Verträge, Abmachungen und Vereinbarungen in Kraft bleiben.

Artikel 295

Diejenigen der Hohen vertragschließenden Teile, die das Haager Opium-Abkommen vom 23. Januar 1912 noch nicht unterzeichnet oder nach der Unterzeichnung noch nicht ratifiziert haben, erklären sich damit einverstanden, das Abkommen in Kraft treten zu lassen und zu diesem Zwecke sobald wie möglich und spätestens binnen zwölf Monaten nach dem Inkrafttreten des gegenwärtigen Vertrags die nötigen Gesetze zu erlassen.

Die Hohen vertragschließenden Teile kommen außerdem überein, daß für diejenigen von ihnen, die das genannte Übereinkommen noch nicht ratifiziert haben, die Ratifikation des gegenwärtigen Vertrags in jeder Hinsicht einer solchen Ratifikation und der Unterzeichnung des Spezialprotokolls gleichkommen soll, das in Haag gemäß den Beschlüssen der dritten, im Jahre 1914 zur Inkraftsetzung dieses Übereinkommens abgehaltenen Opiumkonferenz aufgenommen worden ist.

Die Regierung des französischen Freistaats wird der Regierung der Niederlande eine beglaubigte Abschrift des Protokolls über die Hinterlegung der Ratifikation des gegenwärtigen Vertrags übermitteln und sie ersuchen, diese Urkunde als Hinterlegung der Ratifikation des Abkommens vom 23. Januar 1912 und als Unterzeichnung des Zusatzprotokolls von 1914 entgegenzunehmen und anzuerkennen.

Artikel 296

Durch Vermittlung von Prüfungs- und Ausgleichämtern, die von jedem der Hohen vertragschließenden Teile binnen drei Monaten nach der in dem nachstehenden Absatz e vorgesehenen Mitteilung einzusetzen sind, werden folgende Arten von Geldverbindlichkeiten geregelt:

1. Vor dem Kriege fällig gewordene Schulden, deren Zahlung von Staatsangehörigen einer der vertragschließenden Mächte, die im Gebiete dieser Macht wohnen, an die Staatsangehörigen einer gegnerischen Macht, die in deren Gebiet wohnen, zu leisten ist;

2. Während des Krieges fällig gewordenen Schulden, welche an die im Gebiete einer der vertragschließenden Mächte wohnenden Staatsangehörigen dieser Macht zu zahlen sind und aus Geschäften oder Verträgen mit den im Gebiet einer gegnerischen Macht wohnenden Staatsangehörigen dieser Macht herrühren, sofern die Ausführung dieser Geschäfte oder Verträge ganz oder teilweise infolge der Kriegserklärung ausgesetzt worden ist;

3. Die vor oder im Kriege fällig gewordenen und dem Staatsangehörigen einer der vertragschließenden Mächte geschuldeten Zinsen von Werten, die von einer gegnerische Macht ausgegeben worden sind, es sei denn, daß die Zahlung dieser Zinsen an die Staatsangehörigen dieser Macht oder an die Neutralen während des Krieges ausgesetzt worden ist;

4. Die vor oder im Kriege rückzahlbar gewordenen, an die Staatsangehörigen einer der vertragschließenden Mächte zu entrichtenden Kapitalbeträge der von einer gegnerischen Macht ausgegebenen Werte, es sei denn, daß die Zahlung eines solchen Kapitalbetrags an die Staatsangehörigen dieser Macht oder an die Neutralen während des Krieges ausgesetzt worden ist.

Die Erlöse aus der Liquidation der in Abschnitt IV und seiner Anlage bezeichneten feindlichen Güter, Rechte und Interessenwerden von den Prüfungs- und Ausgleichsämtern in der nachstehend in Absatz d vorgesehenen Währung und zu dem dort bezeichneten Kurse übernommen. Sie treffen darüber nach Maßgabe der in dem genannten Abschnitt und seiner Anlage vorgesehenen Bedingungen Bestimmung.

Die von diesem Artikel bezeichnete Abwicklung vollzieht sich nach folgenden Grundsätzen und gemäß der Anlage zu diesen Abschnitt:

a) Vom Inkrafttreten des gegenwärtigen Vertrags ab verbietet jeder der Hohen vertragschließenden Teile alle Zahlungen, Zahlungsannahmen, überhaupt jeden auf die Regelung der genannten Schulden bezüglichen Verkehr zwischen den Beteiligten, sofern er nicht durch Vermittlung der oben bezeichneten Prüfungs- und Ausgleichsämter erfolgt;

b) jeder der in Betracht kommenden Hohen vertragschließenden Teile haftet für die Bezahlung der genannten Schulden seiner Staatsangehörigen, es sei denn, daß der Schuldner sich vor dem Kriege im Konkurs, in Zahlungsunfähigkeit oder im Zustande erklärter Zahlungseinstellung befand, oder daß die Begleichung der Schuld einer Gesellschaft oblag, deren Geschäfte während des Krieges auf Grund der Ausnahmegesetzgebung des Krieges liquidiert worden sind. Für Schulden von Einwohnern der vom Feinde vor dem Waffenstillstand mit Krieg überzogenen oder besetzten Gebiete tritt indessen keine Haftung der Staaten ein, zu denen diese Gebiete gehören;

c) die den Staatsangehörigen einer der vertragschließenden Mächte von den Staatsangehörigen einer gegnerischen Macht geschuldeten Summe werden dem Prüfungs-

und Ausgleichsamt des Landes des Schuldners zur Last geschrieben und dem Gläubiger durch das Amt seines Landes ausbezahlt;

d) die Schulden werden in der Währung der jeweils beteiligten alliierten oder assoziierten Macht (einschließlich der Kolonien und Protektorate der alliierten Mächte, der britischen Dominien und Indiens) bezahlt oder gutgeschrieben. Lauten die Schulden auf irgendeine andere Währung, so sind sie in der Währung der beteiligten alliierten oder assoziierten Macht (Kolonien, des Protektorats, des britischen Dominiums oder Indiens) zu bezahlen oder gutzuschreiben. Die Umwandlung erfolgt zu dem vor dem Kriege geltenden Umrechnungskurse.

Als Umrechnungskurs vor dem Kriege im Sinne dieser Bestimmung gilt der Durchschnittskurs der Drahtüberweisungen der beteiligten alliierten oder assoziierten Macht während des Monats, der der Eröffnung der Feindseligkeiten zwischen dieser Macht und Deutschland unmittelbar vorherging.

Schreibt ein Vertrags ausdrücklich einen festen Umrechnungskurs für die Umwandlung aus der Währung, auf welche die Schuldverbindlichkeit lautet, in die Währung der beteiligten alliierten und assoziierten Macht vor, so bleibt die obige Bestimmung über den Umrechnungskurs außer Anwendung.

Für die neugebildeten Mächte bestimmt der in Teil VIII vorgesehene Wiedergutmachungsausschuß die für die Zahlung oder Gutschrift maßgebende Währung und den dabei anzuwendenden Umrechnungskurs;

e) die Vorschriften dieses Artikel und der beigefügten Anlage finden keine Anwendung im Verhältnis zwischen Deutschland einerseits und irgendeiner der alliierten oder assoziierten Mächte, ihren Kolonien oder Protektoraten oder Indien andererseits, sofern nicht eine entsprechende Mitteilung an Deutschland seitens der beteiligten Macht binnen einem Monat nach der Hinterlegung der Ratifikation des gegenwärtigen Vertrags oder, sofern es sich um ein britisches Dominium oder um Indien handelt, binnen einem Monat nach der mit Wirkung für dieses Dominium oder für Indien erfolgten Ratifikation ergeht;

f) die alliierten und assoziierten Mächte, die diesem Artikel und der beigefügten Anlage beigetreten sind, können unter sich deren Anwendung auf ihre, in ihrem Gebiete ansässigen Staatsangehörigen vereinbaren, soweit die Beziehungen zwischen diesen Staatsangehörigen und den deutschen Reichsangehörigen in Frage kommen. Geschieht dies, so werden die gemäß der gegenwärtigen Bestimmung bewirkten Zahlungen zwischen den beteiligten Prüfungs- und Ausgleichsämtern der alliierten und assoziierten Mächte geregelt.

Artikel 297

Soweit der gegenwärtige Vertrag nicht ein anderes bestimmt, behalten sich die alliierten und assoziierten Mächte das Recht vor, alle den deutschen Reichsangehörigen oder den von ihnen abhängigen Gesellschaften bei Inkrafttreten des gegenwärtigen Vertrags gehörende Güter, Rechte und Interessen innerhalb ihrer Gebiete, Kolonien, Besitzungen und Protektoratsländer, einschließlich der Gebiete, die ihnen durch den gegenwärtigen Vertrag abgetreten werden, zurückzubehalten und zu liquidieren. Deutschland verpflichtet sich, seine Angehörigen wegen der Liquidation oder Einbehaltung ihrer Güter, Rechte oder Interessen in den alliierten oder assoziierten Ländern zu entschädigen.

Artikel 298

Deutschland verpflichtet sich, in Ansehung der Güter, Rechte und Interessen, die gemäß Artikel 297 Absatz a) oder f) den Staatsangehörigen der alliierten oder assoziierten Mächte, einschließlich der Gesellschaften und Vereinigungen, an denen solche Staatsangehörige beteiligt waren, zurückerstattet werden,

a) vorbehaltlich der im gegenwärtigen Vertrag ausdrücklich vorgesehenen Ausnahmen, die Güter, Rechte und Interessen der Staatsangehörigen der alliierten oder assoziierten Mächte in die rechtliche Lage zu versetzen und darin zu erhalten, in der, kraft der vor dem Krieg geltenden Gesetze, die Güter, Rechte und Interessen der deutschen Reichsangehörigen sich befanden;

b) die Güter, Rechte oder Interessen der Staatsangehörigen der alliierten oder assoziierten Staaten keinerlei in das Eigentumsrecht eingreifenden Maßnahmen zu unterwerfen, die nicht gleichermaßen auf Güter, Rechte oder Interessen der deutschen Reichsangehörigen Anwendung finden, und im Fall, daß solche Maßnahmen getroffen werden, angemessene Entschädigungen zu zahlen.

Artikel 299

a) Verträge zwischen Feinden gelten als mit dem Zeitpunkt aufgehoben, an dem zwei der Beteiligten Feinde geworden sind. Dies gilt nicht für Schulden und andere Geldverpflichtungen, die aus der Vornahme einer in einem solchen Vertrage vorgesehenen Handlung oder der Leistung einer dort vorgesehenen Zahlung entspringen. Vorbehalten bleiben ferner die nachstehend oder in der beigefügten Anlage vorgesehenen Ausnahmen und Sonderregeln für bestimmte Verträge oder Vertragsgattungen.

b) Nicht betroffen von der Aufhebung im Sinne dieses Artikels werden diejenigen Verträge, bei denen im Allgemeininteresse die Regierungen der alliierten und assoziierten Mächte denen eine der Vertragsparteien angehört, binnen sechs Monaten nach Inkrafttreten des gegenwärtigen Vertrags erklären, daß sie auf der Ausführung bestehen.

Bringt die Ausführung der demgemäß aufrechterhaltenen Verträge für eine der Parteien infolge veränderter Handelsverhältnisse einen erheblichen Nachteil mit sich, so kann der in Abschnitt VI vorgesehene Gemischte Schiedsgerichtshof der geschädigten Partei eine angemessene Entschädigung zubilligen.

c) Mit Rücksicht auf die Bestimmungen der Verfassung und des Rechts der Vereinigten Staaten von Amerika, Brasiliens und Japans findet weder dieser Artikel noch Artikel 300, noch die Anlage auf Verträge, die von Staatsangehörigen dieser Staaten mit deutschen Reichsangehörigen geschlossen worden sind, Anwendung. Desgleichen findet Artikel 306 keine Anwendung auf die Vereinigten Staaten von Amerika oder deren Staatsangehörigen.

d) Dieser Artikel und seine Anlage finden keine Anwendung auf Verträge, deren Parteien dadurch Feinde geworden sind, daß eine von ihnen Einwohner eines Gebiets war, das unter eine andere Souveränität tritt, falls diese Partei infolge des gegenwärtigen Vertrags die Staatsangehörigkeit einer alliierten oder assoziierten Macht erwirbt. Das gleiche gilt für Verträge zwischen Staatsangehörigen der alliierten und assoziierten Mächte, zwischen denen der Handel deshalb verboten war, weil einer der Vertragschließenden sich in einem vom Feinde besetzten Gebiet einer alliierten oder assoziierten Macht befand.

e) Keine Bestimmung dieses Artikels und seiner Anlage darf zur Ungültigkeitserklärung eines Geschäfts führen, das in gesetzmäßiger Weise auf Grund eines mit Genehmigung einer der kriegführenden Mächte abgeschlossenen Vertrags zwischen den Feinden vorgenommen worden ist.

Artikel 300

a) Auf dem Gebiete der Hohen vertragschließenden Teile sind im Verhältnis zwischen Feinden alle Verjährungs-, Ausschluß- und Verfallfristen für die Kriegsdauer gehemmt, gleichviel ob sie vor oder nach Kriegsausbruch zu laufen begonnen haben. Sie beginnen frühestens drei Monate nach Inkrafttreten des gegenwärtigen Vertrags wieder zu laufen. Diese Bestimmung findet auch Anwendung auf die Vorlegungsfristen für Zinsen- oder Dividendenabschnitte und die Vorlegungsfristen für Wertpapiere, die auf Grund erfolgter Auslosung oder aus irgendeinem anderen Grund auszahlbar sind.

b) Sind infolge Versäumung einer Handlung oder Nichtwahrung einer Formvorschrift während es Krieges Vollstreckungsmaßnahmen auf deutschem Gebiete zum Nachteil eines Staatsangehörigen einer alliierten oder assoziierten Macht vorgenommen, so wird der Einspruch dieses Staatsangehörigen vor den in Abschnitt VI vorgesehenen Gemischten Schiedsgerichtshof gebracht, es sei denn, daß der betreffende Fall zur Zuständigkeit eines Gerichts einer alliierten oder assoziierten Macht gehört.

c) Auf den Antrag der beteiligten Staatsangehörigen der alliierten oder assoziierten Macht erkennt der Gemischte Schiedsgerichtshof auf Wiederherstellung des durch die im Absatz b erwähnten Vollstreckungsmaßnahmen beeinträchtigten Rechtszustands in allen Fällen, in denen dies nach dem besonderen Tatbestand billig und möglich ist.

Ist die Wiederherstellung ungerecht oder unmöglich, so kann der Gemischte Schiedsgerichtshof der benachteiligten Partei eine Entschädigung zubilligen, die der deutschen Regierung zur Last fällt.

d) Ist ein Vertrag zwischen Feinden für aufgehoben erklärt, und zwar entweder weil eine der Parteien eine Vertragsbestimmung nicht ausgeführt hat, oder infolge Ausübung eines im Vertrage ausbedungenen Rechtes, so steht der benachteiligten Partei frei, sich an den Gemischten Schiedsgerichtshof zu wenden, um Abhilfe zu erlangen. Der Gerichtshof hat in diesem Falle die im Absatz c) vorgesehenen Befugnisse.

e) Haben Staatsangehörige der alliierten und assoziierten Mächte durch Maßnahmen der obenerwähnten Art, die Deutschland in dem mit Krieg überzogenen oder besetzten Gebiet vorgenommen hat, Schaden erlitten, so finden die Bestimmungen der vorstehenden Absätze dieses Artikels Anwendung, falls diese Staatsangehörigen nicht anderweitig entschädigt worden sind.

f) Deutschland hat jeden Dritten schadlos zu halten, der durch eine von dem Gemischten Schiedsgericht gemäß den vorstehenden Absätzen dieses Artikels zuerkannte Rechtswiederherstellung oder Wiedereinsetzung in den früheren Rechtszustand benachteiligt wird.

g) Die in Absatz a) vorgesehene dreimonatige Frist beginnt für Handelspapiere mit dem Tage, an dem die Ausnahmevorschriften, die in den Gebieten der beteiligten Macht bezüglich der Handelspapiere erlassen worden sind, endgültig außer Kraft getreten sind.

Artikel 301

Im Verhältnis zwischen den Feinden darf kein vor dem Kriege ausgestelltes Handelspapier lediglich wegen versäumter fristgerechter Vorlegung zwecks Annahme oder zwecks Zahlung, wegen versäumter Benachrichtigung der Aussteller oder Giranten von der Nichtannahme oder Nichtzahlung, wegen versäumten Protestes, wegen Versäumung der Erfüllung irgendeiner Formvorschrift für verfallen erklärt werden, wenn die Versäumung währen des Krieges erfolgt ist.

Ist die Frist zur Vorlegung eines Handelspapiers zwecks Annahme oder zwecks Zahlung oder die Frist zur Benachrichtigung des Ausstellers oder der Giranten von der Nichtannahme oder der Nichtzahlung oder die Frist zur Erhebung des Protestes während des Krieges abgelaufen und hat die vorlegungs-, protest- oder benachrichtigungspflichtige Partei währen des Krieges die betreffende Handlung versäumt, so steht ihr für die nachträgliche Vorlegung, nachträgliche Benachrichtigung von Nichtannahme oder Nichtzahlung oder nachträgliche Protesterhebung mindestens eine Frist von drei Monaten nach Inkrafttreten des gegenwärtigen Vertrags zu.

Artikel 302

Soweit nach dem gegenwärtigen Vertrage die Zuständigkeit der Gerichte einer alliierten und assoziierten Macht reicht, schaffen ihre Urteile in Deutschland Rechtskraft und sind ohne weitere Vollstreckbarkeitserklärung vollstreckbar.

Ist, gleichviel in welcher Art von Angelegenheiten, während des Krieges von einem deutschen Gericht gegen den Staatsangehörigen einer alliierten oder assoziierten Mach ein urteil ergangen, ohne daß er in der Lage war, sich zu verteidigen, so ist der hierdurch benachteiligte Staatsangehörige der alliierten oder assoziierten Macht berechtigt, Abhilfe zu verlangen, deren Form von dem im Abschnitt VI vorgesehenen Gemischten Schiedsgerichtshof näher bestimmt wird.

Auf Antrag des Staatangehörigen der alliierten oder assoziierten Macht kann der Gemischte Schiedsgerichtshof dieses Abhilfe, sofern das möglich ist, in der Form eintreten lassen, daß er die Parteien in die Lage zurückversetzt, in der sie sich vor dem von dem deutschen Gericht gefällten Urteil befanden.

Die obenerwähnte Abhilfe kann ebenso vor dem Gemischten Schiedsgerichtshof von Staatsangehörigen der alliierten oder assoziierten Mächte, die durch richterliche Maßnahmen in den mit Krieg überzogenen oder besetzten Gebieten Nachteile erlitten haben, beansprucht werden, wenn sie nicht schon anderweitig entschädigt worden sind.

Artikel 303

Im Sinn der Abschnitte III, IV, V und VII bedeutet der Ausdruck „während des Krieges" für jede alliierte oder assoziierte Macht der Zeitraum zwischen dem Eintritt des Kriegszustandes zwischen dieser Macht und Deutschland und dem Inkrafttreten des gegenwärtigen Vertrags.

Artikel 304

a) Binnen drei Monaten nach Inkrafttreten des gegenwärtigen Vertrags wird zwischen jeder alliierten und assoziierten Macht einerseits und Deutschland andererseits ein Gemischter Schiedsgerichtshof gebildet. Jeder Schiedsgerichtshof besteht aus drei Mitgliedern. Jede der beteiligten Regierungen ernennt eines dieser Mitglieder. Der Vorsitzende wird auf Grund einer Vereinbarung zwischen den beiden beteiligten Regierungen ausgewählt.

Kommt eine solche Vereinbarung nicht zustande, so ernennt der Rat des Völkerbunds, oder, bis zu einem Zeitpunkt der Errichtung des Völkerbunds Herr Gustav Ador, falls er dazu bereit ist, den Vorsitzenden des Schiedsgerichtshofs sowie zwei weitere Personen, die den Vorsitzenden gegebenenfalls vertreten. Diese Personen müssen Mächten angehören, die im laufe des Krieges neutral geblieben sind.

Sorgt eine Regierung nicht innerhalb eines Monats für die oben vorgesehene Ernennung eines Mitglieds des Schiedsgerichtshofs für eine unbesetzte Stelle, so wird das fehlende Mitglied von der gegnerischen Regierung aus den beiden oben genannten außer dem Vorsitzenden berufenen Personen ausgewählt.

Der Schiedsgerichtshof entscheidet nach Stimmenmehrheit.

b) Die gemäß Absatz a errichteten Gemischten Staatsgerichtshöfe befinden über die Streitfragen, die laut Abschnitt III, IV, V und VII zu ihrer Zuständigkeit gehören.

Außerdem regelt der Gemischte Staatsgerichtshof alle Streitfragen bezüglich der vor Inkrafttreten des gegenwärtigen Vertrags zwischen den Staatsangehörigen der alliierten und assoziierten Mächte und deutschen Reichsangehörigen geschlossenen Verträge. Eine Ausnahme gilt für die Streitfragen, die nach den Gesetzen der alliierten, assoziierten oder neutralen Mächten zur Zuständigkeit der Landesgerichte dieser Mächte gehören. Derartige Streitfragen werden von den Landesgerichten unter Ausschluß des Gemischten Schiedsgerichtshofs entschieden. Dem beteiligten Staatsangehörigen einer alliierten oder assoziierten Macht steht es jedoch frei, die Sache vor den Gemischten Schiedsgerichtshof zu bringen, sofern kein Landesgesetz dem nicht entgegensteht.

c) Wenn die Anzahl der Sachen es erfordert, sind weitere Mitglieder zu ernennen, damit sich jeder Gemischte Schiedsgerichtshof in mehrere Abteilungen gliedern kann. Jede dieser Abteilungen wird entsprechend den obigen Vorschriften besetzt.

d) Jeder Gemischte Schiedsgerichtshof ordnet sein Verfahren selbst, soweit es nicht durch die Bestimmungen der Anlage zu diesem Artikel geregelt ist. Er hat das Recht, die von der verlierenden Partei an Kosten und Auslagen zu zahlenden Beträge festzusetzen.

e) Jede Regierung bezahlt die Bezüge des von ihr ernannten Mitglieds des Gemischten Schiedsgerichts und jedes Beauftragten, den sie bezeichnet, um sie vor dem Gerichtshof zu vertreten. Die Bezüge des Vorsitzenden werden durch besondere Vereinbarungen zwischen den beteiligten Regierungen festgesetzt; diese Bezüge werden ebenso wie die gemeinsamen Ausgaben jedes Gerichts je zur Hälfte von den beiden Regierungen getragen.

f) Die Hohen vertragschließenden Teile verpflichten sich, durch ihre Gerichte und Behörden den Gemischten Schiedsgerichtshöfen jede irgend mögliche Rechtshilfe, insbesondere bei Zustellungen und bei der Beweiserhebung, gewähren zu lassen.

g) Die Hohen vertragschließenden Teile kommen überein, die Entscheidungen des Gemischten Schiedsgerichtshofes als endgültig zu betrachten und ihnen verbindliche Kraft für ihre Staatsangehörigen beizulegen.

Artikel 305

Hat ein zuständiges Gericht in einer unter Abschnitt III, IV, V oder VII fallende Angelegenheit ein Urteil gefällt oder fällt es ein Urteil, das mit den Bestimmungen der genannten Abschnitte nicht im Einklang steht, so hat die dadurch geschädigte Partei ein Recht auf Abhilfe, die durch den Gemischten Schiedsgerichtshof näher bestimmt wird. Auf Antrag des Staatsangehörigen einer alliierten oder assoziierten Macht kann der Gemischte Gerichtshof diese Abhilfe, sofern es möglich ist, in der Form eintreten lassen, daß er die Parteien in die Lage zurückversetzt, in der sie sich vor dem von dem deutschen Gericht gefällten Urteil befanden.

Artikel 306

Die gewerblichen, literarischen und künstlerischen Eigentumsrechte im Sinne der im Artikel 286 bezeichneten internationalen Abkommen von Paris und Bern werden unter Vorbehalt der Bestimmungen des gegenwärtigen Vertrags zugunsten der Personen, die bei Beginn des Kriegszustands in ihrem Genuß standen, oder zugunsten ihrer Rechtsnachfolger mit dem Inkrafttreten des gegenwärtigen Vertrags in den Gebieten der Hohen vertragschließenden Teile wieder in Kraft gesetzt oder wiederhergestellt. Desgleichen werden Rechte, die, wenn es nicht zum Krieg gekommen wäre, während des Krieges zufolge eines Gesuchs zum Schutz gewerblichen Eigentums oder zufolge der Veröffentlichung eines literarischen oder künstlerischen Werkes hätten erlangt werden können, mit dem Inkrafttreten des gegenwärtigen Vertrags zugunsten der Personen, die sie zu beanspruchen gehabt hätten, anerkannt und begründet.

Sind indes während des Krieges durch gesetzgebende, ausführende oder verwaltende Stelle einer alliierten oder assoziierten Macht hinsichtlich der Rechte deutscher Reichsangehöriger auf dem Gebiete des gewerblichen, literarischen oder künstlerischen Eigentums Sondermaßnahmen ergriffen worden, so behalten die auf Grund derselben getroffenen Anordnung weiterhin ihre Gültigkeit und volle Wirksamkeit.

Wegen der Ausnutzung von gewerblichen, literarischen oder künstlerischen Eigentumsrechten, die während des Krieges durch die Regierung einer alliierten oder assoziierten Macht oder durch irgendeine Person für Rechnung oder mit Zustimmung dieser Regierung erfolgt ist, sowie wegen des Verkaufs, des Feilbietens und des Gebrauchs irgendwelcher Erzeugnisse, Geräte, Sachen oder Gegenstände, die unter diese Rechte fielen, stehen Deutschland und deutschen Reichsangehörigen keinerlei Ersatzansprüche oder Klagen zu.

Geldbeträge, die auf Grund irgendeiner in Ausführung der in Absatz 1 dieses Artikels genannten Sondermaßnahmen getroffenen Anordnungen oder Maßregel geschuldet werden oder gezahlt worden sind, werden, falls die bei der Unterzeichnung des gegenwärtigen Vertrags geltende Gesetzgebung einer der alliierten oder assoziierten Mächte nicht anders darüber verfügt hat, in gleicher Weise wie die anderen Forderungen der deutschen Reichsangehörigen nach den Bestimmungen des gegenwärtigen Vertrags verwendet; die Geldbeträge, die durch besondere, von der deutschen Regierung hinsichtlich der gewerblichen, literarischen oder künstlerischen Eigentumsrechte von Staatsangehörigen der alliierten oder assoziierten Mächte ergriffene Maßnahmen aufgebracht worden sind, werden wie alle übrigen Schulden der deutschen Reichsangehörigen angesehen und behandelt.

Haben deutsche Reichsangehörige nach der Gesetzgebung einer alliierten oder assoziierten Macht vor dem Kriege oder in seinem Verlaufe gewerbliche, literarische oder künstlerische Eigentumsrechte erworben oder erwerben sie solche künftig, so bleibt der betreffenden alliierten oder assoziierten Macht die Befugnis vorbehalten, diese Rechte (soweit es sich dabei nicht um Fabrik- oder Handelsmarken handelt) in der für notwendig erachteten Weise zu begrenzen, an Bedingungen zu knüpfen oder einzuschränken. Solche Beschränkungen dürfen im Interesse der Landesverteidigung oder um des Gemeinwohls willen oder zu dem Zwecke auferlegt werden, auf deutscher Seite eine gerechte Behandlung der gewerblichen, literarischen oder künstlerischen Eigentumsrechte der betreffenden fremden Staatsangehörigen auf deutschem Gebiet sicherzustellen; ferner auch zu dem Zwecke, die vollständige Erfüllung aller Verpflichtungen aus diesem Vertrage durch Deutschland zu verbürgen. Die gedachten Beschränkungen erfolgen in der Form, daß die betreffende alliierte oder assoziierte Macht die eingangs bezeichneten deutschen Rechte entweder selbst ausübt oder Lizenzen für ihre Ausübung erteilt oder die Ausübung weiterhin unter ihrer Überwachung hält oder in sonst einer anderen Form. Bei den nach Inkrafttreten des gegenwärtigen Vertrags erworbenen gewerblichen, literarischen oder künstlerischen Eigentumsrechte darf die vorstehend den alliierten und assoziierten Mächten vorbehaltene Befugnis nur ausgeübt werden, wenn die Begrenzung, Bedingungen und Einschränkungen im Interesse der Landesverteidigung oder des Gemeinwohls notwendig erscheinen.

Gelangen die vorstehenden Bestimmungen seitens der alliierten und assoziierten Mächte zur Anwendung, so werden angemessene Entschädigungen oder Vergütungen gewährt, die in der gleichen Weise wie alle anderen den deutschen Reichsangehörigen geschuldeten Summen gemäß den Bestimmungen des gegenwärtigen Vertrags verwendet werden.

Jede der alliierten oder assoziierten Mächte behält sich die Befugnis vor, jede seit dem 1. August 1914 vollzogene und jede künftige Abtretung oder Teilabtretung oder jede Einräumung gewerblicher, literarischer oder künstlerischer Eigentumsrechte, die die Anwendung der Bestimmungen dieses Artikels vereiteln könnte, als null und nichtig anzusehen.

Die Bestimmungen dieses Artikels finden auf die gewerblichen, literarischen oder künstlerischen Eigentumsrechte von Gesellschaften oder Unternehmungen, deren Liquidation von den alliierten oder assoziierten Mächten entsprechend den Kriegsausnahmegesetzen vorgenommen worden ist oder auf Grund des Artikels 297 Absatz b noch vorgenommen wird, keine Anwendung.

Artikel 307

Soweit Staatsangehörige eines jeden der Hohen vertragschließenden Teile bereits vor dem 1. August 1914 gewerbliche Eigentumsrechte besaßen oder solche, wenn es nicht zum Kriege gekommen wäre, auf Grund eines vor oder im Verlauf des Krieges angebrachten Gesuches seitdem hätten erwerben können, wird ihnen zur Erhaltung oder zum Erwerb dieser Rechte eine Mindestfrist von einem Jahre nach Inkrafttreten des gegenwärtigen Vertragsgewährt, um ohne jeden Aufschlag oder irgendwelche Strafgebühr jede Handlung nachzuholen, jede Förmlichkeit zu erfüllen, jede Gebühr zu entrichten, überhaupt jeder Verpflichtung zu genügen, die die Gesetze oder Verwaltungsverordnungen des einzelnen Staates vorschreiben. Das gleiche gilt für die Geltendmachung eines Widerspruchs gegen solche Rechte. Indessen verleiht dieser Artikel kein Recht auf die Wiedereröffnung eines Interferenzverfahrens in den Vereinigten Staaten von Amerika, in dem die Schlußverhandlung stattgefunden hat.

Gewerbliche Eigentumsrechte, die infolge der Nichtvornahme einer Handlung, der Nichterfüllung einer Förmlichkeit oder der Nichtbezahlung einer Gebühr verfallen sind, treten wieder in Kraft. Haben jedoch dritte Personen Patente oder Muster, während sie verfallen waren, verwertet oder benutzt, so bleibt jeder alliierten oder assoziierten Macht die Befugnis vorbehalten, die Anordnungen zu treffen, die sie zur Wahrung der Rechte dieser dritten Personen billigerweise für geboten erachtet. Ferner unterliegen die Patente und Muster, welche deutschen Reichsangehörigen zustehen und hiernach wieder in Kraft treten, hinsichtlich der Lizenzbewilligung auch weiterhin den Vorschriften, die während des Krieges auf sie Anwendung fanden, sowie allen Bestimmungen des gegenwärtigen Vertrags.

Der Zeitraum zwischen dem 1. August 1914 und dem Inkrafttreten des gegenwärtigen Vertrags wird auf die für die Ausübung eines Patents oder für den Gebrauch von Fabrik- und Handelsmarken oder von Mustern vorgesehene Frist nicht angerechnet; auch wird vereinbart, daß ein Patent, eine Fabrik- oder Handelsmarke oder ein Muster, das am 1. August 1914 noch in Kraft war, wegen bloßer Nichtausübung oder bloßen Nichtgebrauchs nicht vor Ablauf einer Frist von zwei Jahren nach Inkrafttreten des gegenwärtigen Vertrags verfällt oder für ungültig erklärt werden darf.

Artikel 308

Die Prioritätsfristen, die im Artikel 4 des im Jahre 1911 in Washington revidierten internationalen Pariser Abkommens vom 20. März 1883 oder in einem anderen geltenden Abkommen oder Gesetze für die Einreichung oder Eintragung der Gesuche um Verleihung von Patenten, um Schutz von Gebrauchsmustern, Fabrik- oder Handelsmarken, Mustern und Modellen vorgesehen sind und die am 1. August 1914 noch nicht abgelaufen waren, sowie diejenigen, die während des Krieges begonnen haben oder, wenn es nicht zum Kriege gekommen wäre, hätten beginnen können, werden durch jeden der Hohen vertragschließenden Teile zugunsten der Staatsangehörigen der anderen Hohen vertragschließenden Teile bis zum Ablauf einer Frist von sechs Monaten nach Inkrafttreten des gegenwärtigen Vertrags verlängert.

Diese Fristverlängerung läßt jedoch die Rechte jedes Hohen vertragschließenden Teils oder jeder Person unberührt, die sich bei Inkrafttreten des gegenwärtigen Vertrags im gutgläubigen Besitze von gewerblichen Eigentumsrechten befindet, welche mit den unter Beanspruchung der Priorität nachgesuchten Rechte in Widerspruch stehen; sie behalten den Genuß ihrer Rechte für ihre Person oder in der Person von Vertretern oder Lizenzinhabern, denen sie diese Rechte vor dem Inkrafttreten des gegenwärtigen Vertrags eingeräumt haben, und dürfen dieserhalb in keiner Weise als Nachahmer in Anspruch genommen oder verfolgt werden.

Artikel 309

Deutsche Reichsangehörige oder in Deutschland wohnende oder dort ihr Gewerbe treibende Personen einerseits und Staatsangehörige der alliierten oder assoziierten Mächte oder im Gebiete dieser Mächte wohnende oder dort ihr Gewerbe treibende Personen andererseits sowie Dritte, denen die bezeichneten Persönlichkeiten etwa während des Krieges ihre Rechte abgetreten haben, können auf Grund von Vorgängen auf dem Gebiete des anderen Teils in der Zeit zwischen der Kriegserklärung und dem Inkrafttreten des gegenwärtigen Vertrags, in denen Verletzungen der zu irgend einem Zeitpunkt während des Krieges geltenden oder der gemäß den vorstehenden Artikeln 307 und 308 wiederhergestellten gewerblichen, literarischen oder künstlerischen Eigentumsrechte erblickt werden könnten, keine Klage zu erheben und keinerlei Anspruch geltend zu machen.

Sind des ferneren in der Zeit zwischen der Kriegserklärung und der Unterzeichnung des gegenwärtigen Vertrags Erzeugnisse oder Gegenstände hergestellt oder literarische oder künstlerische Werke veröffentlicht worden, so gibt weder ihr Erwerb noch ihre Benutzung oder Verwendung durch dritte den vorbezeichneten Personen jemals ein Klagerecht wegen Verletzung von gewerblichen oder künstlerischen Eigentumsrechten; auch der Verkauf und das Feilbieten begründet ein solches Klagerecht nicht, wenn dieser Verkauf und dieses Feilbieten während eines Jahres nach der Unterzeichnung des gegenwärtigen Vertrags in den Gebieten der alliierten und assoziierten Mächte einerseits oder Deutschland andererseits stattfindet. Diese Bestimmung findet jedoch keine Anwendung, wenn die Berechtigten ihren Wohnsitz oder ihre gewerbliche oder Handelsniederlassung in den von Deutschland im Laufe des Krieges besetzten Gebieten hatten.

Dieser Artikel gilt nicht im Verhältnis zwischen den Vereinigten Staaten von Amerika einerseits und Deutschland andererseits.

Artikel 310

Lizenzverträge über Ausübung von Rechten des gewerblichen Eigentums oder über Vervielfältigung von literarischen oder künstlerischen Werken, die vor der Kriegserklärung zwischen Staatsangehörigen der alliierten oder assoziierten Mächte oder in ihrem Gebiete wohnenden oder dort ihr Gewerbe treibenden Personen einerseits und deutschen Reichsangehörigen andererseits geschlossen sind, gelten vom Zeitpunkt der Kriegserklärung zwischen Deutschland und der alliierten oder assoziierten Macht ab als aufgelöst. In allen Fällen hat jedoch der auf Grund eines solchen Vertrags ursprünglich Lizenzberechtigte das Recht, binnen einer Frist von sechs Monaten nach Inkrafttreten des gegenwärtigen Vertrags von dem Inhaber der Rechte die Einräumung einer neuen Lizenz zu verlangen. Die Bedingungen der neuen Lizenz werden mangels einer Einigung zwischen den Parteien von dem zuständigen Gerichte des Landes, unter dessen Gesetzgebung die Rechte erworben sind, festgesetzt, es sei denn, daß die Lizenzen auf Rechten beruhen, die unter deutscher Gesetzgebung erworben sind; in diesem Fall werden die Bedingungen durch den in Abschnitt VI dieses Teils vorgesehenen Gemischten Schiedsgerichtshof festgesetzt. Der Gerichtshof kann alsdann gegebenenfalls den Betrag der ihm angebracht erscheinenden Vergütung für die Ausnutzung der Rechte währen des Krieges festsetzen.

Lizenzen für gewerbliche, literarische oder künstlerische Eigentumsrechten, die kraft der besonderen Kriegsgesetzgebung einer alliierten oder assoziierten Macht verliehen sind, werden von der Fortdauer einer schon vor dem Kriege bestehenden Lizenz nicht berührt, sondern behalten ihre volle Gültigkeit und Wirksamkeit. Ist eine solche Lizenz dem auf Grund eines vor dem Kriege abgeschlossenen Lizenzvertrags ursprünglich Lizenzberechtigten verliehen, so gilt sie als an die Stelle der früheren Lizenz getreten.

Sind auf Grund eines vor dem Kriege abgeschlossenen, auf Ausübung von Rechten des gewerblichen Eigentums oder Vervielfältigung oder Aufführung literarischer oder künstlerischer Werke gerichteten Vertrags oder auf Grund einer vor dem Kriege erteilten Lizenz solchen Inhalts währen des Krieges Geldsummen gezahlt worden, so finden sie die gleiche Verwendung wie dem gegenwärtigen Vertrag zufolge die sonstigen Schulden oder Forderungen der deutschen Reichsangehörigen.

Dieser Artikel gilt nicht im Verhältnis zwischen den Vereinigten Staaten von Amerika einerseits und Deutschland andererseits.

Artikel 311

Die Einwohner der auf Grund des gegenwärtigen Vertrags von Deutschland abgetrennten Gebiete behalten ungeachtet dieser Trennung und des sich daraus ergebenen Wechsels der Staatsangehörigkeit in Deutschland den vollen, uneingeschränkten Genuß aller gewerblichen, literarischen und künstlerischen Eigentumsrechte, deren Inhaber sie nach der deutschen Gesetzgebung zur Zeit dieser Trennung waren.

Die gewerblichen, literarischen und künstlerischen Eigentumsrechte, die in den nach Maßgabe des gegenwärtigen Vertrags von Deutschland abgetrennten Gebieten zur Zeit der Abtrennung dieser Gebiete von Deutschland in Kraft sind oder zufolge Artikel 306 des gegenwärtigen Vertrags wiederhergestellt werden oder in Kraft treten, werden von dem Staate, auf den das Gebiet übergeht, anerkannt und bleiben in diesem Gebiete solange in Kraft, wie dies nach deutschem Rechte der Fall ist.

Artikel 312

Unbeschadet der in anderen Bestimmungen des gegenwärtigen Vertrags enthaltenen Abreden verpflichtet sich die deutsche Regierung, derjenigen Macht, an die deutsche Gebiete in Europa abgetreten werden, oder der Macht, die frühere deutsche Gebiete kraft Artikel 22 Teil I (Völkerbundssatzung) als Mandator verwaltet, einen entsprechenden Anteil der von der Reichsregierung oder den Regierungen der deutschen Staaten oder von den unter ihrer Aufsicht tätigen öffentlichen und privaten Körperschaften angesammelten Rücklagen abzutreten, die für den Dienst der gesamten sozialen und staatlichen Versicherungen in diesen Gebieten bestimmt sind. Die Mächte, auf welche diese Gelder übertragen werden, sind gehalten, sie zur Erfüllung der aus den Versicherungen entspringenden Verpflichtungen zu verwenden.

Die Bedingungen dieser Übertragung werden durch besondere Übereinkommen zwischen der deutschen Regierung und den beteiligten Regierungen geregelt.

Falls diese besonderen Übereinkommen nicht nach Maßgabe des vorstehenden Absatzes binnen drei Monaten nach Inkrafttreten des gegenwärtigen Vertrags geschossen sind, werden die Übertragungsbedingungen in jedem Einzelfall einem aus fünf Mitgliedern gebildeten Ausschuß unterbreitet, von denen eines von der deutschen Regierung, eines von der anderen beteiligten Regierung und drei von dem Verwaltungsrat des internationalen Arbeitsamtes unter den Staatsangehörigen anderer Staaten ausgewählt werden. Dieser Ausschuß hat mit Stimmenmehrheit innerhalb einer Frist von drei Monaten nach seiner Bildung Vorschläge aufzustellen, die dem Rat des Völkerbunds zu unterbreiten sind; die Entscheidungen des Rates sind von Deutschland und von dem anderen beteiligten Land mit sofortiger Wirkung als endgültig anzusehen.

Artikel 313

Die den alliierten und assoziierten Mächten angehörigen Luftfahrzeuge haben innerhalb des deutschen Gebietes und der deutschen Hoheitsgewässer volle Flug- und Landungsfreiheit und genießen dieselben Vergünstigungen wie deutsche Luftfahrzeuge, besonders in Notfällen zu Land oder See.

Artikel 314

Vorbehaltlich der Erfüllung der von Deutschland etwa erlassenen Vorschriften, die aber in gleicher Weise auf deutsche Luftfahrzeuge und solche der alliierten und assoziierten Länder anwendbar sein müssen, genießen die den alliierten und assoziierten Mächten angehörigen Luftfahrzeuge im Durchquerungsverkehr nach irgendeinem anderen Land das Recht, ohne zu landen, das deutsche Gebiet und die deutschen Hoheitsgewässer zu überfliegen.

Artikel 315

Die in Deutschland angelegten und dem heimischen öffentlichen Luftverkehr zugänglichen Flugplätze stehen auch den Luftfahrzeugen der alliierten und assoziierten Mächte offen; diese erfahren daselbst in bezug auf Abgaben jeder Art einschließlich Landungs- und Versorgungsgebühren die gleiche Behandlung wie deutsche Luftfahrzeuge.

Artikel 316

Vorbehaltlich der gegenwärtigen Bestimmungen ist das in den Artikeln 313, 314 und 315 vorgesehene Flug-, Durchquerungs- und Landungsrecht an die Beobachtung der Vorschriften, die Deutschland zu erlassen für notwendig erachtet, geknüpft. Jedoch müssen solche Vorschriften unterschiedslos auf deutsche Luftfahrzeuge und solche der alliierten und assoziierten Länder angewendet werden.

Artikel 317

Die Staatsangehörigkeits- und Flugsicherheitsbescheinigungen, Befähigungszeugnisse und Lizenzen, die von einer der alliierten und assoziierten Mächte ausgestellt oder als gültig anerkannt sind, werden auch in Deutschland als gültig und als den von Deutschland ausgestellten Bescheinigungen, Zeugnissen und Lizenzen gleichwertig zugelassen.

Artikel 318

Im inländischen Handelsluftverkehr genießen die den alliierten und assoziierten Mächten angehörigen Luftfahrzeuge in Deutschland gleiche Behandlung wie die meistbegünstigte Nation.

Artikel 319

Deutschland sagt zu, durch geeignete Maßnahmen sicherzustellen, daß jedes über deutschem Gebiet fliegende deutsche Luftfahrzeug die Vorschriften, betreffend Lichter und Signale, die Flugvorschriften und deren Umsetzung beachtet, wie sie in dem von den alliierten und assoziierten Mächten abgeschlossenen Übereinkommen über die Luftfahrt festgelegt sind.

Artikel 320

Die durch die vorstehenden Bestimmungen auferlegten Verpflichtungen bleiben bis zum 1. Januar 1923 in Kraft, sofern nicht Deutschland zu einem früheren Zeitpunkt in den Völkerbund aufgenommen ist oder von den alliierten und assoziierten Mächten die Zustimmung zum Beitritt zu dem von ihnen abgeschlossenen Übereinkommen über die Luftfahrt erhalten hat.

Artikel 321

Deutschland verpflichtet sich, Personen-, Güter-, Schiffs-, Boots-, Eisenbahnwagen- und dem Postverkehr von oder nach den angrenzenden oder nicht angrenzenden Gebieten irgendeiner der alliierten und assoziierten Mächten freien Durchgang durch sein Gebiet auf den für den internationalen Durchgangsverkehr geeignetsten Wegen, auf Eisenbahnen, schiffbaren Wasserläufen oder Kanälen zu gewähren, auch zu diesem Zweck die Durchfahrt durch die Hoheitsgewässer zu gestatten. Der Personen-, Waren-, Schiffs-, Boots-, Wagen-, Eisenbahnwagen- und Postverkehr wird keinen Durchgangszöllen oder unnützen Verzögerungen oder Verschränkungen unterworfen und hat in Deutschland in bezug auf Gebühren und Verkehrserleichterungen sowie in jeder anderen Hinsicht ein Anrecht auf gleiche Behandlung wie der innerdeutsche Verkehr.

Artikel 322

Deutschland verpflichtet sich, über Auswanderungsunternehmungen, welche Auswanderer- oder Rückwandererverkehr durch seine Gebiet leiten, keine staatliche

Aufsicht einzurichten oder beizubehalten, es sei denn zum Zweck der Feststellung, daß die Reisenden tatsächlich sich im Durchgangsverkehr befinden; wird zu letzterem Zweck ein Verwaltungsdienst eingerichtet, so darf Deutschland keine am Verkehr interessierte Schiffahrtsgesellschaft oder eine andere Körperschaft, Gesellschaft oder Privatperson irgendwie daran teilnehmen lassen oder ihr einen unmittelbaren oder mittelbaren Einfluß in dieser Hinsicht einräumen.

Artikel 323

Deutschland begibt sich des Rechtes, bei seinen Ein- und Ausfuhrzöllen, -abgaben und -verboten unmittelbar oder mittelbar eine unterschiedliche oder Vorzugsbehandlung eintreten zu lassen.

Deutschland begibt sich namentlich des Rechtes, zum Nachteil der Häfen, Schiffe oder Boote irgendeiner alliierten oder assoziierten Macht Zuschlagsgebühren oder unmittelbar oder mittelbar Prämien auf die Aus- oder Einfuhr über deutsche oder nichtdeutsche Häfen oder auf deutschen oder nichtdeutschen Schiffen und Booten, insbesondere in Form von kombinierten Tarifen, festzusetzen.

Artikel 324

Um den Übergang der Waren über die deutsche Grenze nach Möglichkeit abzukürzen und um von der Grenze ab ihre Anfertigung und Weiterbeförderung unter denselben sachlichen Bedingungen - besonders hinsichtlich der Geschwindigkeit und Sorgfalt der Beförderung -, wie sie Waren gleicher Art auf deutschem Gebiet unter ähnlichen Beförderungsbedingungen genießen würden, zu erledigen, sind alle zweckdienlichen Verwaltungs- und technischen Maßnahmen zu treffen, und zwar ohne Unterschied, ob die Waren aus den Gebieten der alliierten und assoziierten Mächte kommen oder dorthin gehen oder Durchgangswaren aus diesen Gebieten oder mit Bestimmung nach diesen Gebieten sind.

Insbesondere sind leicht verderbliche Waren schnell und glatt zu befördern und die Zollförmlichkeiten so zu erledigen, daß die unmittelbare Weiterführung der Warensendung mit den Anschlußzügen ermöglicht wird.

Artikel 325

Die Seehäfen der alliierten und assoziierten Mächte genießen alle Vorteile und Tarifermäßigungen, die auf den deutschen Eisenbahnen oder Schiffahrtsstraßen zugunsten deutscher Häfen oder irgendeines Hafens einer anderen Macht gewährt werden.

Artikel 326

Deutschland darf seine Teilnahme an Tarifen oder kombinierten Tarifen nicht verweigern, die den Häfen einer der alliierten und assoziierten Mächte ähnliche Vorteile, wie es seinen eigenen Häfen oder denen einer anderen Macht gewährt, zuwenden.

Artikel 327

Die Staatsangehörigen der alliierten und assoziierten Mächten genießen ebenso wie ihre Güter, Schiffe und Boote in allen deutschen Häfen und auf allen deutschen

Binnenschiffahrtstraßen in jeder Hinsicht die gleiche Behandlung wie die deutschen Reichsangehörigen, Güter, Schiffe und Boote.

Artikel 328

Die Freizonen, die in den deutschen Häfen am 1. August 1914 eingerichtet waren, bleiben bestehen. Für sie und die auf deutschem Gebiete auf Grund des gegenwärtigen Vertrags neu eingerichteten Freizonen gilt die in den folgenden Artikeln vorgesehene Ordnung.

Waren, die in die Freizone eingehen oder aus ihr kommen, unterliegen, den Fall des Artikels 300 ausgenommen, keinem Einfuhr- oder Ausfuhrzoll.

Von den in die Freizone eintretenden Schiffen und Waren dürfen die zur Deckung der Verwaltungs-, Unterhalts- und Verbesserungskosten des Hafens festgesetzten Gebühren sowie die Angaben für die Benutzung der einzelnen Einrichtungen erhoben werden, vorausgesetzt, daß diese Gebühren und Abgaben im Hinblick auf die angewendeten Kosten angemessen sind und ihre Erhebung nach dem im Artikel 327 vorgesehenen Grundsatz der gleichen Behandlung erfolgt.

Von den Waren dürfen keine anderen Abgaben oder Gebühren als eine statistische Gebühr erhoben werden, die höchstens eins von Tausend vom Wert betragen darf und ausschließlich zur Deckung der Kosten für die amtlichen Aufstellungen über den Hafenumschlag zu verwenden ist.

Artikel 329

Die für die Speicherung sowie für Verpacken und Auspacken der Waren dienenden Einrichtungen haben den jeweiligen Handelsbedürfnissen zu entsprechen. Alle Erzeugnisse, deren Verbrauch in der Freizone erlaubt ist, bleiben von Verbrauchs- oder anderen Angaben jeder Art, mit Ausnahme der im Artikel 328 erwähnte statistischen Gebühr, frei.

Bei Anwendung der Vorschriften dieses Artikels darf zwischen den Staatsangehörigen verschiedener Nationen oder zwischen Waren verschiedenen Ursprungs und verschiedener Bestimmung keine Unterschied gemacht werden.

Artikel 330

Auf Erzeugnisse, die aus der Freizone dem Verbrauch des Landes, in dessen Gebiet der Hafen liegt, zugeführt werden, dürfen Einfuhrzölle gelegt werden. Umgekehrt dürfen Erzeugnisse aus diesem lande, die für die Freizone bestimmt sind, mit Ausfuhrzöllen belegt werden. Diese Ein- und Ausfuhrzölle sind auf derselben Grundlage und nach denselben Sätzen zu erheben wie ähnliche Zölle an anderen Zollgrenzen des betreffenden Landes. Andererseits begibt sich Deutschland des Rechtes, irgendwelche Ein-, Aus- oder Durchfuhrzölle, gleichviel unter welcher Bezeichnung, auf die Erzeugnisse zu legen, die zu Lande oder zu Wasser durch deutsches Gebiet nach oder aus der Freizone aus oder nach irgendeinem anderen Staate befördert werden.

Zur Sicherung und Gewährleistung dieses freien Zugangs auf den normalerweise zu der Freizone führenden Eisenbahnen und Wasserstraßen seines Gebietes hat Deutschland die nötigen Anordnungen zu erlassen.

Artikel 331

Es werden für international erklärt:

die Elbe (Labe) von der Mündung der Vltava (Moldau) und die Vltava (Moldau) von Prag ab;

die Oder (Odra) von der Mündung der Oppa ab;

die Memel (Rußstrom, Memel. Njemen) von Grodno ab;

die Donau von Ulm ab;

und jeder schiffbare Teil dieser Flußgebiete, der mehr als einem Staat den natürlichen Zugang zum Meere mit oder ohne Umladung von einem Schiff in ein anderes vermittelt, sowie die Seitenkanäle und Fahrtrinnen, die zur Verdoppelung oder Verbesserung der von Natur aus schiffbaren Abschnitte der genannten Flußgebiete oder zur Verbindung zweier von Natur aus schiffbarer Abschnitte des gleichen Wasserlaufs gebaut werden.

Das gleiche gilt für den Schiffahrtsweg Rhein-Donau, falls er unter den im Artikel 353 festgesetzten Bedingungen gebaut wird.

Artikel 332

Auf den im vorstehenden Artikel für international erklärten Wasserstraßen werden die Staatsangehörigen, das Gut und die Flagge aller Mächte auf dem Fuß vollkommener Gleichheit behandelt, und zwar so, daß kein Unterschied zum Nachteile der Staatsangehörigen, des Gutes und der Flagge irgendeiner dieser Mächte zwischen diesen und den Staatsangehörigen, dem Gute und der Flagge des Uferstaats selbst oder des meistbegünstigten Staates gemacht werden darf.

Deutsche Schiffe dürfen indes regelmäßige Schiffsverbindungen für Reisende und Güter zwischen den Häfen einer alliierten oder assoziierten Macht nur mit deren besonderer Ermächtigung unterhalten.

Artikel 333

Von den Schiffen, die den Schiffahrtsweg oder seine Zugänge benutzen, dürfen Abgaben erhoben werden, und diese Abgaben dürfen auf den verschiedenen Flußabschnitten verschieden bemessen werden, beides soweit sich aus einem bestehenden Abkommen nicht das Gegenteil ergibt. Die Abgaben sollen ausschließlich zur angemessenen Deckung der Kosten für die Schiffbarerhaltung oder Verbesserung des Flusses und seiner Zugänge oder zur Bestreitung von Ausgaben im Interesse der Schiffahrt dienen. Ihr Tarif wird nach diesen Ausgaben berechnet und in den Häfen ausgehängt. Diese Abgaben werden so festgesetzt, daß eine ins einzelne gehende Untersuchung der Ladung nicht nötig ist, es sei denn, daß Verdacht des Schmuggels oder einer Übertretung besteht.

Artikel 334

Der Durchgangsverkehr der Reisenden, Schiffe und Güter vollzieht sich nach den im Abschnitt I festgesetzten allgemeinen Grundsätzen.

Gehören beide Ufer eines internationalen Flusses demselben Staat an, so können Durchgangsgüter unter Zollverschluß gebracht oder unter die Aufsicht der Zollbeamten gestellt werden. Bildet der Fluß die Grenze, so bleiben Durchgangsgüter und -reisende von jeder Zollförmlichkeit befreit; die Ein- und Ausladung der Waren sowie die Ein- und Ausschiffung der Reisenden darf nur in den von dem Uferstaat bezeichneten Häfen erfolgen.

Artikel 335

Auf dem gesamten Lauf und an der Mündung des erwähnten Flüsse dürfen andere Abgaben irgendwelcher Art, als die in diesem Teile festgesetzten, nicht erhoben werden.

Diese Bestimmung läßt das Recht der Uferstaaten zur Erhebung von Zöllen, Orts- oder Verbrauchsabgaben unberührt. Das gleiche gilt hinsichtlich der Einführung angemessener und gleichmäßiger Abgaben, die in den Häfen nach öffentlichen Tarifen für die Benutzung der Krane, Aufzüge, Ladestraßen, Speicher usw. erhoben werden.

Artikel 336

Mangels einer besonderen Ordnung für die Ausführung der Unterhalts- und Verbesserungsarbeiten auf dem internationalen Abschnitt eines schiffbaren Wasserstraßengebietes ist jeder Uferstaat verpflichtet, in angemessenen Umfang die nötigen Vorkehrungen zur Beseitigung aller Schiffahrtshindernisse und -gefahren und zur Erhaltung guter Schiffahrtsverhältnisse zutreffen.

Kommt ein Staat dieser Verpflichtung nicht nach, so kann jeder Uferstaat oder jeder in dem etwa bestehenden internationalen Ausschuß vertretene Staat den zu diesem Zwecke vom Völkerbund eingesetzten Gerichtshof anrufen.

Artikel 337

Das gleich gilt für den Fall, daß ein Uferstaat Arbeiten unternimmt, die geeignet sind, der Schiffahrt in dem internationalen Abschnitt Abbruch zu tun. Der in dem vorigen Artikel erwähnte Gerichtshof kann die Aussetzung oder die Beseitigung dieser Arbeiten anordnen; bei seinen Entscheidungen hat er den Berieselungs-, Wasserkraftnutzungs- und Fischereirechten und den anderen Landesinteressen Rechnung zu tragen, die im Falle des Einverständnisses aller Uferstaaten oder aller in dem etwa bestehenden internationalen Ausschuß vertretenen Staaten den Bedürfnissen der Schiffahrt vorzugehen haben.

Die Anrufung des Gerichtshofes des Völkerbundes hat keine aufschiebende Wirkung.

Artikel 338

An Stelle der in den Artikeln 332 bis 337 festgesetzten Ordnung soll als Ersatz eine andere treten, die in einem von den alliierten und assoziierten Mächten entworfenen und vom Völkerbund genehmigten allgemeinen Übereinkommen über die schiffbaren Wasserstraßen, deren internationaler Charakter das Übereinkommen anerkennt, niedergelegt wird. Dieses Übereinkommen findet namentlich auf die Gesamtheit oder einen Teil der obenerwähnten Flußgebiete der Elbe (Labe), Oder (Odra), Memel (Rußstrom, Memel, Njemen) und der Donau sowie auf die anderen Teile der gedachten

Flußgebiete Anwendung, die mit ihnen unter einen allgemeinen Gesichtpunkt zusammengefaßt werden können.

Deutschland verpflichtet sich, entsprechend den Bestimmungen des Artikels 379, dem gedachten allgemeinen Übereinkommen sowie allen gemäß dem nachfolgenden Artikel 343 aufgestellten Entwürfen zur Abänderung der geltenden internationalen Abmachungen und Bestimmungen beizutreten.

Artikel 339

Deutschland tritt den beteiligten alliierten und assoziierten Mächten längstens binnen drei Monaten nach erhaltener Aufforderung einen Teil der Schlepper und Boote ab ... Deutschland tritt gleichfalls das Material jeder Art ab, dessen die beteiligten alliierten und assoziierten Mächte für die Ausnutzung dieser Flußgebiete bedürfen.

Artikel 340

Die Elbe (Labe) wird der Verwaltung einer internationalen Kommission unterstellt, zusammengesetzt aus:

4 Vertretern der deutschen Uferstaaten,
2 Vertretern des tschecho-slowakischen Staates,
1 Vertreter Großbritanniens,
1 Vertreter Frankreichs,
1 Vertreter Italiens,
1 Vertreter Belgiens.

Ohne Rücksicht auf die Zahl der anwesenden Mitglieder hat jede Abordnung eine Stimmenzahl; die der Zahl der ihr zukommenden Vertreter entspricht.

Wenn einige dieser Vertreter beim Inkrafttreten des vorliegenden Vertrages nicht ernannt werden können, sind die Entscheidungen der Kommission trotzdem rechtsgültig.

Artikel 341

Die Oder (Odra) wird der Verwaltung einer internationalen Kommission unterstellt, zusammengesetzt aus:

1 Vertreter Polens,
3 Vertreter Preußens
1 Vertreter des tschecho-slowakischen Staates,
1 Vertreter Großbritanniens,
1 Vertreter Frankreichs,
1 Vertreter Dänemarks,
1 Vertreter Schwedens.

Wenn einige dieser Vertreter beim Inkrafttreten des vorliegenden Vertrages nicht ernannt werden können, sind die Entscheidungen der Kommission trotzdem rechtsgültig.

Artikel 342

Auf einen bei dem Völkerbund gestellten Antrag seitens eines der Uferstaaten wird der Niemen (Rußstrom, Memel, Niemen) der Verwaltung einer internationalen Kommission unterstellt, die sich aus je einem Vertreter der Uferstaaten und drei Vertretern anderer, vom Völkerbund bezeichneter Staaten zusammensetzt.

Artikel 343

Die in den Artikeln 340 und 341 vorgesehenen internationalen Kommissionen treten innerhalb 3 Monaten vom Inkrafttreten des vorliegenden Vertrages ab zusammen. Die in Artikel 342 vorgesehene internationale Kommission tritt innerhalb 3 Monaten nach Stellung des Antrages durch einen Uferstaat zusammen. Jede dieser Kommissionen wird unverzüglich zur Ausarbeitung eines Entwurfs zur Nachprüfung der in Kraft befindlichen internationalen Vereinbarungen und Bestimmungen schreiten. Dieser Entwurf wird entsprechend der in Artikel 338. erwähnten allgemeinen Vereinbarung aufgestellt, wenn diese Vereinbarung bereits zustandegekommen ist; andernfalls wird der Entwurf zur Nachprüfung entsprechend den oben in Art. 332 - 337 festgelegten Grundsätzen aufgestellt.

Artikel 344

Die im vorstehenden Artikel genannten Entwürfe sollen insbesondere

a) den Sitz der internationalen Kommission bestimmen und die Art der Ernennung ihres Vorsitzenden festsetzen;

b) den Umfang ihrer Befugnisse bestimmen, insbesondere betreffend die Ausführung der Arbeiten für Instandhaltung, Herrichtung und Regulierung des Flußnetzes, die finanzielle Verwaltung, die Festsetzung und Erhebung der Gebühren, die Vorschriften für die Schiffahrt;

c) die Abschnitte des Flusses oder seiner Zuflüsse abgrenzen, auf die die internationale Verwaltung Anwendung zu finden hat.

Artikel 345

Die internationalen Vereinbarungen und die Bestimmungen, welche zurzeit die Schiffahrt auf der Elbe (Labe), der Oder (Odra) und dem Niemen (Rußstrom, Memel, Niemen) regeln, bleiben bis zur Ratifizierung der obenerwähnten Nachprüfungs-Entwürfe vorläufig in Kraft. Indessen gehen in allen Fällen, wo die Vereinbarungen und Bestimmungen den Festsetzungen der Artikel 332 - 337 oder der abzuschließenden allgemeinen Vereinbarung widersprechen, diese letzteren vor.

Artikel 346

Die europäische Donaukommission übt wieder die Rechte aus, die sie vor dem Kriege hatte. Indessen werden zunächst die Vertreter Großbritanniens, Frankreichs, Italiens und Rumäniens allein an dieser Kommission teilnehmen.

Artikel 347

Von dem Zeitpunkte ab, wo die Zuständigkeit der europäischen Kommission aufhört, wird das in Art. 331 bezeichnete Stromgebiet der Donau unter die Verwaltung einer internationalen, wie folgt zusammengesetzten Kommission gestellt:

2 Vertreter der deutschen Uferstaaten,

je 1 Vertreter der anderen Uferstaaten,

je 1 Vertreter der in Zukunft in der europäischen Donaukommission vertretenen Nichtuferstaaten.

Wenn einige dieser Vertreter beim Inkrafttreten des vorliegenden Vertrags nicht ernannt werden können, sind die Entscheidungen der Kommission trotzdem rechtsgültig.

Artikel 348

Die im vorhergehenden Artikel vorgesehene internationale Kommission tritt sobald wie möglich nach Inkrafttreten des vorliegenden Vertrags zusammen und übernimmt vorläufig die Verwaltung des Stromes gemäß den Bestimmungen der Artikel 332 - 337, bis eine endgültige Donauakte durch die von den alliierten und assoziierten Mächten bestimmten Mächte aufgestellt ist.

Artikel 349

Deutschland verpflichtet sich zur Anerkennung der Verwaltungsordnung, die für die Donau durch eine Konferenz der von den alliierten und assoziierten Mächten bestimmten Mächte bestimmt wird; diese Konferenz, an der Vertreter Deutschlands teilnehmen können, wird innerhalb eines Jahres nach Inkrafttreten des vorliegenden Vertrags zusammentreten.

Artikel 350

Die durch Artikel 57 des Berliner Vertrags vom 13. Juni 1878 an Österreich-Ungarn übertragene und von diesem an Ungarn abgetretene Vollmacht für die Ausführung der Arbeiten am Eisernen Tortritt außer Kraft. Die mit der Verwaltung dieses Teiles des Stroms beauftragte Kommission wird über die Rechnungslegung beschließen, vorbehaltlich der finanziellen Bestimmungen des vorliegenden Vertrages. Etwa erforderliche Gebühren werden keinesfalls von Ungarn vereinnahmt.

Artikel 351

Falls der tschecho-slowakische Staat, Serbien oder Rumänien auf Grund einer Vollmacht oder eines Auftrages der internationalen Kommission Arbeiten für Herrichtung, Regulierung, Stauung oder andere Zwecke auf einem die Grenze bildenden Teile des Stromgebietes in Angriff nehmen, genießen diese Staaten auf dem gegenüberliegenden Ufer ebenso wie auf dem außerhalb ihres Gebietes liegenden Teil des Strombettes alle erforderlichen Erleichterungen für die Vorarbeiten, die Ausführung und die Unterhaltung dieser Arbeiten.

Artikel 352

Deutschland ist gegenüber der europäischen Donaukommission zu allen Wiedergutmachungen, Wiederherstellungen und Entschädigungen für die Schäden verpflichtet, welche diese Kommission während des Krieges erlitten hat.

Artikel 353

Im Falle der Schaffung eines Großschifffahrtsweges Rhein - Donau verpflichtet sich Deutschland, auf diesen Schifffahrtsweg die in Artikel 332 bis 338 vorgesehene Verwaltungsform anzuwenden.

Artikel 354

Von dem Inkrafttreten des vorliegenden Vertrages ab wird die Rheinschiffahrt durch die Mannheimer Rheinschifffahrtsakte vom 17. Oktober 1868 einschließlich ihres Schlußprotokolls wieder unter den nachstehend festgelegten Bedingungen geregelt.

Bei etwaigen Widersprüchen zwischen gewissen Bestimmungen der genannten Akte und den Bestimmungen der oben in Artikel 338 genannten allgemeinen Vereinbarung, die sich auf den Rhein beziehen, gehen die Bestimmungen der allgemeinen Vereinbarung vor. Innerhalb von spätestens 6 Monaten vom Inkrafttreten des vorliegenden Vertrages ab tritt die in Artikel 355 erwähnte Zentralkommission zusammen, um einen Entwurf zur Nachprüfung der Mannheimer Rheinschifffahrtsakte aufzustellen. Dieser Entwurf muß entsprechend den Bestimmungen der allgemeinen Vereinbarung abgefaßt werden, wenn sie zu diesem Zeitpunkt ins Leben getreten ist, und wird den in der Zentralkommission vertretenen Mächten unterbreitet.

Deutschland erklärt schon jetzt seine Zustimmung zu dem Entwurf, der auf die oben angegebene Weise aufgestellt wird.

Im übrigen werden die in den folgenden Artikeln behandelten Abänderungen sofort in die Mannheimer Akte aufgenommen.

Die alliierten und assoziierten Mächte behalten sich das Recht vor, sich deshalb mit den Niederlanden zu verständigen.

Deutschland verpflichtet sich schon jetzt, sich jeder derartigen Vereinbarung auf Anfordern anzuschließen.

Artikel 355

Die durch die Mannheimer Rheinschiffahrtsakte vorgesehene Zentralkommission wird sich aus 19 Mitgliedern zusammensetzen, nämlich:

2 Vertreter der Niederlande,

2 Vertreter der Schweiz,

4 Vertreter der deutschen Uferstaaten,

4 Vertreter Frankreichs, welches außerdem den Vorsitzenden der Kommission ernennt,

2 Vertreter Großbritanniens,

2 Vertreter Italiens,

2 Vertreter Belgiens.

Der Sitz der Zentralkommission ist Straßburg.

Ohne Rücksicht auf die Zahl der anwesenden Mitglieder hat jede Abordnung eine

Stimmenzahl, die der Zahl der ihr zukommenden Vertreter entspricht.

Wenn einige dieser Vertreter beim Inkrafttreten des vorliegenden Vertrages nicht ernannt werden können, sind die Entscheidungen der Kommission trotzdem rechtsgültig.

Artikel 356

Die Schiffe aller Nationen und ihre Ladungen genießen alle Rechte und Vorrechte, die den zur Rheinschiffahrt gehörigen Schiffen und ihren Ladungen gewährt sind.

Der freien Schiffahrt der Schiffe und Besatzungen jeder Nationalität auf dem Rhein und den Wasserstraßen, auf die sich die genannten Verträge beziehen, darf keine der in den Artikeln 15 - 20 und 26 der obenerwähnten Mannheimer Akte und im Artikel 4 des Schlußprotokolls oder in späteren Verträgen enthaltenen Bestimmungen entgegenstehen, vorbehaltlich der Einhaltung der von der Zentralkommission erlassenen Bestimmungen, betreffend den Lotsendienst und andere polizeiliche Maßnahmen.

Die Bestimmung des Artikels 22 der Mannheimer Akte und des Artikels 5 des Schlußprotokolls werden nur auf die für die Rheinschiffahrt eingetragenen Schiffe angewendet. Die Zentralkommission wird für die Prüfung, ob die anderen Schiffe den allgemeinen, für die Rheinschiffahrt gültigen Vorschriften entsprechen, Maßnahmen festsetzen.

Artikel 357

Im Verlauf von längstens drei Monaten nach der ihm darüber zugegangenen Mitteilung tritt Deutschland an Frankreich einen Teil der Schlepper und Schiffe ab, die nach Abzug der für Ersatz oder Wiedergutmachung abgetretenen in den deutschen Rheinhäfen eingetragen bleiben oder Anteile an den deutschen Rheinschiffahrtsgesellschaften.

Im Falle der Abtretung von Schiffen und Schleppern müssen diese mit ihrer Takelage und Ausrüstung versehen, in gutem Zustande, für den Güterverkehr auf dem Rhein geeignet sein und unter den letzten Neubauten ausgewählt werden.

Unter den gleichen Bedingungen tritt Deutschland an Frankreich ab:

1. die Einrichtungen, Liege- und Ankerplätze, Lagerplätze, Docks, Magazine, Werkzeuge usw., welche deutsche Reichsangehörige oder deutsche Gesellschaften im Hafen von Rotterdam am 1. August 1914 besaßen;

2. die Anteile oder Interessen, welche Deutschland oder seine Reichsangehörigen zum gleichen Zeitpunkt an den genannten Einrichtungen hatten.

Der Wert und die Einzelheiten dieser Abtretungen werden mit Rücksicht auf die berechtigten Bedürfnisse der beteiligten Parteien durch eine oder mehrere von den Vereinigten Staaten von Amerika bestimmte Schiedsrichter im Verlaufe eines Jahres nach Inkrafttreten, des vorliegenden Vertrages bestimmt.

Die in diesem Artikel vorgesehenen Abtretungen bedingen eine Entschädigung, deren Pauschalbetrag durch den oder die Schiedsrichter festgelegt wird. Er darf in keinem Falle den Betrag für den Anschaffungswert der abgetretenen Materialien und Einrichtungen überschreiten und ist auf den Betrag der von Deutschland geschuldeten Summen anzurechnen. Die Entschädigung der Eigentümer liegt Deutschland ob.

Artikel 358

Auf Grund der Verpflichtung, den Bestimmungen der Mannheimer Akte oder der an ihre Stelle tretenden Konvention, ebenso wie den Bestimmungen des vorliegenden Vertrages nachzukommen, hat Frankreich auf dem ganzen Laufe des Rheines innerhalb seiner Grenzen

a) das Recht, Wasser aus dem Rhein zu entnehmen für die Speisung der schon gebauten oder noch zu bauenden Schifffahrts- und Bewässerungskanäle oder für jeden anderen Zweck und auf dem deutschen Ufer alle für die Ausübung dieses Rechtes erforderlichen Arbeiten auszuführen,

b) das ausschließliche Recht auf die durch die Regulierung des Stromes erzeugte Wasserkraft unter dem Vorbehalt, daß die Hälfte des Wertes der tatsächlich gewonnenen Kraft an Deutschland vergütet wird. Diese Vergütung hat entweder in Geld oder in Kraft zu erfolgen. Der errechnete Betrag wird unter Berücksichtigung der Kosten der für die Kraftgewinnung nötigen Arbeiten durch Schiedsspruch bestimmt, falls eine Vereinbarung nicht zustande kommt. Zu diesem Zweck wird Frankreich allein berechtigt sein, in diesem Teil des Stromes alle Regulierungs-, Stau- oder sonstigen Arbeiten auszuführen, die es zur Gewinnung von Kraft für erforderlich hält. Das Recht, Wasser aus dem Rhein zu entnehmen, wird auch Belgien zum Zwecke der Speisung des weiter unten vorgesehenen Rhein-Maas-Schiffahrtsweges zuerkannt.

Die Ausübung der in den Paragraphen a und b vorliegenden Artikels erwähnten Rechte darf weder die Schiffbarkeit schädigen, noch die Schiffahrt beeinträchtigen, sei es im Strombett des Rheins, sei es in den Abzweigungen, die an seine Stelle treten sollten; auch darf sie keine Erhöhung der Gebühren nach sich ziehen, die bisher gemäß der in Kraft befindlichen Vereinbarung erhoben wurden. Alle Bauentwürfe sind der Zentralkommission mitzuteilen, um ihr die Feststellungen zu ermöglichen, daß diese Bedingungen erfüllt sind.

Um die gute und getreuliche Ausführung der in obigen Absätzen a und b enthaltenen Bestimmungen zu gewährleisten, verpflichtet sich Deutschland:

1. weder den Bau eines Seitenkanals noch einer anderen Abzweigung auf dem rechten Ufer des Stroms gegenüber der französischen Grenze zu unternehmen oder zuzulassen;

2. Frankreich den Bau- und Verkehrsrecht in allen rechtsrheinischen Gebieten zuzuerkennen, die für die Vorarbeiten, die Anlage und Ausnutzung der Staueinrichtungen erforderlich sind, deren Bau Frankreich später mit Zustimmung der Zentralkommission anordnen wird. Gemäß dieser Zustimmung ist Frankreich befugt, das nötige Gelände zu bestimmen und abzugrenzen. Es darf den Grund und Boden zwei Monate nach einfacher Benachrichtigung in Besitz nehmen, unter Bezahlung von Entschädigungen an Deutschland, deren Gesamtbetrag durch die Zentralkommission festzusetzen ist. Deutschland liegt es ob, die Eigentümer dieser mit diesen Lasten belegten oder durch die Arbeiten endgültig in Anspruch genommenen Grundstücke zu entschädigen.

Wenn die Schweiz es verlangt und die Zentralkommission ihre Zustimmung dazu gibt, werden dieselben Rechte ihr für den Teil des Stromes gewährt, welcher ihre Grenze mit den anderen Uferstaaten bildet;

3. der französischen Regierung in dem Monat, der dem Inkrafttreten des vorliegenden Vertrages folgt, alle Pläne, Vorarbeiten, Konzessionsentwürfe und Kostenaufstellungen übergeben, welche die Ausnutzung des Rheins für irgendeinen Zweck betreffen und von der Regierung Elsaß-Lothringens oder des Großherzogtums Baden aufgestellt oder ihnen zugegangen sind.

Artikel 359

In den Abschnitten des Rheines, welche die Grenze zwischen Frankreich und Deutschland bilden, darf unter Vorbehalt der vorhergehenden Bestimmungen keine Arbeit in dem Strombett oder auf einem der beiden Flußufer ohne vorherige Zustimmung der Zentralkommission oder ihrer Vertreter ausgeführt werden.

Artikel 360

Frankreich behält sich das Recht vor, in die Verträge und Verpflichtungen einzutreten, die sich aus den Vereinbarungen zwischen den Regierungen Elsaß-Lothringens und des Großherzogtums Baden für die auf dem Rhein auszuführenden Arbeiten ergeben. Es kann diese Vereinbarungen im Verlauf von 5 Jahren nach Inkrafttreten des vorliegenden Vertrages auch kündigen.

Ebenso hat Frankreich die Befugnis, die Arbeiten ausführen zu lassen, welche von der Zentralkommission für die Aufrechterhaltung oder Verbesserung der Schiffbarkeit des Rheines oberhalb Mannheims als erforderlich anerkannt werden.

Artikel 361

Falls im Verlauf von 25 Jahren nach dem Inkrafttreten des vorliegenden Vertrages Belgien sich entschließt, einen Großschifffahrtsweg Rhein - Maas in Höhe von Ruhrort zu schaffen, ist Deutschland verpflichtet, den auf seinem Gebiet gelegenen Teil dieses Schiffahrtsweges nach den ihm von der belgischen Regierung mitgeteilten Plänen und nach Zustimmung der Zentralkommission zu bauen.

In diesem Falle hat die belgische Regierung das Recht, im Gelände alle nötigen Vorarbeiten zu machen.

Falls Deutschland diese Arbeiten ganz oder teilweise nicht ausführt, ist die Zentralkommission befugt, sie an seiner Stelle ausführen zu lassen; zu diesem Zweck kann sie das nötige Baugelände bestimmen und abgrenzen und den Grund und Boden zwei Monate nach einfacher Benachrichtigung in Besitz nehmen, wobei sie die Entschädigungen, welche Deutschland zu zahlen hat, feststellt.

Dieser Schiffahrtsweg wird derselben Verwaltungsordnung unterstellt wie der Rhein selbst. Die Verteilung der Anlagekosten auf die von dem Kanal durchschnittenen Staaten einschließlich der obenerwähnten Entschädigungen erfolgt durch die Zentralkommission.

Artikel 362

Deutschland verpflichtet sich schon jetzt, keine Einwendungen gegen irgendwelche Vorschläge der Zentral-Rheinkommission zu erheben, die die Ausdehnung ihrer Zuständigkeit bezwecken:

1. auf die Mosel von der französisch-luxemburgischen Grenze bis zum Rhein, unter Vorbehalt der Zustimmung Luxemburgs;

2. auf den Rhein oberhalb Basel bis zum Bodensee unter Vorbehalt der Zustimmung der Schweiz;

3. auf die Seitenkanäle und Fahrtrinnen, welche gebaut werden, um von Natur schiffbare Abschnitte des Rheins oder der Mosel zu vermehren oder zu verbessern, oder um zwei von Natur schiffbare Abschnitte dieser Wasserläufe zu verbinden; desgleichen auf alle anderen Teile des Stromgebiets des Rheins, die unter die in Artikel 338 vorgesehene allgemeine Vereinbarung fallen können.

Artikel 363

In den Häfen Hamburg und Stettin verpachtet Deutschland für einen Zeitraum von 99 Jahren an den tschecho-slowakischen Staat Plätze, die unter die allgemeine Verwaltungsordnung der Freizonen gestellt werden und dem unmittelbaren Durchgangsverkehr der Güter von und nach diesem Staat dienen.

Artikel 364

Die Begrenzung dieser Plätze, ihre Einrichtung, die Art ihrer Ausnutzung und überhaupt alle Bedingungen für ihre Verwendung, einschließlich des Pachtpreises, werden durch eine wie folgt zusammengesetzte Kommission bestimmt: ein Vertreter Deutschlands, ein Vertreter des tschecho-slowakischen Staates und ein Vertreter Großbritanniens. Diese Bedingungen können alle zehn Jahre in der gleichen Weise revidiert werden.

Deutschland erklärt im voraus seine Zustimmung zu den so gefaßten Beschlüssen.

Artikel 365

Diejenigen Güter, die aus den Gebieten der alliierten und assoziierten Mächte kommen und nach Deutschland bestimmt sind, ebenso wie diejenigen Güter, die im Durchgangsverkehr durch Deutschland von Gebieten der alliierten und assoziierten Mächte kommen oder dorthin gehen, genießen auf den deutschen Eisenbahnen hinsichtlich der Gebühren (unter Berücksichtigung aller Prämien und Rückvergütungen), ohne weiteres alle Erleichterungen und in jeder andern Hinsicht die günstigste Behandlung, die für Güter derselben Art gelten, welche auf irgendeiner deutschen Strecke, sowohl im Binnenverkehr wie bei der Ausfuhr, Einfuhr oder Durchfuhr, unter gleichen Bedingungen, besonders hinsichtlich der Länge des Transportweges; befördert werden. Die gleiche Regel soll auf Verlangen einer oder mehrerer alliierter und assoziierter Mächte auch für von diesen Mächten namentlich bezeichnete Güter gelten, die aus Deutschland kommen und für ihre Gebiete bestimmt sind.

Internationale Tarife, welche nach den im vorhergehenden Absatz angegebenen Sätzen aufgestellt sind und direkte Begleitpapiere vorsehen, sollen geschaffen werden, wenn eine der alliierten und assoziierten Mächte es von Deutschland verlangt.

Artikel 366

Vom Inkrafttreten des gegenwärtigen Vertrages ab erneuern die hohen vertragschließenden Parteien, soweit es sie betrifft und unter den Vorbehalten von Paragraph 2 dieses Artikels, die Vereinbarungen und Übereinkünfte über die Beförderung von Gütern auf Eisenbahnen, die in Bern am 14. Oktober 1890, 20. September 1893, 16. Juli 1895, 16.. Juni 1898 und 19. September 1905 geschlossen worden sind.

Wenn binnen 5 Jahren nach dem Inkrafttreten des gegenwärtigen Vertrages eine neue Übereinkunft über die Eisenbahnbeförderung von Personen, Gepäck und Gütern an Stelle der Berner Konvention vom 14. Oktober 1890 und ihrer oben angeführten Nachträge geschlossen wird, soll diese neue Übereinkunft ebenso wie deren Zusatzbestimmungen über den internationalen Eisenbahnverkehr Deutschland binden, selbst wenn diese Macht sich weigert, an der Vorbereitung der Übereinkunft teilzunehmen oder sich ihr anzuschließen. Bis zum Abschluß einer neuen Übereinkunft soll Deutschland sich nach den Vorschriften der Berner Konvention und ihrer oben angeführten Nachträge ebenso wie nach den Ergänzungsbedingungen richten.

Artikel 367

Deutschland ist verpflichtet, an der Einrichtung des Verkehrs mit direkten Fahrscheinen für Personen und Gepäck mitzuwirken, die von einer oder mehreren der alliierten und assoziierten Mächte verlangt wird, um die Verbindung dieser Mächte untereinander oder mit andern Ländern mittels Eisenbahn durch das deutsche Gebiet zu sichern. Insbesondere muß Deutschland zu diesem Zweck die Züge und Wagen, die aus dem Gebiete der alliierten und assoziierten Mächte kommen, übernehmen und mit einer Schnelligkeit weiterbefördern, die mindestens derjenigen seiner besten Durchgangszüge auf denselben Strecken gleichkommt. In keinem Fall dürfen die Fahrpreise für diesen direkten Verkehr höher sein als die Fahrpreise, welche im inneren deutschen Verkehr auf derselben Strecke bei gleicher Geschwindigkeit und Bequemlichkeit erhoben werden.

Die Tarife, die bei gleicher Geschwindigkeit und Bequemlichkeit auf die Beförderung von Auswanderern auf den deutschen Eisenbahnen nach oder von Häfen der alliierten und assoziierten Mächte Anwendung finden, dürfen keinesfalls nach einem höheren Kilometersatz berechnet sein, als demjenigen der günstigsten Tarife (Prämien und Rückvergütungen inbegriffen), welche Auswanderern auf den genannten Eisenbahnen nach oder von irgendwelchen andern Häfen gewährt werden.

Artikel 368

Deutschland verpflichtet sich, für diesen Durchgangsverkehr oder für die Beförderung von Auswanderern von oder nach den Häfen der alliierten und assoziierten Mächte keine technischen, fiskalischen oder Verwaltungsmaßregeln, wie z. B. Zollrevision, allgemeine polizeiliche, gesundheitspolizeiliche und Kontroll-Maßnahmen zu treffen, durch welche dieser Verkehr behindert oder verzögert würde.

Artikel 369

Findet die Beförderung teilweise durch Eisenbahn und teilweise durch Binnenschiffahrt mit oder ohne direkte Begleitpapiere statt, so finden vorstehende Bestimmungen auf den mit der Eisenbahn zurückgelegten Beförderungsteil Anwendung.

Artikel 370

Deutschland verpflichtet sich, die deutschen Wagen mit Einrichtungen zu versehen, die es ermöglichen:

1. sie in Güterzüge einzustellen, die auf den Linien derjenigen alliierten und assoziierten Mächte verkehren, die Mitglieder der Berner Konvention vom 15. Mai 1886, abgeändert am 18. Mai 1907, sind, ohne die Einrichtung der durchgehenden Bremse zu hindern, die in diesen Ländern in den ersten 10 Jahren nach Inkrafttreten des gegenwärtigen Vertrages eingeführt werden könnte;

2. die Wagen dieser Mächte in alle Güterzüge einzustellen, welche auf den deutschen Linien verkehren.

Das rollende Material der alliierten und assoziierten Mächte soll auf den deutschen Linien dieselbe Behandlung wie das deutsche rollende Material hinsichtlich der Verwendung, der Unterhaltung und Instandsetzung erfahren.

Artikel 371

Vorbehaltlich besonderer Bestimmungen bezüglich der Abtretung von Häfen, Wasserwegen und Eisenbahnen in den Gebieten, in denen Deutschland seine Gebietshoheit aufgibt, sowie der finanziellen Bestimmungen bezüglich der Unternehmer und der Pensionsbezüge des Personals, erfolgt die Abtretung von Eisenbahnen unter den folgenden Bedingungen:

1. Die Anlagen und Einrichtungen aller Eisenbahnen werden vollständig und in gutem Zustand übergeben.

2. Wenn ein Eisenbahnnetz mit eigenem rollenden Material im ganzen von Deutschland an eine der alliierten und assoziierten Mächte abgetreten wird, ist dieses Material vollständig nach der letzten Bestandsaufnahme vor dem 11. November 1918 und in normalem Unterhaltungszustand abzutreten.

3. Bei Linien ohne besonderes rollendes Material werden Kommissionen von Sachverständigen, die durch die alliierten und assoziierten Mächte zu bestimmen sind und in denen Deutschland vertreten sein wird, den abzuliefernden Teil des Materials des betreffenden Eisenbahnnetzes, zu dem diese Linien gehören, festsetzen. Diese Kommissionen sollen hierbei den Umfang des Materials, das auf diesen Linien in die letzte Bestandsaufnahme vor dem 11. November 1918 eingetragen ist, die Länge der Strecken (einschließlich der Nebengleise), die Art und den Umfang des Verkehrs berücksichtigen. Diese Kommissionen haben ferner die Lokomotiven, Personen- und Güterwagen zu bestimmen, welche in jedem einzelnen Fall abzutreten sind, die Übernahmebedingungen festzusetzen und die einstweiligen Anordnungen zu treffen, die notwendig sind, um ihre Instandsetzung in deutschen Werkstätten sicherzustellen.

4. Vorräte, Einrichtungsgegenstände und Werkzeuge sind nach denselben Bedingungen wie das rollende Material zu übergeben.

Die Vorschriften der vorstehenden Ziffern 3 und 4 finden auf die Linien des einstigen russischen Polen Anwendung, die von Deutschland auf deutsche Spurweite abgeändert worden sind; diese Linien werden wie Teile betrachtet, die von dem Netz der preußischen Staatseisenbahnen abgetrennt sind.

Artikel 372

Wenn infolge der Festsetzung neuer Grenzen eine Eisenbahnlinie, die zwei Teile desselben Landes verbindet, ein anderes Land durchquert, oder eine Zweiglinie, die aus einem Land kommt, ihren Endpunkt in einem anderen Land hat, sollen ihre Betriebsbedingungen unter Vorbehalt der besonderen, in vorliegendem Vertrag enthaltenen Bestimmungen durch Vereinbarung zwischen den beteiligten Eisenbahnverwaltungen festgesetzt werden. Wenn die Verwaltungen sich über die Bedingungen dieser Vereinbarung nicht einigen können, soll der Streit von Sachverständigenkommissionen entschieden werden, deren Zusammensetzung sich nach den Vorschriften des vorhergehenden Artikels regelt.

Artikel 373

Binnen fünf Jahren, gerechnet vom Inkrafttreten des vorliegenden Vertrages, kann der tschecho-slowakische Staat den Bau einer Eisenbahn verlangen, die auf deutschem Gebiet die Stationen Schlauney und Nachod verbindet. Die Baukosten hat der tschechoslowakische Staat zu tragen.

Artikel 374

Deutschland verpflichtet sich, innerhalb einer Frist von 10 Jahren vom Inkrafttreten des gegenwärtigen Vertrages auf Antrag der Schweizer Regierung, die sich mit der italienischen Regierung ins Benehmen zu setzen hat, die Kündigung der internationalen Übereinkunft vom 13. Oktober 1909 über die Gotthardbahn anzunehmen. Mangels eines Einverständnisses über die Bedingungen der Kündigung erklärt sich Deutschland schon jetzt bereit, die Entscheidung eines durch die Vereinigten Staaten von Amerika zu bezeichnenden Schiedsrichters anzunehmen.

Artikel 375

Deutschland hat die Anweisungen auszuführen, die ihm hinsichtlich der Beförderung durch eine im Namen der alliierten und assoziierten Mächte handelnde Behörde gegeben werden, nämlich:

1. für die Beförderung von Thuppen, die in Ausführung des gegenwärtigen Vertrages bewerkstelligt wird, ebenso wie für die Beförderung von Material, Munition und Proviant für den Bedarf der Armeen;

2. vorübergehend für die Beförderung von Nahrungsmitteln für bestimmte Gegenden, für die möglichst schnelle Wiederherstellung normaler Beförderungsverhältnisse und für die Einrichtung von Post- und Telegraphenverbindungen.

Artikel 376

Streitigkeiten, die zwischen beteiligten Mächten über die Auslegung und Anwendung der vorstehenden Vorschriften entstehen könnten, werden in der vom Völkerbund vorgesehenen Weise geregelt.

Artikel 377

Zu jeder Zeit kann der Völkerbund die Abänderung derjenigen vorhergehenden Artikel vorschlagen, welche auf dauernde Verwaltungsregelungen Bezug haben.

Artikel 378

Nach Ablauf einer Frist von 5 Jahren vom Inkrafttreten des gegenwärtigen Vertrages ab können die Vorschriften der Artikel 321 bis 330, 332, 365, 367 bis 369 jederzeit durch den Rat des Völkerbundes abgeändert werden.

Mangels einer Abänderung kann nach Ablauf der im vorstehenden Absatz vorgesehenen Frist von 5 Jahren der Vorteil irgendeiner der Vorschriften, die in den vorstehend aufgezählten Artikeln enthalten sind, von keiner der alliierten und assoziierten Mächte zugunsten eines Teils ihrer Gebiete in Anspruch genommen werden, für den keine Gegenseitigkeit zugestanden wird. Die Frist von 5 Jahren, während der die Gegenseitigkeit nicht verlangt werden kann, kann vom Rat des Völkerbundes verlängert werden.

Artikel 379

Unbeschadet der besonderen Verpflichtungen, die Deutschland durch den gegenwärtigen Vertrag zugunsten der alliierten und assoziierten Mächte auferlegt sind, verpflichtet sich Deutschland, jeder allgemeinen Übereinkunft über die internationale Regelung des Durchgangsverkehrs, der Schiffahrtswege, der Häfen und der Eisenbahnen beizutreten, die zwischen den alliierten und assoziierten Mächten mit Zustimmung des Völkerbundes binnen einer Frist von 5 Jahren vom Inkrafttreten des gegenwärtigen Vertrages ab geschlossen werden sollten.

Artikel 380

Der Kieler Kanal und seine Zugänge sollen allen mit Deutschland im Frieden befindlichen Nationen für ihre Handels- und Kriegsschiffe gleichberechtigt frei- und offenstehen.

Artikel 381

Angehörige, Eigentum und Schiffe aller Mächte sollen den Kanal sowohl in bezug auf Abgaben und Erleichterungen als auch in jeder anderen Hinsicht in vollster Gleichberechtigung benutzen können. Es darf kein Unterschied zuungunsten von Angehörigen, Eigentum und Schiffen irgendeiner Macht gegenüber Angehörigen, Eigentum und Schiffen Deutschlands oder einer meistbegünstigten Nation gemacht werden. Der Verkehr von Personen oder Schiffen darf keinen anderen Beschränkungen unterworfen werden als solchen, die sich aus Polizei-, Zoll-, Sanitäts-, Aus- oder Einwanderungsvorschriften ergeben, oder aus Vorschriften, die sich auf Ein- und Ausfuhr von verbotenen Gütern beziehen. Diese Vorschriften müssen angemessen und einheitlich sein und dürfen den Verkehr nicht unnötig behindern.

Artikel 382

Für Benutzung des Kanals und seiner Zugänge dürfen nur solche Abgaben erhoben werden, die dem Zweck dienen, die Kosten für die Aufrechterhaltung der Schiffbarkeit des Kanals und seiner Zugänge oder deren Verbesserung in gerechter Weise zu decken, oder um die Ausgaben zu bestreiten, die im Interesse der Schiffahrt gemacht werden. Der Abgabentarif ist nach diesen Unkosten zu berechnen und in den Häfen anzuschlagen.

Die Abgaben sollen in einer Weise erhoben werden, daß jegliche Einzeluntersuchung von Ladungen unnötig wird, ausgenommen in Fällen, in denen Verdacht des Betruges oder von Übertretung besteht.

Artikel 383

Güter im Durchgangsverkehr können versiegelt oder unter Aufsicht von Zollbeamten gestellt werden; das Ein- und Ausladen von Gütern und die Ein- oder Ausschiffung von Reisenden soll nur in den von Deutschland bezeichneten Häfen stattfinden.

Artikel 384

Außer den in diesem Vertrag vorgesehenen Abgaben sollen keine anderen Abgaben irgendwelcher Art im Kanal oder seinen Zugängen erhoben werden.

Artikel 385

Deutschland ist verpflichtet, geeignete Maßnahmen zur Beseitigung von Hindernissen oder Gefahren für die Schiffahrt zu treffen und die Aufrechterhaltung guter Schifffahrtsbedingungen sicherzustellen. Deutschland darf keine Arbeit irgendwelcher Art ausführen, welche die Schiffahrt im Kanal oder an seinen Zugängen behindern könnte.

Artikel 386

Im Falle der Verletzung irgendeiner der Bedingungen der Artikel 380 bis 386 oder des Streites über Auslegung dieser Artikel kann jede beteiligte Macht das Gericht in Anspruch nehmen, das zu diesem Zweck vom Völkerbund eingesetzt wird.

Um zu vermeiden, daß der Völkerbund mit unwichtigen Fragen befaßt wird, wird Deutschland in Kiel eine lokale Behörde schaffen, die berufen ist, in erster Instanz über Streitigkeiten zu entscheiden und nach Möglichkeit Klagen abzustellen, die durch die konsularischen Vertreter der interessierten Macht vorgebracht werden.

Artikel 387

Um an der Verwirklichung des in der Einleitung niedergelegten Programms zu arbeiten, wird eine ständige Organisation begründet.

Die ursprünglichen Mitglieder des Völkerbundes sollen die ursprünglichen Mitglieder dieser Organisation sein. Später soll die Mitgliedschaft im Völkerbunde die Mitgliedschaft in der genannten Organisation zur Folge haben.

Artikel 388

Die ständige Organisation soll umfassen:

1. eine allgemeine Konferenz der Vertreter der Mitglieder,

2. ein internationales Arbeitsamt unter Leitung des im Artikel 393 vorgesehenen Verwaltungsrats.

Artikel 389

Die Hauptversammlung der Vertreter der Mitgliedstaaten hält je nach Bedarf, aber mindestens einmal jährlich ihre Tagungen ab. Sie setzt sich aus je vier Vertretern eines jeden Mitgliedstaates zusammen. Von diesen sind zwei Regierungsvertreter; von den zwei anderen vertritt je einer die Arbeitgeber und je einer die Arbeitnehmer eines jeden Mitgliedstaats.

Jedem Vertreter können technische Ratgeber beigegeben werden. Ihre Zahl darf höchstens zwei für jeden einzelnen Gegenstand betragen, der auf der Tagesordnung der Tagung steht. Sind Fragen, die besonders die Frauen angehen, in der Hauptversammlung zu erörtern, so so muß wenigstens eine der zu technischen Ratgebern bestimmten Personen eine Frau sein.

Die Mitgliedstaaten verpflichten sich, diejenigen Vertreter und technischen Ratgeber, die nicht Regierungsvertreter sind, im Einverständnis mit den maßgebenden Berufsverbänden der Arbeitgeber oder Arbeitnehmer des betreffenden Landes zu bestimmen, vorausgesetzt, daß solche Verbände bestehen.

Die technischen Ratgeber dürfen nur auf Antrag des Vertreters, dem sie beigeordnet sind, und mit besonderer Genehmigung des Vorsitzenden der Versammlung das Wort ergreifen. An den Abstimmungen nehmen sie nicht teil.

Ein Vertreter kann durch eine an den Vorsitzenden gerichtete schriftliche Mitteilung einen seiner technischen Ratgeber als seinen Stellvertreter bezeichnen; der Stellvertreter kann in dieser Eigenschaft an den Beratungen und Abstimmungen teilnehmen.

Die Namen der Vertreter und ihrer technischen Ratgeber werden dem Internationalen Arbeitsamt durch die Regierung eines jeden Mitgliedstaats mitgeteilt.

Die Vollmachten der Vertreter und ihrer technischen Ratgeber werden von der Versammlung geprüft; diese kann mit Zweidrittelmehrheit der von den anwesenden Vertretern abgegebenen Stimmen die Zulassung eines jeden Vertreters oder technischen Ratgebers ablehnen, der nach ihrer Entscheidung nicht gemäß den Bestimmungen dieses Artikels ernannt worden ist.

Artikel 390

Jeder Vertreter hat das Recht, unabhängig für sich selbst über alle der Versammlung unterbreiteten Fragen abzustimmen.

Sollte einer der Mitgliedstaaten einen nicht der Regierung angehörenden Vertreter, auf den er einen Anspruch hat, nicht bestimmt haben, so steht zwar dem andern, nicht der Regierung angehörenden Vertreter das Recht zur Teilnahme an den Beratungen der Versammlung zu, aber kein Stimmrecht.

Lehnt die Versammlung kraft der ihr durch Artikel 389 verliehenen Vollmacht die Zulassung eines Vertreters eines der Mitgliedstaaten ab, so sind die Bestimmungen dieses Artikels so anzuwenden, als ob der betreffende Vertreter nicht ernannt worden wäre.

Artikel 391

Die Tagungen der Versammlung finden am Sitze des Völkerbundes oder an jedem anderen Ort statt, der in einer früheren Tagung durch die Versammlung mit Zweidrittelmehrheit der von den anwesenden Vertreter abgegebenen Stimmen bezeichnet worden ist.

Artikel 392

Das internationale Arbeitsamt wird am Sitze des Völkerbundes errichtet und bildet einen Bestandteil der Bundeseinrichtungen.

Artikel 393

Das internationale Arbeitsamt tritt unter die Leitung eines aus vierundzwanzig Mitgliedern bestehenden Verwaltungsrats; diese Mitglieder werden auf Grund folgender Bestimmungen ernannt:

Der Verwaltungsrat des internationalen Arbeitsamtes setzt sich folgendermaßen zusammen:

12 Personen als Vertreter der Regierungen,

6 Personen, die von den Vertretern der Arbeitgeber in der Konferenz gewählt sind,

6 Personen, die von den Vertretern der Angestellten und Arbeiter in der Konferenz gewählt werden.

Von den zwölf die Regierung vertretenden Personen werden acht durch die Mitgliedstaaten ernannt, denen die größte industrielle Bedeutung zukommt, und vier durch die Mitgliedstaaten, die von den Regierungsvertretern in der Hauptversammlung unter Ausschluß der Vertreter der vorerwähnten acht Mitgliedstaaten bestimmt worden sind.

Etwaige Streitigkeiten über die Frage, welchen Mitgliedstaaten die größte industrielle Bedeutung zukommt, werden durch den Rat des Völkerbundes entschieden.

Die Dauer des Auftrags der Mitglieder des Verwaltungsrates beträgt drei Jahre. Die Art der Besetzung erledigter Sitze und andere Fragen gleicher Art können von dem Verwaltungsrat, vorbehaltlich der Zustimmung der Hauptversammlung, geregelt werden.

Der Verwaltungsrat wählt eines seiner Mitglieder zum Vorsitzenden und stellt seine Geschäftsordnung auf. Er bestimmt selbst den Zeitpunkt seines jedesmaligen Zusammentritts. Eine besondere Tagung ist jedesmal abzuhalten, wenn wenigstens zehn Mitglieder des Verwaltungsrats schriftlich einen entsprechenden Antrag stellen.

Artikel 394

An der Spitze des Internationalen Arbeitsamts tritt ein Leiter; er wird durch den Verwaltungsrat ernannt, empfängt von ihm seine Anweisungen und ist ihm gegenüber sowohl für den Geschäftsgang als auch für die Erfüllung aller ihm anvertrauten Aufgaben verantwortlich.

Der Leiter oder sein Stellvertreter wohnen allen Sitzungen des Verwaltungsrates bei.

Artikel 395

Das Personal des Internationalen Arbeitsamts wird von dem Leiter ausgewählt. Soweit es mit der gebotenen Rücksicht auf die Erzielung von möglichst guten Arbeitsleistungen vereinbar ist, hat sich die Wahl auf Personen verschiedener Staatsangehörigkeit zu erstrecken. Eine bestimmte Anzahl dieser Personen müssen Frauen sein.

Artikel 396

Die Tätigkeit des Internationalen Arbeitsamts besteht in der Sammlung und Weiterleitung aller Unterlagen, die sich auf die internationale Regelung der Lage der Arbeiter und der Arbeitsverhältnisse beziehen, sowie besonders in der Bearbeitung der Fragen, die den Beratungen der Hauptversammlung zum Zweck des Abschlusses internationaler Übereinkommen vorgelegt werden sollen, sowie endlich in der Durchführung aller besonderen, von der Hauptversammlung angeordneten Untersuchungen.

Das Internationale Arbeitsamt hat die Aufgabe, die Tagesordnung für die Tagungen der Hauptversammlung vorzubereiten.

Es erfüllt ferner gemäß den Bestimmungen dieses Teils des gegenwärtigen Vertrags die ihm bei allen internationalen Streitigkeiten zufallenden Obliegenheiten.

Es verfaßt und veröffentlicht in französischer und englischer und in jeder anderen Sprache, die der Verwaltungsrat für angebracht hält, eine in regelmäßiger Wiederkehr erscheinende Zeitschrift, die sich den die Industrie und Arbeit betreffenden Fragen von internationalem Interesse widmet.

Überhaupt hat es neben der in diesem Artikel bezeichneten Tätigkeit alle anderen Befugnisse und Obliegenheiten, die ihm zu übertragen die Hauptversammlung für angebracht hält.

Artikel 397

Die Ministerien der Mitgliedstaaten, zu deren Zuständigkeit die Arbeiterfragen gehören, können mit dem Leiter durch Vermittelung des Vertreters ihrer Regierung beim Verwaltungsrat des Internationalen Arbeitsamts oder in Ermangelung eines solchen Vertreters durch Vermittelung eines anderen dazu geeigneten, von der beteiligten Regierung damit beauftragten Beamten unmittelbaren Geschäftsverkehr unterhalten.

Artikel 398

Das Internationale Arbeitsamt kann die Mitwirkung des Generalsekretärs des Völkerbunds bei allen Fragen in Anspruch nehmen, bei denen er zu einer solchen Mitwirkung in der Lage ist.

Artikel 399

Jedes der Mitgliedstaaten bezahlt die Reise- und Aufenthaltskosten seiner Vertreter und ihrer technischen Ratgeber sowie gegebenenfalls die Kosten seiner an den Tagungen der Hauptversammlung und des Verwaltungsrats teilnehmenden Beauftragten.

Alle anderen Kosten des Internationalen Arbeitsamtes, der tagungen der Hauptversammlung oder des Verwaltungsrats werden dem Leiter durch den Generalsekretär des Völkerbunds zu Lasten des allgemeinen Haushalts des Völkerbundes erstattet.

Der Leiter ist dem Generalsekretär des Völkerbundes für die Verwendung aller Gelder, die ihm nach den Bestimmungen dieses Artikels ausgezahlt werden, rechenschaftspflichtig.

Artikel 400

Nach Prüfung aller Vorschläge, die von der Regierung eines der Mitgliedstaaten oder von irgendeinem im Artikel 389 bezeichneten Berufsverband für die auf die Tagesordnung zu bringenden Punkte gemacht sind, wird die Tagesordnung der Tagungen der Hauptversammlung vom Verwaltungsrat festgesetzt.

Artikel 401

Der Leiter versieht das Amt des Sekretärs der Hauptversammlung; er hat die Tagesordnung jeder Tagung vier Monate vor deren Eröffnung an alle Mitgliedstaaten und durch deren Vermittlung an die Vertreter, die nicht Regierungsvertreter sind, sobald sie bestimmt sind, gelangen zu lassen.

Artikel 402

Die Regierung eines jeden Mitgliedstaats hat das Recht, gegen die Aufnahme einer oder mehrerer der vorgesehenen Punkte in die Tagesordnung der Tagung Einspruch zu erheben. Die Einspruchsbegründung ist in einer an den Leiter zu richtenden erläuternden Denkschrift darzulegen. Dem Leiter liegt es ob, die Denkschrift den Mitgliedstaaten des ständigen Verbandes mitzuteilen.

Die beanstandeten Punkte bleiben trotzdem auf der Tagesordnung, wenn die Versammlung mit Zweidrittelmehrheit der durch die anwesenden Mitglieder abgegebenen Stimmen so beschließt.

Jede Frage, deren Prüfung die Hauptversammlung außerhalb des im vorigen Absatz vorgesehenen Verfahrens mit der gleichen Zweidrittelmehrheit beschließt, ist auf die Tagesordnung der folgenden Tagung zu setzen.

Artikel 403

Die Hauptversammlung stellt ihre Geschäftsordnung auf;. sie wählt ihren Vorsitzenden; sie kann Ausschüsse einsetzen, denen die Erstattung von Berichten über alle von ihr für prüfungsbedürftig befundenen Fragen obliegt.

Die einfache Mehrheit der von den anwesenden Mitgliedern der Hauptversammlung abgegebenen Stimmen ist entscheidend, es sei denn, daß eine größere Mehrheit ausdrücklich durch andere Artikel dieses Abschnitts des gegenwärtigen Vertrags vorgeschrieben ist.

Die Abstimmung ist unwirksam, wenn die Zahl der abgegebenen Stimmen geringer ist als die Hälfte der in der Tagung anwesenden Vertreter.

Artikel 404

Die Hauptversammlung kann den von ihr eingesetzten Ausschüssen technische Ratgeber mit beratender, aber nicht beschließender Stimme beigeben.

Artikel 405

Erklärt sich die Hauptversammlung für die Annahme von Anträgen, die in Verbindung mit einem Gegenstand der Tagesordnung stehen, so hat sie zu bestimmen, ob diese Anträge die Form haben sollen: a) eines »Vorschlages«, der den Mitgliedstaten zur Prüfung vorzulegen ist, damit er in der Form eines Landesgesetzes oder anderswie zur Ausführung gelangt, b) oder eines Entwurfs zu einem durch die Mitgliedstaaten zu ratifizierenden internationalen Übereinkommen.

In beiden Fällen bedarf es zur Annahme eines Vorschlags oder eines Entwurfs zu einem Übereinkommen in der Endabstimmung der Hauptversammlung einer Zweidrittelmehrheit der Stimmen der anwesenden Vertreter.

Bei der Aufstellung eines Vorschlags oder eines Entwurfs zu einem Übereinkomme, das allgemeine Geltung erhalten soll, hat die Hauptversammlung auf diejenigen Länder Rücksicht zu nehmen, in denen das Klima, die unvollkommene Entwicklung der gewerblichen Organisation oder andere Sonderumstände die Verhältnisse der Industrie wesentlich abweichend gestalten. Sie hat in solchen Fällen die Abänderungen in Anregung zu bringen, die sie angesichts der besonderen Verhältnisse dieser Länder für notwendig erachtet.

Eine Ausfertigung des Vorschlags oder des Entwurfs des Übereinkommens wird vom Vorsitzenden der Hauptversammlung oder dem Leiter unterzeichnet und dem Generalsekretär des Völkerbunds behändigt. Dieser übermittelt jedem Mitgliedstaat eine beglaubigte Abschrift des Verschlags oder des Entwurfs des Übereinkommens.

Jeder Mitgliedstaat verpflichten sich, spätestens ein Jahr nach Schluß der Tagung der Hauptversammlung (oder wenn dieses infolge von außergewöhnlichen Umständen innerhalb eines Jahres unmöglich ist, sobald es anhängig ist, aber unter keinen Umständen später als achtzehn Monate nach Schluß der Tagung der Hauptversammlung), den Vorschlag oder den Entwurf zu einem Übereinkommen der zuständigen Stellen zu unterbreiten, damit er zum Gesetz erhoben oder eine anderweitige Maßnahme getroffen wird.

Handelt es sich um einen Vorschlag, so haben die Mitgliedstaaten den Generalsekretär von den getroffenen Maßregeln in Kenntnis zu setzen.

Handelt es sich um den Entwurf zu einem Übereinkommen, so hat der Mitgliedstaat, der die Zustimmung der zuständigen Stelle oder Stellen erhält, die förmliche Ratifikation des Übereinkommens dem Generalsekretär mitzuteilen und die erforderlichen Maßregeln zur Durchführung der Bestimmungen des betreffenden Übereinkommens zu treffen.

Hat ein Vorschlag keine gesetzgeberische oder andere Maßregeln zur Folge, die ihm Wirkung verschaffen, oder findet ein Entwurf zu einem Übereinkommen nicht die Zustimmung der dafür zuständigen Stelle oder Stellen, so hat der Mitgliedstaat keine weitere Verpflichtung.

Handelt es sich um einen Bundesstaat, dessen Befugnis zum Beitritt zu einem Arbeitsübereinkommen bestimmten Beschränkungen unterliegt, so hat die Regierung das Recht, den Entwurf eines Übereinkommens, der unter diese Beschränkung fällt, als einfachen Vorschlag zu betrachten; in diesem Falle gelangen die Bestimmungen dieses Artikels über Vorschläge zur Anwendung.

Der vorstehende Artikel ist nach folgendem Grundsatz auszulegen:

In keinem Falle begründet die Annahme eines Vorschlags oder des Entwurfs eines Übereinkommens durch die Hauptversammlung für einen Mitgliedstat die Verpflichtung, den durch seine Gesetzgebung den betreffenden Arbeitern schon gewährten Schutz zu vermindern.

Artikel 406

Jedes dergestalt ratifizierte Übereinkommen wird vom Generalsekretär des Völkerbundes verzeichnet; es verpflichtet aber nur die Mitgliedstaaten, von denen es ratifiziert worden ist.

Artikel 407

Vereinigt ein Entwurf bei der endgültigen Gesamtabstimmung nicht die Zweidrittelmehrheit der von den anwesenden Vertretern abgegebenen Stimmen auf sich, so steht den Mitgliedstaaten des ständigen Verbandes, die dies wünschen, frei, ein Sonderübereinkommen mit dem gleichen Inhalt zu schließen.

Jedes derartige Übereinkommen ist durch die beteiligten Regierungen dem Generalsekretär des Völkerbundes mitzuteilen, der es verzeichnen läßt.

Artikel 408

Jeder Mitgliedstaat verpflichtet sich, dem Internationalen Arbeitsamt einen jährlichen Bericht über seine Maßnahmen zur Durchführung der Übereinkommen, denen er beigetreten ist, vorzulegen. Die Form dieser Berichte bestimmt der Verwaltungsrat; sie müssen die von ihm geforderten Einzelheiten enthalten. Der Leiter legt der nächstfolgenden Tagung der Hauptversammlung einen zusammenfassenden Bericht aus diesen Berichten vor.

Artikel 409

Jede an das Internationale Arbeitsamt gerichtete Beschwerde eines Berufsverbandes von gewerblichen Arbeitnehmern oder Arbeitgebern, die sich darauf gründet, daß irgendein Mitgliedstaat nicht in befriedigender Weise ein von ihm angenommenes Übereinkommen ausgeführt habe, kann durch den Verwaltungsrat der Regierung, gegen die die Beschwerde sich richtet, übermittelt werden. Diese Regierung kann ersucht werden, sich zur Sache zu erklären.

Artikel 410

Geht von der in Frage kommenden Regierung in angemessener Frist keine Erklärung ein, oder hält der Verwaltungsrat die eingehende Erklärung für unzureichend, so hat der Verwaltungsrat das Recht, die eingegangene Beschwerde und gegebenenfalls die erteilte Antwort zu veröffentlichen.

Artikel 411

Jede Mitgliedstaat kann beim Internationalen Arbeitsamt eine Beschwerde gegen einen anderen Mitgliedstaat vorbringen, der nach seiner Ansicht ein von beiden Teilen auf Grund der vorstehenden Artikel ratifiziertes Übereinkommen nicht in befriedigender Weise durchführt.

Der Verwaltungsrat kann, wenn er es für angebracht hält, sich mit der Regierung, gegen die die Beschwerde sich richtet, in der im Artikel 409 bezeichneten Weise in Verbindung setzen, bevor er nach dem weiter unten abgegebenen Verfahren einem Untersuchungsausschuß mit der Angelegenheit betraut.

Hält es der Verwaltungsrat nicht für nötig, die Beschwerde der in frage kommenden Regierung mitzuteilen, oder läuft bei ihm nach erfolgter Mitteilung befriedigende Antwort innerhalb einer angemessenen Frist ein, so kann er die Bildung eines Untersuchungsausschusses herbeiführen, dem es obliegt, die streitige Frage zu prüfen und darüber zu berichten.

Das gleiche Verfahren kann von dem Verwaltungsrat entweder von Amts wegen oder auf die Beschwerde eines Vertreters, der Mitglied der Hauptversammlung ist, eingeschlagen werden.

Kommt eine auf Grund der Artikel 410 oder 411 aufgeworfene Frage vor den Verwaltungsrat, so hat die in Frage stehende Regierung, falls sie nicht schon einen Abgeordneten im Verwaltungsrat hat, das Recht, einen Vertreter zur Teilnahme an den betreffenden Beratungen des Verwaltungsrats zu ernennen. Der für diese Verhandlungen bestimmte Zeitpunkt ist der in Frage kommenden Regierung rechtzeitig mitzuteilen.

Artikel 412

Der Untersuchungsausschuß wird auf folgende Weise gebildet:

Jeder Mitgliedstaat verpflichtet sich, binnen sechs Monaten nach Inkrafttreten des gegenwärtigen Vertrags drei in industrielle Fragen maßgebende Personen zu bezeichnen, eine zur Vertretung der Arbeitgeber, eine zweite zur Vertretung der Arbeitnehmer vertritt und eine, von beiden unabhängige dritte. Diese Personen stellen zusammen eine Liste auf, aus der die Mitglieder des Untersuchungsausschusses zu wählen sind.

Der Verwaltungsrat hat das Recht zu prüfen, ob die Voraussetzungen für die Bestellung der bezeichneten Personen vorliegen und mit einer Zweidrittelmehrheit der von den anwesenden Vertretern abgegebenen Stimmen die Ernennung derjenigen abzulehnen, deren Eigenschaften den Anforderungen dieses Artikels nicht genügen.

Auf Antrag des Verwaltungsrates bestimmt der Generalsekretär des Völkerbundes drei Personen, und zwar je eine aus jeder der drei Klassen der Liste. Außerdem bestimmt er eine der drei Personen zum Vorsitzenden des Ausschusses. Keine der auf diese Weise bestimmten drei Personen darf zu einem an unmittelbar an der Beschwerde beteiligten Mitgliedstaaten gehören.

Artikel 413

Wird auf Grund des Artikels 31 eine Beschwerde vor einem Untersuchungsausschuß verweisen, so verpflichtet sich jeder Mitgliedstaat, gleichviel, ob er unmittelbar an der Beschwerde beteiligt ist oder nicht, dem Ausschuß alle Unterlagen zur Verfügung zu stellen, die er zu dem Beschwerdepunkt besitzt.

Artikel 414

Nach eingehender Prüfung der Beschwerde erstattet der Untersuchungsausschuß einen Bericht; in diesem legt er seine tatsächlichen Feststellungen, die eine genaue Beurteilung des Streitfalls in seinem ganzen Umfang gestatten, so wie seine Vorschläge zur Zufriedenstellung der beschwerdeführenden Regierung und hinsichtlich der dazu nötigen Fristen nieder.

Gegebenenfalls hat der Bericht zugleich die wirtschaftlichen Strafmaßnahmen zu bezeichnen, die der Ausschuß der Regierung, gegen die die Beschwerde sich richtet, gegenüber für angebracht hält und deren Anwendung durch die übrigen Regierungen ihm gerechtfertigt erscheint.

Artikel 415

Der Generalsekretär des Völkerbunds teilt den Bericht des Untersuchungsausschusses jeder an dem Streitfall beteiligten Regierung mit und veranlaßt seine Veröffentlichung.

Jede der beteiligten Regierungen muß dem Generalsekretär des Völkerbunds binnen einem Monat mitzuteilen, ob sie die in dem Ausschußbericht enthaltenen Vorschläge annimmt oder nicht, und falls sie diese nicht annimmt, ob sie den Streifall dem ständigen Internationalen Gerichtshof des Völkerbunds zu unterbreiten wünscht.

Artikel 416

Ergreift ein Mitgliedstaat bezüglich eines Vorschlags oder eines Entwurfs zu einem Übereinkommen die in Artikel 405 vorgesehenen Maßnahmen nicht, so hat jeder andere Mitgliedstaat das Recht, den ständigen Internationalen Gerichtshof anzurufen.

Artikel 417

Gegen die Entscheidung des ständigen Internationalen Gerichtshofs über eine Beschwerde oder eine ihm gemäß den Artikeln 415 oder 416 unterbreitete Streitfrage ist kein Rechtsmittel gegeben.

Artikel 418

Die etwaigen Anträge oder Vorschläge des Untersuchungsausschusses können vom ständigen Internationalen Gerichtshof bestätigt, abgeändert oder aufgehoben werden. Dieser hat gegebenenfalls die wirtschaftlichen Strafmaßnahmen zu bezeichnen, die er einer schuldigen Regierung gegenüber für angebracht erachtet und deren Anwendung durch die übrigen Regierungen ihm gerechtfertigt erscheint.

Artikel 419

Richtet sich irgendein Mitgliedstaat in der vorgeschriebenen Zeit nicht nach den in dem Berichte des Untersuchungsausschusses oder in der Entscheidung des ständigen Internationalen Gerichtshofes etwa enthaltenen Vorschlägen, so darf jeder andere Mitgliedstaat ihm gegenüber die wirtschaftlichen Strafmaßnahmen ergreifen, die der Bericht des Ausschusses oder die Entscheidung des Gerichtshofs in diesem Falle für zulässig erklärt hat.

Artikel 420

Die schuldige Regierung kann jederzeit den Verwaltungsrat davon in Kenntnis setzen, daß sie die nötigen Maßnahmen getroffen hat, um entweder den Vorschlägen des Untersuchungsausschusses oder denen, die in der Entscheidung des ständigen Internationalen Gerichtshofs niedergelegt sind, Folge zu leisten und kann den Verwaltungsrat ersuchen, durch den Generalsekretär des Völkerbunds einen Untersuchungsausschuß zur Nachprüfung ihrer Angaben zu berufen. In diesem Falle finden die Bestimmungen der Artikel 412, 413, 414, 415, 417 und 418 Anwendung. Fällt der Bericht des Untersuchungsausschusses oder die Entscheidung des ständigen Internationalen Gerichtshofs zugunsten der schuldigen Regierung aus, so haben die anderen Regierungen sofort die wirtschaftlichen Maßregeln, die sie gegenüber dem betreffenden Staat ergriffen haben, außer Wirkung zu setzen.

Artikel 421

Die Mitgliedstaaten verpflichten sich, die Übereinkommen, denen sie zugestimmt haben, entsprechend den Bestimmungen dieses Teiles des gegenwärtigen Vertrags für diejenigen ihrer Kolonien, Besitzungen und Protektorate, die keine völlige Selbstregierung haben, in Kraft zu setzen, jedoch unter den folgenden Vorbehalten:

1. Die Anwendbarkeit des Übereinkommens darf nicht durch die örtlichen Verhältnisse ausgeschlossen sein;

2. die für die Anpassung des Übereinkommens an die örtlichen Verhältnisse erforderlichen Abänderungen dürfen im eingefügt werden.

Jeder Mitgliedstaat hat dem Internationalen Arbeitsamte die von ihm beabsichtigte Entschließung hinsichtlich seiner einzelnen Kolonien, Besitzungen oder Protektorate, die keine völlige Selbstregierung haben, mitzuteilen.

Artikel 422

Abänderungen zu diesem Teile des gegenwärtigen Vertrags, die von der Hauptversammlung mit Zweidrittelmehrheit der von den anwesenden Vertretern abgegebenen Stimmen angenommen sind, werden rechtswirksam, sobald sie von den Staaten, deren Vertreter den Rat des Völkerbunds bilden, und von drei Vierteln der Mitgliedstaaten ratifiziert worden sind.

Artikel 423

Alle Streitfragen oder Schwierigkeiten aus Anlaß der Auslegung dieses Teils des gegenwärtigen Vertrags und der später von den Mitgliedstaaten gemäß diesem Teil geschlossenen Übereinkommen unterliegen der Entscheidung des ständigen Internationalen Gerichtshofes.

Artikel 424

Die erste Tagung der Hauptversammlung findet im Oktober 1919 statt. Ort und Tagesordnung der Tagung ergeben sich aus der beigefügten Anlage.

Einberufung und Veranstaltung dieser ersten Tagung liegt der dafür in der vorerwähnten Anlage bezeichneten Regierung ob. Bei der Beschaffung der Unterlagen wird diese Regierung durch einen internationalen Ausschuß unterstützt, dessen Mitglieder in der gleichen Anlage genannt sind.

Die Kosten dieser ersten Tagung und jeder folgenden bis zu dem Zeitpunkt, wo die notwendigen Kredite in den Haushalt des Völkerbunds aufgenommen werden können, werden mit Ausnahme der Reise- und Aufenthaltskosten der Vertreter und der technischen Ratgeber auf die Mitgliedstaaten nach dem für das Internationale Bureau des Weltpostvereins festgesetzten Schlüssel umgelegt..

Artikel 425

Bis zur Errichtung des Völkerbundes werden alle Mitteilungen, die nach den vorstehenden Artikeln an den Generalsekretär des Bundes gerichtet werden sollten, vom Leiter des Internationalen Arbeitsamts aufbewahrt, der den Generalsekretär davon in Kenntnis zu setzen hat.

Artikel 426

Bis zur Errichtung des ständigen Internationalen Gerichtshofs werden die ihm kraft dieses Abschnitts des gegenwärtigen Vertrags zu unterbreitenden Streitfragen einem Gericht überwiesen, das aus drei vom Rate des Völkerbundes ernannten Personen besteht.

Artikel 427

Die Hohen vertragschließenden Teile haben in Anerkennung dessen, daß das körperliche, sittliche und geistige Wohlergehen der Lohnarbeiter vom internationalen Standpunkt aus von höchster Bedeutung ist, zur Erreichung dieses erhabenen Zieles die in Abschnitt I. vorgesehenen und dem Völkerbund angegliederte ständige Einrichtung geschaffen.

Sie erkennen an, daß die Verschiedenheiten des Klimas, der Sitten und Gebräuche, der wirtschaftlichen Zweckmäßigkeit und industriellen Überlieferung die sofortige Herbeiführung der vollständigen Einheitlichkeit in den Arbeitsverhältnissen erschweren. Aber in der Überzeugung, daß die Arbeit nicht als bloße Handelsware betrachtet werden darf, glauben sie, daß Verfahren und Grundsätze für die Regelung der Arbeitsverhältnisse sich finden lassen, die alle industriellen Gemeinschaften zu befolgen sich bemühen sollten, soweit ihre besonderen Verhältnisse dies gestatten.

Unter diesen Verfahren und Grundsätzen erscheinen den Hohen vertragschließenden Teilen die folgenden von besonderer und Beschleunigung erheischender Wichtigkeit:

1. Der oben erwähnte leitende Grundsatz, daß die Arbeit nicht lediglich als Ware oder Handelsgegenstand angesehen werden darf;

2. das Recht des Zusammenschlusses zu allen nicht dem Gesetz zuwiderlaufenden Zwecken sowohl für Arbeitnehmer wie auch für Arbeitgeber;

3. die Bezahlung der Arbeiter mit einem Lohn, der ihnen eine nach der Auffassung ihrer Zeit und ihres Landes angemessene Lebensführung ermöglicht;

4. Annahme des Achtstundentages oder der 48-Stunden-Woche als zu erstrebendes Ziel überall da, wo es noch nicht erreicht ist;

5. die Annahme einer wöchentlichen Arbeitsruhe von mindestens 24 Stunden, die nach Möglichkeit jedesmal den Sonntag einschließen soll.

6. die Beseitigung der Kinderarbeit und die Verpflichtung, für die Arbeit Jugendlicher beiderlei Geschlechts so einzuschränken, wie es notwendig ist, um ihnen die Fortsetzung ihrer Ausbildung zu ermöglichen und ihre körperliche Entwicklung sicherzustellen;

7. der Grundsatz gleichen Lohnes ohne Unterschied des Geschlechts für eine Arbeit von gleichem Werte;

8. die in jedem Lande über die Arbeitsverhältnisse erlassenen Vorschriften haben allen im Lande sich erlaubterweise aufhaltenden Arbeitern eine gereichte wirtschaftliche Behandlung zu sichern;

9. jeder Staat hat einen Aufsichtsdienst einzurichten, an dem auch Frauen teilnehmen, um die Durchführung der Gesetze und Vorschriften für den Arbeiterschutz sicherzustellen.

Die Hohen vertragschließenden Teile verkünden nicht die Vollständigkeit oder Endgültigkeit dieser Grundsätze und Verfahren, erachten sie jedoch für geeignet, der Politik des Völkerbunds als Richtschnur zu dienen und, im Falle ihrer Annahme durch die dem Völkerbund als Mitglieder angehörenden industriellen Gemeinschaften sowie der Sicherstellung ihrer praktischen Durchführung durch eine entsprechende Aufsichtsbehörde, dauernde Wohltaten unter den Lohnarbeitern der Welt zu verbreiten.

Artikel 428

Als Sicherheit für die Ausführung des vorliegenden Vertrages durch Deutschland werden die deutschen Gebiete westlich des Rheins einschließlich der Brückenköpfe durch die Truppen der alliierten und assoziierten Mächte während eines Zeitraumes von 15 Jahren besetzt, der mit dem Inkrafttreten des gegenwärtigen Vertrages beginnt.

Artikel 429

Wenn die Bedingungen des gegenwärtigen Vertrages durch Deutschland getreulich erfüllt werden, so soll die im Artikel 428 vorgesehene Besetzung nach und nach in folgender Weise eingeschränkt werden;

1. Nach Ablauf von 5 Jahren werden geräumt: der Brückenkopf von Cöln und die Gebiete nördlich einer Linie, die dem Laufe der Ruhr, dann der Eisenbahnlinie Jülich-Düren-Euskirchen-Rheinbach, ferner der Straße von Rheinbach nach Sinzig folgt, und die den Rhein bei dem Einfluß der Ahr trifft, wobei die vorhin genannten Straßen, Eisenbahnen und Orte außerhalb der besagten Räumungszone bleiben.

2. Nach Ablauf von 10 Jahren Worden geräumt; der Brückenkopf von Coblenz und die Gebiete nördlich einer Linie, die an dem Schnittpunkte der Grenzen Belgiens, Deutschlands und Hollands beginnt, etwa 4 Kilometer südlich Aachen verläuft, dann bis zur Höhe von Vorst-Gemünd verläuft, dann östlich der Eisenbahniinie des Urftales, dann über Blankenhain, Waldorf, Dreis, Ulmen bis zur Mosel, diesem Flusse von Bremm bis Nehren folgt, dann über Kappel und Simmern der Höhenlinie zwischen Simmern und dem Rhein folgt und diesen Fluß bei Bacherach erreicht, wobei alle genannten Orte, Täler, Straßen und Eisenbahnen außerhalb der Räumungszone bleiben.

3. Nach Ablauf von 15 Jahren werden geräumt: der Brückenkopf von Mainz, der Brückenkopf von Kehl und der Rest des besetzten deutschen Gebietes.

Wenn zu diesem Zeitpunkte die Sicherheiten gegen einen nicht herausgeforderten Angriff Deutschlands von den alliierten und assoziierten Regierungen nicht als ausreichend betrachtet werden, so kann die Entfernung der Besatzungstruppen in dem Maße aufgeschoben werden, wie dies zur Erreichung der genannten Bürgschaften für nötig erachtet wird.

Artikel 430

Falls die Wiedergutmachungskommission während der Besetzung oder nach Ablauf der im Vorhergehenden genannten 15 Jahre feststellt, daß Deutschland sich weigert, die Gesamtheit oder einzelne der ihm nach dem gegenwärtigen Vertrage obliegenden Wiedergutmachungsverpflichtungen zu erfüllen, so werden die im Artikel 429 genannten Gebiete ganz oder teilweise sofort von neuem durch die alliierten und assoziierten Truppen besetzt.

Artikel 431

Wenn Deutschland vor dem Ablauf des Zeitraumes von 15 Jahren alle Verpflichtungen erfüllt hat, welche ihm aus dem gegenwärtigen Vertrage erwachsen, so werden die Besatzungstruppen sofort zurückgezogen.

Artikel 432

Die durch die Besetzung und den jetzigen Vertrag nicht erledigten Fragen werden Gegenstand späterer Vereinbarungen sein, welche anzuerkennen Deutschland sich schon jetzt verpflichtet.

Artikel 433

Zur Sicherung der Ausführung des gegenwärtigen Vertrags, wodurch Deutschland endgültig die Aufhebung des Vertrags von Brest-Litowsk und aller Verträge, Übereinkommen und Abmachungen zwischen ihm und der russischenmaximalistischen Regierung anerkennt, sowie zur Sicherung der Wiederherstellung des Friedens und einer guten Regierung in den baltischen Provinzen und Litauen werden alle deutschen Truppen, die sich augenblicklich in dem genannten Gebieten befinden, sobald die Regierungen der alliierten und assoziierten Hauptmächten den Augenblick mit Rücksicht auf die innere Lage dieser Gebiete für gekommen erachten, hinter die deutschen Grenzen zurückgenommen. Diese Truppenhaben sich jeder Beitreibung, Beschlagnahme und aller andern Zwangsmaßnahmen zur Erlangung von Lieferungen mit Bestimmung nach Deutschland zu enthalten und dürfen sich auf keine Weise in Maßregeln der Landesverteidigung einmischen, welche die vorläufigen Regierungen von Esthland, Lettland und Litauen etwa begreifen.

Bis zur Räumung oder nach der vollständigen Räumung dürfen keine neuen deutschen Truppen die genannten Gebiete betreten.

Artikel 434

Deutschland verpflichtet sich, die volle Gültigkeit der Friedensverträge und Zusatzabkommen anzuerkennen, welche von den alliierten und assoziierten Mächten mit den Mächten geschlossen werden, die auf seiten Deutschlands gekämpft haben, und sich mit den Bestimmungen einverstanden zu erklären, welche bezüglich der Gebiete der ehemaligen österreichisch-ungarischen Monarchie, des Königreichs Bulgarien und des Ottomanischen Reiches getroffen werden, auch die neuen Staaten innerhalb der Grenzen, die auch auf diese Weise festgelegt wurden, anzuerkennen.

Artikel 435

Die Hohen vertragschließenden Teile erkennen zwar die zugunsten der Schweiz in den Verträgen von 1815, besonders in der Akte vom 20. November 1815 niedergelegten Zusicherungen, welche internationale Verbindlichkeiten zur Aufrechterhaltung des Friedens darstellen, an; sie stellen indes fest, daß die Bestimmungen dieser Verträge und Übereinkommen, Erklärungen und sonstigen Zusatzakte, betreffend die neutralisierte Zone Savoyens, so wie sie durch Artikel 92 Abs. 1 der Schlußakte des Wiener Kongresses und Artikel 3 Abs. 2 des Pariser Vertrags vom 20. November 1815 festgelegt wird, durch die Verhältnisse überholt sind. Infolgedessen nehmen die Hohen vertragschließenden Teile die Abrede zwischen der französischen und der schweizerischen Regierung, betreffend die Aufhebung der sich auf diese Zone beziehenden Bestimmungen, die abgeschafft sind und bleiben sollen, zur Kenntnis.

Ebenso erkennen die Hohen vertragschließenden Teile an, daß die Bestimmungen der Verträge von 1815 und der sonstigen Zusatzakte, betreffend die Freizonen Hoch-Savoyens und des Gebiets von Gex, durch die Verhältnisse überholt sind, und daß es Sache Frankreichs und der Schweiz ist, im Wege der Einigung untereinander die Rechtslage dieser Gebiete so zu regeln, wie beide Länder es für zweckmäßig erachten.

Artikel 436

Die Hohen vertragschließenden Teile haben, wie sie hiermit anerkennen und beurkunden, von dem Vertrage zwischen der Regierung des französischen Freistaats und Seiner Durchlaucht dem Fürsten von Monaco vom 17. Juni 1918 über das Verhältnis zwischen Frankreich und dem Fürstentum Kenntnis genommen.

Artikel 437

Die Hohen vertragschließenden Teile kommen dahin überein, daß in jedem durch den gegenwärtigen Vertrag eingesetzten Ausschuß bei Stimmengleichheit die Stimme des Vorsitzenden den Ausschlag geben soll, es sei denn, daß durch spätere Vereinbarungen ein Anderes bestimmt wird.

Artikel 438

Die alliierten und assoziierten Mächte kommen überein, daß, soweit deutsche Gesellschaften oder deutsche Personen auf ihrem oder ihrer Regierung gemäß dem gegenwärtigen Vertrag anvertrauten Gebiet religiöse christliche Missionen unterhalten haben, das Eigentum solcher Missionen oder Missionsgesellschaften einschließlich des Eigentums von Handelsgesellschaften, deren Ertrag der Unterhaltung dieser Missionen dient, weiter für Missionszwecke verwendet werden soll. Um die gehörige Ausführung dieser Verpflichtung zu sichern, werden die alliierten und assoziierten Regierungen das bezeichnete Eigentum Verwaltungsräten verantworten, die sie ernennen oder bestätigen und welche das religiöse Bekenntnis der Mission teilen, um deren Eigentum es sich handelt.

Die alliierten und assoziierten Regierungen üben weiterhin eine vollständige Aufsicht über die Leiter dieser Missionen aus und wahren die Interessen dieser Missionen.

Deutschland nimmt von den vorstehenden Verpflichtungen Vermerk, erklärt seine Zustimmung zu jeder Anordnung, welche die beteiligten alliierten und assoziierten

Regierungen zwecks Erfüllung des Werkes der genannten Missionen oder Handelsgesellschaften erlassen haben oder erlassen, und verzichtet auf jeden Einwand dagegen.

Artikel 439

Vorbehaltlich der Bestimmungen des gegenwärtigen Vertrags verpflichtet sich Deutschland, weder unmittelbar noch mittelbar gegen eine der diesen Vertrag unterzeichnen-
den alliierten und assoziierten Mächte, einschließlich derjenigen, die ohne Kriegserklärung ihre diplomatischen Beziehungen zum Deutschen Reiche abgebrochen haben, irgendeinen Geldanspruch wegen einer vor dem Inkrafttreten des gegenwärtigen Vertrags liegenden Tatsache geltend zu machen.

Diese Bestimmung bedeutet vollen und endgültigen Verzicht auf alle derartigen Ansprüche; diese sind von nun an erloschen, gleichviel wer daran beteiligt ist.

Artikel 440

Deutschland nimmt und erkennt alle von irgendeinem Prisengericht einer alliierten
oder assoziierten Macht erlassenen Entscheidungen und Anordnungen, betreffend
deutsche Handelsschiffe und deutsche Waren, als gültig und verbindlich an, ebenso
alle derartigen Entscheidungen und Anordnungen über die Zahlung der Kosten. Es
verpflichtet sich, wegen dieser Entscheidungen oder Anordnungen keinerlei Beschwer-
den im Namen seiner Angehörigen vorzubringen.

Die alliierten und assoziierten Mächte behalten sich das Recht vor, unter den von
ihnen noch festzusetzenden Bedingungen die von den deutschen Prisengerichten
erlassenen Entscheidungen und Anordnungen nachzuprüfen, gleichviel, ob diese
Entscheidungen und Anordnungen die Eigentumsrechte von Staatsangehörigen der
genannten Mächte oder von neutralen Staatsangehörigen treffen. Deutschland sagt
zu, Abschriften aller Urkunden zu liefern, aus denen das Aktenstück des Einzelfalls
besteht, einschließlich der ergangenen Entscheidungen und Anordnungen; ferner
verpflichtet sich Deutschland, die Anregungen anzunehmen und auszuführen, die
ihm nach dieser Prüfung des Einzelfalls übermittelt werden.

Der gegenwärtige Vertrag, dessen französischer und englischer Wortlaut beide maßgebend sind, soll ratifiziert werden.

Die Niederlegung der Ratifikationsurkunde soll so bald wie möglich in Paris erfolgen.

Den Mächten mit Regierungssitz außerhalb Europas steht es frei, sich auf die Mitteilung an die Regierung des französischen Freistaats durch ihren diplomatischen Vertreter in Paris zu beschränken, daß ihre Ratifikation erteilt ist. In diesem Falle sollen
sie die Ratifikationsurkunde darüber so schnell wie möglich übermitteln.

Ein erstes Protokoll über die Niederlegung der Ratifikationsurkunden wird errichtet,
sobald der Vertrag von Deutschland einerseits und von drei alliierten und assoziierten Hauptmächten andererseits ratifiziert ist.

Mit der Errichtung dieses ersten Protokolls tritt der Vertrag zwischen den Hohen vertragschließenden Teilen, die ihn auf diese Weise ratifiziert haben, in Kraft. Dieser
Zeitpunkt gilt zugleich als der Zeitpunkt des Inkrafttretens bei Berechnung aller in

dem gegenwärtigen Vertrage vorgesehenen Fristen.

In jeder anderen Hinsicht tritt der Vertrag für jede Macht mit der Niederlegung ihrer Ratifikationsurkunde in Kraft.

Die französische Regierung wird allen Signatar-Mächten eine beglaubigte Abschrift der einzelnen Protokolle über die Niederlegung der Ratifikationsurkunden übermitteln.

***

)

Vernichtungspläne X:

Ein englisches Kriegslied, veröffentlicht in der »Daily Graphic« vom 20.8.1914:

»Nieder mit den Deutschen, nieder mit ihnen allen! - O Flotte, o Heer! Seid gewiß, daß sie fallen! - Verschonet nicht einen von diesen falschen Spionen! - Schneidet ihnen die Zunge ab und krallt ihnen die Augen aus! - Nieder, nieder mit ihnen allen!«[1]

Winston Churchill im Interview mit »Le Martin«, Paris, 1915:

»Ich werde Deutschland an der Kehle würgen, bis sein Herz aussetzt.«[2]

Maurice Barrès im »Echo de Paris« am 15. Februar 1915:

»Die gemeinsamen Interessen Frankreichs, Englands, Rußlands, Belgiens und Serbiens verlangen die eine Lösung: die Verminderung und Zerstückelung des Deutschen Reiches«.[3]

Jaques Bainville, am 1.4.1915:

»Man muß mit der deutschen Einheit Schluß machen![4]

Lord Curzon, Führer des Oberhauses und Mitglied des Kriegskabinetts, in öffentlichem Vortrag am 1.5.1915:

»Wir müssen Deutschland zu Krüppeln schlagen.«[5]

»The Financial News«, 30. Oktober 1915:

»Die Welt würde gesunden, wenn am Ende des Krieges ein Deutscher ein so seltenes Ding geworden wäre wie eine Schlange in Irland oder ein wilder Tiger in England.«[6]

H. G. Wells, Dichter, 1915 in der »Times«:

»Viele Männer und Frauen werden auf die Straße gehen und auf die Deutschen schießen. Wenn unsere Herren Sachverständigen in ihrer Pedanterie dreinreden wollen, dann werden wir sie niederschießen, und unsere Freischar wird jeden Deutschen, den ihr Arm erreichen kann, niederkillen. Wir werden

*ihre Offiziere aufhängen und die Mannschaft erschießen. Deutsche Eindring-
linge werden wir lynchen!«[7]*

George Clemenceau, der französische Ministerpräsident, äußerte im Juni 1921:

*»Der Krieg war nur die Vorbereitung, die Vernichtung des deutschen Volkes
fängt jetzt erst an!«[6]*

Herbert Hoover, Präsident der USA am Morgen des 7. Mai 1919:

*»Ich war zutiefst beunruhigt. Der politische und wirtschaftliche Teil [des Vera-
iller Vertrages, Anmerkung des Autors] waren von Haß und Rachsucht durch-
setzt ... Es waren Bedingungen geschaffen worden, unter denen Europa niemals wieder aufgebaut oder der Menschheit der Frieden zurückgegeben werden könnte.«[9]*

Lange vor Hitler, zu den sogenannten Friedenszeiten, schrieb die französische Zeitung »Action Francaise« am 4.3.1920:

*»Deutschland hätte zerstückelt werden müssen. Die deutsche Einheit muß
zerschlagen , das Deutsche Reich in einen Staub von Staaten aufgelöst werden!«[19]*

Der französische Ministerpräsident Clemenceau:

»Es gibt zwanzig Millionen Deutsche in Europa zuviel!«[11]

Jaques Bainville am 11.1.1923:

*»Unser größtes Interesse besteht darin, daß Deutschland im Chaos erhalten
wird.«[12]*

Der polnische Staatspräsident Stanislaus Grabski 1923:

*»Das polnische Volk kann das Ergebnis der Volksabstimmung in Masuren
nicht als letzteres Urteil der Geschichte anerkennen. Der Bestand der Republik wird erst dann dauerhaft gesichert sein, wenn wir in dem unvermeidlichen
Kampf mit Deutschland siegen.«[13]*

Die polnische Zeitung »Gazeta Gdanska«:

»Alles Land, das noch im Besitz der Deutschen ist, muß den deutschen Händen entrissen werden« [14)]

Bernat Lecache, Präsident einer religiösen Weltliga 1932 in Paris:

»Deutschland ist unser Staatsfeind Nummer eins. Es ist unsere Sache, ihm erbarmungslos den Krieg zu erklären.« [15)]

Der britische Lord Vansittart (1881-1957), von 1930-1938 ständiger Unterstaatssekretär im Außenministerium schrieb in seinem Buch »Black Record«:

»Schon zu Zeiten des Tacitus haben die Deutschen den Weltfrieden gestört. Deshalb hätte man sie schon damals ausrotten müssen.« [16)]

Die polnische Zeitung »Liga der Großmacht« im Jahre 1930:

»Der Kampf zwischen Polen und Deutschland ist unausbleiblich. Wir müssen uns dazu systematisch vorbereiten. Unser Ziel ist ein neues Grunewald, aber diesmal ein Grunewald in den Vororten Berlins, das heißt, die Niederlage Deutschlands muß von polnischen Truppen in das Zentrum des Territoriums getragen werden, um Deutschland im Herzen zu treffen. Unser Ideal ist ein Polen im Westen mit der Oder und Neiße als Grenze. Preußen muß für Polen zurückerobert werden und zwar das Preußen an der Spree.

In einem Krieg mit Deutschland wird es keine Gefangenen geben, und es wird weder für menschliche Gefühle noch kulturelle Gefühle Raum sein. Die Welt wird zittern vor dem deutsch-polnischen Krieg. In die Reihen unserer Soldaten müssen wir übermenschlichen Opfermut und den Geist unbarmherziger Rache und Grausamkeit tragen.« [17)]

Lord Vansittart, leitender Beamter des Foreign Office, 1933:

»... Wenn Hitler Erfolg hat, wird er innerhalb von fünf Jahren einen europäischen Krieg bekommen.« [18)]

Emil Ludwig Cohn in den »Annales« vom Juni 1934:

»Hitler will nicht den Krieg, aber er wird dazu gezwungen werden.« [19)]

Am 11. April 1935 schreibt der Staatssekretär im polnischen Außenministerium, Graf Szembek, in sein Tagebuch:

»Ich sagte zu ihm (Bullit): 'Wir sind Zeugen einer Angriffspolitik der Welt gegen Hitler mehr noch als einer aggressiven Politik Hitlers gegen die Welt'.«[20]

Winston Churchill sagte Ende März 1936 vor dem konservativen Parlamentskomitee für auswertige Angelegenheiten:

»Deshalb scheint mir, daß alle die alten Gegebenheiten wieder vorliegen, und daß unsere nationale Rettung davon abhängt, ob wir noch einmal alle Mächte in Europa vereinigen können, um die deutsche Oberherrschaft in Schranken zu halten, zu verhindern und wenn nötig, zu vernichten.«[21]

Winston Churchill zu General E. Wood im November 1936:

»Deutschland wird zu stark, wir müssen es zerschlagen.«[22]

Winston Churchill im gleichen Jahre, 1936:

»Wir werden Hitler den Krieg aufzwingen, ob er will oder nicht.«[23]

Winston Churchill 1937 zum deutschen Reichsaußenminister Ribbentrop:

»Wenn Deutschland zu stark wird, wird es wieder zerschlagen werden.«[24]

Stanley Baldwin als Ministerpräsident, 1937:

»Englands Grenzen sind nicht die Kreideklippen von Dover, sondern der Rhein.«[25]

Winston Churchill zu Ex-Reichskanzler Brüning 1938:

»Was wir wollen, ist die restlose Vernichtung der deutschen Wirtschaft.«[26]

Die Prager marxistische Zeitung »Pravo Lidu« offenbarte am 18. September 1938:

»Vielleicht sind wir nicht stark genug, um Deutschland zu schlagen, aber wir sind stark genug, um ganz Europa in einen Krieg zu verwickeln.«[27]

❖❖❖

Der »Daily Telegraph« am 25.9.1938:

»Die Grenzen Englands sind nicht mehr am Rhein, sondern an der Weichsel.«[28)]

Die »New Review« am 6.4.1939:

»Wenn wir wieder gegen Deutschland kämpfen, dann gebt ihm gehörige Schläge. Tilgt die deutschen Männer aus und teilt Deutschland unter Britannien und seinen Verbündeten auf! Laßt die deutschen Männer Frauen verschiedener Nationen heiraten und versucht auf diese Weise zu verhindern, daß in Zukunft noch reine Deutsche großgezogen werden.«[29)]

Der US-Botschafter in Paris, Bullit, zu dem US-amerikanischen Europareporter Weigand am 25. April 1939:

»Der Krieg in Europa ist eine beschlossene Sache ... Amerika wird nach Großbritannien in den Krieg eintreten.«[30)]

Am 18.5.1939 erklärte der polnische Kriegsminister Kasprzycki in Paris:

»... wir beabsichtigen, einen Bewegungskrieg zu führen und von Beginn der Operation an in Deutschland einzumarschieren.«[31)]

Der polnische Marschall Rydz-Smigly im Jahre 1939:

»Polen will den Krieg mit Deutschland und Deutschland wird ihn nicht vermeiden können, selbst wenn es das wollte.«[32)]

Churchill am 21. Juni 1939:

»Es liegt ein Stück Wahrheit in den Vorwürfen in bezug auf die gegen die Achsenmächte gerichtete Einkreisung. Es ist gegenwärtig nicht mehr nötig, die Wahrheit zu verbergen.«[33)]

Der letzte Mitarbeiter von Jacques Bainville, Carles Maurras am 31.8.1939 in der »Action Francaise«:

»Die Ursache des Krieges heißt: Die deutsche Einheit ist der Feind. Wenn man die deutsche Einheit zerbricht, erreicht man das Wesentliche, und der ganze Rest, Gleichgewicht, Völkerrecht, Sicherung der Grenzen, kommt dann

von selbst. *Was man 1919 hätte tun müssen, was man übermorgen tun muß, das ist, nicht nur das Deutschtum nach außen hin auflösen, sondern es im Innern zerspalten, zerbrechen, aufteilen, die Verschiedenheiten der Religion, des Geistes benutzen, unterstützen und begünstigen, durch Ungleichheit der Behandlung; schließlich diesem zerstückelten Deutschland gegenüber ständig Interventionsmöglichkeiten offen halten, d. h. das Rheinland auf ewig besetzen.«* [34]

Am 10. August 1939 schrieb der »Kurjer Polski«:

»... Immer allgemeiner sei jetzt die Auffassung, daß 'Karthago' zerstört werden müsse. Mit raschen Schritten nähere sich der Augenblick, in dem die Auffassung über die Notwendigkeit der Beseitigung des Pestherdes im Zentrum Europas Allgemeingut wird. Dann werde von Deutschland nur noch ein Trümmerhaufen übrig bleiben.« [35]

Die »Warschauer Depesza« (Polen) schrieb am 20. August 1939:

»Wir sind bereit, mit dem Teufel einen Pakt abzuschließen, wenn er uns im Kampf gegen Hitler hilft. Hört ihr - gegen Deutschland, nicht nur gegen Hitler. Das deutsche Blut wird in einem kommenden Krieg in solchen Strömen vergossen werden, wie dies seit der Entstehung der Welt noch nie gesehen worden ist.« [36]

Sir Horace Wilson, der engste Mitarbeiter Chamberlains, am 2.9.1939 zum Pressebeirat der deutschen Botschaft in London, Dr. Fritz Hesse:

»England ist zum Krieg entschlossen und nicht mehr für einen Kompromiß zu haben.« [37]

Winston Churchill am Tage der britischen Kriegserklärung an Deutschland im englischen Rundfunk am 3.9.1939:

»Dieser Krieg ist ein englischer Krieg, und sein Ziel ist die Vernichtung Deutschlands.« [38]

Aus der Rede des britischen Außenministers Lord Halifax am 3. September 1939:

»Jetzt haben wir Hitler zum Kriege gezwungen, so daß er nicht mehr auf fried-

lichem Wege ein Stück des Versailler Vertrages nach dem anderen aufheben kann.«[39)]

Der »News Chronicle« am 25.10.1939:

»Ganz offen gestanden, bin ich dafür, jedes in Deutschland lebende Wesen auszurotten, Mann, Frau, Kind, Vogel und Insekt. Ich würde keinen Grashalm wachsen lassen. Deutschland müßte düsterer sein als die Sahara.«[40)]

Der US-amerikanische Schriftsteller Ernest Hemingway:

»Deutschland sollte man nach dem Kriege so gründlich zerstören, daß wir es für hundert Jahre nicht mehr zu bekämpfen haben, aber überhaupt nicht mehr, wenn richtig aufgeräumt wird. Dies kann wahrscheinlich nur durch Sterilisation geschehen.«[41)]

Einer der Hauptträger der Greuelpropaganda in den USA, Hans Habe (Janos Bekessy) schrieb in seinem Buch »Ich stelle mich«:

»Das amerikanische Volk ist unendlich naiv und sehr ungebildet. Es hätte Jahre gebraucht, ihm den Unterschied zwischen dem deutschen Volk und den Nazis begreiflich zu machen. Das wäre zu umständlich und zu schwierig gewesen.

Wir mußten uns daher entschließen, unsere Propaganda nicht nur gegen die Nazis, sondern gegen das ganze deutsche Volk zu richten, sonst hätten wir das amerikanische Volk niemals zum Kriege gegen Deutschland bereit und gefügig gemacht.

Wir konnten es uns nicht leisten, bei unserer Propaganda einen Unterschied zwischen den Nazis und dem deutschen Volk zu machen. Wir mußten das ganze deutsche Volk als schuldig hinstellen.«[42)]

Der britische Informationsminister Duff Cooper nach seiner Verabschiedung im Sommer 1941:

»Was immer das Ergebnis dieses Krieges ist, laßt uns dafür sorgen, daß es dann keine deutsche Nation mehr gibt!«[43)]

Chamberlain 1940 in einer Kirchenversammlung:

»Die Deutschen sind Unmenschen, sie sind tolle Hunde, die man ausrotten muß!«[44)]

Winston Churchill 1940:

»Ich führe keinen Krieg gegen Hitler, sondern ich führe einen Krieg gegen Deutschland«[45)]

Clendin Miller, ein Intimus Präsident Roosevelts, der später Chef der Export-Import-Bank war, erklärte im September 1941:

»Deutschlands gesamte Industrie muß vernichtet, Deutschlands Großstädte müssen entvölkert werden. Deutschland muß wieder zum Agrarland herabsinken, seine Jugend müssen wir zum Auswandern zwingen und Deutschland nicht nur die Herstellung synthetischer Grundstoffe verbieten, sondern auch seinen Ost- und Südhandel derart beschränken, daß es völlig von Überseelieferungen abhängig wird. Denn so ist England jederzeit in der Lage, etwaige Unabhängigkeitsgelüste durch die Verhängung einer Blockade zu ersticken.«[46)]

Der britische Informationsminister Duff Cooper 1940:

»Ich hoffe, daß wir dieses Mal nicht den Fehler wiederholen werden, zwischen dem deutschen Volk und seinen Führern einen Unterschied zu machen. Wir müssen die Deutschen vernichten und die notwendige Anzahl von Ihnen töten, um zu gewinnen.«[47)]

In einer Moskauer Meldung schreibt Ilja Ehrenburg 1943:

»Wir können die Deutschen nicht als ehrenvolle Kämpfer ansehen. In unseren Augen sind sie abstoßende, plündernde Bestien. Mit solchen Bestien verhandelt man nicht lange: man vernichtet sie!«[48)]

Ein Flugblatt Ilja Ehrenburgs, daß auch in seinem Buch »Der Krieg« (1943) enthalten ist, besagt:

»Die Deutschen sind keine Menschen. Von jetzt ab ist das Wort 'Deutscher' für uns der allerschlimmste Fluch. Von jetzt ab bringt das Wort 'Deutscher' ein

Gewehr zur Entladung. *Wir werden nicht sprechen. Wir werden nicht aufregen. Wir werden töten. Wenn du nicht im Laufe eines Tages wenigstens einen Deutschen getötet hast, so ist es für dich ein verlorener Tag gewesen. Wenn du glaubst, daß statt deiner der Deutsche von deinem Nachbarn getötet wird, so hast du die Gefahr nicht erkannt. Wenn du den Deutschen nicht tötest, so tötet der Deutsche dich. Er wird die Deinigen festnehmen und sie in seinem verfluchten Deutschland foltern. Wenn du den Deutschen nicht mit einer Kugel töten kannst, so töte ihn mit dem Seitengewehr. Wenn in deinem Abschnitt Ruhe herrscht und kein Kampf stattfindet, so töte den Deutschen vor dem Kampf ... Wenn du einen Deutschen getötet hast, so töte einen zweiten - für uns gibt es nichts Lustigeres als deutsche Leichen. Zähle nicht die Tage. Zähle nicht die Kilometer. Zähle nur eines: Die von dir getöteten Deutschen! Töte den Deutschen! - dieses bitten dich deine Kinder. Töte den Deutschen! - so ruft die Heimaterde. Versäume nichts! Versieh dich nicht! Töte!*[49)]

In dem von der »Politischen Hauptverwaltung« der Roten Armee herausgegebenen Notizblock des Propagandisten stand am 23. November 1943 folgendes Zitat von Ilja Ehrenburg:

»Es genügt nicht, die Deutschen nach Westen zu treiben. Die Deutschen müssen ins Grab hineingejagd werden. Gewiß ist ein geschlagener Fritz besser als ein unverschämter. Von allen Fritzen aber sind die toten die besten.«[50)]

Präsident Roosevelt am 19. August 1944 zu Morgenthau:

»Wir müssen mit den Deutschen hart sein. Das heißt mit dem deutschen Volk, nicht nur mit den Nazis. Wir müssen sie entweder kastrieren, oder so mit ihnen verfahren, daß sie nicht länger Menschen zeugen, die so wie bisher weitermachen.«[51)]

Ilja Ehrenburg am 17.9.1944 in der Frontzeitung »Unitschtoshim Wraga«:

»Die Deutschen werden die Stunde verfluchen, da sie unseren Boden betraten. Die deutschen Frauen werden die Stunde verfluchen, in der sie ihre Söhne geboren haben. Wir werden nicht schänden. Wir werden nicht verfluchen. Wir werden nicht hören. Wir werden totschlagen.«[52)]

Ilja Ehrenburg

»Es gibt nichts, was an den Deutschen unschuldig ist, die Lebenden nicht und die Ungeborenen nicht! Folgt der Weisung des Genossen Stalin und zerstampft

das faschistische Tier in seiner Höhle. Brecht mit Gewalt den Rassenhochmut der germanischen Frauen. Nehmt sie als rechtmäßige Beute. Tötet, ihr tapferen vorwärtsstürmenden Rotarmisten!«[53)]

Winston Churchill in »The Great War«:

»Alles, was Deutsche tötete, war richtig. Alles, was nicht Deutsche tötete, war zwecklos.«[54)]

Polnisches Propagandaplakat aus den 30er Jahren: Großpolen bis vor die Tore Berlins

Quellen- und Literaturverzeichnis

Verlagsvorwort

1) www.petrapau.de/16_bundestag/ dok/down/2005_zf-rechtsextreme-straftaten.pdf

2) www.petrapau.de/15_bundestag/ dok/down/2004_zf-rechtsextreme-straftaten.pdf

3) Bundesministerium der Finanzen, BMF-Referat V B 4, 1WG-Statistik2004

4) Bundesministerium der Finanzen, Finanzplan des Bundes 2002-2006

Aktuelles »Besatzungsrecht« I: Versteinertes Besatzungsrecht

1) Frankfurter Allgemeine Zeitung, 10. Mai 2005

Aktuelles »Besatzungsrecht« 2: Die Feindstaatenartikel der UN-Charta

1) Amtliche Fassung der Bundesrepublik Deutschland, BGBl. 1973 II S. 431

2) Resolution A/RES/50/52 der Generalversammlung

3) Pressemitteilung der Japanischen Botschaft vom 13.12.2004

Aktuelles »Besatzungsrecht« 3: Wo ist das deutsche Gold

1) Dr. Bruno Bandulet in www.Goldseiten.de

2) Stern, 1.7.2004

Aktuelles »Besatzungsrecht« 4: Mehr Atombomben in Deutschland als bekannt

1) German News, Deutsche Ausgabe, 16.02.2005

2) www.20-cent.de, 10.06.2005, 1:53 Uhr

3) Phoenix-Online, 19.08.2004, 20:18 Uhr

4) Strahlentelex Nr. 446-447/2005, Seite 4

Aktuelles »Besatzungsrecht« 5: Besondere Vorkommnisse

1) Bundeswertpapierverwaltung: http://www.bwpv.de/dokumente/ schuldenstand_zum_31.03.2004_da7c6c2f4789a4b8bca.pdf

2) Pressestelle des Bundesgerichtshofes Nr. 31/1999

3) Timm Ellwart, Wenn Freunde spionieren

4) hronline.de, 1.10.2004

5) dto.

6) Schreiben des Bundesministerium der Justiz v. 29.03.2004

Bundesgesetzblatt 1990, Teil II, Seite 1386

Überleitungsvertrag, BGBl. 1955 11 S. 405

Vernichtungspläne I: »Deutschland mit Giftgas zu durchtränken«

1) Der Spiegel 2/03, 6. Januar 2003

Vernichtungspläne II: »Auch Deutschland sollte Ziel der Atombombe sein«

1) Nassauische Landeszeitung, 22. Juli 1985

Vernichtungspläne III: Anweisungen für die Re-education

1) Nation Europa, Ausgabe 8/1958, Seite 10

Der Nizer-Plan

CORA HODSON: Human Sterilization Today (Watts & Co., London, 1934)

LEON FRADLEY WHITNEY: The Case for Sterilization (Frederick A. Stokes Co., 1934)

THEODORE N. KAUFMAN: Germany Must Perish (Argyle Press, Newark, N. J., 1941)

GEORG WILHELM FRIEDRICH HEGEL: Philosophy of Mind (London, 1894);

Philosophy of Right (London 1896)

JOHANN GOTTLIEB FICHTE: The Destination of Man (1889); The Science of Rights (2d ed., 1889); The Science of Ethics Based on the Science of Knowledge (l897)

FRIEDRICH WILHELM FOERSTER: Europe and the German Question (Sheed & Ward, 1941)

VOLKSBUND FÜR DAS DEUTSCHTUM IM AUSLAND: Deutsches Volkstum in aller Welt (1938)

HERBERT HOOVER AND HUGH GIBSON: The Problems of lasting Peace (Doubleday, Doran & Co., 1942)

EARNEST A. HOOTON: Interview on Outbreeding (PM, Jan. 4, 1943)

JOHN ROY CARLSON: Under Cover (E. P. Dutton & Co., 1943)

MICHAEL SAYERS and A. E. KAHN: Sabotage (Harper & Bros., 1942)

HUGH DALTON: Hitler's War (Oxford, 1940)

WINSTON CHURCHILL: The Great War - 1914-l918 (G. Newnes Ltd., London,1933-1934)

RAY STANNARD BAKER: Woodrow Wilson and World Settlement (Doubleday, Doran & Co., 1922)

RAY STANNARD BAKER and WILLIAM DODD: The Public Papers of

Woodrow Wilson (Harper & Bros., 1925-1927)

BISMARCK: Autobiography (New York, 1899)

MORITZ BUSCH: Secret Papers of Bismarck (New York, 1899)

A. ASHLEY: Social Policy of Bismarck (New York, 1913) »How Europeans Have Been Uprooted«, Christian Science Monitor (Oct. 1, 1943)

SISLEY HUDDLESTON: »Evacuate the Rhineland« (The New Republic, March 3, 1927)

GEORGE W. HERALD: »Sex as a Nazi Weapon« (American Mercury, June, 1942)

T. H. TETENS: Whither Hitler? (Basel, 1935)

BORIS SHUB: Starvation Over Europe (Institute of Jewish Affairs, New York, 1943)

INSTITUTE OF JEWISH AFFAIRS: Hitler's Ten-Year War on the Jews (New York, Sept., 1943)

POLISH MINISTRY OF INFORMATION: The Black Book of Poland (Putnam's, 1942)

RICHARD WALTER DARRÉ: Der Schweinemord (Zentralverlag der NSDAP München, 1937)

NEWS OF NORWAY, Vol. 2, No 51 (Jan. 15, 1943)

THE ANNALS OF THE AMERICAN ACADEMY OF POLITICAL AND SOCIAL SCIENCE: Nutrition and Food Supply; The War and After (Jan., 1943)

The Survey of Central and Eastern Europe, (No. 7 Dec., 1942)

EMIL LUDWIG: The Germans: History of a Nation (Little, Brown & Co. Ltd., 1941)

SIR ROBERT VANSITTARD: The Black Record (The Musson Book Co. Ltd., Totonto, 1941)

WILFRED FLEISHER: Volcanic Isle (Doubleday, Doran & Co., 1941)

THE NEW INTERNATIONAL ENCYCLOPEDIA: »League of Nations Covenant«, Vol. 1, p. 913

CHARLES SEYMOUR: Intimate Papers of Colonel House (Houghton, Mifflin Co., 1926)

ALBERT SHAW: »The Messages and Papers of Woodrow Wilson« (The Review of Reviews Corp., 1924)

JULIUS CAESAR: Bellum Gallicum, Book VI.

TACITUS: De Germania

JEAN FROISSART: Cronicles of England, Spain, France and the Adjoining Countries (Leacitt & Allen, New York; 1855)

N. GANGULEE: The Mind and Face of Nazi Germany (John Murray, London, 1942)

MACHIAVELLI: The Historical, Political and Diplomatic Writings of Machiavelli (J. R. Osgood & Co., Boston, 1882)

GEORG WILHELM FRIEDRICH HEGEL: Philosophy of History (1857)

AUSTIN BARRISON: The Pan-Germanic Doctrine (Harper & Bro., 1904)

PAUL ROHRBACH: Deutschland unter den Weltvölkern (Stuttgart, 1921), The German Reich and Americans of German Origin (Oxford University Press, 1938)

HEINRICH VON TREITSCHKE: Politics (Macmillan Co., 1916)

EDGAR ANSEL MOWRER: Germany Puts the Clock Back (Wm. Morrow & Co., 1933)

FRIEDRICH NIETZSCHE: Thus Spoke Zarathustra (Random House); Geneaology of Morals (Random House)

JOSEPH ARTHUR DE GOBINEAU: Moral and Intellectual Diversity of Races (Philadelphia, 1856)

HOUSTON STEWART CHAMBERLAIN: Foundations of the Nineteenth Century (London, 1910)

ALFRED ROSENBERG: Der Mythus des 20. Jahrhunderts (München, 1932)

WILHELM KUSSEROW: The Creed of the Nordic Race (Friends of Europe, London, 1936)

ADOLF HITLER: Mein Kampf (Stackpole Sons, 1939)

MOELLER VAN DEN BRUCK: Germany's Third Empire

OSWALD SPENGLER: Man and Technics (Alfred A. Knopf, 1932)

ELMER DAVIS: Not to Mention the War (The Bobbs-Merril Co., 1940)

FRIEDRICH LEOPOLD HARDENBURG: Die politischen Ideen des Novalis (Heidelberg, 1940)

PETER VIERECK: Metapolitics (Alfred A. Knopf, 1941)

HERMANN RAUSCHNING: Hitler Speaks (T. Butterworth, Ltd., London, 1940); The Revolution of Nihilism (Garden City Publ. Co., 1942)

THOMAS MANN: »In Defense of Wagner« (Common Sense, Jan, 1940)

I. A. R. WYLIE: My Life with George (Random House, 1940)

HEINRICH HEINE: Religion and Philosophy (Trübner & Co., London, 1882)

ANDRE CHERADAME: Defense of the Americans (Doubleday, Doran & Co., 1941); Großdeutschland und Mitteleuropa um das Jahr 1950

VON EINEM GROSSDEUTSCHEN: Germania Triumphans (Berlin 1895)

KLAUS MANN: The Two Germanys (Survey Graphic, Vol. 28, p. 478)

JOHANN JOSEF GORRES: Germany and the Revolution (1820); Stigmata; A History of Various Cases (1883), »German Elections 1932«, Encyclopedia of Europe, Vol I (London, 1939)

O. SEELER: Germania und Ihre Kinder (C. Boysen, Hamburg, 1914) Verein von Freunden des Volkes und Vaterlandes (Avenarius & Mendelssohn, 1851)

WINSTON CHURCHILL: The Great War - 1914-1918 (G. Newnes, Ltd., London, 1933-1934)

RAY STANNARD BAKER: Woodrow Wilson and World Settlement (Double- day, Dotan & Co., 1922)

RAY STANNARD BAKER and WILLIAM DODD: The Public Papers of Woodrow Wilson (Harper & Bros., 1925-1927)

DAVID HUNTER MILLER: My Diary at the Conference of Paris (G. P. Putnam's Sons, 1928), The Peace That Failed: How Germany Sowed the Seed of War (Foreign Policy Association, 1942), Shadow Over Europe: The Challenge of Nazi Germany (Foreign Policy Association, 1939)

HANS ERNEST FRIED: The Guilt of the German Army (Macmillan, 1942)

ROM LANDAU: Hitler's Paradise (Faber & Faber, Ltd., London)

FREDERICK C. OESCHNER: This Is the Enemy (Littler, Brown & Co., 1942)

CHARLES WARREN: »Punishment for War Guilt« (The New York Times, May 17, 1943)

MORVAT: History of European Diplomacy, 1914-1924

»Briand-Kellogg Pact«, New International Encyclopedia, Supp. Vol. I, P. 248, 595, 864

DAVID HUNTER MILLER: The Peace Pact of Paris (G. P. Putnam's Sons, 1928), »League of Nations«, New International Encyclopedia, Supp. Vol. I

ARTICLES OF INTERPRETATIONS AS ADOPTED BY THE BUDAPEST CONFERENCE 1934, Together with the Report of the Relevant Proceedings

SIR THOMAS BARCLAY: International Law and Practice (London, Sweet & Maxwell, Ltd., Boston, Mass.), The American Journal of International Law, Vol. 14 (1920), »International Law«, Encyclopedia Britannica, Vol. 12, »International Law«, Encyclopedia Americana, Vol. 15, »International Law«, 33 Corpus Juris 383.

SIR FREDERICK SMITH: Treatise on International Law-5th Ed. (London & Toronto, 1918)

HANNIS TAYLOR: Treatise on International Public Law (Chicago, 1901)

ARTHUR K. KUHN: The Laws of War and the Future (Hague Conference on International Law,

Aug. 30, 1921), »Federal Courts«, 25 Corpus Junris 679,

The American Society of International Law, Vol. 14 (Oxford University Press, 1920), »International Law«, Black's Law Dictionary

JAMES W. GARTNER: »Punishment of Offenders Against the Laws and Cus- toms of War« (14 American Journal of International Law, p. 70; 1920), »Heinr. v. Bridault«, 37 Miss. 230, »U. S. v. White«, (C. C) 27 Fed. 201, Fix Atrocities or Ex-Kaiser (The New York Times, Jan. 19, 1919), »Schooner Exchange v. McFaddon and Others«, 7 Cranch. 116, »DeHaber v. Queen of Portugal«, 17 Q. B. 171, »Hatch v. Baez«, 7 Hun 596, »Underhill v. Hernandez«, 168 U. S. 250

CHARLES SEYMOUR: Intimate Papers of Colonel House (Houghton-Mifflin Co., 1926)

CHARLES WARREN: »Punishment of War Guilt« (The New York Times. May 17, 1943)

JOHN HENNESSEY WALKER: »Punishing the War Guilty Will Not Be A Simple Job« (PM, Nov. 15, 1942)

VICTOR BERNSTEIN: »The Kaiser Didn't Hang« (PM, March 22, 1943)

HEINZ POL: The Hidden Enemy: The German Threat to Post-War Peace (Julian Messner, 1943)

SHELDON GLUECK: »Trial and Punishment of the Axis War Criminals« (Free World, Nov., 1942)

F. WILHELM SOLLMANN: »How to Deal with Germany« (World Affairs. June, 1942), Bethmann-Holwegg, Former Chancellor, Testifies Evasively. Secret Session is Declared (The New York Times. Nov. 6, 1919), Von Kapelle, Von Koch and Helfferich Praise the Old Regime (The New York Times, Nov. 14, 1919), Students Refuse to Permit Von Hindenburg to Appear (The New York Times, Nov. 15, 1919), Helfferich Refuses to Answer Questions (The New York Times, Nov. 17, 1919), Hindenburg Finally Testifies (The New York Times, Nov. 19, 1919), Hjalmar Branting Reports (The New York Times, Dec. 22, 1919), Von Lersner Refuses to Surrender Prisoners (The New York Times, Nov. 29, 1919), Prince Rupprecht Offers to Surrender in Exchange for German War Prisoners (The New York Times, Dec. 9, 1919), German National Assembly Enacts Law to Try Germans in German Court (The New York Times, Dec. 20, 1919; Jan. 26, 1920), German Council Refuses Demand for Extradition (The New York Times, Feb. 6, 1920), German Officers Association Calls Nation to Defiance (The New York Times, Feb. 8, 1920), University Students in Berlin Oppose Surrender (The New York Times. Feb. 12, 19, 1920), German National Assembly in Weimar Supports Government Against Extradition (The New York Times, Feb. 10, 11, 1920), Attorney General at Leipzig Ordered to Try Accused (The New Yotk Times. Feb. 11, 1920), Allies Accept Proposal to Try Criminals at Leipzig (The New York Times, Feb. 17, 1920), German Belgium Financial Agreement Anulled (The New York Times, Feb. 10, 1920), Allies Finally Request Trial of Less than 1000 Persons (The New York Times, Jan. 14, 1920), War Criminals Arrive at Switzerland and Holland (The New York Times, Jan. 14, 1920)

CHANCELLOR PHILIPP SCHEIDEMANN: Der Zusammenbruch (1921); Memoiren eines Sozialdemokraten (1928)

»HARVARD RESEARCH ON INTERNATIONAL LAW«, Encyclopedia of the Social Sciences. p. 110 (1935), »Little v. Barreme«, 2 Cranch. 170 »Mitchell v. Harmony«, 13 How. 115

FRIEDRICH WILHELM FROEBEL, Education of Man (Berlin, 1862)

DAVID HUNTER MILLER, My Diary at the Conference of Paris, Vol. 18, p. 9 (Privately printed)

OPPENHEIM: International Law, Vol. 2, P. 455, International Law Coventing War (La Salle Extension University. 1920)

WILFRED FLEISCHER: Volcanic Isle (Doubleday, Doran & Co., 1941)

ALEXANDER M. BICKEL: »Fundamentals of a European Order« (Congress Weekly, April 2, 1943)

J. B. CONDLIFE: Agenda for a Post-War World (W. W. Norton & Co., 1942)

JOHN BOYLAND: Sequel to the Apocalypse (Booktab, Inc., 1942), »treaty of Versailles«, Elzcyclopedia Britannica, Vol. 23 (1941)

GUENTER REIMANN: Patents for Hitler (Vanguard Press, 1942)

GORDON H. COLE: »Rebuilding Europe After the War« (PM, Dec. 20, 21, 22, 1942), »Report of Board of Economic Warfare of the United States« (The New York Times. April 28, 1943)

WILLIAM HARBETT DAWSON: »Germany After the War« (The Contemporary Review, London, April, 1941)

PAUL EINZIG: Can We Win the Peace? (Macmillan Co., 1942)

ERNEST S. HEDIGER: Nazi Exploitation of Occupied Europe (Foreign Policy Association, 1941)

LORD ROBERT VANSITTARD: Lesson of My Life (Alfred A. Knopf, 1943)

Vernichtungspläne X

1) Hans Rau, Engländer über Krieg und Gewalt, Verlag E. S. Mittler und Sohn, Berlin, 1941
2) dto.
3) Maurice Barr´s, Les Grands Problémes du Rhin, Paris 1930
4) Jaques Bainville, L'Allemagne, Paris 1939
5) Hans Rau, Engländer über Krieg und Gewalt, Verlag E. S. Mittler und Sohn, Berlin, 1941
6) dto.
7) dto.
8) Gerhard Müller, 'berstaatliche Machtpolitik im 20. Jahrhundert, 1972, Seite 218
9) Herbert Hoover, Memoiren, 1951
10) Gerhard Müller, Überstaatliche Machtpolitik im 20. Jahrhundert, 1972, Seite 141
11) Hans-Josef Heyen, Parole der Woche, 1983, Seite 71
12) Friedrich Grimm, Das Testament Richelieus, Berlin 1943
13) Harald Laeuen, Polnische Tragödie, 1958, Seite 313
14) Rudolf Trenkel, Polens unaufhaltsamer Marsch in den 2. Weltkrieg, 1979, Seite 15
15) Gerhard Müller, Überstaatliche Machtpolitik im 20. Jahrhundert, 1972, Seite 199
16) Anton F. Schimmelpfennig, Der Zweite Weltkrieg in deutschen Karikaturen, 1994, Seite 103
17) Münchener Neueste Nachrichten, 3.10.1930
18) Unabhängige Nachrichten, Ausgabe 3/1984, Seite 4
19) Edwin Henning, Zeitgeschichtliche Aufdeckungen, 1964, Seite 115
20) Graf J. Szembek, Journal 1933-1939, 1952, Seite 58
21) Winston Churchill, Memoiren, Bd. 1, Seiten 257/259
22) E. Huges, Winson Churchill - his career in War and Peace, 1950, S. 145
23) Das neue Reich, Nr. 15, 11.4.1959

24) Joachim von Ribbentrop, Zwischen London und Moskau, 1953, Seite 97

25) Hans Rau, Engländer über Krieg und Gewalt, Verlag E. S. Mittler und Sohn, Berlin, 1941

26) Unabhängige Nachrichten, Ausgabe 3/1984, Seite 4

27) Bolko Frhr. v. Richthofen, Kriegsschuld, 1970, 2. Teil, Seite 34

28) Hans Rau, Engländer über Krieg und Gewalt, Verlag E. S. Mittler und Sohn, Berlin, 1941

29) dto.

30) J. F. C. Fuller, The Decisive Battles of the Western World and their Influence upon History, 1956, Bd. III, S. 375

31) A. M. Projektor, Der Krieg in Europa 1939-1941, 1963, S. 35

32) Bolko Frhr. v. Richthofen, Kriegsschuld, 2. Teil, 1970, Seite 12

33) Bolko Frhr. v. Richthofen, Kriegsschuld, 1. Teil, 1968, Seite 61

34) Friedrich Grimm, Das Testament Richelieus, Berlin 1943

35) Emil Maier-Dorn, Alleinkriegsschuld - Unkenntnis oder Feigheit, 1978, Seite 44

36) Emil Maier-Dorn, Alleinkriegsschuld - Unkenntnis oder Feigheit, 1978, Seite 44

37) Die Tat, Zürich, 26.11.1952

38) Hans Grimm, Warum - Woher - Aber wohin, 1954, Seite 350

39) Nation Europa, Ausgabe 1/1954, Seite 46

40) Hans Rau, Engländer über Krieg und Gewalt, Verlag E. S. Mittler und Sohn, Berlin, 1941

41) Heinz Roth, Was hätten wir Väter wissen müssen? Teil 2, 1970, Seite 147

42) Heinz Roth, Was geschah nach 1945?, Teil 1, Seiten 72/73

43) Anton F. Schimmelpfennig, Der zweite Weltkrieg in deutschen Karikaturen, 1994, Seite 101

44) Franz-Josef Heyen, Parole der Woche, 1983, Seite 70

45) Das Tribunal, Heft 1, Herausgegeben von Ludwig Leher, München

46) Otto Schwisow, Gegen Lügenpolitik und Geschichtsfälschung, 1978, Seite 28

47) Franz-Josef Heyen, Parole der Woche, 1983, Seite 74

48) Alfred M. de Zayas, Die Wehrmachtsuntersuchungsstelle, (TB) 1981, Seite 285/286

49) Alfred M. de Zayas, Die Wehrmachtsuntersuchungsstelle, (TB), 1981, Seite 286

50) Erich Kern, Verheimlichte Dokumente, 1988, Seite 260

51) John Morton Blum »From the Morgenthau Diaries«, 1967, Bdand II, Seite 342

52) Erich Kern, Verheimlichte Dokumente, 1988, Seite 260

53) Heinz Roth, Wieso waren wir Väter verbrecher?, 1970, Seite161

54) Hans Rau, Engländer über Krieg und Gewalt, Verlag E. S. Mittler und Sohn, Berlin, 1941

»ERST WENN DIE KRIEGSPROPAGANDA DER SIEGER EINZUG GEFUNDEN HAT IN DIE GESCHICHTSBÜCHER DER BESIEGTEN UND VON DER NACHFOLGENDEN GENERATION AUCH GEGLAUBT WIRD, KANN DIE UMERZIEHUNG ALS WIRKLICH GELUNGEN ANGESEHEN WERDEN.«

DER US-AMERIKANISCHE PUBLIZIST
WALTER LIPPMANN